최신판

행정사 1차 객관식 행정학개론

/최윤경 편저/

2025년 행정사 시험 완벽 대비

● 행정사 1~12회 기출문제 및 해설
● 출제경향과 유사한 각종 국가고시 행정학 기출문제를 연습문제로 수록
● 13회 행정사 시험 완벽 대비

2025
행정사 1차 시험대비

Administrative Attorneys

행정사 합격도 이패스코리아

epasskorea

머리말

본서는 행정사 기출문제 풀이와 앞으로 출제 가능성이 있는 주요 행정학 분야의 문제들을 공무원 시험 기출문제에서 발췌하여 구성하였습니다. 객관식 시험을 대비하기 위해서는 가장 중요한 것이 기출문제 풀이를 통해 출제경향을 파악하는 것입니다. 기본서를 통해 행정학 전반의 기본 이론과 핵심 내용을 정리한 후, 기출문제 풀이를 통해 출제 경향을 파악하고, 출제가 자주 되는 주요 내용을 암기하는 방식으로 학습전략을 짜는 것이 학습 시간을 줄이는 최선의 방법입니다.

지금까지 행정사 행정학 객관식 출제 경향을 분석해보았을 때, 출제되었던 영역에서 반복해서 출제가 되고 있기 때문에 기출문제를 완벽하게 정리하는 것이 무엇보다 중요하다고 판단됩니다. 따라서 일차적으로 기출문제 출제 영역의 반복 학습을 통해 완벽한 분석 및 정리가 선행될 필요가 있습니다.

다음으로, 앞으로 출제 경향을 완벽하게 대비하기 위해서 새로운 영역에서 출제될 수 있는 쟁점들에 대해서 대비할 필요가 있습니다. 이를 위해서는 공무원 시험에서 출제되었던 기출문제 풀이를 통해 출제 가능한 영역의 문제들을 점검하고 대비하는 것이 필요합니다. 지금까지 국가직과 지방직 9급 및 7급 공무원 행정학 시험에서 출제되었던 기출문제들을 가능한 많이 풀어보는 방법을 추천합니다.

2025년 1월

편저자 최윤경

출제경향분석

2025 행정사 1차 객관식 행정학개론

2024년까지 총 12회에 걸쳐 시행된 행정사 기출문제를 분석해 보면 출제 영역과 패턴, 난이도 등이 어느 정도 체계가 잡혀 나가는 것으로 보입니다. 행정학 총론과 각론 영역에서 골고루 출제가 되고 있으며, 상대적으로 총론과 조직이론, 정책학 영역의 출제 빈도가 높은 편입니다.

회차(연도) 출제분야	1회 (2013년)	2회 (2014년)	3회 (2015년)	4회 (2016년)	5회 (2017년)	6회 (2018년)	7회 (2019년)	8회 (2020년)	9회 (2021년)	10회 (2022년)	11회 (2023년)	12회 (2024년)	합계	비중
행정학총론	4	4	4	5	5	8	7	6	4	3	6	5	61	22%
정책학	3	3	3	3	3	3	3	2	4	4	3	3	37	13%
조직이론	2	4	3	2	4	5	3	5	6	5	4	3	46	16%
전자정부와 정보공개	1	1	1	1	1	1	1	1	1	1	1	1	12	4%
인사행정	2	2	2	2	3	2	4	3	3	4	3	3	33	12%
행정환류	2	1	1	1	1	1	1	2	2	2	2	2	18	6%
재무행정	3	2	3	3	4	2	3	3	2	2	3	3	33	12%
지방행정	3	3	3	3	4	3	3	3	3	4	3	5	40	14%
합계	20	20	20	20	25	25	25	25	25	25	25	25	280	100

시험이 실시되면서 초기에 비해서 단순 암기를 요구하는 문제보다 응용력을 요구하는 난이도 높은 문제와 새로운 영역에서의 출제 비중이 점차 증가하는 추세에 있다.

따라서 앞으로의 출제 경향에 대비하기 위해서는 기존의 행정사 기출문제를 중심으로 빈출 영역을 우선적으로 대비하는 한편 기존 공무원 시험에서 출제되었던 주요 기출문제를 범위에서 주요 이론과 내용까지 대비할 필요가 있다.

좀 더 자세한 내용 및 수험정보 등은 당사 홈페이지(www.epass-adm.com) 참조

학습전략

1. 행정사 1차 시험의 소개

(1) 시험과목 및 시험방법

시험과목	문항수 및 형식	시험시간
1 민법(총칙 관련 내용으로 한정) 2 행정법 3 행정학개론(지방자치행정 포함)	• 과목당 25문항(총 75문항) • 5지 선다형	75분 (09:30~10:45)

(2) 합격자 결정방법

제1차 시험 합격자는 과목당 100점을 만점으로 하여 모든 과목의 점수가 40점 이상이고, 전 과목의 평균 점수가 60점 이상인 사람으로 함

2. 행정학 학습전략

(1) 선(先)이해 후(後)암기

행정학 과목은 절대적인 학습 분량이 많기 때문에 처음부터 단순 암기로 접근하기 보다는 전반적인 흐름을 이해하고 맥락을 이해하는 것이 중요하다. 중요한 이론의 경우 기본적인 개념과 특성을 정확하게 이해하게 되면 지엽적인 내용은 논리적인 추론으로 해결이 가능한 경우가 많다. 따라서 단순 암기를 해야 할 분량은 그만큼 줄어들 수 있다.

(2) 기출문제 풀이 중심 학습

객관식 문제는 결국 문제풀이가 핵심이다. 따라서 기출문제 풀이를 중심으로 출제 경향을 파악한 후, 자주 출제되는 쟁점들을 파악해서 집중적인 암기를 하는 것이 시간과 노력을 줄이는 최선의 방법이다.

(3) 반복 학습 필요 : 기본 강의 - 문제풀이 - 기본서 확인(반복)

행정학은 총론의 내용과 각론의 내용이 유기적으로 연결되어 있기 때문에 총론부터 각론의 전반적인 내용을 학습해야 전체 내용에 대한 이해도가 높아질 수 있다. 따라서 기본강의를 통해 전체 내용과 흐름을 파악하고, 문제풀이를 통해 주요 쟁점을 확인한 후 기본서를 통해 정리된 내용을 암기하는 방식으로 반복해서 학습을 하는 것이 바람직하다.

(4) 한국의 제도 및 정책에 대한 관심

행정학은 결국 현실의 정부 운영과 정부 정책과 관련된 학문이기 때문에 시사적인 쟁점들과 관련된 이론이나 제도 등이 문제에 출제될 가능성이 높다. 따라서 교과서의 이론을 공부할 때 현실의 정부 정책이나 사례를 연결해서 사고하는 연습이 도움이 될 수 있다.

좀 더 자세한 내용 및 수험정보 등은 당사 홈페이지(www.epass-adm.com) 참조

Contents

제1편 행정학 총론

- 제1장 행정학의 기본적 이해 ·· 12
- 제2장 행정학의 발달과정 ··· 20
- 제3장 행정학 패러다임의 변화 ·· 43
- 제4장 행정가치 ··· 63
- 제5장 정부규모와 정부 역할 ··· 77
- 제6장 공공서비스(Public Service) ··· 91

제2편 정책학

- 제1장 정책과 정책학 ··· 100
- 제2장 정책참여자간 관계 ·· 115
- 제3장 정책의제 설정론 ·· 126
- 제4장 정책결정론 ··· 132
- 제5장 정책집행 ··· 155
- 제6장 정책변동 ··· 165
- 제7장 정책평가 ··· 169

제3편 조직이론

- 제1장 조직의 기초이론 …… 188
- 제2장 조직구조의 형성 …… 200
- 제3장 한국의 행정조직 …… 220
- 제4장 동기부여 이론 …… 236
- 제5장 리더십 이론 …… 247
- 제6장 조직관리론 …… 255
- 제7장 조직목표와 성과관리 …… 260
- 제8장 행정개혁 …… 270

제4편 전자정부와 정보공개

- 제1장 전자정부와 정보공개 …… 280

제5편 인사행정

- 제1장 인사행정제도의 발달 ····· 300
- 제2장 공직의 분류체계 ····· 309
- 제3장 인사행정 기관 ····· 325
- 제4장 공무원의 임용 및 능력발전 ····· 331
- 제5장 사기관리 ····· 350
- 제6장 공무원 신분보장 ····· 360
- 제7장 공무원의 권리와 의무 ····· 368

제6편 행정환류(행정책임 / 통제 / 부패)

- 제1장 행정책임 ····· 376
- 제2장 행정통제 ····· 378
- 제3장 행정윤리와 행정부패 ····· 390

제7편 재무행정

- 제1장 정부예산과 재무행정의 기초 …………………………………… 406
- 제2장 재정의 구조 …………………………………………………………… 416
- 제3장 예산과정의 주요 쟁점 …………………………………………… 432
- 제4장 정부회계 ……………………………………………………………… 448
- 제5장 예산결정 이론 ……………………………………………………… 453
- 제6장 예산제도와 재정개혁 …………………………………………… 457
- 제7장 재정민주주의 ……………………………………………………… 465

제8편 지방행정

- 제1장 지방자치의 의의 …………………………………………………… 472
- 제2장 지방자치의 운영체계 …………………………………………… 477
- 제3장 지방자치단체 사무 ………………………………………………… 491
- 제4장 정부 간 관계 ………………………………………………………… 499
- 제5장 지방자치단체 기관구성 ………………………………………… 510
- 제6장 주민참여제도 ……………………………………………………… 523
- 제7장 지방재정 ……………………………………………………………… 535

행정사 1차 객관식 행정학개론

제1편 행정학총론

제1장   행정학의 기본적 이해
제2장   행정학의 발달과정
제3장   행정학 패러다임의 변화
제4장   행정가치
제5장   정부규모와 정부 역할
제6장   공공서비스(Public Service)

제1장 행정학의 기본적 이해

기출문제

01 공공행정에 관한 설명으로 옳지 않은 것은? ▶ 2014년 행정사

① 행정은 사회환경과 밀접한 관계를 갖고 있다.
② 행정국가는 정치행정일원론의 입장에서 설명할 수 있다.
③ 행정은 경영보다 엄격한 법적 규제를 받는다.
④ 행정에 있어서 의사결정은 가치체계와 밀접한 관계를 갖고 있다.
⑤ 국민의 권리를 제한하고 의무를 부과하는 것은 행정의 본질과 거리가 멀다.

> **해설** ⑤ [×] 국민의 권리를 제한하고 의무를 부과하는 규제활동이 행정의 본질이며, 현실적으로 규제정책이 가장 많은 영역을 차지하고 있기도 하다.

02 행정(학)에 관한 설명으로 옳지 않은 것은? ▶ 2013년 행정사

① 행정은 민주성, 능률성, 합법성, 효과성, 형평성 등을 추구한다.
② 행정학은 행정현상의 과학화를 목적으로 하기 때문에 이론과 실제를 분리하여 연구하는 학문이다.
③ 행정학은 시민사회, 정치집단, 시장과의 상호작용 속에서 공공가치의 달성을 위해 정부가 수행하는 정책이나 관리활동에 대한 지식과 이론을 연구대상으로 한다.
④ 좁은 의미의 행정은 행정부의 구조와 공무원을 포함한 정부 관료제를 중심으로 이뤄지는 활동을 의미한다.
⑤ 행정학은 정치학, 경제학, 경영학, 사회학, 법학, 심리학 등의 이론과 지식을 접목하여 사용하고 있다.

> **해설** ② [×] 행정학은 행정현상을 진단하고 그에 따라 처방을 제시해야 하기 때문에 이론(과학성)과 실제(처방성)를 통합하여 연구하는 실천적 접근을 지향한다.

정답 01 ⑤   02 ②

03 행정개념에 관한 설명으로 옳지 않은 것은? ▶ 2020년 행정사

① 행정의 실체와 역할은 정부를 둘러싼 정치적·사회적·문화적 환경 등의 다양한 환경 속에서 규정된다.
② 행정의 영역과 범위는 명확하게 설정되고 있지 않으며 그 한계도 분명하지 않아서 고도로 체계화된 개념화는 어렵다.
③ 행정에 대한 연구대상의 선택이나 연구방법의 변화에 따라 다르게 이해되어 왔다.
④ 행정개념이 기능개념이기 때문에 기능 변화와 다양화에 따라 여러 시각으로 설명될 수는 없다.
⑤ 오늘날에는 행정에 대한 개념 해석이 계속 확대되고 있다.

> 해설 ④ [×] 행정개념은 시대에 따라 정부의 기능이 변화하면서 다양하게 정의되고 설명되어 왔다.

04 행정에 관한 설명으로 옳지 않은 것은? ▶ 2020년 행정사

① 공익을 지향하며 공공문제의 해결이라는 공공 목적을 달성한다.
② 공공서비스를 생산하고 공급하며 배분하는 모든 활동을 의미한다.
③ 오늘날에는 정부가 공공서비스의 생산 및 공급을 독점한다.
④ 참여와 협력이라는 거버넌스 개념을 지향해가고 있다.
⑤ 공공서비스의 생산·분배 과정에서 국민의 의견을 존중하고 국민에 대해 책임을 다해야 한다.

> 해설 ③ [×] 오늘날에는 정부가 민간부문과 시민(사회) 등과 함께 협력을 통하여 행정활동을 수행하며, 서비스의 생산 및 공급을 독점하지 않는다.

05 정치행정일원론과 정치행정이원론에 관한 설명으로 옳은 것은? ▶ 2016년 행정사

① 정치행정이원론은 행정의 정치적 기능을 강조한다.
② 과학적 관리론은 정치행정일원론의 발전에 기여하였다.
③ 정치행정일원론은 정치와 행정을 엄격히 구분한다.
④ 정치행정이원론은 엽관주의의 폐해를 극복하기 위하여 대두되었다.
⑤ 윌슨(Wilson)은 정치행정일원론의 입장을 견지하였다.

정답 03 ④ 04 ③ 05 ④

④ [○]
① [×] 행정의 정치적 기능을 강조한 것은 정치행정 일원론이다.
② [×] 과학적 관리론은 정치행정이원론의 발전에 기여하였다.
③ [×] 정치와 행정을 엄격히 구분하는 것은 정치행정 이원론 입장이다.
⑤ [×] 윌슨(Wilson)은 정치행정 이원론을 주장하였다.

06 정치행정일원론에 관한 설명으로 옳지 않은 것은?　　▶ 2015년 행정사

① 경제대공황(Great Depression), 뉴딜정책 이후 정부의 적극적 역할이 강조된 시기에 발달되었다.
② 행정에 있어서 정책수립이라는 정치적 · 가치배분적 기능이 중요시 된다.
③ 정치와 행정은 불가분의 관계에 있으므로 둘은 상호배타적이라기보다 서로 협조적 관계에 있다.
④ 디목(M. E. Dimock), 애플비(P. H. Appleby) 등에 의해 주장되었다.
⑤ 행정에 있어서 절약과 능률을 최고 가치로 추구한다.

⑤ [×] 정치행정이원론에 대한 설명이다.

07 행정과 경영의 비교에 관한 설명으로 옳지 않은 것은?　　▶ 2019년 행정사

① 행정의 목적은 공익추구이고, 경영의 목적은 이윤 극대화이다.
② 행정은 경영보다 상대적으로 엄격한 법적규제를 받는다.
③ 행정은 모든 국민에 대한 평등성이 강조되지만 경영은 이윤추구 과정에서 고객 간 차별대우가 용인된다.
④ 행정과 경영은 능률성을 추구하는 과정에서 유사한 관리기법을 많이 활용한다.
⑤ 상대적으로 행정은 관리적 측면이 강하게 나타나고 경영은 권력적 측면이 강하게 나타난다.

⑤ [×] 상대적으로 행정은 권력적 측면이 강하게 나타나고 경영은 관리적 측면이 강하게 나타난다.

정답　06 ⑤　07 ⑤

08 행정과 경영의 차이점에 관한 설명으로 옳지 않은 것은? ▶ 2013년 행정사

① 행정은 공익추구를 핵심가치로 하지만, 경영은 이윤추구를 핵심가치로 한다.
② 행정은 경영보다 의회, 정당, 이익단체로부터 더 강한 비판과 통제를 받는다.
③ 행정은 공익을 추구하기 때문에 경영보다 법적 규제를 적게 받는다.
④ 행정은 경영보다 더 강한 권력수단을 갖는다.
⑤ 행정은 모든 국민에게 법 앞에 평등원칙이 지배하지만 경영은 고객에 따라 대우를 달리할 수 있다.

> **해설** ③ [×] 행정은 공익을 추구하기 때문에 경영보다 더 많은 법적 규제를 받는다.

09 행정학의 학문적 성격에 관한 설명으로 옳은 것은? ▶ 2019년 행정사

① 행정학의 과학성을 강조하는 사람들은 행정현상의 보편적인 원칙을 인정하지 않는다.
② 행정학에서 기술성은 행태주의에 의해 중요하게 제기되었다.
③ 상대적으로 사이몬(H. A. Simon)은 기술성을, 왈도(D. Waldo)는 과학성을 더 강조하였다.
④ 행정학은 다른 학문으로부터 많은 이론과 지식을 받아들여 종합학문적인 성격을 지니고 있다.
⑤ 1950년대에 공공선택론, 신행정론 등의 영향으로 정체성 위기가 처음 등장했다.

> **해설** ④ [○]
> ① [×] 행정학의 과학성을 강조하는 사람들(예 : 행태론)은 행정현상의 보편적인 원칙이나 일반법칙의 존재를 인정한다.
> ② [×] 행정학에서 기술성은 행태주의를 비판하면서 등장한 후기행태주의와 신행정론 등에서 중요하게 제기되었다.
> ③ [×] 상대적으로 사이몬(H. A. Simon)은 과학성을, 왈도(D. Waldo)는 기술성을 더 강조하였다.
> ⑤ [×] 1940년대 이후 행정 이론이 분화·다원화되어 가면서 정체성의 위기가 등장하였다.

정답 08 ③   09 ④

연습문제

01 다음 중 행정에 대한 개념으로 올바르지 않은 것은? ▶ 2009년 서울시 9급

① 넓은 의미의 행정은 협동적 인간 노력의 형태로서 정부조직을 포함하는 대규모 조직에서 보편적으로 나타난다.
② 최근 행정의 개념에는 공공문제의 해결을 위해 정부 외의 공·사조직들 간의 연결 네트워크, 즉 거버넌스(governance)를 강조하는 경향이 있다.
③ 좁은 의미의 행정은 행정부 조직이 행하는 공공목적의 달성을 위한 제반 노력을 의미한다.
④ 행정은 정치과정과는 분리된 정부의 활동으로 공공서비스의 생산 및 공급, 분배에 관련된 모든 활동을 의미한다.
⑤ 행정과 경영은 비교적 유사한 활동이라고 할 수 있으나 그 목적하는 바가 다르다.

> **해설** ④ [X] 행정은 공공문제의 해결 및 공공서비스의 생산과 분배과정에서 국민의 의견을 존중하고 국민에 대한 책임을 져야하기 때문에 정치과정과 밀접하게 연관되어 있다.

02 행정에 대한 설명으로 가장 옳지 않은 것은? ▶ 2018년 서울시 7급

① 행정은 최협의적으로는 행정부의 조직과 공무원의 활동에 대한 것이다.
② 행정은 공공서비스의 생산, 공급, 분배를 통해 공공 욕구를 충족시켜 국민 삶의 질을 증대하고자 한다.
③ 행정의 활동은 환경과의 상호작용을 통해 역동적으로 변화한다.
④ 행정의 활동은 정치권력을 배경으로 공공서비스의 생산 및 공급을 정부가 독점한다.

> **해설** ④ [X] 행정은 정치권력을 배경으로 행정을 수행하되, 공공서비스의 생산 및 공급을 정부가 독점하는 것은 아니며, 최근 행정의 개념에는 공공문제의 해결을 위해 정부와 민간 부분 또는 시민사회와의 상호작용 및 협력적 관계를 통해 공공서비스를 생산·공급·분배하는 뉴거버넌스 개념이 강조된다.

정답 01 ④   02 ④

03 경영과 구분되는 행정의 속성이라고 보기 어려운 것은? ▶ 2014년 국가직 9급

① 행정은 사익이 아닌 공익을 우선적으로 추구한다.
② 행정은 모든 시민을 평등하게 대우하여야 한다.
③ 행정조직 구성원은 원칙상 법령에 의해 신분이 보장된다.
④ 행정은 효과적인 업무수행을 위해 관리성이 강조된다.

> **해설** ④ [×] 관리성은 행정과 경영의 공통점(유사성)에 해당한다.

04 행정과 경영의 유사성에 대한 설명으로 옳지 않은 것은? ▶ 2008년 국가직 7급

① 인적·물적 자원을 동원하며 기획, 조직화, 통제방법, 관리기법, 사무자동화 등 제반 관리기술을 활용한다.
② 엄격한 법적 규제를 받으므로 환경 변화에 따른 조직의 대응능력이나 인력의 충원과정에서 탄력성이 떨어진다.
③ 관료제의 순기능적 측면과 아울러 역기능적인 측면도 내포하고 있다.
④ 조직 내 의사결정과정에서 가능한 한 많은 대안 중에서 최선의 대안을 선택·결정하고자 하는 협동 행위가 나타난다.

> **해설** ② [×] 행정과 경영의 차이점에 대한 설명이다. 행정은 경영보다 엄격한 법적 규제를 받는다. 경영 역시 법적 테두리 안에서 활동이 이루어지지만, 행정과 같은 직접적인 법적 규제는 받지 않는다.

05 정치·행정 일원론에 대한 설명으로 옳은 것은? ▶ 2020년 지방직 9급

① 행정국가의 등장과 연관성이 깊다.
② 윌슨(Wilson)의 「행정연구」가 공헌하였다.
③ 정치는 의사결정의 영역이고, 행정은 결정된 내용을 집행한다고 보았다.
④ 행정은 경영과 비슷해야 하며, 행정이 지향하는 가치로 절약과 능률을 강조하였다.

> **해설**
> ① [○]
> ② [×] 윌슨(Wilson)의 「행정연구」는 정치·행정이원론의 등장에 공헌하였다.
> ③, ④ [×] 정치행정이원론에 대한 설명이다.

정답 03 ④ 04 ② 05 ①

06 애플비(Appleby)가 주장한 정치행정일원론의 내용에 해당하는 것은? ▶ 2022년 지방직 7급

① 행정은 효율성을 추구하는 관리를 핵심으로 한다.
② 행정은 민의를 중시해야 하며 정책결정과 집행의 혼합작용이다.
③ 시간과 동작연구를 통한 직무의 전문화는 행정조직의 생산성을 극대화할 수 있다.
④ 고위 관료가 능률적으로 관리해야 할 행정원리는 기획, 조직, 인사, 지휘, 조정, 보고, 예산 등이 있다.

> **해설**
> ② [O]
> ① [×] 정치행정 이원론에 대한 설명이다.
> ③ [×] 정치행정 이원론에 영향을 미친 테일러의 과학적 관리론에 대한 설명이다.
> ④ [×] 행정관리학파에 해당하는 귤릭(Gulick)의 주장에 대한 설명이다. 행정관리학파도 정치행정 이원론에 해당한다.

07 정치 · 행정 이원론에 대한 설명으로 옳지 않은 것은? ▶ 2022년 국가직 7급

① 행정과 경영이 차이가 없음을 강조하는 공사행정 일원론의 입장을 취한다.
② 의사결정 역할을 하는 정치와 결정된 의사를 집행하는 행정의 역할을 엄격하게 구분할 것을 주장하였다.
③ 윌슨(Wilson)은 행정을 전문적·기술적 영역으로 규정하고, 정부는 효율성과 전문성을 갖추어야 한다고 주장하였다.
④ 대공황 이후 각종 사회문제를 해결하기 위해서 행정의 정책결정 · 형성 및 준입법적 기능수행을 정당화하였다.

> **해설**
> ④ [×] 대공황 이후 각종 사회문제 해결을 위해 행정의 정책결정 · 형성 및 준입법적 기능수행을 정당화한 것은 정치 · 행정 일원론이다.

08 정치 · 행정 이원론에 대한 설명으로 옳은 것은? ▶ 2020년 국가직 9급

① 정당정치의 개입으로부터 자유로운 행정 영역을 강조하였다.
② 1930년대 뉴딜정책은 정치·행정 이원론이 등장하게 된 중요 배경이다.
③ 과학적 관리론과 행정개혁운동은 정치 · 행정 이원론의 한계를 지적하였다.
④ 정치 · 행정 이원론을 대표하는 애플비(Appleby)는 정치와 행정이 단절적이라고 보았다.

정답 06 ② 07 ④ 08 ①

해설 ① [O]
② [×] 1930년대 뉴딜정책은 정치·행정일원론이 등장하게 된 배경이다.
③ [×] 과학적 관리론 등 행정개혁운동으로 정치·행정이원론이 등장하였다.
④ [×] Appleby는 정치와 행정은 연속적·정합적 관계임을 강조한 정치·행정일원론자이다.

 다음 중 행정학의 학문적 특성에 대한 설명으로 가장 옳지 않은 것은? ▶ 2015년 국회 9급

① 행정학은 원인과 결과의 규칙성을 발견하는 기술성을 중시하는 학문이다.
② 행정학은 전문직업적 성격을 포함한다.
③ 행정학은 실천적이고 도구적 성격이 강한 응용 학문이다.
④ 행정학은 종합 학문적 성격을 지니고 있어 정체성에 대한 논란이 지속적으로 제기되어 왔다.
⑤ 행정학의 연구에서 가치와 사실을 구분할 수 있어도 가치판단 문제를 완전히 배제할 수는 없다.

해설 ① [×] 원인과 결과의 규칙성을 발견하는 것은 과학성에 대한 설명이다. 기술성은 현실 문제에 대한 적합한 처방을 제시할 수 있어야 한다는 실천성과 처방성을 내포하는 것이다.

 다음에서 설명하고 있는 행정학의 성격은? ▶ 2019년 지방직 7급

> 제2차 세계대전 후 미국은 저개발국가에 경제 원조와 함께 미국의 행정이론에 바탕을 둔 제도나 기술을 지원했다. 그러나 저개발국가의 정치제도나 사회문화적 환경이 미국과 달라 새로 도입한 각종 행정제도가 소기의 성과를 거두지 못하는 경우가 많았다. 선진국의 행정이론이 모든 국가에 적용가능하다고 전제하는 것은 무리가 있기 때문에 외국의 행정이론을 도입하는 경우 사전에 충분한 검토가 필요하다.

① 행정학의 기술성과 과학성
② 행정학의 보편성과 특수성
③ 행정학의 가치판단과 가치중립성
④ 행정학의 전문성과 일반성

해설 ② 외국의 행정이론을 적용할 수 있는 것은 행정의 보편성 때문이며, 국가 간의 제도나 환경의 차이를 강조하는 것은 행정의 특수성에 대한 설명이다.

정답 09 ① 10 ②

제2장 행정학의 발달과정

기출문제

01 다음 지문에서 설명하는 행정 이론은? ▶ 2013년 행정사

> 인간행위를 연구대상으로 정립했으며 행정연구에 과학주의를 도입하여 가치중립적인 객관적 분석을 가능하게 하였다. 그러나 이 이론은 과학적·계량적 연구방법론의 강조로 연구대상과 범위의 제한을 가져왔다는 비판을 받고 있다.

① 과학적 관리론 ② 인간관계론 ③ 행정체제이론
④ 신공공서비스론 ⑤ 행정행태론

해설 ⑤ [O] 행정행태론의 특징과 한계를 설명한 지문이다.

02 행정학의 행태론적 접근방법의 특징으로 옳지 않은 것은? ▶ 2023년 행정사

① 종합학문적 접근방법
② 일반 법칙성 추구
③ 환경과의 상호작용을 통한 진화과정 강조
④ 조직구조보다는 인간 중심의 접근
⑤ 가치중립적 접근의 강조

해설 ③ [X] 환경과의 상호작용을 통한 진화과정을 강조하는 것은 체제이론의 특징에 해당한다. 행태론적 접근방법은 환경을 고려하지 않는 폐쇄체제적 접근방법에 해당한다.

정답 01 ⑤ 02 ③

03 신행정학(New Public Administration)이 중요시하여 추구하였던 것은? ▶ 2017년 행정사

① 행정의 탈정치화 ② 가치와 사실의 분리 ③ 논리실증주의
④ 절약과 능률 ⑤ 현실적합성

> **해설** ⑤ [O] 신행정론은 1960년대 미국이 처한 여러 사회문제(월남패망, 흑백간의 인종갈등, 소수민족차별 등)를 해결하기 위해 현실 적합적인 행정학 연구(사회적 적실성), 사회문제 해결을 위한 처방성, 대응성 등을 강조했다.
> ①은 정치행정 이원론, ②, ③은 행태론에서, ④는 과학적 관리에서 추구한 이념적 가치이다.

04 행정이 국가발전이라는 목표를 달성하기 위해 정치를 비롯하여 경제·사회의 변동을 주도해나가야 한다는 행정학설은? ▶ 2021년 행정사

① 행정관리설 ② 행정목적실현설 ③ 행정행태설
④ 발전기능설 ⑤ 법함수설

> **해설** ④ 1960년대 발전행정론에 대한 설명이다.

05 리그스(F. W. Riggs)의 프리즘적 모형 (Prismatic Model)에 관한 설명으로 옳지 않은 것은? ▶ 2020년 행정사

① 개발도상국의 행정체제를 설명하기 위한 이론적 모형이다.
② 프리즘적 사회는 농업사회에서 산업사회로 넘어가는 과도기적 사회를 말한다.
③ 프리즘적 사회의 특징은 형식주의, 정실주의, 이질혼합성을 들 수 있다.
④ 생태론적 접근방법에 의해 설명된다.
⑤ 농업사회에서 지배적인 행정 모형을 사랑방 모형(Sala Model)이라 한다.

> **해설** ⑤ [X] 리그스에 따르면 농업사회는 미분화된 융합사회로서 안방(Chamber) 모형에 해당하고 프리즘적 사회(과도기 사회)는 사랑방(Sala) 모형에 해당한다. 프리즘 모형은 개발도상국의 행정체제를 설명하기 위한 이론적 모형으로서, 농업사회에서 산업사회로 넘어가는 과도기적 사회를 의미한다.
>
> | 융합사회 | 프리즘적 사회 | 분화사회 |
> | --- | --- | --- |
> | 농업사회 | 과도기 사회 | 산업사회 |
> | 전통적 / 미발전 | 발전도상국 | 현대적 / 발전적 |
> | 안방(Chamber) 모형 | 사랑방(Sala) 모형 | 관청(Office) 모형 |

정답 03 ⑤ 04 ④ 05 ⑤

06 공공선택이론에 관하여 설명한 것은? ▶ 2015년 행정사

① 행정현상을 자연·사회·문화적 환경과 관련시켜 이해하며 집합적 행위나 제도를 거시적 수준에서 분석한다.
② 공공서비스의 효율적 공급을 위해 공공부문의 시장경제화를 추구하며 정치 및 행정현상에 경제학적 분석도구를 적용하여 설명한다.
③ 인간의 주관적 관념, 의식 및 동기의 의미를 이해하는 데에 초점을 맞추어 조직문제에 대한 폭넓은 사고방식과 준거의 틀을 정립한다.
④ 정책결정자가 대안들의 표면화된 가치를 비교할 수 없어 선택이 어려운 상황에서 행하는 의사결정 방법과 전략을 탐구한다.
⑤ 공공서비스 전달 및 공공문제 해결과정에서 정부와 민간부문 간의 협력적 네트워크를 적극 활용한다.

> **해설**
> ② [O]
> ① [×] 생태론적 접근방법에 대한 설명이다.
> ③ [×] 현상학적 접근방법에 대한 설명이다.
> ④ [×] 딜레마 이론에 대한 설명이다.
> ⑤ [×] 거버넌스 이론에 대한 설명이다.

07 다음 내용과 밀접한 관련이 있는 이론은? ▶ 2020년 행정사

- 관료의 사익추구
- 예산극대화
- 지대추구행위
- 정치 및 행정현상의 경제학적 분석

① 체제이론 ② 거버넌스이론 ③ 신행정학이론
④ 공공선택이론 ⑤ 포스트모더니즘이론

> **해설**
> ④ [O] 관료가 사익을 추구하는 인간이라는 전제하에 정치 및 행정 현상의 경제학적 분석을 추구한 것은 공공선택론이다. 예산극대화는 공공선택론자인 니스카넨(Niskanen)의 이론이며, 지대추구이론도 공공선택이론에 해당된다.

정답 06 ② 07 ④

08 행정학의 접근방법 중 포스트모더니즘의 특성이 아닌 것은?
▶ 2017년 행정사

① 상상(imagination)
② 탈영역화(deterritorialization)
③ 은유(metaphor)
④ 과학주의(scientism)
⑤ 해체(deconstruction)

> **해설** ④ [×] 과학주의(scientism)는 모더니즘 또는 행태론의 특징이다. 파머(D. Farmer)는 반(反)관료제론에서 전통적 관료제는 과학주의, 기술주의, 기업주의 등에 입각해 있다고 비판하면서 포스트모더니티 행정이론의 특성으로 타자성과 해체(탈구축), 탈영역화, 상상 등을 주장하였다.

09 신제도주의에 관한 설명으로 옳지 않은 것은?
▶ 2009년 행정사

① 사람의 행태에 대한 연구에서 제도를 중요시한다.
② 사회학적 제도주의는 제도의 범위에 관습과 문화도 포함한다.
③ 공공선택론은 합리적 선택 제도주의의 대표적 이론 중 하나이다.
④ 역사적 제도주의는 각국 정책의 상이성과 효과를 역사적으로 형성된 각국의 제도에서 찾는다.
⑤ 정책 또는 행정환경은 내생변수가 아닌 외생변수로 다룬다.

> **해설** ⑤ [×] 신제도론적 접근방법은 구제도주의와 달리 외생변수로 다루어져 오던 정책 혹은 행정환경을 내생변수와 같이 직접적인 분석 대상에 포함시킨다.

10 신제도주의에 관한 설명으로 옳은 것은?
▶ 2023년 행정사

① 합리적 선택 제도주의는 개인의 표준화된 행동코드로서 제도의 준수를 통한 소속감을 강조한다.
② 역사적 제도주의는 서로 다른 국가들 사이의 제도가 유사해지는 현상을 설명하는데 유리하다.
③ 사회학적 제도주의는 동일한 상황에서 국가 간의 상이한 제도로 인해 서로 다른 정책이 채택되고 효과도 다르게 나타나는 현상을 강조한다.
④ 사회학적 제도주의는 개인에 대한 가정에 기초한 미시적·연역적 방법에 주로 의존한다.
⑤ 합리적 선택 제도주의의 연장선상에서 오스트롬(E. Ostrom)은 '공유재의 비극'의 해결방안으로 공동체 중심의 자치제도를 제시한다.

정답 08 ④ 09 ⑤ 10 ⑤

해설 ⑤ [○]
① [×] 개인의 표준화된 행동코드가 제도 내에 배태되어(embedded) 있기 때문에 개인은 그 틀을 벗어나기 힘들고, 제도를 따르고 유지함으로써 소속감을 가진다고 보는 것은 사회학적 신제도주의에 대한 설명이다.
② [×] 서로 다른 국가들 사이의 제도가 유사해지는 현상(동형화 현상)을 설명하는데 유리한 것은 사회학적 신제도주의에 해당한다.
③ [×] 국가 간의 상이한 제도로 인해 서로 다른 정책이 채택되고 효과도 다르게 나타나는 현상을 강조하는 것은 역사적 제도주의에 대한 설명이다.
④ [×] 개인에 대한 가정에 기초한 미시적·연역적 방법에 의존하는 것은 합리적 선택 신제도주의의 특징이다. 사회학적 제도주의는 방법론적 전체주의와 귀납적 접근방법을 특징으로 한다.

11 사회적 자본(Social Capital)에 관한 설명으로 옳은 것은? ▶ 2015년 행정사

① 귤릭(L. Gulick), 어윅(L. Urwick), 페이욜(H. Fayol) 등이 주장하였다.
② 가치중립적이며 과학적인 탐구를 강조한다.
③ 경제대공황(Great Depression)을 극복하기 위한 방법론을 제시하였다.
④ 사회구성원들 간의 신뢰와 협력을 중시한다.
⑤ 신행정학의 이론 형성에 영향을 끼쳤다.

해설 ④ [○]
① [×] 행정관리론 등 전통적인 정치행정이원론에 대한 설명이다.
② [×] 행태론적 접근방법에 대한 설명이다.
③ [×] 1930년대 이후 등장한 정치행정일원론에 대한 설명이다.
⑤ [×] 1960년대 말 이후 행태주의의 한계를 비판하면서 등장한 후기행태주의에 대한 설명이다.

12 행정학의 주요 이론에 관한 내용으로 옳지 않은 것은? ▶ 2022년 행정사

① 신제도주의론은 공식적 제도나 구조는 물론 비공식적 제도와 규범도 중요하게 강조한다.
② 행태주의 행정연구는 가치와 사실문제를 엄격하게 구분하고 자유와 평등의 가치를 연구대상에서 제외한다.
③ 체제이론은 행정현상을 여러 변수 중에서 환경을 포함해 거시적으로 접근한다.
④ 인간관계론은 조직목표 달성을 위해 생산성과 능률성에 기반을 둔 금전적 보상과 경제적 인간관을 강조한다.
⑤ 신행정학 이론은 참여와 형평의 가치를 중심으로 현실문제의 처방적 연구를 중시한다.

해설 ④ [×] 인간관계론은 사회심리적 동기에 초점을 두는 사회적 인간관을 강조한다. 조직목표 달성을 위해 생산성과 능률성에 기반을 둔 금전적 보상과 경제적 인간관을 강조한 것은 과학적 관리론이다.

정답 11 ④ 12 ④

13. 행정현상에 대한 접근방법의 설명으로 옳은 것은? ▶ 2018년 행정사

① 행태론적 접근방법은 행정현상에 관한 이론의 맥락성과 상대성을 강조한다.
② 체제론적 접근방법은 현상의 전체성보다는 구성부분 사이의 일방적·선형적 인과관계를 강조한다.
③ 사회학적 신제도주의는 제도가 국가나 조직의 경계를 넘어 유사한 형태로 수렴된다고 본다.
④ 전통적인 법적·제도적 접근방법은 제도가 일단 형성되면 일정한 경로를 유지하기 때문에 환경변화에 적응하지 못하는 점을 강조한다.
⑤ 합리적 선택 신제도주의에서는 제도를 개인의 합리적 선택의 일방적 결정요인으로 간주한다.

해설
① [×] 행정현상에 관한 이론의 맥락성과 상대성을 강조하는 것은 포스트모더니즘 행정이론의 특징이다. 행태론은 행정현상에 관한 규칙성과 일반 법칙성을 강조했다.
② [×] 체제이론은 체제의 구성요소 간 상호의존성, 상호작용성을 강조하며, 쌍방향적·순환적 관계를 강조한다.
④ [×] 제도가 일단 형성되면 일정한 경로를 유지하기 때문에 환경변화에 적응하지 못하는 점을 강조한 것은 역사적 신제도주의의 특징이다.
⑤ [×] 합리적 선택 신제도주의에서는 제도의 형성과 변화 과정에서 개인의 합리적이고 전략적인 선택을 중시했으며, 제도를 행위자의 의도적인 설계의 산물이라고 본다.

14. 미국 행정학의 형성과 발달과정에 관한 설명으로 옳지 않은 것은? ▶ 2021년 행정사

① 1883년 제정된 펜들턴법(Pendleton Act)에 의해 엽관제 인사제도가 도입되었다.
② 1887년 윌슨(W. Wilson)은 "행정의 연구(The Study of Administration)"에서 행정의 본질을 관리로 파악하였다.
③ 1920년대에서 1930년대에 걸쳐 능률에 기초한 관리를 주장하는 정통 행정학의 모습을 갖추게 되었다.
④ 1930년대 이후 등장한 정치행정일원론은 행정의 정책형성 기능을 중시하였다.
⑤ 1940년대 이후 행태주의는 행정학의 과학화를 위하여 사실판단적인 것만을 연구대상으로 삼았다.

해설
① [×] 1883년 제정된 펜들턴법(Pendleton Act)에 의해 실적주의 제도가 확립되었다.

정답 13 ③   14 ①

15 행정학의 주요이론과 접근방법에 관한 설명으로 옳은 것은? ▶ 2016년 행정사

① 생태론적 접근방법은 행정의 가치지향성과 기술성을 중시하며, 시장원리에 입각한 공공관리에 초점을 둔다.
② 행태론적 접근방법은 행정현상을 자연·사회·문화적 환경과 관련시켜 설명한다.
③ 신행정론은 고객 중심의 행정, 사회적 형평성 등을 강조한다.
④ 체제론적 접근방법은 행정과 환경의 상호작용을 중시하고, 선진국보다 개발도상국의 행정현상을 설명하는데 유용하다.
⑤ 신공공관리론은 상호 신뢰에 기반한 조정과 협조를 강조하지만, 뉴거버넌스론(New Governance)은 상호 경쟁의 원리를 중시한다.

> **해설**
> ③ [O]
> ① [×] 시장원리에 입각한 공공관리에 초점을 두는 것은 신공공관리론에 대한 설명이다.
> ② [×] 행정현상을 자연·사회·문화적 환경과 관련시켜 설명하는 것은 생태론적 접근방법이다.
> ④ [×] 체제론적 접근방법은 선진국의 행정현상을 설명하는데 유용한 접근방법이다.
> ⑤ [×] 상호 신뢰에 기반한 조정과 협조를 강조하는 것은 뉴거버넌스론(New Governance)이며, 신공공관리론은 상호 경쟁의 원리를 중시한다.

16 행정이론에 관한 설명으로 옳지 않은 것은? ▶ 2021년 행정사

① 신행정론은 관료들이 정책결정을 해야만 한다는 적극적 정치행정일원론을 주장한다.
② 공공선택이론은 집권적 관료제가 공공서비스를 제공하는데 있어서 유일한 최선의 방안은 아니라고 한다.
③ 포스트모더니즘 행정이론은 사회적 맥락에 대한 고려 없이 보편적 이론을 발견하고자 하는 실증주의를 배격한다.
④ 신공공관리론은 고객의 개인적 이익이 아닌 시민 전체로서의 공익에 대한 책임성과 대응성을 강조한다.
⑤ 신제도주의 이론은 제도가 개인행위를 제약하지만, 개인 간 상호작용의 결과로 제도가 변화될 수도 있다고 본다.

> **해설**
> ④ [×] 신공공관리론은 시장메커니즘을 적용하여 관료들의 성과에 대한 책임성과 고객에 대한 대응성을 강조한다. 시민 전체로서의 공익에 대한 책임성과 대응성을 강조하는 것은 신공공서비스론의 특징이다.

정답 15 ③ 16 ④

17 행정학의 주요 접근방법과 그 내용을 연결한 것으로 옳지 않은 것은? ▶ 2013년 행정사

① 뉴거버넌스론 - 로즈(R. A. W. Rhodes) - 민관협력 네트워크
② 생태론 - 리그스(F. W. Riggs) - 행정체제의 개방성
③ 공공선택론 - 오스트롬(V. Ostrom) - 정치경제학적 연구
④ 후기행태주의 - 이스턴(D. Easton) - 가치중립적·과학적 연구 강조
⑤ 신공공관리론 - 오스본(D. Osborne)과 게블러(T. Gaebler) - 기업가적 정부

해설 ④ [×] 후기행태주의를 행정학에 도입한 D. Easton은 가치중립적이고 과학적인 연구를 강조하는 행태주의를 비판하였다.

정답 17 ④

연습문제

01 윌슨(Wilson)의 행정연구(The study of Administration, 1887)에 대한 설명으로 옳지 않은 것은?

▶ 2016년 지방직 7급

① 정부개혁을 통해 특정지역 및 계층중심의 관료파벌을 해체하고자 했다.
② 행정과 경영의 유사성을 강조했다.
③ 정치와 행정을 분리하고자 했다.
④ 효율적 정부 운영에 관심을 두었다.

> **해설**
> ① [×] 엽관주의에 대한 설명이다.
> ②, ③, ④ 윌슨은 엽관주의의 폐해(부패, 행정의 일관성 및 전문성 저하)를 극복하기 위해 정치로부터 행정을 분리시킬 것(정치·행정이원론)을 주장했다.

02 테일러(Taylor)의 과학적 관리론에 대한 설명으로 옳지 않은 것은?

▶ 2021년 국가직 9급

① 관리자는 생산증진을 통해서 노·사 모두를 이롭게 해야 한다.
② 조직 내의 인간은 사회적 욕구에 의해 동기가 유발된다고 전제한다.
③ 업무와 인력의 적정한 결합은 노동자가 아닌 관리자에 의해 결정되어야 한다.
④ 업무수행에 관한 유일 최선의 방법을 찾기 위해 동작연구와 시간연구를 사용한다.

> **해설**
> ② [×] 사회적 욕구는 인간관계론 등 신고전 조직이론에서 중시하는 동기요인이다. 테일러의 과학적 관리론은 고전적 조직이론으로 인간은 합리적 경제인으로 가정하고 경제적 보상에 의해 동기가 유발된다고 가정한다.

03 다음 중 호손실험에 대한 내용으로 가장 옳은 것은?

▶ 2016년 서울직 7급

① 인간관계론의 이론적 틀을 마련하였다.
② 테일러의 과학적 관리법을 계승한다.
③ 개인의 생산성 향상을 위해서는 물리적 작업환경이 중요하다는 점을 발견하였다.
④ 본래 실험 의도와 다르게 작업의 과학화 객관화 분업화의 중요성을 발견하였다.

정답 01 ① 02 ② 03 ①

해설 ② [×] 호손실험은 인간관계론의 이론적 기반이 된 것으로, 과학적 관리법의 한계를 비판하면서 등장했다.
③, ④ [×] 호손실험은 본래 실험 의도와 다르게 생산성 향상을 위해서는 물리적 작업환경보다는 인간의 사회심리적 요인의 중요성을 발견하였다. 작업의 과학화, 객관화, 분업화의 중요성을 발견한 것은 테일러의 과학적 관리론이다.

04 다음 중 인간관계론의 주요내용이 아닌 것은? ▶ 2012년 서울직 9급

① 사회적 능력과 사회적 규범에 의한 생산성 결정
② 시간과 동작에 관한 연구
③ 비경제적 요인의 우월성
④ 비공식 집단중심의 사기형성
⑤ 의사소통과 리더십

해설 ② [×] 시간과 동작에 관한 연구는 과학적 관리론(F. W. Taylor)의 내용이다.

05 다음 중 행정학과 관련된 학자에 대한 설명으로 가장 옳지 않은 것은? ▶ 2016년 서울직 7급

① 굿노(F. J. Goodnow)는 행정은 국가의 의지를 실천하는 것이라고 주장하였다.
② 테일러(F. W. Taylor)는 시간과 동작에 관한 연구를 통해 최선의 방법(one best way)을 추구하였다.
③ 사이먼(H. A. Simon)은 행정 원리의 보편성과 과학성을 강조하였다.
④ 귤릭(L. H. Gulick)은 POSDCoRB를 통해 능률적인 관리 활동방법을 제시하였다.

해설 ③ [×] 사이먼은 행정의 과학적 연구를 주장하면서, 행정관리론에서 개발된 행정원리들은 한 번도 과학적 검증을 거치지 않은 격언에 불과하다고 비판하였다.

정답 04 ② 05 ③

06 행태주의 이론의 특징에 대한 설명으로 옳지 않은 것은? ▶ 2019년 국회 9급

① 논리실증주의를 인식론적 근거로 삼는다.
② 인간의 주관이나 의식을 배제하고자 한다.
③ 가치와 사실을 명확히 구분해 가치지향적인 연구를 추구한다.
④ 행태의 규칙성과 인과성을 경험적으로 입증할 수 있다고 본다.
⑤ 사회현상도 자연현상처럼 과학적인 연구가 가능한 것으로 본다.

③ [×] 행태주의는 논리실증주의를 특징으로 한다. 가치와 사실을 명확히 구분해 가치중립적(가치지향적 ×) 연구를 추구한다.

07 행태적 접근방법에 대한 설명으로 옳지 않은 것은? ▶ 2018년 국가직 7급

① 사회현상을 관찰 가능한 객관적 대상으로 보며, 인간의 주관이나 의식을 배제하고 인식론적 근거로서 논리실증주의를 신봉한다.
② 연구에서 가치와 사실을 구분하지 않는다.
③ 행태의 규칙성, 상관성 및 인과성을 경험적으로 입증하고 설명할 수 있다고 본다.
④ 집단의 고유한 특성을 인정하지 않는 방법론적 개체주의의 입장을 취한다.

② [×] 행태적 접근방법은 과학적인 연구를 위해서 가치와 사실을 구분하고 객관적인 검증이 불가능한 '가치'를 연구 대상에서 배제하고, '사실'에 대한 경험적이고 과학적인 연구에 초점을 두는 접근방법이다.

08 다음 중 리그스(F. W. Riggs)가 제기한 "사랑방관료제(Sala)"의 특징으로 보기 어려운 것은? ▶ 2014년 국회 9급

① 고도의 이질성
② 다분파주의와 형식주의
③ 기능 중복과 연고주의
④ 다규범주의와 파벌주의
⑤ 가격의 안정성과 고도의 전문직업화

해설 ⑤ [×] 사랑방관료제(Sala model)란 리그스(F. W. Riggs)가 제시한 후진국 행정체제의 특징을 설명하는 모형으로, 가격의 불확정성과 기능의 중복(중첩성)을 특징으로 제시하였다.

정답 06 ③ 07 ② 08 ⑤

09 행정학의 주요 접근방법인 생태론적 접근방법의 특징에 대한 설명으로 옳지 않은 것은?

▶ 2010년 지방직 7급

① 생태론적 접근방법을 행정학에 도입한 것은 1947년 가우스(J. M. Gaus)이다.
② 행정현상을 자연·사회·문화적 환경과 관련시켜 이해하려고 한다.
③ 행정이 추구해야 할 목표나 방향을 명확히 제시하고 있다.
④ 서구 행정제도가 후진국에서 잘 작동하지 않는 이유는 사회 문화적 환경이 다르기 때문이라고 본다.

해설 ③ [×] 생태론은 행정현상을 환경과 연관시켜 진단과 설명에는 기여했지만, 행정이 추구해야 할 목표나 방향, 가치 등을 명확히 제시하지는 못하고, 처방적 성격이 부족하다는 비판을 받는다.

10 다음 중 비교행정론에 대한 설명으로 가장 거리가 먼 것은?

▶ 2023년 군무원 9급

① 리그스(Fred W. Riggs)가 대표적인 학자이다.
② 생태론적 접근방법을 취한다.
③ 후진국의 국가발전에 대한 비판적 숙명론으로 귀결된다.
④ 행정학의 과학성보다는 기술성을 강조한다.

해설 ④ [×] 비교행정론은 각국의 행정에 대한 비교연구를 통해 행정학의 과학성을 높이고 일반화된 행정이론 개발을 위한 노력으로 대두되었다. 따라서 비교행정론은 사회문제의 해결책을 제시하는 기술성·처방성 보다는 과학성을 강조한다.

11 이스턴(D. Easton)이 정치체제(political system)모형에서 주장하는 '가치의 권위적 배분'과 가장 관련이 깊은 것은?

▶ 2011년 국가직 7급

① 투입(input)
② 산출(output)
③ 전환(conversion)
④ 요구와 지지(demand & support)

해설 ② 이스턴(D. Easton)의 모형의 '가치의 권위적 배분'은 산출에 해당한다. 산출은 행정활동의 결과라고 볼 수 있는 정책을 집행함으로써 다른 체제나 국민들의 생활에 영향을 주는 과정이다.

정답 09 ③   10 ④   11 ②

제2장 행정학의 발달과정 | 31

12 <보기>에서 개방체제적 특성에 해당하는 것은 모두 몇 개 인가?   ▶ 2010년 국회 8급

가. 등종국성(equifinality)   나. 정(+)의 엔트로피   다. 항상성
라. 선형적 인과관계   마. 구조 기능의 다양성   바. 체제의 진화

① 2개   ② 3개   ③ 4개
④ 5개   ⑤ 6개

해설 ③ 가, 다, 마, 바 [○]
나. [×] 개방체제는 체제의 해체와 소멸을 막기 위해 부(−)의 엔트로피를 중시한다.
라. [×] 선형적 인과관계(직선적·단선적·기계적 인과관계)는 특정 원인이 특정 결과와 기계적으로 이어진다는 시각이다. 개방체제의 특징으로 환류(feedback)는 순환적인 인과관계를 강조한다고 볼 수 있다. 환류는 체제에서 일부가 변화했을 때, 그 부분이 체제의 다른 부분들과 상호작용하여 나머지 부분들도 변화하게 된다는 개념으로 상호 인과성의 논리(A가 B의 원인이 되고, 다시 B가 A의 원인이 될 수 있음)로, 순환적 인과관계를 의미한다.

13 다음에 제시된 비판들은 행정학의 접근방법 중 어떤 접근방법에 대한 비판인가?
▶ 2006년 서울시 9급

- 행정과 환경의 교호작용을 강조하지만 개발도상국과 같이 변화하는 행정현상을 연구하는데 한계를 지닌다.
- 거시적인 접근방법을 취함으로써 구체적인 운영의 측면을 다루지 못한다.
- 행정의 가치문제를 고려하지 못한다.
- 현상유지적 성향으로 인해 정치·사회적 변화를 설명하지 못한다.

① 생태론적 접근방법   ② 행태론적 접근방법
③ 현상학적 접근방법   ④ 체제론적 접근방법
⑤ 공공선택론적 접근방법

해설 ④ 체제론에 대한 비판이다. 생태론적 접근방법과 체제론적 접근 방법은 공통적으로 거시적인 접근방법이며, 행정과 환경의 상호작용을 강조하는 개방체제적 접근방법이다. 생태론적 접근방법은 주로 후진국의 행정현상을 설명하는 데 적합한 이론인 반면, 체제론적 접근방법은 균형과 현상유지적 성향을 강조하기 때문에 안정적인 선진국의 행정현상을 설명하는데 적용된다.

정답 12 ③   13 ④

14 〈보기〉의 내용이 설명하고 있는 행정이론에 해당하는 것은?

▶ 2019년 서울시 9급

〈보기〉
- 1960년대 미국사회의 사회혼란을 해결하지 못하는 학문적 무력함에 대한 반성으로 나타났다.
- 적실성, 참여, 변화, 가치, 사회적 형평성 등에 기초한 행정학의 독자적 주체성을 강조했다.
- 행정학의 실천적 성격과 적실성을 회복하기 위해 정책 지향적인 행정학을 요구했다.

① 신행정학 ② 비교행정론
③ 행정생태론 ④ 공공선택론

해설 ① 신행정론은 1960년대 말 베트남 전쟁, 워터게이트 사건, 흑인폭동 등 미국 사회의 혼란기에 기존의 행태주의 연구가 사회문제 해결에 기여하지 못했다는 비판에서 등장했다. 신행정론은 사회문제 해결을 위한 적실성과 처방성을 강조했고, 시민참여, 사회적 형평성 등의 가치를 강조했다.

15 다음의 역사적 배경을 바탕으로 태동한 행정학 연구에 대한 설명으로 옳지 않은 것은?

▶ 2022년 국가직 7급

- 월남전 패배, 흑인 폭동, 소수민족 문제 등 미국사회의 혼란을 해결하지 못하는 학문의 무력함에 대한 반성으로 나타났다.
- 1968년 미국 미노브룩회의에서 왈도의 주도 하에 새로운 행정학의 방향모색으로 태동하였다.

① 고객중심의 행정, 시민의 참여, 가치문제 등을 중시했다.
② 행정학의 실천적 성격과 적실성을 회복하기 위한 정책 지향적 행정학을 요구하였다.
③ 행정의 능률성을 강조했으며, 논리실증주의 및 행태주의의 주장을 지지하였다.
④ 소외계층을 위한 복지서비스를 확대해 사회적 형평을 실현해야 한다는 행정의 적극적 역할을 강조했다.

해설 ③ [×] 보기는 신행정학에 대한 설명이다. 신행정학은 사회적 형평성을 강조하였으며, 논리실증주의 및 행태주의에 반대하는 입장이다.

정답 14 ① 15 ③

16 신행정학(New Public Administration)의 핵심 내용으로 옳은 것만을 모두 고른 것은?

▶ 2017년 국가직 9급

ㄱ. 효율성 강조	ㄴ. 실증주의적 연구 지향
ㄷ. 적실성 있는 행정학 연구	ㄹ. 고객중심의 행정
ㅁ. 기업식 정부 운영	

① ㄱ, ㄴ
② ㄴ, ㄷ
③ ㄷ, ㄹ
④ ㄹ, ㅁ

해설 ③ ㄷ, ㄹ [○]
ㄱ, ㄴ. [×] 신행정론은 행태주의(논리 실증주의)에 대한 비판으로 등장했으며, 고객중심의 행정(대응성)을 강조하였다.
ㅁ. [×] 신공공관리론의 특징이다.

---

17 미국에서 등장한 행정이론인 신행정학(New Public Administration)에 대한 설명으로 옳지 않은 것은?

▶ 2019년 지방직 9급

① 신행정학은 미국의 사회문제 해결을 촉구한 반면 발전행정은 제3세계의 근대화 지원에 주력하였다.
② 신행정학은 정치행정이원론에 입각하여 독자적인 행정이론의 발전을 이루고자 하였다.
③ 신행정학은 가치에 대한 새로운 인식을 기초로 규범적이며 처방적인 연구를 강조하였다.
④ 신행정학은 왈도(Waldo)가 주도한 1968년 미노브룩(Minnowbrook) 회의를 계기로 태동하였다.

해설 ② [×] 신행정학은 가치지향적, 가치평가적 연구를 지향하므로 정치행정 일원론에 가깝다.

정답 16 ③ 17 ②

18 다음 〈보기〉에서 설명하는 이론으로 옳은 것은? ▶ 2018년 국회 8급

〈보기〉
경제학적인 분석도구를 관료행태, 투표자 행태, 정당정치, 이익집단 등의 비시장적 분석에 적용함으로써 공공서비스의 효율적 공급을 위한 제도적 장치를 탐색한다.

① 과학적 관리론 ② 공공선택론
③ 행태주의 ④ 발전행정론

해설 ② 공공선택론에 대한 설명이다.

19 공공선택이론에 대한 설명으로 옳지 않은 것은? ▶ 2018년 지방직 9급

① 사회의 비시장적인 영역들에 대해서 경제학적 방식으로 연구한다.
② 시민들의 요구와 선호에 민감하게 부응하는 제도 마련으로 민주행정의 구현에도 의의가 있다.
③ 전통적 관료제를 비판하고 그것을 대체할 공공재 공급방식의 도입을 강조한다.
④ 효용극대화를 추구한다는 합리적 개인에 대한 가정은 현실적합성이 높다고 평가받는다.

해설 ④ [×] 공공선택론은 인간을 자기효용 극대화를 추구하는 합리적 경제인 가정이 비현실적이라는 비판을 받는다.

20 공공선택론에 대한 설명으로 옳지 않은 것은? ▶ 2016년 지방직 9급

① 공공선택론은 역사적으로 누적 및 형성된 개인의 기득권을 타파하기 위한 접근이다.
② 공공선택론은 공공재의 공급에서 경제학적인 분석도구를 적용한다.
③ 공공선택론에서는 공공서비스를 독점 공급하는 전통적인 정부관료제가 시민의 요구에 민감하게 대응할 수 없는 장치라고 본다.
④ 공공선택론은 공공서비스의 효율적 공급을 위해서 분권화된 조직 장치가 필요하다는 입장이다.

해설 ① [×] 공공선택론은 자유시장의 논리를 공공부문에 도입하는 이론이다. 자유 시장의 논리는 그 자체가 현상 유지를 강조하는 균형이론이라는 비판을 받아왔다. 따라서 공공선택론은 역사적으로 누적 형성된 개인의 기득권을 계속 유지하기 위한 보수주의 접근이라는 비판이 있다.

정답 18 ② 19 ④ 20 ①

21 주인과 대리인 관계에서 나타나는 여러 문제를 다루기 위하여 제기된 대리인 이론(Agency Theory)에 대한 설명과 가장 거리가 먼 것은?   ▶ 2014년 사복직 9급

① 주인과 대리인 모두 자신의 이익을 극대화하려는 합리적 행위자이다.
② 대리인의 선호가 주인의 선호와 일치하지 않을 수 있다.
③ 대리인에게 불리한 선택으로 인한 문제 해결에 초점을 둔다.
④ 주인과 대리인 간에는 정보의 비대칭성이 존재한다.

> 해설 ③ [×] 주인 – 대리인 간에는 정보가 비대칭적이기 때문에, 대리인의 기회주의적 행동을 보일 수 있다. 대리인의 기회주의적 행태로 역선택(adverse selection : 주인에게 불리한 선택)과 대리인의 도덕적 해이가 발생하게 된다.

22 행정학의 접근방법 중 현상학적 접근방법에 관한 설명으로 옳지 않은 것은?   ▶ 2009년 국가직 9급

① 행정현실을 이해하는 데 과학적 방법보다 해석학적 방법을 선호한다.
② 조직을 인간의 의도적인 행위에 의해 구성되는 가치함축적인 행위의 집합물로 이해한다.
③ 인간행위의 가치는 행위 자체보다 그 행위가 산출한 결과에 있다.
④ 조직 내외의 인간들은 자신 또는 다른 사람의 행위에 의미를 부여함으로써 조직을 설계한다.

> 해설 ③ [×] 인간행위의 가치를 행위 그 자체가 아닌 행위가 산출한 결과인 외면적 행태에 초점을 두는 것은 행태주의적 접근방법이다. 현상학적 접근방법은 외면으로 드러난 행태보다는 그 이면의 의도와 의미에 초점을 두는 주관주의를 특징으로 한다.

23 현상학적 접근방법의 주요내용으로 적절하지 않은 것은?   ▶ 2012년 국가직 7급

① 인간의 의도된 행위와 표출된 행위를 구별하고, 관심 분야는 의도된 행위에 두어야 한다.
② 조직내외에 있는 인간들은 자신의 행위나 다른 사람들의 행위에 의미를 부여함으로써 조직을 설계한다.
③ 객관적 존재의 서술을 위해서는 현상을 분해하여 분석할 필요가 있다.
④ 조직의 중요성은 겉으로 나타난 구조성에 있는 것이 아니라 그 안에 있는 가치, 의미 및 행동에 있다.

> 해설 ③ [×] 행태론적 접근방법(객관주의)에 대한 설명이다.

정답 21 ③   22 ③   23 ③

24 포스트모더니즘에 기초한 행정이론의 특징으로 가장 옳지 않은 것은? ▶ 2018년 서울시 9급

① 맥락 의존적인 진리를 거부한다.
② 타자에 대한 대상화를 거부한다.
③ 고유한 이론의 영역을 거부한다.
④ 지배를 야기하는 권력을 거부한다.

> **해설** ① [×] 포스트모더니즘 이론은 진리의 기준을 맥락의존적(context dependent)이고 상대적인 것으로 파악한다.

 25 포스트모더니티이론에서 규칙에 얽매이지 않는 행정의 운영이나 특수성을 인정하는 것에 해당하는 것은? ▶ 2021년 군무원 7급

① 상상(imagination)
② 해체(deconstruction)
③ 영역 해체(deterritorialization)
④ 타자성(alterity)

> **해설** ① [○]
>
> | 상상 | 새로운 사고와 판단, 규칙에 얽매이지 않는 행정의 운영, 문제의 특수성에 대한 인정 |
> |---|---|
> | 해체 | 언어, 몸짓, 이야기, 설화, 이론 등의 근거를 파헤쳐 보는 것을 의미 |
> | 영역해체 | 모든 지식, 조직 등 고유 영역의 해체를 의미 |
> | 타자성 | 나 아닌 다른 사람을 인식의 객체가 아닌 도덕적인 타자로 인정하는 것 |

26 파머(Farmer)가 주장한 포스트모더니티 행정이론의 내용으로 옳지 않은 것은? ▶ 2020년 지방직 7급

① 나 아닌 다른 사람을 인식적 객체가 아닌 도덕적인 타자(他者)로 인정한다.
② 관점에 따라 다양한 가능성이 허용되는 상상(imagination)보다는 과학적 합리성(rationality)이 더 중요하다.
③ 행정에서도 지식과 학문의 영역 간 경계가 사라지는 탈영역화(deterritorialization)가 나타난다.
④ '행정은 객관적으로 연구될 수 있다'는 설화는 해체(deconstruction)를 통해 더 잘 이해할 수 있다.

정답 24 ① 25 ① 26 ②

해설 ② [×] 포스트모더니티 행정이론은 모더니티(현대주의)의 핵심가정인 '인간 이성(reason)'과 '합리성'에 대한 신뢰, 그리고 객관주의·경험주의적 접근방법을 거부하고 규칙에 얽매이지 않는 행정의 운영을 위한 '상상'을 중시한다.

27 신제도주의에 대한 설명으로 옳지 않은 것은? ▶ 2021년 지방직 9급

① 제도는 법률, 규범, 관습 등을 포함한다.
② 역사적 제도주의는 제도가 경로의존성을 따른다고 본다.
③ 사회학적 제도주의는 적절성의 논리보다 결과성의 논리를 중시한다.
④ 합리적 선택 제도주의는 제도가 합리적 행위자의 이기적 행태를 제약한다고 본다.

해설 ③ [×] 사회학적 제도주의는 결과성의 논리보다 적절성의 논리를 중시한다.

28 신제도주의에 대한 설명으로 옳은 것은? ▶ 2018년 지방교행 9급

① 역사적 신제도주의는 제도의 지속성을 중시한다.
② 신제도주의는 제도를 공식적인 체제나 구조에 한정하여 규정한다.
③ 사회학적 신제도주의는 제도를 개인의 효용을 극대화하기 위한 수단으로 본다.
④ 합리적 선택 신제도주의는 제도가 유사한 형태로 수렴하는 제도적 동형화에 주목한다.

해설 ① [○]
② [×] 제도를 공식적 체제나 구조에 한정하여 규정하는 것은 구제도주의이다. 신제도주의는 비공식적 제도까지 포함한다.
③ [×] 합리적 선택 신제도주의(사회학적 신제도주의 ×)는 제도를 개인의 효용을 극대화하기 위한 수단으로 본다.
④ [×] 제도적 동형화에 주목하는 것은 사회학적 신제도주의(합리적 선택 신제도주의 ×)이다.

정답 27 ③ 28 ①

29 신제도주의(new institutionalism)에 관한 설명으로 옳지 않은 것은? ▶ 2012년 국회 8급

① 합리적 선택 신제도주의는 방법론적으로 개인주의에 기초하고 있다.
② 역사적 신제도주의는 제도의 지속성을 강조하고 제도에 의해 의도되지 않은 결과를 비효율적이라고 본다.
③ 사회학적 신제도주의는 제도간 동형화(isomorphism)를 인정한다.
④ 구제도주의는 유형화된 제도들만을 인정했으나 신제도주의는 무형화된 제도까지도 포함한다.
⑤ 경로의존성 연구는 행위자, 제도 및 조직 간의 질서를 중시하는 사회학적 신제도주의에서 비롯되었다.

해설 ⑤ [X] 경로의존성(path dependence)은 제도의 형성은 개별국가의 역사적 경로의 영향을 받으므로 지속성을 띤다는 역사학적 신제도주의에서 강조하는 개념이다.

30 다음에서 공통적으로 설명하고 있는 것은? ▶ 2010년 지방직 7급

- 사회적 관계에서 상호이익을 위해 집합행동을 촉진시키는 규범과 네트워크
- 행위자가 자신이 소속한 집단과 네트워크에 있는 자원에 접근함으로써 얻을 수 있는 자산
- 사회적 네트워크 또는 사회구조의 구성원이 됨으로써 확보할 수 있는 행위자의 능력

① 뉴거버넌스   ② 사회자본
③ 신제도론   ④ 조합주의

해설 ② 사회적 자본에 대한 설명이다.

31 사회자본에 대한 다음 설명 중 옳지 않은 것은? ▶ 2013년 서울시 9급

① 네트워크에 참여하는 당사자들이 공동으로 소유하는 자산이다.
② 한 행위자만이 배타적으로 소유권을 행사할 수 없다.
③ 협력적 행태를 촉진시키지만 혁신적 조직의 발전을 저해한다.
④ 행동의 효율성을 제고시킨다.
⑤ 사회적 관계에서 거래비용을 감소시켜 준다.

해설 ③ [X] 사회 자본은 사회 구성원들 간의 협력적 행태를 촉진시키며, 혁신적 조직 발전에 기여한다.

정답 29 ⑤   30 ②   31 ③

32 사회자본이론(social capital theory)에 대한 설명으로 옳지 않은 것은? ▶ 2017년 국가직 9급

① 사회자본은 참여자들이 협력하도록 함으로써 공유한 목적을 보다 효과적으로 성취하게 만드는 신뢰, 규범, 네트워크와 같은 사회조직의 특징으로 정의할 수 있다.
② 푸트남(R. D. Putnam) 등은 이탈리아에서 사회자본(시민공동체 의식)이 지방정부의 제도적 성과 차이를 잘 설명한다고 주장했다.
③ 정밀한 사회적 연결망은 신뢰를 강화하고, 거래비용을 낮추며, 혁신을 가속화함으로써 경제발전을 촉진할 수 있다.
④ 신뢰와 네트워크를 통한 과도한 대외적 개방성에 대하여 많은 비판을 받고 있다.

> **해설** ④ [×] 사회자본이론은 사회(집단) 구성원들 간의 신뢰와 호혜규범, 네트워크를 통해 폐쇄적인 연고 네트워크를 형성함으로써 다른 집단에 대해 대외적으로 폐쇄적이고 배타적인 성향(개방성 ×)을 초래하는 역기능을 야기할 수 있다.

33 다음 중 딜레마 이론에서 논의되는 딜레마 상황이 갖는 논리적 구성요건을 모든 고른 것은? ▶ 2015년 서울시 7급

㉠ 분절성(discreteness)	㉡ 안정성(stability)
㉢ 상충성(trade-off)	㉣ 적시성(timeliness)
㉤ 균등성(equality)	㉥ 선택불가피성(unavoidability)

① ㉠, ㉡, ㉣, ㉥
② ㉠, ㉢, ㉣, ㉥
③ ㉠, ㉢, ㉤, ㉥
④ ㉡, ㉣, ㉤, ㉥

> **해설** ③ [○] 딜레마 상황의 구성요소에는 ㉠ 분절성, ㉢ 상충성, ㉤ 균등성, ㉥ 선택 불가피성 등이 있다.
>
> * 딜레마 상황의 구성요소 : 분절성, 상충성, 균등성, 선택 불가피성을 모두 충족해야 딜레마가 초래된다.
>   ① 선택 불가피성(unavoidability) : 최소한 하나의 대안을 반드시 선택해야 한다는 것
>   ② 분절성(discreteness) : 대안 간 절충이 불가능한 상황
>   ③ 균등성(equality) : 대안이 가져올 결과가치가 균등해야 한다는 것
>   ④ 상충성(trade-off) : 대안의 상충으로 인해 하나의 대안만 선택해야 한다는 것

정답 32 ④ 33 ③

34 다음 행정이론에 대한 설명으로 옳지 않은 것은? ▶ 2019년 국가직 7급

> 변화 시작의 시간적 전후관계나 동반관계, 변화과정의 시간적 장단(長短)관계를 사회현상 연구에 적용하는 접근방법이다. 정책이 실제로 실행되는 타이밍, 정책대상자들의 학습시간, 정책의 관련요인들 간 발생순서 등이 정책효과를 다르게 할 수 있다고 주장한다.

① 원인변수와 결과변수 간 인과관계가 원인변수들이 작용하는 순서에 따라 달라지지는 않는다고 본다.
② 정책이나 제도의 도입 이후 어느 시점에서 변경을 시도해야 바람직한 결과를 낳을 것인지에 주목한다.
③ 정책이나 제도의 효과는 어느 정도 숙성기간이 지난 후에 평가하는 것이 보다 합리적이라고 본다.
④ 시차적 요소에 대해 적절하게 고려하지 않아 정부개혁의 실패가 나타난다고 본다.

 ① [×] 시차이론은 정책과정에서 시차적 요소의 중요성을 강조한 이론으로, 시차적 요소에는 원인변수와 결과변수들이 작용하는 순서(제도 도입의 순서 혹은 선후관계), 제도간의 정합성, 정책의 성숙기간, 정책결정자의 시간 리더십 등을 포함한다.

35 행정이론에 대한 설명으로 가장 옳지 않은 것은? ▶ 2020년 서울시 9급

① 과학적 관리론은 19세기 말부터 20세기 초 경제 상황의 산물로 절약과 능률을 행정의 가장 중요한 가치로 삼는다.
② 행태주의는 객관성을 유지하기 위해 연구에서 가치와 사실을 명백히 구분하고, 가치중립성을 지킨다.
③ 체제이론은 체제의 부분적인 특성이나 구체적인 행태 측면에 관심을 갖는 미시적 접근방법을 사용한다.
④ 신행정론은 규범성, 문제지향성, 처방성을 강조한다.

 ③ [×] 체제이론은 체제의 부분적인 특성이나 구체적인 행태측면 같은 미시적 요인이 아니라 체제와 환경간의 상호작용 등 거시적인 측면에 초점을 두는 전체주의적 접근법을 사용한다.

정답 34 ① 35 ③

36 행정학의 이론과 접근방법에 대한 설명 중 가장 옳지 않은 것은? ▶ 2015년 서울시 7급

① 행태주의는 행태의 규칙성 및 인과성을 경험적으로 입증하고 설명할 수 있다고 보며 가치와 사실을 통합하고 가치중립성을 지향한다.
② 체제론에 따르면 체제의 변화나 성장은 기존의 균형 상태에서 일어나지 않고 구성요소 중 어느 하나에 변화가 생기거나 새로운 이질적 요소가 투입될 때 발생한다고 본다.
③ 생태론은 가우스(J. M. Gaus)와 리그스(F. W. Riggs) 등이 발전시킨 이론으로 행정의 보편적 이론보다는 중범위 이론의 구축에 자극을 주고, 행정학의 과학화에 기여하였다.
④ 신제도주의는 공식적인 제도뿐만 아니라 비공식적 제도나 규범에 관심을 가지며, 외생변수로 다루어졌던 정책 혹은 행정환경을 내생변수로 분석대상에 포함시켰다.

> **해설**
> ① [×] 행태주의는 경험적인 연구를 통해 행태의 규칙성과 인과성을 입장할 수 있다고 보며, 이러한 과학적 연구를 위해서는 가치와 사실을 분리(통합×)하여 검증이 불가능한 가치를 연구대상에서 배제(가치중립성)할 것을 주장한다.

37 행정학의 접근방법에 관한 설명으로 옳지 않은 것은? ▶ 2008년 국가직 7급

① 현상학적 접근방법은 행정현상이란 그 속에 참여하는 사람들의 의식, 생각, 언어, 개념 등으로 구성되며 상호 주관적인 경험으로 이룩되는 것이기 때문에 인간의 주관적 관념, 의식 및 동기 등의 의미를 더 적절하게 다루고 이해할 수 있다는 입장을 취한다.
② 행태론적 접근방법은 행정현상을 관찰 가능한 객관적인 대상으로 보며 인간의 주관이나 의식을 배제하고 행태의 규칙성, 상관성 및 인과성을 경험적으로 입증하고 설명하려 한다.
③ 생태론적 접근방법은 행정현상을 자연적·사회적·문화적 환경과 관련시켜 이해하려고 하며 행정체제의 개방성을 강조하는 특성을 가지고 있으나 행정환경에 대한 행정의 적극적이고 주체적인 역할을 경시했다는 비판을 받고 있다.
④ 공공선택론적 접근방법은 정부를 공공재의 생산자, 시민을 공공재의 소비자라고 규정하고 서비스의 공급과 생산은 공공부문의 시장경제화를 통해 가능하다고 보기 때문에 방법론적 전체주의 입장을 취한다.

> **해설**
> ④ [×] 공공선택론적 접근방법은 방법론적 개체주의(방법론적 전체주의 ×)의 입장을 취한다.

정답 36 ① 37 ④

제3장 행정학 패러다임의 변화

기출문제

01 신공공관리(New Public Management)에 관한 설명으로 옳지 않은 것은?　▶ 2020년 행정사

① 정부는 시민을 위해 정부서비스의 품질을 향상시켜야 한다.
② 자원배분의 투명성을 높이고 거래비용을 최소화해야 한다.
③ 정부의 기능을 민간화하고 지출을 팽창시켜야 한다.
④ 공공관리와 시민에 대한 공공서비스 공급의 효율화를 위해 시장기제를 도입해야 한다.
⑤ 정부서비스 공급의 관리는 산출·성과지향적이어야 한다.

> **해설**　③ [×] 신공공관리는 작고 능률적인 정부를 지향하므로 정부의 지출을 감소해야 한다.

02 오스본과 게블러의 전통적 행정과 신공공관리에 관한 비교설명으로 옳지 않은 것은?
　▶ 2024년 행정사

	기준	전통적 행정	신공공관리
ㄱ	정부역할	노젓기	방향 잡기
ㄴ	서비스 공급	독점적 공급	경쟁 도입
ㄷ	행정가치	관료 중심	고객 중심
ㄹ	행정주체	집권적 계층제	참여와 팀워크
ㅁ	관리방식	업무 중심	규칙 중심

① ㄱ　　② ㄴ
③ ㄷ　　④ ㄹ
⑤ ㅁ

정답　01 ③　02 ⑤

해설 ⑤ ㅁ [×] 전통적 행정이 규칙 중심의 관리방식이며, 신공공관리론은 업무중심의 관리방식을 특징으로 한다.

[표] 전통적 관료제 정부와 기업가적 정부의 비교 : Osborne & Gaebler (1992)

기준	전통적인 관료제 정부	기업가적 정부
정부 역할	노젓기 역할	방향 잡아주기 역할
정부 활동	직접적인 서비스 제공	할 수 있는 권한 부여
행정 가치	형평성, 민주성	경제성, 효율성, 효과성
공공 서비스	독점적 공급	경쟁 도입: 민영화, 민간위탁 등
공급 방식	행정 메커니즘	시장 메커니즘
행정 관리 기제	법령, 규칙 중심 관리	임무 중심 관리
행정 관리 방식	투입 중심 예산	성과 연계 예산
	지출 지향	수익 창출
	사후 대처	예측과 예방
	명령과 통제	참여와 팀워크 및 네트워크 관리
행정 주도 주체 및 책임성	관료 및 행정기관 중심	고객 중심
	계층제적 책임 확보	참여적 대응성 확보

03 오스본(D. Osborne)과 플래스트릭(P. Plastrik)의 '기업가 정부'를 만들기 위한 다섯 가지 전략에 관한 설명으로 옳지 않은 것은? ▶ 2019년 행정사

① 핵심전략: 공공조직의 목표를 대상으로 하고 목표, 역할, 정책방향의 명료화 추구
② 성과전략: 업무유인의 개선을 위해 경쟁을 도입하고 성과관리 추진
③ 고객전략: 정부조직의 책임을 대상으로 고객에 대한 정부의 책임확보 및 고객에 의한 선택의 확대 추구
④ 통제전략: 권력을 대상으로 하고 집권화를 추구
⑤ 문화전략: 조직문화를 대상으로 구성원의 가치, 규범, 태도 그리고 기대를 바꾸려는 것

해설 ④ [×] 통제전략(control strategy)은 통제권을 현장의 일선직원에게 위임하는 분권화 전략이다.
• 오스본과 플래스트릭(Plastrik)은 '정부개혁의 5가지 전략(1997)'에서 관료주의 체계를 기업적 정부로 전환하기 위해 다음과 같은 5C 전략을 주장하였다.

핵심전략 (Core strategy)	• 정부 목표의 명확화 강조 • 정부는 해야 할 것과 하지 말아야 할 것을 지속적으로 검토해나감으로써 핵심적 기능 수행에 집중해야 함
결과(성과)전략 (Consequence strategy)	• 정부 내 경쟁적 요소의 적극 도입과 성과중심의 관리를 강조 • 유인책(incentive) 도입을 통한 성과관리 강조

정답 03 ④

고객전략 (Customer strategy)	• 행정서비스의 고객만족을 위한 경쟁구조, 품질확보, 고객의 선택을 강조 • 고객에 대한 책임성 확보를 위해 정부서비스 공급에 경쟁원리 도입, 시민헌장, 품질보등 방안 등이 필요함
통제전략 (Control strategy)	• 실무자, 일선기관, 지역사회에 대한 권한의 위임과 재량권 확대를 강조 • 내부규제 완화를 통한 재량권 부여와 결과에 대한 책임 확보
문화전략 (Culture strategy)	• 기업가적 조직문화 창출을 위해 관습타파, 감동정신, 승리정신 강조

04 행정개혁(행정혁신)의 관점에 관한 설명으로 옳은 것은? ▶ 2018년 행정사

① 신공공관리론은 사회적 자본에 기초한 시민의 집단적 역량과 참여를 강조한다.
② 뉴거버넌스 참여주체인 시민사회는 상호의존적 종속관계에 기초한 자율적 교환을 특징으로 한다.
③ 신공공서비스론은 고객으로서의 주민보다는 공론의 장에 참여하는 시민으로서의 주민을 강조한다.
④ 신공공관리론은 현대사회의 난제(wicked problems) 해결을 위해 행정부서들 또는 기관들 사이의 협력을 강조한다.
⑤ 뉴거버넌스 이론은 정부실패가 아닌 시장실패를 바로잡기 위한 처방으로 간주된다.

해설 ③ [○]
① [×] 사회적 자본에 기초한 시민의 집단적 역량과 참여를 강조하는 것은 뉴거버넌스 이론의 특징이다.
② [×] 뉴거버넌스 참여주체인 시민사회는 상호의존적 수평적·협력적 관계(종속관계 ×)에 기초한 자율적 교환을 특징으로 한다.
④ [×] 현대사회의 난제(wicked problems) 해결을 위해 행정부서들 또는 기관들 사이의 협력을 강조하는 것은 뉴거버넌스 또는 탈신공공관리론의 특징이다. 신공공관리론은 경쟁원리 적용을 통한 정부 운영의 효율성 제고를 강조한다.
⑤ [×] 뉴거버넌스 이론은 정부실패와 시장실패의 한계를 보완하기 위한 대안으로서의 성격을 지닌다.

정답 04 ③

05 신공공관리론과 뉴거버넌스론의 특징이 옳게 연결된 것을 모두 고른 것은? ▶ 2014년 행정사

구분		신공공관리론	뉴거버넌스론
ㄱ	인식론적 기초	신자유주의	공동체주의
ㄴ	관리가치	신뢰	결과
ㄷ	작동원리	경쟁	협력
ㄹ	관료역할	조정자	공공기업가
ㅁ	서비스	민영화, 민간위탁	시민 및 기업의 참여를 통한 공동공급

① ㄱ, ㄴ, ㄷ
② ㄱ, ㄴ, ㄹ
③ ㄱ, ㄷ, ㅁ
④ ㄴ, ㄹ, ㅁ
⑤ ㄷ, ㄹ, ㅁ

해설 ③ ㄱ, ㄷ, ㅁ [O]
ㄴ [×] 신공공관리론의 관리 가치는 결과이며, 뉴거버넌스론의 관리가치는 신뢰이다.
ㄹ [×] 신공공관리론에서 관료의 역할은 공공기업가이며, 뉴거버넌스론에서 관료의 역할은 네트워크의 조정자이다.

06 행정학의 패러다임에 관한 설명으로 옳은 것은? ▶ 2023년 행정사

① 뉴거버넌스는 정부 내부의 관리보다는 외부 주체와의 관계를 강조한다.
② 신공공관리는 부서 간 또는 기관 간 경쟁보다 협력을 강조한다.
③ 신행정학은 행정의 능률성과 중립성을 강조한다.
④ 전통적 관료제 중심의 행정은 환경변화에 대한 유연한 적응에 유리하다.
⑤ 신공공관리의 고객은 사회적 책임의식을 갖춘 적극적 시민성을 특징으로 한다.

해설 ① [O]
② [×] 신공공관리는 시장원리에 입각한 경쟁의 원리를 강조한다.
③ [×] 신행정학은 행정가치(이념)로 형평성과 대응성을 강조한다.
④ [×] 전통적 관료제는 기계적 구조로서 외부 환경변화에 대한 적응이 곤란하다.
⑤ [×] 신공공관리론은 국민을 서비스의 객체인 수동적·소극적 '고객'으로 보는 입장이다. 국민을 사회적 책임의식을 갖춘 적극적 시민으로 보는 것은 신공공서비스이론에 해당한다.

정답 05 ③ 06 ①

07 다음에서 설명하는 피터스(Peters)의 거버넌스 정부개혁모형은? ▶ 2017년 행정사

> 정부관료제가 공공봉사 의지를 지닌 대규모의 헌신적인 구성원으로 구성되어 있다는 것을 전제 하여, 정부의 내부규제가 제거되거나 축소되면 정부관료제가 훨씬 역동적이고 효율적으로 기능 할 것이라고 가정한다.

① 시장 모형(market model)
② 참여 모형(participatory model)
③ 유연 모형(flexible model)
④ 저통제 모형(deregulation model)
⑤ 기업가적 모형(entrepreneurial model)

해설 ④ [O] 저통제 모형(탈내부규제 모형)에 대한 설명이다.

구분	전통적 정부 모형	시장 모형	참여정부 모형	유연조직 모형	저통제 정부 모형
문제의 진단 기준	전근대적 권위	독점	계층제	영속성	내부 규제
구조의 개혁 방안	계층제	분권화	평면조직	가상 조직	(특정 제안 없음)
관리의 개혁 방안	직업공무원제, 절차적 통제	성과급 민간 부문의 기법	총품질관리(TQM), 팀제	가변적 인사관리	관리 재량권 확대
정책결정의 개혁 방안	정치·행정의 구분	내부시장 시장적 유인	협의, 협상	실험	기업가적 정부
공익의 기준	안정성, 평등	저비용	참여, 협의	저비용, 조정	창의성, 행동주의

08 신공공서비스론에 관한 설명으로 옳은 것은? ▶ 2019년 행정사

① 정부의 역할을 '노젓기'보다는 '방향잡기'로 규정한다.
② 관료는 사회문제를 해결하는 과정에서 협상과 중재 기능을 담당한다.
③ 공익을 행정활동으로 생성되는 부산물로 간주한다.
④ 정부관료제에 경쟁 원리를 도입하여 개혁할 것을 강조한다.
⑤ 기업가적 목표달성을 위하여 폭넓은 행정재량을 허용한다.

정답 07 ④ 08 ②

> **해설** ② [○] 정부는 방향잡기가 아닌 시민과 지역 공동체내의 이익을 협상하고 중재하며 공유가치가 창출되도록 봉사하여야 한다. 관료는 협상·중재자로서 시민의 교호작용을 촉진하고 시민사회의 중요성을 강조한다.
> ③ [×] 신공공서비스론은 공익을 부산물이 아니라 궁극적 목표라고 본다.
> ①, ④, ⑤는 신공공관리론(NPM)에 대한 설명이다.

09 신공공서비스론에 관한 설명으로 옳은 것은? ▶ 2021년 행정사

① 행정의 민주성 보다는 시장논리에 따라 생산성이나 효율성을 강조한다.
② 관료는 사회문제를 해결하는 과정에서 협상과 중재 기능을 담당한다.
③ 공익을 행정활동으로 생성되는 부산물로 간주한다.
④ 기업가적 목표달성을 위한 광범위한 행정재량을 인정한다.
⑤ 상명하복하는 관료적 조직구조와 고객에 대한 규제와 통제를 선호한다.

> **해설** ② [○]
> ①, ④ [×] 신공공관리론에 대한 설명이다.
> ③ [×] 공익은 행정활동으로 생성되는 부산물이 아니라 궁극적으로 추구하는 목표이다.
> ⑤ [×] 전통적 행정이론의 특징이다.

10 신공공서비스 행정이론에 관한 설명으로 옳은 것을 모두 고른 것은? ▶ 2022년 행정사

ㄱ. 시민을 자율적인 소비자 또는 고객으로 간주한다.
ㄴ. 민주적 시민의식론과 조직적 인본주의를 이념으로 한다.
ㄷ. 공공행정의 다양한 가치와 책임성 문제에 관심을 둔다.
ㄹ. 공공서비스의 공급에 있어 합리적 선택과 방법론적 개인주의를 강조한다.

① ㄱ, ㄴ
② ㄱ, ㄷ
③ ㄴ, ㄷ
④ ㄴ, ㄹ
⑤ ㄷ, ㄹ

> **해설** ③ ㄴ, ㄷ [○]
> ㄱ [×] 신공공관리론의 특징이다.
> ㄹ [×] 공공선택론에 대한 설명이다.

정답 09 ② 10 ③

연습문제

01 영·미권을 중심으로 정부규모 축소, 재정적자 감축, 행정의 효율성 제고를 위하여 채택한 신공공관리론이 주장하는 내용과 거리가 먼 것은?　▶ 2014년 사복직 9급

① 규정과 절차를 강화하고 관료들의 재량권을 최소화한다.
② 민간부문의 관리기법을 도입하여 행정의 효율성을 향상시킨다.
③ 시민을 고객으로 인식해 고객 만족의 극대화를 추구한다.
④ 민간위탁 등을 통해 공공부문에 경쟁체제를 도입한다.

해설 ① [×] 신공공관리론은 내부 규제(규정과 절차)를 완화하고 관리자의 재량과 자율성 부여를 통해 결과에 대한 책임 확보(성과관리)를 강조한다.

02 신공공관리론에 입각한 정부개혁의 내용으로 옳지 않은 것은?　▶ 2024년 국가직 9급

① 효율성 대신 형평성에 초점을 맞춘 고객지향적 정부 강조
② 수익자 부담 원칙의 강화
③ 정부 부문 내의 경쟁 원리 도입
④ 결과 혹은 성과 중심주의 강조

해설 ① [×] 신공공관리는 시장주의를 토대로 효율성·생산성을 추구하고 고객중심행정을 강조한 반면 사회적 형평성, 공공성을 경시했다는 비판을 받는다.
② [○] 신공공관리론에서는 수익자 부담 원칙의 강화, 민간부문 상호 간 경쟁 원리를 활용한 민간위탁과 민영화의 확대, 정부부문 내 경쟁 원리 도입, 규제완화 등을 행정개혁의 방향으로 제시하고 있다.

정답 01 ①　02 ①

03 다음 신공공관리론에 대한 설명 중 옳은 것만을 모두 고르면?

▶ 2019년 지방직 7급

ㄱ. 행정서비스 공급의 경쟁 체제를 선호한다.
ㄴ. 예측과 예방을 통한 미래지향적 정부를 강조한다.
ㄷ. 투입 중심의 예산제도를 통해 예산을 관리한다.
ㄹ. 행정관리의 이념으로 효율성을 강조한다.
ㅁ. 집권적 계층제를 통해 행정의 책임성을 확보한다.

① ㄱ, ㄹ
② ㄱ, ㄴ, ㄹ
③ ㄴ, ㄷ, ㄹ
④ ㄴ, ㄷ, ㅁ

해설
② ㄱ, ㄴ, ㄹ [O]
ㄷ. [×] 투입 중심의 예산제도를 통해 예산을 관리하는 것은 전통적 관료제의 운영방식에 해당한다. 신공공관리론은 투입보다는 산출(결과) 중심의 예산제도 운영을 특징으로 한다.
ㅁ. [×] 집권적 계층제를 통해 행정의 책임성을 확보하는 것은 전통적 관료제의 특징에 해당한다. 신공공관리론에서는 분권화된 조직(탈관료제적 조직)을 통한 구성원의 참여와 분권화를 강조한다.

04 오스본(D. Osborne)과 개블러(T. Gaebler)의 저서 정부재창조론에서 제시된 정부 운영의 원리에 대한 설명으로 옳은 것은?

▶ 2022년 국회 8급

① 정부의 새로운 역할로 종래의 방향잡기보다는 노젓기를 강조한다.
② 규칙 및 역할 중심 관리방식에서 사명 지향적 관리방식으로 전환되어야 함을 강조한다.
③ 예방적 정부보다는 치료 중심적 정부로 바뀌어야 함을 강조한다.
④ 행정서비스 제공에 경쟁 개념을 도입하기보다는 독점적 공급을 강조한다.
⑤ 주민에게 권한을 부여하기보다는 서비스를 제공하는 방향으로 전환되어야 함을 강조한다.

해설
② [O]
① [×] 방향잡기 역할을 강조한다.
③ [×] 예측과 예방, 미래 지향적 정부가 기업가적 정부의 10대 원리에 해당한다.
④, ⑤ [×] 경쟁적 정부, 시민소유 정부(지역사회에 힘을 부여하는 정부)가 기업가적 정부의 10대 원리에 해당한다.

정답 03 ② 04 ②

※ 오스본과 게블러(1992)의 「정부재창조(Reinventing Government)」:
'기업가적 정부 운영의 10대 원리'
① 촉진적 정부(노젓기보다 방향잡기)
② 지역사회가 주도하는 정부(서비스 제공보다 권한부여)
③ 경쟁적 정부(서비스 제공에 경쟁 도입)
④ 사명지향적 정부(규칙 중심 조직의 개혁)
⑤ 성과 지향적 정부(투입이 아닌 성과와 연계한 예산 배분)
⑥ 고객 지향적 정부(관료제가 아닌 고객 요구의 충족)
⑦ 기업가적 정부(지출 보다는 수익 창출)
⑧ 미래에 대비하는 정부(사고 수습보다는 사고 예방)
⑨ 분권적 정부(위계조직에서 참여와 팀워크로)
⑩ 시장지향적 정부(시장기구를 통한 변화 촉진)

05 신공관리론에서 지향하는 '기업가적 정부'의 특성에 해당하지 않는 것은?

▶ 2021년 지방직 9급

① 경쟁적 정부
② 노젓기 정부
③ 성과 지향적 정부
④ 미래 대비형 정부

 ② [×] 노젓기는 전통적 정부운영의 특징에 해당한다. 신공공관리론은 정부의 역할을 노젓기(rowing)가 아닌 방향잡기(steering)로 본다.

06 전통적인 관료제 정부와 기업가적 정부에 대한 설명으로 옳은 것은?

▶ 2015년 사복직 9급

① 행정의 가치적 측면에서 기업가적 정부는 형평성과 민주성을 추구한다.
② 행정관리 기제에 있어서 기업가적 정부는 임무 중심 관리를 추구한다.
③ 행정관리 방식에 있어서 전통적인 관료제 정부는 예측과 예방을 중시한다.
④ 공공서비스를 제공함에 있어서 전통적인 관료제 정부는 민영화 방식의 도입을 추진한다.

 ② [○]
① [×] 행정의 가치적 측면에서 기업가적 정부는 경제성, 효율성, 효과성을 추구한다.
③ [×] 행정관리 방식에 있어서 전통적인 관료제 정부는 사후대처를 중시한다. 기업가적 정부는 예측과 사전예방을 중시한다.
④ [×] 공공서비스를 제공함에 있어서 전통적인 관료제 정부는 정부의 독점적 공급과 행정메커니즘을 추구한다. 민영화 방식의 도입을 추진하는 것은 기업가적 정부이다.

정답 05 ② 06 ②

07 기업가적 정부와 전통적인 관료제 정부를 비교하여 설명한 것으로 옳지 않은 것은?

▶ 2006년 국가직 7급

① 전통적인 관료제 정부는 서비스 공급이 독점적인데 반하여, 기업가적 정부는 경쟁을 도입한다.
② 전통적인 관료제 정부에서 정부의 역할은 주로 노젓기(rowing)인데 반하여, 기업가적 정부에서는 방향 잡아주기(steering)이다.
③ 예측, 예방, 임무중심 관리 등이 전통적 관료제 정부의 행정관리 방식이라면, 투입중심 예산, 사후대처, 명령, 통제는 기업가적정부의 행정관리 방식이다.
④ 전통적인 관료제 정부에서는 직접적인 서비스 제공에 중점을 두고, 기업가적 정부에서는 권한부여(empowering)를 중시한다.

> 해설 ③ [×] 반대로 된 설명이다. 전통적 관료제 정부의 행정관리 방식은 투입중심 예산, 사후대처, 명령 및 통제이며, 기업가적 정부의 행정관리 방식이 예측, 예방, 임무중심의 관리 등을 특징으로 한다.

08 D. Osborne과 P. Plastrik이 제시한 「정부혁신의 5가지 전략」의 설명으로 옳지 않은 것은?

▶ 2010년 국회 8급

① 핵심전략 : 정책수립 시 명확한 목표설정
② 통제전략 : 부패방지를 위한 행정투명성 확보
③ 결과전략 : 유인책을 통한 성과관리 강조
④ 고객전략 : 시민헌장 제정을 통한 고객에 대한 책임성 확보
⑤ 문화전략 : 공직사회의 기업가적 조직문화 창조

> 해설 ② [×] 통제전략이란 관리자에 대한 통제를 줄이고 권한을 대폭 위임하고 결과에 대해 책임을 지도록 하는 전략이다.

[표] 기업형정부의 5가지 혁신전략(5C)

전략	접근방법
핵심전략 (Core strategy)	• 정부 목표와 방향의 명확화
결과전략 (Consequence strategy)	• 결과 성과 중심의 관리 추구 • 경쟁관리, 기업관리, 성과관리
고객전략 (Customer strategy)	• 고객에 대한 책임성 확보를 위해 품질보증 방안 필요 • 고객의 선택, 경쟁적 선택, 품질확보
통제전략 (Control strategy)	• 관리자에 대한 내부규제 완화(재량권 부여) + 결과를 통한 책임 확보 • 조직 권한 위임, 지방사회로의 분권

정답 07 ③   08 ②

문화전략 (Culture strategy)	• 기업가적 조직문화 구축 • 관습타파, 감동정신, 승리정신

09 신공공관리론(NPM)에 대한 비판적 논의에 해당하지 않는 것은? ▶ 2018년 국가직 9급

① 공공부문은 민간부문과 다르기 때문에 민간부문의 관리 기법을 공공부문에 그대로 적용하는 데에는 한계가 있다.
② 민주적 책임성과 기업가적 재량권 간의 갈등으로 인하여 정부관료제의 효율성을 제고하기 어렵다.
③ 고객 중심 논리는 국민을 관료주도의 행정서비스 제공에 의존하는 수동적 존재로 전락시킬 우려가 있다.
④ 정치적 논리를 우선하여 내부관리적 효율성을 경시하는 경향이 있다.

해설 ④ [×] 신공공관리론은 신자유주의에 입각한 시장의 경쟁원리와 행정과 경영의 유사성을 전제로 하는 신관리주의(정치적 논리×)를 적용하여 내부관리의 효율성 제고를 강조했다.

10 뉴거버넌스(new governance)에 대한 설명으로 옳지 않은 것은? ▶ 2011년 지방직 9급

① 조정자로서 관료의 역할상을 강조한다.
② 분석단위로 조직 내(intra - organization) 연구를 강조한다.
③ 경쟁적 작동원리보다는 협력적 작동원리를 중시한다.
④ 공공문제 해결의 기제로써 네트워크의 활용을 중시한다.

해설 ② [×] 분석단위 측면에서 조직 내 연구를 강조하는 것은 신공공관리론이다. 뉴거버넌스는 조직 간 관계 분석에 초점을 둔다.

정답 09 ④   10 ②

11. 다음 중 뉴거버넌스(New Governance)에 대한 설명으로 가장 거리가 먼 것은?

▶ 2023년 군무원 9급

① 국민을 고객으로만 보는 것을 넘어 국정의 파트너로 본다.
② 행정의 효율성을 중시하지만 신공공관리론적 정부개혁에 대해 비판적으로 접근한다.
③ 행정의 경영화와 시장화를 중시하기 때문에 행정과 정치의 관계를 이원론적으로 보는 경향이 강하다.
④ 파트너십과 유기적 결합관계를 중시한다.

> **해설** ③ [×] 행정의 경영화와 시장화를 중시하는 것은 신공공관리론에 대한 설명이다. 뉴거버넌스는 담론이론 등을 바탕으로 시민참여를 중시하며 행정의 정치성을 강조하는 정치 · 행정 일원론의 입장에 가깝다.

12. 다음 개념 중 거버넌스와 관계가 가장 먼 것은?

▶ 2012년 서울시 7급

① 경쟁
② 이해관계자
③ 네트워크
④ 공공성
⑤ 소통

> **해설** ① [×] 경쟁은 신공공관리론의 특성에 해당한다.

13. 신공공관리론과 뉴거버넌스에 대한 설명으로 옳은 것은?

▶ 2013년 지방직 9급

① 신공공관리론에서 관료의 역할은 조정자이며, 뉴거버넌스론에서 관료의 역할은 공공기업가이다.
② 신공공관리론과 뉴거버넌스론에서는 정부의 역할로서 노젓기(rowing)보다는 방향잡기(steering)를 강조한다.
③ 신공공관리론과 뉴거버넌스론에서는 산출(output)보다는 투입(input)에 대한 통제를 강조한다.
④ 신공공관리론에서는 부분 간 협력에, 뉴거버넌스론에서는 부문 간 경쟁에 역점을 둔다.

정답 11 ③　12 ①　13 ②

해설
② [○]
① [×] 신공공관리론에서 관료의 역할은 공공기업가이며, 뉴거버넌스론에서 관료의 역할은 조정자이다.
③ [×] 신공공관리론과 뉴거버넌스론에서는 투입에 대한 통제보다는 산출에 대한 통제를 강조한다. 투입에 대한 통제를 강조하는 것은 전통적 정부운영 방식의 특징이다.
④ [×] 신공공관리론은 부문 간 경쟁을 강조하는데 비해, 뉴거버넌스론에서는 부문 간 협력을 강조한다.

[표] 신공공관리론과 뉴거버넌스론의 비교

구분 기준	신공공관리	신거버넌스
공통점	• 정부역할 : 방향잡기 (촉진적 정부) • 정부실패에 대한 대안 • 행정과 경영의 상대적 구별 • 투입보다 산출 중시	
통제의 중점	산출 통제	과정 통제
인식론적 기초	신자유주의, 시장주의	공동체주의 · 참여주의
분석 수준	조직내(intra – organizational) : 정부 내부의 관리 문제	조직간(inter – organizational) : 시장 및 시민사회의 외부주체와의 관계에서 정부의 역할과 기능에 초점
관리 기구	시장	연계망(network)
행정 이념	결과 (능률성, 효율성, 생산성)	과정 (민주성, 책임성, 정치성)
정부(관료) 역할	방향 잡기(steering)	방향 잡기(steering)
	공공기업가(public entrepreneur)	조정자(coordinator)
작동 원리	경쟁(시장 메카니즘)	신뢰, 협력(partnership)
서비스 관리방식	민영화, 민간위탁 등	공동생산(시민, 기업 등 참여)
인간관 (국민을 보는 관점)	고객(소비자)	시민(주권자)

14 신공공관리와 뉴거버넌스에 대한 설명으로 옳은 것은? ▶ 2021년 국가직 9급

① 뉴거버넌스가 상정하는 정부의 역할은 방향잡기(steering)이다.
② 신공공관리의 인식론적 기초는 공동체주의이다.
③ 신공공관리가 중시하는 관리 가치는 신뢰(trust)이다.
④ 뉴거버넌스의 관리 기구는 시장(market)이다.

해설
① [○] 뉴거버넌스에서 정부의 역할은 방향잡기(steering)이다. 이는 뉴거버넌스와 신공공관리론의 공통점이다.
② [×] 신공공관리의 인식론적 기초는 신자유주의이다.
③ [×] 신공공관리가 중시하는 관리가치는 경쟁이다.
④ [×] 뉴거버넌스가 중시하는 관리기구는 서비스연계망이다.

정답 14 ①

15 신공공관리론(NPM)과 뉴거버넌스에 대한 설명으로 옳지 않은 것은? ▶ 2010년 국회 8급

① NPM은 경쟁의 원리를 강조하지만, 뉴거버넌스는 신뢰를 기반으로 조정과 협조를 중시한다.
② NPM은 작은 정부를 중시하면서 행정과 경영을 동일시하지만, 뉴거버넌스는 큰 정부를 중시하면서 행정과 경영을 분리시킨다.
③ NPM은 국민을 공리주의에 입각하여 고객으로 보지만, 뉴거버넌스는 국민을 시민주의에 바탕을 두고 덕성을 지닌 시민으로 본다.
④ NPM은 행정의 경영화에 의한 정치행정 이원론의 성격이 강하지만, 뉴거버넌스는 담론이론 등을 바탕으로 한 행정의 정치성을 중시한다고 볼 수 있다.
⑤ NPM은 행정기능을 상당부분 민간에 이양하지만, 뉴거버넌스는 민간의 힘을 동원한 공적 문제의 해결을 중시한다.

해설 ② [×] NPM(신공공관리론)과 뉴거버넌스 모두 전통적 정부의 독점적 운영방식을 비판하면서 정부역할의 축소, 행정과 민간(경영) 구분의 상대성, 민관협력 등을 강조한다는 점은 공통적이다. 그러나 뉴거버넌스론은 신자유주의 이데올로기를 기반으로 작은 정부를 지향하는 신공공관리론을 비판하면서 등장한 것으로, 민주성과 책임성 확보를 위한 적정 수준에서의 국가역할의 필요성을 인식한다는 점에서 신공공관리론과 차이점이 있다. 그러나 뉴거버넌스가 반드시 큰 정부를 중시한다고 보기는 어렵다.

16 피터스(B. Guy Peters)가 제시한 시장 모형의 구조 개혁 방안으로 옳은 것은? ▶ 2022년 국회 8급

① 계층제
② 분권화
③ 평면조직
④ 가상조직
⑤ 기업가적 정부

해설 ② [○] 시장적 정부모형에서의 구조개혁 방안은 분권화이다.

구분	전통적 정부 모형	시장 모형	참여정부 모형	유연조직 모형	저통제 정부 모형
문제의 진단 기준	전근대적 권위	독점	계층제	영속성	내부 규제
구조의 개혁 방안	계층제	분권화	평면조직	가상 조직	(특정 제안 없음)
관리의 개혁 방안	직업공무원제, 절차적 통제	성과급 민간 부문의 기법	총품질관리(TQM), 팀제	가변적 인사관리	관리 재량권 확대
정책결정의 개혁 방안	정치·행정의 구분	내부시장 시장적 유인	협의, 협상	실험	기업가적 정부
공익의 기준	안정성, 평등	저비용	참여, 협의	저비용, 조정	창의성, 행동주의

정답 15 ② 16 ②

17 피터스(B. Guy. Peters)의 뉴거버넌스 정부개혁 모형에 대한 설명으로 가장 옳지 않은 것은?

▶ 2016년 서울시 9급

① 시장모형은 구조 개혁방안으로 평면조직을 상정한다.
② 참여정부 모형의 관리 개혁 방안은 총품질관리팀제이다.
③ 유연조직 모형의 정책결정 개혁 방안은 실험이다.
④ 저통제정부 모형의 공익 기준은 창의성과 활동주의이다.

해설 ① [×] 구조 개혁 방안으로 평면조직을 상정하는 것은 참여적 정부 모형이다. 시장모형은 구조 개혁 방안으로 분권화를 상정한다.

18 피터스(B. Guy Peters)가 제시한 정부개혁모형에 대한 설명으로 옳은 것은? ▶ 2017년 국가직 9급

① 시장모형(market model)에서는 조직의 통합을 통한 집권화를 처방한다.
② 참여정부모형(participatory model)에서는 조직 하층부 구성원이나 고객들의 의사결정 참여기회가 확대될수록 조직이 효과적으로 기능한다고 본다.
③ 신축적 정부모형(flexible government)에서는 정규직 공무원의 확대를 통하여 비용을 절감하고 공익을 증진시킬 수 있다고 본다.
④ 탈규제적 정부모형(deregulated government)에서는 경제적 규제 완화를 통한 시장 활성화를 추구하기 위하여 정부의 권한을 축소해야 한다고 본다.

해설 ② [○]
① [×] 시장모형은 전통적 정부모형의 독점성을 문제의 원인으로 지적하고, 대안으로 경쟁의 원리를 적용하여 조직구조 측면에서 분권화와 내부 관리 방식에서 성과급 등을 제시한다.
③ [×] 신축적 정부모형(유연조직 모형)은 전통적 정부조직의 영속성을 문제의 원인으로 지적하고, 해결방안으로 가변적 인사관리(정규직 축소 등)를 처방한다.
④ [×] 탈규제적 정부모형은 내부규제 완화를 통해 공무원의 창의성을 촉진하고, 공무원의 재량권의 확대를 처방하는 모형이다.

정답 17 ① 18 ②

19. 신공공서비스론의 주장으로 보기 어려운 것은?
▶ 2017년 지방직 9급

① 관료가 반응해야 하는 대상은 고객이 아닌 시민이다.
② 정부의 역할은 방향제시(steering)가 아닌 노젓기(rowing)이다.
③ 관료의 동기부여 원천은 보수나 기업가 정신이 아닌 공공서비스 제고이다.
④ 공익은 개인이익의 단순한 합산이 아닌 공유하고 있는 가치에 대해 대화와 담론을 통해 얻은 결과물이다.

해설 ② [×] 정부의 역할을 노젓기(rowing)로 파악하는 것은 전통적 관료제 패러다임의 특징이다. 신공공관리론은 정부의 역할은 노젓기보다는 방향잡기(steering) 역할이 되어야 한다고 주장하며, 신공공서비스론에서는 정부와 공무원의 역할은 조정하는 것이 아니라 '시민에 대한 봉사'라고 주장한다.

20. 신공공서비스론에 대한 설명으로 옳지 않은 것만을 〈보기〉에서 모두 고르면?
▶ 2021년 국회 8급

〈보 기〉
ㄱ. 공무원이 반응해야 하는 대상을 고객과 유권자 집단으로 본다.
ㄴ. 책임성 확보의 방법으로 개인이익의 총합을 통해 시민 또는 고객집단에게 바람직한 결과를 창출하는 방법을 추구한다.
ㄷ. 행정재량의 필요성을 인정하지만 제약과 책임이 수반되어야 한다고 본다.
ㄹ. 공익의 개념은 공유 가치에 대한 담론의 결과이다.
ㅁ. 공무원의 동기를 유발하는 수단은 정부규모를 축소하려는 이데올로기적 욕구와 사회봉사이다.

① ㄱ, ㄴ, ㄹ
② ㄱ, ㄴ, ㅁ
③ ㄴ, ㄷ, ㄹ
④ ㄴ, ㄹ, ㅁ
⑤ ㄷ, ㄹ, ㅁ

해설 ② ㄱ, ㄴ, ㅁ [×]
ㄱ [×] 전통 행정이론에 대한 설명이다. 신공공서비스론은 '시민'에 대한 봉사를 강조한다.
ㄴ [×] 개인 이익의 총합을 통해 시민 또는 고객집단에게 바람직한 결과를 창출하는 방법을 추구하는 것은 신공공관리론의 특징이다.
ㅁ [×] 신공공관리론에 대한 설명이다. 신공공서비스론에서 공무원의 동기유발수단은 사회봉사, 사회이익에 기여하려는 욕구이다.

정답 19 ② 20 ②

21 신공공서비스론의 특성에 대한 설명으로 옳지 않은 것은? ▶ 2021년 국가직 9급

① 정부의 역할은 시민에 대한 봉사여야 한다.
② 공익은 개인적 이익의 집합체이기 때문에 시민들과 신뢰와 협력의 관계를 확립해야 한다.
③ 책임성이란 단순하지 않기 때문에 관료들은 헌법, 법률, 정치적 규범, 공동체의 가치 등 다양한 측면에 관심을 기울여야 한다.
④ 생산성보다는 사람에게 가치를 부여하기 때문에 공공조직은 공유된 리더십과 협력의 과정을 통해 작동되어야 한다.

 ② [×] 신공공서비스론에서 공익은 개인 이익의 집합이 아니라 공동체가 공유하는 가치에 대한 담론의 결과로 본다. 공익을 개인이익의 집합으로 보는 것은 신공공관리론이다.

22 다음 중 신공공관리론과 신공공서비스론의 특성에 대한 설명으로 옳지 않은 것은? ▶ 2014년 국회 8급

① 신공공관리론은 경제적 합리성에 기반하는 반면에 신공공서비스론은 전략적 합리성에 기반한다.
② 신공공관리론은 기업가 정신을 강조하는 반면에 신공공서비스론은 사회적 기여와 봉사를 강조한다.
③ 신공공관리론의 대상이 고객이라면 신공공서비스론의 대상은 시민이다.
④ 신공공서비스론이 신공공관리론보다 지역공동체 활성화에 더 적합한 이론이다.
⑤ 신공공관리론이 신공공서비스론보다 행정책임의 복잡성을 중시하며 행정재량권을 강조한다.

 ⑤ [×] 행정재량권을 보다 강조하는 것은 신공공관리론이지만 신공공서비스론이 신공공관리론 보다 행정책임의 복잡성(복잡하고, 다원적인 행정책임)을 더 중시한다.

정답 21 ② 22 ⑤

23 현대 행정학의 주요 이론에 대한 설명으로 가장 옳지 않은 것은? ▶ 2018년 서울시 9급

① 신공공관리론은 공공선택이론의 주장과 같이 정부의 역할을 대폭 시장에 맡겨야 한다는 입장은 아니며, 기존의 계층제적 통제를 경쟁원리에 기초한 시장체제로 대체함으로써 관료제의 효율성과 성과를 높이려 한다.
② 탈신공공관리(post – NPM)는 신공공관리의 역기능적 측면을 교정하고 통치역량을 강화하며, 구조적 통합을 통한 분절화의 확대, 재집권화와 재규제의 축소, 중앙의 정치·행정적 역량의 강화를 강조한다.
③ 피터스(B. Guy Peters)는 뉴거버넌스에 기초한 정부개혁 모형으로 시장모형, 참여정부 모형, 유연조직 모형, 저통제정부 모형을 제시한다.
④ 신공공관리론이 시장, 결과, 방향잡기, 공공기업가, 경쟁, 고객지향을 강조한다면 뉴거버넌스는 연계망, 신뢰, 방향잡기, 조정자, 협력체제, 임무중심을 강조한다.

해설 ② [×] 탈신공공관리(Post–NPM)는 신공공관리론(NPM) 개혁의 한계를 수정·보완하기 위해, 분절화의 축소를 위한 구조적 통합, 재집권화와 재규제를 강조한다.

24 다음 중 탈신공공관리론(post – NPM)에서 강조하는 행정개혁 전략으로 옳지 않은 것은? ▶ 2018년 국회 8급

① 분권화와 집권화의 조화
② 민간 – 공공부문 간 파트너십 강조
③ 규제완화
④ 인사관리의 공공책임성 중시
⑤ 정치적 통제 강조

해설 ③ [×] 규제완화는 신공공관리론에서 강조하는 행정개혁 전략이다. 탈신공공관리에서는 재규제를 강조한다.

25 탈신공공관리(Post NPM)에 대한 설명으로 옳지 않은 것은? ▶ 2020년 지방직 7급

① 성과보다는 공공책임성을 중시하는 인사관리 강조
② 탈관료제 모형에 기반을 둔 경쟁과 분권화 강조
③ 구조적 통합을 통한 분절화의 축소와 조정의 증대
④ '통(通) 정부(whole of government)' 적 접근

정답 23 ② 24 ③ 25 ②

> **해설** ②[×] 탈관료제 모형에 기반을 둔 경쟁과 분권화 강조는 신공공관리론(NPM)의 특징이다.
> ①, ③, ④[○] 탈신공공관리(post-NPM)의 특징은 구조적 통합을 통한 분절화의 축소, 재집권화와 재규제의 주창, 총체적 정부 또는 합체된 정부의 주도, 역할 모호성의 제거, 민간·공공부문의 파트너십 강조, 집권화, 역량 및 조정의 증대, 중앙의 정치·행정적 역량의 강화 등이다.

26

블랙스버그 선언(Blacksburg Manifesto)과 행정재정립운동(refounding movement)에 대한 설명으로 옳지 않은 것은?
▶ 2023년 지방직 9급

① 블랙스버그 선언은 행정의 정당성을 침해하는 정치·사회적 상황을 비판했다.
② 행정재정립운동은 직업공무원제를 옹호했다.
③ 행정재정립운동은 정부를 재창조하기보다는 재발견해야 한다고 주장했다.
④ 블랙스버그 선언은 신행정학의 태동을 가져왔다.

> **해설** ④[×] 신행정학의 등장 시기는 1960년대이고, 블랙스버그 선언은 1987년이므로 블랙스버그 선언이 신행정학의 태동을 가져올 수는 없다.
> ①[○] 1987년 Wamsley 등이 주장한 블랙스버그 선언은 미국 사회에서 일어나고 있는 필요 이상의 관료 공격, 대통령의 반관료적 성향, 정당 정치권의 반정부 어조와 같이 행정의 정당성을 침해하는 정치·사회적 문제점을 지적한 선언이다.
> ②, ③[○] 블랙스버그 선언의 연장 선상에 있는 행정재정립 운동은 공무원의 적극적 역할과 직업공무원제를 옹호하였고 정부를 '재창조'하기보다 '재발견'해야 한다고 주장하였다.

27

무어(Moore)의 공공가치창출론(creating public value)적 시각에 대한 설명으로 옳지 않은 것은?
▶ 2023년 지방직 9급

① 행정의 정당성 위기를 극복하기 위한 대안적 접근이다.
② 전략적 삼각형 개념을 제시한다.
③ 신공공관리론을 계승하여 행정의 수단성을 강조한다.
④ 정부의 관리자들은 공공가치 실현에 힘써야 한다고 주장한다.

정답 26 ④ 27 ③

해설

③ [×] 1960년대 이후 행정국가화 현상이 심화되면서 발생한 다양한 정부실패의 문제를 해결하기 위해 1980년대에 효율성과 경쟁원리에 기반한 시장경제적 유인구조를 관리 도구로 채택한 신공공관리론이 등장하였다. 그러나 1990년대 중·후반부터 신공공관리론은 신관리주의와 시장주의를 적용하는 과정에서 공공부문의 근본적 가치인 책임성, 반응성, 민주성 등의 기반을 약화시켰다. 신공공관리론이 야기한 행정의 정당성 위기, 즉 행정의 공공성 약화를 극복하기 위한 대안적인 패러다임으로 등장한 것이 공공가치관리론이다. 공공가치에 관한 연구는 크게 두 가지 접근방법이 있는데, 공공가치의 창출과 공공관리자의 거시적인 전략적 사고를 강조한 무어의 공공가치창출론과 공공가치의 실재론에 기초하여 공공가치실패를 강조하는 보우즈만의 접근방법이 있다.

② [O] 무어는 공공가치창출을 세 가지 전략적 삼각형으로 구성하여 제안한다. 전략적 삼각형의 첫 번째는 정당성과 지원의 확보이고, 두 번째는 공적 가치의 형성이며, 세 번째는 운영 역량의 형성이다. 우선, 정당성과 지원의 확보는 외부환경으로부터 정당성 부여 환경을 의미하는 것으로서 시민의 지지 및 정당성, 선출직 대표에 대한 책무성, 시민사회와의 관계, 미디어 평단 등을 중요한 요소로 한다. 다음으로, 공공가치의 생성은 조직 차원에서 조직 비전과 미션, 전략적 목표, 목적과 활동 산출물 사이의 연계성, 정부조직에 대한 신뢰 등을 통한 과업환경을 확보하는 것을 중요한 요소로 한다. 아울러 운영 역량은 조직이 운영하는 정책이나 프로그램을 실현하는 데 필요한 재정적 역량, 조직 내 인적자원의 역량, 조직혁신 역량, 조직의 생산성 등을 요소로 한다.

④ [O] 무어의 공공가치창출론은 민간분야의 관리자들이 주어진 자산을 활용하여 주주가 요구하는 민간부문의 가치를 창출하는 것처럼 민주적으로 선출되어 정당성을 부여 받은 정부의 관리자들은 공공자산(국가 권위, 국가재정)을 활용하여 시민을 위한 공공가치를 창출해야 한다는 점에 착안한 것이다.

제4장 행정가치

기출문제

01 행정이 추구하는 가치 중 본질적 가치에 해당하는 것은? ▶ 2016년 행정사

① 능률성 ② 형평성
③ 합법성 ④ 합리성
⑤ 효과성

해설 ② [O] 정의, 공익, 형평성, 자유, 평등은 본질적 가치에 해당하며, 능률성, 합법성, 합리성, 효과성 등은 수단적 가치에 해당한다.

02 실체설의 관점에서 본 공익의 개념에 관한 설명으로 옳은 것은? ▶ 2018년 행정사

① 개인의 사익을 초월한 공익이 존재한다.
② 개인의 사익 추구가 결과적으로 공동체의 선을 최대한 증대시킨다.
③ 공익은 사익의 총합이거나 사익 간의 타협 및 조정과정을 통해 얻어진다.
④ 공익은 민주적 정치체제 내의 개인과 집단 간 정치활동의 결과물이다.
⑤ 여러 사회집단의 대립과 협상과정에서 결과적으로 다수 이익에 일치되는 것이 공익으로 도출된다.

해설 ① [O]
②, ③, ④, ⑤ [×] 과정설에 대한 설명이다.

정답 01 ② 02 ①

03 공익의 실체설과 과정설에 관한 설명으로 옳은 것을 모두 고른 것은?   ▶ 2023년 행정사

ㄱ. 사익과 차별화되는 공익의 존재를 인정하는 실체설은 공익이 행정의 구체적인 지침이 될 수 있다고 본다.
ㄴ. 실체설은 개인이나 집단 사이의 이해를 조정하는 행정의 조정자 역할을 강조한다.
ㄷ. 과정설은 이해당사자 사이의 협상과 타협을 통해 규범적 절대가치에 도달할 수 있다고 본다.
ㄹ. 「지방재정법」에 규정된 주민참여예산제도의 준수를 통해 지방자치단체의 예산을 배분하는 것은 과정설에 해당된다.

① ㄱ, ㄴ
② ㄱ, ㄹ
③ ㄴ, ㄷ
④ ㄱ, ㄷ, ㄹ
⑤ ㄴ, ㄷ, ㄹ

해설
② ㄱ, ㄹ [O]
ㄹ [O] 주민참여예산제도는 주민이 예산과정에 참여하여 의견을 반영하는 재정민주주의 이념을 실현하는 제도로 과정설과 관련된다.
ㄴ [×] 개인이나 집단 사이의 이해를 조정하는 행정의 조정자 역할을 강조하는 것은 과정설의 입장이다.
ㄷ [×] 규범적 절대가치를 강조하는 것은 실체설의 입장이다.

04 투입에 대한 산출의 비율로서 과학적 관리론에서 추구하는 행정가치는?   ▶ 2019년 행정사

① 형평성
② 민주성
③ 가외성
④ 능률성
⑤ 합법성

해설
④ [O] 투입에 대한 산출의 비율은 능률성을 의미한다.

정답 03 ② 04 ④

05 발전목표의 설정과 달성을 통해 국가발전을 추진하던 1960년대 발전행정적 사고가 지배적일 때 부각되어 중요시되었던 행정가치는? ▶ 2017년 행정사

① 능률성
② 효과성
③ 합법성
④ 사회적 효율성
⑤ 법적 책임성

해설 ② 효과성(效果性)이란 목표의 달성정도를 의미하는 개념(결과 중시)으로, 1960년대 국가 발전이라는 목표를 중시하는 발전행정론에서 가장 중시한 행정가치였다.

06 행정의 능률성(efficiency)과 효과성(effectiveness)에 관한 설명으로 옳은 것은? ▶ 2023년 행정사

① 효과성은 목표와 무관하게 자원을 낭비 없이 사용하는 것을 의미한다.
② 능률성은 사회문제의 해결정도를 의미한다.
③ 어떤 해결대안이 효과적이면 그 대안은 항상 능률적이다.
④ 비용효과(cost-effectiveness) 분석은 효과를 화폐가치로 측정하기 어려운 상황에서 적용된다.
⑤ 효과성은 행정의 수단적 가치인 반면, 능률성은 민주성과 마찬가지로 본질적 가치이다.

해설 ④ [○]
①, ② [×] 효과성은 목표달성도(사회문제의 해결정도)를 의미한다. 목표와 무관하게 자원을 낭비 없이 사용하는 것은 능률성을 의미한다.
③ [×] 어떤 해결대안이 효과적이라고 해서 반드시 능률적인 것은 아니다. 효과성은 투입(비용)을 고려하지 않는다는 점에서 효과성을 충족하더라도 투입된 비용이 많다면 비능률적일 수 있다.
⑤ [×] 효과성, 능률성, 민주성 모두 수단적 가치에 해당한다.

07 행정에 있어서 가외성(Redundancy)에 관한 설명으로 옳지 않은 것은? ▶ 2014년 행정사

① 중첩성이라고도 한다.
② 작고 효율적인 행정개혁을 저해할 수도 있다.
③ 조직의 실패 확률을 감소시켜 안정성을 높여준다.
④ 환경의 불확실성이 커질수록 가외성의 필요성은 감소한다.
⑤ 환경에 대한 조직의 적응성을 높여준다.

정답 05 ② 06 ④ 07 ④

해설 ④ [×] 환경의 불확실성이 커질수록 가외성의 필요성은 증가한다.

08 행정가치에 관한 설명으로 옳지 않은 것은? ▶ 2014년 행정사

① 합법성은 시민권의 신장과 자유권의 옹호가 중요했던 입법국가 시대의 주요 가치이다.
② 신공공관리론에서는 정치적 책임성과 법적 책임성 외에도 시장 책임성을 강조한다.
③ 효과성은 1960년대 발전행정의 사고가 지배적일 때 주된 가치판단 기준이었다.
④ 사회적 능률성은 민주성의 개념으로 이해되는 데 신행정론에서 처음 주창된 가치이다.
⑤ 민원처리 과정을 온라인으로 공개함으로써 과정의 투명성을 확보할 수 있다.

해설 ④ [×] 사회적 능률성은 민주성의 개념으로 이해되며, 1930년대 기능적 행정학에서 중시된 이념이다. 1970년대 신행정론에서 처음 주창된 가치는 형평성이다.

09 행정이 추구하는 가치에 관한 설명으로 옳은 것은? ▶ 2018년 행정사

① 효율성은 효과성의 필요충분조건이다.
② 형평성은 '최대 다수의 최대 행복'을 강조한다.
③ 윌슨(W. Wilson)의 정치행정이원론은 행정의 정책결정권한 및 적극성을 강조한다.
④ 롤스(J. Rawls)의 「정의론」은 사회적으로 최소의 혜택을 받는 사람들에게 차별적 이익을 제공하는 이론적 근거를 제공한다.
⑤ 현대 행정에서 적극적(실질적) 의미의 민주성은 의회의 결정에 대한 철저한 순응과 법치행정을 강조한다.

해설 ④ [○]
① [×] 효율성의 충족이 필연적으로 효과성을 보장하지는 않는다. 효과성만을 강조하게 되면 투입과정에서 발생하는 자원의 낭비로 능률성이 떨어질 수 있으며, 능률성만을 강조하게 되면 목표달성에 대한 관심을 약화시켜 효과성이 떨어질 수 있다.
② [×] '최대 다수의 최대 행복'은 공리주의의 주장으로 소수자나 사회적 약자의 이익을 고려하지 못한다. 반면 형평성은 사회적·경제적 소수자나 사회적 약자의 이익과 배분적 정의를 강조하는 행정가치이다.
③ [×] 윌슨의 정치행정 이원론은 행정을 정치로부터 분리할 것을 주장하며, 행정의 정치적 성격이나 가치판단적 기능을 경시하였다. 행정의 정책결정 권한을 강조하는 것은 정치행정 일원론의 입장이다.
⑤ [×] 의회의 결정에 대한 철저한 순응과 법치행정을 강조하는 것은 근대 민주주의 국가에서 강조된 소극적 의미의 민주성과 합법성 이념이다.

정답 08 ④ 09 ④

행정이론과 추구하는 행정이념의 연결이 옳지 않은 것은? ▶ 2024년 행정사

① 인간관계론 - 사회적 능률성
② 행정행태론 - 효과성
③ 신공공관리론 - 효율성
④ 과학적관리론 - 기계적 능률성
⑤ 신행정론 - 사회적 형평성

해설 ② [×] 효과성을 강조한 행정이론은 1960년대 발전행정론이다.

[표] 행정이론과 행정가치의 변천

시기	행정이론	행정이념
19C초	관료제 이론	합법성 : 법치행정의 원리
19C말	고전파 행정학(행정관리설)	능률성 : 산출/투입 비율
1930년대	정치행정 일원론(통치기능설)	민주성 : 국민을 위한 행정
1940년대	행태론	합리성 : 목표에 대한 수단의 적합성
1960년대	발전행정론	효과성 : 목표달성도
1970년대	신행정론	형평성 : 소외계층(사회적 약자)에 대한 배려
1980년대	신공공관리론(NPM)	생산성 : 능률성+효과성
1990년대	뉴거버넌스	신뢰성 : 네트워크 참여자들 간 상호 신뢰

정답 10 ②

연습문제

01 다음 행정의 가치 중 성격이 다른 하나는? ▶ 2022년 국회 9급

① 정의
② 평등
③ 공익
④ 자유
⑤ 합법성

> **해설** ⑤ 합법성은 수단적 가치이고, 나머지는 본질적 가치이다.

02 공익의 본질에 관한 설명으로 옳지 않은 것은? ▶ 2011년 국회 8급

① 공익의 실체설은 공익이 사익을 초월하여 선험적·규범적인 것으로 존재한다고 본다.
② 공익의 과정설은 공익을 수많은 사익 간의 조정과 타협의 산물이라고 본다.
③ 공익의 실체설은 관료의 독자적·적극적 역할을 강조한다.
④ 공익의 과정설은 개인주의적·다원주의적 시각에 가깝다.
⑤ 공익의 실체설은 절차적 합리성을 강조하여 적법절차의 준수에 의해서 공익이 보장된다고 본다.

> **해설** ⑤ [×] 실체설이 아니라 과정설에 대한 설명이다.

03 공익에 대한 설명으로 옳지 않은 것은? ▶ 2019년 국회 9급

① 플라톤과 루소는 사회의 다양한 집단 간 상호 이익을 타협하고 조정한 결과가 공익이라는 입장을 강조한다.
② 공익의 과정설은 정부와 공무원의 중립적 조정자 역할을 중시한다.
③ 공익의 실체설은 공동체의 이익과 절대가치 등을 중시한다.
④ 민주적 조정 과정을 중시하는 입장은 개발도상국보다는 선진국에서 설명력이 더 높다.
⑤ 공익의 실체설은 엘리트주의의 관점을 취하는 반면, 공익의 과정설은 다원주의의 관점을 취한다.

정답 01 ⑤   02 ⑤   03 ①

① [×] 사회의 다양한 집단 간 상호 이익을 타협하고 조정한 결과가 공익이라는 입장은 과정설의 주장이며, 플라톤과 루소는 실체설을 주장한 학자이다.

04 공익(public interest) 개념의 실체설과 과정설에 대한 설명으로 옳은 것은? ▶ 2017년 국가직 9급

① 실체설은 집단 간 상호작용의 산물이 공익이라고 본다.
② 과정설의 대표적인 학자에는 플라톤(Plato)과 루소(Rousseau)가 있다.
③ 실체설은 공익이라는 미명하에 개인의 이익이 침해될 수 있는 위험요소를 내포하고 있다.
④ 과정설은 공익과 사익이 명확히 구분된다는 입장이다.

③ [○] 실체설은 공익을 사익을 초월한 실체적 규범으로 파악하며, 공익과 사익이 충돌할 경우 공익을 우선시하는 집단주의적 공익관이다. 따라서 공익을 위해 개인의 이익을 침해할 수 있는 여지가 있다.
① [×] 공익을 집단 간 상호작용의 산물이라고 보는 것은 과정설이다.
② [×] 플라톤, 루소, 헤겔, 아리스토텔레스 등은 실체설의 대표적인 학자이다.
④ [×] 공익과 사익이 명확히 구분된다는 입장은 공익의 실체설이다.

05 공익에 대한 설명으로 옳은 것만을 모두 고르면? ▶ 2022년 지방직 9급

> ㄱ. 실체설에 의하면 공익은 사익을 초월한 것이다.
> ㄴ. 과정설에 의하면 공익은 사익 간 갈등을 조정·타협하는 과정에서 산출되는 것이다.
> ㄷ. 실체설은 다원적 민주주의에 도움을 준다.
> ㄹ. 플라톤(Plato)과 루소(Rousseau) 모두 공익 실체설을 주장하였다.

① ㄱ, ㄴ
② ㄴ, ㄷ
③ ㄱ, ㄴ, ㄹ
④ ㄱ, ㄷ, ㄹ

③ ㄱ, ㄴ, ㄹ [○]
ㄷ [×] 다원적 민주주의에 도움을 주는 것은 민주적 조정과정에 의한 공익의 도출을 중시하는 과정설이다.

정답 04 ③ 05 ③

06 롤스(J. Rawls)의 사회 정의의 원리와 거리가 먼 것은?　　▶ 2014년 서울시 9급

① 원초상태(original position) 하에서 합의되는 일련의 법칙이 곧 사회정의의 원칙으로서 계약 당사자들의 사회협동체를 규제하게 된다.
② 정의의 제1원리는 기본적 자유의 평등원리로서, 모든 사람은 다른 사람의 유사한 자유와 상충되지 않는 한도 내에서 최대한의 기본적 자유에의 평등한 권리를 인정 하는 것이다.
③ 정의의 제2원리의 하나인 '차등 원리(difference principle)'는 가장 불우한 사람들의 편익을 최대화해야 한다는 원리이다.
④ 정의의 제2원리의 하나인 '기회 균등의 원리'는, 사회·경제적 불평등은 그 모체가 되는 모든 직무와 지위에 대한 기회 균등이 공정하게 이루어진 조건 하에서 직무나 지위에 부수해 존재해야 한다는 원리이다.
⑤ 정의의 제1원리가 제2원리에 우선하고, 제2원리 중에서는 '차등원리'가 '기회균등의 원리'에 우선되어야 한다.

 ⑤ [×] 정의의 제1원리가 제2원리에 우선하고, 제2원리 중에서는 기회균등의 원리가 차등원리에 우선되어야 한다.

 07 롤스(J. Rawls)가 제시한 정의론(Justice theory)의 내용으로 가장 옳지 않은 것은?

▶ 2017년 서울시 7급

① 롤스는 사회계약론의 입장에서 정의의 원리를 도출한다.
② 전제조건으로 원초상태란 '무지의 베일'에 가리어져 있는 상태를 말한다.
③ 제1의 원리는 사회적 약자의 편익을 최대화하는 것이다.
④ 롤스의 정의관은 자유와 평등의 조화를 추구하고 있다.

해설 ③ [×] 롤스(J. Rawls)가 제시한 정의론의 제1의 원리는 개개인은 다른 사람의 유사한 자유와 상충되지 않는 한도 내에서 최대한의 기본적 자유에 대한 평등한(동등한) 권리가 인정되어야 한다는 '기본적 자유의 평등(동등) 원리'이다. 사회적 약자의 편익을 최대화하는 것은 제2의 원리 중 차등조정의 원리에 해당한다.

정답　06 ⑤　07 ③

08 롤스(J. Rawls)의 정의론에 대한 설명으로 옳지 않은 것은?
▶ 2018년 국가직 9급

① 원초적 자연상태(state of nature) 하에서 구성원들의 이성적 판단에 따른 사회형태는 극히 합리적일 것이라고 가정하는 사회계약론적 전통에 따른다.
② 현저한 불평등 위에서는 사회의 총체적 효용 극대화를 추구하는 공리주의가 정당화될 수 없다고 본다.
③ 사회의 모든 가치는 평등하게 배분되어야 하며, 불평등한 배분은 그것이 사회의 최소수혜자에게도 유리한 경우에 정당하다고 본다.
④ 자유와 평등의 조화를 추구하는 중도적 입장보다는 자유방임주의에 의거한 전통적 자유주의 입장을 취하고 있다.

해설 ④ [×] 롤스의 정의론은 전통적 자유주의와 사회주의의 양극단을 지양하고 자유와 평등의 조화를 추구하는 중도주의적 입장이다.

09 사회적 형평성에 대한 설명으로 옳은 것을 〈보기〉에서 고른 것은?
▶ 2018년 지방교행 9급

〈보기〉
ㄱ. 정당한 불평등의 개념을 포함하고 있다.
ㄴ. 투입 대비 산출의 비율로 표현되는 경제적 개념이다.
ㄷ. 동일한 것은 동일하게 취급하는 것을 수직적 형평성이라고 한다.
ㄹ. 신행정론의 등장과 함께 강조되기 시작하였다.

① ㄱ, ㄴ
② ㄱ, ㄹ
③ ㄴ, ㄷ
④ ㄷ, ㄹ

해설 ② ㄱ, ㄹ [○]
ㄴ. [×] 투입 대비 산출의 비율로 표현되는 경제적 개념은 능률성이다.
ㄷ. [×] 동일한 것을 동일하게 취급하는 것은 수평적(수직적 ×) 형평성이다.

정답 08 ④ 09 ②

10 〈보기〉 중 효율성(efficiency)에 관한 설명으로 옳은 것은 모두 몇 개인가? ▶ 2012년 국회 8급

〈보기〉
ㄱ. 사이먼(H. A. Simon)은 기계적 효율성을 대차대조표적 효율성이라고 하면서 성과를 계량화하여 객관적인 기준에 따라 효율성을 평가한다고 보았다.
ㄴ. 사회적 효율성은 1960년대 말 신행정론에서 디목(M. E. Dimock)이 도입한 가치개념이다.
ㄷ. 효율성은 목표의 달성도를 나타내는 개념으로서 비용 내지 투입의 개념이 들어 있지 않다.
ㄹ. 효율성은 어떤 행위가 궁극적인 목표 달성의 최적 수단이 되느냐의 여부를 가리는 개념이다.
ㅁ. 효율성을 이론적으로 뒷받침하는 기준으로는 파레토 최적 상태를 들 수 있는데, 이는 자원배분의 효율성을 의미하지만 분배의 형평성을 확보해주는 것은 아니라는 한계를 지닌다.

① 1개 ② 2개
③ 3개 ④ 4개
⑤ 5개

해설 ② ㄱ, ㅁ [O]
ㄴ. [×] 사회적 효율성은 1940년대 통치기능설을 주장한 M. E. Dimock이 제시한 개념이다.
ㄷ. [×] 효과성에 해당하는 설명이다.
ㄹ. [×] 합리성에 해당하는 설명이다.

11 행정의 대외적 민주성을 확보하기 위한 것과 가장 거리가 먼 것은? ▶ 2010년 서울시 9급

① 행정인의 행정윤리 확립 ② 책임행정의 확보
③ 일반국민의 행정참여   ④ 과도한 침해에 대한 제도적 구제장치
⑤ 파레토 최적

해설 ⑤ [×] 파레토 최적은 다른 사람의 효용을 감소시키지 않고서는 다른 사람의 효용을 증가시킬 수 없는 상태로 효율적 자원배분 상태를 의미하는 개념으로 효율성을 평가하는 기준이다.

정답 10 ② 11 ⑤

어떤 행위가 의식적인 사유과정의 산물이거나 인지력과 결부되고 있을 때의 합리성은 무엇인가?

▶ 2011년 서울시 9급

① 내용적 합리성
② 절차적 합리성
③ 기능적 합리성
④ 기술적 합리성

해설 ② Simon의 절차적 합리성에 대한 설명이다. 절차적 합리성이란 결과보다 결정 과정(인지적·지적 과정)에 대한 관심을 갖는 합리성이다.

 Diesing이 말하는 합리성의 유형에 대한 설명 중 옳은 것은?

▶ 2006년 서울시 9급

① 기술적 합리성은 경쟁상태에 있는 목표를 어떻게 비교하고 선택할 것인가 하는 것을 의미한다.
② 경제적 합리성은 주어진 목표를 가장 잘 달성할 수 있는 수단을 찾는 것을 의미한다.
③ 사회적 합리성은 사회내의 여러 세력들의 정책결정 과정을 개선하는 것을 의미한다.
④ 법적 합리성은 보편성과 공식적 질서를 통하여 예측가능성을 높이는 것을 의미한다.
⑤ 정치적 합리성은 사회구성원 간의 조화된 통합성을 확보하는 것을 의미한다.

해설 ④ [O]
①은 경제적 합리성, ②는 기술적 합리성, ③은 정치적 합리성, ⑤는 사회적 합리성에 해당한다.

경제적 합리성	• 두 개 이상의 목표들이 경쟁상태에 있을 때 비용(cost)·편익(benefit)의 측정과 비교를 통해 평가하는 과정에서 나타나는 합리성(예 : B/C분석) • 보다 적은 비용으로 보다 많은 결과(효과/편익)를 얻는 것과 관계되는 합리성
기술적 합리성	• 주어진 목표를 가장 잘 달성할 수 있는 수단을 찾는 합리성. 즉, 목표와 수단 사이에 존재하는 인과관계의 적절성 • 목표와 수단의 계층제적 구조를 갖고, 목표달성에 가장 적합한 수단을 찾는 것을 의미함
정치적 합리성	• 사회 내의 여러 세력들의 정책결정 과정·구조를 개선하는 합리성 • 정책결정에 있어 가장 비중이 높고 영향력이 큼
법적 합리성	• 대안의 합법성 정도를 의미하는 것으로 보편성과 공식적 질서를 통해 예측가능성을 높이는 합리성
사회적 합리성	• 사회체제의 구성요소들 간의 조정과 조화된 통합성을 의미. 사회 내에 있는 여러 가지 힘과 세력들이 질서 있는 방향으로 처리되고, 갈등이 해결될 수 있는 장치

정답 12 ② 13 ④

14 다음 설명에 해당하는 것은? ▶ 2016년 국가직 9급

> 이것은 불확실한 상황에서의 오류 발생가능성을 최소화하고 체제의 신뢰성을 높이기 위해 강조되는 행정가치이며, 여러 기관에서 한 가지 기능이 혼합되는 중첩성(overlapping)과 동일 기능이 여러 기관에서 독립적으로 수행되는 중복성(duplication) 등을 포괄하는 개념이다.

① 가외성(redundancy) ② 합리성(rationality)
③ 효율성(effciency) ④ 책무성(accountability)

해설 ① 제시문은 가외성(redundancy)에 해당하는 개념이다.

15 가외성(redundancy)에 대한 설명으로 가장 옳지 않은 것은? ▶ 2020년 서울시 9급

① 동등잠재성(equi potentiality)은 동일한 기능을 여러 기관들이 독자적 상태에서 수행하는 것을 의미한다.
② 란다우(Martin Landau)는 권력분립, 계선과 참모, 양원제와 위원회제도를 가외성 현상이 반영된 제도로 본다.
③ 창조성 제고, 적응성 증진 등에 효용이 있다.
④ 한계로는 비용상의 문제와 조직 내 갈등 유발 등이 지적된다.

해설 ① [×] 가외성이란 불확실성이나 위기에 대비한 중복, 중첩, 여유분(동등잠재성)을 개념적 특징으로 하는데 동일한 기능을 여러 기관들이 독자적 상태에서 수행하는 것은 동등잠재성이 아니라 중복 또는 반복(duplication)에 해당한다.

16 행정이 추구하는 가치에 대한 설명으로 옳지 않은 것은? ▶ 2019년 지방직 9급

① 합리성은 어떤 행위가 궁극적인 목표달성을 위한 최적의 수단이 되느냐를 가리키는 개념이다.
② 효과성은 투입 대비 산출의 비율을, 능률성은 목표의 달성도를 나타내는 개념이다.
③ 행정의 민주성은 대외적으로 국민 의사의 존중·수렴과 대내적으로 행정조직의 민주적 운영이라는 두 가지 측면이 있다.
④ 수평적 형평성이란 동등한 것을 동등하게 취급하는 것, 수직적 형평성이란 동등하지 않은 것을 서로 다르게 취급하는 것을 의미한다.

정답 14 ① 15 ① 16 ②

해설 ② [×] 효과성은 목표 달성도를 의미하는 개념이다. 투입 대비 산출 비율은 능률성이다.

17 행정 가치에 대한 설명으로 옳지 않은 것은? ▶ 2020년 지방직 9급

① 공익 과정설에 따르면 사익을 초월한 별도의 공익이란 존재할 수 없다.
② 롤스(Rawls)는 사회정의의 제1원리와 제2원리가 충돌할 경우 제1원리가 우선이라고 주장한다.
③ 파레토 최적 상태는 형평성 가치를 뒷받침하는 기준이다.
④ 근대 이후 합리성은 목표를 달성하는 수단과 관련된 개념이다.

해설 ③ [×] 파레토 최적 상태는 능률성 가치를 뒷받침하는 기준이다.

18 행정가치에 대한 설명으로 가장 옳은 것은? ▶ 2019년 서울시 9급

① 과정설에서는 공익은 사익을 초월한 실체·규범·도덕 개념으로 파악한다.
② 사회적 형평성은 1930년대 중반 이후 인간관계론의 등장과 더불어 강조된 개념이다.
③ 사회적 효율성은 동등한 것을 동등한 자에게 처방하는 것이 정당하다고 본다.
④ 효과성은 목표달성의 정도로 1960년대 발전행정론에서 중요시한 개념이다

해설 ④ [○]
① [×] 공익을 사익을 초월한 실체·규범·도덕 개념으로 파악하는 것은 실체설 입장이다.
② [×] 사회적 형평성은 1960년대 말 이후 신행정론의 등장과 더불어 강조된 개념이다.
③ [×] 동등한 것을 동등한 자에게 처방하는 것은 수평적 형평성 개념에 대한 설명이다.

정답 17 ③   18 ④

19 행정이념에 대한 설명으로 옳지 않은 것은? ▶ 2012년 국가직 7급

① 19세기 후반 현대 미국 행정학의 태동기에 강조되었던 행정 이념은 민주성과 합법성이었다.
② 효과성은 발전행정론에서 강조된 행정이념으로서 과정보다는 산출·결과에 중점을 둔다.
③ 롤스(J. Rawls)의 정의관은 자유와 평등의 조화를 추구하는 입장으로서 신행정론의 등장 이후 사회적 형평성 논의에 많은 영향을 미쳤다.
④ 민주성과 능률성은 항상 상충되는 것은 아니고 상호 보완적일 수 있다.

> **해설**
> ① [×] 19세기 후반 현대 미국 행정학의 태동기에는 정치행정이원론의 등장으로 능률성이 강조되었다.

20 행정이론의 패러다임과 추구하는 가치를 바르게 연결한 것은? ▶ 2018년 지방직 9급

① 행정관리론 – 절약과 능률성
② 신행정론 – 형평성과 탈규제
③ 신공공관리론 – 경쟁과 민주성
④ 뉴거버넌스론 – 대응성과 효율성

> **해설**
> ① [○]
> ② [×] 신행정론은 사회적 형평성을 강조한다. 탈규제(규제완화)는 신공공관리론이 강조하는 가치이다.
> ③ [×] 신공공관리론은 경쟁과 효율성을 추구한다. 민주성은 정치행정 일원론, 뉴거버넌스 이론에서 추구하는 가치이다.
> ④ [×] 뉴거버넌스 이론은 민주성, 책임성, 신뢰 등의 가치를 추구한다. (고객에 대한) 대응성과 효율성은 신공공관리론이 추구하는 가치이다.

정답 19 ① 20 ①

제5장 정부규모와 정부 역할

기출문제

01 시장 실패의 원인으로 옳지 않은 것은? ▶ 2019년 행정사

① 공공재
② 외부효과
③ 파생적 외부성
④ 정보의 비대칭성
⑤ 불완전한 경쟁

해설 ③ [×] 파생적 외부효과는 정부 실패의 원인이다. 파생적 외부효과는 정부활동의 결과로서 나타나는 비의도적인 파급효과와 부작용을 말한다.

02 시장실패의 요인으로 옳지 않은 것은? ▶ 2017년 행정사

① 비용과 편익의 괴리
② 외부효과의 발생
③ 공공재의 존재
④ 소득의 불공정한 분배
⑤ 독과점의 출현

해설 ① [×] 비용과 편익의 괴리는 정부실패의 원인이다.

정답 01 ③ 02 ①

03 시장실패에 관한 설명으로 옳은 것은? ▶ 2018년 행정사

① 시장에서의 정보 비대칭성은 자원배분의 효율성과는 무관하다.
② 전기·수도와 같은 공공서비스 공급에 정부가 개입하는 이유는 해당 서비스가 비경합성과 비배제성을 지니고 있기 때문이다.
③ 긍정적 외부효과가 존재하는 시장의 경우 과소공급에 따른 비효율성이 초래된다.
④ 코우즈 정리(Coase Theorem)에서는 부정적 외부효과의 해결을 위한 정부의 규제정책을 강조한다.
⑤ 자연독점산업의 경우 경쟁의 촉진이 산업 전체의 생산비용 절감 측면에서 유리하다.

> **해설** ③ [O]
> ① [×] 시장에서의 정보비대칭성은 자원배분의 비효율성을 초래하는 시장실패의 원인이다.
> ② [×] 전기·수도와 같은 공공서비스 공급에 정부가 개입하는 이유는 해당 서비스가 배제성을 지니고 있는 요금재의 성격을 가진 재화로서, 시장에서 자연스럽게 독점체제가 형성(자연독점)되어 시장실패를 초래할 수 있기 때문이다.
> ④ [×] 코우즈 정리(Coase Theorem)에서는 외부효과 문제가 재산권의 설정으로 정부 개입 없이도 당사자 간에 협상을 통해 해결될 수 있다고 본다.
> ⑤ [×] 자연독점 산업은 생산규모가 커질수록 단위당 평균비용이 체감하는 규모의 경제가 존재하는 비용체감산업으로, 다수 기업 간의 경쟁보다는 대규모 기업이 생산을 독점하는 것이 생산비용 절감 측면에서 유리하다는 특징이 있다.

04 시장실패의 이유에 관한 내용으로 옳은 것을 모두 고른 것은? ▶ 2022년 행정사

> ㄱ. 정부의 공공지출에 대한 순편익 극대화 보장의 어려움
> ㄴ. 공공서비스 성과평가의 객관적 기준설정의 어려움
> ㄷ. 국방 및 치안서비스 활동과 같은 공공재의 독점적 성격
> ㄹ. 환경오염으로 인한 외부불경제 효과

① ㄱ, ㄴ   ② ㄱ, ㄹ
③ ㄴ, ㄷ   ④ ㄴ, ㄹ
⑤ ㄷ, ㄹ

> **해설** ⑤ [O] ㄷ, ㄹ
> ㄱ. 정부의 공공지출에 대한 순편익 극대화 보장의 어려움과 ㄴ. 공공서비스 성과평가의 객관적 기준설정의 어려움은 정부의 비효율성(정부실패)에 해당한다.

정답 03 ③ 04 ⑤

05 시장실패의 요인으로 옳은 것을 모두 고른 것은? ▶ 2020년 행정사

㉠ 불완전한 경쟁	㉡ 비용과 수입의 절연
㉢ 정보의 불충분성	㉣ 내부조직목표와 사회적 목표의 괴리
㉤ 파생적 외부효과	㉥ 외부효과

① ㉠, ㉢, ㉥
② ㉠, ㉣, ㉤
③ ㉠, ㉣, ㉥
④ ㉡, ㉢, ㉤
⑤ ㉡, ㉣, ㉤

해설 ① ㉠, ㉢, ㉥ [○]
㉡ 비용과 수입의 절연, ㉣ 내부조직목표와 사회적 목표의 괴리(내부성), ㉤ 파생적 외부효과는 정부실패 요인에 해당한다.

06 외부효과에 대한 설명으로 옳지 않은 것은? ▶ 2024년 행정사

① 긍정적 외부효과는 사회적 적정수준보다 과잉생산의 결과를 가져온다.
② 불법주차, 환경오염 등은 부정적 외부효과를 야기시키는 행위이다.
③ 외부효과란 시장을 거치지 않고 제3자에게 이익을 주거나 비용을 부담시키는 행위이다.
④ 부정적 외부효과를 해결하기 위해 조세를 부과할 수도 있다.
⑤ 긍정적 외부효과의 대표적인 예는 교육, 교통정리 등이 있다.

해설 ① [×] 긍정적 외부효과는 사회적 적정수준보다 과소생산의 결과를 가져온다.

정답 05 ① 06 ①

07 정부실패이론의 설명으로 옳지 않은 것은? ▶ 2023년 행정사

① 정부예산의 공유재적 성격 때문에 자원배분의 비효율성이 발생한다.
② 정부의 X-비효율성은 정부서비스의 공급측면보다는 사회적·정치적 수요 측면 때문에 발생한다.
③ 선거에 민감한 정치인들의 정치적 보상기제로 인해 사회문제가 과장되거나 단기적 해결책에 그치는 경우가 발생한다.
④ 사회문제 해결의 목표보다는 내부적인 절차와 규칙에 집착하는 정부조직 목표의 대치(displacement) 현상이 발생한다.
⑤ 정부 개입에 의한 인위적 지대(rent)를 획득하는 과정에서 불필요한 자원 낭비가 발생한다.

해설 ② [×] X-비효율성은 독점적인 서비스 공급이라는 정부서비스의 공급 측면의 특성 때문에 발생하는 경영상의 비효율성을 의미한다.

08 공무원의 수가 업무량에 관계없이 일정 비율로 증가하는 현상을 무엇이라고 하는가? ▶ 2015년 행정사

① 피터의 원리(Peter principle)
② 과두제의 철칙(iron law of oligarchy)
③ 딜론의 원칙(Dillon's rule)
④ 파킨슨의 법칙(Parkinson's law)
⑤ 세이어의 법칙(Sayre's law)

해설 ④ 파킨슨(Parkinson) 법칙에 대한 설명이다.

정답 07 ② 08 ④

연습문제

01 시장실패에 대한 설명으로 옳지 않은 것은?　　　▶ 2024년 국가직 9급

① 민영화를 강조하는 작은 정부론은 시장실패에 대한 대응으로 제기되었다.
② 시장기구를 통해 자원을 효율적으로 배분할 수 없는 상태를 말한다.
③ 정부는 시장개입 및 규제를 통해 시장실패를 교정한다.
④ 공공재의 존재는 시장실패를 야기하는 요인이다.

> **해설**　① [×] 민영화를 강조하는 작은 정부론은 정부실패(시장실패 ×)에 대한 대응으로 제기되었다.
> ② [O] 시장실패란 민간의 자유로운 의사 결정으로 경제 활동이 이루어질 때, 시장이 효율적인 자원 배분을 이루어 내지 못하는 현상을 의미한다.

02 시장실패와 정부실패에 대한 설명으로 적절하지 않은 것은?　　　▶ 2016년 지방직 9급

① 시장실패는 시장기구를 통해 자원배분의 효율성을 달성할 수 없는 경우를 의미한다.
② 비배제성과 비경합성을 가진 공공재의 존재는 시장실패의 주요 원인 중 하나이다.
③ 비효율성으로 인해 시장실패가 야기되어 정부의 시장개입 정당성이 약화된다.
④ 정부실패는 시장실패에 대응하는 개념으로 행정서비스의 비효율성을 야기한다.

> **해설**　③ [×] 독점으로 인해 발생하는 X-비효율성은 정부실패의 원인이다. 시장실패가 발생하면, 시장실패를 치유하기 위한 정부 개입의 정당성이 강화된다.

03 시장실패 원인에 대응하는 정부의 방식에 대한 설명으로 가장 옳지 않은 것은?　　　▶ 2016년 서울시 9급

① 외부효과 발생에 대해서는 보조금 혹은 정부규제로 대응할 수 있다.
② 자연독점에 대해서는 공적공급 혹은 정부규제로 대응할 수 있다.
③ 정보의 비대칭성에 대해서는 보조금으로 대응할 수 있다.
④ 불완전경쟁에 대해서는 보조금 혹은 공적공급으로 대응할 수 있다.

정답　01 ①　02 ③　03 ④

해설 ④ [×] 불완전경쟁에 대해서는 정부규제로 대응할 수 있다.

[표] 시장실패의 정부의 대응방식

구분	공적 공급 (정부조직 통해 직접공급)	공적 유도 (보조금 등 경제적 유인)	정부규제 (법적 권위·규제)
공공재의 존재	○		
외부효과의 발생		○	○
자연독점	○		○
불완전 경쟁			○
정보의 비대칭성		○	○

04 시장실패 및 정부실패에 대한 설명으로 옳지 않은 것은? ▶ 2016년 국가직 9급

① 시장실패를 초래하는 요인은 공공재의 존재, 외부효과의 발생, 불완전한 경쟁, 정보의 비대칭성 등이다.
② 시장실패를 교정하기 위한 정부 역할은 공적 공급, 공적 유도, 정부 규제 등이다.
③ 정부개입에 의해 초래된 의도하지 않은 결과 때문에 자원배분상태가 정부개입이 있기 전보다 오히려 더 악화될 수 있다.
④ 정부실패는 관료나 정치인들의 개인적 요인 때문에 발생하며, 정부라는 공공조직에 내재 하는 구조적 요인 때문에 발생하는 것은 아니다.

해설 ④ [×] 정부실패는 관료나 정치인들의 윤리·도덕 수준 등 개인적인 요인 때문에 발생하기도 하지만, 공공재와 서비스의 특징, 편익과 부담(비용)의 분리, 정치적 보상체계의 왜곡, 독점적 생산, 생산기술 불확실성 등 공공부문에 내재하는 구조적인 요인에서 비롯되는 경우도 있다.

정답 04 ④

05. 다음 보기 내용의 시장실패에 대한 설명으로 옳지 않은 것은?
▶ 2015년 지방직 9급

> 한 마을에 적당한 크기의 목초지가 있었다. 그 마을에는 열 가구가 오순도순 살고 있었는데, 각각 한 마리의 소를 키우고 있었고 그 목초지는 소 열 마리가 풀을 뜯는 데 적당한 크기였다. 소들은 좋은 젖을 주민들에게 공급하면서 튼튼하게 자랄 수 있었다. 그런데 한 집에서 욕심을 부려 소 한 마리를 더 키우면서 문제가 시작되었다. 다른 집들도 소 한 마리, 또 한 마리 등 욕심을 부리기 시작하면서 목초지는 풀뿌리까지 뽑히게 되었고, 결국 소가 한 마리도 살아갈 수 없는 황폐한 공간으로 바뀌고 말았다.

① 위에서 나타나는 시장실패의 주된 요인은 무임승차자 문제이다.
② 보기의 사례에 나타난 재화는 배제불가능성과 함께 소비에서의 경합성을 특징으로 한다.
③ 보기의 사례는 '공유지의 비극(tragedy of the commons)'에 대한 설명이다.
④ 이러한 시장실패를 해결하기 위한 방법의 하나는 재화의 재산권을 명확히 하는 것이다.

해설 ① [×] 제시문은 공유재의 비극을 설명하고 있다. 공유재의 비극이 발생하는 주된 요인은 경합성으로 인한 자원의 고갈과 부정적 외부효과(개개인의 사익극대화가 공동체 전체의 비극을 초래) 때문이다.

06. 공유재적 성격을 가지는 공공서비스의 특성에 대한 설명으로 옳은 것끼리 짝지어진 것은?
▶ 2010년 국가직 7급

> ㄱ. 인간은 합리적이고 이기적인 개인이라고 전제한다.
> ㄴ. 소비의 배제는 불가능하지만, 경합성은 있는 공유재에 대한 정부의 실패를 설명해 준다.
> ㄷ. 공유재는 비용회피와 과잉소비의 문제가 발생하지 않는다.
> ㄹ. 사적 극대화가 공적 극대화를 파괴하여 구성원 모두가 공멸하게 된다.
> ㅁ. 1968년에 Hardin의 논문에서 '공유지의 비극(tragedy of commons)'으로 설명되었다.

① ㄱ, ㄴ, ㄷ
② ㄱ, ㄹ, ㅁ
③ ㄴ, ㄷ, ㄹ
④ ㄷ, ㄹ, ㅁ

해설 ② ㄱ, ㄹ, ㅁ [○]
ㄴ. [×] 공유지(재)의 비극은 시장실패 현상이다.
ㄷ. [×] 공유재는 비배제성과 경합성으로 인해 무임승차(비용회피)와 과잉소비의 문제가 발생하여 공유지의 비극을 발생시킨다.

정답 05 ① 06 ②

07 정부실패의 요인에 해당하지 않는 것은?
▶ 2017년 지방직 7급

① 공공서비스에서의 비용과 편익의 분리
② 경제 활동에 영향을 주는 외부불경제(external diseconomy)
③ 비공식적 목표가 공식적 조직목표를 대체하는 현상
④ 의도하지 않은 파생적 외부효과

해설 ② [×] 외부불경제는 시장실패 요인에 해당한다.

08 정부실패의 요인 중, 관료들이 자기 부서의 이익 혹은 자신의 사적 이익에 집착함으로써 공익을 훼손하게 되는 경우를 설명하는 개념은?
▶ 2020년 국회 8급

① 비용과 수입의 분리
② 내부성
③ X - 비효율
④ 파생적 외부효과
⑤ 분배적 불공평

해설 ② 내부성(사적 목표의 설정)에 대한 설명이다.
① [×] 비용과 수입의 분리(절연)는 수혜자와 비용부담자의 분리(절연)로 인해 비용에 대해 둔감해지고 자원이 효율적으로 활용되지 못하는 현상이다.
③ [×] X - 비효율은 경제주체가 독점적 지위를 가지는 경우 관리효율성을 극대화하려는 유인이 부족해 생산의 평균비용이 증가하는 현상으로 관리상의 비효율(기술적 비효율)을 의미한다.
④ [×] 파생적 외부효과는 정부의 개입으로 발생하는 잠재적 · 비의도적 확산효과나 부작용을 말한다.
⑤ [×] 분배적 불공평이란 정부의 권력의 특혜나 남용 등 정부에 의해서 발생되는 현상을 말하며, 특혜적 기업면허 진입장벽의 유지 등이 있다.

09 정부실패를 야기하는 요인과 정부의 대응방식이 올바르게 연결된 것은?
▶ 2013년 국회 9급

① 사적 목표의 설정 - 정부보조 삭감
② X - 비효율, 비용체증 - 민영화
③ 파생적 외부효과 - 민영화
④ 권력의 편재 - 정부보조 삭감
⑤ 정보의 비대칭성 - 규제완화

정답 07 ② 08 ② 09 ②

해설
② [○]
① [×] 사적 목표 설정 – 민영화
③ [×] 파생적 외부효과 – 보조 삭감, 규제 완화
④ [×] 권력의 편재 – 민영화, 규제 완화
⑤ [×] 정보의 비대칭성 – 정부실패가 아니라 시장실패 원인

[표] 정부실패 대응방식

	민영화	정부 보조 삭감	규제 완화
사적 목표의 설정	○		
X 비효율	○	○	○
파생적 외부 효과		○	○
권력의 편재	○		○

정부실패의 요인에 대한 설명으로 옳지 않은 것은? ▶ 2020년 국가직 7급

① 'X – 비효율성'은 정부가 가진 권력을 통해 불평등한 분배가 이루어지는 현상이다.
② '지대추구'는 정부개입에 따라 발생하는 인위적 지대를 획득하기 위해 자원을 낭비하는 활동이다.
③ '파생적 외부효과'는 시장실패를 해결하기 위해 정부가 개입하지만 의도하지 않은 부작용을 초래하는 것이다.
④ '내부성(internalities)'은 공공조직이 공익적 목표보다는 관료 개인이나 소속기관의 이익을 우선적으로 고려하는 것이다.

해설 ① [×] 정부가 가진 권력을 통해 불평등한 분배가 이루어지는 현상은 권력의 편재에 대한 설명이다.
'X – 비효율성'은 정부가 재화나 서비스를 독점적으로 제공하기 때문에 발생하는 행정관리상의 비효율성을 의미한다.

정답 10 ①

11 다음 상황을 설명하는 데 가장 적합한 용어는?

▶ 2020년 지방직 7급

> 정부는 특정 지역의 주택가격이 과도하게 상승하자 이를 해결하기 위해 투기과열지구로 지정하였다. 그러나 투기 과열지구로 지정된 이후 주택가격은 오히려 급등하였다. 이는 주택 수요자들이 정부의 의도와 달리 투기과열지구의 지정으로 인해 그 지역의 주택가격이 더 오를 것이라고 예상하였기 때문이었다.

① X – 비효율성
② 공공조직의 내부성
③ 비경합성
④ 파생적 외부효과

해설 ④ [○] 정부는 주택가격의 과도한 상승을 막기 위해 투기과열지구로 지정하였으나 의도와 다르게 오히려 주택가격을 급등시켰다. 이는 파생적 외부효과에 대한 설명이다. 파생적 외부효과는 정부의 개입으로 발생하는 잠재적·비의도적 확산효과나 부작용을 의미한다.

12 다음 중 민영화를 통해 효과적으로 해결하기 어려운 정부실패 유형에 해당하는 것은?

▶ 2011년 서울시 9급

① 사적목표의 설정
② X – 비효율성
③ 파생적 외부효과
④ 권력의 편재
⑤ 지대추구 행위

해설 ③ [×] 파생적 외부효과로 인한 정부실패는 정부보조의 삭감이나 규제완화의 방법으로 대응할 수 있다. 정부 실패의 유형 중 민영화로 해결이 가능한 것은 사적 목표의 설정, X – 비효율성(지대추구), 권력의 편재 등이 있다.

정답 11 ④ 12 ③

13 작은 정부와 큰 정부에 대한 설명으로 가장 옳지 않은 것은? ▶ 2019년 서울시 7급

① 큰 정부의 등장은 대공황 등 경제위기 속에서 시장에 대한 정부의 적극적 개입을 통해 대공황을 극복해야 한다는 케인즈주의에 사상적 기반을 두고 있다.
② 시장 실패에 대한 대응으로 나타난 큰 정부는 규제를 완화하고 사회보장, 의료보험 등 사회정책을 펼침으로써, 정부의 적극적 역할을 강조하였으며, 이러한 이유로 정부의 크기가 커졌다.
③ 경제 대공황 극복을 위하여 등장한 뉴딜 정책과 함께 2차 세계대전 등 전쟁은 큰 정부가 탄생하는 데 결정적인 영향을 주었다.
④ 작은 정부를 주장하는 하이에크는 케인즈의 주장을 반박하며, 정부의 시장 개입은 단기적 경기 부양에는 효과적일 수 있어도 장기적으로는 시장의 효율성을 심각하게 훼손한다고 주장하였다.

해설 ② [×] 시장실패에 대한 대응으로 나타난 큰 정부는 규제를 강화(완화 ×)하고 사회보장, 의료보험 등 사회정책을 펼침으로써 정부의 적극적 역할을 강조하였으며 이러한 이유로 정부의 크기가 확대되었다.

14 정부관의 변천에 대한 설명으로 옳지 않은 것은? ▶ 2022년 국가직 9급

① 19세기 근대 자유주의 국가는 '야경국가'를 지향하였다.
② 대공황 이후 케인스주의, 루스벨트 대통령의 뉴딜정책은 큰 정부관을 강조하였다.
③ 영국의 대처리즘, 미국의 레이거노믹스는 작은 정부를 지향하였다.
④ 하이에크(Hayek)는 「노예의 길」에서 시장실패를 비판하고 큰 정부를 강조하였다.

해설 ④ [×] 하이에크(hayek)는 대표적인 신자유주의 학자로, 영국 대처정부의 행정개혁을 사상적으로 뒷받침한 학자이다.

15 파킨슨의 법칙에 대한 설명으로 옳지 않은 것은? ▶ 2010년 지방직 9급

① 조직의 구조적 특징이 조직의 규모를 결정한다.
② 상승하는 피라미드의 법칙(the law of rising pyramid)이라고도 불린다.
③ 공무원 수는 업무와 무관하게 일정비율로 증가한다.
④ 부하 배증의 법칙과 업무 배증의 법칙을 핵심 내용으로 한다.

해설 ① [×] 파킨슨의 법칙은 공무원 수가 업무량과 직접적인 관계없이 증가하는 현상을 설명한다.

정답 13 ② 14 ④ 15 ①

16 정부 예산팽창이론에 대한 설명으로 옳지 않은 것은? ▶ 2023년 지방직 9급

① 바그너(Wagner)는 경제 발전에 따라 국민의 욕구 부응을 위한 공공재 증가로 인해 정부 예산이 증가한다고 주장한다.
② 피코크(Peacock)와 와이즈맨(Wiseman)은 전쟁과 같은 사회적 변동이 끝난 후에도 공공지출이 그 이전 수준으로 되돌아가지 않는 데에서 예산팽창의 원인을 찾고 있다.
③ 보몰(Baumol)은 정부 부문과 민간 부문 간의 생산성 격차를 통해 정부 예산의 팽창 원인을 설명하고 있다.
④ 파킨슨(Parkinson)은 관료들이 자신들의 권력 극대화를 위해 필요 이상으로 자기 부서의 예산을 추구함에 따라 정부 예산이 지속적으로 증가한다고 주장한다.

> 해설 ④ [×] 관료들이 자신들의 권력 극대화를 위해 필요 이상으로 자기부서의 예산을 추구하는 것은 니스카넨의 예산극대화와 관련이 있다. 파킨슨 법칙은 공무원의 수가 해야 할 업무의 경중이나 그 유무에 관계없이 일정 비율로 증가하는 현상을 의미한다.

 17 진보주의 정부관을 설명하고 있는 내용 중 가장 적절하지 않은 것은? ▶ 2011년 서울시 9급

① 소극적 자유 선호
② 공익목적의 정부 규제 강화 강조
③ 조세를 통한 소득재분배 강조
④ 효율과 공정에 대한 자유시장의 잠재력 인정
⑤ 소외집단을 위한 정부정책 선호

> 해설 ① [×] 진보주의 정부관은 적극적 자유를 선호한다. 국가로부터의 간섭과 개입에 반대하는 소극적인 자유선호는 보수주의 정부관에 대한 설명이다.

 18 정부관에 대한 일반적인 설명으로 옳은 것은? ▶ 2017년 지방교행 9급

① 보수주의자는 기본적으로 자유시장을 불신하지만 정부를 신뢰한다.
② 진보주의자는 조세제도를 통한 정부의 소득재분배 정책을 선호한다.
③ 신자유주의가 등장하면서 작은 정부에서 큰 정부로의 전환이 이루어졌다.
④ 1930년대 대공황을 겪으면서 최소의 정부가 최선의 정부라는 신념이 중요시되었다.

정답 16 ④ 17 ① 18 ②

> **해설**
> ② [○]
> ① [×] 보수주의는 자유시장에 대한 신념을 가지며, 정부를 불신한다.
> ③ [×] 신자유주의가 등장하면서 큰 정부에서 작은 정부로의 전환이 이루어졌다.
> ④ [×] 1930년대 대공황을 겪으면서 '최대의 봉사가 최선의 정부'라는 신념이 중요시되었다.

19. 비정부조직(NGO)에 대한 설명으로 가장 옳지 않은 것은?

▶ 2009년 지방직 9급

① 높은 전문성을 보유하고 있어 정책과정에서 영향력이 크다.
② 정부나 시장에 대한 감시와 견제의 역할을 한다.
③ 이상주의에 치우쳐 결과에 무책임하다고 비판을 받기도 한다.
④ 재정상의 독립성 결여로 인해 자율성 확보에 문제가 있다는 비판이 존재한다.

> **해설**
> ① [×] NGO는 전문가가 아닌 시민들로 구성된 조직으로 전문성이 아닌 아마추어리즘을 특징으로 한다.

20. 행정에 대한 시민단체의 역할로 옳지 않은 것은?

▶ 2015년 국가직 7급

① 국민에게 교육을 실시하는 등 사회에 필요한 재화와 서비스의 제공자 역할을 한다.
② 정당과 함께 행정에 대한 공식적 통제자 역할을 한다.
③ 소수 약자의 인권이나 재산권 침해 등에 대한 대변자 역할을 한다.
④ 이익집단 간 갈등이나 지역이기주의로 나타나는 지역 간 갈등에 대한 조정자 역할을 한다.

> **해설**
> ② [×] 시민단체와 정당은 행정부 외부의 비공식적 통제기관이다.

정답 19 ① 20 ②

제5장 정부규모와 정부 역할

21 「비영리민간단체 지원법」상 정부의 비영리민간단체 지원에 대한 설명으로 옳지 않은 것은?

▶ 2024년 국가직 9급

① 비영리민간단체는 영리가 아닌 공익활동을 수행하는 것을 주된 목적으로 하는 민간단체이어야 한다.
② 등록비영리민간단체는 공익사업의 소요경비를 지원받을 수 있으며 소요경비의 범위는 사업비를 원칙으로 한다.
③ 등록비영리민간단체가 공익사업 추진의 보조금을 교부받고자 할 때에는 사업의 목적과 내용, 소요경비, 기타 필요한 사항을 기재한 사업계획서를 제출해야 한다.
④ 등록비영리민간단체는 보조금을 받아 수행한 공익사업을 완료한 때에는 사업보고서를 대통령에게 제출해야 하며 사업평가, 사업보고서 및 평가결과의 공개 등에 필요한 사항은 대통령령으로 정한다.

> **해설** ④ [×] 필요한 사항은 대통령령이 아닌 행정안전부령으로 정한다.
>
>> 제9조 (사업보고서 제출 등)
>> ① 등록비영리민간단체는 제8조의 사업계획서에 따라 사업을 완료한 때에는 다음 회계연도 1월 31일까지 사업보고서를 작성하여 행정안전부장관, 시·도지사나 특례시의 장에게 제출하여야 한다.
>> ③ 제2항에 따른 사업 평가, 사업보고서 및 평가결과의 공개 등에 필요한 사항은 행정안전부령으로 정한다.
>
> ① [○] 「비영리민간단체 지원법」 제2조
>
>> 「비영리민간단체 지원법」 제2조(정의) 이 법에 있어서 "비영리민간단체"라 함은 영리가 아닌 공익활동을 수행하는 것을 주된 목적으로 하는 민간단체로서 다음 각호의 요건을 갖춘 단체를 말한다.
>
> ② [○] 「비영리민간단체 지원법」 제6조 제2항
>
>> 제6조 (보조금의 지원)
>> ① 행정안전부장관, 시·도지사나 특례시의 장은 제4조제1항에 따라 등록된 비영리민간단체(이하 "등록비영리민간단체"라 한다)에 다른 법률에 따라 보조금을 교부하는 사업 외의 사업으로서 공익활동을 추진하기 위한 사업(이하 "공익사업"이라 한다)의 소요경비를 지원할 수 있다.
>> ② 제1항에 따라 지원하는 소요경비의 범위는 사업비를 원칙으로 한다.
>
> ③ [○] 「비영리민간단체 지원법」 제8조
>
>> 제8조 (사업계획서 제출) 등록비영리민간단체가 공익사업을 추진하기 위하여 보조금을 교부받고자 할 때에는 사업의 목적과 내용, 소요경비, 기타 필요한 사항을 기재한 사업계획서를 해당 회계연도 2월 말까지 행정안전부장관, 시·도지사나 특례시의 장에게 제출하여야 한다.

정답 21 ④

제6장 공공서비스(Public Service)

기출문제

01 경합성과 배제성을 기준으로 분류한 재화의 유형에 관한 설명으로 옳지 않은 것은?

▶ 2018년 행정사

① 공유재는 경합성과 비배제성을 지니고 있다.
② 유료재(toll goods)는 고속도로나 공원 같이 배제원칙의 적용이 가능한 공공재를 포함한다.
③ 순수공공재의 공급은 정부가 담당하지만 그 비용은 수익자가 자신의 편익에 정비례하여 직접 부담한다.
④ 순수민간재는 경합성과 배제성을 동시에 지니고 있다.
⑤ 공공재의 존재는 시장실패를 초래할 수 있다.

> **해설** ③ [×] 순수공공재의 공급 비용은 수익 여부와 상관없이 정부가 일반 국민에게 세금 등 강제적 수단으로 징수한 재원으로 충당한다.

02 다음은 무엇에 관한 설명인가?

▶ 2016년 행정사

> 정부가 민간부문과 계약을 통해 공공서비스를 제공하는 방법이다. 이 경우 정부는 공공서비스의 공급결정자가 되고, 민간부문은 그 서비스의 생산·공급자가 된다.

① 성과관리　　　　　　　　　② 품질관리
③ 민간위탁　　　　　　　　　④ 책임경영
⑤ 자조활동

> **해설** ③ 민간위탁(contracting out) 방식에 대한 설명이다.

정답　01 ③　02 ③

03 공급의 담당주체와 수단의 결합방식으로 공공서비스를 아래와 같이 나타낼 때 (   )에 들어갈 내용으로 옳은 것은?   ▶ 2024년 행정사

공급수단		공급주체	
		공공부문	민간부문
	권력	(ㄱ)	(ㄴ)
	시장	(ㄷ)	(ㄹ)

① ㄱ : 일반행정, ㄴ : 책임경영, ㄷ : 민간위탁, ㄹ : 민간기업
② ㄱ : 책임경영, ㄴ : 일반행정, ㄷ : 민간기업, ㄹ : 민간위탁
③ ㄱ : 민간기업, ㄴ : 민간위탁, ㄷ : 책임경영, ㄹ : 일반행정
④ ㄱ : 일반행정, ㄴ : 민간위탁, ㄷ : 책임경영, ㄹ : 민간기업
⑤ ㄱ : 책임경영, ㄴ : 민간위탁, ㄷ : 일반행정, ㄹ : 민간기업

해설 ④ [O]

공급수단		공급주체	
		공공부문	민간부문
	권력	(ㄱ) 일반행정	(ㄴ) 민간위탁
	시장	(ㄷ) 책임경영	(ㄹ) 민간기업

04 공공서비스 생산방식 중 이용권(voucher)에 관한 설명으로 옳지 않은 것은?   ▶ 2024년 행정사

① 공공서비스 생산을 민간에 위탁하는 방법 중의 하나이다.
② 시민들은 정부가 지정하는 하나의 서비스 제공 기관에서 이용권을 사용하여야 한다.
③ 보건복지부는 각종 돌봄 서비스에서 전자 이용권을 제공하고 있다.
④ 소비자 중심의 맞춤형 사회서비스가 강조되면서 서비스가 확대되고 있다.
⑤ 노인, 장애인, 보육 정책 등에서 서비스가 확대되고 있다.

해설 ② [X] 이용권(voucher)은 공공서비스의 생산을 민간부문에 위탁하면서 시민들의 서비스 구입 부담을 완화시키기 위해 금전적 가치가 있는 특정 상품(서비스)에 대한 구입증서를 제공하는 방식으로, 시민들은 이용권을 활용해 서비스 제공기관을 자유롭게 선택할 수 있다. 이용권 방식은 소비자 중심의 맞춤형 사회서비스를 제공함으로써 소비자의 선택권을 확대할 수 있으며, 또한 취약계층에 대해 선택권을 부여함으로써 공공서비스의 효율성과 형평성 문제를 동시에 해결할 수 있다.

정답 03 ④   04 ②

연습문제

01 다음의 분류에 해당하는 재화에 대한 정부의 역할로 적절하지 않은 것은? ▶ 2016년 지방교행 9급

구 분	배제성	비배제성
경합성	(가)	(나)
비경합성	(다)	(라)

① (가) 재화는 시장에 맡겨 두고 정부가 간섭을 하지 않아야 한다.
② (나) 재화에 대해 정부는 무분별한 사용을 막는 규칙을 설정한다.
③ (다) 재화의 상당 부분을 정부가 공급하는 이유는 자연독점에 의한 시장실패에 대응해야 하기 때문이다.
④ (라) 재화는 무임승차 문제를 야기하기 때문에 원칙적으로 정부가 직접 공급해야 한다.

> **해설** ① [×] (가)는 시장재로 일반적으로 시장에 의한 서비스 공급이 활성화될 수 있어 정부 개입이 최소화되는 영역이다. 하지만 계층 간 수직적 형평성이 강조되면서 기본적인 수요조차도 충족하기 어려운 저소득층이나 영세민 배려를 위한 부분적 정부개입이 발생한다.
>
> | 구 분 | 배제성 | 비배제성 |
> |---|---|---|
> | 경합성 | (가) 시장재 | (나) 공유재 |
> | 비경합성 | (다) 요금재 | (라) 공공재 |

02 재화를 배제성과 경합성 여부에 따라 네 가지 유형(A~D)으로 분류할 경우, 유형별 사례를 모두 바르게 짝 지은 것은? ▶ 2018년 지방직 7급

경합성 여부 \ 배제성 여부	배제성	비배제성
경합성	A	B
비경합성	C	D

	A	B	C	D
①	구두	해저광물	고속도로	등대
②	라면	출근길 시내도로	일기예보	상하수도
③	자동차	공공낚시터	국방	무료TV방송
④	냉장고	케이블TV	목초지	외교

정답 01 ① 02 ①

해설 ① A – 사적재(구두), B – 공유재(해저광물), C – 요금재(고속도로), D – 공공재(등대)

배제성 여부 경합성 여부	배제성	비배제성
경합성	사적재(민간재)	공유재
비경합성	요금재	공공재(집합재)

03 사바스(Savas)가 구분한 네 가지 공공서비스 유형과 내용의 연결이 옳지 않은 것은?

▶ 2015년 국가직 7급

① 요금재(tool goods) - 대가를 지불하지 않는 소비자를 배제할 수 없다.
② 집합재(collective goods) - '무임승차'의 문제가 생길 수 있다.
③ 시장재(private goods) - 경합성과 배제성을 동시에 갖는 서비스이다.
④ 공유재 (common pool goods) - 과잉소비의 문제가 발생할 수 있다.

해설 ① [×] 요금재는 비경합성과 배제성을 갖는 서비스이다. 따라서 대가(요금)를 지불하지 않는 소비자를 배제할 수 있다.

04 공공서비스에 관한 설명으로 옳은 것은?

▶ 2012년 국회 8급

① 공공서비스 공급에 정부가 개입해야 하는 것은 배제성과 경합성이라는 특성 때문이다.
② '공유지의 비극'은 경합성과 배제성을 가지는 시장재의 문제를 잘 보여주고 있다.
③ 집합재는 비경합성과 비배제성의 특징 때문에 과소공급과 과다공급의 쟁점을 야기시키는 만큼 원칙적으로 공공부문에서 공급해야 할 서비스이다.
④ 국방의 경우는 경합성은 있지만 배제는 불가능한 서비스로서 대표적인 공유재의 예가 된다. 따라서 과소비와 공급비용 귀착문제가 야기된다.
⑤ 요금재에는 녹지, 국립공원, 하천이 포함된다.

해설 ③ [○]
① [×] 공공서비스는 비배제성과 비경합성을 띠기 때문에 정부가 개입(공적 공급)한다.
② [×] 공유재의 비극은 경합성과 비배제성을 띠는 공유재의 과잉소비로 인한 고갈 현상을 의미한다.
④ [×] 국방은 대표적인 공공재(집합재)로서 비배제성과 비경합성을 띤다.
⑤ [×] 녹지, 국립공원, 하천 등은 공유재의 예이다.

정답 03 ① 04 ③

05 복지국가의 공공서비스 공급 접근방식에 대한 설명으로 가장 옳은 것은? ▶ 2017년 서울시 9급

① 민간부문을 조정·관리·통제하는 공공서비스 기능이 강조된다.
② 서비스의 배분 준거는 재정효율화이다.
③ 공공서비스의 형태는 선호에 따라 차별적으로 상품화된 서비스이다.
④ 성과관리는 수요자 중심의 맞춤형 관점에서 이루어진다.

해설
① [O] 복지국가의 공공서비스 공급 접근 방식은 민간부문에 대한 공공서비스의 기능에 대해 조정·관리·통제를 강조한다.
②, ③, ④ [X] 신공공관리주의에서의 공공서비스 공급에 대한 접근방식에 대한 설명이다. 신공공관리주의에서의 공공서비스 공급에서는 재정 효율화를 강조하며, 시민사회의 다양한 선호 부응과 차별적으로 상품화된 서비스, 수요자 중심의 맞춤형 서비스 공급 등을 특징으로 한다.

[표] 공공서비스 공급에 대한 접근방식의 변화

구분	(전통적) 복지국가의 공공서비스	신공공관리주의에서 공공서비스
행정활동에 대한 관심	민주·형평적 관리 공공서비스 자체	경제적 효율성 공공서비스를 통한 일자리 창출
공공서비스 배분 준거	형평적 배분(복지 시혜적)	효율적 배분(재정효율화)
민간부문에 대한 공공서비스의 기능	조정·관리·통제	경쟁력 지원
공공서비스의 형태	국가 최저 수준의 표준화된 공공서비스	시민사회의 다양한 선호 부응과 차별적으로 상품화된 서비스
성과관리 방식	시설·기관 중심의 공급자 관점 (투입과 과정 감독)	수요자 중심의 맞춤형 서비스 공급 (산출과 결과에 대한 품질 책임)

06 최근 쓰레기 수거와 같이 전통적으로 정부의 고유영역으로 간주되어온 서비스를 민간에 위탁하는 경우가 있는데, 그 목적이라고 보기 힘든 것은? ▶ 2015년 국가직 9급

① 행정의 효율성 향상
② 행정의 책임성 확보
③ 경쟁의 촉진
④ 작은 정부의 실현

해설
② [X] 공공서비스를 민간위탁 할 경우, 기업의 이윤 추구 행위로 행정의 공정성 및 형평성, 책임성을 저해할 수 있다.

정답 05 ① 06 ②

07 민간위탁 방식에 대한 설명으로 옳지 않은 것은? ▶ 2012년 지방직 9급

① 자조활동(self-help) 방식은 서비스의 생산과 관련된 현금 지출에 대해서만 보상받고 직접적인 보수는 받지 않으면서 공익을 위해 봉사하는 사람들을 활용하는 것이다.
② 보조금 방식은 민간조직 또는 개인이 제공한 서비스 활동에 대해 정부가 재정 또는 현물을 지원하는 것이다.
③ 바우처(voucher) 방식은 공공서비스의 생산을 민간부문에 위탁하면서 시민들의 구입부담을 완화시키기 위해 금전적 가치가 있는 쿠폰(coupon)을 제공하는 것이다.
④ 면허 방식은 민간조직에게 일정한 구역 내에서 공공서비스를 제공하는 권리를 인정하는 것이다.

> **해설** ① [×] 자조활동이 아니라 자원봉사 방식에 대한 설명이다. 자조활동이란 공공서비스의 수혜자와 제공자가 같은 집단에 소속되어 서로 돕는 형식으로 활동하는 것으로, 정부 서비스 생산 업무를 보조하는 방식이다.

08 바우처(voucher) 제도에 대한 설명으로 옳지 않은 것은? ▶ 2017년 국가직 9급

① 저소득층 및 특수계층을 대상으로 하는 복지 분야에서 많이 활용되고 있다.
② 수혜자에게 현금을 지원하는 대신 특정 재화나 서비스를 구매할 수 있는 쿠폰이나 포인트를 제공하는 제도이다.
③ 전자바우처의 도입을 통해 행정비용을 절감할 수 있다.
④ 살라몬(L. M. Salamon)의 행정수단 유형분류에 있어서 민간위탁과 같이 직접성이 매우 높은 행정수단이다.

> **해설** ④ [×] 살라몬(L. M. Salamon)의 행정수단 유형분류에 따르면 바우처(voucher)는 직접성이 낮은(높은 ×) 행정수단에 해당한다.

정답 07 ① 08 ④

다음 중 민간투자 방식인 BTO와 BTL의 상대적 특징을 설명한 내용으로 옳지 않은 것은?

▶ 2016년 국회 8급

① BTO는 민간의 수요위험을 배제한다.
② BTO의 사업운영주체는 민간사업시행자이다.
③ BTL에서는 정부의 시설임대료를 통하여 투자비를 회수한다.
④ BTL은 최종수요자에게 부과되는 사용료만으로 투자비 회수가 어려운 시설에 대해서 실시하는 경우가 일반적이다.
⑤ BTO에서는 예상수입의 일부를 보장해 주는 최소수입보장제도가 적용되기도 하나 우리나라의 경우 부작용으로 인해 폐지되었다.

① [×] BTO는 민간이 일정기간 시설을 직접 운용하여 투자비를 회수할 수 있는 수익형 민자사업으로, 민간이 수요 위험을 부담한다.
⑤ [○] BTO(수익형 민자사업) 방식에 도입되었던 최소운영수입보장제도(MRG : minimum revenue guarantee)가 수요의 과다 추정 등 지속적 재정 부담을 초래하는 부작용으로 2009년부터 폐지되었다.

* 민간자본으로 지은 시설이 운영단계에 들어갔을 때 실제수입이 추정수입보다 적으면 사업자에게 사전에 약정한 최소수입을 보장해 주는 제도. 도로·철도 등 사회기반시설을 건설한 민간사업자에 일정 기간 운영권을 인정하는 수익형 민자사업(BTO) 방식에 적용되었다. IMF 외환위기 직후 막대한 예산이 드는 SOC사업에 대한 민자 유치를 활성화하기 위해 1999년 도입했으나, 정부 재정에서 손실 보전이 너무 많이 나간다는 이유로 2009년 폐지되었다.

 민간투자사업자가 사회기반시설 준공과 동시에 해당 시설 소유권을 정부로 이전하는 대신 시설관리운영권을 획득하고, 정부는 해당 시설을 임차 사용하여 약정기간 임대료를 민간에게 지급하는 방식은?

▶ 2020년 지방직 9급

① BTO(Build - Transfer - Operate) ② BTL(Build - Transfer - Lease)
③ BOT(Build - Own - Transfer) ④ BOO(Build - Own - Operate)

② BTL(Build – Transfer – Lease)에 대한 설명이다.

정답 09 ① 10 ②

행정사 1차 객관식 행정학개론

제2편

정책학

제1장　정책과 정책학
제2장　정책참여자간 관계
제3장　정책의제 설정론
제4장　정책결정론
제5장　정책집행
제6장　정책변동
제7장　정책평가

제1장 정책과 정책학

기출문제

01 정부의 정책문제는 해결해야 할 문제를 어떤 관점에서 보는가에 따라 정책목표의 구체적인 내용과 정책수단도 달라진다. 다음 중 정책문제의 속성에 관한 설명으로 옳지 않은 것은?

▶ 2013년 행정사

① 정책문제는 공공성이 강하다.
② 정책문제는 주관적이며, 정치적 성격이 강하다.
③ 정책문제는 복잡·다양하며, 상호의존적이다.
④ 정책문제는 역사적 산물인 경우가 많다.
⑤ 정책문제는 정태적 성격이 강하다.

해설 ⑤ [×] 정책문제는 상황과 여건에 따라 달라지는 동태적인 성격을 갖는다.

02 정책의 기능과 유형에 관한 설명으로 옳지 않은 것은?

▶ 2020년 행정사

① 정책은 정치적·행정적 과정으로서 단순하고 정태적 과정을 거친다.
② 정책 자체가 하나의 행동노선을 담고 있기 때문에 그에 관련된 개인들의 행동을 위한 지침역할을 한다.
③ 정책은 변동과 안정을 야기하기도 하며 사회의 이익을 조정·통합하기도 한다.
④ 리플리와 프랭클린(R. Ripley & G. Franklin)의 경쟁적 규제정책은 배분정책과 규제정책의 성격을 동시에 지니고 있다.
⑤ 국경일 제정, 국기 게양 등은 국민적 통합을 위하여 정치적인 목적으로 사용하는 상징정책의 예이다.

해설 ① [×] 정책은 복잡한 사회문제 해결을 위한 정치적·행정적 과정으로서 사회 내 다양한 행위자들의 상호작용을 반영하기 때문에 복잡성을 지니며, 지속적으로 변하기 때문에 동태적 성격을 지닌다.

정답 01 ⑤ 02 ①

03 로위(T. Lowi)의 정책유형에 해당하는 것을 모두 고른 것은?
▶ 2020년 행정사

> ㉠ 분배정책　　　　　　　　㉡ 규제정책
> ㉢ 보호적 규제정책　　　　　㉣ 자율규제정책
> ㉤ 재분배정책　　　　　　　㉥ 구성정책

① ㉠, ㉡, ㉢, ㉣
② ㉠, ㉡, ㉤, ㉥
③ ㉠, ㉣, ㉤, ㉥
④ ㉡, ㉢, ㉣, ㉤
⑤ ㉢, ㉣, ㉤, ㉥

해설
② ㉠, ㉡, ㉤, ㉥
로위는 정책을 분배, 재분배, 규제, 구성정책으로 구분하였다.

04 정책 유형에 관한 설명으로 옳은 것은?
▶ 2018년 행정사

① 리플리와 프랭클린(R. Ripley & G. Franklin)의 경쟁적 규제정책은 배분정책과 규제정책의 성격을 동시에 지니고 있다.
② 리플리와 프랭클린(R. Ripley & G. Franklin)의 보호적 규제정책은 소수를 보호하기 위해 다수를 규제하는 정책이다.
③ 로위(T. Lowi)가 주장하는 배분정책의 가장 큰 특징은 계급 대립의 성격을 지닌다는 것이다.
④ 로위(T. Lowi)의 재분배정책은 수혜자와 비용부담자 간의 갈등이 없다는 점이 특징이다.
⑤ 알몬드와 파우얼(G. Almond & B. Powell)은 정책을 배분, 규제, 재분배, 구성 정책으로 분류하였다.

해설
① [O]
② [×] 보호적 규제정책은 일반 대중(다수)을 보호하기 위해 특정 개인이나 집단의 권리행사를 규제하는 정책이다.
③ [×] 계급대립의 성격을 지니는 것은 재분배 정책의 특징이다.
④ [×] 재분배정책은 수혜자와 비용부담자 간의 갈등이 크다는 특성을 지닌다.
⑤ [×] 알몬드와 파우얼(G. Almond & B. Powell)은 정책을 배분정책, 규제정책, 추출정책, 상징정책으로 분류하였다.

정답 03 ② 04 ①

05

리플리와 프랭클린(R. B. Ripley & G. A. Franklin)은 정책유형이 달라짐에 따라 정책형성과정과 정책집행과정도 달라진다고 주장한다. 다음은 그들이 제시한 정책 유형 중 어떤 정책에 관한 설명인가?
▶ 2013년 행정사

> 정부는 특정 전문지식과 자격을 갖춘 몇몇 개인이나 기업(집단)에게 특정한 기간 동안 사업을 할 수 있도록 허용하되 일정한 기간 후에는 자격조건을 재심사하도록 함으로써 경쟁력을 높이고, 공익을 위해서 서비스 제공에 대한 규정을 지키도록 하는 것이다.

① 경쟁적 규제정책
② 보호적 규제정책
③ 상징정책
④ 분배정책
⑤ 재분배정책

해설
① [O] 제시문은 경쟁적 규제정책에 대한 설명이다.

06

정책유형 중 상징정책에 해당하는 것을 모두 고른 것은?
▶ 2016년 행정사

> ㄱ. 선거구의 통폐합
> ㄴ. 올림픽 등 국제행사의 유치 및 개최
> ㄷ. 국경일의 제정 및 준수
> ㄹ. 국공립학교를 통한 교육서비스 제공
> ㅁ. 조세 부과 및 징병

① ㄴ, ㄷ
② ㄷ, ㄹ
③ ㄱ, ㄴ, ㄹ
④ ㄱ, ㄷ, ㄹ
⑤ ㄴ, ㄷ, ㅁ

해설
① ㄴ, ㄷ [O]
ㄱ. 선거구의 통폐합 - 구성정책
ㄹ. 국공립학교를 통한 교육서비스 제공 - 배분정책
ㅁ. 조세 부과 및 징병 - 추출정책

정답 05 ① 06 ①

연습문제

01 살라몬(L. M. Salamon)이 제시한 정책수단의 유형에서 직접적 수단으로만 묶은 것은?

▶ 2018년 국가직 9급

ㄱ. 조세지출(tax expenditure)   ㄴ. 경제적 규제(economic regulation)
ㄷ. 정부소비(direct government)   ㄹ. 사회적 규제(social regulation)
ㅁ. 공기업(government corporation)   ㅂ. 보조금(grant)

① ㄱ, ㄴ, ㄷ   ② ㄱ, ㄹ, ㅂ
③ ㄴ, ㄷ, ㅁ   ④ ㄹ, ㅁ, ㅂ

해설 ③ ㄴ, ㄷ, ㅁ [○]
직접성이 높은 행정수단은 ㄴ. 경제적 규제, ㄷ. 정부소비, ㅁ. 공기업 등이다.
ㄱ. 조세지출과 ㄹ. 사회적 규제는 중간적 성격을 가진 행정수단이며, ㅂ. 보조금은 직접성이 낮은 간접적 수단이다.

직접성	정책수단
저	손해책임법, 보조금, 지급보증, 바우처, 정부지원(출자) 기업
중	조세지출(조세감면), 계약, 사회적 규제, 라벨부착 요구, 교정조세, 부과금
고	정부소비, 경제규제, 보험(국민연금, 산재보험 등), 직접대출, 정부정보제공, 공기업

02 살라먼(Salamon)의 정책수단유형 중 간접수단에 해당하는 것은?

▶ 2016년 국가직 7급

① 경제적 규제   ② 조세지출
③ 직접대출   ④ 공기업

해설 ② [○] 살라몬이 제시한 직접성의 정도에 따른 행정수단을 구분해보면, 경제적 규제, 공기업, 직접대출은 직접성이 가장 높은 행정수단이며, 조세지출은 상대적으로 직접성이 낮은 방식에 해당한다.

정답 01 ③   02 ②

03 살라몬(Salamon)의 정책도구 분류에서 강제성이 가장 높은 것은? ▶ 2022년 지방직 9급

① 경제적 규제
② 바우처
③ 조세지출
④ 직접대출

해설 ① [O] 강제성은 행정 수단이 규제와 같이 강제적인 수단을 사용하는지 아니면 소송 제기처럼 민간의 임의적인 판단에 달려있는지를 기준으로 한 것이다. 경제규제와 사회규제는 강제성 정도가 높은 반면, 손해책임법(Tort Liability law), 조세지출 등은 강제성 정도가 낮은 정책수단에 해당한다.

직접성	정책수단
저	손해책임법, 정보제공, 조세지출
중	바우처, 보험, 보조금, 공기업, 대출보증, 직접 대출계약, 벌금
고	경제적 규제, 사회적 규제

04 로위(T. J. Lowi)는 정책내용 또는 정책유형이 정치행태를 결정한다고 주장하였다. 다음 중 로위가 분류한 정책유형은? ▶ 2014년 국회 9급

① 분배정책, 규제정책, 재분배정책, 구성정책
② 분배정책, 규제정책, 추출정책, 상징정책
③ 분배정책, 경쟁적 규제정책, 보호적 규제정책, 재분배정책
④ 분배정책, 규제정책, 재분배정책, 자율규제정책
⑤ 분배정책, 규제정책, 재분배정책, 자본축적정책, 윤리정책

해설 ① [O] 로위(Lowi)는 1964년 정책을 분배정책, 규제정책, 재분배정책으로 구분하였으며, 1972년에는 여기에 구성정책을 추가하였다.

05 정책의 유형과 예시로 옳은 것은? ▶ 2019년 국회 9급

	정책의 유형	예시
①	구성정책	정부기관 신설
②	규제정책	징병제도
③	재분배정책	도로건설
④	추출정책	누진소득세
⑤	분배정책	오염물질 배출허가 기준

정답 03 ① 04 ① 05 ①

> **해설** ② [×] 징병제도 – 추출정책
> ③ [×] 도로건설 – 분배정책
> ④ [×] 누진소득세 – 재분배정책
> ⑤ [×] 오염물질 배출허가 기준 – 규제정책

06 다음 중 로위(T. J. Lowi)가 제시한 정책유형과 사례 간의 연결이 가장 적절하지 않은 것은?

▶ 2023년 군무원 9급

① 규제정책 - 환경규제, 금연정책, 마약단속
② 분배정책 - 종합소득세, 임대주택, 노령연금
③ 상징정책 - 국경일, 한일월드컵, 국군의 날
④ 구성정책 - 정부조직 개편, 선거구 조정, 행정구역 통합

> **해설** ② [×] 종합소득세, 임대주택, 노령연금은 재분배정책의 사례에 해당한다.

07 로위(Lowi)의 정책 유형에 대한 설명으로 옳지 않은 것은?

▶ 2024년 국가직 9급

① 정부 혹은 정치체제의 정통성과 정당성을 확보하고, 국민의 단결력이나 자부심을 높여 줌으로써 정부의 정책활동을 원활하게 하기 위한 정책은 구성정책에 해당한다.
② 기초생활보장 대상자에 대한 생활 보조금 지급 등과 같이 소득이전과 관련된 정책은 재분배정책에 해당한다.
③ 도로 건설, 하천·항만 사업과 같이 국민에게 공공서비스나 혜택을 제공하기 위한 정책은 분배정책에 해당한다.
④ 사회구성원이나 집단의 활동을 통제해 다른 사람이나 집단을 보호하려는 목적을 가진 정책은 규제정책에 해당한다.

> **해설** ① [×] 정부 혹은 정치체제의 정통성과 정당성을 확보하고, 국민의 단결력이나 자부심을 높여 줌으로써 정부의 정책활동을 원활하게 하기 위한 정책은 앨먼드와 파월(Almond & Powell)의 분류 중 상징정책에 대한 내용으로 로위의 분류에는 해당되지 않는다.

정답 06 ② 07 ①

08 로위(Lowi)의 정책유형과 그에 대한 설명으로 옳은 것만을 모두 고르면? ▶ 2021년 국가직 9급

> ㄱ. 규제정책은 특정 개인이나 집단에 대한 선택의 자유를 제한하는 유형의 정책으로 강제력이 특징이다.
> ㄴ. 분배정책의 사례에는 FTA협정에 따른 농민피해 지원, 중소기업을 위한 정책자금지원, 사회보장 및 의료보장정책 등이 있다.
> ㄷ. 재분배정책은 고소득층으로부터 저소득층으로 소득이전을 목적으로 하기 때문에 계급대립적 성격을 지닌다.
> ㄹ. 재분배정책의 사례로는 저소득층을 위한 근로장려금 제도, 영세민을 위한 임대주택 건설, 대덕 연구개발 특구 지원 등이 있다.
> ㅁ. 구성정책은 정부기관의 신설과 선거구 조정 등과 같이 정부기구의 구성 및 조정과 관련된 정책이다.

① ㄱ, ㄴ, ㄷ
② ㄱ, ㄷ, ㅁ
③ ㄴ, ㄹ, ㅁ
④ ㄷ, ㄹ, ㅁ

해설
② ㄱ, ㄷ, ㅁ [O]
ㄴ [×] 사회보장 및 의료보장정책은 재분배정책의 사례에 해당한다.
ㄹ [×] 대덕 연구개발 특구 지원은 분배정책에 해당한다

09 로위(Lowi)의 정책유형에 대한 설명으로 옳지 않은 것은? ▶ 2020년 국회 9급

① 분배정책의 예로 선거구 조정, 정부기관 신설 등이 있다.
② 재분배정책의 예로 누진세, 사회보장책 등이 있다.
③ 분배정책에서는 로그롤링(log rolling)이나 포크배럴(pork barrel)과 같은 정치현상이 나타날 수 있다.
④ 기업에게 대기오염 방지시설 설치를 의무화하는 것은 규제정책에 해당한다.
⑤ 정책의 유형에 따라 정책결정과정이 달라질 수 있다.

해설
① [×] 선거구 조정, 정부기관 신설 등은 구성정책이다.
⑤ [O] 로위(Lowi)는 "정책이 정치를 결정한다"는 관점에서 정책의 유형에 따라 정책의 결정 및 집행과정이 달라진다고 보았다.

정답 08 ② 09 ①

10. 〈보기〉의 리플리와 프랭클린(R. B. Ripley & G. A. Franklin)의 정책 유형과 정책 사례를 바르게 연결한 것은?

▶ 2021년 국회 9급

〈보기〉
ㄱ. 권리나 이익, 서비스를 사회의 특정 부분에 배분하는 정책
ㄴ. 다수 경쟁자 중 특정 개인이나 집단에게 특정 권리나 서비스를 제공하는 정책
ㄷ. 고소득층으로부터 저소득층으로의 소득 이전을 목적으로 하는 정책
ㄹ. 일반 대중 보호를 목적으로 하는 규제 정책

	ㄱ	ㄴ	ㄷ	ㄹ
①	노령연금제도	항공노선 허가	최저임금제	개발제한구역
②	사회간접자본	개발제한구역	최저임금제	방송국 인가
③	노령연금제도	개발제한구역	누진소득세	방송국 인가
④	사회간접자본	항공노선 허가	누진소득세	개발제한구역
⑤	노령연금제도	방송국인가	최저임금제	누진소득세

해설 ④ [O]
ㄱ. 배분정책 – 사회간접자본, 국공립학교 등
ㄴ. 경쟁적 규제정책 – 방송국 인가, 항공노선 허가 등
ㄷ. 재분배정책 – 누진소득세, 노령연금 제도 등
ㄹ. 보호적 규제정책 – 개발제한구역, 최저임금제 등

11. 정책유형의 분류에 대한 설명으로 가장 옳지 않은 것은?

▶ 2015년 서울시 7급

① 로이(Lowi)는 정책을 강제력의 행사방법과 강제력의 적용대상에 따라 분배정책, 구성정책, 규제정책, 재분배정책으로 구분하였다.
② 분배정책은 참여자들 간의 정면대결보다는 갈라먹기식(log - rolling)에 의해 이루어지며, 이해관계보다는 이데올로기가 작용한다.
③ 구성정책은 헌정수행에 필요한 운영규칙과 관련된 정책으로 선거구의 조정, 정부의 새로운 조직이나 기구의 설립, 공직자의 보수 등에 관한 정책 등이 이에 해당된다.
④ 규제정책은 분배정책에 비해 피규제자(피해자)와 수혜자가 명백하게 구분된다.

해설 ② [×] 이데올로기가 작용하는 정책은 재분배정책이다.

12 정부규제를 사회적 규제와 경제적 규제로 나눌 경우 경제적 규제의 성격이 가장 강한 것은?

▶ 2017년 지방직 9급

① 진입규제
② 환경규제
③ 산업재해규제
④ 소비자안전규제

> **해설** ① 경제적 규제는 기업의 본질적 활동에 대한 규제로써 진입규제, 가격(및 이윤)에 대한 규제, 품질, 생산량, 공급대상·조건·방법 등에 대한 규제 등이 이에 해당한다.
> ②, ③, ④ 환경규제, 산업재해규제, 소비자안전규제 등은 사회적 규제에 해당한다.

13 규제는 해결할 수단, 관리 방식, 최종 성과를 대상으로 설계될 수 있는데, 이들을 각각 수단규제, 관리규제, 성과규제라고 한다. 그 사례를 바르게 연결한 것은?

▶ 2016년 국가직 7급

ㄱ. 식품안전을 위해 그 효용이 부각되는 위해요소중점관리기준(HACCP : Hazard Analysis Critical Control Point)을 지킬 것을 요구하는 것
ㄴ. 인체건강을 위해 개발된 신약에 대해 부작용의 허용 가능한 발생 수준을 요구하는 것
ㄷ. 환경오염을 방지하기 위해 기업에 특정한 유형의 환경 통제 기술을 사용할 것을 요구하는 것

	수단규제	관리규제	성과규제
①	ㄱ	ㄴ	ㄷ
②	ㄱ	ㄷ	ㄴ
③	ㄷ	ㄴ	ㄱ
④	ㄷ	ㄱ	ㄴ

> **해설** ④
> ㄱ - 관리규제 : 식품안전을 위한 식품위해요소 중점관리기준(HACCP)을 지킬 것을 요구하는 것은 관리규제에 해당한다.
> ㄴ - 성과규제 : 인체건강을 위해 개발된 신약의 허용가능 부작용 발생 수준을 요구하는 것은 성과규제이다.
> ㄷ - 수단규제 : 환경오염 방지를 위해 특정한 유형의 환경통제 기술 사용을 요구하는 것은 수단규제(투입규제)이다.

정답 12 ① 13 ④

14 규제의 유형에 대한 설명으로 옳지 않은 것은? ▶ 2018년 지방직 9급

① 리플리와 프랭클린(Ripley & Franklin)은 보호적 규제와 경쟁적 규제로 구분하고 있다.
② 경제규제는 주로 시장의 가격 기능에 개입하고 특정 기업의 시장 진입을 배제하거나 억압하는 방식으로 작동된다.
③ 포지티브 규제는 네거티브 규제보다 피규제자의 자율성을 더 보장한다.
④ 자율규제는 피규제자가 스스로 합의된 규범을 만들고 이를 구성원들에게 적용하는 형태의 규제방식이다.

③ [×] 포지티브 규제는 명시적으로 허용하는 것 이외에는 원칙적으로 모든 행위가 금지되는 것으로 (원칙 금지, 예외 허용), 네거티브 규제(원칙 허용, 예외 금지)가 포지티브 규제보다 피규제자에게 더 많은 자율성을 보장해준다.

15 규제유형에 대한 설명으로 옳지 않은 것은? ▶ 2024년 국가직 9급

① 오염배출부과금제도, 이산화탄소 배출권거래제도는 시장유인적 규제유형에 속한다.
② 포지티브 규제방식은 네거티브 규제방식에 비해 피규제자의 자율성을 더 보장한다.
③ 명령지시적 규제는 시장유인적 규제에 비해 일반 국민이 이해하기 쉽고 직관적 설득력이 높다는 장점이 있다.
④ 사회규제는 주로 사회적 영향을 야기하는 기업행동에 대한 규제를 말하며 작업장 안전 규제, 소비자 보호 규제 등이 있다.

② [×] 포지티브(positive) 규제는 원칙 금지이므로 원칙 허용인 네거티브(negative) 규제보다 자율성을 보장해주지 않는다.
③ [○] 명령지시적 규제는 개인이나 기업이 따라야 할 기준을 명확하게 정하고 이를 위반한 행위를 처벌하는 방법을 사용한다. 시장유인적 규제는 개인이나 기업에게 의무는 부과하되 그것을 달성하는 방법은 자율적 판단에 맡기는 방식이다. 따라서 명령지시적 규제는 시장유인적 규제에 비해 일반 국민이 이해하기 쉽고, 정치적·사회적 설득력이 높고 강력한 집행수단이 뒷받침된다는 장점이 있다.

정답 14 ③ 15 ②

16 정부 규제의 유형에 대한 설명으로 옳지 않은 것은? ▶ 2021년 국회 8급

① 관리규제에서는 정부가 제시한 성과 기준만 충족하면 되기 때문에 이를 달성하는 수단과 방법의 선택은 피규제자가 자유롭게 선택할 수 있으며, 수단규제에 비해 피규제자가 많은 자율성을 갖는다.
② 수단규제는 정부의 목표를 달성하기 위해 필요한 기술이나 행위에 대해 사전적으로 규제하는 것으로 투입규제라고도 한다.
③ 공동규제는 정부로부터 위임을 받은 민간집단에 의해 이뤄지는 규제로 자율규제와 직접규제의 중간 성격을 띤다.
④ 자율규제는 개인과 기업 등 피규제자가 스스로 합의된 규범을 만들고 이를 구성원들에게 적용하는 형태의 규제이다.
⑤ 네거티브 규제 방식에서는 명시적으로 금지하는 것 이외의 모든 것을 자유로이 할 수 있다.

해설 ① [×] 성과규제에 대한 설명이다. 관리규제는 수단과 성과가 아닌 과정을 규제하는 것으로 정부는 피규제자가 만든 규제 목표 달성계획의 타당성을 평가하고 그 이행을 요구하는 것이며, 수단규제에 비해 자율성이 높다.

17 다음 설명에 해당하는 정책현상은? ▶ 2016년 지방직 9급

> 어떤 하나의 규제가 시행된 결과 원래 규제설계 당시에는 미리 예견하지 못한 또 다른 문제점이 나타나게 되면 규제기관은 그 문제의 해결을 위해 또 다른 규제를 하게 됨으로써 결국 규제가 규제를 낳는 결과를 초래한다.

① 타르 베이비 효과(Tar - Baby effect)   ② 집단행동의 딜레마
③ 규제의 역설(regulatory paradox)   ④ 지대추구행위

해설 ① 타르 베이비 효과(= 끈끈이 인형효과), 규제의 피라미드 현상을 설명하는 지문이다.

정답 16 ① 17 ①

18 다음 중 규제피라미드에 대한 설명으로 옳은 것은? ▶ 2018년 국회 8급

① 새로운 위험만 규제하다 보면 사회의 전체 위험 수준은 증가하는 상황
② 규제가 또 다른 규제를 낳은 결과 피규제자의 비용 부담이 점점 늘어나게 되는 상황
③ 기업체에게 상품 정보에 대한 공개 의무를 강화할수록 소비자들의 실질적인 정보량은 줄어들게 되는 상황
④ 과도한 규제를 무리하게 설정하다 보면 실제로는 규제가 거의 이루어지지 않게 되는 상황
⑤ 소득재분배를 위한 규제가 오히려 사회적으로 가장 어려운 사람들에게 해를 끼치게 되는 상황

해설 ②[○] 규제피라미드는 어느 한 부문에 대한 규제가 그 하나에 그치는 것이 아니라 꼬리에 꼬리를 물고 누적적으로 증가하는 '정부규제의 누적적 증가 현상'을 의미한다.
①, ③, ④, ⑤ [×] 규제의 역설에 대한 설명이다.

* 규제의 역설(regulatory paradox) : 불합리한 규제가 오히려 민간의 비효율성을 유도하고 자원의 왜곡을 가져오는 부작용을 초래하는 것을 말한다.

① 과도한 규제가 과소한 규제를 초래한다. 특정한 규제를 무리하게 설정하면 실제로는 규제가 전혀 안 이루어지는 결과가 발생한다.
② 새로운 위험만 규제하다 보면 사회의 전체 위험 수준은 증가한다.
③ 최고의 기술을 요구하는 규제는 기술 개발을 지연시킨다. 정부가 최선의 기술을 사용하도록 규제하면, 기존 기업이나 기술을 보유한 업체가 강한 진입장벽을 칠 수 있는 기회를 주는 것과 같다.
④ 소득재분배를 위한 규제가 오히려 사회적으로 가장 어려운 사람들에게 해를 끼칠 수 있다.
⑤ 기업에게 상품에 대한 정보 공개를 의무화할수록 소비자들의 실질적인 정보량이 줄어든다. 정보 공개를 엄격하게 할수록 기업의 입장에서는 광고 인센티브가 사라지고, 그 결과 시장에서의 정보가 오히려 줄어들게 된다.

19 윌슨(J.Q.Wilson)은 정부규제로부터 감지되는 비용과 편익의 분포에 따라 규제정치를 아래 표와 같이 4가지 유형으로 구분했다. ㉠~㉢에 들어갈 유형의 명칭과 그 사례의 연결이 가장 적합한 것은?
▶ 2015년 서울시 9급

구분		감지된 편익	
		넓게 분산	좁게 집중
감지된 비용	넓게 분산	㉠	㉡
	좁게 집중	㉢	㉣

① ㉠ 대중적 정치 - 각종 위생 및 안전규제
② ㉡ 고객정치 - 수입규제
③ ㉢ 기업가적 정치 - 낙태규제
④ ㉣ 이익집단 정치 - 농산물에 대한 최저가격 규제

정답 18 ② 19 ②

해설 ② 감지된 비용이 넓게 분산되고, 감지된 편익은 소수에게 좁게 집중된 ⓒ 상황은 고객정치에 해당하며 수입규제 및 진입규제 등 각종 협의의 경제규제가 이에 해당한다.
① [×] 위생 및 안전규제는 대중적 정치가 아니라 기업가적 정치(ⓒ)에 해당한다.
③ [×] 낙태규제는 기업가적 정치가 아니라 대중적 정치(㉠)에 해당한다.
④ [×] 농산물 최저가격 규제는 이익집단 정치가 아니라 고객정치(ⓒ)에 해당한다.

20 윌슨(J. Wilson)의 규제정치 이론에 대한 설명으로 옳은 것만을 모두 고른 것은?

▶ 2014년 지방직 7급

ㄱ. 감지된 비용(costs)과 편익(benefits)이 모두 좁게 집중되어 있는 규제정치를 이익집단정치라 한다.
ㄴ. 기업가적 정치는 환경오염규제 사례처럼 오염업체에게는 비용이 좁게 집중되지만 일반 시민들에게는 편익이 넓게 분산된다.
ㄷ. 대중정치는 한·약분쟁의 경우처럼 쌍방이 모두 조직적인 힘을 바탕으로 이익확보를 위해 첨예하게 대립하는 정치상황이다.
ㄹ. 환경규제 완화 상황인 경우에는 비용이 넓게 분산되고 감지된 편익이 좁게 집중되는 고객정치의 상황이 된다.

① ㄱ, ㄴ, ㄷ
② ㄱ, ㄴ, ㄹ
③ ㄱ, ㄷ, ㄹ
④ ㄴ, ㄷ, ㄹ

해설 ② ㄱ, ㄴ, ㄹ [○]
ㄷ. [×] 한·약분쟁의 경우처럼 쌍방이 모두 조직적인 힘을 바탕으로 이익확보를 위해 첨예하게 대립하는 정치상황은 이익집단 정치이다.

21 윌슨(Wilson)의 규제정치 유형 중 다음 설명에 해당하는 것은?

▶ 2022년 국가직 9급

정부규제로 발생하게 될 비용은 상대적으로 작고 이질적인 불특정 다수에게 부담된다. 그러나 편익은 크고 동질적인 소수에 귀속된다. 이런 상황에서 상당한 이익을 얻을 수 있는 소수집단은 정치조직화하여 편익이 자신들에게 제도적으로 보장될 수 있도록 정치적 압력을 행사한다.

① 대중정치
② 고객정치
③ 기업가정치
④ 이익집단정치

정답 20 ② 21 ②

해설 ② 고객정치 상황에 대한 설명이다.

[그림] Wilson의 규제정치 모형

구분		인지된 비용	
		넓게 분산	좁게 집중
인지된 편익	넓게 분산	① 대중 정치 (majoritarian politics)	② 기업가 정치 (entrepreneurial politics)
	좁게 집중	③ 고객정치 (client politics)	④ 이익집단 정치 (interest group politics)

22 윌슨(Wilson)이 주장한 규제정치모형에서 '감지된 비용은 좁게 집중되지만, 감지된 편익은 넓게 분산되는 경우'에 나타나는 유형은?
▶ 2013년 서울시 9급

① 대중정치   ② 이익집단정치
③ 고객정치   ④ 기업가정치

해설 ④ [O] 기업가정치에 대한 설명이다.

23 다음 중 현행 「행정규제기본법」에서 규정하고 있는 내용으로 옳지 않은 것은?
▶ 2014년 국회 8급

① 규제는 법률에 근거를 두어야 한다.
② 규제를 정하는 경우에도 그 본질적 내용을 침해하지 않도록 하여야 한다.
③ 규제의 존속기한은 원칙적으로 5년을 초과할 수 없다.
④ 심사기간의 연장이 불가피한 경우 규제개혁위원회의 결정으로 15일을 넘지 않는 범위에서 한 차례만 연장할 수 있다.
⑤ 규제개혁위원회는 위원장 1명을 포함한 20명 이상 25명 이하의 위원으로 구성된다.

정답 22 ④   23 ⑤

해설 ⑤ [×] 위원회는 위원장 2명을 포함한 20명 이상 25명 이하의 위원으로 구성한다.(행정규제기본법 제25조 제1항)

①
> 행정규제기본법 제4조(규제 법정주의) ① 규제는 법률에 근거하여야 하며, 그 내용은 알기 쉬운 용어로 구체적이고 명확하게 규정되어야 한다.

②
> 행정규제기본법 제5조(규제의 원칙) ① 국가나 지방자치단체는 국민의 자유와 창의를 존중하여야 하며, 규제를 정하는 경우에도 그 본질적 내용을 침해하지 아니하도록 하여야 한다.

③
> 행정규제기본법 제8조(규제의 존속기한 및 재검토기한 명시) ② 규제의 존속기한 또는 재검토기한은 규제의 목적을 달성하기 위하여 필요한 최소한의 기간 내에서 설정되어야 하며, 그 기간은 원칙적으로 5년을 초과할 수 없다.

④
> 행정규제기본법 제12조(심사) ① 위원회는 제11조제1항에 따라 중요규제라고 결정한 규제에 대하여는 심사 요청을 받은 날부터 45일 이내에 심사를 끝내야 한다. 다만, 심사기간의 연장이 불가피한 경우에는 위원회의 결정으로 15일을 넘지 아니하는 범위에서 한 차례만 연장할 수 있다.

24 규제영향분석에 대한 설명으로 옳지 않은 것은?

▶ 2017년 지방직 9급 추가채용

① 규제의 경제·사회적 영향을 과학적으로 분석해 타당성을 평가한다.
② 정치적 이해관계의 조정과 수렴의 기회를 제공한다.
③ 규제가 초래할 사회적 부담에 대해 책임성을 가지도록 유도한다.
④ 규제의 비용보다 규제의 편익에 주안점을 둔다.

해설 ④ [×] 규제영향분석은 신설 또는 강화 규제의 사회적 편익과 비용을 점검하고 측정하는 체계적인 의사결정 도구이다.

정답 24 ④

제2장 정책참여자간 관계

기출문제

01 중앙정부의 정책과정 참여자 중 비공식적 참여자로만 묶은 것은? ▶ 2013년 행정사

| ㄱ. 정당 | ㄴ. 국무총리 | ㄷ. 대통령 | ㄹ. 이익집단 |
| ㅁ. 전문가집단 | ㅂ. 시민단체 | ㅅ. 언론 | ㅇ. 부처장관 |

① ㄱ, ㄴ, ㄷ, ㅁ, ㅂ
② ㄱ, ㄷ, ㄹ, ㅂ, ㅇ
③ ㄱ, ㄹ, ㅁ, ㅂ, ㅅ
④ ㄴ, ㄷ, ㄹ, ㅁ, ㅇ
⑤ ㄴ, ㄷ, ㄹ, ㅅ, ㅇ

해설 ③ ㄱ, ㄹ, ㅁ, ㅂ, ㅅ [○]
정당, 이익집단, 전문가집단, 시민단체, 언론 등은 비공식참여자에 해당한다.

02 정책과정의 참여자 중 공식적인 참여자에 해당하는 것은? ▶ 2022년 행정사

① 이익집단
② 입법부
③ 정당
④ 시민단체
⑤ 민간전문가

해설 ② 입법부는 공식적 참여자이고, 나머지는 비공식적 참여자에 해당한다.

정답 01 ③   02 ②

03 바흐라흐와 바라츠(P. Bachrach & M. Baratz)의 무의사결정론에 관한 설명으로 옳은 것을 모두 고른 것은?
▶ 2023년 행정사

> ㄱ. 무의사결정은 의사결정자의 가치나 이익에 대한 잠재적이거나 현재적인 도전을 억압하거나 방해하는 결과를 초래하는 결정을 의미한다.
> ㄴ. 무의사결정은 정책의제 채택과정에서 일어날 뿐 정책결정과 집행과정에서는 일어나지 않는다.
> ㄷ. 무의사결정을 추진하기 위하여 폭력이 동원되기도 한다.
> ㄹ. 엘리트론을 비판하면서 다원론을 계승 발전시킨 신다원론적 이론이다.

① ㄱ, ㄴ
② ㄱ, ㄷ
③ ㄱ, ㄹ
④ ㄴ, ㄹ
⑤ ㄷ, ㄹ

해설
② ㄱ, ㄷ [O]
ㄴ [×] 협의의 무의사결정은 정책의제설정 과정과 관련되지만, 넓은 의미의 무의사결정은 정책결정 및 집행 과정 등 정책과정 전반에서 나타난다.
ㄹ [×] 무의사결정론은 달(R. Dahl)의 다원주의를 비판하면서 등장한 신엘리트론에 해당한다.

04 정책이론에 관한 설명으로 옳지 않은 것은?
▶ 2024년 행정사

① 마르크스주의 – 현대국가는 모든 자본가 계층의 공통된 이해관계를 대변하기 위한 위원회와 같다.
② 엘리트주의 – 지배계층은 모든 정책과정을 장악하고 영향력을 행사하며 정책의 혜택을 누린다.
③ 무의사결정 – 정치적 행위자는 자신의 효용과 만족감을 최대화하기 위하여 합리적으로 행동한다.
④ 제도주의 – 정책분석의 초점은 정부제도의 공식적·법적 기구에 맞추는 것이다.
⑤ 다원주의 – 정부의 역할은 단지 집단 간의 이익대결과 갈등을 조정하는 중립적인 제3자에 불과하다.

해설
③ [×] 정치적 행위자가 자신의 효용과 만족감을 최대화하기 위하여 합리적으로 행동한다고 보는 것은 공공선택이론의 특징이다.

정답 03 ② 04 ③

05 철의 삼각(iron triangle) 모형에서 동맹을 형성하는 집단들을 모두 고른 것은? ▶ 2015년 행정사

| ㄱ. 언론매체   ㄴ. 이익집단   ㄷ. 정당   ㄹ. 행정기관   ㅁ. 의회 소관 위원회 |

① ㄱ, ㄴ, ㄷ
② ㄱ, ㄴ, ㅁ
③ ㄴ, ㄷ, ㄹ
④ ㄴ, ㄹ, ㅁ
⑤ ㄷ, ㄹ, ㅁ

해설 ④ ㄴ, ㄹ, ㅁ [O]
철의삼각 모형은 행정기관의 관료(소관부처, 관료조직), 입법부의 상임위원회(의회의 위원회), 이익집단의 3자가 연대를 형성하여 특정 정책영역의 정책결정을 배타적으로 지배하는 안정적인 동맹관계를 설명하는 모형이다.

06 정책네트워크모형에 관한 설명으로 옳지 않은 것은? ▶ 2018년 행정사

① 자원의존성을 토대로 한 행위자들 간의 교환관계를 중시한다.
② 정책공동체는 이슈네트워크에 비해 개방적이고 유동적인 네트워크로서의 특징을 지닌다.
③ 단순하고 분명하게 정의된 하위정부의 경계와는 달리 이슈네트워크의 경계는 모호하다.
④ 하위정부 모형에서는 소수의 엘리트 행위자들이 특정 정책영역에서 정책결정을 지배하고 있다고 설명한다.
⑤ 이슈네트워크에서는 행위자들 간의 권력배분이 불평등하다.

해설 ② [X] 이슈네트워크가 정책공동체에 비해 개방적이고 유동적인 네트워크로서의 특징을 지닌다.

정답 05 ④   06 ②

연습문제

01 정책참여자에 대한 설명으로 옳지 않은 것은? ▶ 2024년 국가직 9급

① 시민단체(NGO)는 비공식적 참여자로서 시민 여론을 동원해 정책의제설정, 정책대안제시, 정부의 집행활동 감시 등 정책과정 전반에 영향을 미친다.
② 정당은 공식적 참여자로서 대중의 여론을 형성하고 일반 국민에게 정책 관련 주요 정보를 전달하는 역할을 통해 정책과정에 영향을 미친다.
③ 사법부는 공식적 참여자로서 정책과 관련된 법적 쟁송이 발생한 경우 그 정책의 타당성에 대한 판결을 통해 정책에 영향을 미친다.
④ 이익집단은 비공식적 참여자로서 특정 이해관계를 공유하는 사람들의 모임이며, 구성원들의 이익을 실현하기 위해 정부에 압력을 가함으로써 정책에 영향을 미친다.

> **해설** ② [×] 정당은 비공식적 참여자이다.

02 다원주의(Pluralism)에 대한 설명으로 가장 옳지 않은 것은? ▶ 2019년 서울시 9급

① 권력은 다양한 세력들에게 분산되어 있다.
② 정책영역별로 영향력을 행사하는 엘리트들이 각기 다르다.
③ 이익집단들 간의 영향력 차이는 주로 정부의 정책과정에 대한 상이한 접근기회에 기인한다.
④ 이익집단들 간의 영향력 차이는 있지만 전체적으로 균형을 유지하고 있다.

> **해설** ③ [×] 다원주의는 사회의 각종 이익집단은 정부의 정책과정에 동등한 접근기회를 가지고 있으나 이익집단들 간의 영향력의 차이가 있음을 인정한다. 이익집단의 영향력의 차이는 구성원의 수, 재정력, 리더십, 응집성 등 이익집단 내부적 요인에 주로 기인하는 것이지 정부에 의한 차별적 접근 허용에 기인한 것은 아니다.

정답 01 ② 02 ③

03 엘리트이론과 다원주의이론에 대한 설명으로 옳지 않은 것은?   ▶ 2023년 지방직 9급

① 고전적 엘리트이론에서 엘리트들은 다른 계층에 대해 책임을 지지 않는다.
② 밀즈(Mills)는 명성접근법을 사용하여 엘리트들을 분석한다.
③ 달(Dahl)은 권력이 분산되어 있음을 전제로 다원주의론을 전개한다.
④ 바흐라흐와 바라츠(Bachrach & Baratz)는 무의사결정이 의제설정과정뿐만 아니라 정책결정과정에서도 발생할 수 있다고 주장한다.

해설 ② [×] 밀즈(Mills)의 지위접근법에서는 권력은 계급이나 능력이 아니라 사회적 지위에서 나온다고 보았다(명성접근법 X).

헌터(F. Hunter)의 명성접근법	지역사회의 계층적 권력구조
	지역사회 엘리트 : 기업인, 변호사, 시정부 고위관료
밀스(C. Mills) 지위접근법	권력 엘리트
	군산복합체 : 군 장성, 대기업 간부, 정치집단의 지도자 (정치엘리트)나 관료

04 조합주의(corporatism)에 대한 설명으로 옳지 않은 것은?   ▶ 2016년 국가직 7급

① 정부활동은 다양한 이익집단 간 이익의 소극적 중재자 역할에 한정된다.
② 이익집단은 단일적·위계적인 이익대표체계를 형성한다.
③ 정부는 사회적 공동선을 달성하기 위해 중요 이익집단과 우호적 협력관계를 유지한다.
④ 이익집단은 상호 경쟁보다는 국가에 협조함으로써 특정 영역에서 자신의 요구를 정책과정에 투입한다.

해설 ① [×] 조합주의는 정부의 적극적인 역할을 강조한다. 정부를 다양한 이익집단 간 이익의 소극적 중재자 역할에 한정된다고 보는 것은 다원주의이다.

05 정책결정의 장(또는 정책하위시스템)에 대한 이론과 주장하는 내용을 짝지은 것으로 가장 옳지 않은 것은?
▶ 2020년 서울시 9급

① 다원주의 – 정부는 조정자 역할에 머물거나 게임의 법칙을 진행하는 심판자 역할을 할 것으로 기대한다.
② 조합주의 – 정부는 이익집단 간 이익의 중재에 머물지 않고 국가이익이나 사회의 공공선을 달성하기 위한 주도적인 역할을 할 것으로 기대한다.
③ 엘리트주의 – 엘리트들은 사회의 다원화된 이익을 대변하는 것이 아니라 자신들의 이익을 추구한다.
④ 철의 삼각 – 입법부, 사법부 그리고 행정부 3자가 강철과 같은 장기적이고 안정적이며 우호적인 삼각관계의 역할을 형성하면서 정책결정을 지배하는 것으로 본다.

> **해설** ④ [×] 철의 삼각(Iron Triangle)이란 하위정부 모형(sub–gov't model)이라고 하며, 관료와 의회의 상임위원회, 이익집단이 상호 이해관계를 공유하면서 정책영역별로 결정과 집행에 강력하고도 지속적으로 영향을 미치는 정책망을 말한다. 구성요소가 입법부, 행정부, 사법부가 아니라 관료, 상임위원회, 이익집단이다.

06 정책결정의 장에 대한 이론 설명으로 가장 옳지 않은 것은?
▶ 2021년 군무원 9급

① 다원주의는 소수의 개인이나 집단이 아니라 다수의 집단이 정책결정의 장을 주도하고 이들이 정치적 조정과 타협을 거쳐 도달한 합의가 정책이 된다고 본다.
② 엘리트주의는 대중에게 영향력을 행사할 수 있는 위치에 있는 소수의 리더들에 의해서 정책결정이 지배된다고 본다.
③ 정책결정에서 정부의 역할을 줄이고 이익집단과의 상호협력을 보다 중시하는 이론이 조합주의이다.
④ 철의 삼각(iron triangle) 논의는 정부관료, 선출직 의원, 그리고 이익집단의 3자가 장기적이고 안정적이며 우호적인 연합을 형성하면서 정책결정을 지배하는 것으로 본다.

> **해설** ③ [×] 조합주의 이론은 정책결정에서 정부의 보다 적극적인 역할을 인정(국가의 독자성·지도적·개입적 역할 강조)하고 이익집단과의 상호협력을 중시하는 이론이다.

정답 05 ④ 06 ③

07 〈보기〉와 같은 정책결정 형태는? ▶ 2010년 국회 8급

> 정책결정에서 정부의 보다 적극적인 역할을 인정하고 이익집단과의 상호협력을 중시하는 이론이다. 정부는 집단 간 이익의 중재에 머물지 않고 국가이익이나 사회의 공동선을 달성하기 위한 주도적인 역할을 담당한다.

① 엘리트주의
② 조합주의
③ 이슈네트워크
④ 하위정부
⑤ 정책공동체

해설 ② 제시문은 조합주의에 대한 설명이다.

08 정책과정에 대한 설명으로 옳지 않은 것은? ▶ 2012년 국가직 9급

① 콥(R.W. Cobb)은 주도집단에 따라 정책의제설정 유형을 외부주도형, 동원형, 내부접근형으로 분류하였다.
② 바크라흐(P. Bachrach)와 바라츠(M. Baratz)는 신다원론(neo-pluralism) 관점에서 정치권력의 두 개의 얼굴 중 하나인 무의사결정을 주장하였다.
③ 킹던(J. Kingdon)은 어떤 중요한 시점에서 문제, 정책, 정치 등 세 가지 흐름(streams)의 결합에 의하여 정책의제가 설정된다고 주장하였다.
④ 달(R. Dahl)은 다원론(pluralism) 관점에서 미국은 민주주의 국가이기 때문에 특정한 어느 개인이나 집단도 주도권을 행사하기 어렵다고 주장하였다.

해설 ② [×] 바크라흐(P. Bachrach)와 바라츠(M. Baratz)는 신엘리트 이론(신다원론 ×) 관점에서 무의사결정을 주장하였다.

정답 07 ② 08 ②

09 Bachrach와 Baratz의 무의사결정 이론(non-decision making theory)에 대한 설명으로 옳지 않은 것은?
▶ 2011년 국회 9급

① Dahl의 다원론을 비판하면서 제시한 이론이다.
② 무의사결정이론은 신엘리트론에 해당한다.
③ 넓은 의미의 무의사결정은 정책의제설정 과정뿐만 아니라 정책결정 과정, 그리고 정책집행 과정에서도 발생한다.
④ 무의사결정의 수단으로 폭력, 권력, 편견의 동원과 정치체제의 규범·규칙·절차의 조작 등을 들 수 있다.
⑤ 무의사결정 이론은 엘리트들의 무관심이나 무능력으로 인해 일반 대중이나 사회적 약자의 이익과 의견이 무시되는 것을 밝혀낸 이론이다.

> **해설** ⑤ [×] 무의사결정 이론은 엘리트 집단이 자신들의 이해관계나 가치에 부합하지 않는 이슈는 정책의제로 채택되지 않도록 권력을 행사하는 것을 의미한다.

10 바흐라흐와 바라츠(P. Bachrach & M. S. Baratz)의 무의사결정(non-decision making)을 추진하는 수단이나 방법으로 옳지 않은 것은?
▶ 2014년 국가직 7급

① 폭력이나 테러행위는 사용되지 않는다.
② 정치체제의 규범, 규칙, 절차 자체를 수정·보완하여 정책 요구를 봉쇄한다.
③ 변화의 주창자에 대해서 현재 부여되고 있는 혜택을 박탈하거나 새로운 이익으로 매수한다.
④ 정치체제 내의 지배적 규범이나 절차를 강조하여 변화를 주장하는 요구가 제시되지 못하도록 한다.

> **해설** ① [×] 폭력이나 테러 행위도 무의사결정을 위한 수단으로 활용될 수 있다.

정답 09 ⑤ 10 ①

11 '정책 네트워크(policy network)'에 대한 설명으로 옳지 않은 것은?   ▶ 2012년 국가직 7급

① 참여자 간 교호작용 속에서 형성되는 연계가 중요하고 참여자와 비참여자를 구분하는 경계가 없다.
② 정책형성뿐만 아니라 정책집행까지 설명하는 유용한 도구이다.
③ 정책 네트워크 유형에는 하위정부, 정책공동체, 정책문제망 등이 있다.
④ 행위자들 사이에 나타나는 상호작용의 패턴을 찾아내는 데 사용된다.

해설   ① [×] 정책네트워크는 참여자와 비참여자를 구분하는 경계가 존재한다.

12 정책네트워크의 유형 중 하위정부(sub-government) 모형에 대한 설명으로 옳지 않은 것은?   ▶ 2012년 지방직 9급

① 상대적으로 자율성과 안정성이 높다.
② 폐쇄적 관계를 강조하고 다른 이익집단의 참여를 배제한다.
③ 행정수반의 관심이 약하거나 영향력이 적은 재분배정책 분야에서 주로 형성된다.
④ 헤클로(Heclo)는 이익집단이 늘어나고 다원화됨에 따라 적용의 한계가 있다고 지적한다.

해설   ③ [×] 하위정부모형은 분배정책의 분야에서 주로 형성된다.

13 다음 이론에 대한 설명 중 옳은 것만을 모두 고르면?   ▶ 2016년 국가직 9급

> ㄱ. 이익집단론은 정치체제가 잠재이익집단과 중복회원 때문에 특수이익에 치우치지 않는다고 주장한다.
> ㄴ. 신다원주의론은 자본주의 국가에서는 기업가 집단의 특권적 지위가 현실의 정책 과정에서 나타난다고 본다.
> ㄷ. 하위정부론은 정책분야별로 이익집단, 정당, 해당 관료조직으로 구성된 실질적 정책결정권을 공유하는 네트워크가 존재한다고 주장한다.

① ㄱ
② ㄱ, ㄴ
③ ㄴ, ㄷ
④ ㄱ, ㄴ, ㄷ

정답 11 ① 12 ③ 13 ②

② ㄱ, ㄴ [O]
ㄷ. [×] 하위정부론(철의 삼각)은 이익집단, 의회 상임 위원회[정당 ×], 해당 관료조직으로 구성된 실질적 정책결정권을 공유하는 네트워크가 존재한다고 주장한다.

14 정책네트워크에 대한 설명으로 옳지 않은 것은? ▶ 2019년 국가직 9급

① 정책네트워크의 참여자는 정부뿐만 아니라 민간부문까지 포함한다.
② 정책공동체(policy community)에 비해서 이슈네트워크(issue network)는 제한된 행위자들이 정책과정에 참여하며 경계의 개방성이 낮은 특성이 있다.
③ 헤클로(Heclo)는 하위정부모형을 비판적으로 검토하면서 정책이슈를 중심으로 유동적이며 개방적인 참여자들 간의 상호작용 현상을 묘사하기 위한 대안적 모형을 제안하였다.
④ 하위정부(sub-government)는 선출직 의원, 정부관료, 그리고 이익집단의 역할에 초점을 맞춘다.

② [×] 반대로 된 설명이다. 이슈네트워크에 비해서 정책네트워크는 전문성을 가진 제한된 행위자들이 정책과정에 참여하며 경계의 개방성이 낮은(폐쇄적인) 특성이 있다. 이슈네트워크가 참여자의 범위와 경계의 개방성이 가장 크다.

15 다음 정책 환경의 상황에 적용할 수 있는 모형으로 옳은 것은? ▶ 2018년 지방교행 9급

- 참여자들 간의 제로섬 게임의 형태가 나타나고 있다.
- 참여자들 간의 자원과 접근의 불균형이 발생하며 권력에서도 불평등을 초래하고 있다.
- 참여자들의 진입 및 퇴장이 비교적 자유롭게 이루어지며 참여자 수가 매우 광범위하게 늘어나고 있다.

① 조합주의
② 정책공동체
③ 하위정부모형
④ 이슈네트워크

④ 이슈네트워크는 다양한 행위자들이 참여하며 개방적이지만 일부 참여자만 교환할 자원을 가지고 있으며, 참여자들 간의 관계가 갈등과 경쟁관계인 영합(zero-sum)게임, 네거티브(negative-sum) 게임의 속성을 가진다.

정답 14 ② 15 ④

이슈네트워크(issue network)와 비교한 정책공동체(policy community)의 상대적 특성으로 옳지 않은 것은?

▶ 2010년 국가직 7급

① 정책결정을 둘러싼 권력게임은 공동의 이익을 추구하는 정합게임(positive - sum game)의 성격을 띤다.
② 참여자들이 기본가치를 공유하며 그들 간의 접촉빈도가 높다.
③ 참여자의 범위가 넓고 경계의 개방성이 높다.
④ 모든 참여자가 교환할 자원을 가지고 참여한다.

해설
③ [×] 정책공동체에 비해 이슈네트워크가 참여자의 범위가 넓고 경계의 개방성이 높다.

정답 16 ③

제3장 정책의제 설정론

기출문제

01 콥과 로스(Cobb & Ross)가 제시한 정책의제설정 모형에 관한 내용으로 옳지 않은 것은?
▶ 2017년 행정사

① 외부주도형은 다원화되고 민주화된 선진국 정치체제에서 많이 나타나는 유형이다.
② 내부접근형은 고위의사결정자 등에 의해 정부의제가 먼저 설정되고 정책순응을 확보하기 위해 다각적인 홍보 등을 거쳐 최종적으로 정책의제로 채택되는 유형이다.
③ 외부주도형은 정부 바깥에 있는 집단이 사회문제를 정부가 해결해줄 것을 요구하며 정부의제로 채택하도록 하는 유형이다.
④ 내부접근형은 국방, 외교 등 비밀 유지가 필요한 분야의 정책, 또는 강한 반대가 예상됨에도 불구하고 반드시 추진하려는 정책 등에서 찾아볼 수 있다.
⑤ 동원형은 정부의 힘이 강하고 민간부문이 취약한 후진국에서 많이 나타나는 유형이나, 선진국에서도 정치지도자가 특정한 사회문제해결을 주도하는 경우에 나타난다.

해설 ②[×] 내부접근형이 아니라 동원형에 대한 설명이다. 내부접근형은 홍보 과정(PR)을 거치지 않는다.

02 정책의제설정에 관한 설명으로 옳지 않은 것은?
▶ 2021년 행정사

① 공중의제는 사회문제 혹은 사회적 쟁점이 한 단계 더 나아가 일반 공중의 주목을 받게 된 의제를 말한다.
② 외부주도형은 공중의제화를 억제하기 때문에 일종의 음모형에 해당한다.
③ 동원형은 사회문제가 정부의제로 먼저 채택되고, 정부의 의도적인 노력에 의해서 공중의제로 확산되는 경우를 말한다.
④ 내부접근형은 선진국의 경우, 특수 이익집단이 비밀리에 정부의 혜택을 보려는 외교·국방정책 등에서 주로 나타난다.
⑤ 위기나 재난 등 극적 사건은 사회문제를 정부의제화 시키는 점화장치에 해당된다.

정답 01 ② 02 ②

해설 ②[×] 공중의제화를 억제하기 때문에 음모형에 해당하는 것은 내부접근형이다.

03 정책의제 설정에 영향을 미치는 요인이 아닌 것은? ▶ 2022년 행정사

① 사회 이슈와 관련된 행위자가 많고, 문제해결을 위한 다수의 정책 대상 집단에게 영향을 미치는 경우 보다 쉽게 정책의제화 될 수 있다.
② 사회문제로 인한 피해자 숫자가 많거나 피해의 사회적 의미가 중대할수록 정책의제로 채택될 가능성이 높다.
③ 정책의제설정은 정책이해관계자, 이슈가 되는 정책문제, 문제를 논의하는 제도적 환경 등 복합적인 관계의 영향을 받지 않는다.
④ 국민적 관심과 집결도가 높거나 특정 사회 이슈에 대해 정치인의 관심도가 클수록 정책의제화될 가능성이 높다.
⑤ 정책의제화를 요구하는 집단의 규모와 영향력이 클수록 정책의제화 될 가능성이 높다.

해설 ③[×] 정책의제설정은 정책이해관계자, 이슈가 되는 정책문제, 문제를 논의하는 제도적 환경 등 복합적인 관계의 영향을 받는다.

정답 03 ③

연습문제

01 공중의제 설명으로 올바른 것을 모두 고르시오. ▶ 2011년 서울시 7급

(가) 일반 대중이 정부가 해결방안을 강구해야 한다고 공감하는 일련의 이슈를 의미한다.
(나) 문서화되거나 공식화되지 않은 의제를 말한다.
(다) 사회문제의 성격이나 그 해결방안에 대하여 논란이 벌어지면 공중의제가 된다.
(라) 일단 공중의제가 되면 그 사회문제는 해결될 가능성이 매우 높아진다.

① (가), (나)
② (가), (다)
③ (가), (나), (다)
④ (가), (나), (라)
⑤ (가), (나), (다), (라)

해설 ① (가), (나) [O]
(다) [×] 사회문제의 성격이나 그 해결방안에 대하여 논란이 벌어지고 있는 것은 사회적 이슈(social issue)이다.
(라) [×] 정부의제 또는 공식의제(공중의제 ×)가 되면 그 사회문제는 해결될 가능성이 매우 높아진다.

---

02 다음 중 정책의제설정에 대한 설명으로 옳지 않은 것은? ▶ 2013년 국회 8급

① 정책의제설정은 다양한 사회문제 중 특정한 문제가 정부의 정책에 의해 해결되기 위해 하나의 의제로 채택되는 과정이다.
② 정책의제는 어떤 사회문제가 사회적으로 이슈화되어 정부의 정책적 고려의 대상이 되어야 할 단계에 이른 문제를 의미한다.
③ 공중의제는 일반 공중이 실제로 정책대응을 위한 구체적인 논의의 대상으로 표명하고 있는 사회문제를 말한다.
④ 정책의제설정은 외부주도형, 동원형, 내부접근형 등의 유형이 있다.
⑤ 정책의제설정 과정에는 주도집단, 정책체제, 환경 등의 변수들이 중요하게 작용한다.

해설 ② [×] 체제의제(공중의제)에 대한 설명이다. 정책의제는 정부의 공식적인 의사결정에 의해 그 해결책을 고려하기로 공식적으로 밝힌 문제를 의미한다.

정답 01 ① 02 ②

03. 다음은 콥과 로스(Cobb & Ross)가 제시한 의제 설정 과정이다. (가) ~ (다)에 들어갈 유형을 바르게 연결한 것은?

▶ 2021년 지방직 7급

- (가) : 사회문제 → 정부의제
- (나) : 사회문제 → 공중의제 → 정부의제
- (다) : 사회문제 → 정부의제 → 공중의제

	(가)	(나)	(다)
①	동원형	외부주도형	내부접근형
②	내부접근형	동원형	외부주도형
③	외부주도형	내부접근형	동원형
④	내부접근형	외부주도형	동원형

해설
④ [○] (가) : 내부접근형, (나) : 외부주도형, (다) : 동원형
(가) 내부접근형에 대한 설명이다. 내부접근형은 정부기관 내의 관료집단이나 정책결정자에게 쉽게 접근할 수 있는 외부집단이 최고정책결정자에게 접근하여 정부의제화 하는 경우를 말하며, 내부접근형은 동원형처럼 정책담당자들에 의해 정책의제화가 진행되지만 공중의제화 과정이 생략된다는 차이점이 있다.
(나) 외부주도형에 대한 설명이다. 외부주도형은 외부집단의 주도에 의해 정책의제화가 진행되는 유형으로, 정부 밖에 있는 민간집단에 의해 이슈가 제기되고 그것이 확산되어 공중의제로 전환되고 결국 정책의제로 채택되는 과정을 설명하는 모형이다.
(다) 동원형에 대한 설명이다. 동원형은 정부 내의 정책결정자들이 주도하여 정부의제화를 만드는 경우로, 주로 정치지도자들의 지시에 의해 사회문제가 바로 정부의제로 채택되지만, 일방적으로 의제화하는 것이 아니라 일반대중이나 관련 집단들의 지지를 얻기 위해 정부 PR활동을 통해 공중의제화가 진행된다.

04. 주도집단에 따른 정책의제 설정 유형에 관한 설명으로 옳지 않은 것은?

▶ 2009년 국회 8급

① 내부접근형은 행정관료가 의제설정을 주도하는 유형이다.
② 동원형은 정부의제화한 후 구체적인 정책결정을 하면서 공중의제화한다.
③ 내부접근형에서 정부의제는 정부PR을 통해 공중의제화된다.
④ 외부주도형은 이익집단이 발달하고 정부가 외부의 요구에 민감하게 반응하는 정치체제에서 주로 나타난다.
⑤ 동원형은 정부의 힘이 강하고 민간부문의 힘이 취약한 후진국에서 주로 나타나는 유형이다.

해설
③ [×] 동원형에 대한 설명이다. 내부접근형(음모형)에서는 정부 PR을 통한 공중의제화 단계가 생략된다.

정답 03 ④ 04 ③

05 다음 상황을 설명하는 정책의제설정모형은? ▶ 2021년 국회 8급

> 새마을운동은 우리나라의 발전에 크게 기여한 사회정책으로 평가 받는다. 새마을운동은 국가의 주도로 진행되었다는 점에서 비판을 받기도 하지만, 국민들이 가난에서 벗어날 수 있다는 의식을 갖게 하고, 노력하도록 자극을 줬다는 점에서는 긍정적인 평가를 받는다.

① 동원형 정책의제 설정
② 내부접근형 정책의제 설정
③ 외부주도형 정책의제 설정
④ 굳히기형 정책의제 설정
⑤ 대중인식형 정책의제 설정

해설 ① [○] 동원형 정책의제 설정에 대한 설명이다. 동원형은 정부 내의 정책결정자들이 주도하여 정부의 제화를 만드는 경우이다. 주로 정치지도자들의 지시에 의해 사회문제가 바로 정부의제로 채택되지만, 일방적으로 의제화하는 것이 아니라 일반대중이나 관련 집단들의 지지를 얻기 위해 정부의 PR 활동을 통해 공중의제화가 진행되며, 주로 정부의 힘이 강하고 민간부문의 힘이 취약한 후진국에서 나타난다.

06 정책의제의 설정에 대한 설명으로 옳지 않은 것은? ▶ 2010년 국가직 7급

① 체제의제(systematic agenda)란 개인이나 민간 차원에서 쉽사리 해결될 수 없어서 정부가 이를 해결해야 한다고 많은 사람들이 생각하는 정책적 해결 필요성이 있는 의제를 의미한다.
② 동원형은 정부의 힘이 강하고 민간부문의 힘이 취약한 후진국에서 많이 나타나며, 의도적이고 일방적으로 국민을 무시하는 정부에서 나타날 수 있는 유형이다.
③ 외부주도형은 정책담당자가 아닌 외부 사람들의 주도에 의해 정책문제의 정부 귀속화가 이루어지는 유형이다.
④ 내부접근형은 정책담당자들에 의해 자발적으로 정책의제화가 진행되는 유형이다.

해설 ② [×] 의도적이고 일방적으로 국민을 무시하는 정부에서 나타날 수 있는 방식은 내부접근형이다.

정답 05 ① 06 ②

07 정책의제의 설정에 영향을 미치는 요인에 대한 설명으로 옳지 않은 것은? ▶ 2014년 서울시 9급

① 일상화된 정책문제보다는 새로운 문제가 보다 쉽게 정책의제화 된다.
② 정책 이해관계자가 넓게 분포하고 조직화 정도가 낮은 경우에는 정책의제화가 상당히 어렵다.
③ 사회 이슈와 관련된 행위자가 많고, 이 문제를 해결하기 위한 정책의 영향이 많은 집단에 영향을 미치거나 정책으로 인한 영향이 중요한 것일 경우 상대적으로 쉽게 정책의제화된다.
④ 국민의 관심 집결도가 높거나 특정 사회 이슈에 대해 정치인의 관심이 큰 경우에는 정책의제화가 쉽게 진행된다.
⑤ 정책문제가 상대적으로 쉽게 해결될 것으로 인지되는 경우에는 쉽게 정책의제화 된다.

해설 ① [×] 일상화된 정책문제가 새로운 문제보다 쉽게 정책의제화 된다.

08 다음 중 어떠한 정책문제가 정책의제로 채택될 가능성이 가장 낮은 경우는? ▶ 2015년 국가직 9급

① 정책문제의 해결가능성이 높은 경우
② 이해관계자의 분포가 넓고 조직화 정도가 낮은 경우
③ 선례가 있어 관례화(routinized)된 경우
④ 정책의제화를 요구하는 집단의 규모가 큰 경우

해설 ② [○] 이해관계자의 분포가 넓고 조직화 정도가 낮은 경우에는 이들의 적극적인 정치적 행동의 가능성이 낮아져 정책의제 채택 가능성이 낮아진다. 반대로 조직화 정도가 높은 경우에 의제화 가능성도 높아진다.

정답 07 ① 08 ②

제4장 정책결정론

기출문제

01 다음 내용과 밀접한 관련이 있는 정책대안의 미래예측 기법은? ▶ 2021년 행정사

- 선택적 익명
- 식견 있는 다수의 참여
- 양극화된 통계처리
- 구조화된 갈등유도

① 시계열분석기법
② 시뮬레이션
③ 정책델파이
④ 교차영향분석
⑤ 실현가능성분석

해설 ③ 정책델파이에 대한 설명이다.

02 실제 체제를 모방한 모형을 활용하는 정책대안의 미래예측 기법은? ▶ 2023년 행정사

① 브레인스토밍
② 정책델파이
③ 정책학습
④ 시뮬레이션
⑤ 교차영향분석

해설
④ 시뮬레이션(simulation)에 대한 설명이다. 시뮬레이션(모의실험)은 실제 사회현상과 유사한 가상적인 모형을 만들고, 그 모형에 조작을 가해서 얻은 실험결과를 통해 실제 현상의 특성을 규명하고 미래를 예측하는 기법이다.
① 브레인스토밍(Brainstorming)은 자유롭고 개방적인 분위기 속에서 창의적인 의견이나 아이디어를 자유롭게 교환하도록 함으로써 미래를 예측하고 문제해결방안을 마련하는 집단토의기법이다.
② 정책델파이는 특정 정책문제에 관련된 다양한 집단들의 대립되는 의견을 표출시키고 쟁점을 파악함으로써 정책의 미래를 예측하고 해결방안을 마련하기 위한 방법이다.
③ 정책학습은 일반적으로 정책과 관련된 이해관계자들이 정책문제를 지각하고 해석하고 정의하는 과정에서 경험으로부터 학습을 하고, 교훈과 지식을 습득하며, 믿음과 지각을 변화시켜 좀 더 세련된 정책을 산출해 나가는 과정으로 이해할 수 있다.
⑤ 교차 영향분석은 어떤 사건이 일어나느냐 일어나지 않느냐에 기초하여 미래의 다른 사건이 일어날 확률을 주관적으로 이끌어내는 방법이다.

정답 01 ③　02 ④

03 관리과학에 관한 설명으로 옳은 것은? ▶ 2024년 행정사

① 정책이 내포하는 목적가치를 중요시 한다.
② 자원과 비용의 사회적 배분을 고려한다.
③ 질적 분석을 중요시 한다.
④ 정치적 요인을 고려한다.
⑤ 계량적 분석에 입각하여 처방을 제시한다.

해설

⑤ [O] 관리과학은 문제해결이나 의사결정에서 최적대안을 탐색하는 데 활용되는 과학적·계량적 접근방법 또는 분석기법을 의미한다. 정책분석에는 세 가지 차원의 분석(관리과학, 체제분석, 정책분석)이 있다. 대체로 정책분석으로 갈수록 정치적 고려가 많아지는 상위차원의 분석으로 공공부문에 적합하며, 관리과학으로 갈수록 기술적·계량적 분석기법으로 민간부문에 적합하다.

정책분석 (Policy Analysis)	• 정책결정자들이 더 나은 판단을 할 수 있도록 필요한 정보를 창출하고 제시하는 일체의 지적·인지적 활동(관리과학 + 체제분석 + 정치적 실현가능성 분석) • 계량적 분석과 질적 분석 모두 강조 • 경제적 합리성과 정치적 합리성에 대한 고려
체제분석 (System Analysis)	• 의사결정자가 문제해결을 위한 최적의 대안을 선택하는데 도움을 주기 위한 체계적이고 과학적인 접근방법(관리과학보다는 활용범위가 넓음) • 가능한 미시적이고 계량적인 분석방법의 활용이 강조되나 질적 가치 문제의 판단도 이루어짐(계량 평가 전제 + 질적 가치 문제에 대한 평가)
관리과학 (Management Science)	• 문제해결이나 의사결정에서 최적대안을 탐색하는 데 활용되는 과학적·계량적 접근방법 또는 분석기법 • 과학적인 원리와 기법 및 절차의 사용을 강조 • 수리적 모형 구성과 계량적 분석을 강조하며 분석수단으로 컴퓨터 활용 • 경제적이고 기술적 측면에 관심 • 가치문제, 질적 분석 경시하며 정치적 합리성의 요구를 무시함

정답 03 ⑤

04 점증주의 정책결정모형에 관한 설명으로 옳지 않은 것은? ▶ 2016년 행정사

① 정치적 다원주의 입장에서 이해관계자들의 타협과 조정을 통해 정책결정이 이루어진다.
② 경제적 합리성보다 정치적 합리성을 중요시한다.
③ 계속적 · 점진적인 방식으로 당면한 정책문제를 해결하고자 한다.
④ 정책의 정치적 실현가능성을 높여주는 장점이 있다.
⑤ 정책결정자의 직관이나 판단력, 창의력 등 초합리적인 요소를 중시하는 규범적 · 처방적 모형이다.

> 해설 ⑤ [×] 드로어(Dror)의 최적모형에 대한 설명이다.

05 정책결정모형의 하나인 쓰레기통모형(garbage can model)에 관한 설명으로 옳지 않은 것은? ▶ 2015년 행정사

① 조직화된 무정부상태(organized anarchy)에서 이루어지는 의사결정을 설명한다.
② 코헨(M. Cohen), 마치(J. March), 올슨(J. Olson)이 정립한 모형이다.
③ 의사결정의 네 가지 요소인 정책문제, 해결방안, 참여자, 선택기회가 초기부터 서로 강한 상호작용을 통하여 나타나는 의사결정이다.
④ 고도로 불확실한 조직상황에서 이루어지는 의사결정과정을 기술하고 설명하는 모형이다.
⑤ 상하위 계층적 관계를 지니지 않은 참여자들에 의하여 의사결정이 이루어지는 경우에도 적용할 수 있다.

> 해설 ③ [×] 쓰레기통모형은 조직화된 혼란상태에서 의사결정에 필요한 네 가지 요소(문제, 해결책, 선택기회, 참여자)가 상호 무관하게 독자적으로 흘러 다니다가 우연히 만나게 될 때 의사결정이 이루어진다고 설명한다.

06 정책결정에 있어서 사이버네틱스 모형에 관한 설명으로 옳지 않은 것은? ▶ 2019년 행정사

① 정책결정과정에서 변수의 단순화를 통해서 불확실성을 통제한다.
② 사전에 설정된 표준운영절차(SOP)의 중요성이 강조된다.
③ 주요 변수의 유지를 위한 적응에 초점을 둔다.
④ 사전에 설정된 고차원 목표의 극대화를 추구한다.
⑤ 의사결정자는 처리할 수 없는 문제에 직면할 경우 표준운영절차(SOP)를 수정 · 변경 · 추가하면서 문제를 해결한다.

정답 04 ⑤ 05 ③ 06 ④

> **해설**
> ④ [×] 사전에 설정된 고차원 목표의 극대화를 추구하는 것은 합리모형의 특징이다.

07 정책결정모형에 관한 설명으로 옳지 않은 것은? ▶ 2017년 행정사

① 에치오니(Etzioni)는 규범이지만 비현실적인 합리모형과 현실적이지만 보수적인 점증모형을 절충한 모형을 제시하였다.
② 사이몬(Simon)은 결정자의 인지능력의 한계, 상황의 불확실성 및 시간의 제약 때문에 제한적 합리성 하에서 결정이 이루어진다고 주장한다.
③ 합리모형에서 말하는 합리성은 정치적 합리성이다.
④ 쓰레기통모형에서 가정하는 상황은 불확실성과 혼란이 심한 상태이다.
⑤ 점증모형은 실제의 결정상황에 기초한 현실적이고 기술적인 모형이다.

> **해설**
> ③ [×] 합리모형에서 말하는 합리성은 경제적 합리성이며, 정치적 합리성은 점증모형에서 강조하는 합리성이다.

08 정책결정모형에 관한 설명으로 옳지 않은 것은? ▶ 2014년 행정사

① 합리모형에서는 의사결정자가 정책결정에 있어서 주관적이고 감정적인 요소를 배제하고 합리성에 근거하여 정책을 결정한다.
② 점증모형은 현재 정책에 대한 약간의 변화만을 고려해 정책을 결정하고 시간이 흐름에 따라 환류되는 정보를 분석하여 지속적으로 수정하는 것이다.
③ 쓰레기통 모형은 쿠바 미사일 위기에 따른 미국 정부의 정책결정 과정을 설명하기 위해서 고안되었다.
④ 공공선택 모형에서는 정부를 공공재의 생산자로, 시민들을 공공재의 소비자로 규정한다.
⑤ 앨리슨 모형은 정책결정 과정을 합리모형, 조직과정모형 및 관료정치모형 등으로 분류하고 있다.

> **해설**
> ③ [×] 쿠바 미사일 위기에 따른 미국 정부의 정책결정 과정을 설명하기 위해서 고안된 모형은 앨리슨(Allison)의 모형이다.

정답 07 ③   08 ③

제4장 정책결정론 | **135**

09 정책결정의 이론모형에 관한 설명으로 옳지 않은 것은? ▶ 2024년 행정사

① 만족모형은 인간의 능력에 한계가 있으므로 최적의 대안이 아닌 만족하는 정도의 대안을 결정한다.
② 최적모형은 비정형적인 정책결정시 창의성이나 통찰력 같은 초합리성을 중요시 한다.
③ 쓰레기통 모형은 고도로 불확실한 조직상황하에서의 정책결정 양태를 설명한다.
④ 관료정치모형은 의견이 동일한 관리자들이 연합하여 최종해결안을 선택하고, 토론과 협상을 매우 중요시 한다.
⑤ 점증모형은 정책결정과정을 약간의 향상을 위해 그럭저럭 헤쳐 나가는 과정으로 본다.

해설 ④ 관료정치모형은 국가정책의 결정주체는 다원화된 참여자들 개개인이라고 본다. 참여자들은 자신의 목표를 우선적으로 추구하면서 동시에 전체 조직의 목표와 하위조직의 목표를 추구하므로 목표의 공유 정도가 약하고 서로 상이한 관점을 가지며, 정책결정의 일관성도 매우 약하다고 본다.

정답 09 ④

연습문제

01 합리적 정책결정 과정에서 정책문제를 정의할 때의 주요 요인이라고 보기 어려운 것은?

▶ 2013년 서울시 9급

① 관련 요소 파악
② 관련된 사람들이 원하는 가치에 대한 판단
③ 정책대안의 탐색
④ 관련 요소들 간의 인과관계 파악
⑤ 관련 요소들 간의 역사적 맥락 파악

> 해설 ③ [×] 정책대안의 탐색은 정책문제를 정의할 때 고려할 요인이 아니라 정책목표 설정 이후의 단계이다.

02 정책문제의 구조화기법과 설명이 바르게 연결된 것은?

▶ 2014년 국가직 9급

| A. 경계분석 | B. 가정분석 | C. 계층분석 | D. 분류분석 |

ㄱ. 정책문제와 관련된 여러 구조화되지 않은 가설들을 창의적으로 통합하기 위해 사용하는 기법으로 이전에 건의된 정책부터 분석한다.
ㄴ. 간접적이고 불확실한 원인으로부터 차츰 확실한 원인을 차례로 확인해 나가는 기법으로 인과관계 파악을 주된 목적으로 한다.
ㄷ. 정책문제의 존속기간 및 형성과정을 파악하기 위해 사용하는 기법으로 포화표본추출(saturation sampling)을 통해 관련 이해당사자를 선정한다.
ㄹ. 문제 상황을 정의하기 위해 당면문제를 그 구성요소들로 분해하는 기법으로 논리적 추론을 통해 추상적인 정책문제를 구체적인 요소들로 구분한다.

	A	B	C	D
①	ㄱ	ㄷ	ㄴ	ㄹ
②	ㄱ	ㄷ	ㄹ	ㄴ
③	ㄷ	ㄱ	ㄴ	ㄹ
④	ㄷ	ㄱ	ㄹ	ㄴ

> 해설 ③ [○]
> ㄱ. 가정분석(B)에 해당한다. ㄴ. 계층분석(C)에 해당한다. ㄷ. 경계분석(A)에 해당한다. ㄹ. 분류분석(D)에 해당한다.

정답 01 ③ 02 ③

03 정책 분석 기법 중 시네틱스(synetics)에 대한 설명으로 틀린 것은? ▶ 2006년 경기도 9급

① 개인적 유추 – 분석가가 마치 정책결정자처럼 문제를 경험하고 있는 것으로 상상한다.
② 직접적 유추 – 분석가가 두 개 이상의 문제 상황 사이의 유사한 관계를 탐색한다.
③ 상징적 유추 – 분석가가 약물중독의 문제를 구조화하는 데 전염병의 통제경험으로부터 유추한다.
④ 환상적 유추 – 분석가가 핵공격에 대한 방어의 문제를 구조화하기 위해 상상적인 상태에서 유추한다.

> **해설** ③ [×] 상징적 유추가 아니라 직접적 유추의 예이다. 직접적 유추는 둘 이상의 문제상황 사이의 유사한 관계를 찾아냄으로써 문제를 분석하는 기법을 말한다.

04 W. N. Dunn은 예측의 기법을 연장적 예측, 이론적 예측, 직관적 예측으로 분류하였다. 〈보기〉에서 이론적 예측 기법은 모두 몇 개인가? ▶ 2011년 국회 9급

〈보 기〉			
ㄱ. 시계열분석	ㄴ. 선형경향추정	ㄷ. 구간추정	ㄹ. 회귀분석
ㅁ. 상관분석	ㅂ. 정책델파이	ㅅ. 교차영향분석	ㅇ. 브레인스토밍

① 2개　　　　　　　　　　　　② 3개
③ 4개　　　　　　　　　　　　④ 5개
⑤ 6개

정답　03 ③　04 ②

② ㄷ. 구간추정, ㄹ. 회귀분석, ㅁ. 상관분석만 이론적 예측에 해당한다.
ㄱ. 시계열분석, ㄴ. 선형경향추정은 투사 방법에 해당한다.
ㅂ. 정책델파이, ㅅ. 교차영향분석, ㅇ. 브레인스토밍은 추측 방법에 해당한다.

[표] 정책대안의 결과예측 방법(W. Dunn)

유형	개념 및 특징	기법
투사 (project)	• 경험적 · 귀납적 예측, 통계적 방법 • 과거의 변동추세를 모아둔 시계열 데이터에 대한 분석결과를 토대로 이를 연장하여 미래를 예측하는 통계적 방법	• 시계열분석, 외삽법, 선형경향추정, 최소자승시계열분석, 이동평균법, 격변예측기법 등
예견 (predict)	• 이론적 예측 : 이론적 모형을 통한 인과적 · 연역적 예측기법	• 이론지도 작성, 구간추정, 경로분석, 선형계획모형, 회귀분석, 선형회귀분석, 상관분석, PERT, CPM, 시뮬레이션, 대기행렬이론, 게임이론, 계량적 시나리오 작성 등
추측 (conjecture)	• 직관적 · 주관적 · 질적 예측기법 • 전문가 또는 관련대상자 개인 또는 집단의 주관적 판단에 의해 미래를 예측	• 델파이, 정책델파이, 브레인스토밍, 교차영향분석, 명목집단기법 등

집단의 의사결정 기법 중 미래 예측을 위해 전문가 집단의 반복적인 설문조사 과정을 통하여 의견 일치를 유도하는 방법은?
▶ 2017년 서울시 9급

① 델파이 기법(Delphi method)
② 브레인스토밍(Brainstorming)
③ 지명반론자 기법(Devil s advocate method)
④ 명목집단 기법(Normal group technique)

① [○]

06 미래 예측을 위한 일반적 델파이기법에 대한 설명으로 옳지 않은 것은? ▶ 2017년 국가직 9급

① 전문가들의 의견을 종합하여 보다 합리적인 아이디어를 만들려는 시도이며, 정책대안의 결과 예측뿐 아니라 정책대안의 개발·창출에도 사용된다.
② 전문가집단의 의사소통은 구조화된 설문지를 통해 반복적으로 이루어진다.
③ 불확실한 먼 미래보다는 가까운 미래를 예측하기 위하여 통계분석을 활용하는 객관적 미래예측방법이다.
④ 전문가집단은 익명성이 보장된 상태에서 답변하며 자신의 답변을 수정할 수 있다.

> **해설** ③ [×] 델파이기법은 관련분야의 전문지식을 가진 전문가들의 직관에 의존(통계자료 분석 ×)하는 주관적(객관적×) 질적 미래예측기법이다.

07 정책 델파이에 대한 설명으로 옳지 않은 것은? ▶ 2012년 지방직 9급

① 일반적인 델파이와 달리 개인의 이해관계나 가치판단이 개입될 수 있다.
② 정책문제 해결을 위한 정책대안을 개발하고 그 결과를 예측하기 위해 만들어진 방법이다.
③ 대립되는 정책대안이나 결과가 표면화되더라도 모든 단계에서 익명성이 보장되어야 한다.
④ 정책문제의 성격이나 원인, 결과 등에 대해 전문성과 통찰력을 지닌 사람들이 참여한다.

> **해설** ③ [×] 정책델파이는 전통적 델파이와는 달리 선택적 익명성을 특징으로 한다. 정책대안이나 정책대안의 결과를 제시하는 첫 번째 단계에서는 누가 어떤 의견을 제시했는지 모르도록 익명성을 유지하지만, 대강 의견들이 종합되어 몇 가지 대립되는 정책대안이나 결과가 표면화한 이후에는 공개적인 토론이 허용된다.

[표] 전통 델파이 기법 vs 정책델파이 기법 비교

구분	전통적 델파이기법	정책델파이기법
적용문제	• 일반 문제에 대한 예측	• 정책문제에 대한 예측
응답자	• 특정 정책과 관련된 전문가	• 식견 있는 다수의 창도자 (전문가 이외에 이해관계자 참여 허용)
익명성	• 완전한 익명성 (직접 대면접촉의 상호토론 ×)	• 선택적 익명성 (초기 단계에서 익명성 요구, 논쟁이 표면화된 후 상호토론)
통계처리	• 일반적인 통계처리 (중위값, 평균치 중시)	• 의견차이나 갈등을 부각 (양극화된 통계처리)
합의	• 합의 도출(의견일치를 유도)	• 구조화된 갈등(유도된 의견대립)
토론	• 토론 부재	• 컴퓨터를 통한 회의 및 대면토론

정답 06 ③ 07 ③

08 집단적 의사결정기법에 대한 설명으로 옳지 않은 것은? ▶ 2016년 사회복지직 9급

① 델파이기법(Delphi method)은 미래 예측을 위해 전문가집단을 활용하는 의사결정방법이다.
② 브레인스토밍(brainstorming)을 통하여 새로운 아이디어를 만들기 위해서는 초기 단계에서 타인의 아이디어를 비판하거나 평가하지 말아야 한다.
③ 지명반론자기법(devil's advocate method)이 성공하려면 반론자들이 고의적으로 본래 대안의 단점과 약점을 적극적으로 지적하여야 한다.
④ 명목집단기법(normal group technique)은 집단구성원 간 의사소통을 원활하게 진행할 수 있다는 장점이 있다.

> 해설 ④ [×] 명목집단기법(normal group technique)은 개인들이 개별적으로 해결방안에 대해 구상을 하고 그에 대해 제한된 집단적 토론만을 한 다음 해결방안에 대해 표결을 하는 기법으로, 집단구성원 간 의사소통이 충분하고 원활하게 진행되지 않는다는 단점이 있다.

09 정책 환경의 불확실성을 극복하는 대처방안 중 소극적인 방법에 해당하는 것은? ▶ 2019년 지방직 9급

① 상황에 대한 정보의 획득
② 정책실험의 수행
③ 협상이나 타협
④ 지연이나 회피

> 해설 ④ [○] 지연이나 회피는 불확실성을 주어진 것으로 전제하는 소극적 대처방안에 해당한다. 불확실성에 대처하는 적극적인 방안은 불확실한 것을 확실하게 하려는 것으로 상황에 대한 정보의 획득, 정책실험의 수행, 협상이나 타협, 이외에도 정책델파이, 집단토론, 모형·이론의 개발 등이 있다.

10 정책과정에서 정책결정자가 불확실한 것을 확실하게 하려는 '불확실성의 적극적 극복방안'에 해당하는 것만을 〈보기〉에서 있는 대로 고른 것은? ▶ 2017년 지방교행 9급

〈보기〉
ㄱ. 민감도 분석 ㄴ. 이론 개발 ㄷ. 정책 델파이 ㄹ. 정보의 충분한 획득

① ㄱ, ㄷ
② ㄱ, ㄴ, ㄹ
③ ㄴ, ㄷ, ㄹ
④ ㄱ, ㄴ, ㄷ, ㄹ

정답 08 ④ 09 ④ 10 ③

③ ㄴ, ㄷ, ㄹ [○] 모형이나 이론의 개발, 정책델파이, 정보의 충분한 획득 등은 불확실성의 적극적 극복방안에 해당한다.
ㄱ. [×] 민감도 분석은 불확실성의 소극적 대처방안이다.

11 미래에 대한 불확실성을 주어진 조건으로 보고 그 안에서 결과를 예측하는 방법으로, 미래에 발생할 수 있는 최악의 상황을 전제하고 정책대안의 결과를 예측하는 방법은? ▶ 2010년 국가직 9급

① 중복적 또는 가외적 대비(redundancy)
② 민감도 분석(sensitivity analysis)
③ 보수적 결정(conservative decision)
④ 분기점 분석(break - even analysis)

③ [○] 보수적 결정에 대한 설명이다.

12 재니스(Janis)의 집단사고(groupthink)의 특성에 해당하지 않는 것은? ▶ 2023년 국가직 9급

① 토론을 바탕으로 한 집단지성의 활용
② 침묵을 합의로 간주하는 만장일치의 환상
③ 집단적 합의에 대한 이의 제기에 대한 자기 검열
④ 집단에 대한 과대평가로 집단이 실패할 리 없다는 환상

① [×] 집단사고는 집단응집성과 합의에 대한 압력으로 인해 비판적인 사고가 억제되고 대안들에 대한 찬성과 반대가 충분히 검토되지 못한 채 의사결정이 이루어짐으로써 결국 잘못된 의사결정에 도달하게 되는 현상을 말한다. 토론을 통한 집단지성의 활용은 집단사고를 방지하기 위한 방법이다.

정답 11 ③ 12 ①

13. 비용·편익분석에 대한 설명으로 옳지 않은 것은?
▶ 2020년 지방직 9급

① 분야가 다른 정책이나 프로그램은 비교할 수 없다.
② 정책대안의 비용과 편익을 모두 가시적인 화폐 가치로 바꾸어 측정한다.
③ 미래의 비용과 편익의 가치를 현재가치로 환산하는데 할인율(discount rate)을 적용한다.
④ 편익의 현재가치가 비용의 현재가치를 초과하면 순현재가치(NPV)는 0보다 크다.

해설 ① [×] 분야가 다른 정책이나 프로그램이라도 비용과 편익을 화폐가치라는 동일한 척도로 측정하여 비교할 수 있다.

14. 경제적 비용편익분석(benefit cost analysis)에 대한 설명으로 옳지 않은 것은?
▶ 2013년 지방직 9급

① 비용과 편익을 가치의 공통단위인 화폐로 측정한다.
② 장기적인 안목에서 사업의 바람직한 정도를 평가할 수 있는 방법이다.
③ 편익비용비(B/C ratio)로 여러 분야의 프로그램들을 비교할 수 있다.
④ 형평성과 대응성을 정확하게 대변할 수 있는 수치를 제공한다.

해설 ④ [×] 비용편익분석은 경제적 효율성 측면만을 분석하기 때문에 '공평성(형평성)'이나 소득재분배 문제를 고려하지 못한다.

15. 공공사업의 경제성분석에 대한 설명으로 옳은 것만을 모두 고르면?
▶ 2021년 국가직 9급

ㄱ. 할인율이 높을 때는 편익이 장기간에 실현되는 장기투자 사업보다 단기간에 실현되는 단기투자사업이 유리하다.
ㄴ. 직접적이고 유형적인 비용과 편익은 반영하고, 간접적이고 무형적인 비용과 편익은 포함하지 않는다.
ㄷ. 순현재가치(NPV)는 비용의 총현재가치에서 편익의 총현재가치를 뺀 것이며 0보다 클 경우 사업의 타당성을 인정할 수 있다.
ㄹ. 내부수익률은 할인율을 알지 못해도 사업평가가 가능하도록 하는 분석기법이다.

① ㄱ, ㄴ
② ㄱ, ㄹ
③ ㄴ, ㄷ
④ ㄱ, ㄷ, ㄹ

정답 13 ① 14 ④ 15 ②

> 해설 ② ㄱ, ㄹ [O]
> ㄴ [×] 비용편익분석은 유형적 비용과 편익뿐만 아니라 간접적이고 무형적인 비용과 편익까지도 모두 화폐가치로 환산된다.
> ㄷ [×] 순현재가치는 편익의 총 현재가치에서 비용의 총 현재가치를 뺀 것을 의미한다.

16 정책결정의 유형 가운데 린드블롬(Lindblom)과 윌다브스키(Wildavsky) 등이 주장한 점증주의(Incrementalism)에 대한 설명으로 옳지 않은 것은?

▶ 2014년 사회복지직 9급

① 합리적인 요소뿐만 아니라 직관과 통찰력 같은 초합리적 요소의 중요성을 강조한다.
② 기존의 정책에서 소폭의 변화를 조정하여 정책대안으로 결정한다.
③ 정책결정은 다양한 정치적 이해관계자들의 타협과 조정의 산물이다.
④ 정책의 목표와 수단은 뚜렷이 구분되지 않으므로 목표와 수단 사이의 관계 분석은 한계가 있다.

> 해설 ① [×] 합리적인 요소 뿐만 아니라 정책결정자의 직관과 통찰력 같은 초합리적 요소의 중요성을 강조한 것은 드로어(Dror)의 최적모형에 대한 설명이다.

17 정책결정모형 중 점증모형에 대한 설명으로 옳지 않은 것은?

▶ 2022년 지방직 7급

① 정책대안을 모두 분석하기보다 한정된 정책대안에 주목한다.
② 시행착오를 반복하면서도 문제를 해결하려는 특성이 있다.
③ 인간의 인지적 한계를 인정하므로 급격한 개혁과 새로운 환경을 반영하는 혁신적 정책결정을 설명하기가 용이하다.
④ 정책결정에서 집단 참여의 합의 과정이 중시되고 목표와 수단이 탄력적으로 상호 조정된다.

> 해설 ③ [×] 인간의 인지적 한계를 인정하므로, 보수적이고 현상유지적인 결정을 설명하기에 용이하다. 급격한 개혁과 새로운 환경을 반영하는 혁신적 정책결정을 설명하기 용이한 것은 합리모형에 대한 설명이다.

정답 16 ① 17 ③

18 다음에서 제시하는 정책결정모형에 대한 설명으로 옳은 것은? ▶ 2021년 지방직 7급

> - 정책의 본질이 미래지향적 문제 해결에 있고, 정책결정에서 가치비판적 발전관에 기초한 가치지향적 행동 추구의 중요성을 고려할 때 매우 중요한 의의가 있다.
> - 대안을 선택할 수 있는 기준이 명확해야 한다.
> - 기존 정책이나 사업의 매몰 비용으로 인해 현실 적합성이 떨어지는 한계가 있다.

① 시간의 흐름에 따라 환류되는 정보를 분석하여 잘못한 점이 있으면 수정·보완하는 방식이다.
② 문제성 있는 선호(problematic preferences), 불명확한 기술(unclear technology), 일시적 참여자(part-time participants)가 전제조건이다.
③ 갈등을 완전히 해결하지 못하고, 타협을 통한 봉합을 모색한다.
④ 같은 비용으로 최대의 목표산출을 얻을 수 있는 대안을 선택하는 행위를 의미한다.

해설
④ [○] 합리모형에 대한 설명이다. 합리모형은 의사결정자의 완전한 합리성을 전제하고, 목표나 가치가 명확하게 고정되어 있다는 가정 하에 목표달성의 극대화를 위해 최선의 대안 선택을 추구하는 결정 모형이다. 합리모형은 정책의 합리적 분석, 쇄신적 정책결정, 환경변화에 대한 적응력이 강하다는 장점이 있지만, 완전한 합리성과 합리적 경제인의 가정 등 비현실적인 가정으로 현실 적합성이 떨어지는 한계가 있다.
① [×] 점증모형에 대한 설명이다. ② [×] 쓰레기통 모형에 대한 설명이다. ③ [×] 회사모형에 대한 설명이다.

19 에치오니(Etzioni)가 제시한, 근본적인 결정은 합리모형에 의하고 세부적인 대안은 점증모형에 의하는 정책결정 모형은? ▶ 2019년 국회 9급

① 혼합주사모형(Mixed Scanning Model)
② 사이버네틱스모형(Cybernetics Model)
③ 최적모형(Optimal Model)
④ 만족모형(Satisficing Model)
⑤ 쓰레기통모형(Garbage Can Model)

해설
① [○] 혼합주사 모형(Mixed Scanning Model)에 대한 설명이다.

정답 18 ④ 19 ①

20. 사이어트(R. Cyert)와 마치(J. March)가 주장한 회사모형(firm model)의 내용이 아닌 것은?

▶ 2014년 서울시 9급

① 조직의 전체적 목표 달성의 극대화를 위하여 장기적 비전과 전략을 수립·집행한다.
② 조직 내 갈등의 완전한 해결은 불가능하며 타협적 준해결에 불과하다.
③ 정책결정능력의 한계로 인하여 관심이 가는 문제 중심으로 대안을 탐색한다.
④ 조직은 반복적인 의사결정의 경험을 통하여 결정의 수준이 개선되고 목표달성도가 높아진다.
⑤ 표준운영절차(SOP : Standard Operation Procedure)를 적극적으로 활용한다.

해설 ① [×] 합리모형에 대한 설명이다. 회사모형은 문제상황의 복잡성과 동태성 때문에 단기적 환류에 의존하는 의사결정 절차를 이용하여 불확실성을 회피하려고 한다.

21. 정책결정모형 중에서 회사모형에 대한 설명으로 옳지 않은 것은?

▶ 2015년 국가직 9급

① 회사조직이 서로 다른 목표를 지닌 구성원들의 연합체(coalition)라고 가정한다.
② 연합모형 또는 조직모형이라고 불리기도 한다.
③ 조직이 환경에 대해 장기적으로 대응하고 환경 변화에 수동적으로 적응한다고 한다.
④ 문제를 여러 하위문제로 분해하고 이들을 하위조직에게 분담시킨다고 가정한다.

해설 ③ [×] 회사모형은 장기적 전략보다는 단기적 환류에 의존하는 전략을 강조한다.

22. 정책결정모형 중에서 합리적인 요소와 초합리적인 요소의 조화를 강조하는 모형은?

▶ 2013년 지방직 9급

① 최적모형(Optimal Model)
② 점증모형(Incrementalism)
③ 혼합탐사모형(Mixed - Scanning Model)
④ 만족모형(Satisficing Model)

해설 ① [○] 드로(Y. Dror)의 최적모형에 대한 설명이다. 최적모형은 경제적 합리성뿐만 아니라 정책결정자의 직관·판단력·창의력과 같은 초합리성까지 고려할 것을 강조한 정책결정모형이다.

정답 20 ① 21 ③ 22 ①

23 정책결정모형 가운데 드로(Y. Dror)의 최적모형에 대한 설명으로 옳지 않은 것은?

▶ 2015년 국회 8급

① 합리적 정책결정모형이론이 과도하게 계량적 분석에 의존해 현실 적합성이 떨어지는 한계를 보완하기 위해 제시되었다.
② 정책결정자의 직관적 판단도 중요한 요소로 간주한다.
③ 경제적 합리성의 추구를 기본 원리로 삼는다.
④ 느슨하게 연결되어 있는 조직의 결정을 다룬다.
⑤ 양적 분석과 함께 질적 분석결과도 중요한 고려 요인으로 인정한다.

④ [×] 느슨하게 연결되어 있는 조직의 결정을 다루는 모형은 회사모형(또는 엘리슨의 조직과정모형)이다. 드로의 최적모형은 경제적 합리성과 동시에 초합리성(질적 합리성)까지 고려할 것을 강조하는 모형이다.

24 다음 중 정책결정과 관련하여 드로(Dror)가 제시한 최적모형에서 메타정책결정 단계(meta-policy making stage)에 해당하지 않는 것은?

▶ 2016년 국회 8급

① 정책결정 전략의 결정
② 정책결정체제의 설계·평가 및 재설계
③ 정책집행을 위한 동기부여
④ 문제·가치 및 자원의 할당
⑤ 자원의 조사·처리 및 개발

③ [×] 정책집행을 위한 동기부여는 정책결정 이후(post-policy making) 단계에 해당한다.

> ※ 최적모형의 정책결정 단계(과정)
> ㉠ 메타정책결정(meta-policymaking, 초정책결정) 단계 : 메타 정책결정은 '정책결정에 대한 정책결정'으로서 바람직한 정책결정을 위한 전략을 결정. 정책을 어떻게 결정할 것인가에 관한 정책결정, 즉 결정참여자, 시기, 결정을 위한 조직과 비용, 결정방식들을 미리 결정함으로써 정책과 관련된 가치, 자원 등을 확인하고 그것을 정책결정기관에 할당
> ㉡ 정책결정 단계 : 통상적 의미의 정책결정. 합리모형의 정책결정방법과 유사
> ㉢ 정책결정 이후(post-policy making) 단계 : 정책을 집행하고, 그 결과를 평가하는 단계. 정책집행을 위한 동기부여 → 정책의 집행 → 정책평가로 이루어짐
> ㉣ 환류 단계 : 의사전달과 환류를 통해 모든 국면을 상호 연결

정답 23 ④ 24 ③

25 대형 참사를 계기로 그동안 해결하지 못했던 정책문제에 대한 대책을 마련하게 되는 상황을 설명하는 데 적합한 정책결정모형은? ▶ 2011년 서울시 9급

① 합리모형
② 만족모형
③ 점증모형
④ 혼합모형
⑤ 쓰레기통모형

해설 ⑤ [O] 극도로 불합리한 집단적 의사결정을 설명하는 쓰레기통 모형에 대한 설명이다.

26 쓰레기통 모형에 대한 설명으로 옳지 않은 것은? ▶ 2015년 사회복지직 9급

① 명확하지 않은 인과관계를 토대로 해결책이 제시되는 경우가 많다.
② 이해관계자들의 지속적인 의사결정 참여가 어렵다.
③ 목표나 평가기준이 명확하지 않은 경우가 많다.
④ 현실 적합성이 낮아 이론적으로만 설명이 가능한 모형이다.

해설 ④ [X] 쓰레기통 모형은 정부 안팎의 다양한 주체들에 의해 표류되던 정책문제가 특정한 사회적 사건(재난이나 사회적 위기 등)을 계기로 해결되는 경우를 잘 설명할 수 있다.

27 쓰레기통모형의 기본적인 전제와 가장 관련이 없는 것은? ▶ 2021년 군무원 7급

① 갈등의 준해결 : 정책결정과정에서 집단 간에 요구가 모두 수용되지 않고 타협하는 수준에서 대안을 찾는다.
② 문제있는 선호 : 정책결정에 참여하는 자들 간에 무엇을 선택하는 것이 바람직한지에 대해서 합의가 없다.
③ 불명확한 기술 : 목표와 수단 사이에 존재하는 인과관계가 명확하지 않아 조직은 시행착오를 거침으로써 이를 파악한다.
④ 수시적 참여자 : 동일한 개인이 시간이 변함에 따라 어떤 경우에는 결정에 참여했다가 어떤 경우에는 참여하지 않는다.

해설 ① [X] 갈등의 준해결은 회사모형에 대한 설명이다.

정답 25 ⑤   26 ④   27 ①

28 쓰레기통 모형에 대한 설명으로 옳은 것은?

▶ 2021년 국가직 7급

① 조직구성원의 응집성이 아주 강한 혼란상태에 있는 조직에서 의사결정이 어떻게 이루어지는가를 기술하고 설명한다.
② 불명확한 기술(unclear technology)은 조직에서 의사결정 참여자의 범위와 그들이 투입하는 에너지가 유동적임을 의미한다.
③ 쓰레기통 모형의 의사결정 방식에는 끼워넣기(by oversight)와 미뤄두기(by flight)가 포함된다.
④ 문제성 있는 선호(problematic preferences)는 목표와 수단 사이의 인과관계가 명확하지 않음을 의미한다.

해설
③ [O] 쓰레기통 모형에서는 대표적으로 날치기 통과방식(= 간과, choice by oversight)과 진빼기 결정방식(= 탈피, choice by flight)의 의사결정이 이루어진다.
① [×] 쓰레기통 모형은 조직의 구성원 사이의 응집성이 아주 약한 혼란상태[조직화된 혼란(무정부)상태]에서 이루어지는 의사결정의 특징을 강조한 모형이다.
② [×] 유동적 참여자에 대한 설명이다. 불명확한 기술(unclear technology)은 목표와 수단 사이에 존재하는 인과관계에 관한 지식과 기술이 불분명한 것이다.
④ [×] 불명확한 기술(unclear technology)에 대한 설명이다. 문제성 있는 선호(problematic preferences)는 참여자가 무엇을 선호하는지 또는 무엇이 바람직한지를 알지 못하거나 참여자 간에 합의가 없는 상황이다.

29 킹던(J. Kingdon)의 '정책의 창(policy windows) 이론'에 대한 설명으로 옳지 않은 것은?

▶ 2018년 국가직 9급

① 마치(J. G. March)와 올슨(J. P. Olsen)이 제시한 쓰레기통 모형을 발전시킨 것이다.
② 문제 흐름(problem stream), 이슈 흐름(issue stream), 정치흐름(political stream)이 만날 때 '정책의 창'이 열린다고 본다.
③ '정책의 창'은 국회의 예산주기, 정기회기 개회 등의 규칙적인 경우뿐 아니라, 때로는 우연한 사건에 의해 열리기도 한다.
④ 문제에 대한 대안이 존재하지 않을 경우 '정책의 창'이 닫힐 수 있다.

해설
② [×] 킹던의 '정책의 창 이론'에서 이슈 흐름(issue stream)은 세 가지 흐름에 해당되지 않는다. 정책문제(problem stream), 정책대안(policy stream), 정치적 흐름(political stream)흐름 등의 세 가지 흐름이 사회적 사건이나 정치적 사건과 같은 우연한 계기(점화장치)에 의해 결합하게 되어, 정책의 창이 열리게 된다고 설명한다.

정답 28 ③ 29 ②

30 킹던(Kingdon)이 주장한 '정책 창문(policy window)이론'에 대한 설명으로 옳지 않은 것은?

▶ 2011년 국가직 9급

① 정책 창문은 문제의 흐름, 정치적 흐름, 정책적 흐름 등이 함께 할 때 열리기 쉽다.
② 정책 창문은 정책의제설정에서부터 최고의사결정에 이르기까지 필요한 여러 가지 여건이 성숙될 때 열린다.
③ 정책 창문은 한번 열리면 문제에 대한 대안이 도출될 때까지 상당한 기간 동안 열려있는 상태로 유지된다.
④ 정책 창문은 한번 닫히면 다음에 다시 열릴 때까지 많은 시간이 걸리는 편이다.

> **해설** ③ [×] 정책창은 상당기간 열려있는 상태로 유지되는 것이 아니라 짧은 기간 동안만 열리게 된다. 정책창은 참여자들이 그들의 관심대상인 특정 정책문제가 어떠한 정책결정이나 입법에 의해 충분히 다루어 졌다고 느낄 때, 문제에 관한 대안이 존재하지 않을 경우 등 다양한 원인에 의해서 닫힐 수 있다.

31 사이버네틱스(cybernetics) 의사결정 모형에 대한 설명으로 옳지 않은 것은? ▶ 2018년 국가직 9급

① 주요 변수가 시스템에 의하여 일정한 상태로 유지되는 적응적 의사결정을 강조한다.
② 문제를 해결하고 목표를 달성하기 위해 정보와 대안의 광범위한 탐색을 강조한다.
③ 자동온도조절장치와 같이 사전에 프로그램 된 메커니즘에 따라 의사결정이 이루어진다.
④ 한정된 범위와 변수에만 관심을 집중함으로써 불확실성을 통제하려는 모형이다.

> **해설** ② [×] 합리모형에 대한 설명이다. 사이버네틱스 모형은 합리모형과 대립되는 적응적·습관적 의사결정모형이다.

정답 30 ③ 31 ②

앨리슨(G. T. Allison)의 세 가지 의사결정모형에 대한 설명으로 옳지 않은 것은?

▶ 2015년 국가직 9급

① 집단적 의사결정을 국가의 정책결정에 적용하기 위해 합리적 행위자모형, 조직과정모형, 관료정치모형으로 분류하였다.
② 관료정치모형은 조직 하위계층에의 적용가능성이 높고, 조직과정모형은 조직 상위계층에의 적용가능성이 높다.
③ 실제 정책결정에서는 어느 하나의 모형이 아니라 세 가지 모형이 모두 적용될 수 있다.
④ 원래 국제정치적 사건과 위기적 사건에 대응하는 정책결정을 설명하기 위한 모형으로 고안되었으나, 일반정책에도 적용 가능하다.

해설 ② [×] 관료정치모형은 조직 상위계층에서 적용가능성이 높고, 조직과정모형은 조직 하위계층에서 적용가능성이 높다.

[표] Allison 모형 비교

구분(기준)	합리적 행위자 모형	조직과정 모형	관료정치 모형
조직관	조정과 통제가 잘 된 유기체	느슨하게 연결된 하위 조직들의 연합체	독립적인 개인적 행위자들의 집합체
권력의 소재	최고지도자가 보유	반독립적인 하위조직들이 분산 소유	개인적 행위자들의 정치적 자원에 의존
행위자의 목표	조직 전체의 목표	조직전체 목표 + 하위 조직들의 목표	조직 전체 목표 + 하위조직들 목표 + 개별 행위자들의 목표
목표 공유도	매우 강함	약함	매우 약함
정책결정 양태	최고 지도자의 명령·지시	SOP(표준운영절차)에 의한 정책결정	정치적 게임의 규칙에 따른 타협, 흥정, 지배
합리성	완전한 합리성	제한된 합리성	정치적 합리성
정책결정의 일관성	매우 강함(일관성 유지)	약함(자주 바뀜)	매우 약함(거의 불일치)
적용계층	조직전반	하위 계층	상위계층

정답 32 ②

33 앨리슨(Allison) 모형에 대한 설명으로 옳은 것은? ▶ 2019년 국가직 9급

① 합리적 행위자 모형에서는 국가전체의 이익과 국가목표 추구를 위해서 개인의 이익을 고려하지 않는 것을 경계하며 국가가 단일적인 결정자임을 부정한다.
② 조직과정모형에서 조직은 불확실성을 회피하기 위하여 정책 결정을 할 때 표준운영절차(SOP)나 프로그램 목록(program repertory)에 의존하지 않는다.
③ 관료정치모형은 여러 다양한 문제에 관심을 갖는 다수의 행위자를 상정하며 이들의 목표는 일관되지 않는다.
④ 외교안보 문제 분석에 있어서 설명력을 높이기 위한 대안적 모형으로 조직과정모형을 고려하지는 않는다.

> **해설** ③ [○]
> ① [×] 합리적 행위자 모형에서는 국가를 조정과 통제가 이루어지는 유기체적 조직으로 전제하여 국가전체의 이익을 위한 단일한 의사결정권을 행사할 수 있다고 본다.
> ② [×] 조직과정모형에서 조직은 불확실성을 회피하기 위하여 정책 결정을 할 때 표준운영절차(SOP)나 프로그램 목록(program repertory)에 의한 의사결정을 강조한다.
> ④ [×] 외교안보 문제 분석에 있어서 설명력을 높이기 위해 합리모형 외에도 대안적 모형으로 조직과정모형, 관료정치모형을 동시에 적용할 것을 제시하였다. 엘리슨은 1960년대 초 쿠바가 소련의 미사일을 도입하려고 했을 때 미사일이 운반되지 못하도록 미국이 해상봉쇄라는 대안을 채택한 사건 당시 의사결정 과정을 세 가지 모형을 동시에 적용하여 설명하였다.

34 앨리슨(Allison)모형 중 다음 내용에 초점을 두고 정책결정을 설명하는 것은? ▶ 2021년 지방직 9급

> 1960년대 쿠바 미사일 사태에서 미국은 해안봉쇄로 위기를 극복하였다. 정부의 각 부처를 대표하는 사람들은 위기 상황에서 각자가 선호하는 대안을 제시하였다. 대표자들은 여러 대안에 대하여 갈등과 타협의 과정을 거쳤고, 결국 해안봉쇄 결정이 내려졌다. 이는 대통령이 사태 초기에 선호했던 국지적 공습과는 다른 결정이었다. 물론 해안봉쇄가 위기를 해소하는 최선의 대안이라는 보장은 없었고, 부처에 따라서는 불만을 가진 대표자도 있었다.

① 합리적 행위자 모형　　② 쓰레기통 모형
③ 조직과정 모형　　　　 ④ 관료정치 모형

> **해설** ④ [○] 정부의 각 부처를 대표하는 사람들이 갈등과 타협의 과정을 거쳐 결정이 이루어졌다고 설명하고 있으므로 관료정치모형에 해당한다.

정답 33 ③　34 ④

35 정책결정모형에 대한 설명으로 가장 옳지 않은 것은? ▶ 2022년 군무원 9급

① 합리모형은 합리적인 경제인을 가정하며 정책과정의 역동성을 고려하지 않는다.
② 만족모형은 조직 차원의 합리성과 정책결정자 개인 차원의 합리성 사이에 존재하는 괴리를 인정한다.
③ 점증모형은 정책을 이해관계자들 사이에 이루어지는 타협과 조정의 산물로 본다.
④ 최적모형은 합리모형의 한계를 극복하기 위해 만족모형과 점증모형의 강점을 취하고자 한다.

해설 ④ [×] 최적모형은 합리모형의 한계를 극복하기 위해 합리모형과 점증모형의 강점을 취하고자 한다.

36 의사결정 모형에 대한 설명으로 옳지 않은 것은? ▶ 2022년 국가직 9급

① '최적모형'은 정책결정자의 합리성뿐 아니라 직관, 판단, 통찰 등과 같은 초합리성을 아울러 고려한다.
② '쓰레기통 모형'은 대학조직과 같이 조직구성원 사이의 응집력이 아주 약한 상태, 즉 조직화된 무정부상태(organized anarchy)에서 의사결정이 이루어지는 과정을 설명하려고 시도한다.
③ '점증모형'은 실제 정책의 결정이 점증적인 방식으로 이루어질 뿐 아니라 정책을 점증적으로 결정하는 것이 바람직하다는 입장을 견지한다.
④ '회사모형'은 조직의 불확실한 환경을 회피하고 조직 내 갈등을 극복하기 위하여 장기적인 전략과 기획의 중요성을 강조한다.

해설 ④ [×] 회사모형에서 결정자들은 조직의 불확실한 환경을 회피하고 조직 내 갈등을 극복하기 위하여 장기 전략보다는 단기 전략에 치중하고, 불확실성을 제거하기 위해 환경을 통제할 수 있는 방법을 찾는다(불확실성의 회피).

정답 35 ④ 36 ④

37 정책결정모형에 대한 설명으로 옳은 것은? ▶ 2022년 지방직 9급

① 혼합주사모형(mixed scanning approach)은 1960년대 미국의 쿠바 미사일 위기사건을 설명하기 위해 연구된 모형이다.
② 사이버네틱스모형을 설명하는 예시로 자동온도조절장치를 들 수 있다.
③ 쓰레기통모형은 갈등의 준해결, 문제 중심의 탐색, 불확실성 회피, 표준운영절차의 활용을 설명하는 모형이다.
④ 합리모형은 만족할 만한 수준에서 의사결정이 이루어진다고 설명하는 모형이다.

> **해설** ② [○]
> ① [×] 1960년대 미국의 쿠바 미사일 위기사건을 설명하기 위해 연구된 모형은 앨리슨 모형이다.
> ③ [×] 갈등의 준해결, 문제 중심의 탐색, 불확실성의 회피, 표준운영절차의 활용을 설명하는 모형은 회사모형이다.
> ④ [×] 여러 제약조건하에서는 목표달성을 극대화하는 대안을 선택하기보다 만족할만한 대안을 선택하는 의사결정을 하는 것은 만족모형에 대한 설명이다.

정답 37 ②

제5장 정책집행

기출문제

01 정책집행연구 중 하향적 접근방법에 관한 설명으로 옳지 않은 것은? ▶ 2021년 행정사

① 집행에 영향을 주는 집행관료와 이해관계집단 등 다양한 행위자들의 생각과 상호작용을 현장감 있게 분석할 수 있다.
② 정책집행을 정책결정과정에서 채택된 정책목표를 달성하는 과정으로 본다.
③ 바람직한 정책집행이 일어날 수 있는 규범적 처방을 정책결정자에게 제시해주는데 관심을 갖는다.
④ 유능하고 헌신적인 관료가 집행을 담당하여야 효과적인 정책집행이 가능하다고 한다.
⑤ 효과적인 정책집행을 위하여 조직화된 이익집단, 강력한 리더십 등이 있어야 한다고 한다.

해설 ① [×] 집행에 영향을 주는 집행관료와 이해관계집단 등 다양한 행위자들의 생각과 상호작용을 현장감 있게 분석할 수 있는 것은 상향적 접근방법에 대한 설명이다.

02 정책집행에서 하향적 접근방법에 관한 설명으로 옳지 않은 것은? ▶ 2022년 행정사

① 정책이 추구하는 목표를 분명히 하고, 정책결정자의 의도를 정확히 이해할수록 정책은 보다 효과적으로 집행될 수 있다.
② 정책결정의 결과물인 정책목표를 달성해 가는 과정을 정책집행으로 이해한다.
③ 정책집행 현장에서 집행조직과 정책사업 사이의 상호적응이 강조된다.
④ 정책이 결과물을 창출하는 과정에서 정책결정자가 어떤 역할을 했는지에 관심이 있다.
⑤ 정책결정단계에서 주된 역할을 하는 참여자와 정책내용에 초점을 맞춘다.

해설 ③ [×] 집행이 일어나는 현장에 초점을 맞추는 것은 상향적 접근이다.

정답 01 ① 02 ③

03 정책집행에서 상향적 접근방법에 관한 설명으로 옳지 않은 것은? ▶ 2015년 행정사

① 정책목표 보다는 집행문제의 해결에 초점을 맞춘다.
② 의도하지 않았던 정책의 효과를 분석할 수 있다.
③ 정책집행과정에 대해 정확하게 이해하기 위해서 일선집행관료와 대상 집단의 행태를 고찰한다.
④ 선거직 공무원에 의한 정책결정과 책임이라는 민주주의의 기본가치를 충실하게 반영한다.
⑤ 일선집행관료들이 쉽게 느끼지 못하는 사회적, 경제적, 법적 요인들이 경시되기 쉽다.

> **해설** ④ [×] 정책결정과 정책집행의 구분이 불필요하다는 상향적 접근법의 관점은 선거직 공무원에 의한 정책결정과 책임이라는 고전적 대의민주주의의 기본가치에 위배된다. 선거직 공무원에 의하여 결정된 정책을 충실히 집행하는 것이 성공적 집행이라고 보는 것은 하향식 정책집행의 특징이다.

04 다음에서 설명하고 있는 정책집행의 유형은? ▶ 2022년 행정사

> 정책결정자가 세부적인 정책내용까지 결정하며, 정책집행자들은 상세한 부분에 대해 아주 제한된 부분의 재량권만 인정받고 정책목표 달성을 위해 노력한다.

① 고전적 기술관료형
② 지시적 위임형
③ 협상형
④ 재량적 실험가형
⑤ 관료적 기업가형

> **해설** ① [○] 정책결정자가 정책목표를 명확히 설정(세부적인 정책내용까지 결정)하고 정책집행자가 아주 제한된 부분의 재량권만 인정받는 상황은 고전적 기술자형에 대한 설명이다.

05 나카무라와 스몰우드(R. Nakamura & F. Smallwood)가 제시한 정책집행자의 유형 중 정책집행자가 정책결정자의 결정권을 장악하고 정책과정 전반을 지배하는 유형은? ▶ 2023년 행정사

① 고전적 기술관료형
② 관료적 기업가형
③ 재량적 실험가형
④ 지시적 위임자형
⑤ 협상자형

정답 03 ④ 04 ① 05 ②

해설 ② 관료적 기업가형에 대한 설명이다.

구분	특징
고전적 기술자형	• 정책결정과 집행이 엄격하게 분리된다는 점을 가정하여, 정책집행자는 정책결정자가 결정한 정책내용을 충실히 집행하는 유형 • 정책결정자는 기술적인 권위를 특정 정책집행자에게 위임함으로써 설정된 정책목표를 수행
지시적 위임형	• 정책결정자가 정책목표를 명확하게 설정하고, 정책집행자도 이미 결정된 정책목표를 지지함 • 정책결정자가 정책목표를 달성하는데 필요한 관리적 행위에 관한 권한을 정책집행자에게 위임하고, 정책집행자는 정책수단을 결정할 수 있는 재량을 가짐
협상형	• 공식적 정책결정자가 정책목표를 설정하고, 정책집행자들은 정책목표와 정책수단에 대해 정책결정자와 협상을 함(정책결정자와 정책집행자간에 정책의 소망성에 대한 합의를 반드시 이루는 것은 아님) • 정책결정자와 정책집행자 간의 협상의 결과는 상대적인 권력배분에 따라 결정됨
재량적 실험형	• 정책결정자가 정책의 구체적인 내용을 수립할 수 없기 때문에 정책집행자에게 광범위한 재량을 위임하는 경우 • 공식적인 정책결정자는 추상적이고 일반적인 정책목표를 지지하지만 지식의 부족 또는 불확실성 때문에 정책목표를 구체적으로 설정할 수 없음. 정책목표를 구체화하고 그것을 달성할 수 있는 정책 수단을 개발할 수 있도록 정책결정자는 정책집행자에게 광범위한 재량을 위임
관료적 기업가형	• 정책집행자가 정책결정자의 결정권을 장악하고 정책과정 전반을 완전히 통제하는 유형 • 정책집행자가 정책목표를 결정하고 공식적 정책결정자를 설득 또는 강제하여 이 정책 목표를 받아들이도록 하고, 정책집행자는 정책목표 달성에 필요한 정책수단을 확보하기 위해서 정책결정자와 협상함

정책집행에서 대상집단의 불응을 야기하는 원인이 아닌 것은? ▶ 2016년 행정사

① 불명확한 의사전달
② 자원의 부족
③ 정책에 대한 불신
④ 정부의 권위 및 정통성에 대한 부정
⑤ 형사처벌 등 제재의 사용

해설 ⑤ [×] 형사처벌 등 제재의 사용은 순응 확보 수단에 해당한다. 정책이나 법규에서 요구하는 행동에 따르는 행위를 순응(compliance)이라고 하며, 반대로 여기에 따르지 않는 행위를 불응(noncompliance)이라고 한다. 불응을 야기하는 원인으로는 순응주체의 능력 부족, 순응에 필요한 자원의 부족, 정책의 정통성 결여, 정책결정자와 집행기관의 정통성의 결여, 정책의 모호성 및 일관성 부족 등이다.

정답 06 ⑤

다음은 무엇에 관한 설명인가? ▶ 2014년 행정사

이것은 정부가 시행하는 규제정책의 실효성을 확보하기 위한 수단으로서 시장지배적 사업자가 남용행위를 한 경우, 또는 불공정거래 행위가 있는 경우에 당해 사업자에 대해서 경제적 이익을 박탈하는 제도이다.

① 과징금
② 부담금
③ 범칙금
④ 과태료
⑤ 수익성 행정행위(면허)의 정지 또는 철회

 ① 제시문은 경제적 규제의 실효성 확보를 위한 금전적 제재(처벌)인 과징금에 해당한다. 과징금(過徵金)은 행정법상 의무를 위반하거나 이행하지 않을 때에 행정청이 의무자에게 부과 징수하는 금전적 제재로 행정의 실효성 확보수단이다.

정답 07 ①

연습문제

01 정책집행의 하향식 접근(top-down approach)에 대한 설명으로 옳은 것만을 모두 고르면?

▶ 2020년 지방직 9급

> ㄱ. 집행이 일어나는 현장에 초점을 맞춘다.
> ㄴ. 일선공무원의 전문지식과 문제해결 능력을 중시한다.
> ㄷ. 하위직보다는 고위직이 주도한다.
> ㄹ. 정책결정자는 정책집행에 영향을 미치는 정치적·조직적·기술적 과정을 충분히 통제할 수 있다.

① ㄱ, ㄴ
② ㄱ, ㄷ
③ ㄴ, ㄹ
④ ㄷ, ㄹ

해설
④ ㄷ, ㄹ [O] 하향식 접근은 정책결정자의 역할을 강조하는 접근법이다.
ㄱ. [×] 집행이 일어나는 현장에 초점을 맞추는 것은 상향식 접근의 특징이다.
ㄴ. [×] 일선공무원의 전문지식과 문제해결능력을 중시하는 것은 상향식 접근의 특징이다.

02 정책집행에 있어 하향적 접근방법의 장점에 대한 설명으로 옳은 것을 〈보기〉에서 고른 것은?

▶ 2018년 지방교행 9급

> 〈보기〉
> ㄱ. 정책목표와 그 달성을 중시하는 접근방법으로 객관적인 정책평가가 가능하다.
> ㄴ. 문제해결능력 측면에서 정부프로그램의 상대적 중요도를 평가할 수 있다.
> ㄷ. 실제적인 정책집행과정을 상세히 기술하여 정책집행과정의 인과관계를 보다 잘 설명할 수 있다.
> ㄹ. 하향적 집행론자들이 제시한 변수들은 체크리스트로서 집행과정을 점검하는 데 사용할 수 있다.

① ㄱ, ㄴ
② ㄱ, ㄹ
③ ㄴ, ㄷ
④ ㄷ, ㄹ

정답 01 ④   02 ②

해설 ② ㄱ, ㄹ [○]
ㄴ [×] 상향적 접근방법의 장점에 대한 설명이다. 상향적 접근방법은 정책집행 문제의 해결에 초점을 맞추고 있기 때문에 문제해결 능력 측면에서 정부프로그램의 상대적 중요도를 평가할 수 있다.
ㄷ [×] 상향적 접근방법은 정책집행과정을 상세히 기술하여 정책집행과정의 인과관계를 설명할 수 있다.

03 사바티어(P. Sabatier)와 마즈매니언(D. Mazmanian)이 효과적인 정책집행을 위해서 필요하다고 본 전제조건에 해당되지 않는 것은? ▶ 2011년 지방직 9급

① 정책결정의 내용은 타당한 인과이론에 바탕을 둔 것이어야 한다.
② 법령은 명확한 정책지침을 가지고 대상 집단의 순응을 극대화 시켜야 한다.
③ 정책목표의 집행과정에서 우선순위를 탄력적이고 신축적으로 조정하여야 한다.
④ 유능하고 헌신적인 관료가 정책집행을 담당해야 한다.

해설 ③ [×] 효과적인 정책집행을 위해서는 정책목표의 집행 과정 동안 우선순위가 변하지 않아야 한다.

04 정책집행의 상향적 접근방법에 대한 설명으로 옳은 것은? ▶ 2017년 국가직 9급

① 대표적인 모형은 사바티어(Sabatier)의 정책지지 연합모형(Advocacy Coalition Framework)이다.
② 정책결정과 정책집행은 뚜렷하게 구분된다고 본다.
③ 집행현장에서 일선관료의 재량과 자율을 강조한다.
④ 안정되고 구조화된 정책상황을 전제로 한다.

해설 ③ [○]
① [×] 사바티어(Sabatier)의 정책지지연합모형은 통합모형에 해당한다.
② [×] 정책결정과 집행이 뚜렷하게 구분된다고 보는 것은 하향식 접근이다.
④ [×] 안정되고 구조화된 정책상황을 전제로 하는 것은 하향식 접근이다.

정답 03 ③ 04 ③

05 상향적 집행에 대한 내용으로 옳은 것은? ▶ 2017년 군무원 9급

① 정책결정과 정책집행을 분리하여 파악하며 주어진 목표달성을 위한 최적 수단의 선택을 강조하는 합리모형을 배경으로 한다.
② 일선집행관료와 정책대상집단의 행태를 연구하며 일선관료의 전문지식과 문제해결 능력을 성공적 집행의 조건으로 본다.
③ 행위자보다는 모든 구조적 변수를 포괄하는 거시적 접근이며, 집행에 대한 일반원칙을 정립한 후 구체적으로 현실에 적용하는 연역적 접근이다.
④ 집행과정에 대한 기술(記述)이나 인과론적 설명보다는 바람직한 정책집행을 위한 규범적 처방을 정책결정자에게 제시한다.

해설
② [O]
①, ③, ④는 하향적 집행에 대한 설명이다.

06 정책집행 연구에 대한 설명으로 옳지 않은 것은? ▶ 2015년 국가직 7급

① 마즈마니언(Mazmanian)과 사바티어(Sabatier)는 하향식 접근 방법의 발전에 기여하였다.
② 상향식 접근방법은 정책결정과 정책집행 간의 엄밀한 구분에 의문을 제기한다.
③ 상향식 접근론자들은 정책집행을 이해하기 위해서는 일선관료의 행태를 고찰하여야 한다고 본다.
④ 하향식 접근방법은 공식적 정책목표를 중요한 변수로 취급하지 않는다.

해설
④ [×] 하향식 접근방법에서는 정책집행을 정책목표 달성을 위해 채택된 정책결정 내용을 충실히 이행하는 과정으로 인식하므로 명확하고 일관된 정책목표를 중시한다.

[표] 하향식 접근법과 상향식 접근법 비교

기준	하향식	상향식
결정과 집행	• 정치행정이원론	• 정치행정일원론
집행의 개념	• 정해진 정책목표의 달성 • 집행은 비정치적·기술적	• 다수의 집행 참여자들의 상호작용 • 집행의 정치성(타협과 협상)
접근법 및 연구목적	• 정책집행의 영향요인 도출 • 성공적 집행조건과 전략 규명 • 거시적·연역적 접근(집행이론의 구축) • 정책결정자에게 규범적 처방 제시	• 개별적 집행현장의 기술과 설명: 일선관료와 대상집단 입장에서 정책집행이 현장에서 실제 어떻게 이루어지는가를 기술하고 설명 • 미시적·귀납적 접근

정답 05 ② 06 ④

특징	• 거시적 집행 • 집행과정의 법적 구조화 강조 • 명확하고 일관된 정책목표 중시 　(→ 객관적 성과평가 가능) • 계층제적 집행구조	• 미시적 집행 • 결정과 집행의 순환성 : 정책결정과 집행간의 엄밀한 구분 곤란 • 분명하고 일관된 정책목표의 존재 가능성 부인, 정책목표 대신 집행 문제 해결에 초점
결정자/집행자의 역할	• 정책결정자 관점 중심. 집행자의 재량 인정하지 않음	• 집행자의 재량과 자율 강조 • 일선공무원의 전문지식과 문제해결 능력 중시
문제점	• 일관된 정책목표 설정 곤란 • 정책결정자의 능력 과신 • 결정과 집행 분리의 한계 • 계층제적 통제의 문제점 • 일선관료와 대상집단의 중요성 과소평가	• 지방수준의 집행에 지나치게 의존 • 집행실적의 객관적 평가 곤란 • 일관된 연역적 분석틀 제공 곤란 • 재량 부여에 따른 부작용
대표학자	• Sabatier & Mazmanian • Berman의 거시적 · 하향적 집행 • Elmore 전방향적 집행	• Berman의 미시적 · 적응적(상황론적) 집행 • Elmore 후방향적 집행 • Lipsky의 일선관료제론

07 립스키(M. Lipsky)의 일선관료제(Street-Level Bureaucracy)이론에 대한 설명으로 옳은 것은?

▶ 2018년 국가직 9급

① 일선관료제는 고객에 대한 고정관념(stereotype)을 타파함으로써 복잡한 문제와 불확실한 상황에 대처한다.
② 일선관료가 업무를 수행하는 기관에 대한 고객들의 목표기대는 서로 일치하고 명확하다.
③ 일선관료는 집행에 필요한 자원이 부족할 경우 대체로 부분적이고 간헐적으로 정책을 집행한다.
④ 일선관료는 계층제의 하위에 위치하기 때문에, 직무의 자율성이 거의 없고 의사결정에 있어서 재량권의 범위가 좁다.

해설
③ [O]
① [×] 일선관료는 인종, 성, 학력, 계급 등 고정관념을 가지고, 고객을 재정의 한 후 고객에 책임을 전가하거나 사회문제 탓으로 하여 책임을 회피한다.
② [×] 일선관료의 업무환경에는 모호하고 대립되는 기대가 존재하므로 일선관료가 업무를 수행하는 기관에 대한 고객의 목표 기대는 애매하거나 이율배반적인 경우가 많다.
④ [×] 일선관료는 직무의 자율성이 높고, 많은 재량권을 갖는다.

정답 07 ③

08 립스키(M.Lipsky)의 일선관료제 이론에 대한 설명으로 옳지 않은 것은? ▶ 2013년 지방직 7급

① 일선관료는 시민들과 직접 대면하면서 정책을 집행하는 사람들이다.
② 일선관료들은 일반적으로 과중한 업무 부담을 가진다.
③ 일선관료들은 모호하고 대립적인 기대들이 존재하는 업무환경 때문에 정책목표를 달성할 수 없는 경우가 많다.
④ 일선관료들의 재량권이 부족하여 업무가 지연된다.

해설 ④ [×] 일선관료는 집행현장 등을 정형화하기 어렵고, 업무가 기계적이기보다는 인간적 차원에서 대처해야 할 상황이 많으므로 일선관료들은 서비스 제공에 있어서 상당한 재량권을 보유한다.

일선관료 개념	• 정책의 최종적 과정에서 국민과 직접 접촉하며, 서비스 제공에 있어서 상당한 재량권을 행사하는 하위직 관료
일선관료의 업무환경	• 직무의 자율성, 재량 행사 • 불충분한 자원 : 인적·물적 자원 및 시간·기술적 자원이 만성적으로 부족한 상태에서 업무 수행 • 권위에 대한 도전과 위협 존재 : 집행현장은 육체적·정신적 위협이 지속적으로 존재 • 객관적 성과평가 기준 결여 : 업무성과를 객관적으로 평가할 기준이 결여되어 있고, 효과적인 통제제도가 부재 • 모호하고 대립되는 기대 : 업무 간 경계가 불분명하고 부서의 목표가 애매하거나 이율배반적인 경우가 많음
일선관료의 적응방식(행태)	• 단순화나 정형화 메커니즘 • 고객집단의 재정의·분류(범주화) • 간헐적 집행

09 사바티어(Sabatier)의 통합모형에 대한 설명으로 가장 옳지 않은 것은? ▶ 2019년 서울시 7급

① 정책변화 이해에 가장 유효한 분석 단위는 정책하위시스템이다.
② 정책하위시스템에는 서로 다른 목표를 가진 지지연합이 있다.
③ 정책하위시스템 참여자의 활동에 영향을 미치는 요소는 상향식 접근방법으로 도출하였다.
④ 정책집행을 한 번의 과정이 아니라 연속적인 정책변동으로 보았다.

해설 ③ [×] Sabatier의 정책지지연합모형은 상향적 접근법과 하향적 접근법을 통합한 모형으로 집행현장의 행위자를 분석단위로 한다는 점에서 상향적 접근방법을 적용하였으며, 정책하위시스템 참여자의 활동에 영향을 미치는 요소는 하향적 접근방법으로 도출하였다.

정답 08 ④ 09 ③

10 나카무라(Nakamura)와 스몰우드(Smallwood)의 정책결정자와 정책집행자의 관계 유형 중 다음 설명에 해당하는 것은? ▶ 2019년 국가직 9급

- 정책집행자는 공식적 정책결정자로 하여금 자신이 결정한 정책목표를 받아들이도록 설득 또는 강제할 수 있다.
- 정책집행자는 목표를 달성하기 위한 수단을 획득하기 위해 정책결정자와 협상한다.
- 미국 FBI의 국장직을 수행했던 후버(Hoover) 국장이 대표적인 예이다.

① 지시적 위임형
② 협상형
③ 재량적 실험가형
④ 관료적 기업가형

해설 ④ 관료적 기업가형에 대한 설명이다. 관료적 기업가형에서 정책집행자는 정책결정 권한까지 행사하며, 결정자로 하여금 자신이 결정한 정책목표를 받아들이도록 설득 또는 강제할 수 있다.

11 나카무라(Nakamura)와 스몰우드(Smallwood)의 정책결정자와 정책집행자의 관계에 따른 정책집행의 유형에 대한 설명으로 옳지 않은 것은? ▶ 2022년 국가직 9급

① '고전적 기술자형'은 정책결정자가 구체적인 목표를 설정하면, 정책집행자는 그 목표를 지지하고 목표달성을 위한 기술적인 수단을 강구하는 역할을 담당한다고 본다.
② '재량적 실험형'은 정책결정자가 추상적인 목표를 설정하면, 정책집행자는 정책결정자를 위해 목표와 수단을 명확하게 하는 역할을 담당한다고 본다.
③ '관료적 기업가형'은 정책집행자가 목표와 수단을 강구한 다음 정책결정자를 설득하고, 정책결정자는 정책집행자가 수립한 목표와 수단을 기술하는 역할을 담당한다고 본다.
④ '지시적 위임형'은 정책결정자가 구체적인 목표와 수단을 설정하면, 정책집행자는 정책결정자의 지시와 위임을 받아 정책대상집단과 협상하는 역할을 담당한다고 본다.

해설 ④[×] 지시적 위임형은 정책결정자가 구체적인 목표와 수단을 설정하면, 정책집행자는 정책결정자의 지시와 위임을 받아 정책을 집행하는 역할을 담당한다.

정답 10 ④   11 ④

제6장 정책변동

기출문제

01 다음 설명에 해당하는 정책변동모형은? ▶ 2019년 행정사

> 신념체계에서 규범적 핵심이나 정책 핵심의 변화가 쉽게 나타나지 않기 때문에 정책 목표와 수단에 급격한 변화를 가져오는 근본적 정책변동은 용이 하지 않다.

① 정책지지연합모형
② 정책흐름모형
③ 정책패러다임변동모형
④ 단절균형모형
⑤ 이익집단 위상변동모형

해설
① [O] 사바티에(Sabatier)의 정책지지연합모형에 대한 설명이다. 사바티어에 의하면, 각각의 정책지지연합들은 공통의 신념체계를 가지고 있으며, 장기간에 걸쳐 신념 체계에 기초한 지지연합 간의 상호작용과 정책학습 및 정치체제의 변화와 사회경제적 환경 변화 등으로 인해 정책이 변동한다고 본다.
② 정책흐름모형(Kingdon)은 문제의 흐름, 정치의 흐름, 정책의 흐름이 각각 상호 독립적인 경로를 따라 진행되다가 어떤 계기로 서로 교차될 때 정책의 창이 열리고 정책변동이 이루어진다고 본다.
③ 정책패러다임변동모형(P. Hall)은 정책목표와 수단에 있어서 급격한 변화가 이루어지는 것을 정책패러다임의 변동이라고 설명한다.
④ 단절균형모형에 의하면 정책변동은 사회경제적 위기나 군사적 갈등과 같은 외적 충격에 의해 단절적으로 급격하게 발생한다고 본다.

정답 01 ①

연습문제

01 호그우드(Hogwood)와 피터스(Peters)가 제시한 정책변동의 유형에 대한 설명으로 옳지 않은 것은?
▶ 2011년 지방직 9급

① 정책혁신은 기존의 조직이나 예산을 기반으로 새로운 형태의 개입을 결정하는 것이다.
② 정책승계는 정책의 기본 목표는 유지하되, 정책을 대체 혹은 수정하거나 일부 종결하는 것이다.
③ 정책유지는 기존 정책의 기본 골격을 유지하면서 정책수단의 부분적인 변화만 이루어지는 것이다.
④ 정책종결은 다른 정책으로의 대체 없이 기존 정책을 완전히 중단하는 것이다.

해설 ① [×] 정책혁신은 기존의 조직이나 예산의 기반이 아니라 완전히 새로운 정책을 채택하는 것을 의미한다.

02 다음과 같은 내용을 모두 포괄하는 정책변동의 유형은?
▶ 2017년 국가직 7급

- 정책수단의 기본 골격이 달라지지 않으며, 주로 정책 산출 부분이 변한다.
- 정책 대상 집단의 범위가 변동된다거나 정책의 수혜수준이 달라지는 경우와 관련이 있다.
- 저소득층 자녀에 대한 교육비 보조를 그 바로 위 계층의 자녀에게 확대하는 사례에 해당한다.

① 정책 통합(policy consolidation)
② 정책 분할(policy splitting)
③ 선형적 승계(linear succession)
④ 정책 유지(policy maintenance)

해설 ④ [○] 정책유지는 현재의 정책을 새로운 정책으로 대체하는 것이 아니라 본래의 정책목표 달성을 위해 정책의 기본 골격을 유지하되, 상황의 변화에 따라 적응하는 것을 의미한다. 정책유지에서는 정책의 기본적 특성이 변경되지 않으며, 구체적인 구성 요소(사업 내용이나 인적·물적 자원의 투입 혹은 정책집행 절차 등)를 완만하게 대체·변경하는 것을 의미한다.

정답 01 ① 02 ④

03 정책변동에 대한 설명으로 옳지 않은 것은? ▶ 2020년 국가직 9급

① 킹던(Kingdon)의 정책흐름이론에 따르면 정책변동은 정책문제의 흐름, 정치의 흐름, 정책대안의 흐름이 결합하여 이루어진다.
② 무치아로니(Mucciaroni)의 이익집단 위상변동모형에서 이슈 맥락은 환경적 요인과 같이 정책의 유지 혹은 변동에 영향을 미치는 정책요인을 말한다.
③ 실질적인 정책내용이 변하더라도 정책목표가 변하지 않는다면 이를 정책유지라 한다.
④ 정책목표를 달성하기 위한 전반적인 정책수단을 소멸시키고 이를 대체할 다른 정책을 마련하지 않는 것을 정책종결이라 한다.

> **해설** ③ [×] 실질적인 정책내용이 변하더라도 정책목표가 변하지 않는 것은 정책승계에 대한 설명이다.

04 홀(Hall)에 의해 제시된 정책변동모형으로 정책목표, 정책수단, 정책환경의 세 가지 변수 중 정책 목표와 정책수단에 급격한 변화가 발생하는 정책변동모형은? ▶ 2016년 지방직 9급

① 쓰레기통 모형
② 단절균형모형
③ 정책지지연합모형
④ 정책패러다임 변동모형

> **해설** ④ 홀(Hall)이 제시한 정책패러다임 변동모형에 따르면 정책패러다임의 변화로 근본적 정책변동이 가능하다고 본다. 정책패러다임이란 정책결정자들이 정책문제의 본질을 파악하고 정책목표와 이를 달성하기 위한 정책수단을 구체화하는데 있어서 일정한 사고와 기준의 틀을 말한다.

정답 03 ③ 04 ④

05 다음 특징을 가진 정책변동 모형은? ▶ 2019년 지방직 9급

- 분석단위로서 정책하위체제(policy sub - system)에 초점을 두고 정책변화를 이해한다.
- 신념체계, 정책학습 등의 요인은 정책변동에 영향을 준다.
- 정책변동 과정에서 정책중재자(policy mediator)가 중요한 역할을 한다.

① 정책흐름(Policy Stream) 모형
② 단절적 균형(Punctuated Equilibrium) 모형
③ 정책지지연합(Advocacy Coalition Framework) 모형
④ 정책패러다임 변동(Paradigm Shift) 모형

해설 ③ 사바티에의 정책지지연합 모형에 대한 설명이다.

06 정책옹호연합모형(advocacy coalition framework)에 대한 설명으로 옳지 않은 것은? ▶ 2011년 국가직 9급

① 신념체계별로 여러 개의 연합으로 구성된 정책행위자 집단이 자신들의 신념을 정책으로 관철하기 위하여 경쟁한다는 점을 강조한다.
② 사바띠에(Sabatier) 등에 의해 종전의 정책과정 단계모형의 한계를 극복하기 위하여 개발되었다.
③ 정책문제나 쟁점에 적극적으로 관심을 가지는 공공 및 민간 조직의 행위자들로 구성되는 정책하위체계(policy subsystem)라는 개념을 활용한다.
④ 정책변화 또는 정책학습보다 정책집행과정에 초점을 맞춘 이론이다.

해설 ④ [×] 정책옹호(지지)연합모형은 정책집행과정 보다는 정책학습에 초점을 맞춘 이론이다.

정답 05 ③   06 ④

제7장 정책평가

기출문제

01 정책평가의 목적에 관한 설명으로 옳지 않은 것은? ▶ 2014년 행정사

① 목표가 얼마나 잘 충족되었는지 파악할 수 있다.
② 정책 성공과 실패의 원인을 구체적으로 제시할 수 있다.
③ 정책 성공을 위한 원칙 발견과 향상된 연구를 위한 토대를 마련할 수 있다.
④ 목표달성을 위해 사용된 수단과 하위 목표들을 재확인할 수 있다.
⑤ 정책문제의 구조화와 정책담당자의 자율성을 확보하는 데 있다.

> **해설** ⑤ [×] 정책문제의 구조화는 정책문제를 정확하게 정의하는 것으로 정책목표의 설정 단계에서 이루어진다.

02 정책평가의 절차 중 마지막 단계에서 이루어지는 것은? ▶ 2017년 행정사

① 자료의 수집 및 분석
② 인과모형의 설정
③ 대상 및 기준의 설정
④ 평가결과의 환류
⑤ 정책목표의 확인

> **해설** ④ [○] 일반적인 정책평가의 과정은 ㉠ 정책목표의 확인 → ㉡ 대상 및 기준의 설정 → ㉢ 인과모형의 설정 → ㉣ 자료의 수집 및 분석 → ㉤ 평가결과의 환류의 순서로 이루어진다. 평가결과의 환류는 마지막 단계이다.

정답 01 ⑤ 02 ④

03 정책평가에 관한 설명으로 옳지 않은 것은? ▶ 2021년 행정사

① 총괄평가는 정책집행이 이루어지는 과정을 평가하는 활동으로 형성평가라고도 한다.
② 정책평가의 외적 타당성은 정책평가 결과의 일반화 가능성을 의미한다.
③ 정책평가의 내적 타당성은 정책이 집행된 이후에 나타나는 변화가 정책에 기인한 것인지, 다른 요인 때문인지를 밝히는 것과 관련된다.
④ 정책평가의 신뢰도는 동일한 측정도구를 반복해서 사용했을 때 동일한 결과를 얻을 확률을 의미한다.
⑤ 정책평가의 내적 타당성을 저해하는 요인으로 선정요인, 성숙요인, 역사요인 등을 들 수 있다.

> 해설 ① [×] 총괄평가는 정책집행이 완료된 이후 정책이 당초 의도했던 효과를 달성했는지 여부를 판단하는 활동으로 효과성과 능률성을 평가하며, 주로 외부평가자에 의해 수행된다.

04 정책평가 연구설계의 타당성에 관한 설명으로 옳은 것은? ▶ 2018년 행정사

① 내적 타당성은 정책변수의 효과에 대한 결론을 일반화시킬 수 있는 범위를 의미한다.
② 외적 타당성은 정책 수단과 결과의 인과관계에 관한 추론의 정확성을 의미한다.
③ 통계적 결론의 타당성은 연구에 사용된 측정도구가 이론적 구성개념과 일치하는 정도를 의미한다.
④ 성숙요인은 내적 타당성을 저해할 수 있다.
⑤ 준실험이 진실험보다 내적 타당성과 외적 타당성이 더 높다.

> 해설 ④ [○]
> ① [×] 정책변수의 효과에 대한 결론을 일반화시킬 수 있는 범위를 의미하는 것은 외적타당성에 대한 설명이다.
> ② [×] 정책 수단과 결과의 인과관계에 관한 추론의 정확성은 내적타당성을 의미한다.
> ③ [×] 연구에 사용된 측정도구가 이론적 구성개념과 일치하는 정도를 의미하는 것은 구성적 타당성이다.
> ⑤ [×] 준실험이 진실험보다 내적 타당성은 낮고, 외적타당성은 더 높다.

정답 03 ① 04 ④

05 정책평가에 관한 설명으로 옳지 않은 것은? ▶ 2019년 행정사

① 준실험설계는 실험집단과 통제집단의 동질성을 확보하여야 한다.
② 내적 타당성은 정책 집행이후 변화가 오직 해당정책에 기인한 것인지 아닌지를 밝히는 것과 관련된다.
③ 외적 타당성은 정책평가 결과의 일반화 가능성을 의미한다.
④ 평가성검토(evaluability assessment)는 본격적인 평가를 시작하기 전에 실시하는 것으로 일종의 예비평가라고 볼 수 있다.
⑤ 허위변수는 두 변수 간에 전혀 관계가 없는데도 인과관계가 있는 것처럼 보이게 하는 제3의 변수이다.

해설 ① [×] 실험집단과 통제집단의 동질성을 확보하는 것은 진실험에 해당한다. 준실험은 실험집단과 통제집단의 동질성을 확보하지 않는 실험설계 방법이다.

정답 05 ①

연습문제

01 일반적인 정책평가의 절차를 순서대로 연결한 것은? ▶ 2017년 사회복지직 9급

> ㄱ. 인과모형의 설정
> ㄴ. 자료 수집 및 분석
> ㄷ. 정책목표의 확인
> ㄹ. 정책평가 대상 및 기준의 확정
> ㅁ. 평가 결과의 환류

① ㄱ → ㄴ → ㄷ → ㄹ → ㅁ
② ㄴ → ㄷ → ㄱ → ㄹ → ㅁ
③ ㄷ → ㄹ → ㄱ → ㄴ → ㅁ
④ ㄹ → ㄱ → ㄴ → ㄷ → ㅁ

해설 ③ 정책평가의 단계는 ㄷ. 정책목표 확인 → ㄹ. 정책평가 대상 및 평가기준의 확정 → ㄱ. 인과모형의 설정(정책평가 연구설계) → ㄴ. 자료의 수집 분석 → ㅁ. 평가결과의 환류 및 활용의 순서로 이루어진다.

02 정책평가의 방법에 대한 설명으로 옳지 않은 것은? ▶ 2009년 국가직 9급

① 착수직전분석(front-end-analysis)은 주로 새로운 프로그램 평가를 기획하기 위하여 평가를 착수하기 직전에 수행되는 평가작업이다.
② 평가성 사정(evaluation assessment)은 여러 가지 가능한 평가로부터 얻을 수 있는 정보수요를 사정하고, 실행가능하고 유용한 평가 설계를 선택하도록 함으로써 평가의 공급과 수요를 합치시키도록 도와준다.
③ 집행에 있어 과정평가(process evaluation)는 정책집행 및 활동을 분석하여 이를 근거로 보다 효율적인 집행전략을 수립하거나 정책내용을 수정·변경하는데 도움을 준다.
④ 총괄평가(summative evaluation)는 정책이 집행되고 난 후에 인과관계의 경로를 검증·확인하고 정책이 사회에 미친 영향(impact)을 추정하는 판단활동이다.

해설 ④ [×] 정책효과를 결과로 하고 정책수단을 원인으로 하여 인과관계를 파악하되, 도중에 개입되는 매개변수를 확인함으로써 인과관계의 경로를 검증·확인하는 평가는 협의의 과정평가이다.

정답 01 ③ 02 ④

03 정책평가의 논리모형에 대한 설명으로 옳지 않은 것은? ▶ 2024년 국가직 9급

① 정책프로그램의 요소들과 해결하려는 문제들 사이의 논리적 인과관계를 투입(input) - 활동(activity) - 산출(output) - 결과(outcome)로 도식화한다.
② 산출은 정책집행이 종료된 직후의 직접적인 결과물을 의미하며, 결과는 산출로 인해 나타나는 변화를 의미한다.
③ 과정평가이기 때문에 정책프로그램의 목표달성 여부를 보여 주지는 못한다는 한계가 있다.
④ 정책프로그램과 관련된 다양한 이해관계자의 이해도를 높일 수 있다.

해설
③ [X] 논리모형은 정책이 핵심적으로 해결하려는 문제 및 정책의 결과물(궁극적으로 의도하는 목표의 달성)이 무엇인지를 명확히 보여준다.
① [O] 논리모형 혹은 정책 프로그램 논리모형은 정책 프로그램의 요소들과 정책 프로그램이 해결하려고 하는 문제들 사이의 논리적 인과 관계를 투입 → 활동 → 산출 → 결과로 정리하여 표현해주는 하나의 다이어그램이자 텍스트로 볼 수 있다.
② [O] 산출은 생산과정과 활동에서 창출된 직접적인 1차 성과를 의미하고, 결과는 정책대상에 나타난 직접적인 변화를 말한다.
④ [O] 프로그램 논리의 분석 및 정리 과정이 이해관계자의 정책 프로그램에 대한 이해를 높이고 정책 프로그램의 논리적 구조적 문제를 해결할 수 있는 소통의 장이 제공된다.

※ 정책평가 논리모형은 정책프로그램의 요소들과 정책프로그램이 해결하려고 하는 문제들 사이의 논리적 인과관계를 투입→활동→산출→결과로 정리해 표현하는 평가모형이다. 프로그램을 실행하는 데 투입되는 자원과 실행 이후 나타난 결과의 전후관계를 논리적으로 연결시켜 그림이나 표로 도식화한 것으로, 논리모형에서는 프로그램의 산출보다 더 근본적이고 장기적 변화인 결과와 영향에 초점을 맞추고, 프로그램이 어떻게 작동해서 의도한 결과에 이르는지의 전후 관계를 논리적 인과관계로 보여준다. 논리모형은 자원을 투입해서 재화와 서비스를 제공하는 실행계획이 프로그램의 목표를 달성하는 등의 의도한 결과로 이어지는 일련의 단계를 이해관계자들에게 보여주는 로드맵이라 할 수 있다.

투입(input) → 활동(activity) → 산출(output) → 결과(outcome) → 영향(impact)

정답 03 ③

04 정책평가의 논리에서 수단과 목표 간의 인과관계에 대한 설명으로 옳은 것만을 모두 고르면?

▶ 2020년 지방직 9급

ㄱ. 정책목표의 달성이 정책수단의 실현에 선행해서 존재해야 한다.
ㄴ. 특정 정책수단 실현과 정책목표 달성 간 관계를 설명하는 다른 요인이 배제되어야 한다.
ㄷ. 정책수단의 변화 정도에 따라 정책목표의 달성 정도도 변해야 한다.

① ㄱ
② ㄷ
③ ㄱ, ㄴ
④ ㄴ, ㄷ

해설 ④ ㄴ, ㄷ [O]
ㄱ. [×] 정책수단의 실현(독립변수)이 정책목표의 달성(종속변수)에 선행해서 존재해야 한다. 정책평가에서 인과관계의 규명은 정책수단(원인변수)에 의한 정책목표달성(결과변수)을 규명하는 작업이다. 정책평가에서 인과관계 성립 조건은 다음과 같다.

시간적 선행성	원인변수(정책)가 결과변수(목표달성 또는 정책효과)보다 시간적으로 선행되어야 한다.
공동변화(공변성)	정책과 목표달성이 일정한 방향으로 변화해야 한다.
경쟁가설 배제 (비허위적 관계)	정책결과(결과변수)는 오직 해당 정책(원인변수)에 의해서만 설명되어야 하며, 제3의 변수는 배제되어야 한다.

05 정책평가에 대한 설명으로 옳지 않은 것은?

▶ 2012년 국가직 9급

① 정책평가의 외적 타당도란 특정한 상황에서 얻은 정책평가의 결과를 일반화할 수 있는 정도를 말한다.
② 정책평가의 내적 타당도란 관찰된 결과가 다른 경쟁적 요인들 보다는 해당 정책에 기인하는 것이라고 판단할 수 있는 정도를 의미한다.
③ A라는 정책이 집행된 이후에 그 정책의 목표 B가 달성된 것을 발견한 경우, 정책평가자는 A와 B 사이에 인과관계가 존재 한다고 결론을 내릴 수 있다.
④ 신뢰도는 동일한 측정도구를 반복하여 사용했을 때 동일한 결과를 얻을 확률을 의미한다.

해설 ③ [×] 정책과 정책효과(목표 달성) 간에 인과관계가 존재한다는 결론을 내리기 위해서는 세 가지 조건이 충족되어야 한다. 첫째, 정책(독립변수)은 정책효과(종속변수)보다 시간적으로 선행해야 하고(시간적 선행성), 둘째, 정책과 정책효과는 모두 일정한 방향으로 변화해야 하며(공동 변화), 셋째, 정책결과(종속변수)는 오직 해당 정책(원인변수)에 의해서만 설명되어야 하며, 제3의 변수는 배제되어야 한다.(경쟁가설 배제)

정답 04 ④ 05 ③

통계적 결론의 타당성 확보에 있어서 발생할 수 있는 오류와 그에 대한 설명을 바르게 연결한 것은?

▶ 2015년 국가직 9급

ㄱ. 정책이나 프로그램의 효과가 실제로 발생하였음에도 불구하고 통계적으로 효과가 나타나지 않은 것으로 결론을 내리는 경우
ㄴ. 정책의 대상이 되는 문제 자체에 대한 정의를 잘못 내리는 경우
ㄷ. 정책이나 프로그램의 효과가 실제로 발생하지 않았음에도 불구하고 통계적으로 효과가 나타난 것으로 결론을 내리는 경우

	제1종 오류	제2종 오류	제3종 오류
①	ㄱ	ㄴ	ㄷ
②	ㄱ	ㄷ	ㄴ
③	ㄴ	ㄱ	ㄷ
④	ㄷ	ㄱ	ㄴ

해설 ④

ㄷ - 제1종 오류 : 정책효과가 발생하지 않았음에도 효과가 발생했다고 결론을 내리는 경우
ㄱ - 제2종 오류 : 정책효과가 발생했음에도 효과가 발생하지 않았다고 결론을 내리는 경우
ㄴ - 제3종 오류 : 정책문제를 잘못 정의함으로써 문제의 올바른 해결책을 제시하지 못하는 오류 (근본적 오류)

정답 06 ④

07 정책변수에 대한 설명으로 옳은 것만을 모두 고르면? ▶ 2020년 국가직 9급

ㄱ. 매개변수 - 독립변수의 원인인 동시에 종속변수의 원인이 되는 제3의 변수
ㄴ. 조절변수 - 독립변수와 종속변수 간에 상호작용 효과를 나타나게 하는 제3의 변수
ㄷ. 억제변수 - 독립변수와 종속변수 간에 상관관계가 없는데도 있는 것으로 나타나게 하는 제3의 변수
ㄹ. 허위변수 - 독립변수와 종속변수 모두에게 영향을 미치며 이들 사이의 공동변화를 설명하는 제3의 변수

① ㄱ, ㄷ
② ㄱ, ㄹ
③ ㄴ, ㄷ
④ ㄴ, ㄹ

해설 ④ ㄴ, ㄹ [O]
ㄱ [×] 매개변수는 독립변수와 종속변수 사이에서 매개 역할을 하여 독립변수의 결과인 동시에 종속변수의 원인이 되는 제3의 변수를 말한다.
ㄷ [×] 억제변수란 독립변수와 종속변수 간에 상관관계가 있는데도 없는 것으로 나타나게 하는 제3의 변수를 말한다.

08 다음 제시문의 ㉠, ㉡에 들어갈 용어가 바르게 연결된 것은? ▶ 2016년 지방직 9급

(㉠)는 독립변수인 정책수단과 함께 종속변수인 정책효과를 가져오는 요인으로 정책수단과 정책효과 사이의 인과관계를 과대 또는 과소평가하며 (㉡)는 독립변수인 정책수단의 효과가 전혀 없을 때 숨어서 정책효과를 가져오는 변수로 정책수단과 정책효과 사이의 인과관계를 완전히 왜곡하는 요인이다.

	㉠	㉡
①	허위변수(spurious variable)	매개변수(mediating variable)
②	혼란변수(confounding variable)	허위변수(spurious variable)
③	혼란변수(confounding variable)	매개변수(mediating variable)
④	허위변수(spurious variable)	혼란변수(confounding variable)

해설 ② [O]
㉠ 혼란변수(confounding variable)란 독립변수와 종속변수 간에 상관관계가 있는 상태에서 두 변수 간의 관계를 과대 또는 과소평가하게 만드는 제3의 변수이다.
㉡ 허위변수(spurious variable)란 독립변수와 종속변수 간 전혀 관계가 없음에도 불구하고 마치 상관관계가 있는 것처럼 보이도록 하는 제3의 변수이다.

정답 07 ④ 08 ②

09 정책평가를 위한 측정도구의 타당성과 신뢰성에 대한 설명으로 옳지 않은 것은?

▶ 2020년 국가직 9급

① 타당성은 없지만 신뢰성이 높은 측정도구가 있을 수 있다.
② 신뢰성이 없지만 타당성이 높은 측정도구는 있을 수 없다.
③ 신뢰성은 측정도구의 타당성을 담보할 수 있는 충분조건이다.
④ 타당성이 없는 측정도구는 제1종 오류를 범하는 원인이 될 수 있다.

> **해설** ③ [×] 신뢰성은 타당성의 필요조건이지만 충분조건은 아니다. 즉, 신뢰성이 높지 않으면 타당성이 높을 수 없지만, 신뢰성이 높아도 타당성이 반드시 높아지는 것은 아니다.

10 정책평가의 타당성에 관한 설명으로 옳지 않은 것은?

▶ 2008년 국가직 9급

① 외적 타당성은 조사연구의 결론을 다른 모집단, 상황 및 시점에 어느 정도까지 일반화시킬 수 있는지의 정도를 나타낸다.
② 구성적 타당성은 연구 설계를 정밀하게 구성하여 평가과정에서 제1종 및 제2종 오류가 발생하지 않는 정도를 나타낸다.
③ 내적 타당성은 추정된 원인과 그 결과 사이에 존재하는 인과적 추론의 정확성에 관한 것이다.
④ 통계적 결론의 타당성은 추정된 원인과 추정된 결과 사이에 관련이 있는지에 관한 통계적인 의사결정의 타당성을 말한다.

> **해설** ② [×] 통계적 결론의 타당성에 대한 설명이다. 구성적 타당성은 이론적 구성요소들을 측정하고자 구성된 척도가 측정대상을 실질적으로 측정해내는 정도를 의미한다.

정답 09 ③ 10 ②

11 정책평가에 있어 타당성(validity)과 관련된 설명으로 옳지 않은 것은? ▶ 2009년 국가직 9급

① 외적타당성(external validity)은 어떤 특정한 상황에서 내적타당성을 확보한 정책평가가 다른 상황에서도 적용될 가능성을 의미한다.
② 정책평가를 위하여 고찰된 통계적·실험적 방법들은 외적타당성을 제고하는 것을 제1차적 목적으로 한다.
③ 성숙효과(maturation effect)는 평가에 동원된 집단구성원들이 정책의 효과와는 관계없이 스스로 성장함으로써 나타날 수 있는 효과로서 내적 타당성을 저하시킬 수 있는 요인에 속한다.
④ 회귀인공요소(regression artifact)들은 프로그램 집행 전의 1회 측정에서 극단적인 점수를 얻은 것을 기초로 개인들을 선발하게 되면, 다음의 측정에서 그들의 평균점수가 덜 극단적인 방향으로 이동하게 되는 것을 의미한다.

> 해설 ② [×] 정책평가의 제1차적 목적은 정책과 그 결과 사이에 존재하는 인과관계 추론의 정확도를 의미하는 내적타당성을 확보하는 것이다.

12 정책평가의 내적타당도 저해요인에 대한 설명으로 옳지 않은 것은? ▶ 2010년 지방직 7급

① 사건효과는 실험기간 동안에 일어난 역사적 사건이 실험에 영향을 미치는 것을 의미한다.
② 성숙(성장)효과는 실험기간 중 실험집단의 특성이 변화함으로써 결과에 영향을 미치는 것을 의미한다.
③ 시험효과는 측정자와 측정방법이 달라짐으로써 측정결과에 영향을 미치는 것을 의미한다.
④ 통계적 회귀는 실험집단으로 선정된 집단이 잘못 선정되어 측정하고자 하는 결과변수의 수준이 지나치게 높거나 낮았다가 다음 측정에서는 평균치로 향하는 것을 의미한다.

> 해설 ③ [×] 시험 효과(= 검사요인, 측정요인)는 검사(측정) 그 자체가 연구되고 있는 사실에 영향을 주는 것으로서 사전검사(pretest)를 실시하게 되면 대상 집단이 검사의 내용에 익숙해짐에 따라 사후검사의 효과에 영향을 주게 되는 현상이다. 측정자와 측정방법이 달라짐으로써 측정결과에 영향을 미치는 것은 측정도구의 변화(instrumentation)이다.

13 정책평가의 내적 타당성을 위협하는 요인으로 볼 수 없는 것은? ▶ 2008년 국회 8급

① 선발요소
② 역사요소
③ 성숙효과
④ 다수적 처리에 의한 간섭
⑤ 통계적 회귀요소

정답 11 ② 12 ③ 13 ④

해설 ④ [×] 다수적 처리에 의한 간섭은 여러 번 처리된 실험에 익숙해짐으로써 그 실험 결과를 일반화시키지 못하는 현상으로 외적타당도 저해 요인에 해당한다.

  정책평가와 관련하여 실험결과의 외적 타당성을 저해하는 요인으로 옳지 않은 것은?

▶ 2021년 국가직 9급

① 연구자의 측정기준이나 측정도구가 변화되는 경우
② 표본으로 선택된 집단의 대표성이 약할 경우
③ 실험집단 구성원 자신이 실험대상임을 인지하고 평소와 다른 특별한 반응을 보일 경우
④ 실험의 효과가 크게 나타날 것으로 예상되는 집단만을 의도적으로 실험집단에 배정하는 경우

해설 ① [×] '측정도구의 변화'에 대한 설명으로 외적 타당성이 아니라 내적 타당성을 저해하는 요인이다.
② 표본의 대표성 부족, ③ 호오손 효과, ④ 크리밍 효과에 대한 설명으로 외적타당성을 저해하는 요인이다.

내적타당성 저해요인	외재적 요인	선발요소(선정요인)
	내재적 요인	역사적 요소(사건요소), 성숙효과(성장효과), 상실효과, 측정요소(시험효과), 측정도구의 변화, 회귀인공요소, 오염효과 등
외적타당성 저해요인		호손효과, 다수적 처리에 의한 간섭, 표본의 대표성 부족, 크리밍 효과, 실험조작과 측정의 상호작용 등

  정책실험에서 내적 타당성을 위협하는 요인 중 다음 설명에 해당하는 것은? ▶ 2021년 지방직 9급

사전측정을 경험한 실험 대상자들이 측정 내용에 대해 친숙해지거나 학습 효과를 얻음으로써 사후측정 때 실험집단의 측정값에 영향을 주는 효과이며, '눈에 띄지 않는 관찰' 방법 등으로 통제할 수 있다.

① 검사요인   ② 선발요인
③ 상실요인   ④ 역사요인

해설 ① [○] 검사(측정) 자체가 실험 결과에 영향을 주는 검사요인에 대한 설명이다.

정답 14 ① 15 ①

16 다음 내용에서 정책평가의 내적 타당성을 위협하는 요인은? ▶ 2016년 국가직 9급

> 정부는 혼잡통행료 제도의 효과를 측정하기 위해 혼잡통행료 실시 이전과 실시 후의 도심의 교통 흐름도를 측정, 비교하였다. 그런데 두 측정시점 사이에 유류가격이 급등하는 상황이 발생하였다.

① 상실요인(mortality)
② 회귀요인(regression)
③ 역사요인(history)
④ 검사요인(testing)

해설 ③ 제시문은 혼잡통행료 제도라는 정책과 정책 효과 간의 인과관계를 측정하려는 것으로 정책과 효과 발생 사이에 유류 가격 급등이라는 역사적 사건이 발생한 것이므로 역사요인 또는 사건 효과에 해당한다.

17 정책평가과정에서 효과가 크게 나타날 사람들만을 의도적으로 실험집단에 포함시킴으로써 실제보다 정책의 효과가 과대평가되는 경우를 설명하는 개념은? ▶ 2020년 국회 8급

① 선정효과
② 회귀효과
③ 오염효과
④ 크리밍 효과(creaming effect)
⑤ 대표효과

해설 ④ 설문은 정책평가의 외적타당도를 저해하는 크리밍 효과에 해당한다.
①, ②, ③은 내적 타당도 저해요인에 해당한다.
⑤ [×] 외적 타당도 저해요인으로, 실험대상의 대표성이 부족하여 실험결과를 일반화시키지 못하는 현상이다.

18 정책평가방법에 대한 설명으로 옳지 않은 것은? ▶ 2014년 지방직 9급

① 진실험설계는 정책을 집행하는 실험집단과 집행하지 않는 통제집단을 구성하되, 두 집단이 동질적인 집단이 되도록 한다.
② 정책의 실험과정에서 실험대상자와 통제대상자들이 서로 접촉하는 경우에는, 모방효과가 나타날 수 있다.
③ 준실험설계는 짝짓기(matching) 방법으로 실험집단과 통제집단을 구성하여 정책영향을 평가하거나, 시계열적인 방법으로 정책 영향을 평가한다.
④ 준실험설계는 자연과학 실험과 같이 대상자들을 격리시켜 실험하기 때문에, 호손효과(Hawthorne effects)를 강화시킨다.

정답 16 ④   17 ②   18 ④

해설
④ [×] 자연과학 실험과 같이 대상자들을 격리시켜 실험하는 것은 진실험 설계이다.

19 진실험적 방법과 준실험적 방법에 대한 설명으로 옳지 않은 것은? ▶ 2008년 지방직 7급

① 진실험적 방법은 실험집단과 통제집단의 동질성을 확보해 행하는 실험이다.
② 실험집단과 통제집단을 서로 동질적인 것으로 구성하기 위해서는 대상들을 이들 두 집단에 무작위적으로 배정하지 않아야 한다.
③ 진실험 설계에서 실험집단과 통제집단은 관찰 기간 동안에 동일한 시간과 관련된 과정을 경험해야 한다.
④ 준실험적 방법에는 비동질적 통제집단 설계, 사후측정 비교집단 설계 등이 있다.

해설
② [×] 진실험적 방법은 실험집단과 통제집단을 동질적으로 구성하는 실험으로 무작위 배정에 의하여 두 집단을 동질적으로 구성한다.

20 현행 정부업무평가제도에 대한 설명으로 옳지 않은 것은? ▶ 2010년 국가직 9급

① 정부업무평가는 국정운영의 능률성, 효과성 및 책임성을 확보하기 위하여 평가대상 기관이 행하는 정책 등을 평가하는 것을 말한다.
② 정부업무평가의 대상기관은 공공기관을 제외한, 중앙행정기관 및 지방자치단체와 그 소속기관이다.
③ 중앙행정기관 및 그 소속기관에 대한 평가는 통합하여 실시되어야 한다.
④ 특정평가는 국무총리가 중앙행정기관을 대상으로 국정을 통합적으로 관리하기 위하여 필요한 정책 등을 평가하는 것을 말한다.

해설
② [×] 정부업무평가의 대상기관에는 공공기관이 포함된다.

> 정부업무평가기본법 제2조(정의) 이 법에서 사용하는 용어의 정의는 다음과 같다.
> 2. "정부업무평가"라 함은 국정운영의 능률성·효과성 및 책임성을 확보하기 위하여 다음 각 목의 기관·법인 또는 단체(이하 "평가대상기관"이라 한다)가 행하는 정책등을 평가하는 것을 말한다.
> 가. 중앙행정기관(대통령령이 정하는 대통령 소속기관 및 국무총리 소속기관·보좌기관을 포함한다.)
> 나. 지방자치단체

정답 19 ② 20 ②

다. 중앙행정기관 또는 지방자치단체의 소속기관
라. 공공기관
7. "공공기관"이라 함은 다음 각 목의 어느 하나에 해당하는 기관·법인 또는 단체를 말한다.
가. 「공공기관의 운영에 관한 법률」 제5조제3항에 따라 지정된 공기업 및 준정부기관

21 정부업무평가 제도에 대한 설명으로 가장 옳지 않은 것은?

▶ 2016년 서울시 9급

① 「정부업무평가 기본법」에 의한 정부업무평가 대상은 중앙행정기관과 지방자치단체를 포함하며 공공기관은 제외된다.
② 지방자치단체 합동평가위원회는 행정안전부 소속 위원회로 「정부업무평가 기본법」에 설치 근거를 둔다.
③ 정부업무평가 중 특정평가는 국무총리가 중앙행정기관을 대상으로 정책을 평가하는 것을 의미한다.
④ 중앙행정기관의 장은 그 소속 기관의 정책 등을 포함하여 자체평가를 실시하여야 한다.

해설
① [×] 「정부업무평가 기본법」에 의한 정부업무평가 대상에는 공공기관도 포함된다.
② [○] 지방자치단체 합동평가위원회는 「정부업무평가 기본법」에 설치 근거를 둔다.

* **정부업무평가기본법 제21조(국가위임사무등에 대한 평가)**
① 지방자치단체 또는 그 장이 위임받아 처리하는 국가사무, 국고보조사업 그 밖에 대통령령이 정하는 국가의 주요시책 등(이하 이 조에서 "국가위임사무등"이라 한다)에 대하여 국정의 효율적인 수행을 위하여 평가가 필요한 경우에는 행정안전부장관이 관계중앙행정기관의 장과 합동으로 평가(이하 "합동평가"라 한다)를 실시할 수 있다.
② 행정안전부장관은 지방자치단체를 합동평가하고자 하는 경우에는 위원회의 심의·의결을 거쳐야 한다.

③ [○] 동법 제2조 각호 4

정부업무평가기본법 제2조(정의) 이 법에서 사용하는 용어의 정의는 다음과 같다.
4. "**특정평가**"라 함은 국무총리가 중앙행정기관을 대상으로 국정을 통합적으로 관리하기 위하여 필요한 정책 등을 평가하는 것을 말한다.

④ [○] 동법 제14조 제1항

* **정부업무평가기본법 제14조(중앙행정기관의 자체평가)**
① 중앙행정기관의 장은 그 소속기관의 정책등을 포함하여 자체평가를 실시하여야 한다.

정답 21 ①

22 「정부업무평가 기본법」상 정책평가제도에 대한 설명으로 옳지 않은 것은? ▶ 2019년 국가직 9급

① 지방자치단체의 장은 정부업무평가시행계획에 기초하여 자체평가계획을 매년 수립하여야 한다.
② 국무총리는 2 이상의 중앙행정기관 관련 시책, 주요 현안시책, 혁신관리 및 대통령령이 정하는 대상부문에 대하여 특정평가를 실시하고, 그 결과를 공개하여야 한다.
③ 중앙행정기관 또는 지방자치단체의 소속기관이 행하는 정책은 정부업무평가의 대상에 포함된다.
④ 정부업무평가위원회는 위원장 1인과 14인 이내의 위원으로 구성한다.

해설 ④ [×] 정부업무평가위원회는 위원장 2인을 포함한 15인 이내의 위원으로 구성한다.

* **정부업무평가기본법 제10조 (위원회의 구성 및 운영)**
  ① 위원회는 위원장 2인을 포함한 15인 이내의 위원으로 구성한다.

① [○]

제18조 (지방자치단체의 자체평가)
① 지방자치단체의 장은 그 소속기관의 정책등을 포함하여 자체평가를 실시하여야 한다.
② 지방자치단체의 장은 자체평가조직 및 자체평가위원회를 구성·운영하여야 한다. 이 경우 평가의 공정성과 객관성을 담보하기 위하여 자체평가위원의 3분의 2 이상은 민간위원으로 하여야 한다.
③ 지방자치단체의 장은 정부업무평가시행계획에 기초하여 소관 정책등의 성과를 높일 수 있도록 제15조 각 호의 사항이 포함된 자체평가계획을 매년 수립하여야 한다.

② [○]

제20조 (특정평가의 절차)
① 국무총리는 2 이상의 중앙행정기관 관련 시책, 주요 현안시책, 혁신관리 및 대통령령이 정하는 대상부문에 대하여 특정평가를 실시하고, 그 결과를 공개하여야 한다.

③ [○]

제2조 (정의) 이 법에서 사용하는 용어의 정의는 다음과 같다.
2. "정부업무평가"라 함은 국정운영의 능률성·효과성 및 책임성을 확보하기 위하여 다음 각 목의 기관·법인 또는 단체(이하 "평가대상기관"이라 한다)가 행하는 정책등을 평가하는 것을 말한다.
  가. 중앙행정기관(대통령령이 정하는 대통령 소속기관 및 국무총리 소속기관·보좌기관을 포함한다. 이하 같다)
  나. 지방자치단체
  다. 중앙행정기관 또는 지방자치단체의 소속기관

정답 22 ④

23 「정부업무평가 기본법」상 정부업무 평가제도에 대한 설명으로 옳지 않은 것은?

▶ 2015년 사회복지직 9급

① 중앙행정기관의 장은 그 소속기관의 정책 등을 포함하여 자체평가를 실시하여야 한다.
② 지방자치단체의 자체평가위원회는 공정성과 객관성을 담보하기 위하여 2분의 1 이상의 민간위원으로 구성되어야 한다.
③ 지방자치단체가 위임받은 국가사무에 대해 행정안전부장관이 관계중앙행정기관의 장과 합동평가를 실시할 수 있다.
④ 공공기관의 경우 기관의 특수성과 전문성을 고려하고 평가의 객관성 및 공정성을 확보하기 위하여 공공기관 외부의 기관이 평가하여야 한다.

해설 ② [×] 중앙행정기관과 지방자치단체의 자체평가위원회는 공정성과 객관성을 담보하기 위하여 3분의 2 이상의 민간위원으로 구성되어야 한다.(정부업무평가기본법 제14조 제2항)

* 정부업무평가기본법 제14조(중앙행정기관의 자체평가)
① 중앙행정기관의 장은 그 소속기관의 정책등을 포함하여 자체평가를 실시하여야 한다.
② 중앙행정기관의 장은 자체평가조직 및 자체평가위원회를 구성·운영하여야 한다. 이 경우 평가의 공정성과 객관성을 확보하기 위하여 자체평가위원의 3분의 2 이상은 민간위원으로 하여야 한다.

① [○]
제14조 (중앙행정기관의 자체평가)
① 중앙행정기관의 장은 그 소속기관의 정책등을 포함하여 자체평가를 실시하여야 한다.

③ [○]
제21조 (국가위임사무등에 대한 평가)
① 지방자치단체 또는 그 장이 위임받아 처리하는 국가사무, 국고보조사업 그 밖에 대통령령이 정하는 국가의 주요시책 등(이하 이 조에서 "국가위임사무등"이라 한다)에 대하여 국정의 효율적인 수행을 위하여 평가가 필요한 경우에는 행정안전부장관이 관계중앙행정기관의 장과 합동으로 평가(이하 "합동평가"라 한다)를 실시할 수 있다.

④ [○]
제22조 (공공기관에 대한 평가)
① 공공기관에 대한 평가(이하 "공공기관평가"라 한다)는 공공기관의 특수성·전문성을 고려하고 평가의 객관성 및 공정성을 확보하기 위하여 공공기관 외부의 기관이 실시하여야 한다.

정답 23 ②

24 「정부업무평가 기본법」상 우리나라 정부업무평가제도에 대한 설명으로 옳지 않은 것은?

▶ 2022년 국가직 9급

① 특정평가는 국무총리가 중앙행정기관과 공공기관을 대상으로 국정을 통합적으로 관리하기 위한 목적을 갖는다.
② 국무총리 소속하에 심의 의결기구로서 정부업무평가위원회를 둔다.
③ 지방자치단체의 자체평가에 있어서 행정안전부장관은 평가 관련 사항에 대하여 지방자치단체를 지원할 수 있다.
④ 자체평가는 중앙행정기관 또는 지방자치단체가 소관 정책 등을 스스로 평가하는 것을 말한다.

> **해설** ① [×] 특정평가는 중앙행정기관을 대상으로 한다.
>
> 정부업무평가기본법 제2조(정의) 이 법에서 사용하는 용어의 정의는 다음과 같다.
> 4. "특정평가"라 함은 국무총리가 중앙행정기관을 대상으로 국정을 통합적으로 관리하기 위하여 필요한 정책 등을 평가하는 것을 말한다.
>
> ② [○]
>
> 정부업무평가기본법 제9조 (정부업무평가위원회의 설치 및 임무)
> ① 정부업무평가의 실시와 평가기반의 구축을 체계적·효율적으로 추진하기 위하여 국무총리 소속하에 정부업무평가위원회를 둔다.
>
> ③ [○]
>
> 정부업무평가기본법 제18조 (지방자치단체의 자체평가)
> ① 지방자치단체의 장은 그 소속기관의 정책등을 포함하여 자체평가를 실시하여야 한다.
> ④ 행정안전부장관은 평가의 객관성 및 공정성을 높이기 위하여 평가지표, 평가방법, 평가기반의 구축 등에 관하여 지방자치단체를 지원할 수 있다.
>
> ④ [○]
>
> 정부업무평가기본법 제2조(정의) 이 법에서 사용하는 용어의 정의는 다음과 같다.
> 3. "자체평가"라 함은 중앙행정기관 또는 지방자치단체가 소관 정책등을 스스로 평가하는 것을 말한다.

정답 24 ①

행정사 1차 객관식 행정학개론

제3편 조직이론

- 제1장 조직의 기초이론
- 제2장 조직구조의 형성
- 제3장 한국의 행정조직
- 제4장 동기부여 이론
- 제5장 리더십 이론
- 제6장 조직관리론
- 제7장 조직목표와 성과관리
- 제8장 행정개혁

제1장 조직의 기초이론

기출문제

01 과학적 관리론과 인간관계론에 관한 설명으로 옳지 않은 것은? ▶ 2016년 행정사

① 과학적 관리론은 비공식적 집단의 역할을 강조하지만, 인간관계론은 공식적 조직의 역할을 중시한다.
② 메이요(Mayo)의 호손(Hawthorne) 실험은 인간관계론의 형성에 영향을 주었다.
③ 인간관계론은 작업환경이나 물리적 조건보다 조직구성원들의 사회심리적 요인을 중시한다.
④ 과학적 관리론과 인간관계론은 생산성 향상을 추구한다는 점에서 유사하다.
⑤ 과학적 관리론은 과업목표의 달성을 위해 체계적인 관리와 통제를 중시하는 관료제 조직에 적합하다.

해설 ① [×] 과학적 관리론은 공식적 조직의 역할을 중시하는 반면, 인간관계론은 비공식적 집단의 역할을 강조한다.

02 인간관계론에 관한 설명으로 옳지 않은 것은? ▶ 2021년 행정사

① 비공식적 집단의 역할을 강조한다.
② 메이요(E. Mayo)의 호손(Hawthorne) 실험은 인간관계론의 형성에 영향을 주었다.
③ 인간을 생존에 대한 기본적인 욕구에 의해 동기부여되는 것으로 본다.
④ 과학적 관리론과 마찬가지로 생산성 향상을 추구한다.
⑤ 작업환경이나 물리적 조건보다 조직구성원의 사회심리적 요인을 중시한다.

해설 ③ [×] 인간관계론은 사회적 요인에 의해 동기부여 되는 것으로 본다.

정답 01 ① 02 ③

03. 현대 조직이론의 특징으로 옳지 않은 것은? ▶ 2024년 행정사

① 인간행태의 발전과 쇄신적 가치관을 중시하며 인간을 자아실현인·복잡인으로 파악한다.
② 가치의 다원화 및 행정현상의 다양성을 인정한다.
③ 효과성·생산성·민주성·대응성·사회적 적실성과 종합적인 행정개혁을 중시한다.
④ 조직을 환경과 상호작용하는 동태적·유기체적 개방체제로 파악한다.
⑤ 조직발전을 위해 조직의 변동과 갈등을 전적으로 억제한다.

해설 ⑤ [×] 현대 조직이론은 조직발전을 위해 조직에서 변동과 갈등의 순기능을 인정한다.

04. 주인 – 대리인 이론(principal – agent theory)에 관한 설명으로 옳은 것을 모두 고른 것은? ▶ 2018년 행정사

ㄱ. 주인과 대리인 간 정보의 대칭성을 가정한다.
ㄴ. 주인과 대리인의 관계에 관한 경제학적 모형에 근거한 이론이다.
ㄷ. 대리인의 도덕적 해이(moral hazard) 현상을 설명하는데 유용하다.
ㄹ. 주인과 대리인의 상충적 이해관계로 대리손실(agency loss)이 발생한다.

① ㄱ, ㄴ
② ㄷ, ㄹ
③ ㄱ, ㄴ, ㄷ
④ ㄱ, ㄷ, ㄹ
⑤ ㄴ, ㄷ, ㄹ

해설
⑤ ㄴ, ㄷ, ㄹ [○]
ㄱ [×] 주인과 대리인 간 정보의 비대칭성을 가정한다.

05. 관료제의 특징으로 옳지 않은 것은? ▶ 2021년 행정사

① 분업구조
② 계층구조
③ 문서화된 법규
④ 실적주의
⑤ 정의적(personal) 업무 처리

해설 ⑤ [×] 관료제는 비정의성을 특징으로 한다.

정답 03 ⑤ 04 ⑤ 05 ④

06 공공조직에서 막스 베버(M. Weber)가 제시한 관료제의 주요 특징에 해당되지 않는 것은?

▶ 2014년 행정사

① 업무의 분업구조 속에서 직무에 대한 권한과 관할범위의 규정
② 조직형태에 있어서 명확한 계서제적 구조
③ 권한 및 업무에 있어서 자의성과 개인적 선호가 배제된 문서화된 법규
④ 비개인성(Impersonality)을 배제한 업무수행
⑤ 업무에 있어서 조직구성원의 전문화와 전임화

> **해설** ④ [×] 베버의 관료제는 업무수행에서 개인적 감정이나 편견, 열정과 증오를 배제한 비개인성(impersonalism)을 강조한다.

07 막스 베버(M. Weber)가 제시한 관료제에 관한 설명으로 옳지 않은 것은?

▶ 2018년 행정사

① 계층제의 원리를 근간으로 한다.
② 업무수행에 필요한 전문성을 강조한다.
③ 합법적 권위로부터 관료제의 정당성을 찾는다.
④ 개인성(personality)을 고려한 업무처리를 강조한다.
⑤ 규칙과 절차의 강조로 형식주의(red tape)와 같은 역기능이 초래된다.

> **해설** ④ [×] 관료제는 개인적인 감정이나 주관을 배제한 공식적이고 객관적인 업무수행(비정의성, impersonality)을 특징으로 한다.

08 베버(M. Weber)가 제시한 관료제의 특징으로 옳지 않은 것은?

▶ 2020년 행정사

① 합법적으로 제정한 법규에 근거를 두고 운영된다.
② 권한과 책임이 명백한 계층제 구조로 이루어진다.
③ 관료는 임무수행을 구두가 아니라 문서로 한다.
④ 임무수행에 필요한 전문적 훈련을 받은 사람들이 관료로 채용된다.
⑤ 임무수행은 인격성(personality)과 비합리성이 중시된다.

> **해설** ⑤ [×] 관료제 내에서 임무수행은 비정의성(impersonality; 몰인격성)과 합리성에 의해 이루어진다.

정답 06 ④   07 ④   07 ⑤

연습문제

01 다음 중 고전적 조직이론(classic organization theory)의 특징에 대한 설명으로 가장 옳지 않은 것은?
▶ 2015년 국회 9급

① 기계론적 조직관에 입각하고 있다.
② 공조직과 사조직의 관리는 완전히 다르다는 공사행정이원론에 입각하고 있다.
③ 공식적인 조직구조를 강조한다.
④ 과학적 관리론과 밀접한 관련을 가지고 있다.
⑤ Taylor와 Gulick 등은 고전적 조직이론자들이다.

해설 ② [×] 고전적 조직이론은 행정학 성립 초기의 이론으로 공조직과 사조직의 유사성을 전제로 하는 공사행정일원론, 즉 정치행정이원론에 입각하고 있다.

02 테일러(Taylor)의 과학적 관리론에 대한 설명으로 옳지 않은 것은?
▶ 2021년 국가직 9급

① 관리자는 생산증진을 통해서 노·사 모두를 이롭게 해야 한다.
② 조직 내의 인간은 사회적 욕구에 의해 동기가 유발된다고 전제한다.
③ 업무와 인력의 적정한 결합은 노동자가 아닌 관리자에 의해 결정되어야 한다.
④ 업무수행에 관한 유일 최선의 방법을 찾기 위해 동작연구와 시간연구를 사용한다.

해설 ② [×] 사회적 욕구는 인간관계론 등 신고전 조직이론에서 중시하는 동기요인이다. 테일러의 과학적 관리론은 고전적 조직이론으로 인간을 합리적 경제인으로 가정하고 경제적 보상에 의해 동기가 유발된다고 가정한다.

03 신고전적 조직이론인 인간관계론이 강조한 내용으로 옳은 것은?(2024, 국가 9급)

① 기계적 능률성
② 공식적 조직구조
③ 합리적·경제적 인간관
④ 인간의 사회·심리적 요인

해설 ④ [○] 신고전적 조직이론인 인간관계론은 인간의 사회·심리적 요인을 중시하였다.
①, ②, ③ [×] 기계적 능률성, 공식적 조직구조, 합리적·경제적 인간관은 고전적 조직이론이 강조한 내용이다.

정답 01 ② 02 ② 03 ④

04 조직이론에 대한 설명 중 옳지 않은 것은?
▶ 2014년 국가직 9급

① 고전적 조직이론에서는 조직 내부의 효율성과 합리성이 중요한 논의 대상이었다.
② 신고전적 조직이론은 인간에 대한 관심을 불러일으켰고 조직행태론 연구의 출발점이 되었다.
③ 신고전적 조직이론은 인간의 조직 내 사회적 관계와 더불어 조직과 환경의 관계를 중점적으로 다루었다.
④ 현대적 조직이론은 동태적이고 유기체적인 조직을 상정하며 조직발전(OD)을 중시해 왔다.

> **해설** ③ [×] 신고전적 조직이론은 조직 내 사회적 관계에 대해서는 관심이 높았으나, 조직과 환경의 관계를 중점적으로 다루지는 못하는 폐쇄 조직이론에 속한다.

05 다음 중 거시적 조직 이론에 대한 설명으로 가장 옳지 않은 것은?
▶ 2016년 서울시 9급

① 전략적 선택이론은 임의론이다.
② 조직군생태론은 자연선택론을 취한다.
③ 조직군생태론은 결정론적이다.
④ 전략적 선택이론의 분석단위는 조직군이다.

> **해설** ④ [×] 전략적 선택이론의 분석단위는 개별조직(조직군×)이며, 임의론에 해당한다.

[그림] 주요 거시조직이론의 분류

분석수준 \ 환경인식	환경결정론 : 조직의 행동은 환경에 의해 결정	임의론 : 조직이 환경을 적극적으로 형성
조직군 (조직의 집합체)	• 조직경제학(거래비용이론, 대리인 이론) • 조직군 생태학 이론	• 공동체 생태학 이론
개별조직	• 상황론적 조직이론	• 전략적 선택이론 • 자원의존 이론

정답 04 ③ 05 ④

06 다음 중 조직을 환경에 수동적인 존재로 보지 않고 환경에 적극적으로 대처하고 환경을 관리하는 실체로 보는 접근방법은?   ▶ 2006년 국회 9급

① 자원의존이론 ② 조직생태론
③ 거래비용이론 ④ 구조적 상황이론
⑤ 대리이론

해설 ① [O] 조직을 환경에 적극적으로 대처하고 환경을 관리하는 실체로 보는 접근방법은 임의론에 해당하는 것으로 전략적 선택이론, 자원의존이론, 공동체 생태학 이론 등이 해당한다.

07 조직이론에 대한 설명으로 옳은 것만을 모두 고른 것은?   ▶ 2013년 지방직 9급

ㄱ. 베버(M.Weber)의 관료제론에 따르면, 규칙에 의한 규제는 조직에 계속성과 안정성을 제공한다.
ㄴ. 행정관리론에서는 효율적 조직관리를 위한 원리들을 강조한다.
ㄷ. 호손(Hawthorne)실험을 통하여 조직 내 비공식집단의 중요성이 부각된다.
ㄹ. 조직군생태이론(population ecology theory)에서는 조직과 환경의 관계를 분석함에 있어 조직의 주도적·능동적 선택과 행동을 강조한다.

① ㄱ, ㄴ ② ㄱ, ㄴ, ㄷ
③ ㄱ, ㄷ, ㄹ ④ ㄴ, ㄷ, ㄹ

해설 ② ㄱ, ㄴ, ㄷ [O]
ㄹ. [X] 조직군 생태학 이론은 환경결정론으로, 조직의 생존과 발전이 환경에 대한 조직적합도에 의해 결정된다고 보는 이론이다. 조직과 환경의 관계를 분석함에 있어 조직의 주도적·능동적 선택과 행동을 강조하는 것은 임의론에 대한 설명이다.

08 조직이론에 대한 설명으로 옳은 것은?   ▶ 2021년 지방직 9급

① 인간관계론은 동기 유발 기제로 사회심리적 측면을 강조한다.
② 귤릭(Gulick)은 시간–동작 연구를 통해 과학적 관리론을 주장하였다.
③ 고전적 조직이론은 조직 내 사회적 능률을 강조하고, 조직 속의 인간을 자아실현인으로 간주한다.
④ 상황이론(contingency theory)은 모든 상황에서 적용되는 유일·최선의 조직구조를 찾는다.

정답 06 ①   07 ②   08 ①

해설
① [○]
② [×] 시간 – 동작 연구를 통해 과학적 관리론을 주장한 것은 테일러(F. Taylor)이다.
③ [×] 고전적 조직이론은 조직 내 기계적 능률을 강조하고, 조직 속의 인간을 합리적 경제인으로 간주한다.
④ [×] 상황이론은 모든 상황에 적용되는 유일·최선의 조직구조는 존재하지 않는다고 보았으며, 상황에 따라 효과적인 조직구조가 달라진다고 보았다.

09 조직이론에 대한 설명으로 옳지 않은 것은? ▶ 2018년 지방직 9급

① 구조적 상황이론 – 상황과 조직특성 간의 적합 여부가 조직의 효과성을 결정한다.
② 전략적 선택이론 – 상황이 구조를 결정하기보다는 관리자의 상황 판단과 전략이 구조를 결정한다.
③ 자원의존이론 – 조직의 안정과 생존을 위해서 조직의 주도적·능동적 행동을 중시한다.
④ 대리인이론 – 주인·대리인의 정보 비대칭 문제를 해결하기 위해 대리인에게 대폭 권한을 위임한다.

해설 ④ [×] 대리인 이론은 주인 – 대리인 간의 정보 비대칭 문제를 해결하기 위해 정보균형화 방안, 대리인에게 인센티브를 제공하는 방법 등을 활용한다.

10 조직이론에 대한 설명으로 옳지 않은 것은? ▶ 2017년 국가직 9급

① 자원의존이론에 따르면, 조직은 환경으로부터 필요한 자원을 획득하기 위하여 환경에 피동적으로 순응하여야 한다.
② 주인 – 대리인이론에 따르면, 주인과 대리인 간에는 정보의 비대칭으로 인해 대리인의 도덕적 해이와 주인의 역선택이 발생할 수 있다.
③ 거래비용이론에 따르면, 시장의 자발적인 교환행위에서 발생하는 거래비용이 관료제의 조정비용보다 클 경우 거래를 내부화하는 것이 효율적이다.
④ 상황론적 조직이론에 따르면, 모든 상황에 적용되는 유일·최선의 조직구조나 관리방법은 없다.

해설 ① [×] 자원의존이론은 환경에 대한 임의론에 해당하는 이론으로, 조직은 스스로의 이익을 위해 주도적·능동적으로 환경에 대처하며, 환경을 조직에 유리하도록 관리하려는 존재로 보는 접근방법이다.

정답 09 ④ 10 ①

11 상황론적 조직이론과 자원의존이론에 대한 다음 설명 중 가장 옳지 않은 것은?

▶ 2015년 서울시 9급

① 자원의존이론은 어떤 조직도 필요로 하는 자원을 모두 획득할 수는 없다는 것을 전제로 삼는다.
② 상황론적 조직이론은 모든 상황에 적합한 최선의 조직화 방법은 존재하지 않는다고 전제한다.
③ 자원의존이론은 조직이 생존과 발전에 필요한 자원을 환경에 의존하기 때문에 조직을 환경과의 관계에서 피동적 존재로 본다.
④ 상황론적 조직이론은 효과적인 조직설계와 관리방법은 조직환경에 달려있다고 주장한다.

해설 ③ [×] 자원의존이론은 전략적 선택이론의 일종으로 조직이 생존을 위해 필요한 자원을 환경에 의존하지만, 조직을 환경적 결정에 피동적인 존재로 보지 않고 스스로의 이익을 위해 주도적·능동적으로 환경에 대처하며, 환경을 조직에 유리하도록 관리하려는 존재로 보는 임의론에 해당한다.

12 주인과 대리인 관계에서 나타나는 여러 문제를 다루기 위하여 제기된 대리인 이론(Agency Theory)에 대한 설명과 가장 거리가 먼 것은?

▶ 2014년 사회복지직 9급

① 주인과 대리인 모두 자신의 이익을 극대화하려는 합리적 행위자이다.
② 대리인의 선호가 주인의 선호와 일치하지 않을 수 있다.
③ 대리인에게 불리한 선택으로 인한 문제 해결에 초점을 둔다.
④ 주인과 대리인 간에는 정보의 비대칭성이 존재한다.

해설 ③ [×] 주인 - 대리인 간에는 정보가 비대칭적이기 때문에, 대리인의 기회주의적 행동을 보일 수 있다. 대리인의 기회주의적 행태로 역선택(adverse selection : 주인에게 불리한 선택)과 대리인의 도덕적 해이가 발생하게 된다.

정답 11 ③ 12 ③

13 거래비용이론(transaction cost theory)에 관한 설명으로 옳은 것을 모두 고르면?

▶ 2009년 국회 8급

> ㄱ. 조직은 경제활동에서 재화나 용역의 거래비용을 줄이기 위해 만들어지는 장치이다.
> ㄴ. 대리인이론과 함께 신제도주의 경제학 이론에 해당된다.
> ㄷ. 공공분야의 민영화, 민간위탁, 계약제 등에 응용되고 있다.
> ㄹ. 조직은 능률성을 높일 수 있는 유일한 방안이다.
> ㅁ. 행정의 효율성뿐만 아니라 민주성이나 형평성도 적절히 고려한다.

① ㄱ, ㄴ, ㄷ
② ㄱ, ㄴ, ㅁ
③ ㄱ, ㄷ, ㄹ
④ ㄴ, ㄷ, ㅁ
⑤ ㄷ, ㄹ, ㅁ

해설 ① ㄱ, ㄴ, ㄷ [○]
ㄹ. [×] 거래비용 경제학은 거래비용을 줄이고 능률성을 높이기 위하여 계서제적 조직(기업)이 출현하였다고 주장하면서 계서조직이 시장조직보다 능률적이라고 주장하지만, 조직이 능률성을 높일 수 있는 유일한 방안은 아니며, 계서제적 조직 또한 비능률적인 요인을 내포하고 있다는 비판이 있다.
ㅁ. [×] 거래비용경제학은 거래비용을 최소화하기 위한 시장논리나 효율성의 논리만을 중시하므로 상대적으로 공공행정의 민주성이나 형평성을 적절히 고려하기 어렵다.

14 베버(Weber)의 관료제 모형을 설명한 것으로 옳지 않은 것은?

▶ 2014년 지방직 9급

① 조직이 바탕으로 삼는 권한의 유형을 전통적 권한, 카리스마적 권한, 법적·합리적 권한으로 나누었다.
② 직위의 권한과 관할범위는 법규에 의하여 규정된다.
③ 인간적 또는 비공식적 요인의 중요성을 간과하였다.
④ 관료제의 긍정적인 측면으로 목표대치 현상을 강조하였다.

해설 ④ [×] 목표대치 현상은 관료제의 병리적 현상이다.

정답 13 ①   14 ④

15 베버(M. Weber)가 주장한 이념형(ideal type)으로서의 근대 관료제에 대한 설명으로 옳지 않은 것은?

▶ 2017년 국가직 9급

① 관료는 계급과 근무연한에 따라 정해진 금전적 보수를 받는다.
② 관료는 객관적·중립적 입장보다는 민원인의 입장에서 판단하고 결정한다.
③ 모든 직위의 권한과 관할범위는 법규에 의하여 규정된다.
④ 관료의 업무 수행은 문서에 의한다.

> **해설** ② [×] Weber의 근대 관료제는 임무수행의 비개인화(impersonalism)를 특징으로 한다. 관료는 인간으로서의 감정이나 충동을 멀리하고 객관적이고 공정하게 행동할 것이 기대된다(공평무사한 행정).

16 막스 베버(M. Weber)가 제시한 관료제 조직의 특징에 관한 설명으로 옳지 않은 것은?

▶ 2012년 서울시 9급

① 기술적 능력에 의거한 조직 내 역할 분담과 분업체제
② 수직적·계층제적 권위구조
③ 규칙·규정에 의거한 일사불란한 행동 통일
④ 과업책임의 소재 명확화
⑤ 인간적 감정을 고려한 공식적 문서위주의 업무처리 절차

> **해설** ⑤ [×] 베버의 관료제 이론은 사적 감정을 배제하는 비정의성(impersonalism)을 특징으로 한다.

17 관료제 병리현상과 그 특징을 짝지은 것으로 옳지 않은 것은?

▶ 2022년 지방직 9급

① 할거주의 - 조정과 협조 곤란
② 형식주의 - 번거로운 문서 처리
③ 피터(Peter)의 원리 - 관료들의 세력 팽창 욕구로 인한 기구와 인력의 증대
④ 전문화로 인한 무능 - 한정된 분야의 전문성 강조로 타 분야에 대한 이해력 부족

> **해설** ③ [×] 관료들의 세력 팽창 욕구로 인한 기구와 인력의 증대는 관료제의 제국주의 현상에 대한 설명이다. 피터(Peter)의 원리란 계층제의 조직원들은 무능력한 수준까지 승진한다는 관료제의 병리 현상이다. 즉, 각 계층에서 유능한 사람이 승진하고 나면 무능한 사람만 남아 모든 계층이 무능력자로 채워지게 되는 현상을 의미한다.

정답 15 ② 16 ⑤ 17 ③

18 관료제의 여러 병리현상 중 '과잉동조'에 대한 설명으로 옳은 것은?   ▶ 2014년 국가직 9급

① 목표 달성을 위해 마련된 규정이나 절차에 집착함으로써 결국 수단이 목표를 압도해버리는 현상
② 세분화된 특정 업무에서는 전문적인 능력이 있지만 그 밖의 업무에 대해서는 문외한이 되는 현상
③ 다양한 외부 환경의 변화에 둔감하고 조직목표의 혁신에 적극적으로 저항하는 현상
④ 자신이 소속된 기관이나 부서만을 생각하고 다른 기관이나 부서를 배려하지 않는 현상

> **해설**
> ① [O]
> ② [×] 전문가적 무능에 대한 설명이다.
> ③ [×] 변화에 대한 저항에 대한 설명이다.
> ④ [×] 할거주의 현상에 대한 설명이다.

19 관료제 병리현상에 대한 설명으로 옳지 않은 것은?   ▶ 2017년 국가직 9급

① 규칙이나 절차에 지나치게 집착하게 되면 목표와 수단의 대치 현상이 발생한다.
② 모든 업무를 문서로 처리하는 문서주의는 번문욕례(繁文縟禮)를 초래한다.
③ 자신의 소속기관만을 중요시함에 따라 타 기관과의 업무협조나 조정이 어렵게 되는 문제가 나타난다.
④ 법규와 절차 준수의 강조는 관료제 내 구성원들의 비정의성(非情誼性)을 저해한다.

> **해설**
> ④ [×] 비정의성(impersonality, 비개인화)은 관료들이 개인적 이익이나 특별한 사정, 상대방의 지위 등에 구애되는 일 없이 공평무사하게 업무처리를 할 것을 요구하는 것으로, 관료제의 병리현상이 아니라 관료제의 특징에 해당한다.

정답 18 ① 19 ④

20 관료제 병리에 관한 연구 내용과 학자 간 연결이 옳지 않은 것은? ▶ 2015년 서울시 9급

① 굴드너(Gouldner) - 관료들이 규칙의 범위 내에서 소극적으로 행동하는 무사안일주의를 초래한다.
② 굿셀(Goodsell) - 계층제 조직의 구성원이 각자의 능력을 넘는 수준까지 승진하게 되는 병리현상이 나타난다.
③ 머튼(Merton) - 최고관리자의 관료에 대한 지나친 통제가 관료들의 경직성을 초래한다.
④ 셀즈닉(Selznick) - 권한의 위임과 전문화가 조직 하위체제 간 이해관계의 지나친 분극을 초래한다.

해설 ② [×] 굿셀(Goodsell)이 아니라 피터(Peter)가 주장한 병리현상이다. 굿셀(Goodsell)은 1980년대 중반에 관료제에 대한 부정적 시각은 관료제에 대한 이해 부족에서 비롯된 것으로 보고 관료제를 적극 옹호한 학자이다.

정답 20 ②

제2장 조직구조의 형성

기출문제

01 조직구조의 기본변수에 관한 설명으로 옳지 않은 것은? ▶ 2018년 행정사

① 복잡성은 조직을 구성하는 기구의 분화정도를 의미한다.
② 수평적 복잡성은 조직 내 수직적 계층의 수를 의미한다.
③ 업무수행의 규칙과 절차가 표준화될수록 조직구조의 공식성은 높아진다.
④ 공식화 정도가 높을수록 업무의 예측가능성이 높아진다.
⑤ 의사결정의 권한이 상위층에 집중된 경우 집권화된 조직이라고 한다.

> **해설** ② [×] 조직 내 수직적 계층의 수는 수직적 복잡성을 의미한다. 수평적 복잡성(수평적 분화)은 직무의 종류와 성질별 분화(분업과 전문화) 수준을 의미한다.

02 조직구조 설계 시 고려해야 할 기본 요소에 관한 설명으로 옳지 않은 것은? ▶ 2023년 행정사

① 누구에게 보고하는 지를 정하는 명령 체계
② 상관에게 보고하는 부하의 수를 의미하는 통솔 범위
③ 의사결정이 이루어지는 계층이 위치한 수준을 의미하는 집권과 분권
④ 문서화된 정도를 의미하는 공식화
⑤ 조직의 일차적 목표와 관련된 사업을 수행하는 참모와 이를 지원하는 계선

> **해설** ⑤ [×] 조직의 일차적 목표와 관련된 사업을 수행하는 것은 계선이고 이를 지원하는 것이 참모(막료)이다.
> ① 명령통일의 원리, ② 통솔범위의 원리, ③ 집권(분권), ④ 공식성(표준화)에 대한 설명이다.

정답 01 ② 02 ⑤

03 조직구조의 기본변수 중 공식화(formalization)에 관한 설명으로 옳지 않은 것은? ▶ 2016년 행정사

① 공식화는 조직 내에 규칙, 절차, 지시 및 의사전달이 명문화된 정도를 의미한다.
② 공식화 수준이 높은 경우, 조직구성원들의 행동이 정형화되어 그들에 대한 통제가 어려워진다.
③ 공식화를 통해 업무처리상 혼란을 방지할 수 있다.
④ 조직환경이 안정적이고 조직규모가 클수록 공식화 수준이 높다.
⑤ 공식화 수준이 너무 높으면, 업무처리에 있어서 조직구성원의 자율성과 창의성이 저해되기도 한다.

> 해설 ② [×] 공식화 수준이 높은 경우, 조직구성원들의 행동이 정형화되어 통제가 용이해진다.

04 조직구조의 분권화가 요구되는 상황으로 옳지 않은 것은? ▶ 2022년 행정사

① 규칙과 절차의 합리성·효율성에 대해 신뢰하고 있다.
② 조직이 속한 사회의 민주화가 촉진되고 있다.
③ 기술과 환경이 격동적으로 변화하고 있다.
④ 고객에게 신속하고 대응적인 서비스 요구가 증가하고 있다.
⑤ 조직구성원들의 참여 확대와 창의성 발현이 요구되고 있다.

> 해설 ① [×] 규칙과 절차의 합리성·효율성에 대한 신뢰의 증가는 집권화의 촉진 요인에 해당된다.

05 기계적(mechanistic) 구조와 대비되는 유기적(organic) 구조의 조직 특성에 해당하는 것은? ▶ 2023년 행정사

① 모호한 책임관계
② 표준운영절차
③ 좁은 직무범위
④ 계층제
⑤ 공식적/몰인간적 대면관계

정답 03 ② 04 ① 05 ①

해설 ① [O]
②, ③, ④, ⑤ 기계적 구조의 특징이다.

[표] 기계적 조직과 유기적 조직의 비교

주안점	기계적 구조 예측 가능성	유기적 구조 적응성
조직 특성	① 좁은 직무 범위 ② 표준 운영절차 ③ 분명한 책임 관계 ④ 계층제 ⑤ 공식적이고 몰인간적 대면 관계	① 넓은 직무 범위 ② 적은 규칙과 절차 ③ 모호한 책임 관계 ④ 채널의 분화 ⑤ 비공식적이고 인간적인 대면 관계
상황 조건	① 명확한 조직목표와 과제 ② 분업적 과제 ③ 단순한 과제 ④ 성과측정이 가능 ⑤ 금전적 동기부여 ⑥ 권위의 정당성 확보	① 모호한 조직목표와 과제 ② 분업이 어려운 과제 ③ 복합적 과제 ④ 성과측정이 어려움 ⑤ 복합적 동기부여 ⑥ 도전 받는 권위

06 매트릭스 조직에 관한 설명으로 옳지 않은 것은? ▶ 2015년 행정사

① 인력 활용의 측면에서 비용 부담이 크다.
② 신축성과 적응성이 요구되는 불안정하고 급변하는 조직 환경에 효과적인 조직이다.
③ 각 분야의 전문가들 간 수평적 의사소통을 통해 다양한 아이디어가 제시된다.
④ 매트릭스 조직의 사례로 대규모 기업의 사업부제 시스템 등을 들 수 있다.
⑤ 기능구조와 사업구조의 결합을 시도하는 조직이며, 행렬조직이라고도 한다.

해설 ① [X] 매트릭스 조직은 기능구조와 사업구조를 결합한 조직으로, 양 부문에 걸쳐 인적·물적 자원을 효율적으로 활용할 수 있어서 인력 활용 측면에서 비용 부담이 작다.

정답 06 ①

07 매트릭스조직에 관한 설명으로 옳은 것은? ▶ 2017년 행정사

① 단일한 명령 및 보고체제를 갖고 있다.
② 하위조직 간 정보 흐름이 활성화된다.
③ 하위조직 각 할거주의가 발생할 경우 조정이 용이하다.
④ 불안정한 환경에 적절하게 대응하지 못한다.
⑤ 복잡한 의사결정을 하지 못한다.

> **해설**
> ② [O] 매트릭스 조직은 잦은 대면접촉과 회의로 의사소통이 원활하고 하위조직 간 정보 흐름이 활성화되므로 예기치 못한 문제 발견과 새로운 해결책을 강구하는데 기여한다.
> ① [×] 기능구조와 사업구조가 화학적으로 결합된 조직구조로 이중적 명령권한체계를 특징으로 한다.
> ③ [×] 이질적인 조직구성원들로 인하여 하위조직 간 할거주의가 발생할 경우 조정이 어렵게 된다.
> ④ [×] 조직의 환경이 복잡하고 불확실할 때 적합한 구조로, 환경적 변화에 대한 대응성이 높다.
> ⑤ [×] 다양한 경험을 가진 내부 전문가들로 구성된 조직이므로 복잡한 의사결정을 하는 데 유용하다.

08 우리나라 공공조직의 팀제(Team System)에 관한 설명으로 옳지 않은 것은? ▶ 2014년 행정사

① 조직의 인력을 신축적으로 운영하고, 실무 차원에서 팀장 및 팀원의 권한을 향상시킨다.
② 조직구성원들의 신속한 의사결정을 저해시킨다.
③ 팀제를 통해 조직구성원의 참여를 제고시키고 개인적 의견반영이 용이하다.
④ 조직의 경직성을 탈피하고 팀 내 전문능력 및 기술을 활용하게 한다.
⑤ 종전 수직적 조직을 수평적 조직으로 전환해 전략적 업무를 수행하는 조직에 적합하다.

> **해설**
> ② [×] 팀제는 조직구성원들에게 권한을 대폭 위임(분권화)하므로 신속한 의사결정에 기여한다.

정답 07 ② 08 ②

09 조직구조에 관한 설명으로 옳지 않은 것은? ▶ 2017년 행정사

① 수평구조는 수직적 계층과 부서 간 경계를 실질적으로 제거하고 의사소통을 원활하게 만든 유기적 구조이다.
② 네트워크조직은 높은 독자성을 지닌 조직 단위나 조직들 간에 협력적 연계장치로 구성된 조직으로 조직행위자 간 상호의존성과 관계성이 중요시된다.
③ 사업구조는 특정 산출물별로 운영되므로 고객만족도 제고 및 성과관리에 유리하다.
④ 기계적 구조는 조직의 외부환경이 안정적일 때 채택되며, 의사결정 집권화, 규칙과 절차준수, 명확한 업무구분이 특징이다.
⑤ 학습조직은 시행착오나 실패를 두려워하여 철저한 사전 준비를 통해 시행착오나 실패의 제로(zero)를 추구한다.

해설 ⑤ [×] 학습조직(Learning Organization)이란 지식의 창출·공유와 활용을 통해 문제의 해결능력을 향상시켜 나가는 조직으로 지속적인 학습과 시행착오를 허용하는 조직이다.

10 기계적 조직과 학습조직의 특성에 관한 내용으로 옳지 않은 것은? ▶ 2022년 행정사

① 기계적 조직은 위계적·경직적 조직문화를 갖는데 비해 학습조직은 적응적 조직문화를 갖는다.
② 기계적 조직은 조직원의 재량과 책임을 중시하나 학습조직은 조직원 과업을 상세히 규정한 표준화·분업화에 의해 수행한다.
③ 기계적 조직은 경쟁을 중시하나 학습조직은 협력을 중시한다.
④ 기계적 조직은 수직적 구조이나 학습조직은 수평적 구조를 지향한다.
⑤ 기계적 조직은 정보가 최고관리층에 집중되는 반면에 학습조직은 조직원들에게 공유된다.

해설 ② [×] 기계적 조직은 조직원 과업을 상세히 규정한 표준화·분업화에 의해 수행하고, 유기적 구조인 학습조직은 조직원의 재량과 책임을 중시한다.

정답 09 ⑤   10 ②

11 지식정보화 시대에 필요한 학습조직의 특징을 설명한 것으로 옳지 않은 것은? ▶ 2013년 행정사

① 학습조직은 자신과 다른 사람의 경험 및 시행착오를 통한 학습활동을 높게 평가한다.
② 학습조직은 불확실한 환경에서 조직 스스로 문제해결을 할 수 있도록 조직구성원에게 권한강화와 학습기회를 제공한다.
③ 학습조직은 결정과 기획 등 핵심기능만 남기고 기타 집행사업기능을 각각 전문 업체에 위탁경영하여 일을 수행하는 조직이다.
④ 학습조직은 변화를 위한 학습역량 함양을 통해 미래 행동의 기반을 구축한다.
⑤ 학습조직은 관계지향성과 집합적 행동을 장려한다.

> 해설 ③ [×] 결정과 기획 등 핵심기능만 남기고 기타 집행사업기능을 각각 전문 업체에 위탁경영하여 일을 수행하는 조직은 네트워크 조직에 대한 설명이다.

12 학습조직에 관한 설명으로 옳지 않은 것은? ▶ 2023년 행정사

① 리더의 사려 깊은 리더십이 요구된다.
② 구성원의 권한강화를 강조한다.
③ 수평적 구조의 팀으로 구성된다.
④ 전체보다 부분을 중시한다.
⑤ 조직구성원은 조직의 공식자료에 접근할 수 있어야 한다.

> 해설 ④ [×] 학습조직은 부분보다 전체를 중시한다(시스템적 사고).

정답 11 ③ 12 ④

연습문제

01 조직의 구조적 특성을 나타내는 지표로서 거리가 먼 것은? ▶ 2015년 지방교행 9급

① 의사결정 권한의 분산 정도
② 수직적·수평적·지리적 분화의 정도
③ 행동을 표준화하는 문서화·규정화의 정도
④ 조직의 투입을 산출로 전환하는 데 필요한 지식 및 기술(skills)의 정도

해설 ④ [×] 조직의 구조적 특성을 나타내는 기본적인 지표에는 복잡성(분화), 공식화, 집권성이 있다.
① 집권성 ② 복잡성(분화) ③ 공식성에 대한 설명에 해당한다.

02 조직구조에 대한 설명으로 옳지 않은 것은? ▶ 2013년 지방직 9급

① 공식화(formalization)의 수준이 높을수록 조직구성원들의 재량이 증가한다.
② 통솔범위(span of control)가 넓은 조직은 일반적으로 저층구조의 형태를 보인다.
③ 집권화(centralization)의 수준이 높은 조직의 의사결정권한은 조직의 상층부에 집중된다.
④ 명령체계(chain of command)는 조직 내 구성원을 연결하는 연속된 권한의 흐름으로, 누가 누구에게 보고하는지를 결정한다.

해설 ① [×] 공식화의 수준이 높을수록 조직구성원들의 재량은 감소한다.

03 조직의 원리에 대한 설명으로 옳지 않은 것은? ▶ 2017년 지방직 9급

① 계층제의 원리는 조직 내의 권한과 책임 및 의무의 정도가 상하의 계층에 따라 달라지도록 조직을 설계하는 것이다.
② 통솔범위란 한 사람의 상관 또는 감독자가 효과적으로 통솔할 수 있는 부하 또는 조직단위의 수를 말하며, 감독자의 능력, 업무의 난이도, 돌발 상황의 발생 가능성 등 다양한 요소를 고려하여 정해진다.
③ 분업의 원리에 따라 조직 전체의 업무를 종류와 성질별로 나누어 조직구성원이 가급적 한 가지의 주된 업무만을 전담하게 하면, 부서 간 의사소통과 조정의 필요성이 없어진다.
④ 부성화의 원리는 한 조직 내에서 유사한 업무를 묶어 여러 개의 하위기구를 만들 때 활용되는 것으로 기능부서화, 사업부서화, 지역부서화, 혼합부서화 등의 방식이 있다.

정답 01 ④ 02 ① 03 ③

해설 ③ [×] 분업(전문화)의 원리에 따라 업무를 세분화할수록 전체 조직 목표의 효과적 달성을 위해서 부서 간 의사소통과 조정의 필요성은 오히려 증가한다.

04 계층제에 대한 설명으로 옳지 않은 것은? ▶ 2023년 국회 9급

① 계층 수가 증가하게 되면 의사전달의 왜곡이 일어날 가능성이 커진다.
② 조직 내 권한이 위임되는 통로로 작용하며, 행정책임의 한계를 분명히 하는 준거가 된다.
③ 하위 계층 간 갈등과 분쟁을 조정하여 조직의 통일성과 안정성 유지에 기여한다.
④ 부처할거주의가 발생하여 동일 계층의 부서 간 조정이 어려워 질 수 있다.
⑤ 환경변화에 신속히 대응함으로써 국민수요에 대한 대응성을 높여 준다.

해설 ⑤ [×] 계층제는 조직 내부의 수직적 관계에서 상관의 지시·명령에 의한 업무처리가 이루어지므로 조직의 경직성을 초래하여 환경변화에 신축적인 대응이 곤란하며, 고객(국민)의 요구에 대한 대응성을 저해한다.

05 분업에 대한 설명으로 옳지 않은 것은? ▶ 2017년 지방직 9급

① 분업의 심화는 작업도구·기계와 그 사용방법을 개선하는 데 기여할 수 있다.
② 작업 전환에 드는 시간(change - over time)을 단축할 수 있다.
③ 분업이 고도화되면 조직구성원에게 심리적 소외감이 생길 수 있다.
④ 분업은 업무량의 변동이 심하거나 원자재의 공급이 불안정한 경우에 더 잘 유지된다.

해설 ④ [×] 분업의 원리란 업무를 종류와 성질별로 나누어 한 사람의 구성원이 가급적 한 가지의 주된 업무만을 전담하게 하는 원리이다. 분업은 사전에 정해진 역할 분담이나 작업 과정에 따라 업무를 안정적으로 수행하도록 해야 하기 때문에 업무량의 변동이 심하거나 원료의 공급이 불안정한 경우에는 유지되기가 힘들다. 분업의 원리는 전통적인 관료제 조직(기계적 구조)의 특징으로 일반적으로 안정적 환경에 적합하다.
① [○] 어떤 개인이 복잡한 여러 가지 일이 아니라 매우 한정적이고 단순한 작업에 몰두하게 되면 그가 사용하는 도구, 기계 및 그 사용방법의 개선방안을 착안하기가 쉽다.
② [○] 팔다리의 근육 사용을 바꿀 때나 정신집중의 대상을 바꿀 때 또는 작업도구를 바꿀 때는 시간손실이 뒤따르는데 분업을 심화하면 그러한 시간손실을 줄일 수 있다.

정답 04 ⑤   05 ④

06 조직구조의 설계에 있어서 '조정의 원리'에 대한 설명으로 옳지 않은 것은?

▶ 2018년 국가직 9급

① 수직적 연결은 상위계층의 관리자가 하위계층의 관리자를 통제하고 하위계층 간 활동을 조정하는 것을 목적으로 한다.
② 수직적 연결방법으로는 임시적으로 조직 내의 인적·물적 자원을 결합하는 프로젝트 팀(project team)의 설치 등이 있다.
③ 수평적 연결은 동일한 계층의 부서 간 조정과 의사소통을 목적으로 한다.
④ 수평적 연결방법으로는 다수 부서 간의 긴밀한 연결과 조정을 위한 태스크포스(task force)의 설치 등이 있다.

해설 ② [×] 임시적으로 조직 내의 인적·물적 자원을 결합하는 프로젝트 팀(project team)은 수평적 연결방법에 해당한다.

[표] 수직적·수평적 연결조정기제(Daft)

수직적 조정기제	① 계층제, ② 규칙, ③ 계획, ④ 계층직위 추가, ⑤ 수직정보시스템
수평적 조정기제	① 정보시스템, ② 직접 접촉(연락책), ③ 임시작업단(task force), ④ 프로젝트 매니저(project manager), ⑤ 프로젝트 팀(project team)

07 조직의 규모에 대한 설명으로 가장 옳은 것은?

▶ 2019년 서울시 9급

① 조직의 규모가 클수록 공식화 수준이 낮아진다.
② 조직의 규모가 클수록 조직 내 구성원의 응집력이 강해진다.
③ 조직의 규모가 클수록 분권화되는 경향이 있다.
④ 조직의 규모가 클수록 복잡성이 낮아진다.

해설 ③ [○]
① [×] 조직의 규모가 클수록 공식화 수준이 높아진다.
② [×] 조직의 규모가 클수록 조직 내 구성원의 응집력은 약해진다.
④ [×] 조직의 규모가 클수록 복잡성은 높아진다.

정답 06 ② 07 ③

조직기술을 과제다양성과 분석가능성의 정도에 따라 범주화할 때 이에 대한 설명으로 옳지 않은 것은?

▶ 2009년 국가직 9급

① 일상기술은 과제다양성이 낮고 분석가능성이 높아 표준화 가능성이 크다.
② 비일상기술은 과업의 다양성이 높고 성공적인 방법을 발견하는 탐색절차가 복잡하여 통제·규격화 된 조직구조가 필요하다.
③ 장인기술은 발생하는 문제가 일상적이지 않아 분권화된 의사결정구조가 필요하다.
④ 공학기술은 과제다양성이 높지만 분석가능성도 높아 일반적 탐색과정에 의하여 문제가 해결 될 수 있다.

> **해설** ② [×] 비일상기술은 높은 과업다양성과 복잡한 탐색절차로 인해 통제·규격화된 조직구조(기계적 구조)보다는 유기적 조직구조가 적합하다.
> 페로우(C. Perrow)는 '예외적인 사건의 정도(과업의 다양성)'와 업무처리가 '표준화된 절차에 의해 수행되는 정도(문제의 분석가능성)'를 기준으로 조직의 기술을 장인(기예적) 기술, 비일상적(비정형화된) 기술, 일상적(정형화된) 기술, 공학적 기술로 구분하여 조직구조와의 관계를 분석했다.

[표] 페로우(C. Perrow)의 기술 분류와 조직구조

구분		과제의 다양성(예외의 빈도)	
		낮음(예외 발생이 거의 없음)	높음(예외 발생이 많음)
문제의 분석 가능성	낮음	장인 기술(예술) : 대체로 유기적 구조	비일상적 기술(연구) : 유기적 구조
	높음	일상적 기술(제조 업무) : 기계적 구조	공학적 기술(회계 업무) : 대체로 기계적 구조

 C. Perrow의 과제기술 유형 중 가장 높은 수준의 유기적 조직구조가 효과적인 경우는?

▶ 2010년 서울시 7급

① 장인 기술(craft technology)
② 일상적 기술(routine technology)
③ 비일상적 기술(non - routine technology)
④ 공학 기술(engineering technology)
⑤ 서비스 기술(service technology)

> **해설** ③ [○] Perrow의 비일상적 기술은 과업 다양성이 높고(예외 발생이 많음) 문제의 분석 가능성이 낮은 기술로 유기적 조직구조가 효과적이다.

정답 08 ② 09 ③

10 다음 중 톰슨(Thompson)의 기술모형 중 설명이 틀린 것은? ▶ 2007년 경기도 9급

① 조직이 사용하는 기술을 길게 연결된 기술(long-linked technology), 중개적 기술(mediating technology), 집약형 기술(intensive technology)로 구분하여 설명하였다.
② 집약적 기술(intensive technology)을 사용하는 부서의 의존관계는 교호적 상호작용이다.
③ 길게 연결된 기술(long-linked technology)을 사용하는 경우 표준화가 가능하고, 순차적 의존관계를 지니게 된다.
④ 중개적 기술(mediating technology)은 다양한 기술의 복합체로서 종합병원과 같은 곳에서 사용한다.

해설 ④ [×] 중개적 기술(mediating technology)은 집합적 의존관계에 있는 고객들을 연결하는 단순한 기술이다. 다양한 기술의 복합체로서 종합병원과 같은 곳에서 사용하는 기술은 집약적 기술(intensive technology)로서 이러한 기술을 사용하는 부서의 의존관계는 교호적 상호작용이다.

[표] 톰슨(Thompson)의 기술모형

기술 유형	상호의존성	의사소통의 빈도	조정 방법
길게 연결된 기술	연속적(순차적) 상호의존성	중간	정기 회의, 수직적 의사전달, 계획
중개적 기술	집합적(중앙집중적) 상호의존성	낮음	규칙, 표준화
집약형 기술	교호적(호혜적) 상호의존성	높음	부정기적 회의, 상호조정, 수평적 의사전달

11 외부환경의 불확실성에 대응하는 조직구조상의 특징에 따라 기계적 조직과 유기적 조직으로 구분하는 경우에, 유기적 조직의 특성에 해당하는 것만을 모두 고른 것은? ▶ 2015년 국가직 9급

ㄱ. 넓은 직무범위	ㄴ. 분명한 책임관계	ㄷ. 몰인간적 대면관계
ㄹ. 다원화된 의사소통채널	ㅁ. 높은 공식화 수준	ㅂ. 모호한 책임관계

① ㄱ, ㄹ, ㅂ
② ㄴ, ㄷ, ㅁ
③ ㄴ, ㄹ, ㅁ
④ ㄱ, ㄷ, ㅂ

정답 10 ④ 11 ①

해설 ① ㄱ, ㄹ, ㅂ [○]
유기적 구조는 분권화된 구조로서 ㄱ. 넓은 직무범위, ㄹ. 다원화된 의사소통채널, ㅂ. 모호한 책임관계를 특징으로 한다.
ㄴ. 분명한 책임관계, ㄷ. 몰인간적 대면관계, ㅁ. 높은 공식화 수준은 기계적 구조의 특징에 해당한다.

구분	기계적 구조	유기적 구조
주안점	예측 가능성	적응성
조직 특성	① 좁은 직무 범위 ② 표준 운영절차 ③ 분명한 책임 관계 ④ 계층제 ⑤ 공식적이고 몰인간적 대면 관계	① 넓은 직무 범위 ② 적은 규칙과 절차 ③ 모호한 책임 관계 ④ 채널의 분화 ⑤ 비공식적이고 인간적인 대면 관계
상황 조건	① 명확한 조직목표와 과제 ② 분업적 과제 ③ 단순한 과제 ④ 성과측정이 가능 ⑤ 금전적 동기부여 ⑥ 권위의 정당성 확보	① 모호한 조직목표와 과제 ② 분업이 어려운 과제 ③ 복합적 과제 ④ 성과측정이 어려움 ⑤ 복합적 동기부여 ⑥ 도전 받는 권위

12 다음 조직구조의 유형들을 수직적 계층을 강조하는 구조에서 수평적 조정을 강조하는 구조로 옳게 배열한 것은?

▶ 2017년 사회복지직 9급

ㄱ. 네트워크 구조   ㄴ. 매트릭스 구조   ㄷ. 사업부제 구조
ㄹ. 수평구조   ㅁ. 관료제

① ㄷ-ㅁ-ㄴ-ㄹ-ㄱ   ② ㄷ-ㅁ-ㄹ-ㄱ-ㄴ
③ ㅁ-ㄷ-ㄴ-ㄹ-ㄱ   ④ ㅁ-ㄷ-ㄹ-ㄴ-ㄱ

해설 ③ 조직구조의 일반적 모형을 기계적 구조(수직적 계층)에서 유기적 구조(수평적 조정) 순으로 나열하면 ㅁ. 기능구조(관료제) → ㄷ. 사업구조 → ㄴ. 매트릭스구조 → ㄹ. 수평구조 → ㄱ. 네트워크 구조 순서이다.

정답 12 ③

제2장 조직구조의 형성 | 211

13 조직은 크게 기능별 조직과 사업별 조직으로 나눌 수 있다. 다음 중 기능별 조직에 대한 설명으로 옳지 않은 것은?
▶ 2011년 국회 9급

① 기능의 중복을 막아 효율성을 높일 수 있다.
② 전문지식과 기술의 깊이를 제고할 수 있다.
③ 기능 간 조정이 용이하므로 환경 변화에 신속하고 유연하게 대처할 수 있다.
④ 전체 업무의 성과에 대한 책임소재를 규명하는 것이 어렵다.
⑤ 수평적 조정의 필요성이 낮을 때 효과적인 조직구조이다.

> **해설** ③ [×] 기능별 조직은 안정적 환경에 적합한 기계적 구조로, 기능 전문화로 인해 이질적인 기능 간 수평적 조정이 곤란하며, 환경 변화에 대한 대응성이 떨어진다는 한계가 있다. 기능간 조정이 용이하고 환경변화에 신속하고 유연하게 대처할 수 있는 것은 사업별 조직의 특징이다.

14 사업구조에 대한 설명과 가장 거리가 먼 것은?
▶ 2010년 서울시 9급

① 산출물에 기반한 사업부서화 방식이다.
② 사업 부서들은 자율적으로 운영되므로 각 기능의 조정은 부서 내에서 이루어진다.
③ 규모의 경제에 따른 효율성을 확보한다.
④ 기능구조보다 환경변화에 신축적이고 대응적이다.
⑤ 성과에 대한 책임성의 소재가 분명해져 성과관리에 유리하다.

> **해설** ③ [×] 규모의 경제에 따른 효율성 확보는 기능구조의 장점에 해당된다.

15 어떠한 조직도 배타적으로 기계적 또는 유기적 구조에 해당되는 것은 아니다. 두 가지 구조의 양 극단 사이에 대안적 구조들이 위치하고 있다. 이들 대안적 구조에 대한 설명으로 가장 적절하지 않은 것은?
▶ 2011년 서울시 9급

① 기능구조 - 기본적으로 수평적 조정의 필요가 낮을 때 가장 효과적이다.
② 사업구조 - 기능 간 조정이 극대화될 수 있는 조직구조이다.
③ 매트릭스구조 - 각 부서는 자기완결적 기능단위로 기능 간 조정이 용이하다.
④ 팀 구조 - 조직 구성원을 핵심업무 과정 중심으로 조직하는 방식이다.
⑤ 네트워크구조 - 유기적 조직유형의 하나로 정보통신기술의 확산으로 채택된 새로운 조직구조 접근법이다.

정답 13 ③ 14 ③ 15 ③

해설 ③ [×] 모든 기능이 각 부서내로 배치되는 자기 완결적 단위로, 기능 간 조정이 용이한 것은 사업구조에 대한 설명이다. 매트릭스 구조는 기능구조와 사업구조를 화학적으로 결합한 조직구조 형태이다.

16 다음 내용에 해당하는 조직유형에 대한 설명으로 옳지 않은 것은? ▶ 2024년 국가직 9급

> A회사는 장기적인 제품개발 프로젝트 수행을 위해 각 부서에서 총 10명을 차출하여 팀을 운영하려고 한다. 이 팀에 소속된 팀원들은 원부서에서 주어진 고유 기능을 수행하면서 제품개발을 위한 별도 직무가 부여된다. 따라서 프로젝트 수행 기간 중 팀원들은 프로젝트팀장과 원소속 부서장의 지휘를 동시에 받게 된다.

① 기능구조와 사업구조를 결합한 혼합형 구조이다.
② 동태적 환경 및 부서 간 상호 의존성이 높은 상황에서 효과적이다.
③ 조직 내부의 갈등 가능성이 커질 우려가 있다.
④ 명령 계통의 다원화로 유연한 인적자원 활용이 어렵다.

해설 ④ [×] 매트릭스 조직은 명령계통이 이중적이라는 단점이 있으나, 인적 자원을 효율적으로 활용할 수 있다는 장점이 있다.

17 매트릭스(matrix) 조직구조의 특징으로 옳지 않은 것은? ▶ 2014년 지방직 9급

① 잦은 대면과 회의를 통해 과업조정이 이루어지기 때문에 신속한 결정이 가능하다.
② 구성원들은 다양한 경험을 통해 전문기술을 개발하면서, 넓은 시야와 목표관을 가질 수 있다.
③ 급변하는 환경변화에 탄력적으로 대응할 수 있다.
④ 경직화되어 가는 대규모 관료제 조직에 융통성을 부여해 줄 수 있다.

해설 ① [×] 기능구조와 사업구조 간 잦은 대면과 회의를 통해 과업조정이 이루어지기 때문에 의사결정의 지연을 초래하며, 신속한 결정이 곤란하다.

정답 16 ④ 17 ①

18 결정과 기획 같은 핵심기능만 수행하는 조직을 중심에 놓고 다수의 독립된 조직들을 협력 관계로 묶어 일을 수행하는 조직형태는? ▶ 2021년 국가직 9급

① 태스크 포스
② 프로젝트 팀
③ 네트워크 조직
④ 매트릭스 조직

해설 ③ [O] 네트워크 조직에 대한 설명이다.

19 네트워크 조직구조가 가지는 일반적인 장점에 대한 설명으로 가장 옳지 않은 것은? ▶ 2019년 서울시 9급

① 조직의 유연성과 자율성 강화를 통해 창의력을 발휘할 수 있다.
② 통합과 학습을 통해 경쟁력을 제고할 수 있다.
③ 조직의 네트워크화를 통해 환경 변화에 따른 불확실성을 감소시킬 수 있다.
④ 조직의 정체성과 응집력을 강화시킬 수 있다.

해설 ④ [×] 네트워크 조직은 느슨하게 연결된 다수 조직들로 구성되기 때문에 조직들 간의 정체성이 약하며 응집력 있는 조직문화를 갖기 어렵다.

20 애드호크라시(adhocracy)에 대한 설명으로 가장 옳지 않은 것은? ▶ 2022년 군무원 9급

① 탈관료화 현상의 하나로 등장했다.
② 구조적으로 높은 수준의 복잡성, 낮은 수준의 공식화, 낮은 수준의 집권화를 특징으로 한다.
③ 고도의 창의성과 환경적응성이 필요한 상황에서 유효한 조직이다.
④ 업무처리과정에서 갈등과 비협조가 일어나고, 창의적인 업무 수행 과정에서 직원들이 심적 스트레스를 많이 받는다는 단점이 있다.

해설 ② [×] 애드호크라시는 구조적으로 <u>낮은 수준의 복잡성</u>을 특징으로 한다.

정답 18 ③   19 ④   20 ②

21 민츠버그(Mintzberg)가 제시한 조직유형이 아닌 것은? ▶ 2023년 지방직 9급

① 기계적 관료제
② 애드호크라시(adhocracy)
③ 사업부제 구조
④ 홀라크라시(holacracy)

> 해설 ④ [×] 민츠버그(Mintzberg)는 조직유형을 단순구조, 기계적 관료제, 전문적 관료제, 사업부제, 임시체제로 분류하였다. 홀라크라시는 해당하지 않는다. 홀라크라시(holacracy)란 권한과 의사결정이 상위 계층에 속하지 않고 조직 전체에 걸쳐 분배되어 있는 조직구조를 말한다.

22 민츠버그(Mintzberg)의 조직 유형에 대한 설명으로 옳지 않은 것은? ▶ 2017년 국회 9급

① 전문적 관료제는 높은 분화, 높은 공식화, 높은 분권화를 특징으로 한다.
② 기계적 관료제는 기술구조가 중요한 역할을 수행하지만 최고관리층도 강한 권력을 행사한다.
③ 할거적 양태(사업부제)의 주된 조정 방법으로는 산출의 표준화가 있다.
④ 단순구조는 낮은 분화, 낮은 공식화, 높은 집권화를 특징으로 한다.
⑤ 임시체제에서는 지원참모의 위치가 중요하지만 별도의 조직 단위를 구성하지는 않는다.

> 해설 ① [×] 전문적 관료제는 높은 분화, 낮은 공식화, 높은 분권을 특징으로 한다.

[표] Mintzberg의 조직유형론

분류	단순구조	기계적 관료제	전문적 관료제	사업부제	임시체제 (Adhocracy)
조정 기제	직접 감독 및 통제	작업과정 표준화	작업 기술 표준화	산출물 표준화	상호조절
구성 부문	최고관리층 (전략적 상층 부문)	기술관리 부문	핵심운영 부문 (작업계층)	중간관리 부문 (중간계선)	지원 스태프(참모) 부문
환경	단순·동태적 환경	단순·안정적 환경	복잡·안정적 환경	안정적 환경	복잡·동태적 환경
상황	소규모 초창기 조직	대규모, 오래된 조직	조직의 역사와 규모는 다양함	오래된 대규모 조직	신생조직
예	예 신생조직	예 행정부, 교도소	예 종합대학, 종합병원	예 재벌조직	예 연구소

정답 21 ④ 22 ①

구조	낮은 공식화 높은 집권화 낮은 분화 (낮은 전문화)	높은 공식화 높은 집권화 높은 분화	낮은 공식화 높은 분권화 높은 분화수준	높은 공식화 제한된 수직적 분권 중간 수준의 전문화	낮은 공식화 선택적 분권 높은 횡적 분화
특징	높은 융통성·신축성 높음	전통적 대규모 조직의 전형적 형태 (막스 베버의 관료제와 유사)	전문성 높음	성과관리 용이 적응성·신속성 높음	융통성 높은 구조 창의성·적응성

23 민츠버그(H. Mintzberg)가 제시한 조직구조 유형에 대한 설명으로 옳은 것은?

▶ 2011년 지방직 9급

① 기계적 관료제(machine bureaucracy)는 막스 베버의 관료제와 유사하다.
② 임시조직(adhocracy)은 대개 단순하고 반복적인 문제를 해결하기 위해 생성된다.
③ 폐쇄체계(closed system)적 관점에서 조직이 수행하는 기능을 기준으로 유형을 분류하였다.
④ 사업부 조직(divisionalized organization)은 기능별, 서비스별 독립성으로 인해 조직전체 공통관리비의 감소효과가 크다.

해설
① [○]
② [×] 임시조직은 복잡하고 동태적 환경에 적합한 조직으로 대개 복잡하고 비정형적인 문제를 해결하기 위해 생성된다.
③ [×] 민츠버그는 조직을 둘러싼 환경과의 특성과 조직과 환경과의 관계를 고려하는 개방체제적 관점에서 조직구조 유형을 분류하였다.
④ [×] 사업부제 조직은 산출물 표준화에 의한 조정을 하므로 산출물별 생산라인(기능)의 중복으로 규모의 경제 실현이 어렵다. 따라서 조직전체의 공통관리비의 감소가 곤란하다.

24 학습조직과 관련된 설명으로 옳지 않은 것은?

▶ 2016년 지방교행 9급

① 개방체계와 자아실현적 인간관에 기반한다.
② 자극·반응적 학습을 주된 방법으로 활용한다.
③ 역량기반 교육훈련제도의 대표적인 방식으로 활용되고 있다.
④ 핵심 가치는 의사소통과 수평적 협력을 통한 조직의 문제해결이다.

해설
② [×] 학습조직은 자극·반응적 학습이 아니라 조직의 전략에 따라 의도적, 주체적, 자주적, 능동적, 자기창조적으로 학습을 하는 전략·변혁적 학습 방법을 활용한다.

정답 23 ① 24 ②

25 셍게(P. Senge)가 제시한 학습조직(Learning Organization) 구축을 위한 다섯 가지 방법에 해당하지 않는 것은?

▶ 2022년 국회 8급

① 조직이 달성하고자 하는 목표, 가치 등에 관한 비전 공유가 필요하다.
② 공동학습을 통해 지식을 공유하고 토론을 활성화하는 집단학습이 필요하다.
③ 개인의 전문지식 습득 노력을 통한 자기완성이 필요하다.
④ 조직에 대한 종합적·동태적 이해를 위해 시스템적 사고가 필요하다.
⑤ 학습효과를 극대화하기 위해 관리자의 리더십이 필요하다.

> **해설** ⑤ [×] 관리자의 리더십은 셍게(P. Senge)가 제시한 다섯 가지 방법에 해당하지 않는다. 셍게(P. Senge)는 학습조직을 위한 다섯 가지 수련으로 자기완성, 사고의 틀, 공유된 비전, 집단적 학습(팀학습), 시스템적 사고를 제시했다.

26 지식정보화 시대에 필요한 학습조직의 특성에 대한 설명으로 옳은 것만 묶은 것은?

▶ 2010년 국가직 9급

> ㄱ. 조직의 기본구성 단위는 팀으로, 수직적 조직구조를 강조한다.
> ㄴ. 불확실한 환경에 요구되는 조직의 기억과 학습의 가능성에 주목한다.
> ㄷ. 리더에게는 구성원들이 공유할 수 있는 미래비전 창조의 역할이 요구된다.
> ㄹ. 체계화된 학습이 강조됨에 따라 조직구성원의 권한은 약화된다.

① ㄱ, ㄴ   ② ㄱ, ㄹ
③ ㄴ, ㄷ   ④ ㄷ, ㄹ

> ③ ㄴ, ㄷ [○]
> ㄱ. [×] 학습조직은 수평적 조직구조를 강조한다.
> ㄹ. [×] 학습조직에서 조직구성원의 권한은 강화된다.

정답 25 ⑤ 26 ③

27. 혼돈이론(chaos theory)에 대한 설명으로 옳지 않은 것은?
▶ 2011년 지방직 9급

① 현실의 복잡성과 불확실성을 극복하기 위해 단순화, 정형화를 추구한다.
② 비선형적, 역동적 체제에서의 불규칙성을 중시한다.
③ 전통적 관료제 조직의 통제중심적 성향을 타파하도록 처방한다.
④ 조직의 자생적 학습능력과 자기조직화 능력을 전제한다.

해설 ① [×] 혼돈이론은 복잡한 문제에 대한 통합적 접근을 시도하여 복잡한 관계를 단순화 하지 않고, 있는 그대로 파악하는 것을 추구한다.

28. 파슨스(T. Parsons)의 조직유형 중 조직체제의 목표달성기능과 관련된 유형으로 옳은 것은?
▶ 2020년 군무원 9급

① 경제적 생산조직
② 정치조직
③ 통합조직
④ 형상유지조직

해설 ② [○] 파슨스(T.Parsons)는 체제의 4가지 기능(AGIL)을 중심으로 조직을 경제적 생산조직, 정치조직, 통합조직, 형상유지조직으로 구분하였다. 목표 달성 기능을 수행하는 조직유형은 정치조직이다.

[표] 사회적 기능에 따른 분류 : 파슨스(T. Parsons)

사회적 기능	조직유형	예
적응기능 (Adaptation)	경제조직	민간기업
목표달성기능(Goal Attainment)	정치조직	행정기관
통합기능(Integration)	통합조직	정당, 법원, 경찰서 등
체제유지기능(Latent Pattern maintenance)	유형유지 조직	교육기관, 종교단체

29. 조직의 유형구분에 대한 설명으로 가장 옳지 않은 것은?
▶ 2019년 서울시 7급

① 블라우(Blau)와 스콧(Scott)은 기능을 중심으로 조직의 유형을 분류하였다.
② 블라우와 스콧은 병원, 학교 등을 봉사조직으로 분류한다.
③ 파슨스(Parsons)는 경찰조직을 사회통합기능을 수행하는 통합조직으로 분류한다.
④ 에치오니(Etzioni)는 민간기업체를 공리적 조직으로 분류한다.

정답 27 ① 28 ② 29 ①

해설

① [×] 블라우(Blau)와 스콧(Scott)은 조직의 수혜자 중심으로 조직의 유형을 호혜적 조직, 기업조직, 봉사조직, 공익조직으로 분류하였다. 기능을 중심으로 조직을 경제, 정치, 통합, 형상유지 조직으로 구분한 학자는 T. Parsons이다.

[표] 블라우(P. Blau)와 스코트(W. Scott)의 조직유형 분류

주요 수혜자	조직유형	예
일반 구성원	호혜적 조직	정당, 노동조합, 클럽, 전문직업 단체, 종교적 종파
소유자 및 관리자	사업 조직	산업공장, 도매 및 소매상, 은행, 보험회사
접촉하는 고객	서비스 조직	사회사업기관, 병원, 학교, 법률상담소
일반 대중	공익 조직	행정기관, 경찰서, 소방서 등

[표] 에치오니(Etzioni)의 조직분류 유형

분류	권한 행사와 복종 양태	구체적 예
강제적 조직	• 권한 : 강압적 권한 • 복종 : 굴종적 복종	교도소, 강제수용소
공리적 조직	• 권한 : 공리적 권한 • 복종 : 타산적 복종	사기업
규범적 조직	• 권한 : 규범적 권한 • 복종 : 도덕적 복종	종교단체, 정당, 대학, 병원 등

제3장 한국의 행정조직

기출문제

01 정부 조직 중 국무총리 소속기관이 아닌 것은? ▶ 2019년 행정사

① 국민권익위원회
② 국가과학기술자문회의
③ 공정거래위원회
④ 원자력안전위원회
⑤ 금융위원회

> **해설** ②[×] 국가과학기술자문회의는 헌법 제127조에 의하여 설치된 위원회로서 대통령 소속의 자문기구이다.
>
> | 대통령 소속기관 | 방송통신위원회, 감사원, 국가정보원, 국가안전보장회의, 민주평화통일자문회의, 국민경제자문회의, 국가과학기술자문회의 등 |
> |---|---|
> | 국무총리 소속기관 | 공정거래위원회, 국민권익위원회, 금융위원회, 개인정보보호위원회, 원자력안전위원회 |

02 다음 중앙행정조직위원회 중 소속을 달리하는 위원회는? ▶ 2024년 행정사

① 공정거래위원회
② 국민권익위원회
③ 금융위원회
④ 방송통신위원회
⑤ 원자력안전위원회

> **해설** ④ 방송통신위원회는 대통령 소속위원회이다.

정답 01 ② 02 ④

03 정부조직체계에서 청 단위기관과 소속부처의 연결로 옳은 것을 모두 고른 것은? ▶ 2022년 행정사

ㄱ. 기상청 - 환경부
ㄴ. 방위사업청 - 산업통상자원부
ㄷ. 소방청 - 행정안전부
ㄹ. 특허청 - 기획재정부
ㅁ. 해양경찰청 - 국방부

① ㄱ, ㄷ
② ㄱ, ㄹ
③ ㄴ, ㄹ
④ ㄴ, ㅁ
⑤ ㄷ, ㅁ

해설

① ㄱ, ㄷ [○]
ㄴ. [×] 방위사업청 → 국방부
ㄹ. [×] 특허청 → 산업통상자원부
ㅁ. [×] 해양경찰청 → 해양수산부

중앙행정기관	소속기관
기획재정부	국세청, 관세청, 조달청, 통계청
법무부	검찰청
국방부	병무청, 방위사업청
문화체육관광부	국가유산청
행정안전부	경찰청, 소방청
농림축산식품부	농촌진흥청, 산림청
산업통상자원부	특허청
환경부	기상청
국토교통부	행정중심복합 도시건설청, 새만금개발청
해양수산부	해양경찰청
외교통상부	재외동포청
과학기술정보통신부	우주항공청

정답 03 ①

04 현재 우리나라 정부조직에 해당하지 않는 것은? ▶ 2024년 행정사

① 고위공직자범죄수사처
② 국가보훈처
③ 여성가족부
④ 재외동포청
⑤ 질병관리청

> **해설**
> ② [×] 윤석열 정부의 조직개편에 따라 국가보훈처는 국가보훈부로 승격하였다(2023. 6.5).
>
> 정부조직법 제35조 (국가보훈부) 국가보훈부장관은 국가유공자 및 그 유족에 대한 보훈, 제대군인의 보상·보호, 보훈선양에 관한 사무를 관장한다. [본조신설 2023.3.4 종전의 제35조는 제36조로 이동] [[시행일 2023.6.5]]

05 행정조직에 관한 설명으로 옳은 것은? ▶ 2021년 행정사

① 위원회 조직은 결정권한의 최종 책임이 기관장 한 사람에게 집중되어 있는 조직이다.
② 방송통신위원회, 공정거래위원회와 같은 행정위원회는 결정권한을 갖고 있으며 집행까지 책임을 진다.
③ 책임운영기관은 중앙통제 중심의 관료제적 성격을 갖는 조직으로 실제 일을 맡아 집행하는 사람들에게 재량권을 부여하지 않는다.
④ 책임운영기관은 수익성보다는 정부기능이 갖고 있는 공익성만을 강조하며, 효율성보다는 사회적 형평성을 관리의 주요 가치로 삼는다.
⑤ 애드호크라시는 현대의 복잡하고 불확실한 환경에서 발생하는 문제에 신속하게 대응하지 못한다.

> **해설**
> ② [○]
> ① [×] 위원회 조직은 결정권한이 다수의 위원에게 분산되어 있는 조직이다. 최종 책임이 기관장 한 사람에게 집중되어 있는 조직은 독임제(단독제)이다.
> ③. ④ [×] 책임운영기관은 정부가 수행하는 사무 중 공공성을 유지하면서도 경쟁 원리에 따라 운영하는 것이 바람직한 사무에 대하여 책임운영기관의 장에게 재정상의 자율성을 부여하고 그 운영 성과에 대하여 책임을 지도록 하는 행정기관으로 행정의 효율성·생산성을 제고하기 위해 도입된 조직이다.
>
> 책임운영기관의 설치·운영에 관한 법률 제2조(정의)
> ① 이 법에서 "책임운영기관"이란 정부가 수행하는 사무 중 공공성(公共性)을 유지하면서도 경쟁 원리에 따라 운영하는 것이 바람직하거나 전문성이 있어 성과관리를 강화할 필요가 있는 사무에 대하여 책임운영기관의 장에게 행정 및 재정상의 자율성을 부여하고 그 운영 성과에 대하여 책임을 지도록 하는 행정기관을 말한다.

정답 04 ② 05 ②

⑤ [×] 애드호크라시는 현대의 복잡하고 불확실한 환경에서 발생하는 문제에 신속하게 대응할 수 있는 유기적 조직구조이다.

06 정부가 도입한 책임운영기관에 관한 설명으로 옳지 않은 것은? ▶ 2019년 행정사

① 기관의 지위에 따라 소속책임운영기관과 중앙책임운영기관으로 구분된다.
② 우리나라는 「책임운영기관의 설치·운영에 관한 법률」 등에 의해 운영 되고 있다.
③ 정부가 사업적·집행적 성격이 강한 기관을 분리시켜 유연한 경영방식을 도입한 것이다.
④ 기관장에게 재량권을 부여하여 자율적인 경영과 그 성과에 대한 책임을 지게 한다.
⑤ 예산편성 및 집행상의 자율권을 확보하기 위하여 특별위원회를 두며, 예산의 전용·이월 등이 허용되지 않는다.

해설 ⑤ [×] 「책임운영기관의 설치·운영에 관한 법률」에 의하면 책임운영기관은 예산 집행에 특히 필요한 경우에는 세출예산 각각의 총액 범위에서 각 과목 간에 전용(轉用)할 수 있다(제36조). 또한 세출예산 중 부득이한 사유로 그 회계연도 내에 지출하지 못한 경상적 성격의 경비는 대통령령으로 정하는 범위에서 다음 회계연도에 이월(移越)하여 사용할 수 있다(제37조).

> **책임운영기관의 설치·운영에 관한 법률 제36조 (예산의 전용)**
> ① 기관장은 「국가재정법」 제46조와 「정부기업예산법」 제20조에도 불구하고 예산 집행에 특히 필요한 경우에는 대통령령으로 정하는 바에 따라 특별회계의 계정별 세출예산 또는 일반회계의 세출예산 각각의 총액 범위에서 각 과목 간에 전용(轉用)할 수 있다.
>
> **제37조(예산의 이월)**
> ① 매 회계연도의 특별회계 또는 일반회계 세출예산 중 부득이한 사유로 그 회계연도 내에 지출하지 못한 경상적 성격의 경비는 대통령령으로 정하는 범위에서 다음 회계연도에 이월(移越)하여 사용할 수 있다.

07 우리나라 책임운영기관에 관한 설명으로 옳지 않은 것은? ▶ 2017년 행정사

① 경영의 자율성이 부여되는 대신 성과에 대한 책임이 요구된다.
② 우리나라 책임운영기관에는 국립중앙극장, 국립현대미술관, 경찰병원 등이 있다.
③ 책임운영기관의 회계는 특별회계로 하여 예산 운영상의 자율성을 보장하여야 한다.
④ 책임운영기관의 장은 공모를 통해 임기제공무원으로 임용된다.
⑤ 사업적·집행적 성격의 행정서비스 비율이 높은 사무에 적합하다.

정답 06 ⑤ 07 ③

③ [×] 책임운영기관의 회계는 예산 운영상의 자율성을 보장하지만 모두 특별회계로 운영되는 것은 아니다. 책임운영기관의 회계는 일반회계와 특별회계로 나뉜다. 책임운영기관의 설치·운영에 관한 법률 제27조에 따르면, 기관 운영에 필요한 재정수입의 전부 또는 일부를 자체적으로 확보할 수 있는 사무를 주로 하는 소속책임운영기관의 사업을 효율적으로 운영하기 위하여 책임운영기관특별회계를 두며, 책임운영기관특별회계기관을 제외한 소속책임운영기관은 일반회계로 운영한다.

> **책임운영기관의 설치·운영에 관한 법률 제27조 (특별회계의 설치 등)**
> ① 제4조 제1항 제2호의 사무를 주로 하는 소속책임운영기관의 사업을 효율적으로 운영하기 위하여 책임운영기관특별회계를 둔다.
> ③ 제2항에 따라 정하여진 소속책임운영기관(이하 "책임운영기관특별회계기관"이라 한다)을 제외한 소속책임운영기관은 일반회계로 운영하되, 대통령령으로 정하는 회계변경이 곤란한 특별한 사유가 있는 경우에는 다른 법률에 따라 설치된 특별회계로 운영할 수 있다. 이 경우 일반회계 또는 특별회계에 별도의 책임운영기관 항목을 설치하고 책임운영기관특별회계기관에 준하는 예산 운영상의 자율성을 보장하여야 한다.

④ [○] 책임운영기관은 소속책임운영기관과 중앙책임운영기관으로 나뉘며, 기관장을 공모를 통해 임기제공무원으로 임용하는 것은 소속책임운영기관장이다. 중앙책임운영기관장은 정무직공무원으로 임용한다.

> **책임운영기관의 설치·운영에 관한 법률 제7조 (기관장의 임용)**
> ① 소속중앙행정기관의 장은 공개모집 절차에 따라 행정이나 경영에 관한 지식·능력 또는 관련 분야의 경험이 풍부한 사람 중에서 기관장을 선발하여 「국가공무원법」 제26조의5에 따른 임기제공무원으로 임용한다. 이 경우 대통령령으로 정하는 바에 따라 기관장으로 임용하려는 사람의 능력과 자질을 평가하여 임용 여부에 활용하여야 한다.

⑤ [○]

> **책임운영기관의 설치·운영에 관한 법률 제4조 (책임운영기관의 설치 및 해제)**
> ① 책임운영기관은 그 사무가 다음 각 호의 기준 중 어느 하나에 맞는 경우에 대통령령으로 설치한다.
> 1. 기관의 주된 사무가 사업적·집행적 성질의 행정 서비스를 제공하는 업무로서 성과 측정기준을 개발하여 성과를 측정할 수 있는 사무
> 2. 기관 운영에 필요한 재정수입의 전부 또는 일부를 자체적으로 확보할 수 있는 사무

08 우리나라 책임운영기관에 관한 설명으로 옳은 것은? ▶ 2020년 행정사

① 2009년 이명박 정부에서 처음으로 도입되었다.
② 조직, 예산 등의 운영상 자율성이 책임운영기관장이 아닌 주무부처 장관에게 부여되어 있다.
③ 중앙책임운영기관으로 특허청이 있다.
④ 소속책임운영기관에 대한 종합평가는 기획재정부가 주관한다.
⑤ 소속책임운영기관과 소속중앙행정기관 간 공무원의 인사교류는 불가능하다.

정답 08 ③

해설 ③ [○] 우리나라의 책임운영기관은 소속책임운영기관과 중앙책임운영기관이 있는데 특허청은 중앙책임운영기관에 해당한다.
① [×] 「책임운영기관의 설치·운영에 관한 법률」은 1999년 1월(김대중 정부)에 제정되었다.
② [×] 책임운영기관은 책임운영기관장에게 행정 및 재정상의 자율성을 부여하고 그 운영성과에 대하여 책임을 지도록 하는 행정기관을 말한다(책임운영기관의 설치·운영에 관한 법률 제2조 제1항).

> **책임운영기관의 설치·운영에 관한 법률 제2조 (정의)**
> ① 이 법에서 "책임운영기관"이란 정부가 수행하는 사무 중 공공성(公共性)을 유지하면서도 경쟁원리에 따라 운영하는 것이 바람직하거나 전문성이 있어 성과관리를 강화할 필요가 있는 사무에 대하여 <u>책임운영기관의 장에게 행정 및 재정상의 자율성을 부여하고 그 운영 성과에 대하여 책임을 지도록 하는 행정기관을 말한다.</u>

④ [×] 소속책임운영기관에 대한 종합평가는 행정안전부장관 소속 책임운영기관운영위원회가 담당한다.

> **책임운영기관의 설치·운영에 관한 법률 제49조 (책임운영기관운영위원회의 설치 및 기능 등)**
> ① 책임운영기관의 존속여부 및 제도의 개선 등에 관한 중요 사항을 심의하기 위하여 행정안전부장관 소속으로 책임운영기관운영위원회(이하 "위원회"라 한다)를 둔다.

> **책임운영기관의 설치·운영에 관한 법률 제51조(책임운영기관의 종합평가)**
> ① <u>위원회는 책임운영기관제도의 운영과 개선, 기관의 존속 여부 판단 등을 위하여 책임운영기관에 대한 종합평가를 한다.</u> 다만, 종합평가 결과가 2회 연속 특별히 우수하다고 인정하는 기관에 대하여는 2년의 범위에서 대통령령으로 정하는 바에 따라 종합평가를 유예할 수 있다.

⑤ [×] 소속책임운영기관과 소속중앙행정기관 간 공무원의 인사교류가 가능하다.

> **책임운영기관의 설치·운영에 관한 법률 제20조 (기관 간 인사교류)**
> ① 소속책임운영기관과 소속중앙행정기관 및 그 소속 기관 간 공무원의 전보(轉補)가 필요하다고 인정되는 경우에는 소속중앙행정기관의 장이 기관장과 협의하여 실시할 수 있다.

연습문제

01 정부조직법 상 우리나라 정부조직 체계에 대한 설명으로 옳은 것 만을 〈보기〉에서 모두 고르면?

▶ 2020년 국회 8급

〈보기〉
ㄱ. 행정기관에는 그 소관사무의 일부를 독립하여 수행할 필요가 있는 때에는 법률로 정하는 바에 따라 행정위원회 등 합의제 행정기관을 둘 수 있다.
ㄴ. 과학기술정보통신부·문화체육관광부에는 차관 2명을 둔다.
ㄷ. 행정각부의 장은 국무위원이다.
ㄹ. 각 부(部) 밑에 처(處)를 둔다.
ㅁ. 각 위원회 밑에 청(廳)을 둔다.

① ㄱ, ㄹ
② ㄱ, ㄴ, ㄷ
③ ㄱ, ㄴ, ㅁ
④ ㄴ, ㄷ, ㅁ
⑤ ㄷ, ㄹ, ㅁ

해설 ② ㄱ, ㄴ, ㄷ [O]
ㄱ [O]

> 정부조직법 제5조 (합의제행정기관의 설치)
> 행정기관에는 그 소관사무의 일부를 독립하여 수행할 필요가 있는 때에는 법률로 정하는 바에 따라 행정위원회 등 합의제행정기관을 둘 수 있다.

ㄴ, ㄷ [O]

> 정부조직법 제26조 (행정각부)
> ② 행정각부에 장관 1명과 차관 1명을 두되, 장관은 국무위원으로 보하고, 차관은 정무직으로 한다. 다만, 기획재정부·과학기술정보통신부·외교부·문화체육관광부·산업통상자원부·보건복지부·국토교통부에는 차관 2명을 둔다.

ㄹ [X] 「정부조직법」상 처는 모두 국무총리 소속하에 두도록 하고 있다.
ㅁ [X] 청은 행정각부 소속 외청으로, 「정부조직법」상 청은 행정각부 소속하에 두도록 하고 있다.

정답 01 ②

02 현재 행정 각부와 그 소속 행정기관으로 옳은 것만을 <보기>에서 모두 고르면?

▶ 2019년 국회 8급

> ㄱ. 산업통상자원부 – 관세청
> ㄴ. 행정안전부 – 경찰청
> ㄷ. 중소벤처기업부 – 특허청
> ㄹ. 환경부 – 산림청
> ㅁ. 기획재정부 – 조달청
> ㅂ. 해양수산부 – 해양경찰청

① ㄱ, ㄴ, ㅁ   ② ㄱ, ㄷ, ㄹ
③ ㄱ, ㄹ, ㅁ   ④ ㄴ, ㄷ, ㅁ
⑤ ㄴ, ㅁ, ㅂ

해설 ⑤ ㄴ, ㅁ, ㅂ [O]
ㄱ. ㄷ. [×] 관세청은 기획재정부 소속기관이다. 특허청은 산업통상자원부 소속기관이다.
ㄹ. [×] 산림청은 농림축산식품부 소속기관이다.

중앙행정기관	소속기관
기획재정부	국세청, 관세청, 조달청, 통계청
법무부	검찰청
국방부	병무청, 방위사업청
문화체육관광부	국가유산청
행정안전부	경찰청, 소방청
농림축산식품부	농촌진흥청, 산림청
산업통상자원부	특허청
환경부	기상청
국토교통부	행정중심복합도시건설청, 새만금개발청
해양수산부	해양경찰청
외교통상부	재외동포청
과학기술정보통신부	우주항공청

정답 02 ⑤

03 다음 〈보기〉에 제시된 계선기관에 관한 내용 중 옳은 것을 모두 고르면?
▶ 2015년 국회 9급

〈보기〉
ㄱ. 권한 및 책임의 한계의 명확성, 신속한 결정력, 업무 수행 능률성 등의 장점이 있다.
ㄴ. 각 행정기관의 장의 인격을 연장·보완하는 역할을 하며 지휘·감독의 범위를 넓혀 준다.
ㄷ. 기관장이 주관적·독단적 결정이나 조치를 취할 가능성이 존재하고, 조직의 경직성을 초래한다.
ㄹ. 전문적 지식과 경험으로 행정목표의 달성에 간접적으로 기여한다.

① ㄱ, ㄴ
② ㄱ, ㄷ
③ ㄱ, ㄴ, ㄹ
④ ㄱ, ㄷ, ㄹ
⑤ ㄱ, ㄴ, ㄷ, ㄹ

해설
② ㄱ, ㄷ [O] 계선기관은 상하명령복종 관계를 가진 수직적·계층적 구조를 형성하는 기관으로 조직목표 달성에 직접적으로 기여하는 기관이며, 참모(막료)기관은 계선기관이 원활한 기능을 수행할 수 있도록 지원·보조·촉진함으로써 조직의 목표달성에 간접적으로 공헌하는 기관을 의미한다.
ㄴ, ㄹ [×] 계선이 아닌 참모기관의 역할에 대한 설명이다.

[표] 계선기관과 막료기관의 비교

계선기관	막료기관
정부조직법상 보조기관	정부조직법상 보좌기관
계층제적 성격 (장·차관 – 실·국장 – 과장 – 계장 – 직원)	비계층제적 성격 (차관보, 심의관, 담당관 등)
조직목표 달성에 직접적 기여	조직목표달성에 간접적 기여(자문·권고·조사·연구 등의 기능)
명령권·집행권 행사	명령권·집행권 없음
현실적·보수적 성향	이상적·개혁적 성향
수직적 명령복종 관계	수평적 대등한 관계
일반행정가 중심	전문행정가 중심

04 위원회(committee) 조직의 장점으로 보기 어려운 것은?
▶ 2012년 지방직 9급

① 집단결정을 통해 행정의 안정성과 지속성을 확보할 수 있다.
② 조직 각 부문 간의 조정을 촉진한다.
③ 경험과 지식을 지닌 전문가를 활용할 수 있다.
④ 의사결정과정이 신속하고 합의가 용이하다.

정답 03 ② 04 ④

해설 ④ [×] 위원회 조직은 합의제 조직이므로 의사결정에 많은 시간과 경비가 소요되기 때문에 의사결정의 지연을 초래할 수 있다.

05 정부위원회에 대한 설명으로 옳은 것만을 모두 고르면?

▶ 2022년 지방직 9급

ㄱ. 책임성이 결여될 수 있다.
ㄴ. 자문위원회는 업무가 계속성·상시성이 있어야 한다.
ㄷ. 민주성을 제고하는 장점이 있다.
ㄹ. 방송통신위원회, 공정거래위원회, 국민권익위원회, 금융위원회, 개인정보 보호위원회, 원자력안전위원회는 중앙행정기관이다.

① ㄱ, ㄷ
② ㄴ, ㄷ
③ ㄴ, ㄹ
④ ㄱ, ㄷ, ㄹ

해설 ④ ㄱ, ㄷ, ㄹ [O]

정부조직법 제2조 (중앙행정기관의 설치와 조직 등)
① 중앙행정기관의 설치와 직무범위는 법률로 정한다.
② 중앙행정기관은 이 법에 따라 설치된 부·처·청과 다음 각 호의 행정기관으로 하되, 중앙행정기관은 이 법 및 다음 각 호의 법률에 따르지 아니하고는 설치할 수 없다.
1. 「방송통신위원회의 설치 및 운영에 관한 법률」 제3조에 따른 방송통신위원회
2. 「독점규제 및 공정거래에 관한 법률」 제54조에 따른 공정거래위원회
3. 「부패방지 및 국민권익위원회의 설치와 운영에 관한 법률」 제11조에 따른 국민권익위원회
4. 「금융위원회의 설치 등에 관한 법률」 제3조에 따른 금융위원회
5. 「개인정보 보호법」 제7조에 따른 개인정보 보호위원회
6. 「원자력안전위원회의 설치 및 운영에 관한 법률」 제3조에 따른 원자력안전위원회
7. 「신행정수도 후속대책을 위한 연기·공주지역 행정중심복합도시 건설을 위한 특별법」 제38조에 따른 행정중심복합도시건설청
8. 「새만금사업 추진 및 지원에 관한 특별법」 제34조에 따른 새만금개발청

ㄴ [×] 업무가 계속성·상시성이 있어야 하는 것은 행정위원회의 특징이다.

행정기관 소속 위원회의 설치·운영에 관한 법률 제5조 (위원회의 설치요건)
① 「정부조직법」 제5조에 따라 합의제행정기관(이하 "행정위원회"라 한다)을 설치할 경우에는 다음 각 호의 요건을 갖추어야 한다.
1. 업무의 내용이 전문적인 지식이나 경험이 있는 사람의 의견을 들어 결정할 필요가 있을 것
2. 업무의 성질상 특히 신중한 절차를 거쳐 처리할 필요가 있을 것
3. 기존 행정기관의 업무와 중복되지 아니하고 독자성(獨自性)이 있을 것
4. 업무가 계속성·상시성(常時性)이 있을 것

정답 05 ④

06 정부의 위원회 조직에 대한 설명으로 옳지 않은 것은? ▶ 2019년 국가직 9급

① 결정에 대한 책임의 공유와 분산이 특징이다.
② 복수인으로 구성된 합의형 조직의 한 형태다.
③ 국민권익위원회는 의사결정의 권한이 없는 자문위원회에 해당된다.
④ 소청심사위원회는 행정관청적 성격을 지닌 행정위원회에 해당된다.

해설 ③ [×] 국민권익위원회는 결정권과 집행권을 갖는 행정위원회에 속한다.

구분	자문위원회	행정위원회	
		의결위원회	행정위원회
권한 및 성격	결정권 × 집행권 ×	의사결정 권한 ○ 집행권 ×	독립 지위를 가진 행정관청 의사결정의 법적 구속력 ○ 행정 집행권 ○
예	기업 및 부처(정책) 자문위원회, 정부업무평가위원회 등	각 부처 징계위원회 정부 공직자윤리위원회 소청심사위원회 등	중앙선거관리위원회 공정거래위원회 국민권익위원회 금융위원회 등

07 책임운영기관에 대한 설명으로 옳지 않은 것은? ▶ 2020년 국가직 9급

① 기관장에게 기관 운영의 자율성을 보장하고, 기관 운영 성과에 대해 책임을 지도록 한다.
② 공공성이 크기 때문에 민영화하기 어려운 업무를 정부가 직접 수행하기 위해 고안된 것이다.
③ 객관적이고 신뢰할 수 있는 성과평가 시스템 구축은 책임운영 기관의 성공 여부를 결정짓는 요건 중의 하나이다.
④ 1970년대 영국에서 집행기관(executive agency)이라는 이름으로 처음 도입되었고, 우리나라는 1990년부터 운영하고 있다.

해설 ④ [×] 책임운영기관은 1988년 영국 대처 정부에서 국방·보건·교도소 등 1400여개 부서를 집행기관(Executive Agency)으로 지정하면서 처음 도입되었고, 우리나라는 김대중 정부에서 1999년 「책임운영기관의 설치·운영에 관한 법률」에 근거해 도입되었다.

정답 06 ③ 07 ④

08 「책임운영기관의 설치·운영에 관한 법률」상 책임운영기관에 대한 설명으로 옳지 않은 것은?

▶ 2019년 국가직 9급

① 책임운영기관은 기관장에게 재정상의 자율성을 부여하고 그 운영성과에 대해 책임을 지도록 하는 행정기관의 특성을 갖는다.
② 소속책임운영기관에 두는 공무원의 총 정원 한도는 총리령으로 정하며, 이 경우 고위공무원단에 속하는 공무원의 정원은 부령으로 정한다.
③ 소속책임운영기관 소속 공무원의 임용시험은 기관장이 실시함을 원칙으로 한다.
④ 기관장의 근무기간은 5년의 범위에서 소속중앙행정기관의 장이 정하되, 최소한 2년 이상으로 하여야 한다.

해설 ② [×] 소속책임운영기관에 두는 공무원의 총 정원 한도는 대통령령으로 정하며, 이 경우 고위공무원단에 속하는 공무원의 정원은 부령으로 정한다.

> **책임운영기관의 설치·운영에 관한 법률 제16조 (공무원의 정원)**
> ① 소속책임운영기관에 두는 공무원의 총 정원 한도는 대통령령으로 정한다. 이 경우 다음 각 호의 정원은 총리령 또는 부령으로 정하되, 대통령령으로 정하는 바에 따라 통합하여 정할 수 있다.
> 1. 공무원의 종류별·계급별 정원
> 2. 고위공무원단에 속하는 공무원의 정원

> **책임운영기관의 설치·운영에 관한 법률 제4조(책임운영기관의 설치 및 해제)**
> ① 책임운영기관은 그 사무가 다음 각 호의 기준 중 어느 하나에 맞는 경우에 대통령령으로 설치한다.
> 1. 기관의 주된 사무가 사업적·집행적 성질의 행정 서비스를 제공하는 업무로서 성과 측정기준을 개발하여 성과를 측정할 수 있는 사무
> 2. 기관 운영에 필요한 재정수입의 전부 또는 일부를 자체적으로 확보할 수 있는 사무

③ [○]

> **책임운영기관의 설치·운영에 관한 법률 제19조 (임용시험)**
> ① 소속책임운영기관 소속 공무원의 임용시험은 기관장이 실시한다. 다만, 기관장이 단독으로 실시하기 곤란한 경우에는 중앙행정기관의 장이 실시할 수 있으며, 다른 시험실시기관의 장과 공동으로 실시하거나 대통령령으로 정하는 다른 기관의 장에게 위탁하여 실시할 수 있다.

④ [○]

> **책임운영기관의 설치·운영에 관한 법률 제7조 (기관장의 임용)**
> ③ 기관장의 근무기간은 5년의 범위에서 소속중앙행정기관의 장이 정하되, 최소한 2년 이상으로 하여야 한다.

정답 08 ②

09 책임운영기관의 설치·운영에 관한 법률 의 내용으로 옳지 않은 것은?   ▶ 2022년 국회 8급

① 행정안전부장관은 5년 단위로 책임운영기관의 관리 및 운영 전반에 관한 중기관리계획을 수립한다.
② 중앙책임운영기관의 장의 임기는 2년으로 하되, 한 차례만 연임할 수 있다.
③ 소속책임운영기관에는 소속 기관을 둘 수 없다.
④ 중앙책임운영기관의 장은 고위공무원단에 속하는 공무원을 제외한 소속 공무원에 대한 일체의 임용권을 가진다.
⑤ 책임운영기관운영위원회는 위원장 및 부위원장 각 1명을 포함한 15명 이내의 위원으로 구성한다.

> **해설** ③ [×] 소속책임운영기관에는 대통령령으로 정하는 바에 따라 소속기관을 둘 수 있다.
>
> > 책임운영기관의 설치·운영에 관한 법률 제15조 (소속 기관 및 하부조직의 설치)
> > ① 소속책임운영기관에는 대통령령으로 정하는 바에 따라 소속기관을 둘 수 있다.
>
> ① [○]
>
> > 책임운영기관의 설치·운영에 관한 법률 제3조의2 (중기관리계획의 수립 등)
> > ① 행정안전부장관은 5년 단위로 책임운영기관의 관리 및 운영 전반에 관한 기본계획(이하 "중기관리계획"이라 한다)을 수립하여야 한다.
>
> ② [○]
>
> > 책임운영기관의 설치·운영에 관한 법률 제40조 (중앙책임운영기관의 장의 임기)
> > 중앙책임운영기관의 장의 임기는 2년으로 하되, 한 차례만 연임할 수 있다.
>
> ④ [○]
>
> > 책임운영기관의 설치·운영에 관한 법률 제47조(인사 관리)
> > ① 중앙책임운영기관의 장은 「국가공무원법」 제32조제1항 및 제2항이나 그 밖의 공무원 인사관계 법령에도 불구하고 고위공무원단에 속하는 공무원을 제외한 소속 공무원에 대한 일체의 임용권을 가진다.
>
> ⑤ [○]
>
> > 책임운영기관의 설치·운영에 관한 법률 제50조 (위원회의 구성 및 운영)
> > ① 위원회는 위원장 및 부위원장 각 1명을 포함한 15명 이내의 위원으로 구성한다.

정답 09 ③

10 공공서비스 공급주체와 그 사례의 연결로 옳은 것만을 〈보기〉에서 모두 고르면?

▶ 2021년 국회 8급

〈보 기〉
ㄱ. 책임운영기관 - 국립재활원
ㄴ. 준시장형 공기업 - 한국관광공사
ㄷ. 위탁집행형 준정부기관 - 근로복지공단
ㄹ. 시장형 공기업 - 한국철도공사
ㅁ. 정부기업 - 우정사업본부

① ㄱ, ㅁ
② ㄴ, ㄹ
③ ㄱ, ㄴ, ㅁ
④ ㄴ, ㄷ, ㄹ
⑤ ㄷ, ㄹ, ㅁ

해설 ① ㄱ, ㅁ [O]
ㄴ [×] 한국관광공사는 위탁집행형 준정부기관에 해당한다.
ㄷ [×] 근로복지공단은 기금관리형 준정부기관에 해당한다.
ㄹ [×] 한국철도공사는 준시장형 공기업에 해당한다.

11 「공공기관의 운영에 관한 법률」에 따른 기관유형과 그 사례가 바르게 연결된 것은?

▶ 2014년 서울시 9급

① 시장형 공기업 - 한국조폐공사
② 준시장형 공기업 - 한국마사회
③ 기금관리형 준정부기관 - 한국농어촌공사
④ 위탁집행형 준정부기관 - 국민연금공단
⑤ 기타공공기관 - 한국연구재단

해설 ② [O]
① [×] 준시장형 공기업이다.
③ [×] 위탁집행형 준정부기관이다.
④ [×] 기금관리형 준정부기관이다.
⑤ [×] 위탁집행형 준정부기관이다.

정답 10 ①   11 ②

12 2022년 현재 「공공기관의 운영에 관한 법률」 및 관련 공공기관의 유형에 대한 설명으로 옳은 것은?

▶ 2022년 국회 9급

① 한국방송공사는 공공기관 유형 중 준시장형 공기업에 해당한다.
② 한국조폐공사는 공공기관 유형 중 시장형 공기업에 해당한다.
③ 지방자치단체가 설립하고 그 운영에 관여하는 기관을 공공기관으로 지정할 수 있다.
④ 기금관리형 준정부기관은 「국가재정법」에 따라 기금을 관리하거나 기금의 관리를 위탁받은 준정부기관이다.
⑤ 공공기관의 유형을 구분하고 지정하는 것은 행정안전부장관의 권한이다.

> **해설** ④ [○] 「공공기관의 운영에 관한 법률」 제5조 제4항
>
> **공공기관의 운영에 관한 법률 제5조 (공공기관의 구분)**
> ① 기획재정부장관은 공공기관을 다음 각 호의 구분에 따라 지정한다.
> ④ 기획재정부장관은 제1항 및 제3항의 규정에 따른 공기업과 준정부기관을 다음 각 호의 구분에 따라 세분하여 지정한다.
>   2. 준정부기관
>   가. 기금관리형 준정부기관: 「국가재정법」에 따라 기금을 관리하거나 기금의 관리를 위탁받은 준정부기관
>   나. 위탁집행형 준정부기관: 기금관리형 준정부기관이 아닌 준정부기관
>
> ①, ③ [×] 한국방송공사(KBS), 한국교육방송공사(EBS), 구성원 상호 간의 상호부조·복리증진·권익향상 또는 영업질서 유지 등을 목적으로 설립된 기관, 지방자치단체가 설립하고, 그 운영에 관여하는 기관은 공공기관으로 지정할 수 없다.
>
> **공공기관의 운영에 관한 법률 제4조**
> ② 제1항에도 불구하고 기획재정부장관은 다음 각 호의 어느 하나에 해당하는 기관을 공공기관으로 지정할 수 없다.
>   1. 구성원 상호 간의 상호부조·복리증진·권익향상 또는 영업질서 유지 등을 목적으로 설립된 기관
>   2. 지방자치단체가 설립하고, 그 운영에 관여하는 기관
>   3. 「방송법」에 따른 한국방송공사와 「한국교육방송공사법」에 따른 한국교육방송공사
>
> ② [×] 한국조폐공사는 준시장형 공기업이다.
> ⑤ [×] 행정안전부장관이 아닌 기획재정부장관이 지정한다.

정답 12 ④

13 「공공기관의 운영에 관한 법률」의 내용에 대한 설명으로 옳지 않은 것은? ▶ 2017년 국가직 7급

① 공공기관의 자율경영 및 책임경영체제의 확립, 경영합리화, 투명성 제고를 목적으로 한다.
② 기획재정부장관은 매년 직원 정원 100인 이상의 공공기관 중에서 공기업과 준정부기관을 지정한다.
③ 공기업은 시장형과 준시장형으로, 준정부기관은 위탁집행형과 기금관리형으로 구분된다.
④ 공기업과 준정부기관은 신규 지정된 해를 제외하고 매년 경영실적 평가를 받는다.

해설

② [×] 기획재정부 장관은 직원 정원이 300명 이상, 수입액 200억원 이상, 자산규모 30억원 이상인 공공기관 중에서 공기업과 준정부기관을 지정한다.

> **공공기관의 운영에 관한 법률 시행령 제7조 (공기업 및 준정부기관의 지정기준)**
> ① 기획재정부장관은 법 제5조제1항제1호에 따라 다음 각 호의 기준에 해당하는 공공기관을 공기업·준정부기관으로 지정한다.
>   1. 직원 정원: 300명 이상
>   2. 수입액(총수입액을 말한다): 200억원 이상
>   3. 자산규모: 30억원 이상

① [○] 공공기관의 운영에 관한 법률 제1조

> 공공기관의 운영에 관한 법률 제1조 (목적) 이 법은 공공기관의 운영에 관한 기본적인 사항과 자율경영 및 책임경영체제의 확립에 관하여 필요한 사항을 정하여 경영을 합리화하고 운영의 투명성을 제고함으로써 공공기관의 대국민 서비스 증진에 기여함을 목적으로 한다.

③ [○]

> **공공기관의 운영에 관한 법률 제5조 (공공기관의 구분)**
> ① 기획재정부장관은 공공기관을 다음 각 호의 구분에 따라 지정한다.
>   1. 공기업·준정부기관: 직원 정원, 수입액 및 자산규모가 대통령령으로 정하는 기준에 해당하는 공공기관
>   2. 기타공공기관: 제1호에 해당하는 기관 이외의 기관
> ④ 기획재정부장관은 제1항 및 제3항의 규정에 따른 공기업과 준정부기관을 다음 각 호의 구분에 따라 세분하여 지정한다.
>   1. 공기업
>   가. 시장형 공기업 : 자산규모와 총수입액 중 자체수입액이 대통령령으로 정하는 기준 이상인 공기업
>   나. 준시장형 공기업 : 시장형 공기업이 아닌 공기업
>   2. 준정부기관
>   가. 기금관리형 준정부기관 : 「국가재정법」에 따라 기금을 관리하거나 기금의 관리를 위탁받은 준정부기관
>   나. 위탁집행형 준정부기관 : 기금관리형 준정부기관이 아닌 준정부기관

④ [○] 기획재정부 장관은 매년 공기업과 준정부기관을 평가한다. 다만 신규 지정된 해에는 평가하지 아니한다.

> **제48조 (경영실적 평가)**
> ① 기획재정부장관은 제24조의2제3항에 따른 연차별 보고서, 제31조제3항 및 제4항의 규정에 따른 계약의 이행에 관한 보고서, 제46조의 규정에 따른 경영목표와 경영실적보고서를 기초로 하여 공기업·준정부기관의 경영실적을 평가한다. 다만, 제6조의 규정에 따라 공기업·준정부기관으로 지정(변경지정은 제외한다)된 해에는 경영실적을 평가하지 아니한다.

정답 13 ②

제4장 동기부여 이론

기출문제

01 동기부여 과정이론은? ▶ 2018년 행정사

① 브룸(V. Vroom)의 기대이론
② 매슬로우(A. Maslow)의 욕구 5단계론
③ 허즈버그(F. Herzberg)의 2요인 이론
④ 맥그리거(D. McGregor)의 XY이론
⑤ 맥클랜드(D. McClelland)의 성취동기이론

> **해설** ① 브룸(V. Vroom)의 기대이론은 과정이론이며, 나머지는 내용이론에 해당한다.

02 허즈버그(F. Herzberg)가 제시한 위생요인이 아닌 것은? ▶ 2020년 행정사

① 인정감
② 봉급
③ 대인관계
④ 근무조건
⑤ 조직정책

> **해설** ① [×] 직무수행에 따르는 인정감은 만족(동기)요인에 해당된다.

03 허즈버그(Herzberg)가 제시한 동기요인이 아닌 것은? ▶ 2016년 행정사

① 성취감
② 책임감
③ 보수
④ 안정감
⑤ 승진

> **해설** ③ [×] 보수는 불만요인(위생요인)에 해당한다.

정답 01 ① 02 ① 03 ③

04 허즈버그(F. Herzberg)의 동기·위생 2요인이론에 관한 설명으로 옳은 것은? ▶ 2021년 행정사

① 인간의 욕구를 계층적 구조로 나누어 설명한다.
② 하위계층의 욕구가 충족되어야 상위계층의 욕구가 나타나기 시작한다.
③ 모든 욕구는 충족되면 동기부여로 이어진다.
④ 동기요인에는 보수, 신분보장, 작업조건, 대인관계 등이 포함된다.
⑤ 위생요인은 주로 생리적 욕구, 안전욕구 등을 만족시키는 요인들이다.

> **해설**
> ⑤ [○]
> ① [×] 인간의 욕구를 계층적 구조로 나누어 설명한 것은 머슬로우의 욕구단계이론이다.
> ② [×] 하위계층의 욕구가 충족되어야 상위계층의 욕구가 나타나기 시작한다고 본 것은 머슬로우의 욕구단계 이론이다.
> ③ [×] 위생요인(불만요인)의 충족은 단순히 불만을 제거하는 효과만 있으며, 동기요인이 충족되어야만 동기부여로 이어진다.
> ④ [×] 보수, 신분보장, 작업조건, 대인관계 등은 위생요인(불만요인)에 해당된다.

05 동기부여 이론에 관한 설명으로 옳은 것은? ▶ 2023년 행정사

① 머슬로(A. Maslow)의 욕구계층이론은 과정이론에 해당한다.
② 매클리랜드(D. McClelland)의 성취동기이론은 모든 사람이 비슷한 욕구의 계층을 갖고 있다고 보는 점에서 머슬로(A. Maslow)의 이론을 계승하고 있다.
③ 동기부여 이론은 일반적으로 내용이론과 형식이론으로 분류된다.
④ 앨더퍼(C. Alderfer)의 ERG이론은 인간의 욕구를 계층화한 점에서는 머슬로(A. Maslow)와 공통된 견해를 지니고 있다.
⑤ 허즈버그(F. Herzberg)의 욕구충족요인이원론은 인간에게 만족을 주는 요인과 불만족을 방지하는 요인은 서로 같은 차원이라고 본다.

> **해설**
> ④ [○]
> ① [×] 머슬로의 욕구계층이론은 내용이론에 해당한다.
> ② [×] 매클리랜드의 성취동기이론은 모든 사람의 욕구계층이 같다고 보는 머슬로의 이론을 비판하고, 개인의 행동을 동기화시키는 욕구는 학습되는 것으로 개인마다 욕구의 계층에 차이가 있다고 주장한다.
> ③ [×] 동기부여 이론은 일반적으로 내용이론과 과정이론으로 분류된다.
> ⑤ [×] 허즈버그의 욕구충족요인이원론은 인간에게 만족을 주는 요인(동기요인·만족요인)과 불만족을 방지하는 요인(위생요인·불만요인)은 서로 별개이며 독립적이라고 본다.

정답 04 ⑤   05 ④

연습문제

01 동기유발의 과정을 설명하는 '과정이론'에 해당하는 것만을 모두 고르면? ▶ 2022년 국가직 9급

> ㄱ. 브룸(Vroom)의 기대이론
> ㄴ. 애덤스(Adams)의 공정성이론
> ㄷ. 로크(Locke)의 목표설정이론
> ㄹ. 앨더퍼(Alderfer)의 ERG이론
> ㅁ. 맥그리거(McGregor)의 X이론 Y이론

① ㄱ, ㄴ, ㄷ
② ㄱ, ㄴ, ㄹ
③ ㄴ, ㄷ, ㅁ
④ ㄷ, ㄹ, ㅁ

해설 ① ㄱ, ㄴ, ㄷ

[표] 동기부여 이론

내용이론	과정이론
• 머슬로우(A. H. Maslow)욕구 5단계 이론 • 앨더퍼(Alderfer)의 ERG 이론 • 맥그리거(Douglas McGregor)의 X, Y 이론 • 허즈버그(Herzberg)의 2요인 이론 • 아지리스(Argyris)의 성숙 – 미성숙 이론 • 맥클리랜드(McClelland)의 성취동기이론	• 브룸(Vroom)의 기대이론(VIE) • 애덤스의 공정성(형평성) 이론 • 해크만과 올드햄(Hackman & Oldman)의 직무 특성 이론 • 포터와 롤러(Porter & Lawer)의 업적만족모형 • 로크(Locke) 목표설정이론(goal setting theory) • 학습이론(강화이론)

02 다음 설명에 해당하는 조직의 인간관은? ▶ 2019년 국가직 9급

> • 인간을 자신의 이익을 극대화하기 위해 행동하는 존재로 본다.
> • 인간은 조직에 의해 통제·동기화되는 수동적 존재이며, 조직은 인간의 감정과 같은 주관적 요소를 통제할 수 있도록 설계돼야 한다.

① 합리적·경제적 인간관
② 사회적 인간관
③ 자아실현적 인간관
④ 복잡한 인간관

정답 01 ① 02 ①

> **해설** ① [O] 인간은 피동적이고 수동적인 존재로 통제 내지는 경제적인 보상에 의해 동기부여가 되는 존재라고 보는 입장은 합리적·경제적 인간관이다.

03 다음 내용이 설명하는 인간관에 부합하는 조직관리 전략은? ▶ 2015년 지방직 9급

> 대부분의 사람들은 본질적으로 일을 싫어하는 것이 아니다. 사람들에게 일이란 작업조건만 제대로 정비되면 놀이를 하거나 쉬는 것과 같이 극히 자연스러운 것이며, 인간이 물리적·사회적 환경에 도전하는 여러 방법 중의 하나이다.

① 업무지시를 정확하게 하고 엄격한 상벌 원칙을 제시해야 한다.
② 업무평가 하위 10%에 해당하는 직원에 대한 20%의 급여삭감계획은 더욱 많은 업무 노력을 이끌어 낼 수 있는 방법이다.
③ 의사결정 시 부하직원을 참여시키고 자율적으로 업무를 수행할 수 있도록 해야 한다.
④ 관리자가 조직구성원에게 적절한 업무량을 부과하여 수행하게 해야 한다.

> **해설** ③ [O] 맥그리거의 Y이론에 대한 설명이므로, 자율적이고 참여적인 관리전략이 적절하다.
> ①, ②, ④는 X이론의 관리전략에 해당한다.

04 동기부여이론에 대한 설명으로 옳은 것은? ▶ 2019년 국회 9급

① 내용이론은 인간 행동의 동기가 어떻게 유발되는지에 중점을 둔다.
② 과정이론은 동기를 유발하는 내용이 무엇인지 설명하는 이론이다.
③ 아담스(Adams)의 공정성 이론은 조직에서 정당한 보상이 얼마나 중요한지를 보여준다.
④ Y 이론은 하위욕구를 중요시하며, X 이론은 상위욕구를 중요시한다.
⑤ 머슬로(Maslow)의 욕구계층 이론은 두 가지 이상의 욕구가 동시에 작용해 복합적으로 하나의 행동을 유발한다고 주장한다.

> **해설** ③ [O]
> ① [×] 내용이론은 동기를 유발하는 내용이 무엇인지를 설명하는 이론이다.
> ② [×] 과정이론은 인간 행동의 동기가 어떻게 유발되는지에 중점을 둔다.
> ④ [×] X 이론은 하위욕구를 중요시하며, Y 이론은 상위욕구를 중요시한다.
> ⑤ [×] 머슬로(Maslow)의 욕구계층이론은 두 가지 이상의 욕구의 동시 작용(욕구의 중복현상)을 설명하지 못하는 한계를 가진다. 두 가지 이상의 욕구가 동시에 작용해 복합적으로 하나의 행동을 유발한다고 주장한 것은 앨더퍼(Alderfer)의 ERG이론이다.

정답 03 ③ 04 ③

05 동기요인 이론에 대한 설명으로 옳지 않은 것은? ▶ 2021년 국가직 9급

① 아담스(Adams)의 공정성 이론에 따르면 공정하다고 인식할 때 동기가 유발된다.
② 매클리랜드(McClelland)의 성취동기이론에 따르면 개인들의 욕구가 학습을 통해 개발될 수 있다.
③ 브룸(Vroom)의 기대이론에서 기대감은 특정 결과는 특정한 노력으로 인해 나타날 수 있다는 가능성에 대한 개인의 신념으로 통상 주관적 확률로 표시된다.
④ 앨더퍼(Alderfer)의 ERG이론에 따르면 상위욕구 충족이 좌절되면 하위욕구를 충족시키고자 할 수 있다.

> 해설 ① [×] 아담스의 공정성 이론에 따르면 자신이 기울인 노력과 보상 간의 비율이 준거인과 비교하여 불공정하다고 느낄 때 동기가 유발된다고 주장한다.

06 허즈버그(F. Herzberg)의 욕구충족요인이원론에서 제시하는 동기요인(motivator) 내지 만족요인(satisfier)과 가장 거리가 먼 것은? ▶ 2010년 국가직 9급

① 보다 많은 책임을 부여받는다.
② 상사로부터 직무성취에 대한 인정을 받는다.
③ 보다 많은 개인적 성장과 발전을 경험하고 있다.
④ 원만한 대인관계를 유지하고 있다.

> 해설 ④ [×] 원만한 대인관계는 위생요인(불만요인)에 해당한다.

07 허즈버그(F. Herzberg)의 욕구충족요인 이원론의 설명으로 옳은 것은? ▶ 2010년 지방직 9급

① 동기요인을 충족시켜주지 못하면 조직에 대한 불만이 커진다.
② 동기요인의 충족은 직무수행을 위한 노력을 강화한다.
③ 위생요인은 주로 직무자체와 관련되어 있다.
④ 위생요인의 충족은 동기유발을 촉진한다.

정답 05 ① 06 ④ 07 ②

해설
② [O]
① [×] 위생요인(불만요인)을 충족시켜주지 못하면 조직에 대한 불만이 커진다.
③ [×] 직무자체와 관련되어 있는 요인은 동기(만족)요인이다. 위생요인은 근무환경과 같은 직무 외적 요인과 관련되어 있다.
④ [×] 동기유발을 촉진하는 것은 동기요인이다.

08 다음 〈보기〉의 사례를 가장 잘 설명할 수 있는 이론은? ▶ 2018년 국회 9급

〈보기〉
한 학생이 공무원 시험을 준비하고 있다. 이 학생은 열심히 노력한 만큼 좋은 성적이 나올 것이라 생각하며, 좋은 성적을 받으면 공무원에 임용될 수 있을 것이라고 믿고 있다. 또한 본인이 공무원이라는 직업을 매우 원했기 때문에 시험공부를 하는 데에 충분한 동기부여가 이루어졌다.

① 앨더퍼(Aldefer)의 E · R · G 이론
② 허츠버그(Herzberg)의 욕구충족요인 이원론
③ 마슬로우(Maslow)의 욕구계층이론
④ 브룸(Vroom)의 기대이론
⑤ 맥그리거(McGregor)의 X이론

해설
④ [O] 〈보기〉에서 '노력한 만큼 좋은 성적이 나올 것'은 기대감(Expectation), '좋은 성적을 받으면 공무원에 임용될 수 있을 것이라는 믿음'은 수단성(Instrumentality), '공무원이라는 직업을 매우 원하였다는 점'은 유인가(Valence)에 해당한다. 따라서 기대감, 수단성, 유인가에 의해서 동기부여의 강도가 결정된다고 보는 브룸(Vroom)의 기대이론에 대한 설명이다.

09 동기이론에 대한 설명으로 옳지 않은 것은? ▶ 2019년 국가직 9급

① 매슬로우(Maslow)는 충족된 욕구는 동기부여의 역할이 약화되고 그 다음 단계의 욕구가 새로운 동기 요인이 된다고 하였다.
② 앨더퍼(Alderfer)는 매슬로우의 5단계 욕구이론을 수정해서 인간의 욕구를 3단계로 나누었다.
③ 허즈버그(Herzberg)는 불만요인(위생요인)을 없앤다고 해서 적극적으로 만족감을 느끼는 것은 아니라고 했다.
④ 브룸(Vroom)의 기대이론에서 수단성(instrumentality)은 특정한 결과에 대한 선호의 강도를 의미한다.

정답 08 ④ 09 ④

제4장 동기부여 이론 | 241

해설 ④ [×] 특정한 결과에 대한 선호의 강도는 유인가(valence)에 대한 설명이다. 수단성(instrumentality)은 목표를 달성했을 때 그 결과가 가져올 보상에 대한 가능성을 의미한다.

10 해크먼(J. Hackman)과 올드햄(G. Oldham)의 직무특성 모델에 대한 설명으로 옳지 않은 것은?

▶ 2011년 지방직 9급

① 잠재적 동기지수(Motivating Potential Score :MPS) 공식에 의하면 제시된 직무특성들 중 직무정체성과 직무중요성이 동기부여에 가장 중요한 역할을 한다.
② 허즈버그의 욕구충족요인 이원론보다 진일보한 것으로 이해할 수 있다.
③ 직무정체성이란 주어진 직무의 내용이 하나의 제품 혹은 서비스를 처음부터 끝까지 완성시킬 수 있도록 구성되어 있는지에 관한 것이다.
④ 이 모델은 기술다양성, 직무정체성, 직무중요성, 자율성, 환류 등 다섯 가지의 핵심 직무특성을 제시한다.

해설 ① [×] 해크먼(J. Hackman)과 올드햄(G. Oldham)의 직무특성이론에서 잠재적 동기지수 공식에 따르면 자율성과 환류의 중요성을 가장 강조하고 있다.

$$잠재적\ 동기지수 = \frac{기술다양성 + 직무정체성 + 직무중요성}{3} \times 자율성 \times 환류$$

직무특성	정의
① 기술 다양성	직무를 수행하는데 요구되는 기술의 종류가 얼마나 여러 가지 인가의 정도
② 직무정체성	직무의 내용이 하나의 제품이나 서비스를 처음부터 끝까지 완성시킬 수 있도록 구성되어 있는가의 정도
③ 직무중요성	자기 직무가 다른 사람의 작업이나 행동에 영향을 미치는 정도
④ 자율성	자신의 직무에 대해 개인적으로 느끼는 책임감 정도
⑤ 피드백	직무 자체가 주는 직무수행 성과에 대한 정보 유무

정답 10 ①

애덤스(Adams)의 공정성 이론에 대한 설명으로 옳지 않은 것은? ▶ 2024년 지방직 9급

① 투입과 산출의 비율을 준거인과 비교하여 공정성을 지각한다.
② 불공정성을 느낄 때 자신의 지각을 의도적으로 왜곡하기도 한다.
③ 노력과 기술은 투입에 해당하며, 보수와 인정은 산출에 해당한다.
④ 준거인과 비교하여 과소보상자는 불공정하다고 생각하고, 과대보상자는 공정하다고 생각한다.

해설 ④ [×] 과대보상과 과소보상 모두 불공정으로 인식한다.

 동기이론에 대한 설명으로 옳지 않은 것은? ▶ 2016년 지방직 9급

① 매슬로우(Maslow)는 상위 차원의 욕구가 충족되지 못하거나 좌절될 경우 하위욕구를 더욱 더 충족시키고자 한다고 주장하였다.
② 앨더퍼(Alderfer)는 ERG이론에서 매슬로우의 욕구 단계를 줄여서 생존욕구 · 대인관계 욕구 · 성장욕구의 세 단계를 제시하였다.
③ 허츠버그(Herzberg)는 욕구충족요인 이원론에서 불만족 요인 · 위생요인을 제거한다고 해서 만족을 보장하는 것은 아니라고 주장하였다.
④ 애덤스(Adams)는 형평성 이론에서 자신의 노력과 그 결과로 얻어지는 보상과의 관계를 다른 사람의 것과 비교해 상대적으로 느끼는 공평한 정도가 행동동기에 영향을 준다고 본다.

해설 ① [×] 매슬로우(Maslow)는 욕구의 좌절 – 퇴행적 진행을 고려하지 못했다. 즉, 욕구는 하위욕구에서 상위욕구로 순차적으로 유발되는 것으로만 보았다. 욕구의 좌절 – 퇴행 진행을 설명한 것은 앨더퍼의 ERG 이론이다.

13 동기부여 이론에 대한 설명으로 옳은 것은? ▶ 2023년 지방직 9급

① 로크(Locke)의 목표설정이론에서는 목표의 도전성(난이도)과 명확성(구체성)을 강조했다.
② 매슬로우(Maslow)의 욕구 5단계설에서는 욕구의 좌절과 퇴행을 강조했다.
③ 해크만과 올드햄(Hackman & Oldham)의 직무특성이론에서는 유의성, 수단성, 기대감을 동기부여의 핵심으로 보았다.
④ 앨더퍼(Alderfer)의 ERG이론에서는 위생요인이 충족되었다고 하더라도 동기부여가 되는 것은 아니라고 주장했다.

정답 11 ④   12 ①   13 ①

해설 ① [O] 로크의 목표설정이론은 개인의 목표를 강력한 동기유발요인으로 보고, 목표의 도전성(난이도)과 명확성(구체성)에 따라 직무 성과가 결정된다고 주장하였다.
② [×] 매슬로우는 욕구가 충족되지 않을 때 하위욕구가 발로되는 욕구의 후진적·퇴행적 진행을 인지하지 못하였다.
③ [×] 유의성, 수단성, 기대감을 동기부여의 핵심으로 본 것은 브룸(Vroom)의 기대이론이다.
④ [×] 위생요인이 충족되었다고 하더라도 동기부여가 되는 것은 아니라고 주장한 것은 허즈버그(Herzberg)의 욕구충족요인 이원론이다.

14 조직구성원들의 동기이론에 대한 설명 중 옳은 것만을 모두 고르면? ▶ 2014년 국가직 9급

ㄱ. ERG이론 : 앨더퍼(C. Alderfer)는 욕구를 존재욕구, 관계욕구, 성장욕구로 구분한 후 상위욕구와 하위욕구 간에 '좌절 - 퇴행' 관계를 주장하였다.
ㄴ. X · Y이론 : 맥그리거(D. McGregor)의 X이론은 매슬로우(A. Maslow)가 주장했던 욕구계층 중에서 주로 상위 욕구를, Y이론은 주로 하위욕구를 중요시하였다.
ㄷ. 형평이론 : 아담스(J. Adams)는 자기의 노력과 그 결과로 얻어지는 보상을 준거인물과 비교하여 공정하다고 인식할 때 동기가 유발된다고 주장하였다.
ㄹ. 기대이론 : 브룸(V. Vroom)은 보상에 대한 매력성, 결과에 따른 보상, 그리고 결과발생에 대한 기대감에 의해 동기유발의 강도가 좌우된다고 보았다.

① ㄱ, ㄷ
② ㄱ, ㄹ
③ ㄴ, ㄷ
④ ㄷ, ㄹ

해설 ② ㄱ, ㄹ [O]
ㄴ. [×] 맥그리거의 X이론은 주로 하위 욕구를, 맥그리거의 Y이론은 주로 상위욕구를 중시하였다.
ㄷ. [×] 아담스의 형평이론에서는 자신의 노력과 그 결과로 얻어지는 보상을 준거인물과 비교하여 불공정하다고 인식할 때 동기가 유발된다고 주장하였다.

15 팀의 주요사업에 기여도가 약한 사람에게는 팀에 주어지는 성과포인트를 배정하지 않음으로써, 성실한 참여를 유도하는 방식은 다음 중 어디에 해당하는가? ▶ 2010년 서울시 9급

① 긍정적 강화
② 소거
③ 처벌
④ 부정적 강화
⑤ 타산적 몰입

정답 14 ② 15 ②

해설 ② [O]

강화의 유형	의미	예
적극적 강화	행위자가 원하는 바람직한 결과의 제공	승진, 칭찬
소극적 강화(회피)	행위자가 원하지 않는 바람직하지 않은 결과의 제거 또는 회피	부담(불편) 제거
처벌(제재)	행위자가 원하지 않는 상황(바람직하지 않은 결과)을 제공	질책, 징계
소거(중단)	바람직한 결과의 제거, 행위자가 원하는 상황의 제공을 중단	성과급 폐지

16 다음 중 강화일정(schedules of reinforcement)에 대한 설명으로 가장 옳지 않은 것은?

▶ 2013년 국회 8급

① 연속적 강화는 행동이 일어날 때마다 강화 요인을 제공하는 것이다.
② 고정간격 강화는 부하의 행동이 발생하는 빈도에 따라 일정한 간격으로 강화 요인을 제공하는 것이다.
③ 변동간격 강화는 일정한 간격을 두지 않고 변동적인 간격으로 강화 요인을 제공하는 것이다.
④ 고정비율 강화는 성과급제와 같이 행동의 일정 비율에 의해 강화요인을 제공하는 것이다.
⑤ 변동비율 강화는 불규칙한 횟수의 행동이 나타났을 때 강화 요인을 제공하는 것이다.

해설 ② [×] 고정간격 강화는 부하의 행동이 발생하는 빈도에 따라 일정한 간격으로 강화요인을 제공하는 것이 아니라 미리 결정되어진 일정한 간격으로 강화요인을 제공하는 것이다.

[표] 강화일정

연속적 강화			• 성과(바람직한 행동)가 나올 때마다 강화 • 초기학습 단계에 효과적이지만 강화 효과가 빨리 소멸하기 때문에 관리자에게 큰 도움을 주지 못함
단속적 강화	간격 강화	고정간격강화	• 성과에 관계없이 일정한 규칙적인 시간 간격으로 강화요인 제공 **예** 매월 말에 지급하는 보수
		변동간격강화	• 불규칙적인 시간 간격으로 강화요인을 사용하는 것
	비율 강화	고정비율강화	• 일정한 비율의 성과에 따라 강화요인을 제공하는 것 **예** 생산량에 비례하여 임금을 지급하는 성과급제
		변동비율강화	• 불규칙적인 비율의 성과에 따라 강화요인을 제공 경우 **예** 금액이 일정치 않은 특별보너스 지급

정답 16 ②

17 동기유발요인으로 금전적·물질적 보상보다 지역공동체나 국가, 인류를 위해 봉사하려는 이타심에 주목하는 이론은?
▶ 2015년 국가직 7급

① 페리(Perry)의 공공서비스동기이론
② 스키너(Skineer)의 강화이론
③ 해크만(Hackman)과 올드햄(Oldham)의 직무특성이론
④ 매슬로우(Maslow)의 욕구계층이론

해설 ① [O] 공공서비스동기(PSM : public service motivation)는 국민과 사회, 그리고 국가를 위해 봉사하려는 이타적 동기를 가지고 공익 증진 및 공공의 목표 달성을 위해 헌신적으로 기여하고자 하는 공무원들의 고유한 동기로 정의할 수 있다(Perry & Wise, 1990).

18 공공봉사동기이론(public service motivation)에 대한 설명으로 옳지 않은 것은?
▶ 2021년 국가직 9급

① 공사부문 간 업무성격이 다르듯이, 공공부문의 조직원들은 동기구조 자체도 다르다는 입장에 있다.
② 정책에 대한 호감, 공공에 대한 봉사, 동정심(compassion) 등의 개념으로 구성되어 있다.
③ 공공봉사동기가 높은 사람을 공직에 충원해야 한다는 주장의 근거가 될 수 있다.
④ 페리와 와이스(Perry & Wise)는 제도적 차원, 금전적 차원, 감성적 차원을 제시하였다.

해설 ④ [×] 페리와 와이스(Perry & Wise)는 공공봉사동기를 합리적 차원(개인의 합리적 이익 추구), 규범적 차원(공익에 대한 봉사), 정서적 차원(애국심, 동정심 등)으로 제시하였다.

정답 17 ① 18 ④

제5장 리더십 이론

기출문제

01 리더십 행동이론에 관한 설명으로 옳은 것은? ▶ 2018년 행정사

① 상황에 따라 리더십의 효과성이 달라진다는 시각에서 리더의 행동을 파악한다.
② 업무 특성과 리더십 스타일 사이의 관계에 초점을 둔다.
③ 리더로 적합한 사람을 선택하는 방법을 연구한다.
④ 리더의 자질을 가진 사람은 어떤 상황에서든 지도자가 될 수 있다고 주장한다.
⑤ 훈련에 의해 효과적인 리더를 양성할 수 있다고 주장한다.

> **해설** ⑤ [O] 리더십 행동이론은 모든 상황에 효과적인 리더의 행동 유형이 존재한다고 보았으며, 훈련을 통해 어떤 사람이든 리더가 될 수 있으며, 리더십을 훈련시킬 수 있다고 가정하였다.
> ①, ② [×] 상황론적 리더십 이론에 해당한다.
> ③, ④ [×] 자질론(특성론)에 대한 설명이다.

02 변혁적 리더십(Transformational Leadership)에 관한 설명으로 옳지 않은 것은? ▶ 2015년 행정사

① 변화를 지향하고 체제 개방적이다.
② 영감과 비전 제시, 공유에 의한 동기유발을 중시한다.
③ 지도자와 부하들 간의 합리적·타산적 교환관계를 중시한다.
④ 기계적 관료제 구조보다는 임시체제에 더 적합하다.
⑤ 리더의 카리스마, 구성원에 대한 지적 자극, 인간적인 관계 등이 어우러져 나타난다.

정답 01 ⑤ 02 ③

해설 ③ [×] 변혁적 리더십이 아니라 거래적 리더십에 대한 설명이다.

구분	거래적 리더십	변혁적 리더십
초점	• 일반 관리층	• 최고 관리층
관리전략	• 관리자와 부하 간의 합리적 교환관계와 통제에 초점 • 하급욕구의 충족	• 비전공유를 통한 내적 동기유발 • 고급욕구의 충족 • 영감과 비전제시, 공유에 의한 동기유발
이념	• 능률지향	• 적응지향
변화관	• 안전지향(폐쇄적)	• 변화지향(개방적), 환경적응 지향
조직구조	• 고전적 관료제 • 기계적 관료제 • 합리적 구조	• 탈관료제(구조의 융통성 중시) • 단순구조나 임시조직 등 유기적 구조에 적합

03 다음 대화에서 요구되는 과장의 리더십은? ▶ 2017년 행정사

국정감사가 종료된 후 OO부 OO과의 국정감사 수감 결산 간담회가 열렸다.
A과장이 다른 업무로 불참한 상황에서 직속 상급자인 A과장의 리더십에 대해 과원들의 의견이 표출되었다.
B과원 : "과장님이 부하직원들을 좀 더 존중하고 배려하여 주시면 좋겠습니다. 일전에 제가 심한 몸살로 고생하며 근무했는데도 과장님이 한마디 위로도 안하셔서 서운했습니다."
C과원 : "일방적으로 지시만 하지 마시고 우리들이 창의성을 발휘하도록 지적인 자극을 주시면 좋을텐데...."
D과원 : "무엇보다도 과장님이 우리 과의 새로운 비전을 제시하고 우리가 그것을 공유하여 성취하도록 지도하시어 더욱 발전하였으면 합니다."

① 번스(Burns)와 바스(Bass)의 변혁적 리더십
② 블레이크(Blake)와 머튼(Mouton)의 관리망 이론 리더십
③ 피들러(Fiedler)의 상황적응적 리더십
④ 허쉬(Hersey)와 블랜차드(Blanchard)의 삼차원적 리더십
⑤ 유클(Yukl)의 다중연결모형 리더십

해설 ① [○] 변혁적 리더십에 대한 설명이다. Bass(1985)는 변혁적 리더십의 특징으로 영감적 리더십(비전 제시), 지적 자극(촉매적 리더십), 개별적 배려(부하직원들에 대한 존중과 배려 등), 카리스마적 리더십 등을 들고 있다.

정답 03 ①

연습문제

01 프렌치(J. R. P. French, Jr.)와 레이븐(B. H. Raven)의 권력유형 분류에서 권력의 원천이 아닌 것은?

▶ 2018년 국가직 9급

① 준거(reference)
② 전문성(expertness)
③ 강제력(coercion)
④ 상징(symbol)

해설 ④ [×] 프렌치와 레이븐의 권력유형 분류에서 권력의 원천은 합법적 권력, 보상적 권력, 강압적 권력, 전문적 권력, 준거적 권력으로 상징은 해당하지 않는다.

02 프렌치와 라벤(French & Raven)이 주장한 권력에 대한 설명으로 옳지 않은 것은?

▶ 2017년 국회 9급

① 전문적 권력은 다른 사람이 필요로 하는 전문적 기술이나 지식에 기반할 때 발생한다.
② 직위적 권력은 직무를 가지고 있는 사람과는 관계없이 그 직위자체로 인해 부여받은 권력이므로 보상적 권력, 강압적 권력 등과는 상호 독립적이다.
③ 보상적 권력은 다른 사람에게 보상을 제공할 수 있는 능력을 가진 경우에 발생한다.
④ 강압적 권력은 인간의 공포에 기반을 둔 것으로 다른 사람을 처벌할 수 있는 능력을 가진 경우에 발생한다.
⑤ 준거적 권력은 어떤 사람이 자신보다 뛰어나다고 생각하는 사람을 닮고자 할 때 발생한다.

해설 ② [×] 프렌치와 라벤의 권력유형 분류에서 권력의 원천은 합법적 권력, 보상적 권력, 강압적 권력, 전문적 권력, 준거적 권력으로 직위적 권력은 해당되지 않는다.

[표] 권력의 원천(기초)에 따른 구분(French & Raven)

합법적 권력	• 계층상의 위계에 비추어 권력 행사자가 정당한 권력을 행사할 수 있는 권리를 가지고 있다고 인정되는 경우에 성립하는 권력 • M. Weber의 합법적 권력과 유사
보상적 권력	• 복종의 대가로 타인이 원하는 것을 줄 수 있을 때 성립하는 권력 • 지도자는 부하에게 보상을 줄 수 있는 능력을 가지고 있다는 점 때문에 조직 내에서 보상적 권력을 갖게 됨 예 임금인상, 승진, 선호하는 직책에의 배치, 칭찬 등
강압적 권력	• 상대방을 처벌할 수 있을 때 성립하는 권력 예 강등, 임금동결 혹은 삭감, 징계, 위협 등

정답 01 ④ 02 ②

전문적 권력	• 전문기술이나 지식·정보에 기반한 권력
준거적 권력	• 복종자가 지배자와 일체감·유사성을 가지고 자기의 행동모형을 권력행사자로부터 찾으려고 하는 역할 모형화에 의한 권력으로 어떤 사람이 자신보다 월등하다고 느끼는 무언가의 매력이나 카리스마에 의한 권력

03 리더십에 대한 설명으로 옳지 않은 것은?

▶ 2019년 국가직 9급

① 특성론에 대한 비판은 지도자의 자질이 집단의 특성·조직목표·상황에 따라 완전히 달라질 수 있고, 동일한 자질을 갖는 것은 아니며, 반드시 갖춰야 할 보편적인 자질은 없다는 것이다.
② 행태이론에서는 눈에 보이지 않는 능력 등 리더가 갖춘 속성보다 리더가 실제 어떤 행동을 하는가에 초점을 맞춘다.
③ 상황론에서는 리더십을 특정한 맥락 속에서 발휘되는 것으로 파악해, 상황 유형별로 효율적인 리더의 행태를 찾아내기 위한 연구를 수행하였다.
④ 번스(Burns)의 리더십이론에서 거래적 리더십은 카리스마적 리더십을 기반으로 하므로 카리스마적 리더십과 중첩되는 측면이 있다.

해설 ④ [×] 번스(Burns)는 거래적 리더십을 리더가 자신의 노동력과 지식, 아이디어 등을 자신의 구성원에게 제공해주고 구성원이 원하는 욕구를 충족시켜 주는 교환관계에서 발생하는 것으로 정의한다. 카리스마적 리더십은 거래적 리더십과는 대비되는 변혁적 리더십의 구성요소이다.

04 리더십에 대한 다음 설명 중 가장 옳지 않은 것은?

▶ 2017년 서울시 9급

① 자질론은 지도자의 자질 특성에 따라 리더십이 발휘된다는 가정 하에, 지도자가 되게 하는 개인의 속성자질을 연구하는 이론이다.
② 행태이론은 눈에 보이지 않는 능력 등 리더가 갖춘 속성보다 리더가 실제 어떤 행동을 하는가에 초점을 맞춘 이론이다.
③ 상황론의 대표적인 예로 피들러(F. Fiedler)의 상황조건론, 하우스(R. J. House)의 경로-목표 모형 등이 있다.
④ 변혁적 리더십은 거래적 리더십을 기반으로 하므로 거래적 리더십과 중첩되는 측면이 있다.

해설 ④ [×] 변혁적 리더십은 거래적 리더십과는 구분된다.

정답 03 ④ 04 ④

05 리더십 상황이론에 해당하지 않는 것은?
▶ 2019년 서울시 7급

① 블레이크(Blake)와 머튼(Mouton)의 관리그리드 이론
② 피들러(Fiedler)의 상황적응 모형
③ 허쉬(Hersey)와 블랜차드(Blanchard)의 삼차원적 모형
④ 하우스(House)와 에반스(Evans)의 경로 – 목표이론

해설 ① [×] 블레이크(Blake)와 머튼(Mouton)의 관리그리드 이론은 행태론적 리더십 연구에 해당한다.

06 리더십 이론에 대한 설명으로 옳은 것만을 모두 고른 것은?
▶ 2017년 국가직 7급

ㄱ. 피들러(Fiedler)의 상황적합이론(contingency theory of leadership)에서는 상황변수로 '리더와 부하의 관계', '직위 권력', '과업구조' 세 가지를 들고 있다.
ㄴ. 허시와 블랜차드(Hersey & Blanchard)의 경로 – 목표이론(path - goal theory of leadership)에서는 상황변수로 부하의 능력과 의욕으로 구성되는 성숙도를 채택하였다.
ㄷ. 하우스(House)는 리더십을 거래적 리더십(transactional leadership)과 변혁적 리더십(transformational leadership)으로 구분하였다.
ㄹ. 블레이크와 모튼(Blake & Mouton)의 관리격자(managerial grid) 모형에 따르면 무기력형, 컨트리클럽형, 과업형, 중도형, 팀형이라는 기본적인 리더십 유형이 도출된다.

① ㄱ, ㄴ
② ㄱ, ㄹ
③ ㄴ, ㄷ
④ ㄷ, ㄹ

해설 ② ㄱ, ㄹ [○]
ㄴ [×] 경로 – 목표이론은 하우스와 에반스(House & Evans)의 이론이다. 허시와 블랜차드(Hersey & Blanchard)의 리더십 상황이론에서는 리더십을 인간관계중심과 임무중심 리더십으로 분류한 후, 상황변수로 '부하의 성숙도'라는 하나의 차원을 추가한 삼차원적 모형을 정립하였다.
ㄷ [×] 리더십 이론을 거래적 리더십과 새로운 변혁적 리더십으로 구분한 것은 번스(Burns)이다.

정답 05 ① 06 ②

07

허시(Hersey)와 블랜차드(Blanchard)는 부하의 성숙도(Maturity)에 따른 효과적인 리더십을 제시하였다. 부하가 가장 미성숙한 상황에서 점점 성숙해간다고 할 때, 가장 효과적인 리더십 유형을 〈보기〉에서 골라 순서대로 나열한 것은?

▶ 2019년 서울시 9급

〈보기〉

(가) 참여형   (나) 설득형   (다) 위임형   (라) 지시형

① (다) → (가) → (나) → (라)
② (라) → (가) → (나) → (다)
③ (라) → (나) → (가) → (다)
④ (라) → (나) → (다) → (가)

해설 ③ [○] (라) 지시형 → (나) 설득형 → (가) 참여형 → (다) 위임형
허시와 블랜차드는 리더십의 라이프 사이클(life-cycle) 가설을 가정하여, 부하의 성숙도가 높아짐에 따라 리더십의 유형이 지시형 → 설득형 → 참여형 → 위임형으로 나아가야 조직의 효과성이 제고될 수 있다고 보았다.

08

바스(B. Bass) 등이 제시한 변혁적 리더십(Transformational Leadership)의 주된 요인으로 옳지 않은 것은?

▶ 2010년 국가직 9급

① 영감적 리더십
② 합리적 과정
③ 카리스마적 리더십
④ 개별적 배려

해설 ② [×] 합리적 과정은 거래적 리더십에 관한 설명이다.

09

변혁적(transformational) 리더십에 대한 설명으로 옳은 것은?

▶ 2021년 지방직 9급

① 적응보다 조직의 안정을 강조한다.
② 기계적 조직체계에 적합하며, 개인적 배려는 하지 않는다.
③ 부하에게 새로운 비전을 제시하며, 지적 자극을 통한 동기부여를 강조한다.
④ 리더와 부하의 관계를 경제적 교환관계로 인식하고, 보상에 관심을 둔다.

정답 07 ③ 08 ② 09 ③

> **해설** ③ [○]
> ② [×] 변혁적 리더십은 유기적 조직체계에 적합하고, 개별적 배려를 특징으로 한다.
> ①, ④ [×] 거래적 리더십의 특징에 해당한다.

10 거래적 리더십과 대비되는 변혁적 리더십에 대한 설명 중 옳지 않은 것은? ▶ 2010년 서울시 9급

① 리더가 부하에게 자긍심과 신념을 심어 준다.
② 리더가 부하로 하여금 미래에 대한 비전을 열정적으로 수용하고 계속 추구하도록 격려한다.
③ 리더가 부하에 대해 개인적으로 존중한다는 것을 전달한다.
④ 리더는 부하가 적절한 수준의 노력과 성과를 보이면 그만큼의 보상을 제공한다.
⑤ 리더는 부하로 하여금 형식적 관례와 사고를 다시 생각하게 함으로써 새로운 관념을 촉발시킨다.

> **해설** ④ [×] 거래적 리더십에 해당되는 설명이다.

11 리더십에 대한 설명으로 옳은 것은? ▶ 2013년 지방직 9급

① 변혁적(transformational) 리더십 - 무엇인가 가치 있는 것을 교환함으로써 추종자에게 영향력을 행사하는 리더십
② 거래적(transactional) 리더십 - 리더가 부하로 하여금 형식적 관례와 사고를 다시 생각하게 함으로써 새로운 관념을 촉발시키는 리더십
③ 카리스마적(charismatic) 리더십 - 리더가 특출한 성격과 능력으로 추종자들의 강한 헌신과 리더와의 일체화를 이끌어내는 리더십
④ 서번트(servant) 리더십 - 과업을 구조화하고 과업요건을 명확히 하는 리더십

> **해설** ③ [○]
> ① [×] 거래적 리더십에 대한 설명이다.
> ② [×] 변혁적 리더십의 구성요소인 지적 자극(촉매적 리더십)에 대한 설명이다.
> ④ [×] 서번트 리더십은 인간 존중을 바탕으로 구성원들이 업무수행에서 잠재력과 기량을 충분히 발휘할 수 있도록 도와주는 리더십으로서, 구성원들이 공동의 목표를 이뤄 나갈 수 있도록 환경을 조성해주고 도와주는 섬기는 리더십을 의미한다.

정답 10 ④ 11 ③

12. <보기>에서 리더십에 대한 이론과 설명이 바르게 연결되지 않은 것을 모두 고른 것은?

▶ 2020년 서울시 9급

〈보기〉
ㄱ. 변혁적 리더십 : 리더는 부하들에게 영감적 동기를 부여하고 지적 자극 등을 제공하며 조직을 이끈다.
ㄴ. 거래적 리더십 : 리더는 부하의 과업을 정확히 이해하고 목표 달성 정도를 평가하여 성과에 대한 적절한 보상을 한다.
ㄷ. 셀프 리더십 : 리더는 구성원들이 잠재력을 발휘할 수 있도록 구성원들을 섬기는 데 중점을 둔다.

① ㄱ
② ㄴ
③ ㄷ
④ ㄴ, ㄷ

해설 ③ ㄷ [×] 셀프리더십이 아니라 서번트(발전적) 리더십에 대한 설명이다. 서번트 리더십은 부하들을 섬기는 리더십이다. 셀프리더십이란 정보화 사회나 네트워크화된 지능시대에서 구성원 모두가 자기 스스로를 이끌어나가는 리더라는 인식을 갖는 것을 말한다

13. 서번트(servant) 리더십에 대한 설명으로 옳은 것만을 모두 고르면?

▶ 2022년 지방직 9급

ㄱ. 구성원들이 공동의 목표를 이뤄 나갈 수 있도록 환경을 조성하고 도와준다.
ㄴ. 보상과 처벌을 핵심 관리수단으로 한다.
ㄷ. 그린리프(Greenleaf)는 존중, 봉사, 정의, 정직, 공동체 윤리를 강조했다.
ㄹ. 리더의 최우선적인 역할은 업무를 명확하게 지시하는 것이다.

① ㄱ, ㄷ
② ㄱ, ㄹ
③ ㄴ, ㄷ
④ ㄴ, ㄹ

해설 ① ㄱ, ㄷ [O]
ㄱ, ㄷ [O] 서번트 리더십은 인간존중을 바탕으로 구성원들이 업무 수행에서 잠재력과 기량을 충분히 발휘할 수 있도록 도와주는 리더십으로, 구성원들이 목표를 이뤄나갈 수 있도록 환경을 조성해 주고 도와주는 섬기는 리더십이다. 그린리프(Greenleaf)에 따르면, 서번트 리더십을 구성하는 하위개념에는 경청, 공감, 치유(healing), 설득, 자각, 통찰, 비전, 청지기 정신(stewardship), 구성원 성장, 공동체 형성 등이다.
ㄴ [×] 거래적 리더십에 대한 설명이다. 서번트 리더십은 신뢰와 봉사를 핵심 관리수단으로 한다.
ㄹ [×] 서번트 리더십에서 리더의 최우선적 역할은 구성원의 성장을 지원하기 위한 후원자의 역할을 강조하며, 지도자와 구성원 간의 신뢰를 바탕으로 조직성과 달성 및 긍정적 조직 변화를 도모하고자 한다.

정답 12 ③ 13 ①

제6장 조직관리론

01 조직 내부에서 발생하는 갈등에 대한 설명으로 옳지 않은 것은? ▶ 2013년 국가직 9급

① 갈등은 양립할 수 없는 둘 이상의 목표를 추구하는 상황에서도 발생한다.
② 고전적 조직이론에서는 갈등을 중요하게 고려하지 않는다.
③ 행태론적 입장에서는 모든 갈등이 조직성과에 부정적 영향을 미치므로 제거되어야 한다고 본다.
④ 현대적 접근방식은 갈등을 정상적인 현상으로 보고 경우에 따라서는 조직 발전의 원동력으로 본다.

> **해설** ③ [×] 행태론적 입장이 아니라 인간관계론의 입장에 대한 설명이다. 행태론적 입장에서는 갈등을 조직 내에 불가피하게 존재하는 자연스러운 현상으로 인식하고 갈등의 역기능뿐만 아니라 갈등의 순기능도 인식하였다.

02 갈등관리 상황 중 자기와 상대이익을 만족시키려는 의도가 다 같이 높을 때 제시될 수 있는 갈등해소 방안으로 가장 적합한 것은? ▶ 2010년 서울시 9급

① 순응
② 경쟁
③ 타협
④ 회피
⑤ 협동

> **해설** ⑤ [○] Thomas의 갈등관리 전략 중 자기와 상대이익을 만족시키려는 의도가 다 같이 높을 때 제시될 수 있는 갈등해소 방안은 협동이다.

정답 01 ③ 02 ⑤

03 토머스(K. Thomas)가 제시하고 있는 대인적 갈등관리 방안에 대한 설명으로 옳지 않은 것은?

▶ 2012년 지방직 9급

① 자신의 이익과 상대방의 이익을 만족시키려는 정도라는 두 가지 차원으로 구분하여 설명한다.
② 경쟁이란 상대방의 이익을 희생하여 자신의 이익을 추구하는 방안이다.
③ 순응이란 자신의 이익은 희생하면서 상대방의 이익을 만족시키려는 방안이다.
④ 타협이란 자신과 상대방의 이익 모두를 만족시키려는 방안이다.

> **해설** ④ [×] 타협이란 자신과 상대방의 이익의 중간정도를 만족시키려는 행태를 의미한다. 자신과 상대방의 이익 모두를 만족시키려는 전략은 협동이다.
> 토머스(Thomas)는 대인적 갈등의 대처 전략을 두 가지 차원 - ㉠ 자신 이익을 만족시키는 정도, ㉡ 상대 이익을 만족시키려는 정도 - 을 이용하여 5가지로 분류하였다.
>
> | 회피 전략 | • 자신의 이익이나 상대방의 이익 모두에 무관심
• 갈등을 연기하거나 문제를 회피함으로써 갈등을 무시하는 방식 |
> |---|---|
> | 경쟁 전략 | • 상대방의 이익을 희생하여 자신의 이익을 추구하려는 행태
• 상대방을 희생시킴으로써 목표를 달성하려는 방식 |
> | 순응 전략 | • 자신의 이익은 희생하면서, 상대방의 이익을 만족시키려는 행태 |
> | 타협 전략 | • 자신과 상대방 이익의 중간 정도를 만족시키려는 행태
• 상호 희생을 반영 |
> | 협동 전략 | • 자신과 상대방의 이익 모두를 만족(상호이익 극대화)시키려는 행태 |

04 조직 내 협상의 유형은 배분적 협상과 통합적 협상으로 구분된다. 각각의 특징으로 옳지 않은 것은?

▶ 2018년 지방교행 9급

	협상의 특징	배분적 협상	통합적 협상
①	이용가능 자원	고정적인 양	유동적인 양
②	주요 동기	승 - 승 게임	승 - 패 게임
③	이해관계	서로 상반	조화, 상호수렴
④	관계의 지속성	단기간	장기간

정답 03 ④ 04 ②

해설 ② [×] 배분적 협상은 내가 이익을 보면 상대자는 손해를 보게 되는 것으로 고정된 양의 자원을 나눠 가지려고 하는 협상으로 승-패(zero-sum, win-loss) 게임이다. 반면에 통합적 협상은 서로 이익이 되는 해결책을 얻고자 하는 것을 목표로 하며 당사자들이 강한 유대감과 서로 승리했다는 느낌이 들게 되는 승-승(plus-sum, win-win) 게임이라고 할 수 있다.

분배형 협상 (distributive negotiation)	• zero-sum방식, win-lose형 접근, 타협(compromise) • 자원이 제한되어 있어, 한쪽이 더 가져가면 다른 쪽이 덜 가져가야 하는 win-lose형 접근 • 분배형 협상(타협)은 당사자 모두 적당한 선에서 자신의 이익을 양보하고 부분적인 목표달성에 만족하는 방식
통합형 협상 (integrative negotiation)	• win-win형 접근, 협력(collaboration) • 자원은 제한되어 있는 것이 아니라 키울 수 있다고 믿고 이를 위해 서로 협력하는 것. 협력적 노력으로 서로의 이익을 최대한 추구하는 전략

05 갈등관리의 방법을 갈등 해소 전략과 갈등 조성 전략으로 나눌 때, 다음 중 갈등 조성 전략만으로 묶인 것은?
▶ 2017년 국회 9급

① 공동의 적 확인, 상관의 명령
② 상위목표의 제시, 구조적 요인의 개편
③ 회피, 직위 간의 관계 재설정
④ 구조의 분화, 의사전달통로의 변경
⑤ 자원의 증대, 정보전달 억제

해설 ④ 구조의 분화, 의사전달통로의 변경은 모두 갈등 조성 전략에 해당한다.
① [×] 공동의 적 확인, 상관의 명령은 모두 갈등해소 전략에 해당한다.
② [×] 상위 목표의 제시는 갈등해소전략에 해당한다.
③ [×] 회피는 Thomas의 대인간 갈등해소 전략에 해당한다. 직위 간의 관계 재설정은 갈등조성전략에 해당한다.
⑤ [×] 희소한 자원의 증대는 갈등해소전략에 해당하며, 정보전달 억제는 갈등조성전략에 해당한다.

정답 05 ④

조직 발전에 대한 설명 중 옳지 않은 것은? ▶ 2010년 국회 9급

① 조직의 인간적 측면을 중요시하며 인간의 잠재력을 최대한으로 개발함으로써 조직 전체의 개혁을 도모하려는 체제론적 접근방법이다.
② 실천적인 문제를 해결하려는 응용행태과학의 한 유형이다.
③ 행태과학적 지식과 기술에 조예가 있는 상담자(consultant)를 참여시켜 그로 하여금 개혁추진자의 역할을 맡게 한다.
④ 조직발전은 결과지향적이며 목표를 달성하는 과정보다 결과를 중시한다.
⑤ 실제적인 자료를 중시하는 진단적 과정이며 경험적 자료를 바탕으로 실천계획을 수립한다.

> **해설**
> ④ [×] 조직발전은 문제해결을 위해 조직구성원의 참여를 통한 협력적 과정을 중시하며 지속적인 개선을 강조하는 과정지향적인 접근방법이다.

 훈련의 참가자들이 그들의 태도와 행동을 성찰하고 자신의 행동이 타인에게 미치는 영향을 검토함으로 개인의 태도와 행동의 변화를 유도하는 개인적 차원의 조직발전기법은? ▶ 2005년 국가직 9급

① 관리망 훈련 ② 대면회합
③ 팀 구축 ④ 감수성훈련

> **해설**
> ④ [○] 감수성 훈련에 대한 설명이다.

08 조직의 의사전달(communication)에 관한 설명으로 옳지 않은 것은? ▶ 2015년 지방교행 9급

① 조직구조상 지나친 계층화는 수직적 의사전달을 저해한다.
② 지나친 전문화와 할거주의는 수평적 의사전달을 저해한다.
③ 비공식적 의사전달은 공식적 의사전달에 비해 조정과 통제가 곤란하다.
④ 공식적 의사전달은 비공식적 의사전달에 비해 신속하지만 책임 소재는 불명확하다.

> **해설**
> ④ [×] 비공식적 의사전달은 공식적 의사전달에 비해 신속하지만 책임소재는 불명확하다.

정답 06 ④ 07 ④ 08 ④

09 조직의 의사전달에 대한 설명으로 옳지 않은 것은? ▶ 2016년 지방직 9급

① 공식적 의사전달은 의사소통이 객관적이고 책임 소재가 명확하다는 장점이 있다.
② 비공식적 의사전달은 의사소통 과정에서의 긴장과 소외감을 극복하고 개인적 욕구를 충족시킨다는 장점이 있다.
③ 공식적 의사전달은 조정과 통제가 곤란하다는 단점이 있다.
④ 참여인원이 적고 접근가능성이 낮은 경우 의사전달체제의 제한성은 높다.

> 해설 ③ [×] 공식적 의사전달이란 조직의 공식적 통로와 수단에 의해 이루어지는 의사전달로, 의사소통이 객관적이며, 책임 소재가 명확하고, 조정과 통제가 용이하다.

[표] 공식적 의사전달과 비공식적 의사전달 비교

구분	장점	단점
공식적 의사전달	① 의사소통이 객관적 ② 책임 소재가 명확 ③ 상관의 권위 유지 ④ 정책결정에 활용이 용이 ⑤ 자료 보존이 용이	① 법규에 의거하므로 의사전달의 신축성이 없고 형식화되기 쉬움 ② 배후 사정을 전달하기 곤란 ③ 변동하는 사태에 신속한 적응이 곤란 ④ 근거가 남기 때문에 기밀 유지가 어려움
비공식적 의사전달	① 신속한 전달 ② 배후 사정을 소상히 전달 ③ 의사소통 과정에서 긴장과 소외감을 극복하고 개인적 욕구를 충족시킴 ④ 공식적 의사전달을 보완 ⑤ 관리자에 대한 조언 기능	① 책임 소재가 불분명 ② 의사결정에 활용할 수 없음 ③ 공식적 의사소통을 마비시킴 ④ 수직적 계층 하에서 상관의 권위를 손상 ⑤ 조정과 통제가 곤란

10 조직 내 의사전달과 의사결정 현상에 대한 설명으로 옳지 않은 것은? ▶ 2009년 국가직 9급

① 조직 내 의사전달에는 공식적·비공식적 전달유형이 있다.
② 대각선적 의사전달은 공식 업무를 촉진하거나 개인적·사회적 욕구충족을 위해 나타난다.
③ 의사전달의 과정은 발신자, 코드화, 발송, 통로, 수신자, 해독, 환류로 이루어진다.
④ 의사전달 과정에서 환류의 차단은 의사전달의 신속성을 저해할 수 있다.

> 해설 ④ [×] 의사전달 과정에서 환류를 차단하면 의사전달의 신속성은 높아 질 수 있지만, 정확성은 저해할 수 있다.
> ② [○] 대각선적 의사전달은 조직 내의 여러 가지 기능과 계층을 가로질러 이뤄지는 의사전달 방식으로 수평-수직적 의사전달이 용이하지 않거나 의사전달의 효과성이 떨어질 때, 공식업무를 촉진하거나 개인적·사회적 욕구 충족을 위해 나타난다.

정답 09 ③   10 ④

제7장 조직목표와 성과관리

기출문제

01 조직목표 변동에 관한 설명으로 옳지 않은 것은? ▶ 2020년 행정사

① 원래의 목표가 다른 목표로 전환되는 것이 목표의 대치 또는 전환이다.
② 목표가 달성되었거나 달성이 불가능한 경우 본래의 목표를 새로운 목표로 교체하는 것이 목표의 승계이다.
③ 동종목표의 수 또는 이종목표가 늘어나는 것이 목표의 추가이다.
④ 동종 또는 이종 목표의 수나 범위가 줄어드는 것이 목표의 축소이다.
⑤ 미헬스(R. Michels)의 과두제 철칙(iron law of oligarchy)은 목표의 추가 현상을 설명한 것이다.

> **해설** ⑤ [×] 미헬스(R. Michels)의 과두제 철칙(iron law of oligarchy)은 조직의 소수 간부가 권력을 장악한 후 조직 본래의 목표보다 권력의 유지·강화를 추구하는 목표의 대치(displacement) 현상을 설명한 것이다.

02 성과평가(성과관리)에 관한 설명으로 옳지 않은 것은? ▶ 2018년 행정사

① 전략목표는 성과목표의 상위목표로 기능한다.
② 효과성은 산출(output)보다는 결과(outcome)에 초점을 둔다.
③ 성과평가 논리모형에서 영향(impact)은 프로그램이 의도한 재화와 서비스의 생산량을 의미한다.
④ 교육프로그램의 경우 산출의 질적 성과를 측정하기 위해 만족도와 같은 성과지표를 활용한다.
⑤ 미션과 비전은 구체적이고 경험적인 검증보다는 추상적이고 규범적인 평가차원에서 다루어진다.

정답 01 ⑤ 02 ③

해설 ③ [×] 프로그램이 의도한 재화와 서비스의 생산량은 산출(output)을 의미한다. 영향(impact)은 사업의 최종적이고 궁극적인 사회·경제적 효과로 결과보다 더 장기적인 측면을 포괄한다.

※ 프로그램 논리모형(logic model)
1. 의의
프로그램을 기본 단위로 하여, 의도한 효과를 내기까지의 과정에 관련된 중요한 부분들을 인과적 관계로 연결한 하나의 시스템 모형이라 할 수 있으며, 체제론적 접근방법에서 설명한 투입-산출 모형의 응용이라 할 수 있다. 다만 투입-산출모형에서는 구성요소들의 관계가 평면적이고 기술적으로 표현된다면, 논리모형에서는 프로그램의 산출(output)보다 더 근본적이고 장기적 변화인 결과(outcome)와 영향(impact)에 초점을 맞추고, 프로그램이 어떻게 작동해서 의도한 결과에 이르는지의 전후 관계를 논리적 인과관계로 보여준다는 차이점이 있다. 논리모형의 구성요소들은 "if-then"의 조건적 연속관계로 연결된다. 즉, 전 단계의 조건이 충족되면 다음 단계의 의도한 활동이나 결과가 무엇인지를 알 수 있다. 논리모형은 자원을 투입해서 재화와 서비스를 제공하는 실행계획이 프로그램의 목표를 달성하는 등의 의도한 결과로 이어지는 일련의 단계를 이해관계자들에게 보여주는 로드맵이라 할 수 있다. 또한 투입된 자원이 어떤 단계와 가정을 거쳐 무엇을 달성할 수 있는지의 이해를 돕는 틀을 제공한다.

2. 모형 및 구성요소

투입(input) ➡ 활동(activity) ➡ 산출(output) ➡ 결과(outcome) ➡ 영향(impact)

① 투입 : 프로그램을 실행에 옮기기 위해 필요한 인적자원, 물적자원, 시간, 장비 등의 자원
② 활동 : 확보된 자원을 투입해서 프로그램이 의도한 결과를 얻기 위해 취한 정부의 구체적인 개입이나 조치들
③ 산출 : 프로그램을 운영하여 얻은 직접적인 산물
④ 결과 : 참여자의 지식, 기술, 능력, 행태 등에 나타난 변화
⑤ 영향 : 조직이나 사회 또는 시스템에 나타난 근원적이고 궁극적인 변화로, 장기간에 걸쳐 나타나는 2차 결과

03 공공부문에서 성과관리 도구로서 균형성과표(BSC, Balanced Scorecard)에 관한 설명으로 옳지 않은 것은?　　　　▶ 2014년 행정사

① 거시적·장기적 측면의 조직문화 형성보다는 순익과 같은 미시적·단기적 목표와 계획 및 전략에 초점을 둔다.
② 성과평가에 구성원의 역량이나 고객의 신뢰를 포함시킬 것을 강조한다.
③ 과정과 결과 및 조직 내·외부적 관점 중 어느 하나보다는 통합적 균형을 추구한다.
④ 성과관리를 위해 조직을 유기적 시스템으로 간주하여 상·하 또는 수평적 연계성을 강조하는 조직 전체적 시각에 관심을 둔다.
⑤ 기존의 성과관리와 마찬가지로 성과지표와 전략과의 연계를 그대로 받아들인다.

해설 ① [×] 균형성과표(BSC)는 순익과 같은 미시적·단기적 목표와 함께 거시적·장기적 측면의 전략과 조직문화 형성과의 균형을 추구하는 성과관리시스템이다.

03 ①

연습문제

01 조직목표의 기능에 대한 설명으로 옳지 않은 것은? ▶ 2021년 국가직 9급

① 조직구성원들이 목표로 인해 일체감을 느끼기 때문에 구성원들의 동기를 유발해준다.
② 조직의 구조와 과정을 설계하는 준거를 제공하고 성과를 평가하는 기준이 되기도 한다.
③ 미래의 바람직한 상태를 밝혀 조직활동의 방향을 제시한다.
④ 조직이 존재하는 정당성의 근거가 될 수는 없다.

해설 ④ [×] 조직 목표는 조직이 추구하는 미래의 바람직한 상태나 방향을 의미하며, 조직이 존재하는 정당성의 근거가 된다.

> ※ 조직목표의 기능
> 1. 조직이 나아가야 할 미래의 바람직한 방향 제시
> 2. 조직이 존재하는 정당성의 근거
> 3. 조직의 성과를 측정하는 기준 또는 척도
> 4. 구성원의 응집성·일체감 확보로 동기부여 및 통합·조정 촉진

02 본래 표방한 정책 목표를 달성하였거나 표방한 목표를 달성할 수 없을 경우 새로운 목표를 재설정하는 것은? ▶ 2005년 서울시 9급

① 목표의 비중변동
② 목표의 추가, 확대
③ 목표의 감소, 축소
④ 목표의 전환
⑤ 목표의 승계

해설 ⑤ [○] 목표의 승계에 대한 설명이다.

정답 01 ④　02 ⑤

03 조직목표 변동의 한 유형으로 조직이 추구하고자 하는 원래의 목표가 다른 목표로 뒤바뀌어 조직의 목표가 왜곡되는 현상을 일컫는 용어는? ▶ 2012년 서울시 9급

① 목표의 대치
② 목표의 추가
③ 목표의 승계
④ 목표의 비중변동
⑤ 목표의 감소

 ① [O] 목표의 대치는 본래의 공식적 목표보다 수단을 우선시하여 조직의 본래 목표가 왜곡되는 현상을 의미한다.

04 목표관리제(MBO)에 대한 설명으로 옳지 않은 것은? ▶ 2019년 국회 9급

① 조직의 목표와 조직원의 목표를 통합하여 조직의 목표 달성을 유도한다.
② 목표관리제는 조직문화가 권위주의적일수록 효과적이다.
③ 목표관리제를 운영하는 과정에서 지나치게 쉬운 목표가 채택되거나 중요하지 않은 목표가 채택될 수 있다는 한계가 있다.
④ 산출물에 대한 평가와 환류를 통해 조직과 개인을 통제하고 관리한다.
⑤ 목표와 산출을 연계하여 조직원이 직무에 몰입하도록 유도한다.

 ② [X] 목표관리제(MBO)는 조직구성원들의 참여를 강조하므로, 분권적이고 참여적인 조직문화일수록 효과적이다.

05 목표관리제(MBO)에 대한 설명으로 옳은 것만을 모두 고르면? ▶ 2022년 국가직 9급

ㄱ. 부하와 상사의 참여를 통해 목표를 설정한다.
ㄴ. 중·장기목표를 단기목표보다 강조한다.
ㄷ. 조직 내·외의 상황이 안정적이고 예측가능한 조직에서 성공확률이 높다.
ㄹ. 개별 구성원의 직무 특수성을 반영하기 위하여 목표의 정성적, 주관적 성격이 강조된다.

① ㄱ, ㄴ
② ㄱ, ㄷ
③ ㄴ, ㄹ
④ ㄷ, ㄹ

해설 ② ㄱ, ㄷ [O]
ㄴ. [X] 목표관리제는 성과평가를 강조하기 때문에 단기적인 목표 설정을 강조한다.
ㄹ. [X] 목표관리제는 객관적인 성과평가를 위해 계량적이고 객관적인 목표 설정을 강조한다.

정답 03 ① 04 ② 05 ②

06 목표관리(MBO ; Management By Objectives)에 대한 설명으로 옳지 않은 것은?

▶ 2011년 국회 9급

① 목표설정에 있어 조직 구성원의 참여를 중시한다.
② 중장기적인 목표 달성의 방법으로 활용되고 있다.
③ Y이론적 인간관에 입각한 관리방법이다.
④ 결과지향적 관리방법이다.
⑤ 업무수행자의 목표 성취도를 평가하고, 환류를 강조한다.

해설 ② [X] 목표관리(MBO: Management by Objectives)는 단기적 · 구체적 · 계량적인 목표를 중시한다.

07 목표관리제(MBO)와 성과관리제를 비교한 〈보기〉의 설명 중 옳은 것을 모두 고르면?

▶ 2019년 서울시 9급

〈보기〉
ㄱ. 목표관리제는 개인이나 부서의 목표를 조직의 관리자가 제시한다는 측면에서 조직목표 달성을 위한 하향식 접근이다.
ㄴ. 목표관리제와 성과관리제 모두 성과지표별로 목표달성수준을 설정하고 사후의 목표달성도에 따라 보상과 재정지원의 차등을 약속하는 계약을 체결한다.
ㄷ. 성과평가에서는 평가의 타당성, 신뢰성, 객관성을 확보하는 것이 중요하다.
ㄹ. 성과관리는 조직의 비전과 목표로부터 이를 달성하기 위한 부서단위의 목표와 성과지표, 개인단위의 목표와 지표를 제시한다는 점에서 상향식 접근이다.

① ㄷ
② ㄴ, ㄷ
③ ㄱ, ㄴ, ㄷ
④ ㄴ, ㄷ, ㄹ

해설 ② ㄴ, ㄷ [O]
ㄱ. [X] 목표관리제는 하급자의 참여를 통해 목표를 설정한다는 점에서 조직 목표 달성을 위한 상향식 접근이다.
ㄹ. [X] 성과관리는 조직의 비전과 목표로부터 이를 달성하기 위한 부서 단위의 목표와 성과지표, 개인 단위의 목표와 성과지표를 제시한다는 점에서 연역적 · 하향식 접근이다.

정답 06 ② 07 ②

08 균형성과평가(BSC)의 요소에 해당하지 않은 것은?
▶ 2008년 서울시 9급

① 내부업무 과정적 관점
② 학습과 성장적 관점
③ 재정적 관점
④ 환경적 관점
⑤ 고객의 관점

해설 ④ [×] BSC의 4대 관점은 프로세스 관점, 학습과 성장관점, 재무관점, 고객 관점이다. 환경적 관점은 포함되지 않는다.

09 균형성과표(BSC)에 대한 설명으로 옳지 않은 것은?
▶ 2021년 지방직 9급

① 조직의 장기적 전략 목표와 단기적 활동을 연결할 수 있게 한다.
② 재무적 성과지표와 비재무적 성과지표를 통한 균형적인 성과관리 도구라고 할 수 있다.
③ 재무적 정보 외에 고객, 내부 절차, 학습과 성장 등 조직 운영에 필요한 관점을 추가한 것이다.
④ 고객 관점에서의 성과지표는 시민참여, 적법절차, 내부 직원의 만족도, 정책 순응도, 공개 등이 있다.

해설 ④ [×] 정책 순응도만 고객관점의 성과지표에 해당한다. 시민참여, 적법절차, 공개는 내부프로세스 관점의 성과지표이며, 내부 직원의 만족도는 학습과 성장 관점의 성과지표이다.

10 균형성과표(BSC : Balanced Score Card)의 관점과 측정지표가 바르게 연결된 것은?
▶ 2017년 사회복지직 9급

① 학습과 성장 관점 - 직무만족도
② 내부 프로세스 관점 - 민원인의 불만율
③ 재무적 관점 - 신규 고객의 증감
④ 고객 관점 - 조직 내 커뮤니케이션 구조

정답 08 ④ 09 ④ 10 ①

② [×] 민원인의 불만율은 고객관점 성과지표에 해당한다.
③ [×] 신규 고객의 증감은 고객관점 성과지표에 해당한다.
④ [×] 조직 내 커뮤니케이션 구조는 내부프로세스 관점 성과지표에 해당한다.

4대 관점	공공부문	성과 지표
고객	국민 관점	• 정책순응도, 고객만족도, 불만 민원 접수 건수, 삶의 질에 대한 통계지표 등
재무	예산	• 사업집행이나 서비스 제공에 대한 비용과 편익(효과) • 의무적 경비비율, 예산불용액 비율, 채무상환비 비율 등(지방정부)
업무 프로세스	정책과정 조직시스템	• 정책결정과정 : 이해당사자들(시민)의 참여 보장, 적법절차 준수 • 집행시스템 : 관련 정보의 공개, 정책수단의 적실성, 서비스 전달시스템의 효율성 등 • 조직 시스템 측면 : 부서간의 업무협조를 포함한 커뮤니케이션이나 프로세스에 적합한 조직구조 개편, 결재단계의 축소 등
학습과 성장	인사행정 및 지원시스템	• 조직구성원들의 직무수행능력 • 직무만족(공무원의 직무만족도) • 지식의 창조와 관리 • 지속적인 자기혁신과 성장 • 내부 제안 건수, 학습동아리(스터디 그룹) 수

11 균형성과표(BSC)의 성과지표에 대한 설명 중 옳지 않은 것은? ▶ 2014년 지방직 9급

① 고객 관점에서의 성과지표에는 고객만족도, 정책순응도, 민원인의 불만율, 신규 고객의 증감 등이 있다.
② 내부 프로세스 관점의 성과지표에는 의사결정 과정의 시민참여, 적법적 절차, 커뮤니케이션 구조 등이 있다.
③ 재무적 관점의 성과지표는 전통적인 선행지표로서 매출, 자본 수익률, 예산 대비 차이 등이 있다.
④ 학습과 성장 관점의 성과지표에는 학습동아리 수, 내부 제안 건수, 직무만족도 등이 있다.

 ③ [×] 재무적 관점의 성과지표는 전통적인 후행지표(선행지표 ×)로서 매출, 자본 수익률, 예산 대비 차이 등이 있다.

정답 11 ③

12 균형성과지표(BSC)에 대한 설명으로 옳은 것만을 모두 고른 것은? ▶ 2015년 국가직 9급

> ㄱ. 조직의 비전과 목표, 전략으로부터 도출된 성과지표의 집합체이다.
> ㄴ. 재무지표 중심의 기존 성과관리의 한계를 극복하기 위한 것이다.
> ㄷ. 조직의 내부요소보다는 외부요소를 중시한다.
> ㄹ. 재무, 고객, 내부 프로세스, 학습과 성장이라는 네 가지 관점 간의 균형을 중시한다.
> ㅁ. 성과관리의 과정보다는 결과를 중시한다.

① ㄱ, ㄴ, ㅁ   ② ㄴ, ㄷ, ㄹ
③ ㄱ, ㄴ, ㄹ   ④ ㄷ, ㄹ, ㅁ

해설 ③ ㄱ, ㄴ, ㄹ [○]
ㄷ.[×] 조직의 내부요소(업무프로세스 관점, 학습과 성장 관점)와 외부요소(고객 관점, 재무 관점)의 균형을 중시한다.
ㅁ.[×] 균형성과표는 성과관리의 과정과 결과의 균형을 강조한다.
ㄱ.[○] 1990년대 초 카플란과 노턴(Kaplan & Norton)이 개발한 균형성과표는 조직의 비전과 목표, 전략으로부터 하향적으로 도출된 엄선된 성과 지표의 집합체이다.
ㄴ.[○] 균형성과표는 재무지표 중심의 기존의 성과관리의 한계를 극복하고 다양한 관점의 균형을 추구하는 것이 특징이다. 재무적 지표와 비재무적 지표(고객, 학습과 성장, 내부 프로세스)의 균형, 조직의 내부 관점과 외부 관점간의 균형, 결과를 예측해주는 선행지표와 결과인 후행지표 간 균형, 단기적 관점(재무관점)과 장기적 관점(학습과 성장 관점)간의 균형을 추구한다.

13 〈보기〉에서 설명하는 모형으로 옳은 것은? ▶ 2020년 국회 8급

> 〈보기〉
> 이 모형은 한 조직, 특히 공공조직은 다양한 가치를 공유할 수 밖에 없음에도 불구하고 기존 연구들이 조직문화를 단일 차원적으로 접근함으로써 갖게 되는 한계를 극복하기 위한 다중 차원적 접근방법 중 하나이다. 이 모형에 따르면, 조직문화의 유형은 두 가지 차원, 즉 내부 대 외부, 그리고 통제성 대 유연성을 기준으로 인간관계모형, 개방체제모형, 내부과정모형, 그리고 합리적 목표모형 등 네 가지로 구분된다.

① 조직문화창조 모형 ② 갈등·협상 모형 ③ 혼합주사모형
④ 경쟁가치모형 ⑤ 하위정부모형

해설 ④ [○] 퀸과 로보그(Quinne & Rohbaugh, 1983)의 경쟁가치모형에 대한 설명이다. 경쟁가치모형은 조직이 내부·외부 중 어디에 초점을 두고 있는가, 조직구조가 통제(안정)를 강조하는가 아니면 변화와 융통성을 강조하는가를 기준으로 조직효과성에 대한 네 가지 경쟁적인 모형(인간관계, 개방체제, 내부과정, 합리적 목표모형)을 도출하였다.

정답 12 ③ 13 ④

14 조직효과성의 경쟁가치모형(Competing Values Model)에서 조직의 성장 및 자원획득의 목표를 강조하는 관점은?

▶ 2018년 서울시 7급

① 개방체제 관점
② 내부과정 관점
③ 인간관계 관점
④ 합리적 목표 관점

해설 ① [○] 개방체제모형의 관점에서 조직의 성장 및 자원획득을 강조한다.
② [×] 내부과정 모형에서는 안정성과 균형을 강조한다.
③ [×] 인간관계 모형에서는 인적자원개발을 강조한다.
④ [×] 합리목표 모형에서는 생산성과 능률성을 강조한다.

15 조직문화의 경쟁가치모형에 대한 설명으로 옳지 않은 것은?

▶ 2022년 지방직 9급

① 위계 문화는 응집성을 강조한다.
② 혁신지향 문화는 창의성을 강조한다.
③ 과업지향 문화는 생산성을 강조한다.
④ 관계지향 문화는 사기 유지를 강조한다.

해설 ① [×] 응집력은 관계지향 문화에서 강조하는 가치이다. 위계적 조직문화는 내부의 안정성과 지속성을 중요시하며, 조직구성원들의 표준화된 규칙과 절차 준수를 강조한다.

```
                     유연성(신축성)
              집단(clan)문화      │    혁신(adhocracy) 문화
              / 공동체문화        │      (개방체제 모형)
  내부지향    (인간관계 모형)    │                          외부지향
              ─────────────────┼─────────────────
              위계(hierarchy) 문화│   시장문화 / 과업지향 문화
                (내부과정 모형)  │      (합리목표 모형)
                     통제 및 질서(안정성)
```

모형	강조점	효과성	
		수단	목표
개방체제 모형 (혁신문화)	조직 및 유연성	유연성, 신속성 유지	성장, 자원 획득
합리목표 모형 (과업지향 문화)	조직 및 통제	기획, 목표설정, 평가	생산성, 효율성, 이윤
내부과정 모형 (위계문화)	인간 및 통제	정보관리, 조정	안정성, 균형 유지
인간관계 모형 (공동체 문화)	인간 및 유연성	응집력, 사기 유지	인력자원의 개발

정답 14 ① 15 ①

효과성 평가모형 중 퀸과 로보그(Quinne & Rohrbaugh)의 경합가치모형에 관한 다음의 설명 중 적절하지 못한 것은?

▶ 2014년 서울시 7급

① 조직이 내부·외부 중 어디에 초점을 두고 있는지와 조직 구조가 통제와 융통성 중 어떤 것을 강조하는지를 기준으로 조직효과성에 관한 네 가지 경쟁모형을 도출하였다.
② 조직의 내부에 초점을 두고 융통성을 강조하는 경우의 효과성 평가유형은 인간관계 모형이다.
③ 개방체제 모형은 조직의 외부에 초점을 두며 융통성을 강조하는 경우의 평가유형이다.
④ 조직의 외부에 초점을 두고 통제를 강조하는 경우 성장 및 자원 확보를 목표로 하게 된다.
⑤ 조직의 내부에 초점을 두고 통제를 강조하는 경우 안정성 및 균형을 목표로 하게 된다.

해설 ④ [×] 조직의 외부에 초점을 두고 통제를 강조하는 것은 합리목표 모형으로써, 생산성과 능률성을 목표로 한다. 성장 및 자원 확보를 목표로 하는 것은 조직의 외부에 초점을 두고 융통성을 강조하는 개방체제 모형에 대한 설명이다.

정답 16 ④

제8장 행정개혁

기출문제

01 행정개혁의 구조적 접근방법에 관한 설명으로 옳지 않은 것은? ▶ 2022년 행정사

① 행정체계의 구조적 설계를 개선함으로써 행정개혁의 목표를 달성하려는 접근방법이다.
② 분권화 수준의 개선, 권한배분의 개편, 명령계통의 수정, 작업집단의 설계 등을 추진한다.
③ 주된 목표는 기능중복의 제거 및 표준적 절차의 간소화 등이다.
④ 조직의 분권화를 통해 조직계층의 단순화, 명령과 책임 등을 명확히 할 수 있다.
⑤ 공무원의 의식개혁, 업무자세 및 태도 개선 등에 초점을 맞춘다.

> **해설** ⑤ [×] 공무원의 의식개혁, 업무자세 및 태도 개선 등에 초점을 맞추는 것은 행정인의 가치관과 행태를 의도적으로 변화시켜 행정체제 전체의 바람직한 변화를 유도하려는 전략인 행태적 접근방법에 해당한다.

02 행정개혁의 접근방법에 관한 설명으로 옳은 것은? ▶ 2020년 행정사

① 구조적 접근방법은 행태과학의 지식과 기법을 활용한다.
② 과정적 접근방법이 관심을 갖는 개혁대상은 분권화의 수준개선과 조직의 기능이다.
③ 과정적 접근방법은 바람직한 문화변동을 추진한다.
④ 구조적 접근방법이 갖는 관심은 통솔범위의 조정, 권한배분의 개편 등을 대상으로 한다.
⑤ 통합적 접근방법은 폐쇄체제에 입각하여 개혁대상을 포괄적으로 관찰하는 것이다.

정답 01 ⑤　02 ④

해설
④ [○]
① [×] 행태과학의 지식과 기법을 활용하여, 구성원의 가치관 등을 변화시키는 접근방법은 행태적 접근방법이다.
② [×] 분권화의 수준개선과 조직의 기능에 관심을 갖는 것은 구조적 접근방법이다.
③ [×] 문화론적 접근방법은 바람직한 문화변동을 추진하는 행정개혁 접근방법이다.
⑤ [×] 통합적 접근방법은 개방체제에 입각하여 개혁대상을 포괄적으로 관찰하는 것이다.

구분	구조적 접근법	과정적(관리기술적) 접근법	행태적(인간관계적) 접근법
개념	• 조직구조의 합리적 설계를 통해 행정개혁 목표를 달성하려는 접근방법 • 행정학 성립 초기 전통적 조직이론(과학적 관리론, 관료제론, 원리주의 등)에 근거	• 행정이 수행되는 절차나 과정, 기술, 장비의 개혁을 통해 행정성과의 향상을 도모하는 전략 • 업무처리 절차나 운영기술 개선에 초점	• 개혁의 초점을 인간행태의 변화에 두고 행정인의 가치관과 행태를 의도적으로 변화시켜 행정체제 전체의 바람직한 변화를 유도하려는 접근방법
주요 전략	• 원리전략 : 기구·직제의 간소화, 규모의 축소 또는 확대, 권한배분 기능 중복의 제거, 조정 및 통제 절차의 개선, 통솔범위의 수정 및 명령계통 수정, 의사전달체계 수정 등 조직의 제 원리와 리스트럭처링 강조 • 분권화 전략(의사결정 권한의 수정)	• 관리혁신을 강조하는 신공공관리론에서 강조 • 정보통신 기술 등의 도입사무자동화(OR, operational research), 컴퓨터의 활용(EDPS, electronic data processing system), BPR, TQM 등을 통해 행정운영 과정을 개선하는 것	• 행태과학이나 사회심리학에서 개발한 감수성 훈련, 과정상담 등 조직발전(OD) 전략에 의한 심리적 욕구를 충족시켜 조직과 개인의 목표를 조화시키고자 한 민주적·분권적·상향적 참여적 접근방법

03 고전적 조직이론에 입각하여 조직의 명령계통, 통솔의 범위, 기능배분, 권한과 책임의 한계 등을 주요 대상으로 하는 행정개혁의 접근방법은? ▶ 2014년 행정사

① 구조적 접근방법
② 과정적·기술적 접근방법
③ 종합적 접근방법
④ 인간관계론적 접근방법
⑤ 행태적 접근방법

해설
① [○] 구조적 접근법 중 원리전략에 해당한다.

정답 03 ①

04 행정개혁의 접근방법 중 조직의 상징체계, 신화, 의례를 바꾸고 그에 따라 조직구성원의 행동양식과 관행 그리고 신념을 혁신하고자 하는 것은? ▶ 2021년 행정사

① 구조적 접근방법
② 과정적 접근방법
③ 기술적 접근방법
④ 조직문화 접근방법
⑤ 행태적 접근방법

해설 ④ [O] 행정문화를 개혁함으로써 보다 근본적이고 장기적인 행정체제 개혁을 달성하려는 조직문화 접근방법에 대한 설명이다.

05 감수성 훈련 등을 통해 관료의 가치관, 신념, 태도의 변화를 유도하는 행정개혁의 접근방법은? ▶ 2023년 행정사

① 과정적 접근방법
② 구조적 접근방법
③ 행태적 접근방법
④ 통합적 접근방법
⑤ 사업중심적 접근방법

해설 ③ [O] 감수성 훈련 등 조직발전(OD: organization development) 기법을 활용하는 것은 행정개혁의 접근방법 중 행태적(인간중심적)접근방법이다.

06 행정개혁 저항에 대한 사회적·규범적 극복방안으로 옳은 것을 모두 고른 것은? ▶ 2019년 행정사

ㄱ. 교육훈련
ㄴ. 임용상 불이익 방지
ㄷ. 경제적 보상
ㄹ. 긴장조성
ㅁ. 의사소통과 참여 촉진

① ㄱ, ㄹ
② ㄱ, ㅁ
③ ㄴ, ㄷ
④ ㄴ, ㄹ
⑤ ㄷ, ㅁ

정답 04 ④ 05 ③ 06 ②

② ㄱ, ㅁ [○] 사회적·규범적 극복방안으로 의사소통과 참여의 확대, 교육훈련 등이 있다.
ㄴ, ㄷ은 공리적·기술적 전략이고, ㄹ은 강제적·물리적 전략이다.

[표] 행정개혁의 저항 극복 전략

규범적·사회적 전략	• 상징조작과 설득을 통해 대상 집단의 심리적 저항요인을 약화시키는 전략으로 외부지지 세력과 연합하여 개혁을 추진할 때 효과적 • 방법: 개혁지도자의 카리스마 제고와 솔선수범, 의사소통의 개선 및 참여확대, 시간적 여유 제공 등 적응 지원, 개혁의 당위성과 성과에 대한 정보제공 및 설득, 교육훈련을 통한 자기계발 촉진, 가치관 변화를 위한 훈련 실시 등
공리적·기술적 전략	• 이익 침해 상황을 기술적으로 조정하거나 보상을 제공하여 저항을 회피하는 전략 • 방법: 손해에 대한 적정한 보상, 호혜적 방법, 개혁의 편익에 대한 홍보, 인사이동 등 적절한 인사배치 개혁의 점진적 추진, 적절한 범위와 시기의 선택, 개혁안의 명확화와 공공성 강조, 개혁방법·기술의 수정, 손실의 최소화와 보상의 명확화 등
강제적·물리적 전략	• 저항자에게 물리적 제재나 불이익의 위협을 가하는 전략 • 방법: 계층제상의 권한 행사, 물리적 제재나 불이익의 위협 등 압력 행사, 긴장 분위기 조성과 압력의 행사, 권력구조의 개편 등

07 행정개혁의 저항을 극복하기 위한 규범적·사회적 전략으로 옳은 것을 모두 고른 것은?

▶ 2022년 행정사

ㄱ. 의사전달과 참여의 확대
ㄴ. 개혁의 공공성에 대한 홍보
ㄷ. 사명감 고취와 역할 인식 강화
ㄹ. 권력구조 개편과 긴장 조성
ㅁ. 신분보장과 경제적 보상
ㅂ. 가치갈등 해소

① ㄱ, ㄴ, ㄹ ② ㄱ, ㄷ, ㅂ
③ ㄴ, ㄷ, ㅁ ④ ㄴ, ㄹ, ㅁ
⑤ ㄷ, ㅁ, ㅂ

 ② [○] ㄱ, ㄷ, ㅂ
ㄱ. 의사전달과 참여의 확대, ㄷ. 사명감 고취와 역할 인식 강화, ㅂ. 가치갈등 해소는 사회적·심리적 지지를 통해 자발적 협력과 개혁의 수용을 유도하려는 방법인 규범적·사회적 전략이다.
ㄴ. 개혁의 공공성에 대한 홍보, ㅁ. 신분보장과 경제적 보상은 공리적·기술적 방법에 해당하고, ㄹ. 권력구조 개편과 긴장 조성은 강제적 방법에 해당한다.

 07 ②

08 미국의 행정개혁과 관련하여 ( ) 안에 들어갈 것으로 알맞은 것은?

▶ 2015년 행정사

( )에서 제안한 정부재창조의 기본원칙은 관료적 문서주의(red tape) 제거, 고객우선주의, 성과산출을 위한 권한 위임, 기본 원칙으로의 복귀 등이다.

① 시장성 테스트(Market Testing)
② 넥스트 스텝(Next Steps)
③ 국정성과팀(National Performance Review)
④ 클리블랜드위원회(Cleveland Committee)
⑤ 브라운로위원회(Brownlow Commission)

해설 ③ [O] 제시문은 미국 Clinton 행정부에서 설치된 국정성과평가팀(NPR : 위원장 A. Gore)이 정부에 제안한 행정개혁백서(From Red-tape to Result)의 주요 내용이다. Clinton 행정부는 이 정부개혁 백서에 따라 정부재창조(Government Reinventing)를 추진하였다.

09 넥스트 스텝(Next Steps)을 통해 책임운영기관 제도를 도입하고, 공공서비스의 질 향상을 위해 시민헌장제, 의무경쟁입찰제, 시장성테스트 등의 개혁 조치를 추진한 국가는?

▶ 2023년 행정사

① 영국
② 일본
③ 뉴질랜드
④ 미국
⑤ 독일

해설 ① [O] 1988년 영국정부의 개혁담당기구가 수상에게 제출한 보고서 'The Next Steps'에서 책임운영기관 제도를 처음 제안하였다.

정답 08 ③ 09 ①

10 우리나라의 행정개혁에 관한 설명으로 옳지 않은 것은? ▶ 2021년 행정사

① 제2공화국에서는 경찰중립화를 위해 공안위원회와 감찰위원회가 구성·운영되었다.
② 제3공화국의 행정개혁은 행정개혁조사위원회에 의해 추진되었다.
③ 제4공화국의 행정개혁은 서정쇄신운동의 일환으로 전개되었다.
④ 김영삼 정부에서는 행정절차법과 공공기관의 정보공개에 관한 법률을 제정해 행정의 투명성을 제고하고자 하였다.
⑤ 김대중 정부에서는 행정개혁을 위해 정부혁신추진위원회를 설치하였다.

 ① [×] 감찰위원회는 공무원의 위법·비위 행위 조사와 정보수집, 공무원의 징계처분과 그 소속장관에 대한 정보 제공 또는 처분 요청 및 수사기관에 대한 고발사무를 관장하는 중앙행정기관으로서, 1948년 7.17 정부 수립과 함께 발족되어 1955년에 폐지되었다가 1961년 1월14일에 부활되었고, 1963년 심계원과 통합하여 감사원으로 개편되면서 폐지되었다. 제2공화국 시기(1960. 8. 19.~1961. 5. 16.)에 구성되었지만 경찰중립화를 위한 기관은 아니었다. 공안위원회는 경찰중립화를 위해 설치하도록 1960년 6월 24일 정부조직법에 명문 규정을 두었으나, 구성·운영되지 못했고, 이후 정부조직법상 근거 규정도 폐지되었다.

11 공공조직 업무개선을 위해 정보통신기술을 활용한 리엔지니어링(Reengineering)에 관한 설명으로 옳지 않은 것은? ▶ 2014년 행정사

① 조직 내 부서별 고도 분업화에 따른 폐단을 극복하기 위한 방안으로 등장하였다.
② 리엔지니어링의 궁극적인 목적은 성과향상과 고객만족의 극대화에 있다.
③ 리엔지니어링에는 조직 및 인력감축이 필수적이다.
④ 리엔지니어링은 프로세스의 변화뿐만 아니라 조직구조나 문화 등 다양한 측면에서의 변화가 요구된다.
⑤ 공공서비스의 비분할성 및 비경합성 등과 같은 특징으로 인해 리엔지니어링 추진이 쉽지 않다.

 ③ [×] 리엔지니어링은 업무절차(프로세스)의 근본적 재설계를 통해 성과향상을 추구하는 것이기 때문에 조직 및 인력 감축이 필수적인 것은 아니다.

정답 10 ① 11 ③

연습문제

01 행정개혁의 주요 속성에 해당되는 것이 아닌 것은? ▶ 2011년 서울시 9급

① 공공적 상황에서의 개혁
② 포괄적 연관성
③ 동태성
④ 시간적 단절성
⑤ 목표지향성

> **해설** ④ [×] 행정개혁은 장기적이고 지속적인 과정이다.

02 행정개혁의 구조적 접근방법에 해당되지 않는 것은? ▶ 2008년 서울시 9급

① 기능중복의 제거
② 의사전달체계의 수정
③ 관리과학의 활용
④ 책임의 재규정
⑤ 분권화의 확대

> **해설** ③ [×] 관리과학의 활용은 관리기술적(과정적) 접근법이다.

03 행정개혁의 저항을 줄이는 방법에 대한 다음 〈보기〉의 설명 중 옳은 것을 모두 고르면? ▶ 2014년 국회 8급

〈보기〉
ㄱ. 참여기회 제공
ㄴ. 포괄적 개혁추진
ㄷ. 구성원의 부담 최소화
ㄹ. 외부집단에 의한 개혁추진
ㅁ. 피개혁자 교육 및 홍보
ㅂ. 개혁안의 명료화

① ㄱ, ㄴ, ㄷ, ㅁ
② ㄱ, ㄷ, ㅁ, ㅂ
③ ㄱ, ㄴ, ㄷ, ㅁ, ㅂ
④ ㄱ, ㄷ, ㄹ, ㅁ, ㅂ
⑤ ㄱ, ㄴ, ㄷ, ㄹ, ㅁ, ㅂ

정답 01 ④   02 ③   03 ②

해설
② ㄱ, ㄷ, ㅁ, ㅂ [○]
ㄴ. [×] 개혁에 대한 저항은 포괄적이고, 급진적으로 진행했을 때 더 크게 나타난다. 그러므로 개혁은 절차, 수단, 방법 등에 있어 구체성을 가지고 부분적, 점진적으로 진행해야 한다.
ㄹ. [×] 외부집단에 의해 개혁이 추진될 경우 내부에 의한 개혁보다 조직구성원의 더 큰 저항을 가져올 수 있다.

04 행정개혁에 대한 저항을 극복하는 전략 및 방법에 관한 설명으로 옳은 것은? ▶ 2021년 국가직 7급

① 경제적 손실 보상, 임용상 불이익 방지는 규범적·사회적 전략이다.
② 개혁지도자의 신망 개선, 의사전달과 참여의 원활화, 사명감 고취는 공리적·기술적 전략이다.
③ 교육훈련과 자기계발 기회 제공은 규범적·사회적 전략이다.
④ 개혁 시기 조정은 강제적 전략이다.

해설
③ [○]
① [×] 경제적 손실보상, 임용상 불이익 방지(신분 및 보수 보장)는 피해집단이 저항하는 경우 유효한 전략으로 기술적·공리적 방법이다.
② [×] 개혁지도자의 신망 개선, 의사전달과 참여의 원활화, 사명감 고취 등은 저항의 근본적 해결책에 가까운 전략으로 규범적·사회적 방법이다.
④ [×] 개혁 시기의 조정(점진적 추진)은 기술적·공리적 방법에 해당한다.

정답 04 ③

행정사 1차 객관식 행정학개론

제4편

전자정부와 정보공개

제1장　전자정부와 정보공개

제1장 전자정부와 정보공개

기출문제

01 전자정부와 공공행정의 변화에 관한 설명으로 옳지 않은 것은? ▶ 2022년 행정사

① 전자정부 발전으로 인한 정보화의 역기능은 사회적 질서와 안전을 위협하는 디지털 위험으로 진행될 수 있다.
② 일반적으로 정보는 공공재 성격이 강하기 때문에 행정정보의 비대칭성 문제는 해소 내지 완화되어야 하는 것이 바람직하다.
③ 정부의 맞춤형 전자서비스와 빅데이터 산업 고도화 차원에서 개인정보의 행정기관 간 공동활용은 중요하다.
④ 전자정부 서비스는 이용자들의 거래비용과 기회비용 및 민원업무 감소에 기여한다.
⑤ 전자정부의 발달에 의한 공공데이터 개방은 행정정보의 독점적 소유를 촉진시키고 있다.

해설 ⑤ [×] 공공데이터의 개방은 공공기관이 독점적으로 소유·관리하던 공공데이터를 국민들에게 개방하여 국민의 공공데이터에 대한 이용권을 보장하는 것을 목적으로 한다.

02 전자정부와 행정의 변화에 관한 설명으로 옳은 것은? ▶ 2020년 행정사

① 정보행정은 정보기술을 활용하여 수요자 중심으로 행정서비스를 개선한다.
② 전자정부는 단순히 정보기술에 의하여 정부의 업무처리 방식만을 변화시킨다.
③ 정보정책은 행정업무를 전자화하는 것으로 행정업무처리 재설계와는 관계가 없다.
④ 전자정부는 정보기술을 활용하여 업무처리 전반을 혁신시켜야 하기 때문에 실무보다는 이론이 강조되는 분야이다.
⑤ 전자정부는 행정부문에 정보기술의 도입 및 활용에 초점을 두기보다 정보기술 그 자체를 연구의 대상으로 한다.

정답 01 ⑤ 02 ①

해설
① [○]
② [×] 전자정부는 정보기술을 활용하여 정부의 업무처리 방식을 효율적으로 개선하는 동시에 국민에게 맞춤형 서비스를 제공하고 투명하고 민주적인 정부를 구현하는 것이다.
③ [×] 정보정책은 행정업무를 전자화 하는 것으로 행정업무처리 재설계(BPR : Business Process Reengineering)를 위한 수단이다.
④ [×] 전자정부는 정보기술을 활용하여 업무처리 전반을 혁신시키는 것으로 이론과 실무 모두를 강조해야 한다.
⑤ [×] 전자정부는 정보기술에 대한 연구를 바탕으로 행정부문에 정보기술으 도입·활용할 수 있어야 한다.

03 지식행정에 관한 설명으로 옳은 것은?

▶ 2023년 행정사

① 행정지식은 구조적이고 단기간에 창출되기 때문에 관리에 많은 시간과 자원이 소요되지 않는다.
② 지식은 정보와 동일하므로 지식행정은 정보행정과 동일한 수준의 활동이다.
③ 지식행정은 행정활동의 프로세스 개선과 무관하다.
④ 지식행정은 지식사회를 설계하고 지식관리를 통해 가치를 창출하고 극대화하는 것을 의미한다.
⑤ 지식행정은 문제 해결 및 사회변화 예견을 위해 정보관리기술에 의존하지 않는다.

해설
④ [○]
① [×] 행정지식은 기관의 업무와 관련된 행정정보, 개인의 경험, 기관 안에서 생산·유통되는 업무지식 및 기술 등을 말한다. 행정지식은 비구조적이고 사람에게서 오랜 시간을 거쳐 창출된다. 따라서 다른 유형의 자산과 달리 효과적으로 관리하고 공유하는 데 많은 시간과 자원이 소요된다.
② [×] 정보는 어떤 목적에 유용하게 사용될 수 있는 데이터의 집합을 의미하고 지식은 정보가 의미 있게 조직화되고 축적된 것을 의미한다. 정보행정의 진화된 형태로 대두된 것이 지식행정이다. 지식행정은 정책목표달성과 행정문제 해결을 위해 필요한 지식을 창출·축적·공유·확산·활용·학습함으로써 가치를 창출하고 효과를 극대화하는 연속적 활동이다.
③ [×] 지식행정이란 조직 및 개인 차원에서 업무 경험, 연구 등을 바탕으로 축적된 지식을 체계적으로 발굴해 행정기관끼리 공유하고 이를 활용해 조직 경쟁력을 높이는 행정을 말한다. 지식행정은 행정활동의 프로세스를 끊임없이 개선하는 학습과정이다.
⑤ [×] 지식행정은 정보기술을 활용하여 조직의 지식창출, 지식 공유, 활용을 도모하고, 개인지식과 조직지식이 유기적으로 연결될 수 있는 지식공유기반을 구축한다.

정답 03 ④

04 전자정부에 관한 설명으로 옳은 것을 모두 고른 것은?

▶ 2017년 행정사

ㄱ. 정보통신기술을 활용하여 효율적인 행정, 질 높은 대민서비스, 투명하고 민주적인 정부를 구현하는 실천적인 수단이다.
ㄴ. 우리나라 전자정부시스템에는 '정부민원포털(민원24)', '국가종합전자조달시스템(나라장터)', '전자통관시스템(UNI-PASS)' 등이 있다.
ㄷ. 스마트워크센터는 출장지 등 원격지에서 업무가 가능하도록 정보통신기술기반의 원격업무 시스템을 갖춘 사무공간을 말한다.
ㄹ. 행정기관 등의 장은 원격지 간 업무수행을 할 때에는 온라인 영상회의를 활용하도록 노력하여야 한다.

① ㄱ, ㄴ
② ㄷ, ㄹ
③ ㄱ, ㄴ, ㄷ
④ ㄴ, ㄷ, ㄹ
⑤ ㄱ, ㄴ, ㄷ, ㄹ

해설
⑤ ㄱ, ㄴ, ㄷ, ㄹ [O]
ㄹ [O] 전자정부법 제32조

> **전자정부법 32조 (전자적 업무수행 등)**
> ① 행정기관등의 장은 행정업무를 수행할 때 정보통신망을 이용한 온라인 영상회의 방식을 활용할 수 있다. 이 경우 행정기관등의 장은 원격지(遠隔地) 간 업무수행을 할 때에는 온라인 영상회의를 우선적으로 활용하도록 노력하여야 한다.

05 전자정부의 주요 특징에 관한 설명으로 옳지 않은 것은?

▶ 2018년 행정사

① 시민이나 민간조직 등과의 네트워크를 통해 폭 넓은 거버넌스를 구축한다.
② 수요자 중심보다는 공급자 중심의 행정서비스를 강조하는 열린 정부이다.
③ 정부의 정책과정에 대한 국민의 참여와 보편적 접근을 제고한다.
④ 행정업무 절차의 전산화가 항상 행정의 생산성을 보장해주는 것은 아니다.
⑤ 시민 개개인의 프라이버시를 존중하고 보호하기 위해 노력한다.

해설
② [X] 전자정부는 공급자 중심 보다는 수요자 중심의 행정서비스를 강조한다.

정답 04 ⑤ 05 ②

06 전자정부에 관한 설명으로 옳지 않은 것은? ▶ 2013년 행정사

① 전자정부의 기반 기술 패러다임은 유비쿼터스 컴퓨팅과 네트워크 기술에서 모바일 기술로, 다시 모바일 기술에서 인터넷의 발전으로 진화하고 있다.
② 국민을 위해 언제 어디서나 한 번에 서비스가 제공되고 24시간 처리가 가능한 ONE STOP 전자민원서비스를 제공한다.
③ 전자정부는 정부 내 공문서나 자료가 전자적으로 처리되어 종이 없는 행정을 구현한다.
④ 행정정보가 풍부한 정보네트워크를 통해 국민과의 소통이 원활하게 되어 국민과 하나가 되는 정부를 구현하는데 기여한다.
⑤ 전자정부는 정보공개를 촉진하며, 인터넷, 키오스크 등 다양한 매체를 활용하여 정부가 보유한 정보에 쉽게 접근할 수 있도록 하여 국민의 알 권리를 충족시키는데 기여한다.

> **해설** ① [×] 전자정부의 기반기술 패러다임은 인터넷 기반 전자정부(1.0 전자정부)에서 모바일 기술기반 전자정부(2.0 전자정부)로, 다시 모바일 기술에서 유비쿼터스 컴퓨팅과 네트워크 기술 기반 전자정부(3.0 전자정부)로 발전해왔다.

07 우리나라 전자정부에 관한 설명으로 옳지 않은 것은? ▶ 2019년 행정사

① 수요자 중심보다는 공급자 중심의 행정서비스를 강조한다.
② 정부의 정책과정과 업무절차에 대한 투명성과 접근성을 높인다.
③ 국민과의 소통과 협력을 확대하고, 24시간 행정서비스를 제공한다.
④ 스마트워크센터를 통해 시·공간 제약없이 유연한 근무를 가능하게 한다.
⑤ 인터넷이나 DB기술 활용을 통해 부서 간 효율적인 정보교류가 가능하다.

> **해설** ① [×] 우리나라 전자정부는 공급자(정부) 중심보다는 수요자(국민) 중심의 행정서비스를 강조한다. 전자정부법 4조에서 전자정부의 원칙으로 대민서비스의 전자화 및 국민편익의 증진을 명시하고 있다.

08 정부 3.0에 관한 설명으로 옳지 않은 것은? ▶ 2016년 행정사

① 2010년 이명박 정부에서 처음 실시되었다.
② 정부와 국민 간의 양방향 소통을 중시하며, 국민에게 맞춤형 서비스 제공을 목적으로 한다.
③ 인터넷, 스마트기기, 빅데이터 등 정보통신기술을 적극 활용한다.
④ 투명한 정부, 유능한 정부, 서비스 정부를 목표로 한다.
⑤ 개방, 공유, 소통, 협력을 핵심가치로 한다.

정답 06 ① 07 ① 08 ①

해설 ① [×] 2013년 박근혜 정부에서 처음 실시되었다. 2013년 2월 21일 제18대 대통령직인수위원회는 개방과 공유를 통한 정부 3.0 달성 전략을 발표했으며, 2014년 7월 25일 국무총리 소속으로 정부 3.0 추진위원회가 발족하였다.

3대 전략	10대 추진과제
투명한 정부	① 공공정보 적극 공개로 국민의 알권리 충족 ② 공공데이터의 민간 활용 활성화 ③ 민·관 협치를 강화한 플랫폼 정부
유능한 정부	④ 정부 내 칸막이 해소 ⑤ 협업·소통 지원을 위한 정부운영 시스템 개선 ⑥ 빅데이터를 활용한 과학적 행정 구현
서비스 정부	⑦ 수요자 맞춤형 서비스 통합 제공 ⑧ 창업 및 기업활동 원스톱 지원 강화 ⑨ 정보 취약계층의 서비스 접근성 제고 ⑩ 새로운 정보기술을 활용한 맞춤형 서비스 창출

09 우리나라 스마트 전자정부의 비전에 관한 설명으로 옳지 않은 것은? ▶ 2024년 행정사

① 국민이 직접 증명하는 공급자 중심의 획일적인 서비스를 극대화하는 정부이다.
② 부처 간 장벽이 없는 네트워크를 통해 서비스 연계·통합이 가능한 정부이다.
③ 모바일 기기 등으로 어디서나 편리한 서비스를 제공하는 정부이다.
④ 국민의 수요에 실시간으로 반응하는 서비스를 제공하는 정부이다.
⑤ 참여·소통으로 수요자가 원하는 서비스와 정보를 제공하는 정부이다.

해설 ① [×] 스마트 전자정부는 "진화된 IT 기술과 정부서비스의 융·복합으로 언제 어디서나 매체에 관계없이 국민이 자유롭게 국민이 원하는 서비스를 맞춤형으로 이용하고 참여·소통할 수 있는 선진화된 정부"를 의미한다. 스마트 전자정부는 개인별 맞춤형 통합 서비스 방식을 특징으로 한다.

[표] 기존 전자정부와 스마트 전자정부 비교

구분	유형	기존 전자정부(~2010)	스마트 전자정부(2011~)
국민	접근방법	PC만 가능	스마트폰, 태블릿 PC, 스마트 TV 등 다매체
	서비스 방식	공급자 중심의 획일적 서비스	개인별 맞춤형 통합 서비스 공공정부 개방을 통해 국민이 직접 원하는 서비스 개발
	민원신청	개별 신청 동일 서류도 복수 제출	1회 신청으로 연관 민원 일괄 처리
	수혜방식 (지원금/복지 등)	국민이 직접 자격증명 신청	정부가 자격요건 확인·지원

정답 09 ①

공무원	근무위치	사무실(PC)	위치 무관(스마트워크센터/모바일 오피스)
	일하는 방식 (재난/안전 등)	사후 복구 위주	사전예방 및 예측

10 전자정부법상 (ㄱ)과 (ㄴ)에 들어갈 용어로 옳은 것은?

▶ 2021년 행정사

- (ㄱ)(이)란 행정기관 등이 보유하고 있는 행정정보, 전자적 수단에 의하여 행정정보의 수집·가공·검색을 하기 쉽게 구축한 정보시스템, 정보시스템의 구축에 적용되는 정보기술, 정보화예산 및 정보화인력 등을 말한다.
- (ㄴ)(이)란 전기통신기본법 제2조제2호에 따른 전기통신설비를 활용하거나 전기통신설비와 컴퓨터 및 컴퓨터 이용기술을 활용하여 정보를 수집·가공·저장·검색·송신 또는 수신하는 정보통신체제를 말한다.
- ※ 전기통신기본법 제2조제2호에 따른 전기통신설비라 함은 전기통신을 하기 위한 기계·기구·선로 기타 전기통신에 필요한 설비를 말한다.

① ㄱ : 정보자원 ㄴ : 정보통신망
② ㄱ : 정보자원 ㄴ : 정보기술아키텍처
③ ㄱ : 정보시스템감리 ㄴ : 정보통신망
④ ㄱ : 정보시스템감리 ㄴ : 정보기술아키텍처
⑤ ㄱ : 정보기술아키텍처 ㄴ : 정보통신망

해설 ①

전자정부법 제2조(정의) 이 법에서 사용하는 용어의 뜻은 다음과 같다.
10. "정보통신망"이란 「전기통신기본법」 제2조제2호에 따른 전기통신설비를 활용하거나 전기통신설비와 컴퓨터 및 컴퓨터 이용기술을 활용하여 정보를 수집·가공·저장·검색·송신 또는 수신하는 정보통신체제를 말한다.
11. "정보자원"이란 행정기관등이 보유하고 있는 행정정보, 전자적 수단에 의하여 행정정보의 수집·가공·검색을 하기 쉽게 구축한 정보시스템, 정보시스템의 구축에 적용되는 정보기술, 정보화예산 및 정보화인력 등을 말한다.
12. "정보기술아키텍처"란 일정한 기준과 절차에 따라 업무, 응용, 데이터, 기술, 보안 등 조직 전체의 구성요소들을 통합적으로 분석한 뒤 이들 간의 관계를 구조적으로 정리한 체제 및 이를 바탕으로 정보화 등을 통하여 구성요소들을 최적화하기 위한 방법을 말한다.
14. "정보시스템 감리"란 감리발주자 및 피감리인의 이해관계로부터 독립된 자가 정보시스템의 효율성을 향상시키고 안전성을 확보하기 위하여 제3자의 관점에서 정보시스템의 구축 및 운영 등에 관한 사항을 종합적으로 점검하고 문제점을 개선하도록 하는 것을 말한다.

정답 10 ①

「전자정부법」에 규정된 전자정부의 원칙으로 행정기관 등이 전자정부의 구현·운영 및 발전을 추진할 때 우선적으로 고려해야 할 사항으로 옳은 것은 모두 몇 개인가? ▶ 2015년 행정사

- 대민서비스의 전자화 및 국민편익의 증진
- 행정업무의 혁신 및 생산성·효율성의 향상
- 정보시스템의 안전성·신뢰성의 확보
- 개인정보 및 사생활의 보호
- 행정정보의 공개 및 공동이용의 확대

① 1개 ② 2개
③ 3개 ④ 4개
⑤ 5개

해설 ⑤ 5개

> **전자정부법 제4조 (전자정부의 원칙)**
> ① 행정기관등은 전자정부의 구현·운영 및 발전을 추진할 때 다음 각 호의 사항을 우선적으로 고려하고 이에 필요한 대책을 마련하여야 한다.
> 1. 대민서비스의 전자화 및 국민편익의 증진
> 2. 행정업무의 혁신 및 생산성·효율성의 향상
> 3. 정보시스템의 안전성·신뢰성의 확보
> 4. 개인정보 및 사생활의 보호
> 5. 행정정보의 공개 및 공동이용의 확대
> 6. 중복투자의 방지 및 상호운용성 증진

정답 11 ⑤

연습문제

01 전자정부와 지식관리에 대한 설명으로 옳지 않은 것은? ▶ 2012년 국가직 9급

① 전자정부의 발달과 함께 공공정보의 개인 사유화가 심화되었다.
② 지식관리는 계층제적 조직보다는 학습조직을 기반으로 한다.
③ 전자 거버넌스의 확대는 직접민주주의에 대한 가능성을 높인다.
④ 정보이용 계층에 대한 정보화정책으로써 정보격차 해소 정책이 중요해졌다.

> **해설**
> ① [×] 전자정부의 발달과 함께 공공정보의 개방 및 공유 가능성(공동재산화)을 확대한다.

02 전자정부의 역기능에 해당하는 내용과 그 요인을 〈보기〉에서 모두 고른 것은? ▶ 2018년 서울시 7급

ㄱ. 인포데믹스(infordemics)
ㄴ. 집단극화(group polarization)
ㄷ. 선택적 정보접촉(selective exposure to information)
ㄹ. 정보격차(digital divide)

① ㄱ, ㄴ
② ㄷ, ㄹ
③ ㄱ, ㄴ, ㄹ
④ ㄱ, ㄴ, ㄷ, ㄹ

> **해설** ④
> ㄱ [○] 인포데믹스(infordemics)는 근거 없는 각종 루머들이 IT 기기나 미디어를 통해 확산되면서 사회, 정치, 경제, 안보에 위기를 초래하는 것을 의미한다.
> ㄴ [○] 집단극화(group polarization)는 개인이 의사결정을 내릴 때 보다 집단으로 의사결정을 내릴 때 과격해지는 현상이다. 정보화 사회에서는 개인이 집단의 의사를 확인하기 용이해지므로 의사결정이 보다 양극화되는 집단극화 현상을 초래할 수 있다.
> ㄷ [○] 선택적 정보접촉(selective exposure to information)은 자신의 입장에 부합하는 정보들을 선택하는 것으로 인터넷은 역설적으로 중요한 사회적·정치적 이슈를 둘러싼 서로 다른 관점들에 대한 노출을 저해할 수 있다.
> ㄹ [○] 정보격차(digital divide)는 정보접근과 정보이용이 가능한 자와 그렇지 못한 자 사이에 경제적·사회적 격차가 심화되는 현상을 가리키는 용어이다.

정답 01 ① 02 ④

03 전자정부 구현사례에 대한 설명으로 옳지 않은 것은? ▶ 2022년 국가직 7급

① 'G2B'의 대표적 사례는 '나라장터'이다.
② 'G2C'는 조달 관련 온라인 서비스를 통합적으로 제공하는 것이다.
③ 'G4C'는 단일창구를 통한 민원업무혁신사업으로 데이터베이스 공동활용시스템 구축을 내용으로 한다.
④ 'G2G'는 정부 내 업무처리의 전자화를 내용으로 하고 있으며 대표적 사례로는 '온-나라시스템'이 있다.

해설
② [×] 조달관련 온라인 서비스를 통합적으로 제공하는 것은 '나라장터'에 대한 설명으로 'G2B'에 해당한다.
① [○] G2B(Government to Business)의 사례로 나라장터, 전자통관시스템 등이 있다.
③ [○] 민원업무 혁신 사업은 G2C(Government to Customer 또는 Citizen)와 관련이 있다.
④ [○] 온-나라시스템은 G2G(Government to Government)의 사례이다.

04 전자적 행정서비스를 제공받는 집단에 대한 설명으로 옳은 것은? ▶ 2018년 지방직 7급

① G2G(Government, Government)에서는 그룹웨어시스템을 통한 원격지 연결, 정보 공유, 업무의 공동처리, 업무 유연성 등으로 행정의 생산성이 저하된다.
② G2C(Government, Citizen)의 관계 변화를 통해 시민요구에 부응하는 질 높은 행정서비스를 제공하고 시민참여를 촉진할 수 있지만 공공서비스 수요에 대한 대응성이 낮아진다.
③ G2G(Government, Government)에서는 정부부처 간, 중앙과 지방정부 간에 정보를 공동 활용하여 행정업무의 정확성과 효율성이 증대되고 거래비용이 감소한다.
④ G2B(Government, Business)의 관계 변화로 정부의 정책 수행을 위한 권고, 지침전달 등을 위한 정보교류 비용이 감소하지만 조달행정 비용은 증가한다.

해설
③ [○]
① [×] G2G는 그룹웨어시스템을 통한 원격지 연결, 정보 공유, 업무의 공동처리, 업무 유연성 등을 통해 행정의 생산성을 제고한다.
② [×] G2C는 정부와 시민 간에 관계변화를 통해 시민참여를 촉진하고, 시민의 요구에 대응성을 제고한다.
④ [×] G2B는 정보교류 비용과 조달행정 비용을 감소시킨다.

정답 03 ② 04 ③

05 4차 산업혁명에 대한 설명으로 가장 옳지 않은 것은? ▶ 2019년 서울시 7급

① 산업과 산업 간의 초연결성을 바탕으로 초지능성을 창출한다.
② 3차 산업혁명의 연장선상이며 근본적인 특성을 공유하고 있다.
③ 사이버 물리 시스템(cyber - physical system) 혁명이라고 할 수 있다.
④ IoT, 인공지능, 빅데이터 등의 신기술을 기존 제조업과 융합해 생산능력과 효율을 극대화시킨다.

해설
② [×] 4차 산업혁명은 3차 산업혁명(20세기 이후 인터넷의 발전으로 이루어진 컴퓨터 정보화)의 연장선상이라고 할 수 있지만 근본적인 특성은 확연히 다르다. 4차 산업혁명은 로봇이나 인공지능(AI)이 이끄는 정보통신기술의 융합으로 이뤄지는 차세대 산업혁명을 의미한다.
① [○] 4차 산업혁명은 산업과 산업간의 초연결성을 바탕으로 초지능성을 창출하며, 이를 미래예측에 활용하여 융합과 혁신을 이끌어낸다.
③ [○] 4차 산업혁명은 1차, 2차 오프라인(off-line) 혁명과 3차의 온라인(on-line) 혁명이 하나로 연결되는 사이버 물리시스템 (cyber - physical system) 혁명이라고 할 수 있다.
④ [○] 4차 차 산업혁명은 사물인터넷(Iot), 인공지능, 로봇, 나노기술, 바이오, 드론, 자율주행 자동차, 3D프린터, 빅데이터 등 신기술을 기존 제조업과 융합해 생산 능력과 효율을 극대화 시킨다.

06 유비쿼터스 전자정부에 대한 설명으로 옳은 것만을 모두 고르면? ▶ 2020년 지방직 9급

ㄱ. 기술적으로 브로드밴드와 무선, 모바일 네트워크, 센싱, 칩 등을 기반으로 한다.
ㄴ. 서비스 전달 측면에서 지능적인 업무수행과 개개인의 수요에 맞는 맞춤형 서비스를 제공한다.
ㄷ. Any - time, Any - where, Any - device, Any - network, Any - service 환경에서 실현되는 정부를 지향한다.

① ㄱ, ㄴ
② ㄱ, ㄷ
③ ㄴ, ㄷ
④ ㄱ, ㄴ, ㄷ

해설
④ ㄱ, ㄴ, ㄷ [○]

정답 05 ② 06 ④

07 기존 데이터와 비교할 때 빅데이터의 주요 특징이 아닌 것은?
▶ 2017년 지방직 9급

① 속도(velocity)
② 다양성(variety)
③ 크기(volume)
④ 수동성(passivity)

해설 ④ [×] 빅데이터의 3대 특징은 크기, 다양성, 속도이다.

08 빅데이터에 대한 설명으로 옳지 않은 것은?
▶ 2021년 국가직 7급

① 사진은 빅데이터에 포함되지 않는다.
② 정형 데이터도 포함하는 개념이다.
③ 각종 센서 장비의 발달로 데이터가 늘어나면서 나타났다.
④ 데이터를 실시간으로 처리하기도 한다.

해설
① [×] 빅데이터에는 사진, 오디오, 비디오, 소셜 미디어 데이터, 로그 파일 등과 같은 비정형 데이터도 포함된다.
② [○] 빅데이터는 정형데이터는 물론 반정형화된 데이터, 비정형 데이터를 모두 포함한다.
③ [○] 빅데이터는 각종 센서 장비의 발달로 데이터가 늘어나면서 나타났다.
④ [○] 빅데이터는 데이터의 처리 능력에 있어 데이터를 수집·가공·분석하는 일련의 과정을 실시간 또는 일정 주기에 맞춰 처리할 수 있어야 한다.

09 「전자정부법」에서 정의하고 있는 다음의 개념은?
▶ 2022년 국가직 9급

> 일정한 기준과 절차에 따라 업무, 응용, 데이터, 기술, 보안 등 조직 전체의 구성요소들을 통합적으로 분석한 뒤 이들 간의 관계를 구조적으로 정리한 체제 및 이를 바탕으로 정보화 등을 통하여 구성요소들을 최적화하기 위한 방법

① 전자문서
② 정보기술아키텍처
③ 정보시스템
④ 정보자원

정답 07 ④ 08 ① 09 ②

해설 ②

전자정부법 제2조 (정의) 이 법에서 사용하는 용어의 뜻은 다음과 같다.
7. "전자문서"란 컴퓨터 등 정보처리능력을 지닌 장치에 의하여 전자적인 형태로 작성되어 송수신되거나 저장되는 표준화된 정보를 말한다.
11. "정보자원"이란 행정기관등이 보유하고 있는 행정정보, 전자적 수단에 의하여 행정정보의 수집·가공·검색을 하기 쉽게 구축한 정보시스템, 정보시스템의 구축에 적용되는 정보기술, 정보화예산 및 정보화인력 등을 말한다.
12. "정보기술아키텍처"란 일정한 기준과 절차에 따라 업무, 응용, 데이터, 기술, 보안 등 조직 전체의 구성요소들을 통합적으로 분석한 뒤 이들 간의 관계를 구조적으로 정리한 체제 및 이를 바탕으로 정보화 등을 통하여 구성요소들을 최적화하기 위한 방법을 말한다.
13. "정보시스템"이란 정보의 수집·가공·저장·검색·송신·수신 및 그 활용과 관련되는 기기와 소프트웨어의 조직화된 체계를 말한다.

10 다음은 4차 산업혁명 시대의 주요 정보기술을 설명하고 있다. 이에 해당하는 것은?

▶ 2024년 국가직 9급

거래정보의 기록을 중앙집중화 된 서버나 관리 기능에 의존하지 않고, 분산원장(distributed ledger)을 기반으로 모든 참여자에게 분산된 형태로 배분함으로써, 데이터 관리의 탈집중화된 환경을 제공하는 기술이다.

① 인공지능(AI)
② 블록체인(block chain)
③ 빅데이터(big data)
④ 사물인터넷(IoT)

해설
② [O] 블록체인(block chain)이란 블록에 데이터를 담아 체인 형태로 연결, 수많은 컴퓨터에 동시에 이를 복제해 저장하는 분산형 데이터 저장 기술이다.
① [X] 인공지능이란 인간의 인지·추론·판단 등의 능력을 컴퓨터로 구현하기 위한 기술 혹은 그 연구 분야 등을 총칭하는 용어로 사용된다.
③ [X] 빅데이터란 기존 데이터에 비해 너무 방대해 일반적으로 사용하는 방법이나 도구로 수집·저장·검색·분석·시각화 등을 하기 어려운 대량의 데이터 집합을 의미한다.
④ [X] 사물인터넷(Internet of Things)은 세상에 존재하는 유형 혹은 무형의 객체들이 다양한 방식으로 서로 연결되어 개별 객체들이 제공하지 못했던 새로운 서비스를 제공하는 것을 말한다.

정답 10 ②

11 현행 「전자정부법」상 행정기관이 전자정부의 구현·운영 및 발전을 추진할 때 우선적으로 고려해야 하는 사항으로 옳지 않은 것은? ▶ 2011년 국가직 7급

① 대민서비스의 전자화 및 행정기관 편의의 증진
② 행정업무의 혁신 및 효율성의 향상
③ 정보시스템의 안정성·신뢰성의 확보
④ 행정정보의 공개 및 공동이용의 확대

> **해설**
> ① [×] 「전자정부법」상 전자정부의 원칙은 행정기관 편의의 증진이 아니라 대민서비스의 전자화 및 국민편익의 증진이다.
>
> **전자정부법 제4조(전자정부의 원칙)**
> ① 행정기관등은 전자정부의 구현·운영 및 발전을 추진할 때 다음 각 호의 사항을 우선적으로 고려하고 이에 필요한 대책을 마련하여야 한다.
> 1. 대민서비스의 전자화 및 국민편익의 증진
> 2. 행정업무의 혁신 및 생산성·효율성의 향상
> 3. 정보시스템의 안전성·신뢰성의 확보
> 4. 개인정보 및 사생활의 보호
> 5. 행정정보의 공개 및 공동이용의 확대
> 6. 중복투자의 방지 및 상호운용성 증진

12 「전자정부법」상 전자정부 추진에 대한 설명으로 옳지 않은 것은? ▶ 2021년 지방직 7급

① 「고등교육법」상 사립대학은 적용받지 않는다.
② 행정기관등의 장은 해당기관의 전자정부의 구현·운영 및 발전을 위한 기본계획을 5년마다 수립하여야 한다.
③ 전자정부의 날이 지정되었다.
④ 필요한 경우 둘 이상의 지방자치단체가 공동으로 지역정보통합센터를 설립·운영할 수 있다.

정답 11 ① 12 ①

> **해설** ① [×] 「고등교육법」상 사립대학도 「전자정부법」의 적용을 받는다.
>
> > 전자정부법 제2조(정의) 이 법에서 사용하는 용어의 뜻은 다음과 같다.
> > 2. "행정기관"이란 국회·법원·헌법재판소·중앙선거관리위원회의 행정사무를 처리하는 기관, 중앙행정기관(대통령 소속 기관과 국무총리 소속 기관을 포함한다. 이하 같다) 및 그 소속 기관, 지방자치단체를 말한다.
> > 3. "공공기관"이란 다음 각 목의 기관을 말한다.
> >   가. 「공공기관의 운영에 관한 법률」 제4조에 따른 법인·단체 또는 기관
> >   나. 「지방공기업법」에 따른 지방공사 및 지방공단
> >   다. 특별법에 따라 설립된 특수법인
> >   라. 「초·중등교육법」, 「고등교육법」 및 그 밖의 다른 법률에 따라 설치된 각급 학교
> >   마. 그 밖에 대통령령으로 정하는 법인·단체 또는 기관
>
> ② [○] 전자정부법 제5조 제1항
>
> > 동법 제5조 (전자정부기본계획의 수립)
> > ① 중앙사무관장기관의 장은 전자정부의 구현·운영 및 발전을 위하여 5년마다 제5조의2제1항에 따른 행정기관등의 기관별 계획을 종합하여 전자정부기본계획을 수립하여야 한다.
>
> ③ [○] 전자정부법 제5조의3
>
> > 동법 제5조의3 (전자정부의 날)
> > ① 전자정부의 우수성과 편리함을 국민에게 알리고 국제적 위상을 제고하는 등 지속적으로 전자정부의 발전을 촉진하기 위하여 매년 6월 24일을 전자정부의 날로 한다.
>
> ④ [○] 전자정부법 제55조 제1항
>
> > 동법 제55조 (지역정보통합센터 설립·운영)
> > ① 지방자치단체는 정보자원을 효율적으로 관리하고 지역정보화를 통합적으로 추진하기 위하여 지역정보통합센터를 설립·운영할 수 있고, 필요한 경우 국가와 지방자치단체 또는 둘 이상의 지방자치단체가 공동으로 지역정보통합센터를 설립·운영할 수 있다.

13 전자정부의 효율적 구현을 목적으로 하는 「전자정부법」의 내용으로 옳지 않은 것은?

▶ 2019년 지방직 7급

① 행정정보의 처리업무를 방해할 목적으로 행정정보를 위조·변경·훼손하거나 말소하는 행위를 한 사람은 10년 이하의 징역에 처한다.
② 전자정부의 발전과 촉진을 위해 「전자정부법」은 전자정부의 날을 규정하고 있다.
③ 행정기관의 장은 3년마다 해당 기관의 전자정부의 구현·운영 및 발전을 위한 기본계획을 수립하여야 한다.
④ 행정안전부장관은 전자적 대민서비스와 관련된 보안대책을 국가정보원장과 사전 협의를 거쳐 마련하여야 한다.

정답 13 ③

③ [×] 행정기관등의 장은 5년마다 해당 기관의 전자정부의 구현·운영 및 발전을 위한 기본계획(기관별 계획)을 수립하여야 한다.

> **전자정부법 제5조의2 (기관별 계획의 수립 및 점검)**
> ① 행정기관등의 장은 5년마다 해당 기관의 전자정부의 구현·운영 및 발전을 위한 기본계획(이하 "기관별 계획"이라 한다)을 수립하여 중앙사무관장기관의 장에게 제출하여야 한다.

근거법	계획	주무기관	기간
전자정부법	전자정부 기본계획	중앙사무관장기관의 장(행정안전부 등)	5년
	기관별 계획	행정기관 등의 장	5년
지능화정보법	지능정보화사업 종합계획	과학기술정보통신부장관	3년
	실행계획	중앙행정기관의 장과 지방자치단체의 장	매년

① [○] 행정정보의 처리업무를 방해할 목적으로 행정정보를 위조·변경·훼손하거나 말소하는 행위 등을 한 사람은 10년 이하의 징역에 처한다.

> **전자정부법 제76조 (벌칙)**
> ① 제35조제1호를 위반하여 행정정보를 위조·변경·훼손하거나 말소하는 행위를 한 사람은 10년 이하의 징역에 처한다.

② [○] 전자정부의 발전과 촉진을 위해 매년 6월24일을 전자정부의 날을 규정하고 있다(법 제5조의3).

> **전자정부법 제5조의3 (전자정부의 날)**
> ① 전자정부의 우수성과 편리함을 국민에게 알리고 국제적 위상을 제고하는 등 지속적으로 전자정부의 발전을 촉진하기 위하여 매년 6월 24일을 전자정부의 날로 한다.

④ [○] 행정안전부장관은 전자적 대민서비스와 관련된 보안대책을 국가정보원장과 사전 협의를 거쳐 마련하여야 한다(법 제24조).

> **전자정부법 제24조 (전자적 대민서비스 보안대책)**
> ① 행정안전부장관은 전자적 대민서비스와 관련된 보안대책을 국가정보원장과 사전 협의를 거쳐 마련하여야 한다.

14 우리나라 공공기관의 정보공개제도에 대한 설명으로 옳지 않은 것은? ▶ 2022년 국가직 7급

① 당시 법률의 구체적 위임은 없었으나 청주시에서 우리나라 최초로 행정정보공개조례가 제정되었다.
② 청구에 의한 공개도 가능하지만 특정 정보는 별도의 청구 없이도 사전에 공개해야 한다.
③ 비공개 대상 정보를 제외한 모든 정보를 공개 대상으로 하는 네거티브 방식을 취하고 있다.
④ 정보목록은 비공개 대상 정보가 포함된 경우라도 공공기관이 작성, 공개하여야 한다.

정답 14 ④

> **해설**
> ④ [×] 정보목록은 비공개 대상 정보가 포함된 경우 공개하지 않을 수 있다.
>
> **공공기관의 정보공개에 관한 법률 제8조 (정보목록의 작성·비치 등)**
> ① 공공기관은 그 기관이 보유·관리하는 정보에 대하여 국민이 쉽게 알 수 있도록 정보목록을 작성하여 갖추어 두고, 그 목록을 정보통신망을 활용한 정보공개시스템 등을 통하여 공개하여야 한다. 다만, 정보목록 중 제9조 제1항에 따라 공개하지 아니할 수 있는 정보가 포함되어 있는 경우에는 해당 부분을 갖추어 두지 아니하거나 공개하지 아니할 수 있다.
>
> ① [○] 1992년 중앙정부보다 앞서 헌법상의 알 권리를 기반으로 청주시에서 행정정보공개조례를 제정하였다.
> ② [○] 국민생활에 큰 영향을 미치는 정책정보는 정기적 공개 대상정보로 청구가 없더라도 공개해야 한다.
>
> **공공기관의 정보공개에 관한 법률 제7조 (정보의 사전적 공개 등)**
> ① 공공기관은 다음 각 호의 어느 하나에 해당하는 정보에 대해서는 공개의 구체적 범위, 주기, 시기 및 방법 등을 미리 정하여 정보통신망 등을 통하여 알리고, 이에 따라 정기적으로 공개하여야 한다. 다만, 제9조 제1항 각 호의 어느 하나에 해당하는 정보에 대해서는 그러하지 아니하다.
> 1. 국민생활에 매우 큰 영향을 미치는 정책에 관한 정보
>
> ③ [○] 네거티브 방식은 원칙 허용, 예외 금지로, 모든 정보는 공개되는 것이 원칙이지만, 예외적으로 「공공기관의 정보공개에 관한 법률」 제9조에 근거하여 공개하지 않을 수 있다.
>
> **공공기관의 정보공개에 관한 법률 제9조(비공개 대상 정보)**
> ① 공공기관이 보유·관리하는 정보는 공개 대상이 된다. 다만, 다음 각 호의 어느 하나에 해당하는 정보는 공개하지 아니할 수 있다.

15 우리나라의 행정정보공개제도에 대한 설명으로 옳지 않은 것은? ▶ 2014년 국가직 9급

① 국정에 대한 국민의 참여와 국정 운영의 투명성 확보를 목적으로 한다.
② 중앙행정기관의 경우 전자적 형태의 정보 중 공개대상으로 분류된 정보는 공개 청구가 없더라도 공개하여야 한다.
③ 정보의 공개 및 우송 등에 드는 비용은 실비 범위에서 청구인이 부담한다.
④ 정보공개 청구는 말로써도 할 수 있으나 외국인은 청구할 수 없다.

정답 15 ④

해설 ④ [×] 정보공개청구는 문서로 청구서를 제출하거나 말로써 할 수 있으며, 외국인도 대통령령으로 정하는 일정한 경우에는 청구할 수 있다.

> **공공기관의 정보공개에 관한 법률 제10조 (정보공개의 청구방법)**
> ① 정보의 공개를 청구하는 자(이하 "청구인"이라 한다)는 해당 정보를 보유하거나 관리하고 있는 공공기관에 다음 각 호의 사항을 적은 정보공개 청구서를 제출하거나 말로써 정보의 공개를 청구할 수 있다.
>
> **공공기관의 정보공개에 관한 법률 제5조 (정보공개 청구권자)**
> ① 모든 국민은 정보의 공개를 청구할 권리를 가진다.
> ② 외국인의 정보공개 청구에 관하여는 대통령령으로 정한다.

② [○]

> **공공기관의 정보공개에 관한 법률 제8조의 2 (공개대상 정보의 원문공개)**
> 공공기관 중 중앙행정기관 및 대통령령으로 정하는 기관은 전자적 형태로 보유·관리하는 정보 중 공개대상으로 분류된 정보를 국민의 정보공개 청구가 없더라도 정보통신망을 활용한 정보공개시스템 등을 통하여 공개하여야 한다.

③ [○]

> **공공기관의 정보공개에 관한 법률 제17조 (비용 부담)**
> ① 정보의 공개 및 우송 등에 드는 비용은 실비(實費)의 범위에서 청구인이 부담한다.

---

16 다음은 우리나라의 공공기관의 정보공개에 관한 법률 에 대한 설명이다. 옳은 것으로 짝지어진 것은?

▶ 2010년 지방직 9급

> ㄱ. 헌법상의 '알 권리'를 구체화하기 위하여 1996년에 제정되었다.
> ㄴ. 공공기관에 의한 자발적, 능동적인 정보제공을 주된 내용으로 하고 있다.
> ㄷ. 외국인은 행정정보의 공개를 청구할 수 없다.
> ㄹ. 직무를 수행한 공무원의 성명·직위는 공개할 수 있다.
> ㅁ. 공공기관은 부득이한 사유가 없는 한 정보공개 청구를 받은 날부터 10일 이내에 공개여부를 결정해야 한다.

① ㄱ, ㄴ, ㅁ　　　　　② ㄱ, ㄹ, ㅁ
③ ㄴ, ㄷ, ㄹ　　　　　④ ㄷ, ㄹ, ㅁ

정답 16 ②

해설 ② ㄱ, ㄹ, ㅁ [O]

ㄴ. [×] 우리나라의 정보공개제도는 청구에 의한 공개를 원칙으로 한다. 공공기관에 의한 자발적이고 능동적인 정보제공은 행정 PR에 해당되는 설명이다.

ㄷ. [×] 국내에 일정한 주소를 두고 거주하거나 학술·연구를 위하여 일시적으로 체류하는 자나, 국내에 사무소를 두고 있는 법인 또는 단체는 외국인도 정보공개를 청구할 수 있다.

> **공공기관의 정보공개에 관한 법률 제5조(정보공개 청구권자)**
> ① 모든 국민은 정보의 공개를 청구할 권리를 가진다.
> ② 외국인의 정보공개 청구에 관하여는 대통령령으로 정한다.
>
> **공공기관의 정보공개에 관한 법률 시행령 제3조(외국인의 정보공개 청구)**
> 법 제5조제2항에 따라 정보공개를 청구할 수 있는 외국인은 다음 각 호의 어느 하나에 해당하는 자로 한다.
> 1. 국내에 일정한 주소를 두고 거주하거나 학술·연구를 위하여 일시적으로 체류하는 사람
> 2. 국내에 사무소를 두고 있는 법인 또는 단체

ㄹ. [O]

> **제9조(비공개 대상 정보)**
> ① 공공기관이 보유·관리하는 정보는 공개 대상이 된다. 다만, 다음 각 호의 어느 하나에 해당하는 정보는 공개하지 아니할 수 있다.
>   6. 해당 정보에 포함되어 있는 성명·주민등록번호 등 「개인정보 보호법」 제2조제1호에 따른 개인정보로서 공개될 경우 사생활의 비밀 또는 자유를 침해할 우려가 있다고 인정되는 정보. 다만, 다음 각 목에 열거한 사항은 제외한다.
>   라. 직무를 수행한 공무원의 성명·직위

ㅁ. [O]

> **공공기관의 정보공개에 관한 법률 제11조(정보공개 여부의 결정)**
> ① 공공기관은 제10조에 따라 정보공개의 청구를 받으면 그 청구를 받은 날부터 10일 이내에 공개 여부를 결정하여야 한다.

행정사 1차 객관식 행정학개론

제5편 인사행정

- 제1장 인사행정제도의 발달
- 제2장 공직의 분류체계
- 제3장 인사행정 기관
- 제4장 공무원의 임용 및 능력발전
- 제5장 사기관리
- 제6장 공무원 신분보장
- 제7장 공무원의 권리와 의무

제1장 인사행정제도의 발달

기출문제

01 직업공무원제도에 관한 설명으로 옳지 않은 것은? ▶ 2022년 행정사

① 젊고 유능한 인재들이 공직을 평생 직업으로 선택하여 근무하게 하는 제도이다.
② 행정의 계속성과 안정성을 확보하게 한다.
③ 폐쇄적 임용으로 인해 공직분위기의 침체가 우려된다.
④ 일반행정가 보다는 전문행정가 양성을 목표로 한다.
⑤ 신분보장으로 인해 무사안일과 관료의 병리현상이 초래될 위험이 있다.

해설 ④ [×] 직업공무원제도는 공무원이 오랜 기간에 걸쳐 공직에 근무하면서 여러 분야에서 다양한 경험을 쌓게 하므로 전문가보다는 폭넓은 시각과 안목을 가진 일반행정가의 양성에 유리하다.

02 엽관주의에 관한 설명으로 옳지 않은 것은? ▶ 2018년 행정사

① 당파성이나 정치적 요인을 기준으로 공직임용이 이루어진다.
② 개인의 능력, 자격, 업적 등 실적 외의 요인에 의해 공직임용이 이루어진다는 점에서 정실주의와 유사하다.
③ 행정의 일관성, 계속성, 안정성을 저해할 수 있다.
④ 공직의 대규모 경질을 통해 공직에의 참여기회를 확대한다.
⑤ 우리나라는 엽관주의적 성격의 공직임용을 허용하지 않고 있다.

해설 ⑤ [×] 우리나라는 현재 정무직과 별정직 등에 대한 엽관주의적 임용이 허용되고 있다.

정답 01 ④ 02 ⑤

03 실적주의 인사행정에 관한 설명으로 옳은 것은? ▶ 2019년 행정사

① 공무원의 정치적 중립을 어렵게 한다.
② 행정의 전문성을 저해한다.
③ 개인의 능력이나 실적을 기준으로 임용한다.
④ 빈번한 교체임용을 통해서 관료의 특권화를 막는다.
⑤ 직업공무원제 수립을 저해한다.

> **해설**
> ③ [○]
> ①, ②, ④ [×] 엽관주의의 특징이다.
> ⑤ [×] 실적주의는 직업공무원제 확립에 기여한다.

04 다음에 해당하는 인사관리의 유형은? ▶ 2014년 행정사

최근 우리나라 공공부문에 도입된 제도로서 다양한 계층의 공직진출을 확대하기 위한 방안으로 양성평등채용목표제, 장애인의무고용제, 지역인재추천채용제 등을 실시하고 있다.

① 실적주의제　　　　　　　② 대표관료제
③ 직업공무원제　　　　　　④ 엽관주의제
⑤ 개방형 임용제

> **해설**
> ② 대표관료제에 대한 설명이다.

05 대표관료제(representative bureaucracy)에 관한 설명으로 옳은 것은? ▶ 2017년 행정사

① 대표관료제는 행정의 전문성과 생산성을 강화한다.
② 대표관료제의 발전은 행정의 형평성과 능률성을 제고한다.
③ 대표관료제는 공직사회 내부 구성원 상호간 견제를 통하여 내적 통제를 강화한다.
④ 대표관료제의 관료들은 정책과정에서 자신이 속한 배경집단의 이익보다는 공익을 추구한다.
⑤ 집단보다는 개인에 역점을 두는 대표관료제는 자유주의와 부합한다.

정답 03 ③　04 ②　05 ③

해설 ③ [O] 대표관료제는 공무원의 대표성을 통해 행정의 민주성과 책임성을 향상시키려는 내부통제방안이다.
① [×] 대표관료제는 정치적·집단적 임용방식으로, 능력에 따른 임용 방식이 아니기 때문에 실적주의 원리를 훼손하고 행정의 전문성과 생산성을 약화시킬 수 있다.
② [×] 대표관료제의 발전은 사회적 약자에 대한 배려를 할 수 있으므로 사회적 형평성(수직적 형평성)을 제고하는 데 기여할 수 있지만, 능력에 따른 임용이 아니므로 능률성을 저해할 수 있다.
④ [×] 대표관료제의 관료들은 정책과정에서 공익보다는 자신이 속한 배경집단의 이익을 추구한다고 가정한다.
⑤ [×] 대표관료제는 개인보다는 출신 집단에 근거한 임용으로 개인의 자유를 강조하는 자유주의 원칙과 충돌할 수 있다. 개인의 능력에 역점을 두며 자유주의에 부합하는 것은 실적주의이다.

06 인사행정제도에 관한 설명으로 옳지 않은 것은? ▶ 2021년 행정사

① 실적제는 개인의 객관적인 능력·자격·성적을 기준으로 공무원을 임용하는 제도이다.
② 직업공무원제도는 계급제, 일반능력자 중심의 임용, 신분보장 등을 토대로 한다.
③ 계급제는 직무를 기준으로 직무의 난이도와 책임도에 따라 직위를 분류하는 제도이다.
④ 엽관제는 정당에 대한 공헌도와 충성심에 입각하여 공무원을 임용하는 제도이다.
⑤ 대표관료제는 국민에 대한 대응성과 공직 임용의 사회적 형평성을 제고시키려는 목적을 지닌 제도이다.

해설 ③ [×] 직무를 기준으로 직무의 난이도와 책임도에 따라 직위를 분류하는 제도는 직위분류제이다.

연습문제

01 직업공무원제의 특징으로 옳지 않은 것은? ▶ 2022년 국가직 9급

① 직무급 중심 보수체계
② 능력발전의 기회 부여
③ 폐쇄형 충원방식
④ 신분의 보장

해설 ① [×] 직업공무원제는 계급제와 제도적 친화성이 높은 제도로, 생활급과 연공급 중심의 보수체계를 특징으로 한다. 직무급 중심의 보수체계는 직위분류제의 특징에 해당한다.

02 직업공무원제에 대한 설명으로 옳지 않은 것은? ▶ 2015년 사회복지직 9급

① 공무원집단이 환경적 요청에 민감하지 못하고 특권 집단화될 우려가 있다.
② 직업공무원제가 성공적으로 확립되기 위해서는 공직에 대한 사회적 평가가 높아야 한다.
③ 직업공무원제는 행정의 계속성과 안정성 및 일관성 유지에 유리하다.
④ 직업공무원제는 일반적으로 전문행정가 양성에 유리하기 때문에 행정의 전문화 요구에 부응한다.

해설 ④ [×] 직업공무원제는 일반행정가 양성에 유리한 반면, 전문행정가 양성이 곤란하기 때문에 행정의 전문화 요구에 부응하기 어렵다.

03 직업공무원제 확립의 조건이 아닌 것은? ▶ 2012년 국회 9급

① 공직에 대한 높은 사회적 평가가 있어야 한다.
② 개방형 임용제가 존재하여야 한다.
③ 젊은 사람이 채용되어야 한다.
④ 보수의 수준이 적정해야 한다.
⑤ 능력발전의 기회가 공정하게 주어져야 한다.

해설 ② [×] 직업공무원제가 확립되기 위해서는 폐쇄형 임용제가 확립되어야 한다. 개방형 임용제는 직업공무원제의 성립을 저해하게 된다. 직업공무원제의 수립조건에는 젊고 유능한 인재의 채용, 실적주의의 확립, 공직에 대한 높은 사회적 평가, 능력발전 기회 부여, 적절한 보수 및 연금제도의 확립 등이 있다.

정답 01 ① 02 ④ 03 ②

04 엽관주의의 정당화 근거로 옳지 않은 것은? ▶ 2021년 국가직 7급

① 행정 민주화에 기여
② 정치지도자의 행정 통솔력 강화
③ 정당정치 발달에 공헌
④ 행정의 안정성과 지속성 확보

해설 ④ [×] 실적주의의 장점에 해당한다. 엽관주의는 정권 교체 시 공직의 대량경질로 인해 행정의 안정성과 지속성 및 일관성 등을 훼손할 수 있다.

05 엽관주의 인사의 단점에 대한 다음 설명 중 가장 옳지 않은 것은? ▶ 2015년 서울시 9급

① 행정의 안정성을 저해할 수 있다.
② 공무원의 정치적 중립을 저해한다.
③ 행정의 전문성을 저하시킬 수 있다.
④ 행정에 대한 민주적 통제를 약화시킨다.

해설 ④ [×] 엽관주의는 행정에 대한 책임확보와 민주적 통제를 강화시킨다.

06 실적주의의 주요 구성요소로 보기 어려운 것은? ▶ 2012년 지방직 9급

① 공직취임의 기회균등
② 공무원 인적구성의 다양화
③ 신분보장 및 정치적 중립
④ 실적에 의한 임용

해설 ② [×] 공무원 인적구성의 다양화는 대표관료제의 특징에 해당된다.

정답 04 ④ 05 ④ 06 ②

07 실적주의 공무원제도에 대한 설명으로 옳은 것은?
▶ 2024년 국가직 9급

① 미국에서는 잭슨(Jackson) 대통령에 의해 공식화되었다.
② 공직의 일은 건전한 상식과 인품을 가진 일반 대중 누구나 수행할 수 있는 것이라고 전제하였다.
③ 공개경쟁시험, 신분보장, 정치적 중립이 핵심적인 요소이다.
④ 사회적 형평성을 가장 중요한 가치로 삼는 인사제도이다.

> **해설**
> ③ [O] 실적주의는 공개경쟁채용시험, 신분보장, 정치적 중립 등을 그 내용으로 한다.
> ① [×] 1829년에 취임한 앤드류 잭슨(Andrew Jackson) 대통령은 동부 상류계층에 의해 독점되어 있던 관직을 서부 개척민을 포함한 일반 대중에게 공개하기 위하여 엽관주의를 '민주주의의 실천적인 정치원리'라고 선언하고 미국 인사행정의 공식적인 기본원칙으로 채택하였다.
> ② [×] 잭슨 대통령은 북동부 상류 계층에 독점되어 있던 공직을 서부 개척민을 포함한 일반 대중에게 공개하기 위해 엽관제를 "선거의 자유와 모순되는 연방정부 공직의 특권적 임용을 바로잡는 개혁과제", "민주주의의 실천적인 정치 원리"라고 선언하고, 미국 인사행정의 공식적인 기본 원칙으로 채택하였다. 그는 모든 공직은 건전한 상식을 갖춘 사람이면 누구나 수행할 수 있을 정도로 단순하기 때문에 특정인이 공직을 오랫동안 점유하는 것은 그에 따른 순기능보다는 역기능이 더욱 크다고 지적하면서, 엽관제를 통해 공직의 대중화를 추진했다.
> ④ [×] 실적주의는 능률성과 전문성을 중요한 가치로 삼는 인사제도이다. 형평성을 중요한 가치로 삼는 인사제도는 대표관료제이다.

08 엽관주의와 실적주의에 대한 설명으로 옳은 것만을 모두 고르면?
▶ 2014년 국가직 9급

> ㄱ. 엽관주의는 실적 이외의 요인을 고려하여 임용하는 방식으로 정치적 요인, 혈연, 지연 등이 포함된다.
> ㄴ. 엽관주의는 정실임용에 기초하고 있기 때문에 초기부터 민주주의의 실천원리와는 거리가 멀었다.
> ㄷ. 엽관주의는 정치지도자의 국정지도력을 강화함으로써 공공정책의 실현을 용이하게 해 준다.
> ㄹ. 실적주의는 정치적 중립에 집착하여 인사행정을 소극화·형식화시켰다.
> ㅁ. 실적주의는 국민에 대한 관료의 대응성을 높일 수 있다는 장점이 있다.

① ㄱ, ㄷ   ② ㄴ, ㄹ   ③ ㄴ, ㅁ   ④ ㄷ, ㄹ

> **해설**
> ④ ㄷ, ㄹ [O]
> ㄱ. [×] 엽관주의는 정치적인 요인을 고려하지만 혈연, 지연 등을 고려하지는 않는다.
> ㄴ. [×] 엽관주의는 정실 임용이 아니라 정당에 대한 충성도에 따라 임용하기 때문에 민주주의의 실천원리와 밀접하게 연관되어 발달하였다.
> ㅁ. [×] 실적주의의 특징인 공무원의 신분보장은 정치지도자들에 의한 관료 통제를 어렵게 하고, 관료제의 특권화(관료주의화)로 국민에 대한 대응성을 확보하기 어렵다는 단점을 갖는다.

정답 07 ③　08 ④

09 엽관주의와 실적주의에 대한 설명으로 옳은 것은? ▶ 2021년 지방직 9급

① 엽관주의는 개인의 능력, 적성, 기술을 공직 임용 기준으로 한다.
② 엽관주의는 정치지도자의 국정 지도력을 약화한다.
③ 실적주의는 국민에 대한 관료의 대응성을 높인다.
④ 실적주의는 공직 임용에 대한 기회의 균등을 보장한다.

> **해설**
> ④ [O]
> ① [×] 엽관주의는 정당에의 충성도와 공헌도를 관직의 임용기준으로 한다.
> ② [×] 엽관주의는 정치지도자의 국정 지도력을 강화(약화 ×)한다.
> ③ [×] 실적주의는 정치적 중립과 신분보장으로 관료조직이 국민의 요구에 둔감한 폐쇄집단화를 초래하여 국민에 대한 관료의 대응성을 저해할 수 있다.

10 인사행정제도에 관한 설명 중 적절하지 않은 것은? ▶ 2014년 지방직 9급

① 엽관주의는 정당에의 충성도와 공헌도를 관직 임용의 기준으로 삼는 제도이다.
② 엽관주의는 국민의 요구에 대한 관료적 대응성을 확보하기 어렵다는 단점을 갖는다.
③ 행정국가 현상의 등장은 실적주의 수립의 환경적 기반을 제공하였다.
④ 직업공무원제는 계급제와 폐쇄형 공무원제, 그리고 일반행정가주의를 지향한다.

> **해설**
> ② [×] 엽관주의는 선거에 의해 집권한 정당에 관료제를 예속시킴으로써 국민의 요구에 대한 관료적 대응성과 정치적 책임성을 확보하는데 유용한 인사제도이다.

11 대표관료제(Representative Bureaucracy)에 대한 설명으로 옳지 않은 것은? ▶ 2023년 국회 8급

① 개인의 출신 및 성장배경, 사회화 과정 등에 의해 개인의 주관적 책무성이 형성된다고 본다.
② 대표관료제는 현대사회의 구조적 문제로 인한 기회의 불평등을 해소하고자 하는 노력이다.
③ 대표관료제는 소극적 대표가 자동적으로 적극적 대표를 보장한다는 가정에서 출발한다.
④ 대표관료제는 실적주의 원칙에 기반하여 행정능률성을 제고한다.
⑤ 정부 관료의 충원에 있어서 다양한 집단을 참여시킴으로써 정부 관료제의 민주화에 기여할 수 있다.

> **해설**
> ④ [×] 대표관료제는 실적주의의 폐단을 보완하기 위해 도입되었다. 또한 능력·자격 등 실적을 2차적인 기준으로 임용하기 때문에 실적주의 원리를 훼손할 수 있으며, 행정의 전문성, 생산성, 능률성을 저해할 수 있다.

정답 09 ④ 10 ② 11 ④

12 대표관료제에 대한 설명으로 옳지 않은 것은? ▶ 2019년 지방직 9급

① 소극적 대표가 적극적 대표를 촉진한다는 가정 하에 제도를 운영해 왔다.
② 엽관주의 폐단을 시정하기 위해 등장하였으며 역차별의 문제를 완화할 수 있다.
③ 소극적 대표성은 전체 사회의 인구 구성적 특성과 가치를 반영하는 관료제의 인적 구성을 강조한다.
④ 우리나라는 균형인사제도를 통해 장애인·지방인재·저소득층 등에 대한 공직진출 지원을 하고 있다.

> **해설** ② [×] 대표관료제는 실적주의의 한계(인사행정의 소극성, 형식적 기회균등)를 보완하기 위한 적극적 행정의 일환으로 등장하였으며, 역차별의 문제를 야기할 수 있다는 문제점이 있다.

13 대표관료제(Representative Bureaucracy)에 대한 설명으로 옳지 않은 것은? ▶ 2010년 지방직 7급

① 킹슬리(D. Kingsley)가 1944년에 처음 사용한 개념이다.
② 임명직 관료집단이 민주적 방법으로 행동하도록 하기 위한 방안으로 도입되었다.
③ 대표관료제는 내부통제를 강화하는 기능을 가지고 있다.
④ 관료들의 객관적 책임을 매우 현실적이라고 주장한다.

> **해설** ④ [×] 대표관료제는 관료들이 자기 출신 집단의 이익을 정책에 반영할 것을 전제(적극적 대표성)로 하는 제도로 관료들의 주관적·내면적 책임을 강조한다.

정답 12 ② 13 ④

공무원인사제도에 대한 설명 중 옳은 것만을 고른 것은? ▶ 2009년 지방직 9급

> ㄱ. 엽관주의와 실적주의는 제도의 취지나 목적이 서로 다르기 때문에 상호 조화될 수 없어서 양 제도의 혼합운용이 어렵다.
> ㄴ. 엽관주의는 공무원의 충성심을 확보하기는 용이하나, 행정의 안정성과 지속성을 확보하기 어렵다.
> ㄷ. 직업공무원제도는 일반적으로 폐쇄형 임용체계를 채택하고 있으며, 공무원의 연대감을 높여준다.
> ㄹ. 직업공무원제도는 대체로 실적주의를 전제로 하며, 전문가주의를 지향하고 있다.
> ㅁ. 대표관료제는 정부정책 집행의 효율성, 공정성 및 책임성을 높여준다.

① ㄱ, ㄴ
② ㄱ, ㅁ
③ ㄴ, ㄷ
④ ㄷ, ㄹ

해설 ③ ㄴ, ㄷ [O]
ㄱ. [×] 현대 인사행정에서 실적주의를 원칙으로 하면서도, 행정의 정치적 책임성을 확보하고 선출직 정치 지도자의 국정지도력을 강화하기 위해 일정 범위의 엽관주의(정치적 임용)가 허용된다(정무직, 별정직 등).
ㄹ. [×] 직업공무원제도는 실적제와 별개로 발전한 제도이다. 실적제는 직위분류제와 전문가주의를 지향하는 반면에, 직업공무원제도는 계급제와 일반행정가 중심으로 운영된다.
ㅁ. [×] 대표관료제는 실적주의 원리를 훼손함으로써 효율성을 저해할 수 있다.

정답 14 ③

제2장 공직의 분류체계

기출문제

01 직위분류제에 관한 설명으로 옳지 않은 것은? ▶ 2017년 행정사

① 동일한 직무에 대한 동일한 보수 지급의 원칙에 부합한다.
② 직무의 내용, 특성, 자격 등 객관적인 기준에 따라 합리적인 인사가 이루어질 수 있다.
③ 조직 내에서 부서 간 협조와 교류를 원활하게 하지 못하는 단점이 있다.
④ 장기적인 발전 가능성이나 잠재력을 중시하는 직업공무원제의 수립에 유용하다.
⑤ 동일 직렬에 장기간 근무를 원칙으로 하기 때문에 행정의 전문화에 기여한다.

해설 ④ [×] 장기적인 발전 가능성이나 잠재력을 중시하는 직업공무원제의 수립에 유용한 제도는 계급제이다.

02 직위분류제에 관한 설명으로 옳지 않은 것은? ▶ 2023년 행정사

① 조직 내의 직위들을 각 직위에 배당된 직무의 속성에 따라 분류·관리하는 제도를 말한다.
② 직위(職位)란 1명의 공무원에게 부여할 수 있는 직무와 책임을 말한다.
③ 직군(職群)이란 직무의 종류·곤란성과 책임도가 상당히 유사한 직위의 군을 말한다.
④ 직렬(職列)이란 직무의 종류가 유사하고 그 책임과 곤란성의 정도가 서로 다른 직급의 군을 말한다.
⑤ 직류(職類)란 같은 직렬 내에서 담당 분야가 같은 직무의 군을 말한다.

해설 ③ [×] 직무의 종류·곤란성과 책임도가 상당히 유사한 직위의 군은 직급에 해당한다. 직군이란 직무의 성질이 유사한 직렬의 군을 말한다.

직위	• 1인에게 부여할 수 있는 직무와 책임 • 일반적으로 직위의 숫자와 직원의 수는 일치함
직급	• 직무 종류·곤란성과 책임도가 유사해 채용과 보수 등에서 동일하게 다룰 수 있는 직위의 군(동일 직급은 임용자격, 시험, 보수 등 동일)
직류	• 동일 직렬 내에서 담당 직책이 유사한 직무의 집합

정답 01 ④ 02 ③

직렬	• 직무의 종류는 유사하지만 책임과 곤란성(난이도)의 정도가 서로 다른 직급의 군
직군	• 직무의 성질이 유사한 직렬의 군
등급	• 직무의 종류는 다르지만 직무의 책임도와 자격 요건이 유사해 동일한 보수를 지급할 수 있는 직위의 횡적 군

03 우리나라 공직 혹은 공무원의 분류·관리에 관한 설명으로 옳은 것을 모두 고른 것은?

▶ 2016년 행정사

ㄱ. 직위분류제를 근간으로 하면서 계급제적 요소를 부분적으로 도입하고 있다.
ㄴ. 계급제는 사람의 특성에 따라, 직위분류제는 직무의 특성에 따라 공직을 분류한다.
ㄷ. 계급제는 공무원의 신분보장과 직업공무원제 확립에 유리하며, 직위분류제는 인력활용의 융통성을 높여 준다.
ㄹ. 고위공무원단에 소속된 공무원은 계급이 없는 대신 담당직무의 등급에 따라 그 지위가 결정된다.
ㅁ. 전문경력관은 일반직 공무원이지만, 계급 구분과 직군·직렬 분류가 적용되지 않는다.

① ㄱ, ㄴ, ㄷ
② ㄴ, ㄷ, ㄹ
③ ㄴ, ㄷ, ㅁ
④ ㄴ, ㄹ, ㅁ
⑤ ㄷ, ㄹ, ㅁ

해설 ④ ㄴ, ㄹ, ㅁ [O]
ㄱ. [×] 우리나라는 계급제를 근간으로 하면서 직위분류제적 요소를 부분적으로 도입하고 있다.
ㄷ. [×] 계급제는 공무원의 신분보장과 직업공무원제 확립에 유리하며, 인력활용의 융통성을 높여 준다.

정답 03 ④

04. 우리나라 고위공무원단제도에 관한 설명으로 옳지 않은 것은? ▶ 2022년 행정사

① 고위공무원단을 구성하는 공무원은 전원 중앙행정기관 소속이다.
② 각 부처 장관은 소속에 관계없이 전체 고위공무원단 중에서 적임자를 인선한다.
③ 계급과 연공서열 보다는 직무와 성과 중심의 인사관리를 추구한다.
④ 행정부처에 배치된 고위공무원의 인사와 복무는 소속 장관이 관리한다.
⑤ 고위직의 개방을 확대하고 경쟁을 촉진하기 위한 제도이다.

해설
① [×] 지방자치단체나 지방교육행정기관에 소속되어 근무하는 국가공무원(예 부시장, 부지사, 부교육감 등)의 경우에도 고위공무원단 소속 공무원이 존재하므로 고위공무원단을 구성하는 공무원 전원이 중앙행정기관 소속인 것은 아니다.

국가공무원법 제2조의2 (고위공무원단)
① 국가의 고위공무원을 범정부적 차원에서 효율적으로 인사관리하여 정부의 경쟁력을 높이기 위하여 고위공무원단을 구성한다.
② 제1항의 "고위공무원단"이란 직무의 곤란성과 책임도가 높은 다음 각 호의 직위(이하 "고위공무원단 직위"라 한다)에 임용되어 재직 중이거나 파견·휴직 등으로 인사관리되고 있는 일반직공무원, 별정직공무원 및 특정직공무원(특정직공무원은 다른 법률에서 고위공무원단에 속하는 공무원으로 임용할 수 있도록 규정하고 있는 경우만 해당한다)의 군(群)을 말한다.
1. 「정부조직법」 제2조에 따른 중앙행정기관의 실장·국장 및 이에 상당하는 보좌기관
2. 행정부 각급 기관(감사원은 제외한다)의 직위 중 제1호의 직위에 상당하는 직위
3. 「지방자치법」 제123조제2항·제125조제5항 및 「지방교육자치에 관한 법률」 제33조제2항에 따라 국가공무원으로 보하는 지방자치단체 및 지방교육행정기관의 직위 중 제1호의 직위에 상당하는 직위

05. 우리나라 경력직공무원에 해당하는 사람을 모두 고른 것은? ▶ 2017년 행정사

ㄱ. 특수하여 자격·신분보장·복무 등에 있어서 개별 특별법이 우선 적용되는 공무원
ㄴ. 비서관·비서 등 보좌업무 등을 수행하는 공무원
ㄷ. 기술, 연구 또는 행정 일반에 대한 업무에 종사하는 공무원
ㄹ. 선거로 취임하는 공무원
ㅁ. 국회의 동의를 거쳐 임명하는 등 주로 정치적 판단이나 정책결정을 필요로 하는 업무를 담당하는 공무원
ㅂ. 실적과 자격에 따라 임용되고 그 신분이 보장되며 평생 동안(근무기간을 정하여 임용하는 공무원의 경우에 그 기간 동안을 말한다) 공무원으로 근무할 것이 예정되는 공무원

① ㄱ, ㄴ, ㄹ
② ㄱ, ㄷ, ㅂ
③ ㄴ, ㄷ, ㅁ
④ ㄴ, ㄹ, ㅁ
⑤ ㄷ, ㅁ, ㅂ

정답 04 ① 05 ②

> **해설** ② ㄱ, ㄷ, ㅂ [○]
> ㄴ은 별정직 공무원이며, ㄹ, ㅁ은 정무직 공무원으로 특수경력직 공무원에 해당한다.
>
> **국가공무원법 제2조 (공무원의 구분)**
> ① 국가공무원(이하 "공무원"이라 한다)은 경력직공무원과 특수경력직공무원으로 구분한다.
> ② "경력직공무원"이란 실적과 자격에 따라 임용되고 그 신분이 보장되며 평생 동안(근무기간을 정하여 임용하는 공무원의 경우에는 그 기간 동안을 말한다) 공무원으로 근무할 것이 예정되는 공무원을 말하며, 그 종류는 다음 각 호와 같다.
>   1. 일반직공무원 : 기술·연구 또는 행정 일반에 대한 업무를 담당하는 공무원
>   2. 특정직공무원 : 법관, 검사, 외무공무원, 경찰공무원, 소방공무원, 교육공무원, 군인, 군무원, 헌법재판소 헌법연구관, 국가정보원의 직원, 경호공무원과 특수 분야의 업무를 담당하는 공무원으로서 다른 법률에서 특정직공무원으로 지정하는 공무원
> ③ "특수경력직공무원"이란 경력직공무원 외의 공무원을 말하며, 그 종류는 다음 각 호와 같다.
>   1. 정무직공무원
>   가. 선거로 취임하거나 임명할 때 국회의 동의가 필요한 공무원
>   나. 고도의 정책결정 업무를 담당하거나 이러한 업무를 보조하는 공무원으로서 법률이나 대통령령(대통령비서실 및 국가안보실의 조직에 관한 대통령령만 해당한다)에서 정무직으로 지정하는 공무원
>   2. 별정직공무원 : 비서관·비서 등 보좌업무 등을 수행하거나 특정한 업무 수행을 위하여 법령에서 별정직으로 지정하는 공무원

06 경력직 공무원에 관한 설명으로 옳은 것은? 2024년 행정사

① 직업공무원제의 적용을 받지 않는다.
② 선거에 의해 취임하는 공무원은 경력직 공무원이다.
③ 특수한 임무를 수행하기 위해 임용되는 별정직 공무원이 대표적인 경력직 공무원이다.
④ 실적과 자격에 의해 임용되며 신분이 보장된다.
⑤ 기술직과 연구직에 종사하는 공무원은 경력직 공무원에 해당하지 않는다.

> **해설** ④ [○]
> ① [×] 경력직 공무원은 직업공무원제의 적용을 받는다.
> ② [×] 선거에 의해 취임하는 공무원은 특수경력직 공무원 중 정무직 공무원이다.
> ③ [×] 별정직 공무원은 특수경력직 공무원이다.
> ⑤ [×] 기술직과 연구직에 종사하는 공무원은 경력직 공무원 중 일반직 공무원에 해당한다.

정답 06 ④

07 우리나라 공무원 분류 중 특수경력직 공무원에 해당되지 않는 것은? ▶ 2020년 행정사

① 국회의원
② 헌법재판소 헌법연구관
③ 대통령 비서실장
④ 국민권익위원회 위원장
⑤ 감사원 사무차장

해설 ②, ⑤ [×] 헌법재판소 헌법연구관은 경력직 공무원 중 특정직 공무원이며, 감사원 사무차장은 경력직 공무원 중 일반직 공무원에 해당된다.

> 감사원법 제19조(사무총장 및 사무차장)
> ① 사무총장은 정무직으로, 사무차장은 일반직으로 한다.

① 국회의원, ③ 대통령 비서실장, ④ 국민권익위원회 위원장은 모두 정무직 공무원으로 특수경력직 공무원에 해당된다.

정답 07 ②,⑤

연습문제

01 사람을 기준으로 공직을 분류한 계급제의 특성에 대한 설명으로 옳지 않은 것은?

▶ 2014년 사회복지직 9급

① 순환보직을 통해 다양한 업무를 경험할 수 있도록 한다.
② 공직에 자리가 비었을 때 외부 충원을 원칙으로 한다.
③ 계급을 신분과 동일시하려는 경향이 강하다.
④ 공무원의 신분이 안정적으로 보장된다.

해설 ② [×] 공직에 자리가 비었을 때 외부충원을 원칙으로 하는 것은 개방형 임용으로 직위분류제의 특징이다. 계급제는 공직에서 자리가 비었을 때 그 빈자리를 공직 내부의 인사이동이나 승진을 통해 채우는 폐쇄형 임용을 특징으로 한다.

02 계급제의 특징에 대한 설명으로 옳은 것은?

▶ 2022년 국회 8급

① 업무 분담과 직무분석으로 합리적인 정원관리 및 사무관리에 유리하다.
② 계급에 따른 권한과 책임의 명확화를 통해 전문화되고 체계적인 조직관리가 가능하다.
③ 동일 직무에 대한 동일 보수의 원칙을 따르는 직무급 제도를 통해 합리적인 보수체계를 확립할 수 있다.
④ 직무의 종류·책임도·곤란도에 따라 공직을 분류하므로 시험·임용·승진·전직을 위한 기준을 제공해줄 수 있다.
⑤ 담당할 직무와 관계없이 인사배치를 할 수 있어 인사배치의 신축성·융통성을 기할 수 있다.

해설 ⑤ [○]
①, ②, ③, ④ 직위분류제의 특징이다.

03 계급제에 대한 설명으로 옳지 않은 것은?

▶ 2023년 지방직 9급

① 직무의 속성을 중심으로 공직을 분류하는 제도이다.
② 폐쇄형 충원방식을 원칙으로 한다.
③ 일반행정가 양성을 지향한다.
④ 탄력적 인사관리에 용이하다.

해설 ① [×] 직무가 가지는 속성을 중심으로 직위를 분류하는 직무 중심의 분류 체계는 직위분류제이다.

정답 01 ② 02 ⑤ 03 ①

04 계급제와 비교할 때, 직위분류제의 특성과 가장 거리가 먼 것은? ▶ 2016년 사회복지직 9급

① 업무의 전문화로 인하여 상위직급에서의 업무 통합이 쉽다.
② 인사관리의 탄력성과 신축성이 저해되기 쉽다.
③ 동일 직무에 대한 동일 보수의 원칙을 적용하기 쉽다.
④ 각 직무를 담당하고 있는 직원들의 교육훈련수요를 파악하기 쉽다.

> **해설**
> ① [×] 직위분류제는 업무의 전문화로 계급제에 비해서 상위 직급에서의 업무 통합이 어렵다.

05 직위분류제(position classification)의 장점으로 옳지 않은 것은? ▶ 2011년 국가직 7급

① 행정의 전문화를 유도할 수 있다.
② 직무중심의 인사행정을 수행할 수 있게 한다.
③ 공무원의 신분보장과 직업공무원제를 확립하는 데 용이하다.
④ 현직 공무원의 교육훈련수요를 파악하는 데 기여할 수 있다.

> **해설**
> ③ [×] 공무원의 신분보장과 직업공무원제를 확립하는 데 용이한 것은 계급제의 장점이다.

06 계급제와 직위분류제에 대한 설명으로 가장 옳은 것은? ▶ 2019년 서울시 9급

① 과학적 관리론과 실적제의 발달은 직위분류제의 쇠퇴와 계급제의 발전에 기여했다.
② 우리나라 「국가공무원법」에는 직위분류제 주요 구성개념인 '직위, 직군, 직렬, 직류, 직급' 등이 제시되어 있다.
③ 직위분류제는 공무원 개인의 능력이나 자격을 기준으로 공직분류체계를 형성한다.
④ 계급제와 직위분류제는 절대 양립불가능하며 우리나라는 계급제를 기반으로 한다.

> **해설**
> ② [○]
> ① [×] 과학적 관리론과 실적제의 발달은 직위분류제의 발전에 기여했다.
> ③ [×] 공무원 개인의 능력이나 자격을 기준으로 하는 공직분류체계를 형성하는 것은 계급제에 해당한다. 직위분류제는 직무를 중심으로 공직구조를 형성한다.
> ④ [×] 우리나라는 계급제를 기반으로 하고, 직위분류제 요소를 가미하고 있다.

정답 04 ① 05 ③ 06 ②

07. 공직의 설계 방식인 계급제와 직위분류제에 대한 설명으로 옳은 것은? ▶ 2019년 국회 9급

① 직위분류제는 직책을 중심으로 공직을 분류하기 때문에 행정의 전문화를 저해한다는 비판이 있다.
② 직위분류제는 직무의 난이도에 따른 차별적 직무급 수립에는 기여하나 지나친 신분보장으로 공직자를 특권집단화 할 수 있다.
③ 직위분류제를 엄격하게 시행할 경우 업무가 세분화되기 때문에 직무 간 협의와 조정이 용이해진다.
④ 계급제는 차별화된 직무급 체계 확립은 어려우나 인사의 융통성을 확보하기 용이하다.
⑤ 계급제는 일반행정가 양성에는 불리하나 계급이 올라감에 따라 직무 전문성이 축적되기 때문에 한 분야에 특화된 전문가 양성에 적합하다.

해설
④ [○]
① [×] 직위분류제는 전문가중심의 인사관리로 행정의 전문화에 유리하다는 장점이 있다.
② [×] 직위분류제는 직무의 난이도에 따른 차별적 직무급 수립에는 기여하나 직무의 전문성을 중심으로 운영되기 때문에 신분보장이 약화된다. 지나친 신분보장으로 공직자를 특권집단화 할 수 있는 것은 계급제의 특징에 해당한다.
③ [×] 직위분류제를 엄격하게 시행할 경우 업무가 세분화되기 때문에 직무 간 협의와 조정이 곤란해진다.
⑤ [×] 직위분류제는 일반행정가 양성에는 불리하나 계급이 올라감에 따라 직무 전문성이 축적되기 때문에 한 분야에 특화된 전문가 양성에 적합하다.

08. 다음 중 직위분류제와 관련된 개념들에 대한 설명으로 옳지 않은 것은? ▶ 2018년 국회 8급

① 직위: 한 사람의 근무를 요하는 직무와 책임
② 직급: 직위에 포함된 직무의 성질 및 난이도, 책임의 정도가 유사해 채용과 보수 등에서 동일하게 다룰 수 있는 직위의 집단
③ 직렬: 직무의 종류는 유사하나 난이도와 책임 수준이 다른 직급 계열
④ 직류: 동일 직렬 내에서 담당 직책이 유사한 직무군
⑤ 직군: 직무의 종류는 다르지만 직무 수행의 책임도와 자격 요건이 상당히 유사해 동일한 보수를 지급할 수 있는 직위의 횡적 군

정답 07 ④ 08 ⑤

해설 ⑤ [×] 등급에 대한 설명이다. 직군은 직무 성질이 유사한 직렬의 군이다.

직위	• 1인에게 부여할 수 있는 직무와 책임 • 일반적으로 직위의 숫자와 직원의 수는 일치함
직급	• 직무 종류·곤란성과 책임도가 유사해 채용과 보수 등에서 동일하게 다룰 수 있는 직위의 군(동일 직급은 임용자격, 시험, 보수 등 동일)
직류	• 동일 직렬 내에서 담당 직책이 유사한 직무의 집합
직렬	• 직무의 종류는 유사하지만 책임과 곤란성(난이도)의 정도가 서로 다른 직급의 군
직군	• 직무의 성질이 유사한 직렬의 군
등급	• 직무의 종류는 다르지만 직무의 책임도와 자격 요건이 유사해 동일한 보수를 지급할 수 있는 직위의 횡적 군

09 직위분류제와 관련하여 다음 설명에 해당하는 것은? ▶ 2020년 국가직 9급

- 직무의 곤란성과 책임성을 기준으로 상대적 가치를 결정하는 것이다.
- 서열법, 분류법, 점수법 등을 활용한다.
- 개인에게 공정한 보수를 제공하는 데 필요한 작업이다.

① 직무조사
② 직무분석
③ 직무평가
④ 정급

해설 ③ [○] 직위분류제의 수립절차 중 하나인 직무평가에 해당하는 설명이다.
① 직무조사는 분류될 직위의 직무에 대한 객관적 정보를 수집하고 기록하는 작업으로 직무기술서를 작성하는 단계이다.
② 직무분석은 직무조사에서 얻은 직무에 관한 정보를 토대로 직무를 종류별로 구분하는 작업으로, 직무의 종류가 같거나 유사한 직위들을 묶어 직렬을 형성하고, 다시 동일하거나 유사한 직렬들을 묶어 직군을 형성하는 작업이다.
④ 정급은 직급명세서 작성이 끝난 후 분류대상 직위들을 해당 직급에 배치하는 작업이다.

정답 09 ③

10 직무평가방법과 설명이 바르게 연결된 것은? ▶ 2016년 국가직 9급

A 서열법(job ranking)
B 분류법(classification)
C 점수법(point method)
D 요소비교법(factor comparison)

ㄱ. 직무 전체를 종합적으로 판단해 미리 정해 놓은 등급기준표와 비교해가면서 등급을 결정한다.
ㄴ. 대표가 될 만한 직무들을 선정하여 기준 직무(key job)로 정해놓고 각 요소별로 평가할 직무와 기준 직무를 비교해가며 점수를 부여한다.
ㄷ. 비계량적 방법을 통해 직무기술서의 정보를 검토한 후 직무 상호 간에 직무전체의 중요도를 종합적으로 비교한다.
ㄹ. 직무평가표에 따라 직무의 세부 구성요소들을 구분한 후 요소별 가치를 점수화 하여 측정하는데, 요소별 점수를 합산한 총점이 직무의 상대적 가치를 나타낸다.

	A	B	C	D
①	ㄱ	ㄴ	ㄷ	ㄹ
②	ㄱ	ㄷ	ㄹ	ㄴ
③	ㄷ	ㄴ	ㄱ	ㄹ
④	ㄷ	ㄱ	ㄹ	ㄴ

해설 ④
ㄱ: 분류법(B)에 대한 설명이다.
ㄴ: 요소비교법(D)에 대한 설명이다.
ㄷ: 서열법(A)에 대한 설명이다.
ㄹ: 점수법(C)에 대한 설명이다.

구분	비계량적 방법(직무전체 비교)	계량적 방법(직무구성요소 비교)
직무와 직무 상호비교	서열법(직무와 직무 비교)	요소비교법(기준이 되는 대표직위와 각 직위 비교)
직무와 척도(기준표)	분류법(직무와 등급기준표 비교)	점수법(직무평가기준표에 따라 평가한 점수를 총합하는 방식)

정답 10 ④

11 우리나라의 공무원에 대한 설명으로 옳지 않은 것은? ▶ 2017년 국가직 9급

① 특수경력직 공무원은 경력직 공무원 이외의 공무원으로서 실적주의와 직업공무원제의 획일적인 적용을 받지는 않는다.
② 법관, 검사, 외무공무원, 경찰공무원, 소방공무원, 교육공무원, 군인, 군무원, 헌법재판소 헌법연구관, 국가정보원 직원 등은 경력직 공무원 중에서 특정직 공무원에 해당한다.
③ 선거로 취임하거나 임명할 때 국회의 동의가 필요한 공무원은 특수경력직 공무원 중에서 정무직 공무원에 해당한다.
④ 고위공무원단은 중앙행정기관과 지방자치단체의 실장·국장 및 이에 상당하는 보좌기관에 임용되어 재직 중이거나 파견·휴직 등으로 인사관리 되고 있는 국가공무원과 지방공무원을 말한다.

해설 ④ [×] 지방공무원은 고위공무원단에 포함되지 않는다. 다만 지방에서 근무하는 국가직 고위공무원은 고위공무원단에 포함된다.

12 경력직 공무원에 관한 내용으로 옳지 않은 것은? ▶ 2012년 서울시 9급

① 실적과 자격에 의해서 임용된다.
② 신분이 보장되며 정년까지 공무원으로 근무할 것이 예정된다.
③ 특정직 공무원
④ 경찰공무원과 소방공무원
⑤ 별정직 공무원

해설 ⑤ [×] 별정직 공무원은 실적주의와 신분보장이 적용되지 않는 특수경력직 공무원이다.

13 전문경력관제도에 대한 설명으로 옳지 않은 것은? ▶ 2018년 국가직 9급

① 소속 장관은 해당 기관의 일반직공무원 직위 중 순환보직이 곤란하거나 장기 재직 등이 필요한 특수 업무 분야의 직위를 인사혁신처장과 협의하여 전문경력관직위로 지정할 수 있다.
② 일반직공무원과 마찬가지로 계급 구분과 직군 및 직렬의 분류를 적용한다.
③ 전문경력관직위의 군은 직무의 특성·난이도 및 직무에 요구 되는 숙련도 등에 따라 구분한다.
④ 임용권자는 일정한 경우에 전직시험을 거쳐 전문경력관을 다른 일반직공무원으로 전직시킬 수 있다.

정답 11 ④ 12 ⑤ 13 ②

> **해설** ② [×] 전문경력관직위의 군은 일반직 공무원과는 달리 직무의 특성·난이도 및 직무에 요구되는 숙련도 등에 따라 가군, 나군 및 다군으로 구분한다.
> ①, ③ [○]
>
> > **전문경력관 규정 제3조 (전문경력관직위 지정)**
> > ① 임용령 제2조제3호에 따른 소속 장관(이하 "소속 장관"이라 한다)은 해당 기관의 일반직공무원 직위 중 순환보직이 곤란하거나 장기 재직 등이 필요한 특수 업무 분야의 직위를 인사혁신처장과 협의하여 전문경력관직위로 지정할 수 있다.
> >
> > **전문경력관 규정 제4조 (직위군 구분)**
> > ① 제3조에 따른 전문경력관직위(이하 "전문경력관직위"라 한다)의 군(이하 "직위군"이라 한다)은 직무의 특성·난이도 및 직무에 요구되는 숙련도 등에 따라 가군, 나군 및 다군으로 구분한다.
>
> ④ [○] 전문경력관 규정 제17조 제1항
>
> > **전문경력관 규정 제17조 (전직)**
> > ① 임용권자는 다음 각 호의 어느 하나에 해당하는 경우에는 전직시험을 거쳐 <u>전문경력관을 다른 일반직공무원으로 전직시키거나 다른 일반직공무원을 전문경력관으로 전직시킬 수 있다.</u>

14 정무직 공무원에 해당하지 않는 것은? ▶ 2020년 국회 9급

① 감사원장
② 헌법재판소 재판관
③ 중앙선거관리위원회 상임위원
④ 대통령비서실 보좌관
⑤ 국회 수석전문위원

> **해설** ⑤ [×] 국회 수석전문위원은 별정직 공무원이다(국회 전문위원은 일반직 공무원).
> ①, ②, ③, ④ [○] 감사원장, 헌법재판소장, 헌법재판소 재판관, 중앙선거관리위원회 상임위원, 대통령비서실 보좌관은 정무직 공무원에 해당한다.

15 다음 중 특수경력직 공무원에 대한 설명으로 옳지 않은 것은? ▶ 2018년 국회 8급

① 특수경력직 공무원은 경력직 공무원과는 달리 실적주의와 직업공무원제의 획일적 적용을 받지 않는다.
② 특수경력직 공무원도 경력직 공무원과 마찬가지로 「국가공무원법」에 규정된 보수와 복무규율을 적용받는다.
③ 교육·소방·경찰 공무원 및 법관, 검사, 군인 등 특수 분야의 업무를 담당하는 공무원은 특수경력직 중 특정직 공무원에 해당한다.
④ 국회 수석전문위원은 특수경력직 중 별정직 공무원에 해당한다.
⑤ 선거에 의해 취임하는 공무원은 특수경력직 중 정무직 공무원에 해당한다.

정답 14 ⑤   15 ③

해설 ③ [×] 교육·소방·경찰 공무원 및 법관, 검사, 군인 등 특수 분야의 업무를 담당하는 공무원은 경력직(특수경력직 ×) 중 특정직 공무원에 해당한다.

 개방형 인사제도에 대한 설명으로 옳지 않은 것은? ▶ 2015년 지방직 9급

① 폭넓은 지식을 갖춘 일반행정가를 육성하는 데에 효과적이다.
② 기존 관료들에게 승진기회가 축소될 수 있다는 불안감을 주고 사기를 저하시킬 수 있다.
③ 정실주의로 전락할 가능성이 있다.
④ 기존 내부관료들에게 전문성 축적에 대한 자극제가 된다.

해설 ① [×] 개방형 인사제도는 전문행정가 육성에 유리하며, 폭넓은 지식과 안목을 갖춘 일반행정가를 양성하는 데에는 불리하다.

 고위공무원단제도에 대한 설명으로 옳지 않은 것은? ▶ 2021년 지방직 9급

① 역량 중심의 인사관리
② 계급 중심의 인사관리
③ 성과와 책임 중심의 인사관리
④ 개방과 경쟁 중심의 인사관리

해설 ② [×] 고위공무원단 제도는 1~3급의 계급을 폐지하고 직무등급을 적용하여 계급보다는 직무중심의 인사관리를 강조한다.

 우리나라 고위공무원단제도에 대한 설명으로 옳지 않은 것은? ▶ 2011년 지방직 9급

① 국가의 고위공무원을 범정부적 차원에서 효율적으로 인사관리하기 위하여 도입하였다.
② 개방형임용 방법, 직위공모 방법, 자율임용 방법을 실시한다.
③ 국가공무원으로 보하는 부시장, 부지사, 부교육감 등은 해당되지 않는다.
④ 원칙적으로 직무성과급적 연봉제를 적용한다.

정답 16 ① 17 ② 18 ③

③ [×] 국가공무원으로 보하는 부시장, 부지사, 부육감 등도 고위공무원단에 포함된다.

> **국가공무원법 제2조의2 (고위공무원단)**
> ② 제1항의 "고위공무원단"이란 직무의 곤란성과 책임도가 높은 다음 각 호의 직위(이하 "고위공무원단 직위"라 한다)에 임용되어 재직 중이거나 파견·휴직 등으로 인사관리 되고 있는 일반직공무원, 별정직공무원 및 특정직공무원(특정직공무원은 다른 법률에서 고위공무원단에 속하는 공무원으로 임용할 수 있도록 규정하고 있는 경우만 해당한다)의 군(群)을 말한다.
> 3. 「지방자치법」 제123조제2항·제125조제5항 및 「지방교육자치에 관한 법률」 제33조제2항에 따라 국가공무원으로 보하는 지방자치단체 및 지방교육행정기관의 직위 중 제1호의 직위에 상당하는 직위

19 다음 중 우리나라의 고위공무원단에 대한 설명으로 옳지 않은 것은? ▶ 2016년 국회 8급

① 고위공무원단의 일부는 공모직위제도에 의해 충원된다.
② 고위공무원단제도는 지방자치단체의 지방공무원에 대해서는 도입되지 않고 있다.
③ 고위공무원단은 계급제가 아닌 직무등급제를 기반으로 운영된다.
④ 고위공무원단의 대상은 일반직 공무원이며 별정직 공무원은 그 대상에서 제외된다.
⑤ 고위공무원단의 성과연봉은 전년도 근무성과에 따라 결정된다.

④ [×] 고위공무원단의 대상은 국가직 공무원으로 일반직, 별정직 공무원 등을 대상으로 한다.

> **국가공무원법 제2조의2 (고위공무원단)**
> ② 제1항의 "고위공무원단"이란 직무의 곤란성과 책임도가 높은 다음 각 호의 직위(이하 "고위공무원단 직위"라 한다)에 임용되어 재직 중이거나 파견·휴직 등으로 인사관리되고 있는 일반직공무원, 별정직공무원 및 특정직공무원(특정직공무원은 다른 법률에서 고위공무원단에 속하는 공무원으로 임용할 수 있도록 규정하고 있는 경우만 해당한다)의 군(群)을 말한다.
> 1. 「정부조직법」 제2조에 따른 중앙행정기관의 실장·국장 및 이에 상당하는 보좌기관

20 고위공무원단에 대한 설명으로 옳지 않은 것은? ▶ 2016년 국가직 7급 인사조직

① 고위공무원단 소속 고위공무원은 하나의 풀(pool)로 관리된다.
② 고위공무원단 소속 고위공무원의 근무성적평정은 '성과계약 등 평가'에 의한다.
③ 고위공무원단 소속 고위공무원의 보수는 직무성과급적 연봉제의 적용을 받는다.
④ 고위공무원단 직위 총수의 30%인 공모직위는 민간과 경쟁하는 직위이다.

정답 19 ④ 20 ④

해설 ④ [×] 고위공무원단 직위 총수의 30%인 공모직위는 공직 내부에서 기관 내부 또는 외부의 공무원들이 경쟁하는 직위이다.

> 국가공무원법 제28조의5 (공모 직위)
> ① 임용권자나 임용제청권자는 해당 기관의 직위 중 효율적인 정책 수립 또는 관리를 위하여 해당 기관 내부 또는 외부의 공무원 중에서 적격자를 임용할 필요가 있는 직위에 대하여는 공모 직위(公募 職位)로 지정하여 운영할 수 있다.

21 고위공무원단제도에 대한 설명으로 옳은 것은? ▶ 2017년 국가직 7급

① 고위공무원단의 구성은 소속 장관별로 개방형 직위 30%, 공모 직위 20%, 기관자율 직위 50%로 이루어져 있다.
② 고위공무원단 직무 등급이 2009년 2등급에서 5등급으로 변경됨에 따라 계급중심의 인사관리로 회귀할 가능성이 높아졌다.
③ 적격 심사에서 부적격 결정을 받은 경우에 한해서만 직권면직이 가능하므로 제도 도입 전보다 고위공무원의 신분보장이 강화되었다.
④ 고위공무원단으로 관리되는 풀(pool)에는 일반직공무원 뿐만 아니라 외무공무원도 포함된다.

해설 ④ [○]
① [×] 고위공무원단은 개방형직위(20%), 공모직위(30%), 부처자율직위(50%)로 구성된다.
② [×] 고위공무원단 직무등급은 2009년 5등급에서 2등급으로 변경되었다.
③ [×] 적격 심사에서 부적격 결정을 받은 경우 직권면직이 가능하도록 함으로써 고위공무원의 신분보장이 완화되었다.

22 역량평가에 대한 설명으로 옳은 것만을 모두 고르면? ▶ 2018년 지방직 9급

ㄱ. 역량은 조직의 평균적인 성과자의 행동특성과 태도를 의미한다.
ㄴ. 다수의 훈련된 평가자가 평가대상자가 수행하는 역할과 행동을 관찰하고 합의하여 평가결과를 도출한다.
ㄷ. 고위공무원단 역량평가의 대상은 문제인식, 전략적 사고, 성과지향, 변화관리, 고객만족, 조정·통합의 6가지 역량으로 구성되어 있다.
ㄹ. 고위공무원단 후보자가 되기 위해서는 역량평가를 거친 후 반드시 고위공무원단 후보자 교육과정을 이수해야 한다.

① ㄱ, ㄴ   ② ㄱ, ㄹ
③ ㄴ, ㄷ   ④ ㄷ, ㄹ

정답 21 ④   22 ③

제2장 공직의 분류체계

> **해설** ③ ㄴ, ㄷ [○]
> ㄱ [×] 역량이란 직무에서 탁월한 성과를 나타내는 고성과자에게서 일관되게 관찰되는 행동적 특성이다.
> ㄹ [×] 고위공무원단 후보자가 되기 위해서는 역량평가를 통과해야 한다. 2023년 8월 30일 고위공무원단 인사규정의 개정으로 고위공무원단 교육과정 이수가 의무에서 자율화로 변경되었다.

23 다음 중 역량평가제도에 대한 설명으로 가장 옳은 것은?   ▶ 2016 서울시 9급

① 역량평가제도는 근무 실적 수준만으로 해당 업무 수행을 위한 역량을 보유하고 있는지에 대해 평가하는 것을 목적으로 한다.
② 역량평가제도는 대상자의 과거 성과를 평가하는 것이고 성과에 대한 외부 변수를 통제하지 않는다.
③ 역량평가제도는 구조화된 모의 상황을 설정한 뒤 현실적 직무 상황에 근거한 행동을 관찰해 평가하는 방식이다.
④ 역량평가는 한 개의 실행 과제만을 활용하여 평가한다.

> **해설** ③ [○]
> ① [×] 역량평가제는 근무 실적 수준만으로 평가하는 것이 아니라, 다양한 평가기법을 활용하여 실제와 유사한 모의상황에서의 피평가자 행동 특성을 다수의 평가자가 평가한다.
> ② [×] 역량평가제도는 미래 행동에 대한 잠재력을 측정하며, 성과에 대한 외부변수를 통제함으로써 객관적 평가가 가능하다.
> ④ [×] 역량평가는 역할수행, 서류함기법, 집단토론 등 다양한 실행과제로 평가한다.

정답 23 ③

제3장 인사행정 기관

기출문제

01 우리나라 인사혁신처에 관한 설명으로 옳지 않은 것은? ▶ 2022년 행정사

① 법률의 범위 내에서 인사규칙을 제정한다.
② 인사행정의 공정성을 제고하기 위한 독립합의형 대통령 직속기관이다.
③ 인사 법령에 따라 인사행정에 관한 구체적인 사무를 수행한다.
④ 행정기관 소속 공무원의 징계처분 등에 대한 소청을 심사·결정하기 위하여 소청심사위원회를 둔다.
⑤ 인사행정을 수행하는 중앙정부의 인사행정기관이다.

> **해설** ②[×] 인사혁신처는 비독립 단독형 기관으로서 국무총리 소속 기관이다.
>
> 「정부조직법」제22조의3(인사혁신처)
> ① 공무원의 인사·윤리·복무 및 연금에 관한 사무를 관장하기 위하여 국무총리 소속으로 인사혁신처를 둔다.
>
> 「국가공무원법」제9조 (소청심사위원회의 설치)
> ① 행정기관 소속 공무원의 징계처분, 그 밖에 그 의사에 반하는 불리한 처분이나 부작위에 대한 소청을 심사·결정하게 하기 위하여 인사혁신처에 소청심사위원회를 둔다.

정답 01 ②

02 중앙인사기관에 관한 설명으로 옳지 않은 것은? ▶ 2024년 행정사

① 중앙인사기관은 각 행정기관의 합리적 인사운영, 인력의 효율적 활용, 공무원의 공직규범 기준 등 제공 기능을 담당한다.
② 중앙인사기관은 행정수반으로부터의 독립성과 다수 위원들의 협의에 의한 의사결정을 하는 합의성 등을 기준으로 유형화할 수 있다.
③ 1948년 정부수립 이후 우리나라 중앙인사기관은 비독립 단독제 형태를 유지하여 오고 있다.
④ 우리나라에서 인사관리기능을 수행하기 위해 각 부처의 인사기관과 각 지방자치단체의 인사기관이 있다.
⑤ 현재 우리나라의 중앙인사기관은 국무총리 소속의 인사혁신처이다.

해설 ③ [×] 우리나라는 1999년(김대중 정부) 5월 국가공무원법 개정에 의해 대통령 소속의 심의·의결 기구로 중앙인사위원회(비독립·합의제 기관)를 설치함으로써 중앙인사기관이 중앙인사위원회와 행정자치부의 이원 체제로 개편한 바 있다. 이후 노무현 정부는 중앙인사위원회와 행정자치부의 이원체제보다 대통령 소속의 제3자적 합의형 기관인 중앙인사위원회가 더 적합하다는 의견을 받아들여 국가공무원법 개정에 의해 2004년 중앙인사위원회를 중앙인사기관으로 일원화하였다.

정답 02 ③

연습문제

01 「국가공무원법」상 소청심사위원회를 둘 수 없는 기관은? ▶ 2018년 지방직 7급

① 행정안전부
② 국회사무처
③ 중앙선거관리위원회사무처
④ 법원행정처

> **해설** ① [×] 행정기관 소속 공무원의 징계처분, 그 밖에 그 의사에 반하는 불리한 처분이나 부작위에 대한 소청을 심사·결정하게 하기 위하여 인사혁신처에 소청심사위원회를 둔다.
>
> **국가공무원법 제9조 (소청심사위원회의 설치)**
> ① 행정기관 소속 공무원의 징계처분, 그 밖에 그 의사에 반하는 불리한 처분이나 부작위에 대한 소청을 심사·결정하게 하기 위하여 인사혁신처에 소청심사위원회를 둔다.
> ② 국회, 법원, 헌법재판소 및 선거관리위원회 소속 공무원의 소청에 관한 사항을 심사·결정하게 하기 위하여 국회사무처, 법원행정처, 헌법재판소사무처 및 중앙선거관리위원회사무처에 각각 해당 소청심사위원회를 둔다.

02 중앙인사기관의 형태에는 독립합의형, 비독립단독형, 절충형 등이 있다. 다음 중 독립합의형의 장점으로 볼 수 없는 것은? ▶ 2011년 국회 9급

① 인사행정의 정치적 중립을 보장하여 실적제를 발전시키는 데 유리하다.
② 다수의 위원들이 인사행정에 관한 결정을 함으로써 신중한 의사결정을 할 수 있다.
③ 인사행정에 대한 이익집단의 요구를 균형 있게 수용할 수 있다.
④ 입법부, 일반 국민 및 행정부와의 관계를 원만하게 유지할 수 있으므로 행정수반이 자신의 정책을 강력히 추진하는 데 도움이 된다.
⑤ 위원들을 부분적으로 교체할 경우 인사행정의 계속성을 확보할 수 있다.

> **해설** ④ [×] 독립·합의형은 행정수반이 인사수단을 확보하지 못하여 자신의 정책을 강력히 추진하는 것이 어려울 수 있다.
>
> **[그림] 중앙인사기관의 조직형태**
>
> | 독립성\합의성 | 합의성 | 단독성 |
> |---|---|---|
> | 독립성 | 독립합의형 | 독립단독형 |
> | 비독립성 | 비독립 합의형 | 비독립단독형 |

정답 01 ①　02 ④

03 중앙인사기관에 대한 설명으로 옳지 않은 것은? ▶ 2016년 지방직 9급

① 독립합의형은 엽관주의를 배제하고 실적제를 발전시키는 데 유리하지만 책임소재가 불분명해질 수 있는 단점이 있다.
② 비독립단독형은 집행부형태로 인사행정의 책임이 분명하고 신속한 의사결정을 가능하게 해 주지만 인사행정의 정실화를 막기 어렵다.
③ 독립단독형은 독립합의형과 비독립단독형의 절충적 성격을 가진 형태로서 대표적인 예는 미국의 인사관리처나 영국의 공무원 장관실 등이다.
④ 정부 규모의 확대로 전략적 인적자원관리가 강조되어 중앙인사기관의 설치 및 기능이 중요시 된다.

해설 ③ [×] 미국의 인사관리처(OPM), 영국 내각사무처의 공무원 장관실 등은 비독립·단독형에 속한다. 독립·단독형은 중앙인사기관이 독립성이 있으며, 한 사람의 기관장에 의해 관리되는 형태로 일반적으로 잘 활용되지 않는 형태이다.

04 현재 우리나라와 같은 유형의 중앙인사기관이 갖는 특성으로 적절한 것은? ▶ 2014년 국가직 9급

① 인사에 대한 의사결정이 신속하고, 책임소재의 명확화가 가능한 유형이다.
② 행정수반의 적극적인 지원을 받고 있어 인사상의 공정성 확보가 용이하다.
③ 복수 위원들 간의 합의에 의한 결정방식을 특징으로 한다.
④ '1883년 펜들톤(Pendleton)법'에 의해 창설된 미국의 연방인사기구가 이 유형에 속한다.

해설 ① 우리나라의 중앙인사기관은 인사혁신처로 비독립 단독형이다. 비독립단독형은 인사에 대한 의사결정이 신속하고 책임소재가 명확하다는 장점이 있다.
② [×] 비독립·단독형은 행정수반으로부터 인사행정의 독립성이 확보되어 있지 않기 때문에 인사의 공정성 확보가 곤란하다.
③, ④ [×] 독립·합의형 인사기관의 특성이다. 미국은 1883년 펜들튼법에 의하여 실적주의 확립과 함께 독립·합의제 인사기관인 인사위원회(Civil Service Commission)가 설치되었다.

정답 03 ③ 04 ①

05 행정부 소속 소청심사위원회에 대한 설명으로 옳지 않은 것은?
▶ 2019년 국회 8급

① 심사의 결정을 하기 위해서는 재적 위원의 3분의 1이상의 출석이 필요하며, 심사의 결정은 출석위원의 과반수의 합의에 따른다.
② 강임·휴직·직위해제·면직 처분을 받은 공무원은 처분사유 설명서를 받은 후 30일 이내에 심사청구를 할 수 있다.
③ 소청심사위원회는 인사혁신처 소속이며 그 위원장은 정무직으로 보한다.
④ 원징계처분보다 무거운 징계를 부과하는 결정을 할 수 없다.
⑤ 위원장 1인을 포함한 5명 이상 7명 이하의 상임위원과 상임위원 수의 2분의 1 이상의 비상임위원으로 구성되어 있다.

해설

① [X] 소청 사건의 심사·결정은 재적 위원 3분의 2이상의 출석과 출석 위원 과반수의 합의에 따른다.

국가공무원법 제14조 (소청심사위원회의 결정)
① 소청 사건의 결정은 재적 위원 3분의 2 이상의 출석과 출석 위원 과반수의 합의에 따르되, 의견이 나뉠 경우에는 출석 위원 과반수에 이를 때까지 소청인에게 가장 불리한 의견에 차례로 유리한 의견을 더하여 그 중 가장 유리한 의견을 합의된 의견으로 본다.

② [O]

국가공무원법 제75조 (처분사유 설명서의 교부)
① 공무원에 대하여 징계처분 등을 할 때나 강임·휴직·직위해제 또는 면직처분을 할 때에는 그 처분권자 또는 처분제청권자는 처분사유를 적은 설명서를 교부(交付)하여야 한다.

국가공무원법 제76조 (심사청구와 후임자 보충 발령)
① 제75조에 따른 처분사유 설명서를 받은 공무원이 그 처분에 불복할 때에는 그 설명서를 받은 날부터, 공무원이 제75조에서 정한 처분 외에 본인의 의사에 반한 불리한 처분을 받았을 때에는 그 처분이 있은 것을 안 날부터 각각 30일 이내에 소청심사위원회에 이에 대한 심사를 청구할 수 있다. 이 경우 변호사를 대리인으로 선임할 수 있다.

③, ⑤ [O] 국가공무원법 제9조 제1항, 제3항

국가공무원법 제9조 (소청심사위원회의 설치)
① 행정기관 소속 공무원의 징계처분, 그 밖에 그 의사에 반하는 불리한 처분이나 부작위에 대한 소청을 심사·결정하게 하기 위하여 인사혁신처에 소청심사위원회를 둔다.
③ 국회사무처, 법원행정처, 헌법재판소사무처 및 중앙선거관리위원회사무처에 설치된 소청심사위원회는 위원장 1명을 포함한 위원 5명 이상 7명 이하의 비상임위원으로 구성하고, 인사혁신처에 설치된 소청심사위원회는 <u>위원장 1명을 포함한 5명 이상 7명 이하의 상임위원과 상임위원 수의 2분의 1 이상인 비상임위원으로 구성하되, 위원장은 정무직으로 보한다.</u>

④ [O] 국가공무원법 제14조 제7항

국가공무원법 제14조 (소청심사위원회의 결정)
⑦ 소청심사위원회가 징계처분 또는 징계부가금 부과처분(이하 "징계처분등"이라 한다)을 받은 자의 청구에 따라 소청을 심사할 경우에는 원징계처분보다 무거운 징계 또는 원징계부가금 부과처분보다 무거운 징계부가금을 부과하는 결정을 하지 못한다.

정답 05 ①

06 인사혁신처에 설치된 소청심사위원회에 대한 설명으로 옳지 않은 것은? ▶ 2014년 국가직 7급

① 「정당법」에 따른 정당의 당원, 「공직선거법」에 따라 실시하는 선거에 후보로 등록한 자는 소청심사위원회의 위원이 될 수 없다.
② 다른 법률로 정하는 바에 따라 특정직공무원의 소청을 심사·결정할 수 있다.
③ 위원장 1명을 포함한 5명 이상 7명 이내의 상임위원으로 구성하고, 필요시 비상임위원을 둘 수 있다.
④ 행정기관 소속 공무원의 징계처분, 그 밖에 그 의사에 반하는 불리한 처분이나 부작위에 대한 소청을 심사·결정한다.

> **해설**
> ③ [×] 소청심사위원회는 위원장 1명을 포함한 5명 이상 7명 이내의 상임위원과 상임위원 수의 2분의 1 이상인 비상임위원으로 구성한다.(국가공무원법 제9조 제3항)
> ① [○]
>
> 국가공무원법 제10조의2(소청심사위원회위원의 결격사유)
> ① 다음 각 호의 어느 하나에 해당하는 자는 소청심사위원회의 위원이 될 수 없다.
>   1. 제33조 각 호의 어느 하나에 해당하는 자
>   2. 「정당법」에 따른 정당의 당원
>   3. 「공직선거법」에 따라 실시하는 선거에 후보자로 등록한 자
>
> ② [○]
>
> 국가공무원법 제9조 (소청심사위원회의 설치)
> ④ 제1항에 따라 설치된 소청심사위원회는 다른 법률로 정하는 바에 따라 특정직공무원의 소청을 심사·결정할 수 있다.

정답 06 ③

제4장 공무원의 임용 및 능력발전

기출문제

01 우리나라 국가공무원법상 임용에 관한 설명으로 옳은 것은?　▶ 2018년 행정사

① 강임은 징계처분에 의한 수직적 인사이동이다.
② 전직이란 직렬을 달리하는 임명을 말한다.
③ 실무 수습 중인 채용후보자는 형법에 따른 벌칙을 적용할 때 공무원으로 보지 않는다.
④ 개방형 직위는 해당 기관 내·외부의 공무원 중에서 직무수행 적격자를 선발·임용하는 제도이다.
⑤ 공모 직위는 특정 직위에 결원이 발생하면 공직 내외를 불문하고 공개모집에 의해 적격자를 선발·임용하는 제도이다.

> **해설**
> ② [○]
> ① [×] 강임은 징계처분이 아니다. 징계처분에 의한 수직적 인사이동은 강등이다.
> ③ [×] 실무수습 중인 채용후보자는 형법에 따른 벌칙을 적용할 때는 공무원으로 본다.
>
> > **국가공무원법 제26조의4 (지역 인재의 추천 채용 및 수습근무)**
> > ① 임용권자는 우수한 인재를 공직에 유치하기 위하여 학업 성적 등이 뛰어난 고등학교 이상 졸업자나 졸업 예정자를 추천·선발하여 3년의 범위에서 수습으로 근무하게 하고, 그 근무기간 동안 근무성적과 자질이 우수하다고 인정되는 자는 6급 이하의 공무원(제4조제2항에 따라 같은 조 제1항의 계급 구분이나 직군 및 직렬의 분류를 적용하지 아니하는 공무원 중 6급 이하에 상당하는 공무원을 포함한다. 이하 같다)으로 임용할 수 있다.
> > ④ 제1항에 따라 수습으로 근무하는 자는 직무상 행위를 하거나 「형법」, 그 밖의 법률에 따른 벌칙을 적용할 때 공무원으로 본다.
>
> ④ [×] 해당 기관 내·외부의 공무원 중에서 직무수행 적격자를 선발·임용하는 제도는 공모직위에 대한 설명이다.
> ⑤ [×] 공직 내외를 불문하고 공개모집에 의해 적격자를 선발·임용하는 제도는 개방형 직위에 대한 설명이다.

정답 01 ②

02 「국가공무원법」상 국회, 법원, 헌법재판소, 선거관리위원회 및 행정부 상호 간에 소속을 달리하는 인사이동 임용방법은?
▶ 2024년 행정사

① 파견
② 전보
③ 전입
④ 전직
⑤ 겸임

해설 ③ [O]

> 국가공무원법 제28조의2 (전입) 국회, 법원, 헌법재판소, 선거관리위원회 및 행정부 상호 간에 다른 기관 소속 공무원을 전입하려는 때에는 시험을 거쳐 임용하여야 한다. 이 경우 임용 자격요건 또는 승진소요최저연수·시험과목이 같을 때에는 대통령령등으로 정하는 바에 따라 그 시험의 일부나 전부를 면제할 수 있다.

① 파견은 공무원의 소속을 바꾸지 않고 일시적으로 다른 기관이나 국가기관 이외의 기관 및 단체에서 근무하는 것을 말한다.
② 전보(轉補)는 직무의 내용과 책임이 유사한 동일한 직렬·직급 내에서 직위만 변경되는 것을 말한다.
④ 전직(轉職)은 동일 등급·계급 내에서 다른 직무 내용의 직위로 이동으로, 직렬 변화로 전직시험이 필요하다.
⑤ 겸임은 직위·직무 내용이 유사하고, 직무 수행에 지장이 없을 경우 한 공무원에게 둘 이상의 직위를 부여하는 것을 의미한다.

> 국가공무원법 제32조의3 (겸임) 직위와 직무 내용이 유사하고 담당 직무 수행에 지장이 없다고 인정하면 대통령령등으로 정하는 바에 따라 경력직공무원 상호 간에 겸임하게 하거나 경력직공무원과 대통령령으로 정하는 관련 교육·연구기관, 그 밖의 기관·단체의 임직원 간에 서로 겸임하게 할 수 있다.

03 우리나라 공무원 시보임용제도에 관한 설명으로 옳지 않은 것은?
▶ 2020년 행정사

① 공무원시험에 합격한 사람들의 공직 적격성을 심사하고 공무원 실무능력 배양을 위해 존재한다.
② 국가공무원법에 의하면 공무원의 시보기간은 3개월이다.
③ 시보기간 중 근무성적이 좋으면 정규공무원으로 임용한다.
④ 시보기간 중 교육훈련 성적이 나쁘거나 공무원으로서의 자질이 부족하다고 판단되는 경우 면직될 수 있다.
⑤ 시보기간 중 휴직한 기간, 직위해제 기간 및 징계에 따른 정직이나 감봉 처분을 받은 기간은 시보 임용 기간에 산입되지 않는다.

정답 02 ③ 03 ②

② [×] 시보임용기간은 5급 공무원 신규 채용시 1년, 6급 이하의 공무원 신규 채용시 6개월 이다.

> **국가공무원법 제29조 (시보임용)**
> ① 5급 공무원을 신규 채용하는 경우에는 1년, 6급 이하의 공무원을 신규 채용하는 경우에는 6개월간 각각 시보(試補)로 임용하고 그 기간의 근무성적·교육훈련성적과 공무원으로서의 자질을 고려하여 정규 공무원으로 임용한다. 다만, 대통령령등으로 정하는 경우에는 시보 임용을 면제하거나 그 기간을 단축할 수 있다.
> ② 휴직한 기간, 직위해제 기간 및 징계에 따른 정직이나 감봉 처분을 받은 기간은 제1항의 시보 임용 기간에 넣어 계산하지 아니한다.
> ③ 시보 임용 기간 중에 있는 공무원이 근무성적·교육훈련성적이 나쁘거나 이 법 또는 이 법에 따른 명령을 위반하여 공무원으로서의 자질이 부족하다고 판단되는 경우에는 제68조와 제70조에도 불구하고 면직시키거나 면직을 제청할 수 있다. 이 경우 구체적인 사유 및 절차 등에 필요한 사항은 대통령령등으로 정한다.

04 우리나라 공무원의 시보임용에 관한 설명으로 옳지 않은 것은? ▶ 2013년 행정사

① 임용권자는 시보임용 기간 중에 있는 공무원의 근무상황을 항상 지도·감독하여야 한다.
② 시보기간 중 근무성적이 좋으면 정규공무원으로 임용한다.
③ 시보기간은 시보공무원에게 행정실무의 습득기회를 제공하는 것이다.
④ 시보임용은 공무원으로서 적격성 여부를 판단하는 선발과정의 일부이다.
⑤ 시보공무원은 일종의 교육훈련 과정으로 교육에만 전념할 수 있도록 정규 공무원과 동일하게 공무원 신분을 보장한다.

 ⑤ [×] 시보기간 동안에는 신분보장이 제한적이다. 시보기간 중 근무성적 및 교육훈련성적이 나쁘거나 공무원으로서의 자질이 부족하다고 판단되는 경우에는 면직이 가능하다(국가공무원법 제29조 제3항).

05 「국가공무원법」상 우수 공무원으로 특별승진임용하거나 일반 승진시험에 우선 응시하게 할 수 있는 경우에 해당하지 않는 것은? ▶ 2021년 행정사

① 청렴하고 투철한 봉사 정신으로 직무에 모든 힘을 다하여 공무 집행의 공정성을 유지하고 깨끗한 공직 사회를 구현하는 데에 다른 공무원의 귀감이 되는 자
② 공무원으로 10년 이상 근속하고, 정년 전에 스스로 퇴직 할 때
③ 직무수행 능력이 탁월하여 행정 발전에 큰 공헌을 한 자
④ 제안제도의 운영에 있어서 제안의 채택·시행으로 국가 예산을 절감하는 등 행정 운영 발전에 뚜렷한 실적이 있는 자
⑤ 재직 중 공적이 특히 뚜렷한 자가 공무로 사망한 때

정답 04 ⑤ 05 ②

해설 ② [×] 국가공무원법 제74조의 2에 따라 명예퇴직 할 경우는 공무원으로 20년 이상 근속한 자가 정년 전에 스스로 퇴직한 경우이다.

제74조의2 (명예퇴직 등)
① 공무원으로 20년 이상 근속(勤續)한 자가 정년 전에 스스로 퇴직(임기제공무원이 아닌 경력직공무원이 임기제공무원으로 임용되어 퇴직하는 경우로서 대통령령으로 정하는 경우를 포함한다)하면 예산의 범위에서 명예퇴직 수당을 지급할 수 있다.

①, ③, ④, ⑤ [O]

국가공무원법 제40조의 4 (우수 공무원 등의 특별승진)
① 공무원이 다음 각 호의 어느 하나에 해당하면 제40조 및 제40조의2에도 불구하고 특별승진임용하거나 일반 승진시험에 우선 응시하게 할 수 있다.
1. 청렴하고 투철한 봉사 정신으로 직무에 모든 힘을 다하여 공무 집행의 공정성을 유지하고 깨끗한 공직 사회를 구현하는 데에 다른 공무원의 귀감(龜鑑)이 되는 자
2. 직무수행 능력이 탁월하여 행정 발전에 큰 공헌을 한 자
3. 제53조에 따른 제안의 채택·시행으로 국가 예산을 절감하는 등 행정 운영 발전에 뚜렷한 실적이 있는 자
4. 재직 중 공적이 특히 뚜렷한 자가 제74조의2에 따라 명예퇴직 할 때
5. 재직 중 공적이 특히 뚜렷한 자가 공무로 사망한 때

06 우리나라 근무성적평가의 대상이 되는 공무원은? ▶ 2022년 행정사

① 정무직 공무원
② 고위공무원단 소속 공무원
③ 3급 이상 별정직 공무원
④ 4급 이상 공무원
⑤ 5급 이하 공무원

해설 ⑤ [O] 근무성적평가 대상이 되는 공무원은 5급 이하 공무원이다.

「공무원 성과평가 등에 관한 규정」제7조 (평가 대상)
4급 이상 공무원(고위공무원단에 속하는 공무원을 포함한다)과 연구관·지도관(「연구직 및 지도직공무원의 임용 등에 관한 규정」제9조에 따른 연구관 및 지도관은 제외한다) 및 전문직공무원에 대한 근무성적평정은 성과계약등 평가에 의한다. 다만, 소속 장관은 5급 이하 공무원 및 우정직공무원 중 성과계약등 평가가 적합하다고 인정하는 공무원에 대해서도 성과계약등 평가를 실시할 수 있다.

「공무원 성과평가 등에 관한 규정」제12조(근무성적평가의 대상)
5급 이하 공무원, 우정직공무원, 「연구직 및 지도직공무원의 임용 등에 관한 규정」(이하 "연구직 및지도직규정"이라 한다) 제9조에 따른 연구직 및 지도직공무원에 대한 근무성적평정은 근무성적평가에 의한다.

정답 06 ⑤

07 다음에서 설명하는 근무성적평정방법은?

▶ 2021년 행정사

- 주요과업 분야별로 바람직한 행태의 유형 및 등급을 구분·제시한 뒤, 평정대상자의 행태를 관찰하여 해당사항에 표시하게 하는 방법이다.
- 척도의 설계과정에 평정대상자를 공동으로 참여하게 함으로써 평정에 대한 신뢰와 적극적인 관심을 기대할 수 있다.
- 직무가 다르면 별개의 평정양식이 있어야 하는 등 개발에 많은 시간과 비용이 요구된다.

① 중요사건기록법
② 행태기준 평정척도법
③ 서열법
④ 목표관리제 평정법
⑤ 도표식 평정척도법

해설 ② [O] 행태기준평정척도법에 대한 설명이다. 행태기준평정척도법은 선정된 주요 과업 분야에 대해서 가장 이상적인 과업 수행 행태에서부터 가장 바람직하지 못한 과업수행 행태까지를 몇 개의 등급으로 구분하고, 등급마다 중요 행태를 명확하게 기술하고 점수를 할당하는 방법을 말한다.

08 성적분포 비율을 미리 정하여 순위를 매기거나 배분함으로써 평정자의 편견이나 집중화 등의 오류를 방지할 수 있는 근무성적평정 방법은?

▶ 2023년 행정사

① 강제배분법
② 쌍대비교법
③ 가감점수법
④ 목표관리법
⑤ 직접서열법

해설
① [O]
② 쌍대비교법은 평정대상자를 두 사람씩 짝지어 비교하는 방식을 반복해서 서열을 정하는 방법이다.
③ 가감점수법은 직무수행태도에서 바람직하지 못한 행동이 관찰되면 감점, 바람직한 행동이 관찰되면 가점을 하는 방법이다.
④ 목표관리제(MBO : Management By Object) 평정법은 조직 계층의 상·하급자 간에 협의를 통해 목표를 명확히 설정하고, 목표달성 여부를 근거로 평가하는 제도이다.
⑤ 직접서열법은 평정대상자의 실적·능력·특성·장단점 등을 포괄적으로 평가해 우열을 정하는 평가방법이다.

정답 07 ② 08 ①

09 근무성적 평정시 평정자의 평정기준이 일정치 않아 관대화 및 엄격화 경향이 불규칙하게 나타나는 오류는?
▶ 2015년 행정사

① 체계적 오류(systematic error)
② 연쇄효과로 인한 오류(halo effect error)
③ 선입견에 의한 오류(personal bias error)
④ 집중화 오류(central tendency error)
⑤ 총계적 오류(total error)

해설
⑤ [×] 총계적 오류에 해당한다.

10 공무원에 대한 다면평가 방식의 장점과 유용성에 관한 설명으로 옳지 않은 것은? ▶ 2014년 행정사

① 조직구성원 간 원활한 커뮤니케이션을 통해 상호 이해의 폭을 넓힐 수 있다.
② 다면평가를 통해 능력과 성과중심의 인사관리가 이뤄질 경우, 개인의 행태변화에 긍정적인 영향을 미친다.
③ 개인평가에 있어서 다면평가를 통해 인사고과에 대한 객관성과 공정성을 높일 수 있다.
④ 평가결과는 구성원에 대한 보상과 개인별 역량개발 및 교육훈련 등에 활용될 수 있다.
⑤ 다면평가는 조직 내 구성원간의 갈등 해소 및 신뢰성을 제고하고, 그 평가결과는 승진이나 전보, 성과급 지급 등에 활용해야 한다.

해설
⑤ [×] 다면평가는 평가를 둘러싸고 조직 내 구성원간의 스트레스 및 갈등을 초래할 수 있다. 다면평가 결과는 2010년 이후 승진 등에 활용되지 않고 구성원의 역량개발 및 교육훈련 등에 참고자료로만 활용되고 있다.

정답 09 ⑤   10 ⑤

연습문제

01 내부임용에 대한 설명으로 옳은 것은? ▶ 2021년 국가직 7급 인사조직

① 전직은 동일한 직렬과 직급 내에서 직위만 바꾸는 것을 의미한다.
② 전보는 상이한 직렬의 동일한 계급 또는 등급으로 수평 이동하는 것을 말한다.
③ 승급은 하위 직급에서 상위 직급으로 이동하는 것을 의미하며, 일반적으로 직무의 곤란도와 책임 증대 및 보수의 증액을 수반한다.
④ 강임은 현재의 직급에서 하위 직급으로 이동하는 것으로, 강등과 달리 징계는 아니다.

> **해설**
> ④ [○]
> ① [×] 전직이 아니라 전보에 해당한다. 전직은 다른 직렬의 이동을 말한다.
> ② [×] 전보가 아니라 전직에 해당한다.
> ③ [×] 승급이 아니라 승진에 해당한다. 승급은 같은 계급에서 호봉이 높아짐에 따라 생기는 보수의 증가를 의미하지만, 계급이나 직책의 변동을 수반하지 않으므로 직무의 곤란도·책임도는 증대되지 않는다.

정답 01 ④

공무원의 인사이동에 대한 설명으로 옳은 것은? ▶ 2020년 국가직 9급

① 겸임은 한 사람에게 둘 이상의 직위를 부여하는 것으로 그 대상은 특정직 공무원이며, 겸임 기간은 3년 이내로 한다.
② 전직은 인사 관할을 달리하는 기관 사이의 수평적 인사이동에 해당하며, 예외적인 경우에만 전직시험을 거치도록 하고 있다.
③ 같은 직급 내에서 직위 등을 변경하는 전보는 수평적 인사이동에 해당하며, 전보의 오용과 남용을 방지하기 위해 전보가 제한되는 기간이나 범위를 두고 있다.
④ 예산 감소 등으로 직위가 폐지되어 하위 계급의 직위에 임용하려면 별도의 심사 절차를 거쳐야 하고, 강임된 공무원에게는 강임된 계급의 봉급이 지급된다.

해설 ③ [O]
① [X] 겸임의 대상은 특정직 공무원이나 특수 전문 분야의 일반직 공무원이며, 겸임 기간은 2년이내로 하고 필요시에는 2년 범위에서 연장이 가능하다.

> **국가공무원법 제32조의3(겸임)**
> 직위와 직무 내용이 유사하고 담당 직무 수행에 지장이 없다고 인정하면 대통령령등으로 정하는 바에 따라 일반직공무원을 대학 교수 등 특정직공무원이나 특수 전문 분야의 일반직공무원 또는 대통령령으로 정하는 관련 교육·연구기관, 그 밖의 기관·단체의 임직원과 서로 겸임하게 할 수 있다.

> **공무원임용령 제40조(겸임)**
> ① 임용권자 또는 임용제청권자는 다음 각 호의 어느 하나에 해당하는 경우에는 법 제32조의3에 따라 겸임하게 할 수 있다.
>   1. 임용예정 직위에 관련되는 전문인력의 확보가 필요한 경우
>   2. 각급 교육훈련기관의 교수요원을 임용하는 경우
>   3. 관련 기관 간 긴밀한 협조가 필요한 특수업무를 공동으로 수행하기 위하여 필요한 경우
> ② 제1항에 따른 겸임은 본직의 직무수행에 지장이 없는 범위에서 다음 각 호의 어느 하나에 해당하는 경우에만 할 수 있다. 다만, 제3호에 따라 일반직공무원으로 겸임하는 경우에는 임기제공무원으로 임용하여야 하며, 제4호에 따라 일반직공무원으로 겸임하는 경우는 제1항제3호에 해당하는 경우로 한정한다.
> ③ 제2항에 따른 겸임기간은 2년 이내로 하며, 특히 필요한 경우 2년의 범위에서 연장할 수 있다.

② [X] 전직은 직무의 종류가 달라지는 직렬을 달리하는 수평적 인사이동으로 원칙적으로 전직시험을 거치도록 하고 있다. 인사 관할을 달리하는 기관 사이의 수평적 인사이동은 전출·입에 해당한다.
④ [X] 강임은 별도의 심사 절차를 걸쳐야 하는 것은 아니며, 봉급도 강임된 봉급이 강임되기 전보다 많아지게 될 때까지는 강임되기 전의 봉급에 해당하는 금액을 지급한다.

> **국가공무원법 제73조의4(강임)**
> ① 임용권자는 직제 또는 정원의 변경이나 예산의 감소 등으로 직위가 폐직되거나 하위의 직위로 변경되어 과원이 된 경우 또는 본인이 동의한 경우에는 소속 공무원을 강임할 수 있다.
> ② 제1항에 따라 강임된 공무원은 상위 직급 또는 고위공무원단 직위에 결원이 생기면 제40조·제40조의2·제40조의4 및 제41조에도 불구하고 우선 임용된다. 다만, 본인이 동의하여 강임된 공무원은 본인의 경력과 해당 기관의 인력 사정 등을 고려하여 우선 임용될 수 있다.

정답 02 ③

03 우리나라의 시보제도에 대한 설명으로 가장 옳은 것은? ▶ 2022년 군무원 9급

① 시보기간 동안은 신분이 보장되지 않기 때문에 그 기간은 공무원 경력에 포함되지 아니한다.
② 시보공무원은 공무원법상 공무원에 해당하기 때문에 시보기간 동안에도 보직을 부여받을 수 있다.
③ 시보기간 동안에 직권면직이 되면, 향후 3년간 다시 공무원으로 임용될 수 없는 결격사유에 해당한다.
④ 시보기간 동안은 신분이 보장되지 않기 때문에 징계처분에 대한 소청심사청구를 할 수 없다.

> **해설**
> ② [○] 시보공무원은 공무원법상 공무원에 해당하기 때문에 시보기간 동안에도 직위를 맡을 수 있다.
> ① [×] 시보기간 동안 신분보장이 제한되지만, 시보기간은 승진소요 최저연수 및 경력평정 대상기간에 산입이 된다.
> ③ [×] 「국가공무원법」상 직권면직은 임용 결격 사유에 해당되지 않는다.
> ④ [×] 시보기간 동안에는 신분보장이 제약되지만, 시보기간이라도 인사상 불이익 조치에 대해서는 소청심사청구가 가능하다.

04 공무원 선발 시험의 효율성 중 가장 옳지 않은 것은? ▶ 2007년 서울시 7급

① 시험의 신뢰성은 시험결과로 나온 성적의 일관성을 의미한다.
② 시험의 동시적 타당성 검증은 시험성적과 근무실적에 대한 자료를 동시에 수집하여 상관관계를 검토한다.
③ 시험의 예측적 타당성 검증은 시험합격자를 대상으로 시험 성적과 근무실적을 시차를 두고 수집·비교하는 것이다.
④ 시험의 신뢰성은 타당성의 충분조건이지 필요조건은 아니다.
⑤ 시험의 타당성이 높을수록 근무성적이 우수한 사람을 선발할 수 있다.

> **해설**
> ④ [×] 신뢰성은 타당성의 필요조건이지만 충분조건은 아니다.

정답 03 ② 04 ④

05 다음에서 사용한 신뢰성·타당성의 검증 방법으로 옳은 것은? ▶ 2019년 국회 9급

국회사무처 직원 선발 시험에 합격한 사람들의 채용시험 성적과 1년 후 근무성적을 비교하여 검증한다.

① 내용타당성
② 재시험법
③ 동질이형법
④ 기준타당성
⑤ 구성타당성

해설 ④ [O] 기준타당성에 대한 설명이다. 기준타당성은 시험이 실제 시험대상자의 직무수행능력을 얼마나 정확하게 예측했는가의 정도이다.

06 공무원 선발시험과목 중 행정학시험의 타당성을 검증하기 위해 행정학교수들로 패널을 구성하여 전체적인 문항들을 검증하는 방법과 가장 관련이 있는 것은? ▶ 2008년 지방직 7급

① 기준 타당성(criterion - related validity)
② 예측적 타당성(predictive validity)
③ 내용 타당성(content validity)
④ 구성개념 타당성(construct validity)

해설 ③ 내용타당성에 대한 설명이다.

07 공무원 임용시험의 효용성을 측정하는 기준에 대한 설명으로 옳지 않은 것은? ▶ 2018년 국가직 7급

① 시험의 타당성은 시험이 측정하고자 하는 것을 실제로 얼마나 정확하게 측정했는가를 의미하며 그 종류에는 기준타당성, 내용타당성, 구성타당성 등이 있다.
② 내용타당성은 시험 성적이 직무수행실적과 얼마나 부합하는가를 판단하는 타당성으로 두 요소 간 상관계수로 측정된다.
③ 측정 대상을 일관성 있게 측정하는 정도를 신뢰성이라고 하며 같은 사람이 여러 번 시험을 반복하여 치르더라도 결과가 크게 변하지 않을 때 신뢰성을 갖게 된다.
④ 신뢰도를 측정하는 방법으로는 재시험법(test - retest)과 동질이형법(equivalent forms) 등이 사용된다.

정답 05 ④ 06 ③ 07 ②

해설 ② [×] 기준타당성에 대한 설명이다. 내용타당성은 특정한 직위에 요구되는 요소들을 시험이 어느 정도 측정할 수 있는가의 정도를 의미하는 것으로, 내용타당성을 검증하기 위해서는 직무분석을 통해 직무를 성공적으로 수행하는데 필요한 지식, 기술 등을 포착해서 조작적으로 정의해야 한다. 일반적으로 직무에 정통한 전문가 집단이 시험의 구체적 내용과 직무수행의 적합성 여부를 주관적으로 판단하여 검증(예 관련 전문가들이 패널을 구성하는 등의 방법을 활용)한다.

08 교육훈련은 실시되는 장소가 직장 내인가, 외인가에 따라 직장훈련(On-the-Job Training)과 교육원훈련(Off-the-Job Training)으로 나뉜다. 다음 중 직장훈련의 장점으로 볼 수 없는 것은?
▶ 2009년 국가직 9급

① 사전에 예정된 계획에 따라 실시하기가 용이하다.
② 상사나 동료 간의 이해와 협동정신을 강화·촉진시킨다.
③ 피훈련자의 습득도와 능력에 맞게 훈련할 수 있다.
④ 훈련으로 구체적인 학습 및 기술향상의 정도를 알 수 있으므로 구성원의 동기를 유발할 수 있다.

해설 ① [×] 직장훈련은 피훈련자가 평상시의 근무상황에서 실제 직무를 수행하면서 감독자 또는 선임자로부터 직무수행에 관한 지식과 기술을 배우는 것으로 사전에 예정된 계획에 따라 실시하기가 어렵다는 단점이 있다. 현장의 업무수행과 관계없이 예정된 계획에 따라 실시하기가 용이한 것은 교육원 훈련의 장점이다.

09 교육훈련의 종류를 OJT(On-the-Job Training)와 OFF JT(Off-the-Job Training)로 구분할 때 OJT의 주요 프로그램에 해당하지 않는 것은?
▶ 2019년 서울시 9급

① 인턴십(internship)
② 역할 연기(role playing)
③ 직무순환(job rotation)
④ 실무지도(coaching)

해설 ② [×] 역할연기(role play)는 주로 실제 근무상황 속 특정역할(상관에게는 부하 역할을, 부하에게는 상관 역할을 부여), 즉 자신과 반대되는 역할연기를 이행함으로써 인간관계 개선이나 태도 변화를 유도하기 위한 목적의 교육훈련 방법으로 별도로 마련된 교육원에서 실시하는 훈련이다.

정답 08 ① 09 ②

10 교육훈련 방식에 대한 설명으로 옳은 것만을 〈보기〉에서 모두 고르면?

▶ 2022년 국회 8급

〈보 기〉

ㄱ. 멘토링은 조직 내 핵심 인재의 육성과 지식 이전, 구성원들 간의 학습활동을 촉진할 수 있는 방법으로, 조직 내 업무 역량을 조기에 배양할 수 있다.
ㄴ. 학습조직은 암묵적 지식으로 관리되던 조직의 내부 역량을 체계적으로 관리하는 방법으로, 조직설계 기준 제시가 용이하다.
ㄷ. 액션러닝은 참여와 성과 중심의 교육훈련을 지향하는 방법으로, 현장에서 발생하는 현안 문제를 가지고 자율적 학습 또는 전문가의 지원을 받아 구체적인 문제 해결 방안을 모색한다.
ㄹ. 워크아웃 프로그램은 전 구성원의 자발적 참여에 의한 행정혁신을 추진하는 방법으로, 관리자의 의사결정과 문제 해결이 지연되는 한계가 있다.

① ㄱ, ㄴ
② ㄱ, ㄷ
③ ㄱ, ㄹ
④ ㄴ, ㄷ
⑤ ㄴ, ㄹ

해설
② ㄱ, ㄷ [O]
ㄱ. [O] 멘토링은 조직 내 전문지식이 있는 선임자(mentor)가 근무하면서 신입공무원(mentee)을 일대일로 지도하는 방식이다.
ㄷ. [O] 액션러닝은 소그룹 규모의 팀을 구성해서 조직의 실제 현안문제를 해결하면서 동시에 문제해결과정에 대한 성찰을 통해 학습하도록 지원하는 행동학습(learning by doing)이다.
ㄴ. [X] 학습조직은 조직 운영을 위한 구체적인 조직설계의 기준을 제시하기 어렵다는 한계가 있다.
ㄹ. [X] 워크아웃 프로그램은 조직의 수평적·수직적 장벽을 제거하고 전 구성원의 자발적 참여에 의한 행정혁신, 관리자의 신속한 의사결정과 문제 해결을 도모하는 훈련방식이다.

11 다음 설명에 해당하는 교육훈련 방법은?

▶ 2019년 국가직 9급

서로 모르는 사람 10명 내외로 소집단을 만들어 허심탄회하게 자신의 느낌을 말하고 다른 사람이 자신을 어떻게 생각 하는지를 귀담아듣는 방법으로 훈련을 진행하기 위한 전문가의 역할이 요구된다.

① 역할연기
② 직무순환
③ 감수성 훈련
④ 프로그램화 학습

정답 10 ② 11 ③

해설
③ 감수성 훈련에 대한 설명이다.
① [×] 역할연기는 어떤 사례나 사건을 피훈련자들이 연기로 보여준 다음 그에 관해 토의하는 교육훈련 방식이다. 주로 실제 근무상황 속의 특정역할(상관에게는 부하 역할을, 부하에게는 상관 역할을 부여), 즉 자신과 반대되는 역할연기를 이행함으로써 인간관계 개선이나 태도변화를 유도하고, 상대방에 대한 이해를 돕고자 하는 방법이다(태도 및 행동 교정 목적으로 활용됨).
② [×] 직무순환이란 피훈련자를 일정한 시일의 간격을 두고 여러 다른 직위·직급에 전보 또는 순환보직 시키면서 훈련을 시키는 방법이다.
④ [×] 프로그램화 학습이란 일련의 질의와 응답을 통해 학습이 가능하도록 진도별 학습지침을 제공하는 책자나 컴퓨터프로그램을 이용하는 것이다.

12 다음 설명에 해당하는 공무원 교육훈련 방법은? ▶ 2024년 국가직 9급

> 교육 참가자들을 소그룹 규모의 팀으로 구성해 개인, 그룹 또는 조직에 중요한 의미가 있는 실제 현안 문제를 해결하면서 동시에 문제 해결 과정에 대한 성찰을 통해 학습하도록 지원하는 교육방식이다. 우리나라 정부 부문에는 2005년부터 고위공직자에 대한 교육훈련 방법으로 도입되었다.

① 액션러닝 ② 역할연기
③ 감수성훈련 ④ 서류함기법

해설
① [○] 실제 현안 문제를 해결하는 과정에서 성찰을 통해 학습하도록 지원하는 교육방식은 액션러닝에 대한 설명이다. 액션러닝은 정책 현안에 대한 현장 방문, 사례조사와 성찰 미팅을 통해 문제 해결 능력을 함양하는 것으로, 교육생들이 실제 현장에서 부딪치는 현안 문제를 가지고 자율적 학습 또는 전문가의 지원을 받으며 구체적인 문제 해결방안을 모색하는 방식으로 이루어진다.
④ [×] 서류함 기법이란 조직운영상의 의사결정에 필요한 자료(ex 메모, 공문서, 우편물 등)를 정돈하지 않은 상태로 제공한 다음 피훈련자가 그것을 정리하고 중요한 정보를 가려내 그에 기초하여 어떤 의미 있는 결정을 내려보도록 하는 방법을 말한다.

정답 12 ①

13 공무원을 대상으로 하는 성과평가제도에 대한 설명으로 가장 옳지 않은 것은? ▶ 2016년 서울시 9급

① 성과평가제도의 목적은 공무원의 능력과 성과를 향상시켜 성과 중심의 인사제도를 구성하는 것이 핵심요소이다.
② 근무성적평가제도는 4급 이상 고위공무원단을 대상으로 시행한다.
③ 현행 평가제도는 직급에 따라 차별적 평가체계를 적용하고 있다.
④ 다면평가제도는 능력보다는 인간관계에 따른 친밀도로 평가가 이루어질 수 있다는 단점이 있다.

해설 ②[×] 우리나라는 공무원 성과평가 등에 관한 규정에 따라 4급 이상 및 고위공무원단을 평가의 대상으로 하는 '성과계약 등 평가'와 5급 이하의 '근무성적평가제도'로 나누어 근무성적을 평가하고 있다. 즉, 근무성적평가제도는 5급 이하의 공무원을 대상으로 시행한다.

14 근무성적평가제에 대한 설명 중 가장 옳은 것은? ▶ 2017년 서울시 9급

① 4급 이상 공무원을 대상으로 한다.
② 매년 말일을 기준으로 연 1회 평가가 실시된다.
③ 평가단위는 소속 장관이 정할 수 있다.
④ 공정한 평가를 위해 평가자와 피평가자의 사전협의가 금지된다.

해설 ③[○] 평가단위는 소속 장관이 정할 수 있다.

> 공무원 성과평가 등에 관한 규정 제14조 (근무성적평가의 평가항목 등)
> ③ 근무성적평가는 직급별로 구성한 평가 단위별로 실시하되, 소속 장관은 직무의 유사성 및 직급별 인원수 등을 고려하여 평가단위를 달리 정할 수 있다.

①[×] 4급 이상 공무원을 대상으로 하는 것은 성과계약등 평가이다.

> 공무원 성과평가 등에 관한 규정 제7조 (평가 대상)
> 4급 이상 공무원(고위공무원단에 속하는 공무원을 포함한다)과 연구관·지도관(연구직 및 지도직공무원의 임용 등에 관한 규정 제9조에 따른 연구관 및 지도관은 제외한다) 및 전문직공무원에 대한 근무성적평정은 성과계약등 평가에 의한다.

②[×] 근무성적평가는 매년 6월 30일과 12월 31일 연2회 실시를 원칙으로 한다.

> 공무원 성과평가 등에 관한 규정 제5조 (평가 시기) 제2항에 따른 정기평가 또는 정기평정은 6월 30일과 12월 31일을 기준으로 실시한다.

정답 13 ② 14 ③

④ [×] 평가자는 근무성적평정의 공정성과 타당성 확보를 위해 평정대상 공무원과 의견교환 등 성과면담을 실시한다.

> **공무원 성과평가 등에 관한 규정 제20조(성과면담 등)**
> ① 평가자는 근무성적평정이 공정하고 타당하게 실시될 수 있도록 하기 위하여 근무성적평정 대상 공무원과 성과면담을 실시하여야 한다.
> ④ 평가자가 성과계약등 평가 또는 근무성적평가 정기평가를 실시할 때에는 평정 대상 기간의 성과목표 추진결과 등에 관하여 근무성적 평정 대상 공무원과 서로 의견을 교환하여야 한다.

15 공무원의 근무성적평정에 대한 설명으로 옳은 것은?

▶ 2019년 지방직 9급

① 평정대상자의 근무실적과 직무수행능력을 평가하지만 적성, 근무태도 등은 평가하지 않는다.
② 중요사건기록법은 평정대상자로 하여금 자신의 근무실적을 스스로 보고하도록 하는 방법이다.
③ 평정자가 평정대상자를 다른 평정대상자와 비교함으로써 발생하는 오류는 대비오차이다.
④ 우리나라의 6급 이하 공무원에게는 직무성과계약제가 적용되고 있다.

해설 ③ [○]
① [×] 공무원의 근무성적평정은 평정대상자의 근무실적 및 직무수행능력을 기본항목으로 하되, 필요시 소속장관이 판단하여 직무수행태도의 평가 또는 부서단위의 운영평가를 평가항목으로 추가 지정하여 평가할 수 있다(공무원 성과평가 등에 관한 규정 제14조).
② [×] 중요사건기록법은 평정기간 중 피평정자의 근무실적에 큰 영향을 주는 중요 사건들을 평정자로 하여금 기술하게 하는 방법이다.
④ [×] 직무성과계약제는 장·차관 등 기관의 책임자와 실·국장, 과장 간에 성과목표와 지표 등에 대해 합의하여 하향적(top-down) 방식으로 직근 상하급자 간에 공식적인 성과계약을 체결하고, 그 이행도를 평가지표 측정결과를 토대로 계약당사자 상호간 면담을 통해 평가하고, 결과를 성과급, 승진 등에 반영하는 인사관리 시스템이다.

16. <보기>의 설명과 근무성적평정 방법을 바르게 연결한 것은?   ▶ 2021년 국회 9급

<보기>
ㄱ. 평정자의 직관과 선험을 바탕으로 하여 평정하기 때문에 작성이 빠르고 쉬우며 경제적이라는 강점이 있으나, 연쇄효과가 나타나기 쉽다.
ㄴ. 협의를 통해 목표를 정하는 등 평정자와 피평정자의 참여를 바탕으로 평정하기에 비용과 시간이 많이 들 수 있다.
ㄷ. 평정자가 평정서에 나열된 평정 요소에 대한 설명이나 질문 중 피평정자에게 해당하는 사실 표지 항목을 골라 표시하게 하는 방법이다.

	ㄱ	ㄴ	ㄷ
①	목표관리제 평정법	주기적 검사법	체크리스트법
②	도표식 평정척도법	행태기준평정척도법	산출기록법
③	행태관찰척도법	목표관리제 평정법	산출기록법
④	행태관찰척도법	행태기준평정척도법	체크리스트법
⑤	도표식 평정척도법	목표관리제 평정법	체크리스트법

해설 ⑤ [O]
ㄱ 도표식 평정척도법에 대한 설명이다.
ㄴ 목표관리(MBO) 평정법에 대한 설명이다.
ㄷ 체크리스트법에 대한 설명이다.

17. 근무성적평정상의 오류 중 평가자가 일관성 있는 평정기준을 갖지 못하여 관대화 및 엄격화 경향이 불규칙하게 나타나는 것은?   ▶ 2018년 국가직 9급

① 연쇄 효과(halo effect)
② 규칙적 오류(systematic error)
③ 집중화 경향(central tendency)
④ 총계적 오류(total error)

해설 ④ [O] 총계적 오류에 대한 설명이다. 총계적 오류는 평정자의 평정기준이 일정하지 않아 관대화 및 엄격화 경향이 불규칙하게 나타나는 오류를 말한다.

정답 16 ⑤ 17 ④

18. 다음과 같은 상황을 가장 잘 설명하는 근무성적평정 오류는?
▶ 2021년 국가직 9급

임용된 이후 단 한번도 무단결근을 하지 않던 어떤 직원이 근무성적평정 하루 전날 무단결근을 하게 되었다. 이로 인하여 이 직원은 평정요소 중 직무수행태도에 대하여 낮은 점수를 받게 되었다.

① 집중화 오류(central tendency error)
② 근접효과로 인한 오류(recency effect error)
③ 연쇄효과로 인한 오류(halo effect error)
④ 선입견에 의한 오류(personal bias error)

해설 ② [O] 전체 기간의 근무성적을 평가하기 보다는 최근의 실적이나 능력이 과도하게 평가하는 것으로 시간적 오류 중 근접효과로 인한 오류에 해당된다.

19. 근무성적평정 오차 중 사람에 대한 경직적 편견이나 고정관념 때문에 발생하는 오차는?
▶ 2014년 서울시 9급

① 상동적 오차(error of stereotyping)
② 연속화의 오차(error of hallo effect)
③ 관대화의 오차(error of leniency)
④ 규칙적 오차(systematic error)
⑤ 시간적 오차(recency error)

해설 ① [O] 상동적 오차(error of stereotyping)는 편견이나 선입견 또는 고정관념에 의해 발생하는 오차를 의미한다.

20. 근무평가 과정에서 나타날 수 있는 오류의 유형에 대한 설명으로 옳지 않은 것은?
▶ 2018년 지방직 7급

① 집중화 경향 - 평가자가 모든 피평가자에게 대부분 중간 수준의 점수를 주는 심리적 경향이다.
② 관대화 경향 - 평가 결과의 분포가 우수한 쪽에 집중되는 경향이다.
③ 총계적 오류 - 어떤 평가자가 다른 평가자들보다 언제나 좋은 점수 또는 나쁜 점수를 주는 것이다.
④ 시간적 오류 - 근무평가 대상기간 초기의 업적에 영향을 크게 받는 첫머리 효과와 최근 실적을 중심으로 평가하는 막바지 효과로 나타난다.

정답 18 ② 19 ① 20 ③

> **해설** ③ [×] 어떤 평가자가 다른 평가자들보다 언제나 좋은 점수 또는 나쁜 점수를 주는 것은 규칙적 오류에 대한 설명이다. 총계적 오류는 평정자의 평정 기준이 일정치 않아 관대화 및 엄격화 경향이 불규칙하게 나타나는 것을 의미한다.

21 근무성적평정 과정상의 오류와 완화방법에 대한 설명으로 옳지 않은 것은? ▶ 2021년 국가직 9급

① 일관적 오류는 평정자의 기준이 다른 사람보다 높거나 낮은 데서 비롯되며 강제배분법을 완화방법으로 고려할 수 있다.
② 근접효과는 전체 기간의 실적을 같은 비중으로 평가하지 못할 때 발생하며 중요사건기록법을 완화방법으로 고려할 수 있다.
③ 관대화 경향은 비공식 집단적 유대 때문에 발생하며 평정결과의 공개를 완화방법으로 고려할 수 있다.
④ 연쇄효과는 도표식 평정척도법에서 자주 발생하며 피평가자별이 아닌 평정요소별 평정을 완화방법으로 고려할 수 있다.

> **해설** ③ [×] 관대화 경향은 평정이 관대한 쪽에(우수한 쪽에) 집중되는 것을 의미한다. 일반적으로 직근 상관인 평정자들이 부하들과의 비공식적 집단적 유대 때문에 우수한 평점을 주는 현상으로 평정결과를 공개할 경우 피평정자와 불편한 관계에 놓일 것을 우려하여 관대화 경향은 더욱 심화될 수 있다. 관대화 경향을 완화하기 위해서는 강제배분법을 적용하는 것을 고려할 수 있다.

22 근무성적평정의 오류 중 강제배분법으로 방지할 수 있는 것만을 〈보기〉에서 모두 고르면? ▶ 2019년 국회 8급

```
ㄱ. 첫머리 효과
ㄴ. 집중화 경향
ㄷ. 엄격화 경향
ㄹ. 선입견에 의한 오류
```

① ㄱ, ㄴ   ② ㄱ, ㄷ
③ ㄴ, ㄷ   ④ ㄴ, ㄹ
⑤ ㄷ, ㄹ

정답 21 ③   22 ③

해설 ③ ㄴ, ㄷ [○]
강제배분법이란 피평정자의 성적분포가 과도하게 집중화되거나 관대화 되는 것을 막기 위해 성적분포를 미리 정해 놓는 방법으로 연쇄효과, 집중화 경향, 관대화 경향, 엄격화 경향에 따른 근무성적평정의 오류를 방지할 수 있다.

23 우리나라의 다면평가제도에 대한 설명으로 옳지 않은 것은? ▶ 2017년 국가직 9급

① 해당 공무원에게 평가정보를 다각적으로 제공하는 경우에는 능력개발을 유도할 수 있다.
② 다면평가의 결과는 승진, 전보, 성과급 지급 등에 참고자료로 활용될 수 있다.
③ 다면평가의 결과는 해당 공무원에게 공개할 수 있다.
④ 민원인은 해당 공무원에 대한 다면평가에 참여할 수 없다.

해설 ④ [×] 다면평가제도는 피평정자의 직무 수행과 관련된 여러 분야의 사람들이 평정하는 방법으로, 상급자·동료·부하·고객(민원인) 등이 평정에 참여하는 평정방법을 의미한다.

24 다면평가제도에 대한 설명으로 가장 옳지 않은 것은? ▶ 2017년 서울시 9급

① 다수의 평가자가 참여해 합의를 통해 평가 결과를 도출하는 체계이며, 개별평가자의 오류를 방지하고 평가의 공정성을 확보할 수 있다.
② 개인을 평가할 때 직속상사에 의한 일방향의 평가가 아닌 다수의 평가자에 의한 다양한 방향에서의 평가이다.
③ 조직구성원들에게 조직 내외의 모든 사람과 원활한 인간관계를 증진시키려는 강한 동기를 부여함으로써 업무수행의 효율성을 제고할 수 있다.
④ 능력보다는 인간관계에 따른 친밀도로 평가가 이루어져 상급자가 업무추진보다는 부하의 눈치를 의식하는 행정이 이루어질 가능성이 높다.

해설 ① [×] 다수의 평가자가 합의를 통하여 평가결과를 도출하는 것은 역량평가제도에 대한 설명이다.

정답 23 ④   24 ①

제5장 사기관리

기출문제

01 직무가 지니는 상대적 가치를 평가하여 임금을 결정하는 보수체계는? ▶ 2019년 행정사

① 직무급
② 근속급
③ 직능급
④ 생활급
⑤ 성과급

해설 ① [O] 직무가 지니는 상대적 가치를 평가하여 임금을 결정하는 보수체계는 직무급이다.

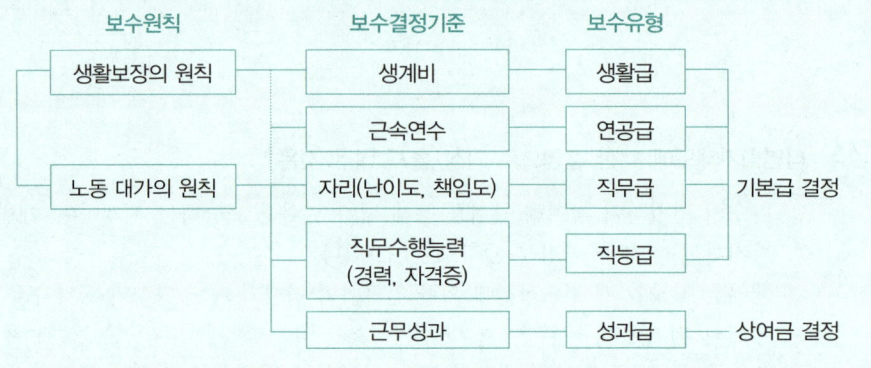

02 (　　)에 들어갈 B사무관의 근무 유형은? ▶ 2019년 행정사

△△과 A사무관 : OO과죠? 업무협의 때문에 전화 드렸습니다. B사무관님과 통화하고 싶은데요?
OO과 C주무관 : 네. B사무관님은 이번 달부터 10시에 출근하고 19시에 퇴근 하십니다. 조금 후 10시 이후에 다시 전화바랍니다.
△△과 A사무관 : 아, 알겠습니다. B사무관님께서 (　　)를 신청하셨군요.

① 재택근무제　② 집약근무제　③ 시차출퇴근제
③ 재량근무제　④ 원격근무제

정답 01 ①　02 ③

해설 ③ 유연근무제의 일종으로서 시차출퇴근제에 해당한다.

시간선택제 근무제		통상적인 전일제 근무시간(주 40시간) 보다 짧게 주 15~35시간 근무하고 근무 시간 비율에 따라 보수를 받으며 신분을 보장받는 정규직 공무원
탄력근무제	시차출퇴근형	1일 8시간 근무체제 유지, 필수 근무 시간대(10:00~16:00)를 제외하고는 출퇴근 시간을 탄력적으로 조정할 수 있는 제도(10시~19시 등)
	근무시간 선택형	1일 4~12 시간 근무하면서, 주 5일 근무
	집약근무형	1일 10~12 시간 근무하면서, 주 3.5~4일 근무
	재량근무형	출·퇴근 의무 없이 프로젝트 수행으로 주 40시간 인정
원격근무제	재택근무형	사무실에 출근하지 않고 자택에서 일하는 근무형태 (정액분은 지급, 실적분은 지급 ×)
	스마트워크 근무형	자택 인근 스마트워크센터(smart office) 등 별도 사무실에서 인터넷망을 통해 일하는 근무형태

03 공무원 A는 주5일 대중교통으로 출퇴근 한다. 코로나19 사태로 인해 재택근무를 하고 싶으나 그가 맡은 업무는 정형적이면서도 보안을 유지해야 하는 특성이 있어 집에서 일할 수 없고 반드시 주5일 출근을 해야만 한다. 대중교통 이용 시 사람들과의 접촉을 최소화하기 위하여 A가 택할 수 있는 가장 적합한 탄력근무 방식으로 묶인 것은? ▶ 2020년 행정사

㉠ 시간선택제 전환근무　　㉡ 시차출퇴근제
㉢ 원격근무제　　㉣ 재량근무제
㉤ 근무시간선택제

① ㉠, ㉡　　　　② ㉠, ㉣
③ ㉡, ㉤　　　　④ ㉢, ㉣
⑤ ㉢, ㉤

해설 ③ ㉡, ㉤ [O]
문제에서는 정형적이면서도 보안을 유지해야 하는 특성이 있어 집에서 일할 수 없고 반드시 주5일 출근을 해야만 하는 탄력근무 방식을 묻고 있다. 먼저 ㉠ 시간선택제 전환근무와 ㉢ 원격근무제는 탄력근무 방식에 해당하지 않기 때문에 답이 될 수 없다. 또한 주5일 출근을 해야 하므로, ㉣ 재량근무제(출퇴근 의무 없이 전문 프로젝트 수행으로 주 40시간 근무를 인정하는 제도)도 답이 될 수 없다. 따라서 ㉡ 시차출퇴근제도(1일 8시간 근무체제 유지하되, 출근시간 선택 가능)와 ㉤ 근무시간 선택제(1일 4~12시간 근무, 주 5일 근무)가 제시된 조건에 적합한 탄력근무 방식이다.

정답 03 ③

연습문제

01 공무원의 사기관리에 대한 설명으로 옳은 것은? ▶ 2017년 지방직 9급

① 공무원 제안 규정상 우수한 제안을 제출한 공무원에게 인사상 특전을 부여할 수 있지만, 상여금은 지급할 수 없다.
② 소청심사제도는 징계처분과 같이 의사에 반하는 불이익 처분을 받은 공무원이 그에 불복하여 이의를 제기했을 때 이를 심사하여 결정하는 절차이다.
③ 우리나라는 공무원의 고충을 심사하기 위하여 행정안전부에 중앙고충심사위원회를 둔다.
④ 성과상여금제도는 공직의 경쟁력을 높이기 위하여 공무원 인사와 급여체계를 사람과 연공 중심으로 개편한 것이다.

해설 ② [○]

> **국가공무원법 제9조 (소청심사위원회의 설치)**
> ① 행정기관 소속 공무원의 징계처분, 그 밖에 그 의사에 반하는 불리한 처분이나 부작위에 대한 소청을 심사·결정하게 하기 위하여 인사혁신처에 소청심사위원회를 둔다.

① [×] 우수한 제안을 제출한 공무원에게는 상여금을 지급할 수 있으며 특별승진이나 특별승급을 시킬 수 있다.

> **국가공무원법 제53조 (제안 제도)**
> ① 행정 운영의 능률화와 경제화를 위한 공무원의 창의적인 의견이나 고안(考案)을 계발하고 이를 채택하여 행정 운영의 개선에 반영하도록 하기 위하여 제안 제도를 둔다.
> ② 제안이 채택되고 시행되어 국가 예산을 절약하는 등 행정 운영 발전에 뚜렷한 실적이 있는 자에게는 상여금을 지급할 수 있으며 특별승진이나 특별승급을 시킬 수 있다.

③ [×] 6급 이하의 공무원은 각 부처에 설치된 보통고충심사위원회가, 5급 이상의 공무원은 중앙고충심사위원회가 각각 담당하며, 중앙고충심사위원회는 중앙인사관장기관(행정안전부×, 인사혁신처 ○)에 둔다.

> **국가공무원법 제76조의2 (고충처리)** 공무원의 고충을 심사하기 위하여 중앙인사관장기관에 중앙고충심사위원회를, 임용권자 또는 임용제청권자 단위로 보통고충심사위원회를 두되, 중앙고충심사위원회의 기능은 소청심사위원회에서 관장한다.

④ [×] 성과상여금제도는 사람과 연공 중심이 아니라 업무실적, 직무수행의 성과를 측정하여 그 결과에 따라 보수를 차등적으로 지급하는 방식이다.

정답 01 ②

02 고충처리제도와 소청심사제도에 대한 설명으로 옳지 않은 것은? ▶ 2015년 지방직 9급

① 양자 모두 공무원의 권익보호를 위한 제도이다.
② 고충심사위원회와 소청심사위원회의 결정은 관계기관의 장을 기속한다.
③ 중앙고충심사위원회의 기능은 인사혁신처 소청심사위원회에서 관장한다.
④ 소청심사제도는 공무원이 징계처분 기타 그 의사에 반하는 불이익 처분에 대해 이의를 제기하는 경우 이를 심사·결정하는 특별행정심판제도이다.

> **해설** ② [×] 소청심사위원회의 결정은 구속력이 있지만 고충심사위원회의 결정은 구속력이 없다.
>
> [표] 고충심사와 소청심사의 차이
>
> | 구분 | 고충심사 | 소청심사 |
> |---|---|---|
> | 담당기구 | 보통고충심사위원회(각 부처) : 6급 이하
중앙고충심사위원회(인사혁신처) : 5급 이상 – 소청심사위원회가 대행 | 인사혁신처 소청심사위원회 |
> | 구속력 | × | O |

03 공무원고충처리에 대한 설명으로 옳지 않은 것은? ▶ 2021년 지방직 7급

① 5급 이상 공무원 및 고위공무원단에 속하는 일반직공무원의 고충을 다루는 중앙고충심사위원회의 기능은 소청심사위원회가 관장한다.
② 고충처리대상은 인사·조직·처우 등의 직무조건과 성폭력범죄, 성희롱 등으로 인한 신상문제에 대하여 광범위하게 인정된다.
③ 소청심사위원회의 결정은 처분청에 대한 법적 기속력이 있지만, 고충심사위원회의 결정은 처분청에 대한 법적 기속력이 없다.
④ 고충심사위원회가 청구서를 접수한 때에는 30일 이내에 고충심사에 대한 결정을 해야 하고 그 결정은 위원 과반수의 출석과 과반수의 합의에 의한다.

정답 02 ② 03 ④

해설 ④ [×] 고충심사위원회가 청구서를 접수한 때에는 30일 이내에 고충심사에 대한 결정을 하여야 한다. 보통고충심사위원회의 결정은 위원 5명 이상의 출석과 출석위원 과반수의 합의에 따르며, 중앙고충심사위원회의 결정은 위원 3분의 2 이상의 출석과 출석 위원 과반수의 합의에 따른다.

> **공무원고충처리규정 제7조 (고충심사절차)**
> ① 고충심사위원회가 청구서를 접수한 때에는 30일 이내에 고충심사에 대한 결정을 하여야 한다. 다만, 부득이하다고 인정되는 경우에는 고충심사위원회의 의결로 30일을 연장할 수 있다.
>
> **제10조 (고충심사위원회의 결정)**
> ① 보통고충심사위원회의 결정은 제3조제6항 전단, 제3조의2제6항 전단, 제3조의3제6항 전단 또는 제3조의4제5항 전단에 따른 <u>위원 5명 이상의 출석과 출석위원 과반수의 합의</u>에 따른다.
> ② 중앙고충심사위원회의 결정은 <u>위원</u>(「국가공무원법」 제9조제3항에 따라 인사혁신처에 설치된 소청심사위원회의 상임위원과 비상임위원을 말한다) <u>3분의 2 이상의 출석과 출석 위원 과반수의 합의</u>에 따른다.

② [○]

> **제2조 (고충처리대상)**
> ① 공무원은 누구나 인사·조직·처우 등 직무 조건과 관련된 신상 문제와 「성폭력범죄의 처벌 등에 관한 특례법」 제2조에 따른 성폭력범죄(이하 "성폭력범죄"라 한다)·「양성평등기본법」 제3조제2호에 따른 성희롱(이하 "성희롱"이라 한다) 및 「공무원 행동강령」 제13조의3에 따른 부당한 행위 등으로 인한 신상 문제와 관련된 고충의 처리를 요구할 수 있다.

04 다음 설명에 해당하는 유연근무제의 유형은? ▶ 2022년 지방직 9급

- 탄력근무제의 한 유형
- 1일 8시간에 구애받지 않음
- 주 3.5~4일 근무

① 재택근무형 ② 집약근무형
③ 시차출퇴근형 ④ 근무시간선택형

정답 04 ②

② [O] 탄력근무제의 유형으로, 1일 8시간에 구애받지 않으며 주 3.5~4일 근무형태는 집약근무형에 대한 설명이다.
① [×] 재택근무형은 원격근무제의 한 유형이다.
③ [×] 시차출퇴근형은 1일 8시간 근무체제를 유지하여야 한다.
④ [×] 근무시간선택형은 1일 4~12시간, 주 5일 동안 근무하는 유형이다.

시간선택제 근무제		통상적인 전일제 근무시간(주 40시간) 보다 짧게 주 15~35시간 근무하고 근무 시간 비율에 따라 보수를 받으며 신분을 보장받는 정규직 공무원
탄력근무제	시차출퇴근형	1일 8시간 근무체제 유지, 필수 근무 시간대(10:00~16:00)를 제외하고는 출퇴근 시간을 탄력적으로 조정할 수 있는 근무형태(10시~19시 등)
	근무시간 선택형	1일 4~12 시간 근무하면서, 주 5일 근무
	집약근무형	1일 10~12 시간 근무하면서, 주 3.5~4일 근무
	재량근무형	출·퇴근 의무 없이 프로젝트 수행으로 주 40시간 인정
원격근무제	재택근무형	사무실에 출근하지 않고 자택에서 일하는 근무형태 (정액분은 지급, 실적분은 지급 ×)
	스마트워크 근무형	자택 인근 스마트워크센터(smart office) 등 별도 사무실에서 인터넷망을 통해 일하는 근무형태

05 인사혁신처 예규 상 탄력근무제에 해당하지 않는 것은? ▶ 2020년 국회 8급

① 재택근무형　　　　　　　　② 시차출퇴근형
③ 재량근무형　　　　　　　　④ 근무시간 선택형
⑤ 집약근무형

① [×] 재택근무형은 원격근무제에 해당된다.

정답　05 ①

공무원의 근무방식과 형태에 대한 설명으로 옳지 않은 것은? ▶ 2019년 국가직 9급

① 유연근무제는 공무원의 근무방식과 형태를 개인·업무·기관 특성에 따라 선택할 수 있는 제도이다.
② 시간선택제 근무는 통상적인 전일제 근무시간(주 40시간)보다 길거나 짧은 시간을 근무하는 제도이다.
③ 탄력근무제는 전일제 근무시간을 지키되 근무시간, 근무일수를 자율 조정할 수 있는 제도이다.
④ 원격근무제는 직장 이외의 장소에서 정보통신망을 이용하여 근무하는 제도이다.

해설
② [×] 시간선택제 공무원은 통상적인 근무 시간보다 **짧은 시간** 근무하는 공무원을 의미한다.

> **국가공무원법 제26조의2 (근무시간의 단축 임용)** 국가기관의 장은 업무의 특성이나 기관의 사정 등을 고려하여 소속 공무원을 대통령령 등으로 정하는 바에 따라 <u>통상적인 근무시간보다 짧게 근무하는</u> 공무원으로 임용할 수 있다.
>
> **공무원임용령 제3조의3 (시간선택제채용공무원의 임용)**
> ① 임용권자 또는 임용제청권자는 법 제26조의2에 따라 통상적인 근무시간보다 짧은 시간을 근무하는 일반직공무원(임기제공무원은 제외한다)을 신규채용할 수 있다.
> ② 제1항에 따라 채용된 공무원(이하 "시간선택제채용공무원"이라 한다)의 주당 근무시간은 「국가공무원 복무규정」 제9조에도 불구하고 15시간 이상 35시간 이하의 범위에서 임용권자 또는 임용제청권자가 정한다. 이 경우 근무시간을 정하는 방법 및 절차 등은 인사혁신처장이 정한다.

 「국가공무원법」 제46조에 나타나 있는 보수결정의 원칙에 대한 설명으로 가장 정확한 것은? ▶ 2013년 서울시 7급

① 공무원의 보수는 일반의 '가계생계비, 민간의 임금, 기타 사정을 고려하여 직무의 곤란성 및 책임의 정도에 상응하도록 계급별·직위별로 정한다.'
② 공무원의 보수는 일반의 '표준생계비, 민간의 임금, 기타 사정을 고려하여 직무의 곤란성 및 책임의 정도에 상응하도록 계급별·직위별로 정한다.'
③ 공무원의 보수는 일반의 '표준생계비, 민간의 임금, 기타 사정을 고려하여 직무의 곤란성 및 책임의 정도에 상응 하도록 계급별로 정한다.'
④ 공무원의 보수는 일반의 '표준생계비와 기타 사정을 고려하여 직무의 곤란성 및 책임의 정도에 상응하도록 계급별·직위별로 정한다.'
⑤ 공무원의 보수는 일반의 '표준생계비, 민간의 임금, 기타 사정을 고려하여 계급별·직위별로 정한다.'

정답 06 ② 07 ②

② [O] 국가공무원법 제46조의 보수결정 원칙

> **국가공무원법 46조 (보수 결정의 원칙)**
> ① 공무원의 보수는 직무의 곤란성과 책임의 정도에 맞도록 계급별·직위별 또는 직무등급별로 정한다.
> ② 공무원의 보수는 일반의 표준 생계비, 물가 수준, 그 밖의 사정을 고려하여 정하되, 민간 부문의 임금 수준과 적절한 균형을 유지하도록 노력하여야 한다.

08 공무원 보수에 대한 설명으로 옳지 않은 것은? ▶ 2016년 사회복지직 9급

① 직능급이란 직무의 난이도와 책임에 따라 결정되는 보수이다.
② 실적급(성과급)은 개인이나 집단의 근무실적과 보수를 연결시킨 것이다.
③ 생활급은 생계비를 기준으로 하는 보수로서 공무원과 그 가족의 기본적인 생활을 보장하기 위한 것이다.
④ 연공급(근속급)은 근속연수와 같은 인적 요소를 기준으로 하는 보수이다.

 ① [×] 직무의 난이도와 책임에 따라 결정되는 보수는 직능급이 아니라 직무급에 해당한다.

09 공무원 보수의 유형에 대한 설명으로 옳지 않은 것은? ▶ 2022년 지방직 9급

① 직능급은 자격증을 갖춘 유능한 인재의 확보에 유리하다.
② 연공급은 근속연수를 기준으로 하기 때문에 전문기술인력 확보에 유리하다.
③ 직무급은 동일노동에 대한 동일임금이라는 합리적인 보수 책정이 가능하다.
④ 성과급은 결과를 중시하며 변동급의 성격을 가진다.

 ② [×] 연공급은 주로 계급제·직업공무원제에서 강조되는 보수로서 전문지식이나 기술적 능력이 아닌 공무원의 근속 연수를 기준으로 임금수준을 결정하는 체계이므로 전문기술 인력 확보가 곤란하다. 전문 기술 인력의 확보에 유리한 것은 직무급(직무의 내용, 곤란도·책임도를 기준으로 하는 보수)의 특징이다.

정답 08 ① 09 ②

10 공무원 보수제도 중 연봉제에 대한 설명으로 옳지 않은 것은? ▶ 2016년 지방직 7급

① 직무성과급적 연봉제는 고위공무원단 소속 공무원에게 적용된다.
② 고정급적 연봉제에서 연봉은 기본연봉과 성과연봉으로 구성된다.
③ 직무성과급적 연봉제에서 기본연봉은 기준급과 직무급으로 구성된다.
④ 성과급적 연봉제와 직무성과급적 연봉제의 성과연봉은 전년도의 업무실적에 따른 평가결과에 따라 차등지급된다는 점에서 유사한 면이 있다.

> **해설** ② [×] 고정급적 연봉제는 정무직을 대상으로 하며, 기본연봉으로만 구성된다. 기본연봉과 성과연봉으로 구성되는 것은 직무성과급적 연봉제(고위공무원단)와 성과급적 연봉제(과장급)이다.

[표] 공무원 보수제도 : 연봉제

보수제도	적용대상	보수구조	
		기본급여	성과급여(지급기준)
고정급적연봉제	정무직	기본연봉	-
직무성과급적 연봉제	고위공무원단	기본연봉(기준급+직무급)	성과연봉
성과급적 연봉제	과장급	기본연봉	성과연봉

11 우리나라 공무원연금제도에 대한 설명으로 옳지 않은 것은? ▶ 2020년 국회 8급

① 공무원연금제도의 주무부처는 인사혁신처이며, 공무원연금기금은 공무원연금공단이 관리·운용한다.
② 공무원연금제도는 기금제를 채택하고 있다.
③ 공무원연금제도는 기여제를 채택하고 있다.
④ 기여금을 부담하는 재직기간은 최대 36년까지이다.
⑤ 퇴직수당은 공무원과 정부가 분담한다.

> **해설** ⑤ [×] 퇴직수당은 퇴직연금과 달리 재원을 정부가 단독 부담한다.
> ① [O] 공무원연금제도는 중앙인사행정기관인 인사혁신처가 관장하고, 연금기금은 공무원연금공단에서 관리·운용한다.
> ②, ③ [O] 우리나라 공무원연금은 재원조성방식이 기금제이자 기여제이다.
> ④ [O] 기여금 납부기한은 최대 36년까지이다. 종래 33년에서 2016 연금개혁 시 36년으로 연장되었다.

정답 10 ② 11 ⑤

12 우리나라 공무원 연금제도에 대한 설명으로 옳지 않은 것은? ▶ 2009년 지방직 7급

① 공무원 연금제도는 공무원에 대한 사회보장제도의 일환이다.
② 우리나라에서는 1960년에 「공무원연금법」이 제정 공포되었다.
③ 보수후불설(거치보수설)에 따르면 퇴직연금은 공무원의 당연한 권리이다.
④ 「공무원연금법」 적용대상자에는 선거에 의해 취임하는 공무원을 포함한다.

해설 ④ [×] 「공무원연금법」의 적용대상인 공무원은 국가공무원법·지방공무원법 그 밖의 법률에 의한 공무원으로 하되, 다만, 군인과 선거에 의하여 취임하는 공무원을 제외한다(공무원연금법 제3조).

13 우리나라 공무원연금 재정 확보 방식을 옳게 짝 지은 것은? ▶ 2019년 서울시 9급

① 기금제 - 기여제
② 기금제 - 비기여제
③ 비기금제 - 기여제
④ 비기금제 - 비기여제

해설 ① 우리나라 공무원 연금 기금 조성방식은 기금제와 기여제를 특징으로 한다. 재원조달 방법으로는 연금 사업에 들어가는 재원을 조달하기 위해 미리 기금을 조성하고 기금의 운용과 투자를 통해 나오는 이자와 사업 수익을 통해 연금을 지급하는 기금제 방식을 채택하고 있으며, 연금 급여에 소요되는 비용을 사용자(정부)와 연금수혜자(공무원)가 공동으로 부담하는 기여제를 채택하고 있다.

정답 12 ④ 13 ①

제6장 공무원 신분보장

기출문제

01 국가공무원법상 공무원의 징계에 관한 설명으로 옳지 않은 것은? ▶ 2019년 행정사

① 징계는 파면·해임·강등·정직·감봉·견책으로 구분한다.
② 정직은 1개월 이상 3개월 이하의 기간으로 하고, 그 기간 중 보수는 3분의 2를 감한다.
③ 감봉은 1개월 이상 3개월 이하의 기간 동안 보수의 3분의 1을 감한다.
④ 견책은 전과에 대하여 훈계하고 회개하게 한다.
⑤ 징계로 해임처분을 받은 때부터 3년이 지나지 아니한 자는 공무원으로 임용될 수 없다.

해설 ② [×] 정직은 1개월 이상 3개월 이하의 기간으로 하고, 그 기간 중 보수는 전액을 감한다.

[표] 징계의 종류 및 효력

구분	종류	내용	비고
경징계	견책	전과(前過)에 대하여 훈계하고 회개하게 함	직무수행
	감봉	1월~3월 기간 보수의 1/3을 감하는 처분	
중징계	정직	1월~3월 기간 보수의 전액을 감하며, 직무수행이 정지됨	직무수행정지 신분보유
	강등	1계급 아래로 직급을 내리고, 3개월간 직무수행정지와 보수의 전액을 감함	
	해임	강제퇴직, 3년간 재임용 불가	공무원 신분 박탈 (강제 퇴직)
	파면	강제퇴직, 5년간 재임용 불가, 퇴직급여의 1/2~1/4 지급제한	

정답 01 ②

02 현행 「국가공무원법」에 규정된 징계처분에 관한 설명으로 옳지 않은 것은? ▶ 2013년 행정사

① 징계의 종류는 파면·해임·강등·정직·직위해제·감봉·견책으로 구분한다.
② 파면과 해임은 징계위원회의 의결을 거쳐 각 임용권자 또는 임용권을 위임한 상급감독기관의 장이 한다.
③ 강등은 공무원 신분은 보유하나 3개월간 직무에 종사하지 못하고 그 기간 중 보수의 전액을 감한다.
④ 정직은 1개월 이상 3개월 이하이며, 정직 기간 동안 공무원의 신분은 유지하되, 직무에 종사하지 못하고 보수의 전액을 감한다.
⑤ 징계의결 등의 요구는 징계 등의 사유가 발생한 날부터 3년(금품 및 향응 수수, 공금의 횡령·유용의 경우에는 5년)이 지나면 하지 못한다.

해설

① [×] 직위해제는 징계에 포함되지 않는다.

> **국가공무원법 제79조 (징계의 종류)**
> 징계는 파면·해임·강등·정직·감봉·견책(譴責)으로 구분한다.

② [○] 파면과 해임은 징계위원회의 의결을 거쳐 각 임용권자 또는 임용권을 위임한 상급 감독기관의 장이 한다(국가공무원법 제82조).

> **국가공무원법 제82조(징계 등 절차)**
> ① 공무원의 징계처분등은 징계위원회의 의결을 거쳐 징계위원회가 설치된 소속 기관의 장이 하되, 국무총리 소속으로 설치된 징계위원회(국회·법원·헌법재판소·선거관리위원회에 있어서는 해당 중앙인사관장기관에 설치된 상급 징계위원회를 말한다. 이하 같다)에서 한 징계의결등에 대하여는 중앙행정기관의 장이 한다. 다만, 파면과 해임은 징계위원회의 의결을 거쳐 각 임용권자 또는 임용권을 위임한 상급 감독기관의 장이 한다.

③, ④ [○]

> **국가공무원법 제80조(징계의 효력)**
> ① 강등은 1계급 아래로 직급을 내리고(고위공무원단에 속하는 공무원은 3급으로 임용하고, 연구관 및 지도관은 연구사 및 지도사로 한다) 공무원신분은 보유하나 3개월간 직무에 종사하지 못하며 그 기간 중 보수는 전액을 감한다. 다만, 제4조제2항에 따라 계급을 구분하지 아니하는 공무원과 임기제공무원에 대해서는 강등을 적용하지 아니한다.
> ③ 정직은 1개월 이상 3개월 이하의 기간으로 하고, 정직 처분을 받은 자는 그 기간 중 공무원의 신분은 보유하나 직무에 종사하지 못하며 보수는 전액을 감한다.

⑤ [○] 국가공무원법 제83조의2 제1항

> **제83조의2 (징계 및 징계부가금 부과 사유의 시효)**
> ① 징계의결등의 요구는 징계 등 사유가 발생한 날부터 다음 각 호의 구분에 따른 기간이 지나면 하지 못한다.
>   1. 징계 등 사유가 다음 각 목의 어느 하나에 해당하는 경우: 10년
>   가. 「성매매알선 등 행위의 처벌에 관한 법률」 제4조에 따른 금지행위
>   나. 「성폭력범죄의 처벌 등에 관한 특례법」 제2조에 따른 성폭력범죄
>   다. 「아동·청소년의 성보호에 관한 법률」 제2조제2호에 따른 아동·청소년대상 성범죄
>   라. 「양성평등기본법」 제3조제2호에 따른 성희롱
>   2. 징계 등 사유가 제78조의2제1항 각 호의 어느 하나에 해당하는 경우: 5년
>   3. 그 밖의 징계 등 사유에 해당하는 경우: 3년

정답 02 ①

03 국가공무원법상 징계에 관한 설명으로 옳은 것은? ▶ 2023년 행정사

① 징계는 파면·해임·강등·강임·정직·감봉·견책으로 구분한다.
② 징계로 해임처분을 받은 때부터 5년이 지나지 아니한 자는 공무원으로 임용될 수 없다.
③ 강등은 1계급 아래로 직급을 내리고 공무원신분은 보유하나 6개월간 직무에 종사하지 못하며 그 기간 중 보수는 2분의 1을 감한다.
④ 정직은 1개월 이상 3개월 이하의 기간으로 하고, 정직 처분을 받은 자는 그 기간 중 공무원의 신분은 보유하나 직무에 종사하지 못하며 보수는 전액을 감한다.
⑤ 감봉은 1개월 이상 3개월 이하의 기간 동안 보수의 2분의 1을 감한다.

> **해설**
> ④ [○]
> ① [×] 강임은 징계가 아니다.
>
>> 국가공무원법 제79조(징계의 종류)
>> 징계는 파면·해임·강등·정직(停職)·감봉·견책(譴責)으로 구분한다.
>
> ② [×] 5년(×) → 3년
> ③ [×] 강등은 1계급 아래로 직급을 내리고 공무원신분은 보유하나 3개월간 직무에 종사하지 못하며 그 기간 중 보수는 전액을 감한다.
> ⑤ [×] 감봉은 1개월 이상 3개월 이하의 기간 동안 보수의 3분의 1을 감한다.

04 공무원의 강등과 강임에 관한 설명으로 옳은 것은? ▶ 2016년 행정사

① 강등은 직위가 폐직되거나 하위의 직위로 변경되어 과원이 된 경우에 이루어진다.
② 강임은 결원을 보충하는 방법의 하나이다.
③ 강등된 공무원은 상위 직급에 결원이 생기면 우선승진의 대상이 된다.
④ 공무원 본인이 동의하지 않으면 강등할 수 없다.
⑤ 징계의 수단으로 강임이 제도적으로 인정되고 있다.

정답 03 ④ 04 ②

해설 ② [○]

> 국가공무원법 제5조(정의) 이 법에서 사용하는 용어의 뜻은 다음과 같다.
> 4. "강임(降任)"이란 같은 직렬 내에서 하위 직급에 임명하거나 하위 직급이 없어 다른 직렬의 하위 직급으로 임명하거나 고위공무원단에 속하는 일반직공무원(제4조제2항에 따라 같은 조 제1항의 계급 구분을 적용하지 아니하는 공무원은 제외한다)을 고위공무원단 직위가 아닌 하위 직위에 임명하는 것을 말한다.
>
> 국가공무원법 제27조 (결원 보충 방법)
> 국가기관의 결원은 신규채용·승진임용·강임·전직 또는 전보의 방법으로 보충한다.

①, ③ [×] 강임에 대한 설명이다.

> 국가공무원법 제73조의4 (강임)
> ① 임용권자는 직제 또는 정원의 변경이나 예산의 감소 등으로 직위가 폐직되거나 하위의 직위로 변경되어 과원이 된 경우 또는 본인이 동의한 경우에는 소속 공무원을 강임할 수 있다.
> ② 제1항에 따라 강임된 공무원은 상위 직급 또는 고위공무원단 직위에 결원이 생기면 제40조·제40조의2·제40조의4 및 제41조에도 불구하고 우선 임용된다. 다만, 본인이 동의하여 강임된 공무원은 본인의 경력과 해당 기관의 인력 사정 등을 고려하여 우선 임용될 수 있다.

④, ⑤ [×] 강등은 징계수단으로 본인이 동의하지 않아도 징계처분으로 강등될 수 있다.

05 「국가공무원법」상에 규정된 직위해제 사유에 해당되지 않는 자는?

▶ 2015년 행정사

① 직무수행 능력이 부족한 자
② 휴직 사유가 소멸된 후에도 직무에 복귀하지 않은 자
③ 근무성적이 극히 나쁜 자
④ 파면·해임에 해당하는 징계의결이 요구 중인 자
⑤ 정직에 해당하는 징계의결이 요구 중인 자

해설 ② [×] 휴직 사유가 소멸된 후에도 직무에 복귀하지 않은 자는 직권면직 사유에 해당한다.

> 국가공무원법 제73조의3(직위해제)
> ① 임용권자는 다음 각 호의 어느 하나에 해당하는 자에게는 직위를 부여하지 아니할 수 있다.
> 1. 삭제 [1973.2.5]
> 2. 직무수행 능력이 부족하거나 근무성적이 극히 나쁜 자
> 3. 파면·해임·강등 또는 정직에 해당하는 징계 의결이 요구 중인 자
> 4. 형사 사건으로 기소된 자(약식명령이 청구된 자는 제외한다)
> 5. 고위공무원단에 속하는 일반직공무원으로서 제70조의2제1항제2호부터 제5호까지의 사유로 적격심사를 요구받은 자
> 6. 금품비위, 성범죄 등 대통령령으로 정하는 비위행위로 인하여 감사원 및 검찰·경찰 등 수사기관에서 조사나 수사 중인 자로서 비위의 정도가 중대하고 이로 인하여 정상적인 업무수행을 기대하기 현저히 어려운 자

정답 05 ②

연습문제

01 우리나라의 공무원 징계에 대한 설명으로 옳지 않은 것은? ▶ 2021년 국회 8급

① 견책은 잘못된 행동에 대하여 훈계하고 회개토록 하는 것으로 6개월간 승진과 승급이 제한되는 효력을 가진다.
② 감봉은 보수의 불이익을 받는 것으로 1개월 이상 3개월 이하의 기간 동안 보수액의 2/3를 감한다.
③ 강등은 직급을 내리고 공무원신분은 보유하나 3개월간 직무에 종사하지 못하며 그 기간 중 보수의 전액을 감한다.
④ 해임은 강제퇴직의 한 종류로서 3년간 재임용자격이 제한된다.
⑤ 파면은 공무원신분을 완전히 잃는 것으로 5년간 재임용 자격이 제한된다.

해설 ② [×] 감봉은 1개월 이상 3개월 이하의 기간 동안 보수의 1/3을 감하는 처분이다.

02 「국가공무원법」상 공무원 인사에 대한 설명으로 옳지 않은 것은? ▶ 2018년 지방직 9급

① 당연퇴직은 법이 정한 사유가 발생한 경우 별도의 처분 없이 공무원 관계가 소멸되는 것을 말한다.
② 직권면직은 법이 정한 사유가 발생한 경우 임용권자가 일방적으로 공무원 관계를 소멸시키는 것을 말한다.
③ 직위해제는 직무수행능력이 부족하거나 근무성적이 극히 나쁜 경우 공무원의 신분은 유지하지만 강제로 직무를 담당하지 못하게 하는 것이다.
④ 강임은 한 계급 아래로 직급을 내리는 것으로 징계의 종류 중 하나이다.

해설 ④ [×] 한 계급 아래로 직급을 내리는 것으로 징계의 종류 중 하나인 것은 강등이다.

정답 01 ② 02 ④

03. 다음 중 공무원의 신분보장의 배제에 대한 설명으로 옳은 것은?
▶ 2018년 국회 8급

① 직위해제 : 해당 공무원에 대해 직위를 부여하지 않음으로써 공무원의 신분을 박탈하는 임용행위
② 직권면직 : 직제·정원의 변경으로 직위의 폐지나 초과정원이 발생한 경우에 임용권자가 직권으로 직무 수행의 의무를 면해주되 공무원의 신분은 보유하게 하는 임용행위
③ 해임 : 공무원의 신분을 박탈하는 중징계 처분의 하나이며 퇴직급여액의 2분의 1이 삭감되는 임용 행위
④ 파면 : 공무원의 신분을 박탈하는 중징계 처분의 하나이며 원칙적으로 퇴직금 감액이 없는 임용행위
⑤ 정직 : 공무원의 신분은 보유하지만, 직무 수행을 일시적으로 정지시키며 보수를 전액 감하는 임용행위

해설
⑤ [○]
① [×] 직위해제는 공무원에게 신분은 보유하나 직위를 부여하지 않는 임용행위를 의미한다.
② [×] 직권면직은 직제·정원의 개폐, 예산의 감소 등에 의하여 폐직 또는 과원이 될 경우 등에 본인의 의사와 무관하게 임용권자가 공무원의 신분을 박탈해 공직으로부터 배제하는 것이다.
③, ④ [×] 해임은 공무원의 신분을 박탈하는 중징계 처분의 하나이며, 원칙적으로 퇴직급여에는 제한이 없지만 금품수수나 공금횡령 및 유용 등으로 해임된 경우에는 퇴직급여의 제한이 있을 수 있다. 파면의 경우 공무원 신분을 박탈하는 중징계 처분이며, 원칙적으로 퇴직급여의 1/2이 삭감된다.

04. 공무원 신분의 변경과 소멸에 대한 설명으로 옳지 않은 것은?
▶ 2022년 국가직 9급

① 직권면직은 법률상 징계의 종류로 규정되어 있지 않다.
② 정직은 징계처분의 일종으로, 정직 기간 중에는 보수의 1/2을 감하도록 되어 있다.
③ 임용권자는 사정에 따라서는 공무원 본인의 의사에도 불구하고 휴직을 명해야 한다.
④ 임용권자는 직무수행 능력 부족을 이유로 직위해제를 받은 공무원이 직위해제 기간에 능력의 향상을 기대하기 어렵다고 인정된 때에 직권면직을 통해 공무원의 신분을 박탈할 수 있다.

해설
② [×] 정직 기간 중에는 보수의 전액을 감한다.

> **국가공무원법 제80조 (징계의 효력)**
> ③ 정직은 1개월 이상 3개월 이하의 기간으로 하고, 정직 처분을 받은 자는 그 기간 중 공무원의 신분은 보유하나 직무에 종사하지 못하며 <u>보수는 전액을 감한다.</u>

정답 03 ⑤ 04 ②

① [○]

> 국가공무원법 제79조 (징계의 종류) 징계는 파면·해임·강등·정직(停職)·감봉·견책(譴責)으로 구분한다.

③ [○]

> **국가공무원법 제71조 (휴직)**
> ① 공무원이 다음 각 호의 어느 하나에 해당하면 임용권자는 본인의 의사에도 불구하고 휴직을 명하여야 한다.
>   1. 신체·정신상의 장애로 장기 요양이 필요할 때
>   2. 삭제 [1978.12.5]
>   3. 「병역법」에 따른 병역 복무를 마치기 위하여 징집 또는 소집된 때
>   4. 천재지변이나 전시·사변, 그 밖의 사유로 생사(生死) 또는 소재(所在)가 불명확하게 된 때
>   5. 그 밖에 법률의 규정에 따른 의무를 수행하기 위하여 직무를 이탈하게 된 때
>   6. 「공무원의 노동조합 설립 및 운영 등에 관한 법률」 제7조에 따라 노동조합 전임자로 종사하게 된 때

④ [○]

> **국가공무원법 제70조 (직권 면직)**
> ① 임용권자는 공무원이 다음 각 호의 어느 하나에 해당하면 직권으로 면직시킬 수 있다.
>   5. 제73조의3제3항(직위해제 사유)에 따라 대기 명령을 받은 자가 그 기간에 능력 또는 근무성적의 향상을 기대하기 어렵다고 인정된 때

05 우리나라의 공무원 인사제도에 대한 설명으로 옳지 않은 것은?   ▶ 2015 국가직 9급

① 공무원을 수직적으로 이동시키는 내부 임용의 방법으로는 전직과 전보가 있다.
② 강등은 1계급 아래로 직급을 내리고(고위공무원단에 속하는 공무원은 3급으로 임용하고, 연구관 및 지도관은 연구사 및 지도사로 한다) 공무원 신분은 보유하나 3개월간 직무에 종사하지 못하며 그 기간 중 보수의 전액을 감한다.
③ 청렴하고 투철한 봉사 정신으로 직무에 모든 힘을 다하여 공무집행의 공정성을 유지하고 깨끗한 공직 사회를 구현하는 데에 다른 공무원의 귀감이 되는 공무원은 특별승진 임용하거나 일반 승진시험에 우선 응시하게 할 수 있다.
④ 임용권자는 만 8세 이하(취학 중인 경우에는 초등학교 2학년 이하)의 자녀를 양육하기 위하여 필요하거나 여성공무원이 임신 또는 출산하게 되어 휴직을 원하면 대통령령으로 정하는 특별한 사정이 없으면 휴직을 명하여야 한다.

정답 05 ①

해설 ① [×] 전직과 전보는 수평적으로 이동시키는 방법이다. 수직적 이동에는 승진과 강임이 있다.

> **국가공무원법 제80조 (징계의 효력)**
> ① 강등은 1계급 아래로 직급을 내리고(고위공무원단에 속하는 공무원은 3급으로 임용하고, 연구관 및 지도관은 연구사 및 지도사로 한다) 공무원신분은 보유하나 3개월간 직무에 종사하지 못하며 그 기간 중 보수는 전액을 감한다. 다만, 제4조제2항에 따라 계급을 구분하지 아니하는 공무원과 임기제공무원에 대해서는 강등을 적용하지 아니한다.

③ [○]

> **국가공무원법 제40조의4 (우수 공무원 등의 특별승진)**
> ① 공무원이 다음 각 호의 어느 하나에 해당하면 제40조 및 제40조의2에도 불구하고 특별승진 임용하거나 일반 승진시험에 우선 응시하게 할 수 있다.
> 1. 청렴하고 투철한 봉사 정신으로 직무에 모든 힘을 다하여 공무 집행의 공정성을 유지하고 깨끗한 공직 사회를 구현하는 데에 다른 공무원의 귀감(龜鑑)이 되는 자

④ [○]

> **국가공무원법 제71조 (휴직)**
> ② 임용권자는 공무원이 다음 각 호의 어느 하나에 해당하는 사유로 휴직을 원하면 휴직을 명할 수 있다. 다만, 제4호의 경우에는 대통령령으로 정하는 특별한 사정이 없으면 휴직을 명하여야 한다.
> 4. 만 8세 이하 또는 초등학교 2학년 이하의 자녀를 양육하기 위하여 필요하거나 여성공무원이 임신 또는 출산하게 된 때

06 우리나라의 공무원 인사제도에 대한 내용으로 옳지 않은 것은?   ▶ 2015 국가직 9급

① 공무원이 인사에 관하여 자신의 의사에 반한 불리한 처분을 받았을 때에는 소청심사를 청구할 수 있다.
② 임용권자는 직무수행 능력이 부족하거나 근무성적이 극히 나쁜 자에게 직위를 부여하지 아니할 수 있다.
③ 직권면직은 「국가공무원법」상 징계의 한 종류로서, 임용권자가 특정한 사유에 해당되는 공무원을 직권으로 면직시키는 것이다.
④ 해임처분을 받은 때부터 3년, 파면처분을 받은 때부터 5년이 지나지 아니한 자는 공무원으로 임용될 수 없다.

해설 ③ [×] 국가공무원법상 징계의 종류에는 파면, 해임, 강등, 정직, 감봉, 견책 등이 있다(국가공무원법 제79조). 직권면직은 공무원이 법률 규정에 해당하는 사유가 발생하였을 경우 임용권자가 본인의 의사와 관계없이 직권으로 공무원의 신분을 박탈하는 것으로 국가공무원법상 징계의 종류에 해당하지 않는다.

정답 06 ③

제6장 공무원 신분보장 | **367**

제7장 공무원의 권리와 의무

 공무원의 정치적 중립의 정당화 근거로 옳지 않은 것은? ▶ 2022년 국가직 9급

① 엽관주의의 폐해를 극복하여 행정의 안정성과 전문성을 제고 할 수 있다.
② 공무원은 국민 전체의 이익을 위해 공평무사하게 봉사해야 하는 신분이다.
③ 공무원의 정치적 기본권을 강화하여 공직의 계속성을 제고할 수 있다.
④ 공명선거를 통해 민주적 기본질서를 제고할 수 있다.

> **해설** ③ [×] 공무원의 정치적 중립 의무는 정치적 기본권인 참정권 등을 제한할 수 있다는 한계점이 있다.

02 공무원의 정치적 중립성과 관련이 없는 것은? ▶ 2016년 지방교행 9급

① 해치법(Hatch Act)
② 직업공무원제 확립
③ 국민 전체에 대한 봉사
④ 관료의 정책형성 기능 확대

> **해설** ④ [×] 공무원의 정치적 중립은 엽관주의의 폐해를 극복하고, 실적주의를 확립하기 위해 대두되었으며, 정치적 영향으로부터 행정을 분리하기 위한 정치행정이원론의 성립과 관련된다. 관료(행정)의 정책형성 기능 확대를 강조하는 것은 정치행정 일원론의 입장이다.
> ① [○] 해치법(Hatch Act)은 미국 연방의회가 공무원의 정치활동을 제한한 법이다.

03 우리나라 공무원 노동조합에 대한 설명으로 옳지 않은 것은? ▶ 2020년 국회 8급

① 공무원 노동조합 활동을 전담하는 전임자는 인정되지 않는다.
② 공무원 노동조합은 고용노동부장관에게 설립신고를 하여야 한다.
③ 공무원 노동조합은 2개 이상의 단위에 걸치는 노동조합이나 그 연합단체도 허용하고 있다.
④ 단체교섭의 대상은 조합원의 보수·복지, 그 밖의 근무조건 등에 관한 사항이다.
⑤ 5급 이상의 일반직공무원은 공무원 노동조합에 가입할 수 없다.

정답 01 ③ 02 ④ 03 ①

해설

① [×] 공무원노조 전임자(노동조합장이나 지부장 등)는 임용권자의 동의를 받아 노동조합의 업무에만 종사할 수 있다.

> 「공무원의 노동조합 설립 및 운영 등에 관한 법률」 제7조 (노동조합 전임자의 지위)
> ① 공무원은 임용권자의 동의를 받아 노동조합의 업무에만 종사할 수 있다.

② [○] 설립 신고는 고용노동부장관에게 한다.

> 「공무원의 노동조합 설립 및 운영 등에 관한 법률」 제5조 (노동조합의 설립)
> ② 노동조합을 설립하려는 사람은 고용노동부장관에게 설립신고서를 제출하여야 한다.

⑤ [×] 최근(2021.7.6.) 「공무원노조법」 개정으로 6급 이하 뿐 아니라 직급 제한 없이 전 직급 공무원이 노조에 가입할 수 있게 되었다.

> 「공무원의 노동조합 설립 및 운영 등에 관한 법률」 제6조 (가입 범위)
> ① 노동조합에 가입할 수 있는 사람의 범위는 다음 각 호와 같다.
>   1. 일반직공무원
>   2. 특정직공무원 중 외무영사직렬·외교정보기술직렬 외무공무원, 소방공무원 및 교육공무원 (다만, 교원은 제외한다)
>   3. 별정직공무원
>   4. 제1호부터 제3호까지의 어느 하나에 해당하는 공무원이었던 사람으로서 노동조합 규약으로 정하는 사람

04 공무원 노동조합에 대한 설명으로 옳은 것은?   ▶ 2022년 국회 8급

① 노동조합과 그 조합원은 정치활동이 허용된다.
② 6급 이하의 일반직 공무원만 노동조합에 가입할 수 있다.
③ 퇴직공무원도 노동조합에 가입할 수 있다.
④ 소방공무원과 교원은 노동조합 가입이 허용되지 않는다.
⑤ 교정·수사 등에 관한 업무에 종사하는 공무원은 노동조합에 가입할 수 있다.

정답 04 ③

해설

③ [○] 퇴직공무원이더라도 가입대상 범위에 포함되었던 공무원이었던 사람으로서 노동조합 규약으로 정하는 사람은 가입대상이 된다.

> 「공무원의 노동조합 설립 및 운영 등에 관한 법률」 제6조 (가입 범위)
> ① 노동조합에 가입할 수 있는 사람의 범위는 다음 각 호와 같다.
>   1. 일반직공무원
>   2. 특정직공무원 중 외무영사직렬·외교정보기술직렬 외무공무원, 소방공무원 및 교육공무원 (다만, 교원은 제외한다)
>   3. 별정직공무원
>   4. 제1호부터 제3호까지의 어느 하나에 해당하는 공무원이었던 사람으로서 노동조합 규약으로 정하는 사람

① [×] 공무원 노조는 정치활동이 금지된다.

> 「공무원의 노동조합 설립 및 운영 등에 관한 법률」 제4조 (정치활동의 금지)
> 노동조합과 그 조합원은 정치활동을 하여서는 아니 된다.

② [×] 법 개정으로 일반직 공무원은 직급에 관계없이 노동조합에 가입할 수 있다.
④ [×] 소방공무원은 「공무원의 노동조합 설립 및 운영 등에 관한 법률」에 따른 공무원 노조 가입범위에 포함된다. 교원은 「교원의 노동조합 설립 및 운영 등에 관한 법률」의 적용 대상이다.
⑤ [×] 교정·수사 등 공공의 안녕과 국가안전보장에 관한 업무에 종사하는 공무원은 노조에 가입할 수 없다.

> 「공무원의 노동조합 설립 및 운영 등에 관한 법률」 제6조 (가입 범위)
> ② 제1항에도 불구하고 다음 각 호의 어느 하나에 해당하는 공무원은 노동조합에 가입할 수 없다.
>   1. 업무의 주된 내용이 다른 공무원에 대하여 지휘·감독권을 행사하거나 다른 공무원의 업무를 총괄하는 업무에 종사하는 공무원
>   2. 업무의 주된 내용이 인사·보수 또는 노동관계의 조정·감독 등 노동조합의 조합원 지위를 가지고 수행하기에 적절하지 아니한 업무에 종사하는 공무원
>   3. 교정·수사 등 공공의 안녕과 국가안전보장에 관한 업무에 종사하는 공무원

05 공무원의 노동조합 설립 및 운영에 대한 설명으로 옳지 않은 것은? ▶ 2010년 국회 8급

① 단체협약의 내용 중 법령, 조례, 예산에 의하여 규정되는 내용은 단체협약으로서의 효력을 인정하지 아니한다.
② 공무원노조를 설립하고자 하는 경우에는 고용노동부장관에게 노조설립신고서를 제출하여야 한다.
③ 인사·보수에 관한 업무를 수행하는 공무원 등 노동조합과의 관계에서 행정기관의 입장에서 업무를 수행하는 공무원은 노동조합에 가입할 수 없다.
④ 단체교섭이 결렬된 경우에는 당사자 일방 또는 쌍방은 중앙노동위원회의 조정을 신청할 수 있다. 중앙노동위원회는 조정신청을 받은 날부터 20일 이내에 조정을 마쳐야 한다.
⑤ 정부교섭대표는 정부교섭대표가 아닌 관계 기관의 장으로 하여금 교섭에 참여하게 할 수 있고, 다른 기관의 장이 관리하거나 결정할 권한을 가진 사항에 대해서 해당 기관의 장에게 교섭 및 단체협약 체결 권한을 위임할 수 있다.

해설

④ [×] 단체교섭이 결렬된 경우에는 당사자 일방 또는 쌍방은 중앙노동위원회의 조정을 신청할 수 있다. 중앙노동위원회는 조정신청을 받은 날부터 30일 이내에 조정을 마쳐야 한다.

공무원의 노동조합 설립 및 운영 등에 관한 법률 제12조 (조정신청 등)
① 제8조에 따른 단체교섭이 결렬(決裂)된 경우에는 당사자 어느 한쪽 또는 양쪽은 중앙노동위원회에 조정(調停)을 신청할 수 있다.
④ 조정은 제1항에 따른 조정신청을 받은 날부터 30일 이내에 마쳐야 한다. 다만, 당사자들이 합의한 경우에는 30일 이내의 범위에서 조정기간을 연장할 수 있다.

① [○]

제10조 (단체협약의 효력)
① 제9조에 따라 체결된 단체협약의 내용 중 법령·조례 또는 예산에 의하여 규정되는 내용과 법령 또는 조례에 의하여 위임을 받아 규정되는 내용은 단체협약으로서의 효력을 가지지 아니한다.

② [○]

제5조 (노동조합의 설립)
② 노동조합을 설립하려는 사람은 고용노동부장관에게 설립신고서를 제출하여야 한다.

③ [○]

「공무원의 노동조합 설립 및 운영 등에 관한 법률」 제6조 (가입 범위)
② 제1항에도 불구하고 다음 각 호의 어느 하나에 해당하는 공무원은 노동조합에 가입할 수 없다.
  2. 업무의 주된 내용이 인사·보수 또는 노동관계의 조정·감독 등 노동조합의 조합원 지위를 가지고 수행하기에 적절하지 아니한 업무에 종사하는 공무원

⑤ [○]

제8조 (교섭 및 체결 권한 등)
④ 정부교섭대표는 효율적인 교섭을 위하여 필요한 경우 정부교섭대표가 아닌 관계 기관의 장으로 하여금 교섭에 참여하게 할 수 있고, 다른 기관의 장이 관리하거나 결정할 권한을 가진 사항에 대하여는 해당 기관의 장에게 교섭 및 단체협약 체결 권한을 위임할 수 있다.

정답 05 ④

06 「공무원의 노동조합 설립 및 운영 등에 관한 법률」상 단체교섭 대상은?
▶ 2017년 국가직 7급

① 기관의 조직 및 정원에 관한 사항
② 조합원의 보수에 관한 사항
③ 예산·기금의 편성 및 집행에 관한 사항
④ 정책의 기획 등 정책결정에 관한 사항

해설
② [O] 단체교섭의 대상은 조합과 관련되는 사항, 보수, 복지, 그 밖의 근무조건이다.
①, ③, ④ [X] 단체교섭의 제외대상은 정책결정에 관한 사항, 임용권의 행사 등 그 기관의 관리·운영에 관한 사항으로서 근무조건과 직접 관련 없는 사항은 교섭대상이 될 수 없다.

> 공무원의 노동조합 설립 및 운영 등에 관한 법률 제8조(교섭 및 체결 권한 등)
> ① 노동조합의 대표자는 그 노동조합에 관한 사항 또는 조합원의 보수·복지, 그 밖의 근무조건에 관하여 국회사무총장·법원행정처장·헌법재판소사무처장·중앙선거관리위원회사무총장·인사혁신처장(행정부를 대표한다)·특별시장·광역시장·특별자치시장·도지사·특별자치도지사·시장·군수·구청장(자치구의 구청장을 말한다) 또는 특별시·광역시·특별자치시·도·특별자치도의 교육감 중 어느 하나에 해당하는 사람(이하 "정부교섭대표"라 한다)과 각각 교섭하고 단체협약을 체결할 권한을 가진다. 다만, 법령 등에 따라 국가나 지방자치단체가 그 권한으로 행하는 정책결정에 관한 사항, 임용권의 행사 등 그 기관의 관리·운영에 관한 사항으로서 근무조건과 직접 관련되지 아니하는 사항은 교섭의 대상이 될 수 없다.

07 「공무원의 노동조합 설립 및 운영 등에 관한 법률」상 공무원 노동조합에 대한 설명으로 옳은 것은?
▶ 2017년 국가직 7급 인사조직

① 인사 및 보수에 관한 업무를 수행하는 6급 일반직공무원은 노동조합에 가입할 수 있다.
② 국가와 지방자치단체는 전임자에게 그 전임기간 중 보수를 지급해야 한다.
③ 노동조합과 그 조합원은 정치활동을 할 수 있다.
④ 노동조합과 그 조합원은 파업, 태업 또는 그 밖에 업무의 정상적인 운영을 방해하는 일체의 행위를 하여서는 아니 된다.

정답 06 ② 07 ④

해설 ④ [○]

> 제11조 (쟁의행위의 금지) 노동조합과 그 조합원은 파업, 태업 또는 그 밖에 업무의 정상적인 운영을 방해하는 어떠한 행위도 하여서는 아니 된다.

① [×] 인사·보수에 관한 업무를 수행하는 공무원 등 노동조합과의 관계에서 행정기관의 입장에서 업무를 수행하는 공무원은 노동조합에 가입할 수 없다(공무원의 노동조합 설립 및 운영 등에 관한 법률 제6조).

> **공무원의 노동조합 설립 및 운영 등에 관한 법률 제6조 (가입 범위)**
> ② 제1항에도 불구하고 다음 각 호의 어느 하나에 해당하는 공무원은 노동조합에 가입할 수 없다.
>   1. 업무의 주된 내용이 다른 공무원에 대하여 지휘·감독권을 행사하거나 다른 공무원의 업무를 총괄하는 업무에 종사하는 공무원
>   2. 업무의 주된 내용이 인사·보수 또는 노동관계의 조정·감독 등 노동조합의 조합원 지위를 가지고 수행하기에 적절하지 아니한 업무에 종사하는 공무원
>   3. 교정·수사 등 공공의 안녕과 국가안전보장에 관한 업무에 종사하는 공무원

② [×]

> **공무원의 노동조합 설립 및 운영 등에 관한 법률 제7조(노동조합 전임자의 지위)**
> ① 공무원은 임용권자의 동의를 받아 노동조합으로부터 급여를 지급받으면서 노동조합의 업무에만 종사할 수 있다.

③ [×]

> 제4조(정치활동의 금지) 노동조합과 그 조합원은 정치활동을 하여서는 아니 된다.

행정사 1차 객관식 행정학개론

제6편

행정환류
(행정책임 / 통제 / 부패)

제1장   행정책임
제2장   행정통제
제3장   행정윤리와 행정부패

제1장 행정책임

01 행정윤리의 개념 및 특징으로 보기 어려운 것은? ▶ 2008년 서울시 9급

① 행정윤리란 공무원이 행정업무를 수행할 때 준수해야 할 행동규범을 의미한다.
② 행정윤리는 행정업무와 관련된 윤리를 의미한다.
③ 공무원은 국민일부나 특수계층의 봉사자가 아니라 국민전체에 대한 봉사자이다.
④ 행정윤리의 개념은 이를 넓게 해석하여 공무원의 부정부패와 관련된 적극적인 측면으로 이해되기도 한다.
⑤ 행정윤리의 개념 속에는 공무원이 지켜야 할 공무원의 직업윤리는 물론 공무원이 입안하여 집행하는 정책의 내용이 윤리적이어야 한다는 의미도 내포되어 있다.

> **해설** ④ [×] 부패척결은 공직윤리 확립을 위한 소극적 측면(필요조건)이다. 행정윤리의 적극적 측면은 공무원이 가치관과 능력 면에서 바람직한 행정인상의 정립과 구현을 위한 행동규범이다.

02 제도적 책임성(accountability)과 대비되는 자율적 책임성(responsibility)에 대한 설명으로 가장 적합하지 않은 것은? ▶ 2010년 국가직 9급

① 전문가로서의 직업윤리와 책임감에 기초해서 적극적·자발적 재량을 발휘하여 확보되는 책임
② 객관적으로 기준을 확정하기 곤란하므로, 내면의 가치와 기준에 따르는 것
③ 국민들의 요구와 기대를 정확하게 인식해서 이에 능동적으로 대응하는 것
④ 고객 만족을 위하여 성과보다는 절차에 대한 책임 강조

> **해설** ④ [×] 제도적 책임성에 대한 설명이다. 고객만족을 위한 절차적 책임성 확보는 공식적이고 제도적인 통제에 의해 확보되는 책임이다.

정답 01 ④ 02 ④

03 Dubnick과 Romzek의 행정책임성 유형 중 내부 지향적이고, 통제의 정도가 높은 책임성은?

▶ 2010년 서울시 7급

① 정치적 책임성
② 법적 책임성
③ 전문가적 책임성
④ 관료적 책임성
⑤ 시민적 책임성

해설 ④ [O] 관료적 책임성에 대한 설명이다.

[표] Dubnick과 Romzek의 행정책임성 유형

구분		통제의 원천	
		내부	외부
통제의 정도	높음	관료적(계층적)	법적
	낮음	전문직업적	정치적 (이해관계자에 대한 대응성)

 04 행정의 책임성에 대한 설명으로 가장 옳지 않은 것은?

▶ 2018년 서울시 7급

① 행정의 책임성에는 결과에 대한 책임과 함께 과정에 대한 책임도 포함된다.
② 신공공관리론(NPM)에서 강조하고 있는 시장책임성은 고객만족에 의한 행정책임을 포함한다.
③ 법적 책임의 확보 방법은 시대에 따라 변하고 있다.
④ 제도적 책임성은 공무원의 자율적이고 능동적인 행정책임을 의미한다.

해설 ④ [X] 공무원의 자율적이고 능동적인 행정책임을 의미하는 것은 자율적 책임이다. 제도적 책임성은 국회 혹은 사법부와 같은 '외부통제 기관'을 통해 확보되는 객관적 책임성을 의미한다.

정답 03 ④ 04 ④

제2장 행정통제

기출문제

01 행정통제 유형 중 외부통제에 해당하는 것은? ▶ 2022년 행정사

① 대통령에 의한 통제
② 중앙행정부처에 의한 통제
③ 감사원에 의한 통제
④ 사법부에 의한 통제
⑤ 국무조정실에 의한 통제

> **해설**
> ④ [○] 사법부에 의한 통제는 외부통제에 해당한다.
> ① 대통령, ② 중앙행정부처, ③ 감사원(대통령 소속), ⑤ 국무조정실은 내부통제에 해당한다.

구분	외부	내부
공식적	• 입법부에 의한 통제 • 사법부에 의한 통제 • 옴부즈만에 의한 통제(스웨덴 등)	• 계층제 및 인사관리제도를 통한 통제 • 감사원에 의한 통제 • 청와대와 국무총리실에 의한 통제 • 교차기능조직에 의한 통제
비공식적	• 시민(단체)에 의한 통제(민중통제) • 이익집단에 의한 통제 • 여론과 언론 등에 의한 통제 • 정당에 의한 통제	• 행정(공직)윤리에 의한 통제 • 대표관료제를 통한 통제 • 비공식집단에 의한 통제

02 공식적 수단에 의한 행정통제가 아닌 것은? ▶ 2016년 행정사

① 계층제에 의한 통제
② 입법부에 의한 통제
③ 공익가치에 의한 통제
④ 사법부에 의한 통제
⑤ 국무조정실에 의한 통제

> **해설**
> ③ [×] 공익가치에 의한 통제는 비공식적 통제에 해당한다.

정답 01 ④ 02 ③

03 행정통제의 유형 중 내부통제로 옳은 것은? ▶ 2020년 행정사

① 국민에 의한 통제
② 이익집단에 의한 통제
③ 사법부에 의한 통제
④ 감사원에 의한 통제
⑤ 입법부에 의한 통제

해설 ④ 감사원은 대통령 소속 기관으로 행정부 내부에서 통제하는 내부통제 수단에 해당한다.

04 행정통제의 유형 중 외부통제에 해당하지 않는 것은? ▶ 2021년 행정사

① 입법부에 의한 통제
② 사법부에 의한 통제
③ 시민참여에 의한 통제
④ 이익집단에 의한 통제
⑤ 계층제 및 인사관리제도를 통한 통제

해설 ⑤ [×] 계층제 및 인사관리제도를 통한 통제는 내부통제에 해당한다.

05 내부적 행정통제에 해당하지 않는 것은? ▶ 2014년 행정사

① 의회 옴부즈만에 의한 통제
② 계층제 및 인사관리제도를 통한 통제
③ 감사원에 의한 통제
④ 청와대 및 국무총리실에 의한 통제
⑤ 중앙행정부처에 의한 통제

해설 ① [×] 의회 옴부즈만에 의한 통제는 외부통제에 해당한다.

06 행정통제를 크게 외부 통제와 내부 통제로 분류할 때 다음 중 그 분류가 다른 것은? ▶ 2013년 행정사

① 사법부에 의한 통제
② 시민단체에 의한 통제
③ 감사원에 의한 통제
④ 선거권의 행사에 의한 통제
⑤ 주민참여제도에 의한 통제

정답 03 ④   04 ⑤   05 ①   06 ③

> **해설**
> ③ 감사원은 행정부(대통령) 소속 기관으로서 내부통제에 해당한다.

07 공식적 수단에 의한 행정통제를 모두 고른 것은? ▶ 2024년 행정사

> ㄱ. 계층제를 통한 통제
> ㄴ. 감사원을 통한 통제
> ㄷ. 시민과 언론을 통한 통제
> ㄹ. 공익 가치를 통한 통제
> ㅁ. 국무총리실을 통한 통제

① ㄱ, ㄴ
② ㄷ
③ ㄱ, ㄴ, ㅁ
④ ㄴ, ㄹ, ㅁ
⑤ ㄷ, ㄹ, ㅁ

> **해설**
> ③ ㄱ, ㄴ, ㅁ [O]

08 옴부즈만(Ombudsman) 제도에 관한 설명으로 옳지 않은 것은? ▶ 2020년 행정사

① 국민의 이익을 보호하려는 취지에서 1809년 스웨덴에서 시작된 행정감찰관제도이다.
② 필요한 사항을 조사해 결과를 알려주고 언론을 통해 공표하기도 한다.
③ 옴부즈만은 기능적으로 자율적이고 입법부와 행정부로부터 독립되어 있다.
④ 독립적 지위를 가진 사람이 조사를 하여 시정을 촉구하거나 건의함으로써 국민의 권리를 구제한다.
⑤ 옴부즈만과 유사한 국민권익위원회는 법원이 내린 결정 처분에 대해 시정조치, 권고, 취소를 결정한다.

정답 07 ③ 08 ⑤

해설 ⑤ [×] 옴부즈만과 유사한 우리나라의 국무총리 소속 국민권익위원회는 법원에 관한 사항이나 법원의 결정 등에 따라 확정된 권리관계에 관한 사항인 경우 법원에 이송하거나 고충민원을 각하할 수 있다. 또한, 국민권익위원회는 행정기관의 위법·부당한 행정행위에 대해 직접 취소하거나 무효로 하지는 못하며, 권고나 의견표명 등의 간접적인 통제권만을 지닌다.

> **부패방지 및 국민권익위원회의 설치와 운영에 관한 법률 제43조 (고충민원의 이송 등)**
> ① 권익위원회는 접수된 고충민원이 다음 각 호의 어느 하나에 해당하는 경우에는 그 고충민원을 관계 행정기관등에 이송할 수 있다. 다만, 관계 행정기관등에 이송하는 것이 적절하지 아니하다고 인정하는 경우에는 그 고충민원을 각하할 수 있다.
> 2. 국회·법원·헌법재판소·선거관리위원회·감사원·지방의회에 관한 사항
> 6. 판결·결정·재결·화해·조정·중재 등에 따라 확정된 권리관계에 관한 사항 또는 감사원이 처분을 요구한 사항

09 옴부즈만(ombudsman)제도에 관한 설명으로 옳지 않은 것은? ▶ 2015년 행정사

① 문제해결을 위한 처리과정에 시간이 많이 걸린다.
② 행정권의 남용이나 부당행위로 국민의 권리가 침해되었을 때 구제하는 것을 목적으로 한다.
③ 일반적으로 시민의 고발에 의하여 활동을 개시하지만 자기직권으로 조사활동을 하기도 한다.
④ 우리나라의 국민권익위원회는 옴부즈만제도와 유사하다고 볼 수 있다.
⑤ 스웨덴에서 처음 시행된 이후 현재 유럽을 비롯한 많은 나라에서 활용되고 있는 행정통제수단이다.

해설 ① [×] 옴부즈만제도는 사법통제 등에 비하여 융통성 있고 비공식적인 절차를 주로 사용하므로 신속한 처리가 가능하다.

10 우리나라의 국민권익위원회에 관한 설명으로 옳지 않은 것은? ▶ 2018년 행정사

① 국무총리 소속으로 설치되어 있으며, 옴브즈만의 일종으로 간주되기도 한다.
② 권고, 의견 표명, 감사 의뢰 등을 할 수 있다.
③ 고충민원의 처리와 그에 관련된 불합리한 행정제도의 개선을 목적으로 한다.
④ 국민권익위원회는 소관 업무의 원활한 수행을 위하여 직속기관으로 시민고충처리위원회를 둔다.
⑤ 국민권익위원회는 중앙행정심판위원회의 운영에 관한 업무를 수행한다.

정답 09 ① 10 ④

해설

④ [×] 시민고충처리위원회는 지방자치단체에서 고충민원 처리를 위해 두는 기관이다.

부패방지 및 국민권익위원회의 설치와 운영에 관한 법률 제32조 (시민고충처리위원회의 설치)
① 지방자치단체 및 그 소속 기관에 관한 고충민원의 처리와 행정제도의 개선 등을 위하여 각 지방자치단체에 시민고충처리위원회를 둘 수 있다.

② [O]

제46조 (시정의 권고 및 의견의 표명)
① 권익위원회는 고충민원에 대한 조사결과 처분 등이 위법·부당하다고 인정할 만한 상당한 이유가 있는 경우에는 관계 행정기관등의 장에게 적절한 시정을 권고할 수 있다.
② 권익위원회는 고충민원에 대한 조사결과 신청인의 주장이 상당한 이유가 있다고 인정되는 사안에 대하여는 관계 행정기관등의 장에게 의견을 표명할 수 있다.

제47조 (제도개선의 권고 및 의견의 표명)
권익위원회는 고충민원을 조사·처리하는 과정에서 법령 그 밖의 제도나 정책 등의 개선이 필요하다고 인정되는 경우에는 관계 행정기관등의 장에게 이에 대한 합리적인 개선을 권고하거나 의견을 표명할 수 있다.

제51조 (감사의 의뢰)
① 고충민원의 조사·처리과정에서 관계 행정기관등의 직원이 고의 또는 중대한 과실로 위법·부당하게 업무를 처리한 사실을 발견한 경우 위원회는 감사원 또는 관계 행정기관등의 감독기관(감독기관이 없는 경우에는 해당 행정기관등을 말한다. 이하 같다)에, 시민고충처리위원회는 해당 지방자치단체에 감사를 의뢰할 수 있다.

⑤ [O]

부패방지 및 국민권익위원회의 설치와 운영에 관한 법률 제12조(기능)
19. 「행정심판법」에 따른 중앙행정심판위원회의 운영에 관한 사항

---

11 국민권익위원회에 관한 설명으로 옳지 않은 것은? ▶ 2013년 행정사

① 국무총리 소속 기관이다.
② 국민권익위원회 위원의 임기는 3년이며, 연임할 수 없다.
③ 국민권익위원회 위원은 재직 중 지방의회의원직을 겸직할 수 없다.
④ 고충민원의 조사와 처리 및 이와 관련된 시정권고 업무를 수행한다.
⑤ 정당의 당원은 국민권익위원회 위원이 될 수 없다.

정답 11 ②

해설 ② [×] 위원장과 위원의 임기는 각각 3년으로 하되 1차에 한하여 연임할 수 있다.

> **부패방지 및 국민권익위원회의 설치와 운영에 관한 법률 제16조 (직무상 독립과 신분보장)**
> ② 위원장과 위원의 임기는 각각 3년으로 하되 1차에 한하여 연임할 수 있다.

① [○]

> **부패방지 및 국민권익위원회의 설치와 운영에 관한 법률 제11조 (국민권익위원회의 설치)**
> ① 고충민원의 처리와 이에 관련된 불합리한 행정제도를 개선하고, 부패의 발생을 예방하며 부패행위를 효율적으로 규제하도록 하기 위하여 국무총리 소속으로 국민권익위원회(이하 "위원회"라 한다)를 둔다.

③ [○]

> **제17조 (위원의 겸직금지 등)**
> 위원은 재직 중 다음 각 호의 직을 겸할 수 없다.
> 1. 국회의원 또는 지방의회의원
> 2. 행정기관등과 대통령령으로 정하는 특별한 이해관계가 있는 개인이나 법인 또는 단체의 임·직원

④ [○]

> **제12조 (기능)**
> 위원회는 다음 각호의 업무를 수행한다.
> 2. 고충민원의 조사와 처리 및 이와 관련된 시정권고 또는 의견표명

⑤ [○]

> **제15조 (위원의 결격사유)**
> ① 다음 각 호의 어느 하나에 해당하는 자는 위원이 될 수 없다.
>   1. 대한민국 국민이 아닌 자
>   2. 「국가공무원법」 제33조 각 호의 어느 하나에 해당하는 자
>   3. 정당의 당원
>   4. 「공직선거법」에 따라 실시하는 선거에 후보자로 등록한 자

연습문제

01 길버트(Gilbert)는 행정통제를 통제자의 위치와 제도화 여부에 따라 다음과 같이 네 가지 유형으로 구분하였다. 각 유형에 해당되는 우리나라의 행정통제 방법으로 옳지 않은 것은?

▶ 2015년 사회복지직 9급

통제자의 위치 제도화 여부	외부	내부
공식적	(가)	(나)
비공식적	(다)	(라)

① (가) - 청와대에 의한 통제
② (나) - 감사원에 의한 통제
③ (다) - 이익집단 및 언론에 의한 통제
④ (라) - 직업윤리에 의한 통제

해설 ① [×] 청와대에 의한 통제는 내부 - 공식적 통제(나)에 해당한다.

02 행정부에 대한 외부통제에 해당하는 것만을 모두 고르면?

▶ 2021년 국가직 9급

ㄱ. 행정안전부의 각 중앙행정기관 조직과 정원 통제
ㄴ. 국회의 국정조사
ㄷ. 기획재정부의 각 부처 예산안 검토 및 조정
ㄹ. 국민들의 조세부과 처분에 대한 취소소송
ㅁ. 국무총리의 중앙행정기관에 대한 기관평가
ㅂ. 환경운동연합의 정부정책에 대한 반대
ㅅ. 중앙행정기관장의 당해 기관에 대한 자체평가
ㅇ. 언론의 공무원 부패 보도

① ㄱ, ㄷ, ㅁ, ㅅ
② ㄴ, ㄷ, ㄹ, ㅁ
③ ㄴ, ㄹ, ㅁ, ㅇ
④ ㄴ, ㄹ, ㅂ, ㅇ

정답 01 ① 02 ④

해설 ④ ㄴ, ㄹ, ㅂ, ㅇ [O]
ㄱ. 행정안전부의 각 중앙행정기관 조직과 정원 통제, ㄷ. 기획재정부의 각 부처 예산안 검토 및 조정, ㅁ. 국무총리의 중앙행정기관에 대한 기관평가, ㅅ. 중앙행정기관장의 당해 기관에 대한 자체평가는 행정부 내부통제에 해당한다.

---

03 행정책임 확보 방안 중 내부통제에 해당하는 것은? ▶ 2022년 지방직 7급

① 공정한 감시와 견제기능을 하는 시민단체 활동
② 부정청탁금지법 제정과 같은 국회의 입법 활동
③ 부당한 행정에 대한 언론의 감시 활동
④ 중앙부처의 예산 편성과 집행에 대한 기획재정부의 관리 활동

해설 ④ [O] 통제자가 '행정조직 내부'에 위치하면 내부통제이고, '행정부 외부'에 위치하면 외부통제에 해당한다.
①, ②, ③ 시민단체, 국회, 언론은 외부통제에 해당한다.

---

04 행정통제와 행정책임에 대한 설명으로 옳은 것만을 모두 고르면? ▶ 2021년 지방직 9급

> ㄱ. 파이너(Finer)는 법적·제도적 외부통제를 강조한다.
> ㄴ. 감사원의 직무감찰과 회계감사는 외부통제에 해당한다.
> ㄷ. 프리드리히(Friedrich)는 내재적 통제보다 객관적·외재적 책임을 강조한다.

① ㄱ
② ㄴ
③ ㄱ, ㄷ
④ ㄴ, ㄷ

해설 ① ㄱ [○]
ㄴ [×] 감사원의 직무감찰과 회계감사는 내부통제(외부통제 ×)에 해당한다.
ㄷ [×] 프리드리히(Friedrich)는 내재적 책임을 강조한다. 내재적 책임은 외부적 힘이 아닌, 관료의 내면적 기준에 의한 책임, 공무원이 전문가로서의 직업윤리나 책임감에 기초해서 적극적이고 자발적인 재량을 발휘하여 확보되는 행정 책임을 말한다.

구분	Finer	Friedrich
행정책임의 의미	외재적 책임 객관적 책임성 / 제도적 책임	내재적 책임 주관적 책임성 / 자율적 책임
외부책임 vs 내부책임	관료에 대한 외재적 책임	관료의 내부 책임 강조
정치와 행정의 관계	정치행정 이원론	정치행정 일원론
관료에 대한 재량권 부여	입법부의 엄격한 명령과 통제	관료에 대한 권한 위임 요구
기술적 책임 vs 정치적 책임	정치적 책임성	기술적 책임성

05 옴부즈만(Ombudsman) 제도에 대한 설명으로 옳지 않은 것은? ▶ 2019년 지방직 9급

① 행정에 대한 통제 기능을 수행한다.
② 스웨덴에서는 19세기에 채택되었다.
③ 옴부즈만을 임명하는 주체는 입법기관, 행정수반 등 국가별로 상이하다.
④ 우리나라의 국민권익위원회는 헌법상 독립성을 보장하기 위해 대통령 소속으로 설치되었다.

해설 ① [×] 우리나라 옴부즈만 제도는 「부패방지 및 국민권익위원회의 설치·운영에 관한 법률」에 근거해 설치된 법률기관이며, 국무총리 소속이다.

부패방지 및 국민권익위원회의 설치와 운영에 관한 법률 제11조 (국민권익위원회의 설치)
① 고충민원의 처리와 이에 관련된 불합리한 행정제도를 개선하고, 부패의 발생을 예방하며 부패행위를 효율적으로 규제하도록 하기 위하여 국무총리 소속으로 국민권익위원회(이하 "위원회"라 한다)를 둔다.

06 옴부즈만 제도에 대한 설명으로 옳지 않은 것은? ▶ 2010년 지방직 9급

① 옴부즈만은 입법부 및 행정부로부터 정치적으로 독립되어 있다.
② 옴부즈만은 행정행위의 합법성 뿐만 아니라 합목적성 여부도 다룰 수 있다.
③ 옴부즈만은 보통 국민의 불평 제기에 의해 활동을 개시하지만 직권으로 조사를 할 수도 있다.
④ 옴부즈만은 법원이나 행정기관의 결정이나 행위를 무효로 할 수는 없지만, 취소 또는 변경할 수는 있다.

정답 05 ① 06 ④

> **해설** ④ [×] 옴부즈만은 법원이나 행정기관의 결정이나 행위를 무효로 할 수 없을 뿐 아니라 취소 또는 변경할 수도 없다. 옴부즈만은 시정조치 등 법적 강제력이나 취소 권한 등 직접적인 권한은 없으며, 공표, 보고, 권유, 설득 등의 수단을 활용한 간접적 통제권만 갖는다.

 국민권익위원회에 대한 설명으로 옳지 않은 것은? ▶ 2010년 국회 8급

① 국민권익위원회는 행정체제 내의 독립통제기관으로 옴부즈만의 일종이라고 할 수 있다.
② 국민권익위원회는 국무총리 소속이며, 상임위원은 국무총리가 제청하고 대통령이 임명한다.
③ 국민권익위원회에 중앙행정심판위원회를 두도록 하고, 국민권익위원회의 부위원장 중 1명이 중앙행정심판위원회의 위원장이 된다.
④ 국민권익위원회는 부패행위에 대해 검찰에 고발할 수 있고, 이에 검찰이 공소제기를 하지 않을 경우 고등법원에 재정신청을 할 수 있다.
⑤ 국민권익위원회는 고충민원을 처리하고 그에 관련된 불합리한 행정제도 개선을 권고할 수 있다.

> **해설** ② [×] 국민권익위원회의 상임위원은 위원장의 제청으로 대통령이 임명한다.
>
> **부패방지 및 국민권익위원회의 설치ㆍ운영에 관한 법률 제13조 (위원회의 구성)**
> ③ 위원장 및 부위원장은 국무총리의 제청으로 대통령이 임명하고, 상임위원은 위원장의 제청으로 대통령이 임명하며, 상임이 아닌 위원은 대통령이 임명 또는 위촉한다. 이 경우 상임이 아닌 위원 중 3명은 국회가, 3명은 대법원장이 각각 추천하는 자를 임명 또는 위촉한다.
>
> ③ [○]
>
> **제12조(기능)** 위원회는 다음 각호의 업무를 수행한다.
> 19. 「행정심판법」에 따른 중앙행정심판위원회의 운영에 관한 사항
>
> ④ [○]
>
> **제61조 (재정신청)**
> ① 제59조제4항에 따른 혐의대상자의 부패혐의가 「형법」 제129조부터 제133조까지와 제355조부터 제357조까지(다른 법률에 따라 가중처벌되는 경우를 포함한다)에 해당되어 위원회가 관할 수사기관에 고발한 경우, 그 고발한 사건과 동일한 사건이 이미 수사 중에 있거나 수사 중인 사건과 관련된 경우에는 그 사건 또는 그 사건과 관련된 사건에 대하여 위원회가 검사로부터 공소를 제기하지 아니한다는 통보를 받았을 때에는 위원회는 그 검사 소속의 고등검찰청에 대응하는 고등법원에 그 당부에 관한 재정을 신청할 수 있다.
>
> ⑤ [○]
>
> **제47조 (제도개선의 권고 및 의견의 표명)**
> 권익위원회는 고충민원을 조사ㆍ처리하는 과정에서 법령 그 밖의 제도나 정책 등의 개선이 필요하다고 인정되는 경우에는 관계 행정기관등의 장에게 이에 대한 합리적인 개선을 권고하거나 의견을 표명할 수 있다.

정답 07 ②

08 「부패방지 및 국민권익위원회의 설치와 운영에 관한 법률」상 국민권익위원회에 대한 설명으로 옳은 것은?
▶ 2019년 국가직 7급 인사조직

① 국민권익위원회를 통한 부패행위 신고는 익명신고를 원칙으로 한다.
② 부패행위 신고와 관련하여 신고자의 범죄행위가 발견된 경우에는 신고자에 대하여 형을 감경하거나 면제할 수 없다.
③ 국민권익위원회는 고충민원의 조사와 처리 및 이와 관련된 시정권고나 의견표명이 가능하다.
④ 국민권익위원회는 공직자의 부패행위에 대해 접수된 신고사항에 대하여 직접적인 조사권을 가진다.

해설

③ [○] 국민권익위원회는 고충민원의 조사와 처리 및 이와 관련된 시정권고나 의견표명이 가능하다.

> 제46조 (시정의 권고 및 의견의 표명)
> ① 권익위원회는 고충민원에 대한 조사결과 처분 등이 위법·부당하다고 인정할 만한 상당한 이유가 있는 경우에는 관계 행정기관등의 장에게 적절한 시정을 권고할 수 있다.
> ② 권익위원회는 고충민원에 대한 조사결과 신청인의 주장이 상당한 이유가 있다고 인정되는 사안에 대하여는 관계 행정기관등의 장에게 의견을 표명할 수 있다.

① [×] 부패행위 신고는 기명의 문서로써 해야 한다.

> 부패방지 및 국민권익위원회의 설치와 운영에 관한 법률 제58조 (신고의 방법) 신고를 하려는 자는 본인의 인적사항과 신고취지 및 이유를 기재한 기명의 문서로써 하여야 하며, 신고대상과 부패행위의 증거 등을 함께 제시하여야 한다.

② [×] 부패행위 신고등과 관련하여 신고자의 범죄행위가 발견된 경우 그 신고자에 대하여 형을 감경하거나 면제할 수 있다.

> 제66조 (책임의 감면 등)
> ① 신고등과 관련하여 신고자의 범죄행위가 발견된 경우 그 신고자에 대하여 형을 감경하거나 면제할 수 있다.

④ [×] 국민권익위원회는 고충민원에 대해서는 직접 조사할 수 있지만, 공직자의 부패행위에 대해 접수된 신고사항에 대해서는 조사기관(감사원, 수사기관, 해당 공공기관의 감독기관 등)에 이첩하여야 한다.

> 제59조 (신고의 처리)
> ④ 위원회에 신고가 접수된 당해 부패행위의 혐의대상자가 다음 각 호에 해당하는 고위공직자로서 부패혐의의 내용이 형사처벌을 위한 수사 및 공소제기의 필요성이 있는 경우에는 위원회의 명의로 검찰, 수사처, 경찰 등 관할 수사기관에 고발을 하여야 한다.

정답 08 ③

고충민원 처리 및 부패방지와 관련된 설명으로 옳지 않은 것은?   ▶ 2016년 지방직 7급

① 내부고발자를 보호하기 위한 제도가 시행되고 있다.
② 공공기관의 부패행위에 대해 국민권익위원회에 감사를 청구할 수 있는 국민감사청구제도가 시행되고 있다.
③ 국민권익위원회 위원장과 위원의 임기는 각각 3년으로 하되 1차에 한하여 연임할 수 있다.
④ 지방자치단체는 고충민원을 처리하기 위해 시민고충처리위원회를 둘 수 있다.

해설

② [×] 국민감사청구제도는 공공기관의 사무가 법령위반 또는 부패행위로 인하여 공익을 현저히 해하는 경우 18세 이상의 국민 300명 이상의 연서로 감사원에 감사를 청구하는 제도이다.

> **부패방지 및 국민권익위원회의 설치와 운영에 관한 법률 제72조 (감사청구권)**
> ① 18세 이상의 국민은 공공기관의 사무처리가 법령위반 또는 부패행위로 인하여 공익을 현저히 해하는 경우 대통령령으로 정하는 일정한 수 이상의 국민의 연서로 감사원에 감사를 청구할 수 있다. 다만, 국회·법원·헌법재판소·선거관리위원회 또는 감사원의 사무에 대하여는 국회의장·대법원장·헌법재판소장·중앙선거관리위원회 위원장 또는 감사원장(이하 "당해 기관의 장"이라 한다)에게 감사를 청구하여야 한다.

③ [○]

> 제16조 (직무상 독립과 신분보장) ② 위원장과 위원의 임기는 각각 3년으로 하되 1차에 한하여 연임할 수 있다.

정답 09 ②

제3장 행정윤리와 행정부패

기출문제

01 다음에서 설명하는 부패의 종류는? ▶ 2017년 행정사

> • 부패행위로 규정될 수 있으나 사회구성원의 다수가 어느 정도 용인하는 관례화된 부패로서 사회 체제에 심각한 파괴적 영향을 미치지 않는다.
> • 금융위기가 심각함에도 불구하고 국민들의 동요나 기업활동의 위축을 방지하기 위해 금융위기가 전혀 없다고 관련 공무원이 거짓말을 하는 것과 같이 공무원이 사적인 이익을 취하기 위해서가 아니라, 경제안정 등과 같이 공익을 위한 목적으로 행한다.

① 백색 부패
② 일탈형 부패
③ 흑색 부패
④ 제도화된 부패
⑤ 회색 부패

> **해설**
> ① [○] 백색부패에 대한 설명이다.
> ② [×] 일탈형 부패는 구조화 되지 않은 일시적 부패로 개인의 윤리적 일탈에 의해 발생한다.
> ③ [×] 흑색부패는 사회에 명백하고 심각하게 해를 끼치는 부패로서, 구성원 모두가 처벌을 원하는 부패를 의미한다.
> ④ [×] 제도화된 부패는 부패가 일상화되고 제도화되어 행정체제 내에서 부패가 실질적인 규범이 되고 바람직한 행동규범은 예외적인 것으로 전락되는 것을 의미한다.
> ⑤ [×] 회색부패는 사회에 잠재적으로 파괴적 영향이 있을 수 있는 부패로 구성원 일부는 처벌을 원하지만, 일부는 원하지 않는 부패를 의미한다.

02 공직부패에 관한 설명으로 옳은 것은? ▶ 2019년 행정사

① 사회문화적 접근법은 공직부패의 원인에 대하여 문화적 특성, 제도상 결함, 구조상 모순 등 다양한 요인으로 설명한다.
② 체제론적 접근법은 부패의 원인을 주로 개인들의 윤리의식과 자질에서 찾는다.
③ 제도적 접근법에서 행정통제 장치의 미비는 공무원 부패의 주요 원인이다.
④ 백색부패는 부당하게 사익을 추구하는 부패의 유형이다.
⑤ 부패의 제도화 정도에 따라 거래형 부패와 사기형 부패로 나눌 수 있다.

정답 01 ① 02 ③

③ [O] 옴부즈만은 기능적으로 자율성을 지니기 때문에 입법부와 행정부로부터 독립되어 있는 독립통제기관이다.
① [×] 공직부패의 원인에 대하여 문화적 특성, 제도상 결함, 구조상 모순 등 다양한 요인으로 설명하는 것은 체제론적 접근방법이다.
② [×] 부패의 원인을 주로 개인들의 윤리의식과 자질에서 찾는 것은 도덕적 접근법이다.
④ [×] 백색부패란 사회에 심각한 해가 없거나 사익을 추구하려는 의도가 없는 선의의 목적으로 해지는 부패를 말한다.
⑤ [×] 부패의 제도화 정도에 따라 제도적 부패와 일탈형 부패로 나눌 수 있다. 거래형 부패와 사기형 부패는 상대방의 유무에 따른 분류이다.

03 내부고발에 관한 설명으로 옳지 않은 것은? ▶ 2021년 행정사

① 내부고발의 대상은 일반적으로 조직 내에서 행해진 비윤리적 행위이다.
② 내부고발의 대상이 되는 문제를 조직 내에서 해결할 장치가 없거나 제대로 작동되지 않을 때 주로 일어난다.
③ 내부고발은 조직 내부의 비리를 대외적으로 폭로하는 외부적 행위이다.
④ 내부고발제 실시로 조직 내에서 부패에 대한 경각심 확대와 부패 억제 효과가 기대된다.
⑤ 현재 우리나라에는 내부고발자를 보호하는 관련 법률이 없다.

⑤ [×] 부패방지 및 국민권익위원회의 설치운영에 관한 법률 및 공익신고자 보호법에 의해 내부고발자 보호를 규정하고 있다.

> **부패방지 및 국민권익위원회의 설치와 운영에 관한 법률 제62조 (불이익조치 등의 금지)**
> ① 누구든지 신고자에게 신고나 이와 관련한 진술, 자료 제출 등(이하 "신고등"이라 한다)을 한 이유로 불이익조치를 하여서는 아니 된다.

정답 03 ⑤

제3장 행정윤리와 행정부패 | **391**

04 이해충돌방지법에 관한 내용으로 옳지 않은 것은?   ▶ 2022년 행정사

① 공직자는 직무관련자가 사적이해관계자임을 안 날부터 30일 이내에 소속기관장에게 그 사실을 신고하면 회피신청이 면제된다.
② 공직자는 직무수행 중 알게 된 비밀 또는 소속 공공기관의 미공개정보를 사적 이익을 위하여 이용하거나 제3자로 하여금 이용하게 하여서는 아니 된다.
③ 공직자는 직무관련자에게 사적으로 노무 또는 조언·자문 등을 제공하고 대가를 받는 행위를 하여서는 아니 된다.
④ 공직자는 공공기관이 소유하거나 임차한 물품·차량·선박·항공기·건물·토지·시설 등을 사적인 용도로 사용·수익하거나 제3자로 하여금 사용·수익하게 하여서는 아니된다.
⑤ 공직자는 직무관련자인 소속 기관의 퇴직자(공직자가 아니게 된 날부터 2년 이내인 자)와 사적 접촉(골프, 여행, 사행성 오락을 같이 하는 행위)을 하는 경우 소속기관장에게 신고하여야 한다.

> **해설**
>
> ① [×] 공직자는 직무관련자가 사적이해관계자임을 안 경우 안 날부터 14일 이내에 소속기관장에게 그 사실을 서면으로 신고하고 회피를 신청하여야 한다.
>
> 「공직자의 이해충돌 방지법」 제5조(사적이해관계자의 신고 및 회피·기피 신청)
> ① 다음 각 호의 어느 하나에 해당하는 직무를 수행하는 공직자는 직무관련자(직무관련자의 대리인을 포함한다. 이하 이 조에서 같다)가 사적이해관계자임을 안 경우 안 날부터 14일 이내에 소속기관장에게 그 사실을 서면(전자문서를 포함한다. 이하 같다)으로 신고하고 회피를 신청하여야 한다.
>
> ② [○] 「공직자의 이해충돌 방지법」 제14조
>
> 제14조(직무상 비밀 등 이용 금지)
> ③ 공직자는 직무수행 중 알게 된 비밀 또는 소속 공공기관의 미공개정보를 사적 이익을 위하여 이용하거나 제3자로 하여금 이용하게 하여서는 아니 된다.
>
> ③ [○] 「공직자의 이해충돌 방지법」 제10조
>
> 제10조 (직무 관련 외부활동의 제한)
> 공직자는 다음 각 호의 행위를 하여서는 아니 된다. 다만, 「국가공무원법」 등 다른 법령·기준에 따라 허용되는 경우는 그러하지 아니하다.
> 1. 직무관련자에게 사적으로 노무 또는 조언·자문 등을 제공하고 대가를 받는 행위
>
> ④ [○] 「공직자의 이해충돌 방지법」 제13조
>
> 제13조(공공기관 물품 등의 사적 사용·수익 금지) 과태료
> 공직자는 공공기관이 소유하거나 임차한 물품·차량·선박·항공기·건물·토지·시설 등을 사적인 용도로 사용·수익하거나 제3자로 하여금 사용·수익하게 하여서는 아니 된다. 다만, 다른 법령·기준 또는 사회상규에 따라 허용되는 경우에는 그러하지 아니하다.
>
> ⑤ [○] 「공직자의 이해충돌 방지법」 제15조
>
> 제15조(퇴직자 사적 접촉 신고)
> ① 공직자는 직무관련자인 소속 기관의 퇴직자(공직자가 아니게 된 날부터 2년이 지나지 아니한 사람만 해당한다)와 사적 접촉(골프, 여행, 사행성 오락을 같이 하는 행위를 말한다)을 하는 경우 소속기관장에게 신고하여야 한다. 다만, 사회상규에 따라 허용되는 경우에는 그러하지 아니하다.

정답 04 ①

「공직자윤리법」에서 행정윤리 확보를 위해 시행하고 있는 내용이 아닌 것은?

▶ 2024년 행정사

① 주식백지신탁
② 이해충돌방지의무
③ 공직자 재산등록과 공개
④ 퇴직공직자 취업제한
⑤ 내부고발

 ⑤ [×] 내부고발은 「부패방지 및 국민권익위원회의 설치와 운영에 관한 법률」에서 규정하고 있다.
① 주식백지신탁(공직자윤리법 제14조의 4)
② 이해충돌방지의무(공직자윤리법 제2조의2)
③ 공직자 재산등록과 공개(공직자윤리법 제3조)
④ 퇴직공직자의 취업제한(공직자윤리법 제17조)

정답 05 ⑤

연습문제

01 부패의 원인에 관한 도덕적 접근방법의 입장과 가장 가까운 것은?
▶ 2020년 지방직 7급

① 부패는 관료 개인의 윤리의식과 자질로 인하여 발생한다.
② 부패는 관료 개인의 속성, 제도, 사회문화적 환경 등의 여러 요인이 복합적으로 상호작용한 결과이다.
③ 부패는 현실과 괴리된 법령의 이중적인 규제 기준과 모호한 법규정, 적절한 통제장치의 미비 등에 의해 발생한다.
④ 부패는 공식적 법규나 규범보다는 관습과 같은 사회문화적 환경에 의해 유발된다.

해설
① [○]
② [×] 체제론적 접근방법의 입장이다.
③ [×] 제도적 접근방법의 입장이다.
④ [×] 사회문화적 접근방법에 해당한다.

02 다음 공무원 부패의 원인에 대한 접근방법을 설명한 것 중 가장 옳지 않은 것은?
▶ 2016년 서울시 7급

① 도덕적 접근은 부패의 원인을 부패를 저지르는 관료 개인의 윤리 의식과 자질의 탓으로 돌린다.
② 제도적 접근은 법과 제도상의 결함이나 운영의 미숙 등이 부정부패의 원인으로 작용한다고 본다.
③ 사회문화적 접근은 관료 부패를 사회문화적 환경의 독립변수로 본다.
④ 체제론적 접근은 관료 부패 현상을 관료 개인의 속성과 제도, 사회문화 환경 등 여러 요인이 복합적으로 상호 작용한 결과로 이해한다.

해설
③ [×] 사회문화적 접근은 특정한 지배적 관습이나 경험적 습성 등이 부패를 조장한다고 보는 입장으로, 관료 부패를 사회문화적 환경의 종속변수로 본다.

정답 01 ①　02 ③

03
행정체제 내에서 조직의 임무수행에 필요한 행동규범이 예외적인 것으로 전락되고, 부패가 일상적으로 만연화 되어 있는 상황을 지칭하는 부패의 유형은? ▶ 2014년 사회복지직 9급

① 일탈형 부패
② 제도화된 부패
③ 백색 부패
④ 생계형 부패

해설
② [O] 제도화된 부패에 대한 설명이다.

04
공직부패의 유형에 대한 설명으로 옳지 않은 것은? ▶ 2022년 국가직 9급

① 인·허가 업무처리 시 소위 '급행료'를 당연하게 요구하는 행위를 일탈형 부패라고 한다.
② 정치인이나 고위공무원이 자신의 권력을 남용해 사적 이익을 추구하는 것을 권력형 부패라고 한다.
③ 공금 횡령, 회계 부정 등 거래 당사자 없이 공무원에 의해 일방적으로 발생하는 부패를 사기형 부패라고 한다.
④ 사회체제에 파괴적 영향을 미칠 잠재성이 있음에도 불구하고, 일부 집단은 처벌을 원하는 반면, 다른 집단은 처벌을 원하지 않는 경우를 회색부패라고 한다.

해설
① [X] '급행료'를 당연하게 요구하는 행위는 제도화된 부패에 대한 설명이다. 일탈형 부패는 무허가 업소를 단속하던 단속원이 정상적인 단속활동을 수행하다가 금품을 제공하는 특정 업소에 대해서 단속을 하지 않는 것 등으로 개인의 윤리적 일탈에 의해 발생한다.

정답 03 ② 04 ①

05 공무원 부패의 사례와 그 유형을 바르게 연결한 것은?
▶ 2018년 국가직 9급

ㄱ. 무허가 업소를 단속하던 공무원이 정상적인 단속활동을 수행하다가 금품을 제공하는 특정 업소에 대해서는 단속을 하지 않는다.
ㄴ. 금융위기가 심각함에도 불구하고 국민들의 동요나 기업활동의 위축을 방지하기 위해 금융위기가 전혀 없다고 관련 공무원이 거짓말을 한다.
ㄷ. 인ㆍ허가와 관련된 업무를 담당하는 공무원의 대부분은 업무를 처리하면서 민원인으로부터 의례적으로 '급행료'를 받는다.
ㄹ. 거래당사자 없이 공금 횡령, 개인적 이익 편취, 회계부정 등이 공무원에 의해 일방적으로 발생한다.

	ㄱ	ㄴ	ㄷ	ㄹ
①	제도화된 부패	회색 부패	일탈형 부패	생계형 부패
②	일탈형 부패	생계형 부패	조직 부패	회색 부패
③	일탈형 부패	백색 부패	제도화된 부패	비거래형 부패
④	조직 부패	백색 부패	생계형 부패	비거래형 부패

해설 ③
ㄱ. 무허가 업소를 단속하던 공무원이 정상적인 단속활동을 수행하다가 금품을 제공하는 특정 업소에 대해서는 단속을 하지 않는 것은 일탈형(우발적) 부패이다.
ㄴ. 금융위기가 심각함에도 불구하고 국민들의 동요나 기업 활동의 위축을 방지하기 위해 금융위기가 전혀 없다고 공무원이 거짓말을 하는 것은 사회에 심각한 해가 없는 선의의 부패인 백색부패이다.
ㄷ. 인ㆍ허가와 관련된 업무를 담당하는 공무원의 대부분이 업무를 처리하면서 민원인으로부터 의례적으로 '급행료'를 받는 것은 제도화된(제도적) 부패이다.
ㄹ. 거래당사자 없이 공금 횡령, 개인적 이익 편취, 회계부정 등이 공무원에 의해 일방적으로 발생하는 것은 비거래형 부패이다.

06 「국가공무원법」에 명시된 공무원의 의무에 해당하지 않는 것은?
▶ 2021년 국가직 9급

① 부패행위 신고의무
② 품위 유지의 의무
③ 복종의 의무
④ 성실 의무

해설 ① [×] 부패행위 신고의무는 「부패방지 및 국민권익위원회 설치ㆍ운영에 관한 법률」에 규정되어 있다.

부패방지 및 국민권익위원회의 설치와 운영에 관한 법률 제56조(공직자의 부패행위 신고의무) 공직자는 그 직무를 행함에 있어 다른 공직자가 부패행위를 한 사실을 알게 되었거나 부패행위를 강요 또는 제의 받은 경우에는 지체없이 이를 수사기관ㆍ감사원 또는 위원회에 신고하여야 한다.

정답 05 ③ 06 ①

07 다음 중 현행 「국가공무원법」상 공무원의 의무에 대한 내용으로 옳지 않은 것은? ▶ 2016년 국회 8급

① 공무원은 직무와 관련하여 직접적이든 간접적이든 사례 증여 또는 향응을 주거나 받을 수 없다.
② 공무원은 재직 중은 물론 퇴직 후에도 직무상 알게 된 비밀을 엄수하여야 한다.
③ 공무원은 직무상의 관계가 있든 없든 그 소속 상관에게 증여하거나 소속공무원으로부터 증여를 받아서는 아니된다.
④ 수사기관이 현행범인 공무원을 구속하려면 그 소속 기관의 장에게 미리 통보하여야 한다.
⑤ 공무원은 소속 상관의 허가 또는 정당한 사유가 없으면 직장을 이탈하지 못한다.

> **해설** ④ [×] 수사기관이 공무원을 구속하려면 그 소속 기관의 장에게 미리 통보하여야 한다. 다만, 현행범은 그러하지 아니하다.(국가공무원법 제58조 직장이탈 금지의무)
>
> 국가공무원법 제58조 (직장 이탈 금지)
> ② 수사기관이 공무원을 구속하려면 그 소속 기관의 장에게 미리 통보하여야 한다. 다만, 현행범은 그러하지 아니하다.

08 국민에 대한 봉사자로서 공직자가 지녀야 할 윤리를 확립할 목적으로 제정된 우리나라의 현행 「공직자윤리법」이 포함하고 있지 않은 내용은? ▶ 2021년 국가직 9급

① 내부고발자 보호
② 재산등록 및 공개
③ 선물신고
④ 퇴직공직자의 취업제한

> **해설** ① [×] 내부고발자 보호제도는 「부패방지 및 국민권익위원회 설치·운영에 관한 법률」에 규정된 내용이다.

정답 07 ④ 08 ①

09 다음 중 「공직자윤리법」에 근거하여 재산공개 의무가 있는 공직자에 해당하지 않는 것은?

▶ 2013년 국회 8급

① 소방감 이상의 소방공무원
② 중장 이상의 장관급 장교
③ 치안감 이상의 경찰공무원
④ 고등법원 부장판사급 이상의 법관
⑤ 국가정보원의 기획조정실장

해설 ① [×] 소방정감(소방감×) 이상의 소방공무원이 재산공개 의무가 있는 공직자에 해당한다.

> **공직자윤리법 제10조 (등록재산의 공개)**
> ① 공직자윤리위원회는 관할 등록의무자 중 다음 각 호의 어느 하나에 해당하는 공직자 본인과 배우자 및 본인의 직계존속·직계비속의 재산에 관한 등록사항과 제6조에 따른 변동사항 신고내용을 등록기간 또는 신고기간 만료 후 1개월 이내에 관보 또는 공보에 게재하여 공개하여야 한다.
> 4. 대통령령으로 정하는 외무공무원과 국가정보원의 기획조정실장
> 5. 고등법원 부장판사급 이상의 법관과 대검찰청 검사급 이상의 검사
> 6. 중장 이상의 장성급(將星級) 장교
> 8. 치안감 이상의 경찰공무원 및 특별시·광역시·특별자치시·도·특별자치도의 지방경찰청장
> 8의2. 소방정감 이상의 소방공무원

구분	재산등록 대상자	재산공개 대상자
정무직	전원	전원
일반직/별정직	4급 이상 (상당 별정직)	1급 이상 (상당 별정직)
법관·검사	모든 법관 및 검사	고법 부장판사 이상 / 대검 검사급 이상
군인 등	대령 이상의 장교	중장 이상의 장교
경찰·소방	총경, 소방정 이상	치안감, 소방정감 이상
공공기관	공기업의 장·부기관장, 상임이사·상임감사	공기업의 장·부기관장 및 상임감사
기타	세무, 회계, 감사, 검찰 사무, 건축·토목·환경·식품위생 분야의 대민업무 등의 7급 이상	

정답 09 ①

10 우리나라의 행정윤리에 대한 설명으로 옳은 것만을 모두 고르면? ▶ 2020년 국가직 7급

> ㄱ. 「공직자윤리법」상 지방의회 의원은 외국 정부 등으로부터 받은 선물의 신고 의무가 없다.
> ㄴ. 우리나라에서는 내부고발자보호 제도를 법률로 규정하고 있다.
> ㄷ. 「공직자윤리법」에 따르면 총경 이상의 경찰공무원과 소방정 이상의 소방공무원은 재산을 등록해야 한다.
> ㄹ. 공무원의 주식백지신탁 의무는 「부패방지 및 국민권익위원회의 설치와 운영에 관한 법률」에 규정되어 있다.

① ㄱ, ㄴ
② ㄱ, ㄷ
③ ㄴ, ㄷ
④ ㄷ, ㄹ

해설 ③ ㄴ, ㄷ [O]

ㄴ [O] 내부고발자 보호제도는 「부패방지 및 국민권익위원회 설치와 운영에 관한 법률」에 규정되어 있다.

ㄷ [O] 「공직자윤리법」에 따르면 경찰은 총경이상, 소방공무원은 소방정 이상 재산을 등록하도록 규정하고 있다.

> **공직자윤리법 제3조 (등록의무자)**
> ① 다음 각 호의 어느 하나에 해당하는 공직자(이하 "등록의무자"라 한다)는 이 법에서 정하는 바에 따라 재산을 등록하여야 한다.
> 9. 총경(자치총경을 포함한다) 이상의 경찰공무원과 소방정 이상의 소방공무원

ㄱ [×] 지방의회 의원도 「공직자윤리법」의 적용을 받는 공무원에 해당된다.

> **공직자윤리법 제15조 (외국 정부등으로부터 받은 선물의 신고)**
> ① 공무원 또는 공직유관단체의 임직원은 외국으로부터 선물(대가 없이 제공되는 물품 및 그 밖에 이에 준하는 것을 말하되, 현금은 제외한다. 이하 같다)을 받거나 그 직무와 관련하여 외국인(외국단체를 포함한다. 이하 같다)에게 선물을 받으면 지체 없이 소속 기관·단체의 장에게 신고하고 그 선물을 인도하여야 한다.

ㄹ [×] 공무원의 주식백지신탁의무는 「공직자윤리법」에 규정되어 있다.

정답 10 ③

11 다음 중 공직윤리 확보를 위해 우리나라에서 시행하고 있는 제도에 관한 설명으로 가장 옳지 않은 것은?
▶ 2017년 서울시 7급

① 공직자 재산등록 및 공개 제도는 공직자, 공직후보자의 재산 정보를 등록 및 공개하는 제도로 우리나라 「공직자윤리법」에 시행근거를 두고 있다.
② 고위공직자의 직무 관련 주식 보유에 따른 공·사적 이해충돌 방지를 위해 주식백지신탁제도를 도입, 운용하고 있다.
③ 현행 「부정청탁 및 금품등 수수의 금지에 관한 법률」에 의하면 공직자는 직무관련 여부와 관계없이 동일인으로부터 1회에 100만원 또는 매 회계연도에 300만원을 초과하는 금품 등을 받을 수 없다.
④ 퇴직공직자 취업제한제도는 적용대상 공직자의 퇴직 후 5년 간 그가 퇴직이전에 3년 간 속해 있던 소속 부서나 기관과 밀접한 업무관련성이 있는 기관으로의 취업을 제한한다.

해설
④ [×] 퇴직공직자 취업제한제도는 퇴직 후 3년 간, 퇴직 이전 5년 간 소속하던 부서나 기관의 업무와 밀접한 관련성이 있는 기관으로의 취업을 제한하는 것이다.

> **공직자윤리법 제17조 (퇴직공직자의 취업제한)**
> ① 제3조제1항제1호부터 제12호까지의 어느 하나에 해당하는 공직자와 부당한 영향력 행사 가능성 및 공정한 직무수행을 저해할 가능성 등을 고려하여 국회규칙, 대법원규칙, 헌법재판소규칙, 중앙선거관리위원회규칙 또는 대통령령으로 정하는 공무원과 공직유관단체의 직원(이하 이 장에서 "취업심사대상자"라 한다)은 <u>퇴직일부터 3년간</u> 다음 각 호의 어느 하나에 해당하는 기관(이하 "취업심사대상기관"이라 한다)에 취업할 수 없다. 다만, 관할 공직자윤리위원회로부터 취업심사대상자가 <u>퇴직 전 5년 동안</u> 소속하였던 부서 또는 기관의 업무와 취업심사대상기관 간에 밀접한 관련성이 없다는 확인을 받거나 취업승인을 받은 때에는 취업할 수 있다.

③ [○]

> **부정청탁 및 금품등 수수의 금지에 관한 법률 제8조 (금품등의 수수 금지)**
> ① 공직자등은 직무 관련 여부 및 기부·후원·증여 등 그 명목에 관계없이 동일인으로부터 1회에 100만원 또는 매 회계연도에 300만원을 초과하는 금품등을 받거나 요구 또는 약속해서는 아니 된다.

정답 11 ④

12 내부고발에 대한 설명으로 가장 타당한 것은? ▶ 2009년 서울시 9급

① 퇴직 후의 고발은 내부고발이 아니다.
② 조직 내의 비정치적 행위를 대상으로 한다.
③ 내부고발은 익명으로 이루어져야 한다.
④ 내부고발은 공직사회의 응집력을 강화시킨다.
⑤ 내부적인 이의제기 형식과는 다르다.

> **해설**
> ⑤ [O] 내부고발은 조직의 전·현직 구성원이 조직 내부의 불법, 부당, 비윤리적인 일을 대외적으로 폭로하는 행위를 의미한다. 따라서 내부적인 이의제기와는 달리 조직 내부비리를 대외적으로 폭로하는 비공식적·외부적 공표행위이다.
> ③ [X] 「부패방지 및 국민권익위원회의 설치와 운영에 관한 법률」에 따른 부패신고(내부고발) 시에는 신고자의 인적사항과 신고취지 등을 기재한 문서로 하여야 하며, 신고대상과 부패행위의 증거 등을 함께 제출하여야 한다.
>
> > 부패방지 및 국민권익위원회의 설치와 운영에 관한 법률 제58조 (신고의 방법) 신고를 하려는 자는 본인의 인적사항과 신고취지 및 이유를 기재한 기명의 문서로써 하여야 하며, 신고대상과 부패행위의 증거 등을 함께 제시하여야 한다.
> >
> > 제58조의2 (비실명 대리신고)
> > ① 제58조에도 불구하고 신고자는 자신의 인적사항을 밝히지 아니하고 변호사를 선임하여 신고를 대리하게 할 수 있다. 이 경우 제58조에 따른 신고자의 인적사항 및 기명의 문서는 변호사의 인적사항 및 변호사 이름의 문서로 갈음한다.
>
> ④ [X] 내부고발은 조직내부 구성원 간 불신 조장 및 상하급자 간 신뢰관계를 훼손할 우려가 있기 때문에 공직사회의 응집력을 약화시킬 수 있다.

13 공직자의 이해충돌에 대한 설명으로 옳지 않은 것은? ▶ 2023년 국가직 9급

① 우리나라는 2021년 5월 「공직자의 이해충돌 방지법」을 제정하였다. (○)
② 이해충돌은 그 특성에 따라 실제적, 외견적, 잠재적 형태로 분류할 수 있다. (○)
③ 이해충돌 회피에 있어서는 '어느 누구도 자신이 연루된 사건의 재판관이 되어서는 안 된다'라는 원칙이 적용된다. (○)
④ 「공직자의 이해충돌 방지법」의 위반행위는 감사원, 수사기관, 국민권익위원회 등에 신고할 수 있으나 위반행위가 발생한 기관은 제외된다.

정답 12 ⑤ 13 ④

해설 ④ [×] 「공직자의 이해충돌 방지법」의 위반행위가 발생한 공공기관 또는 그 감독기관에도 신고할 수 있다.

> 「공직자의 이해충돌 방지법」 제18조 (위반행위의 신고 등)
> ① 누구든지 이 법의 위반행위가 발생하였거나 발생하고 있다는 사실을 알게 된 경우에는 다음 각 호의 어느 하나에 해당하는 기관에 신고할 수 있다.
>   1. 이 법의 위반행위가 발생한 공공기관 또는 그 감독기관
>   2. 감사원 또는 수사기관
>   3. 국민권익위원회

① (O) 「공직자의 이해충돌 방지법」은 2021.5.18.에 제정되었고, 2022.5.19.에 시행되었다.
② (O) 이해충돌의 유형에는 ⅰ) 실질적 이해충돌(현재에도 발생하고 있고 과거에도 발생한 이해충돌), ⅱ) 외견상 이해충돌(공무원의 사익이 부적절하게 공적 의무의 수행에 영향을 미칠 가능성이 있는 상태로서 부정적 영향이 현재화된 것은 아닌 상태), ⅲ) 잠재적 이해충돌(공무원이 미래에 공적 책임에 관련되는 일에 연루되는 경우에 발생하는 경우)이 있다.

> ※ 「공직자의 이해충돌방지법」 (2020.1.1.제정, 2022.5.19.시행)
> 공직자의 이해충돌방지법은 공공기관 내부정보를 이용한 부정한 재산의 취득, 공직자 가족의 채용이나 수의계약의 체결, 사적 이해관계가 있는 상대방에 대한 업무처리 등 공정성이 의심되는 상황, 즉 이해충돌의 상황을 사전에 방지하고, 부정한 사익의 추구행위를 사전적으로 예방하기 위해 공직자가 준수해야 할 행위 기준을 담고 있다.
> - 공직자가 자신의 직무 관련자가 사적 이해관계자임을 안 경우 그 사실을 소속기관장에게 신고하고 회피를 신청하여야 하고, 직무관련자 또는 이해관계자는 그 공직자의 소속기관장에게 기피를 신청할 수 있다.(제5조 사적이해관계자의 신고 및 회피·기피 신청)
> - 부동산을 직접적으로 취급하는 공공기관의 공직자는 업무와 관련된 부동산을 보유하고 있거나 매수하면 이를 신고해야 하고, 그 외 공공기관의 공직자는 공공기관이 택지개발, 지구 지정 등 대통령령으로 정하는 부동산 개발 업무를 하는 경우에 그 부동산을 보유하고 있거나 매수하면 이를 신고해야 한다.(제6조 공공기관 직무 관련 부동산 보유·매수 신고)
> - 공직자는 직무수행 중 알게 된 비밀 또는 소속 공공기관의 미공개정보를 이용하여 재물 또는 재산상의 이득을 취득하거나 제3자로 하여금 재물 또는 재산상의 이익을 취득하게 하여서는 아니 되며, 직무수행 중 알게 된 비밀 등을 사적 이익을 위하여 이용하거나 제3자로 하여금 이용하게 하여서는 아니 된다.(제14조 직무상 비밀 등 이용 금지)

14 「공직자의 이해충돌 방지법」상 '사적이해관계자'로 규정하고 있는 대상이 아닌 것은?

▶ 2024년 국가직 9급

① 공직자 자신 또는 그 가족
② 공직자의 직무수행과 관련하여 이익 또는 불이익을 직접적으로 받는 다른 공직자
③ 공직자로 채용·임용되기 전 2년 이내에 공직자 자신이 재직하였던 법인 또는 단체
④ 공직자 자신 또는 그 가족이 임원·대표자·관리자 또는 사외이사로 재직하고 있는 법인 또는 단체

정답 14 ②

② [×] 공직자의 직무수행과 관련하여 이익 또는 불이익을 직접적으로 받는 다른 공직자는 직무관련자이다.

> **제2조(정의)** 이 법에서 사용하는 용어의 뜻은 다음과 같다.
> 5. "직무관련자"란 공직자가 법령(조례·규칙을 포함한다. 이하 같다)·기준(제1호라목부터 바목까지의 공공기관의 규정·사규 및 기준 등을 포함한다. 이하 같다)에 따라 수행하는 직무와 관련되는 자로서 다음 각 목의 어느 하나에 해당하는 개인·법인·단체 및 공직자를 말한다.
>   가. 공직자의 직무수행과 관련하여 일정한 행위나 조치를 요구하는 개인이나 법인 또는 단체
>   나. 공직자의 직무수행과 관련하여 이익 또는 불이익을 직접적으로 받는 개인이나 법인 또는 단체
>   다. 공직자가 소속된 공공기관과 계약을 체결하거나 체결하려는 것이 명백한 개인이나 법인 또는 단체
>   라. 공직자의 직무수행과 관련하여 이익 또는 불이익을 직접적으로 받는 다른 공직자. 다만, 공공기관이 이익 또는 불이익을 직접적으로 받는 경우에는 그 공공기관에 소속되어 해당 이익 또는 불이익과 관련된 업무를 담당하는 공직자를 말한다.
> 6. "사적이해관계자"란 다음 각 목의 어느 하나에 해당하는 자를 말한다.
>   가. 공직자 자신 또는 그 가족(「민법」 제779조에 따른 가족을 말한다. 이하 같다)
>   나. 공직자 자신 또는 그 가족이 임원·대표자·관리자 또는 사외이사로 재직하고 있는 법인 또는 단체
>   다. 공직자 자신이나 그 가족이 대리하거나 고문·자문 등을 제공하는 개인이나 법인 또는 단체
>   라. 공직자로 채용·임용되기 전 2년 이내에 공직자 자신이 재직하였던 법인 또는 단체
>   마. 공직자로 채용·임용되기 전 2년 이내에 공직자 자신이 대리하거나 고문·자문 등을 제공하였던 개인이나 법인 또는 단체
>   바. 공직자 자신 또는 그 가족이 대통령령으로 정하는 일정 비율 이상의 주식·지분 또는 자본금 등을 소유하고 있는 법인 또는 단체
>   사. 최근 2년 이내에 퇴직한 공직자로서 퇴직일 전 2년 이내에 제5조제1항 각 호의 어느 하나에 해당하는 직무를 수행하는 공직자와 국회규칙, 대법원규칙, 헌법재판소규칙, 중앙선거관리위원회규칙 또는 대통령령으로 정하는 범위의 부서에서 같이 근무하였던 사람
>   아. 그 밖에 공직자의 사적 이해관계와 관련되는 자로서 국회규칙, 대법원규칙, 헌법재판소규칙, 중앙선거관리위원회규칙 또는 대통령령으로 정하는 자
> 7. "소속기관장"이란 공직자가 소속된 공공기관의 장을 말한다.

행정사 1차 객관식 행정학개론

제7편 재무행정

제1장   정부예산과 재무행정의 기초
제2장   재정의 구조
제3장   예산과정의 주요 쟁점
제4장   정부회계
제5장   예산결정 이론
제6장   예산제도와 재정개혁
제7장   재정민주주의

제1장 정부예산과 재무행정의 기초

기출문제

01 우리나라 제도에 관한 다음 설명 중 옳은 것을 모두 고른 것은? ▶ 2016년 행정사

> ㄱ. 법률안은 국회의원과 정부가 제출할 수 있지만, 예산안은 정부만 제출할 수 있다.
> ㄴ. 대통령은 국회가 의결한 예산에 대해 재의를 요구할 수 없다.
> ㄷ. 법률안과 예산안은 국회에서 의결된 후 공포 절차를 거쳐야 효력이 발생한다.
> ㄹ. 국회는 정부예산안에 대한 심의거부권을 가지고 있다.

① ㄱ, ㄴ
② ㄱ, ㄷ
③ ㄴ, ㄷ
④ ㄴ, ㄹ
⑤ ㄷ, ㄹ

해설 ① ㄱ, ㄴ [○]
ㄷ. [×] 예산안은 국회에서 의결로 확정된다. 별도의 공포 절차를 거쳐야 효력이 발생하는 것이 아니다.
ㄹ. [×] 국회는 정부예산안에 대한 심의거부권이 없다.

[표] 예산과 법률의 차이

구분 기준	예산	법률
제출권자	정부	정부와 국회
제출기한	회계 연도 개시 120일 전	제한 없음
심의기한	회계연도 개시 30일 전	제한 없음
국회 심의 범위	증액 및 새 비목 설치 불가	자유로운 수정 가능
거부권 행사	대통령의 거부권 행사 불가	대통령의 거부권 행사 가능
공포	공포 불필요, 의결로 확정	공포함으로써 효력 발생
시간적 효력	회계연도에 국한	계속적 효력 발생
대인적 효력	국가기관만 구속	국민 모두
형식적 효력	예산으로 법률개폐 불가	법률로써 예산 변경 불가

정답 01 ①

02 예산의 일반 원칙과 예외 사항이 옳게 묶인 것은?
▶ 2019년 행정사

① 사전의결의 원칙 – 목적세
② 공개성의 원칙 – 수입대체경비
③ 통일성의 원칙 – 추가경정예산
④ 한정성의 원칙 – 준예산
⑤ 완전성의 원칙 – 전대차관

해설
⑤ [○]
① [×] 목적세는 통일성 원칙의 예외이다.
② [×] 수입대체경비는 통일성과 완전성 원칙의 예외이다.
③ [×] 추가경정예산은 단일성 원칙의 예외이다.
④ [×] 준예산은 사전승인(의결) 원칙의 예외이다.

03 다음 예산의 원칙과 예외의 연결이 옳지 않은 것은?
▶ 2024년 행정사

① 사전의결의 원칙 – 준예산
② 한정성의 원칙 – 사고이월
③ 통일의 원칙 – 교육세
④ 단일의 원칙 – 특별회계
⑤ 예산총계주의 원칙 – 기금

해설
⑤ [×] 기금은 국가재정법 제53조 예산총계주의원칙의 예외에 해당하지 않는다.

> **국가재정법 제53조(예산총계주의 원칙의 예외)**
> ① 각 중앙관서의 장은 용역 또는 시설을 제공하여 발생하는 수입과 관련되는 경비로서 대통령령으로 정하는 경비(이하 "수입대체경비"라 한다)의 경우 수입이 예산을 초과하거나 초과할 것이 예상되는 때에는 그 초과수입을 대통령령으로 정하는 바에 따라 그 초과수입에 직접 관련되는 경비 및 이에 수반되는 경비에 초과지출할 수 있다.
> ② 국가가 현물로 출자하는 경우와 외국차관을 도입하여 전대(轉貸)하는 경우에는 이를 세입세출예산 외로 처리할 수 있다.
> ③ 차관물자대(借款物資貸)의 경우 전년도 인출예정분의 부득이한 이월 또는 환율 및 금리의 변동으로 인하여 세입이 그 세입예산을 초과하게 되는 때에는 그 세출예산을 초과하여 지출할 수 있다.
> ④ 전대차관을 상환하는 경우 환율 및 금리의 변동, 기한 전 상환으로 인하여 원리금 상환액이 그 세출예산을 초과하게 되는 때에는 초과한 범위 안에서 그 세출예산을 초과하여 지출할 수 있다.

정답 02 ⑤ 03 ⑤

04 다음에서 설명하는 예산원칙은?

▶ 2017년 행정사

국가재정법 제17조
① 한 회계연도의 모든 수입을 세입으로 하고, 모든 지출을 세출로 한다.
② 제53조에 규정된 사항을 제외하고는 세입과 세출은 모두 예산에 계상하여야한다.

① 예산총계주의 원칙
② 예산사전의결의 원칙
③ 예산통일의 원칙
④ 예산한정성의 원칙
⑤ 예산공개의 원칙

해설
① 예산총계주의 원칙(완전성 원칙)에 대한 규정이다.

05 행정부 우위의 현대적 예산원칙에 해당되는 것을 모두 고른 것은?

▶ 2014년 행정사

ㄱ. 사전승인의 원칙	ㄴ. 예산관리수단 확보의 원칙	ㄷ. 보고의 원칙
ㄹ. 엄밀성의 원칙	ㅁ. 사업계획의 원칙	ㅂ. 한정성의 원칙
ㅅ. 시기신축성의 원칙	ㅇ. 책임의 원칙	ㅈ. 명료성의 원칙

① ㄱ, ㄴ, ㄹ, ㅇ, ㅈ
② ㄱ, ㄷ, ㄹ, ㅁ, ㅇ
③ ㄴ, ㄷ, ㅁ, ㅅ, ㅇ
④ ㄴ, ㄷ, ㅁ, ㅂ, ㅈ
⑤ ㄷ, ㄹ, ㅁ, ㅂ, ㅅ

해설
③ ㄴ, ㄷ, ㅁ, ㅅ, ㅇ [○]
ㄱ. 사전승인의 원칙, ㄹ. 엄밀성의 원칙, ㅂ. 한정성의 원칙, ㅈ. 명료성의 원칙은 전통적 예산원칙에 해당한다.

정답 04 ① 05 ③

06 전통적 예산원칙과 대비되는 현대적 예산원칙으로 옳은 것을 모두 고른 것은? ▶ 2023년 행정사

> ㄱ. 사업계획과 예산편성은 유기적으로 이루어져야 하고 계획된 예산은 경제적으로 집행해야 한다.
> ㄴ. 국민에게 필요 이상의 돈을 거두어서는 안 되며 계획대로 정확히 지출해야 한다.
> ㄷ. 예산의 편성, 심의, 집행은 공식적인 보고에 기초를 두어야 한다.
> ㄹ. 예산구조나 과목은 국민들이 이해하기 쉽게 단순해야 한다.

① ㄱ, ㄴ
② ㄱ, ㄷ
③ ㄴ, ㄷ
④ ㄴ, ㄹ
⑤ ㄷ, ㄹ

해설 ② ㄱ, ㄷ [O]
ㄴ(엄밀성의 원칙), ㄹ(명료성의 원칙)은 전통적 예산원칙에 해당한다.

07 정부가 공공사업을 위해 조달하는 재원에 관한 설명으로 옳은 것을 모두 고른 것은? ▶ 2019년 행정사

> ㄱ. 조세는 국가가 재정권에 기초해 동원하는 공공재원으로 벌금과 과태료를 포함한다.
> ㄴ. 수익자부담금은 형평성차원에서 부담과 편익의 공평한 배분을 보장한다.
> ㄷ. 국·공채는 세대 간 공평성을 갖는다.
> ㄹ. 민간자본은 주로 산업기반시설 건설에 유치되고 복지시설 건설에는 유치할 수 없다.

① ㄱ, ㄴ
② ㄱ, ㄷ
③ ㄴ, ㄷ
④ ㄴ, ㄹ
⑤ ㄷ, ㄹ

해설 ③ ㄴ, ㄷ [O]
㉠ [×] 벌금, 과태료는 조세가 아니라 세외수입에 해당한다.
㉣ [×] 민간자본 유치는 산업기반시설(SOC) 뿐만 아니라, 복지시설 건설에도 유치되고 있다. 고속도로, 항만, 지하철, 경전철 등 산업기반시설 건설에는 주로 BTO(수익형 민자사업) 방식이 사용되며, 학교, 복지시설 등 자체 운영수입 창출이 어려운 시설의 경우 BTL(임대형 민자사업) 방식을 주로 사용한다.

정답 06 ② 07 ③

연습문제

01 우리나라의 예산안과 법률안의 의결방식에 대한 설명으로 가장 옳지 않은 것은?

▶ 2018년 서울시 9급

① 법률에 대해서는 대통령의 거부권 행사가 가능하지만 예산은 거부권을 행사할 수 없다.
② 예산으로 법률의 개폐가 불가능하지만, 법률로는 예산을 변경할 수 있다.
③ 법률과 달리 예산안은 정부만이 편성하여 제출할 수 있다.
④ 예산안을 심의할 때 국회는 정부가 제출한 예산안의 범위 내에서 삭감할 수 있고, 정부의 동의 없이 지출예산의 각 항의 금액을 증가하거나 새 비목을 설치할 수 없다.

해설 ② [×] 예산으로 법률을 변경할 수 없고, 법률로 예산을 변경할 수 없다.

02 머스그레이브(Musgrave)의 정부 재정기능의 기본 원칙에 대한 설명으로 옳지 않은 것은?

▶ 2018년 지방직 9급

① 시장실패를 교정하고 사회적 최적 생산과 소비수준이 이루어지도록 해야 한다.
② 세입 면에서는 차별 과세를 하고, 세출 면에서는 사회보장적 지출을 통해 소외계층을 지원해야 한다.
③ 고용, 물가 등과 같은 거시경제 지표들을 안정적으로 조절해야 한다.
④ 정부에 부여된 목적과 자원을 연계하여 소기의 성과를 거둘 수 있도록 관료를 통제해야 한다.

해설 ④ [×] 머스그레이브는 예산의 재정적 기능으로 자원 배분기능, 재분배기능, 경제 안정과 성장 기능으로 분류한 바 있다.
① [O] 분배기능에 해당한다.
② [O] 소득 재분배 기능에 해당한다.
③ [O] 경제안정화 기능에 대한 설명이다.

정답 01 ② 02 ④

03 예산의 원칙과 내용을 가장 옳게 짝지은 것은? ▶ 2019년 서울시 9급

① 예산단일성의 원칙 - 예산은 모든 국민이 알기 쉽게 분류, 정리되어야 한다는 원칙
② 예산완전성의 원칙 - 모든 수입과 지출은 예산에 계상 되어야 한다는 원칙
③ 예산엄밀성의 원칙 - 정해진 목표를 위해서 정해진 금액을 정해진 기간 내에 사용해야 한다는 원칙
④ 예산한정성의 원칙 - 국가의 예산은 하나로 존재해야 한다는 원칙

> **해설**
> ② [○]
> ① [×] 예산단일성의 원칙은 예산의 효과적인 통제를 위해서 예산이 하나만 존재해야 한다는 원칙을 의미한다. 예산은 모든 국민이 알기 쉽게 분류, 정리되어야 한다는 원칙은 예산명료성의 원칙이다.
> ③ [×] 예산엄밀성의 원칙은 예산은 결산과 일치해야 한다는 원칙이다. 정해진 목표를 위해서 정해진 금액을 정해진 기간 내에 사용해야 한다는 원칙은 시간적 한정성 원칙이다.
> ④ [×] 예산한정성의 원칙은 예산이 주어진 내용(목적), 금액, 시간적 범위를 벗어나서는 안 된다는 원칙이다. 국가의 예산은 하나로 존재해야 한다는 원칙은 예산 단일성의 원칙이다.

 04 다음은 예산의 원칙에 대한 설명이다. 바르게 짝지어진 것은? ▶ 2015년 서울시 9급

> A : 한 회계연도의 세입과 세출은 모두 예산에 계상하여야 한다.
> B : 모든 수입은 국고에 편입되고 여기에서부터 지출이 이루어져야 한다.

① A : 예산 단일의 원칙 B : 예산 총계주의 원칙
② A : 예산 총계주의 원칙 B : 예산 단일의 원칙
③ A : 예산 통일의 원칙 B : 예산 총계주의 원칙
④ A : 예산 총계주의 원칙 B : 예산 통일의 원칙

> **해설**
> ④ A는 예산 총계주의(예산 완전성의 원칙), B는 예산 통일성의 원칙에 해당한다.

정답 03 ② 04 ④

05 다음 중 예산 원칙의 예외를 옳게 짝 지은 것은? ▶ 2019년 지방직 7급

	한정성 원칙	단일성 원칙
①	계속비	기금
②	이용과 전용	수입대체경비
③	예비비	목적세
④	목적세	특별회계

> **해설** ① [O] 한정성(한계성)의 원칙은 예산의 사용목적·사용금액 및 사용 기간에 명확한 한계가 있어야 한다는 원칙으로 목적외 사용 금지(질적 한정성)의 예외로 이용·전용, 계상된 금액 이상의 초과지출 금지(양적 한정성)의 예외로 예비비와 추경예산, 회계 연도 경과지출 금지(기간적 한정성)의 예외로 이월, 계속비, 국고채무부담행위 등이 있다. 단일성의 원칙은 예산은 모든 재정활동을 포괄하여 하나의 단일예산으로 편성되어야 한다는 원칙으로 단일성의 원칙의 예외로는 특별회계, 추가경정예산, 기금이 있다.

06 〈보기〉의 예산의 원칙과 그 예외 사항을 바르게 연결한 것은? ▶ 2021년 국회 9급

〈보기〉
ㄱ. 예산은 가능한 한 모든 재정활동을 포괄하는 단일의 예산 내에서 정리되어야 한다.
ㄴ. 모든 수입과 지출은 예산에 계상되어야 한다.
ㄷ. 정해진 목표를 위해서 정해진 금액을 정해진 기간 내에 사용해야 한다.

	ㄱ	ㄴ	ㄷ
①	추가경정예산	전대차관	이용과 전용
②	특별회계	예비비	준예산
③	추가경정예산	이용과 전용	계속비
④	특별회계	계속비	수입대체경비
⑤	추가경정예산	순계예산	특수활동비

> **해설** ① [O]
> ㄱ. 단일성의 원칙 - 예외 : 추가경정예산, 특별회계, 기금 등
> ㄴ. 완전성의 원칙 또는 예산총계주의 원칙 - 예외 : 현물출자, 전대차관, 수입대체경비 등
> ㄷ. 한정성의 원칙 - 예외 : 이용과 전용, 예비비, 이월, 계속비 등

정답 05 ① 06 ①

07 「국가재정법」상 다음 원칙의 예외에 대한 규정으로 옳지 않은 것은?

▶ 2017년 지방직 9급

- 한 회계연도의 모든 수입을 세입으로 하고, 모든 지출을 세출로 한다.
- 한 회계연도의 세입과 세출은 모두 예산에 계상하여야 한다.

① 수입대체경비에 있어 수입이 예산을 초과하거나 초과할 것이 예상되는 때에는 그 초과수입을 대통령령이 정하는 바에 따라 그 초과수입에 직접 관련되는 경비 및 이에 수반되는 경비에 초과지출 할 수 있다.
② 국가가 현물로 출자하는 경우에는 이를 세입세출예산 외로 처리할 수 있다.
③ 국가가 외국차관을 도입하여 전대하는 경우에는 이를 세입세출예산 외로 처리할 수 있다.
④ 출연금이 지원된 국가연구개발사업의 개발 성과물 사용에 따른 대가를 사용하는 경우에는 이를 세입세출예산 외로 처리할 수 있다.

해설 ④ [×] 보기는 예산총계주의 원칙에 대한 설명이다. 예산총계주의의 원칙의 예외는 국가재정법 제53조에 규정되어 있다.

> **국가재정법 제53조(예산총계주의 원칙의 예외)**
> ① 각 중앙관서의 장은 용역 또는 시설을 제공하여 발생하는 수입과 관련되는 경비로서 대통령령이 정하는 경비(이하 "수입대체경비"라 한다)에 있어 수입이 예산을 초과하거나 초과할 것이 예상되는 때에는 그 초과수입을 대통령령이 정하는 바에 따라 그 초과수입에 직접 관련되는 경비 및 이에 수반되는 경비에 초과지출 할 수 있다.
> ② 국가가 현물로 출자하는 경우와 외국차관을 도입하여 전대(轉貸)하는 경우에는 이를 세입세출예산 외로 처리할 수 있다.
> ③ 차관물자대(借款物資貸)의 경우 전년도 인출예정분의 부득이한 이월 또는 환율 및 금리의 변동으로 인하여 세입이 그 세입예산을 초과하게 되는 때에는 그 세출예산을 초과하여 지출할 수 있다.
> ④ 전대차관을 상환하는 경우 환율 및 금리의 변동, 기한 전 상환으로 인하여 원리금 상환액이 그 세출예산을 초과하게 되는 때에는 초과한 범위 안에서 그 세출예산을 초과하여 지출할 수 있다.
> ⑤ 삭제

정답 07 ④

08 자원관리의 효율성과 계획성을 강조하는 현대적 예산제도의 원칙에 해당하지 않는 것은?

▶ 2017년 지방직 7급

① 행정부에 의한 책임부담의 원칙
② 예산관리수단 확보의 원칙
③ 공개의 원칙
④ 다원적 절차 채택의 원칙

해설 ③ [×] 예산 공개성의 원칙은 예산운영의 내용이 국민에게 공개되어야 한다는 것으로 전통적 예산원칙에 해당한다.

09 다음 중 「국가재정법」 제16조에서 규정하고 있는 재정운영에 대한 내용으로 옳지 않은 것은?

▶ 2018년 국회 8급

① 재정건전성의 확보
② 국민부담의 최소화
③ 재정을 운영함에 있어 재정지출의 성과 제고
④ 예산과정에의 국민참여 제고를 위한 노력
⑤ 재정의 지속가능성 확보

해설 ⑤ [×] 「국가재정법」 제16조에 재정의 지속가능성 확보는 규정되어 있지 않다.

> 국가재정법 제16조 (예산의 원칙) 정부는 예산의 편성 및 집행에 있어서 다음 각 호의 원칙을 준수하여야 한다.
> 1. 정부는 재정건전성의 확보를 위하여 최선을 다하여야 한다.
> 2. 정부는 국민부담의 최소화를 위하여 최선을 다하여야 한다.
> 3. 정부는 재정을 운용함에 있어 재정지출 및 「조세특례제한법」 제142조의2제1항에 따른 조세지출의 성과를 제고하여야 한다.
> 4. 정부는 예산과정의 투명성과 예산과정에의 국민참여를 제고하기 위하여 노력하여야 한다.
> 5. 정부는 예산이 여성과 남성에게 미치는 효과를 평가하고, 그 결과를 정부의 예산편성에 반영하기 위하여 노력하여야 한다.
> 6. 정부는 예산이 「기후위기 대응을 위한 탄소중립·녹색성장 기본법」 제2조제5호에 따른 온실가스(이하 "온실가스"라 한다) 감축에 미치는 효과를 평가하고, 그 결과를 정부의 예산편성에 반영하기 위하여 노력하여야 한다.

정답 08 ③ 09 ⑤

10 정부가 동원하는 공공재원에 대한 설명으로 옳지 않은 것은? ▶ 2019년 국가직 9급

① 조세로 투자된 자본시설은 개인이 대가를 지불하지 않는 것으로 인식되어 과다 수요 혹은 과다 지출되는 비효율성 문제가 발생할 수 있다.
② 수익자부담금은 시장기구와 유사한 매커니즘을 통해 공공 서비스의 최적 수준을 지향하여 자원 배분의 효율성을 제고 할 수 있다.
③ 국공채는 사회간접자본(SOC) 관련 사업이나 시설로 인해 편익을 얻게 될 경우 후세대도 비용을 분담하기 때문에 세대 간 형평성을 훼손시킨다.
④ 조세의 경우 납세자인 국민들은 정부지출을 통제하고 성과에 대한 직접적인 책임을 요구할 수 있다.

  ③ [×] 국공채는 사회간접자본(SOC) 관련 사업이나 시설로 인해 편익을 얻게 될 경우 후세대도 비용을 분담하기 때문에 세대 간 형평성을 확보할 수 있다.

정답 10 ③

제2장 재정의 구조

기출문제

01 특별회계제도에 관한 설명으로 옳은 것은? ▶ 2021년 행정사

① 예산집행부서의 재량을 억제하여 책임성을 제고시킨다.
② 예산단일의 원칙을 준수하는데 유리하다.
③ 대통령령으로 설치된다.
④ 예산통일의 원칙이 적용되는 제도이다.
⑤ 예산제도가 복잡해지므로 국가재정의 통합적 관리를 어렵게 한다.

> **해설**
> ⑤ [○]
> ① [×] 특별회계제도는 재정운영 주체의 자율성 증대를 통해 운영의 효율성을 높이고 책임성을 제고시킨다.
> ② [×] 특별회계제도는 국가의 예산은 하나로 존재해야 한다는 예산단일성의 원칙의 예외에 해당한다.
> ③ [×] 특별회계는 법률로 설치된다.
> ④ [×] 예산통일성의 원칙은 모든 수입은 국고에 편입되고 여기에서부터 지출한다는 원칙으로 특별회계는 예산통일성의 예외에 해당한다.

02 특별회계제도에 관한 설명으로 옳은 것은? ▶ 2017년 행정사

① 예산집행부서의 재량을 억제하여 책임성을 제고시킨다.
② 예산단일의 원칙을 준수하는데 유리하다.
③ 특별회계는 행정각부의 명령으로 설치할 수 있다.
④ 예산통일의 원칙의 예외에 해당하는 제도이다.
⑤ 예산제도가 단순해지므로 국가 재정의 통합적 관리에 유리하다.

정답 01 ⑤ 02 ④

> **해설**
> ④ [○] 특별회계제도는 예산통일성 원칙과 단일성 원칙의 예외에 해당한다.
> ① [×] 일반회계에 비하여 예산집행부서의 재량을 확대한다.
> ② [×] 예산 단일성 원칙의 예외이다.
> ③ [×] 특별회계는 법률로써 설치한다.
>
> > **국가재정법 제4조 (회계구분)**
> > ③ 특별회계는 국가에서 특정한 사업을 운영하고자 할 때, 특정한 자금을 보유하여 운용하고자 할 때, 특정한 세입으로 특정한 세출에 충당함으로써 일반회계와 구분하여 회계처리할 필요가 있을 때에 법률로써 설치하되, 별표 1에 규정된 법률에 의하지 아니하고는 이를 설치할 수 없다.
>
> ⑤ [×] 다수의 특별회계는 예산제도가 복잡해지는 이유가 되며, 국가재정의 통합적 관리를 저해한다.

03. 「국가재정법」상 기금에 관한 설명으로 옳지 않은 것은? ▶ 2015년 행정사

① 기금관리주체는 지출계획의 주요항목 지출금액의 범위 안에서 대통령령이 정하는 바에 따라 세부항목 지출금액을 변경할 수 있다.
② 정부는 주요항목 단위로 마련된 기금운용계획안을 회계연도 개시 90일 전까지 국회에 제출하여야 한다.
③ 국회는 정부가 제출한 기금운용계획안의 주요항목 지출금액을 증액하거나 새로운 과목을 설치하고자 하는 때에는 미리 정부의 동의를 얻어야 한다.
④ 정부는 기금이 여성과 남성에 미칠 영향을 미리 분석한 보고서를 작성하여야 한다.
⑤ 국가가 특정한 목적을 위하여 특정한 자금을 신축적으로 운용할 필요가 있을 때에 한하여 법률로써 설치한다.

> **해설**
> ② [×] 정부는 주요항목 단위로 마련된 기금운용계획안을 회계연도 개시 120일 전까지 국회에 제출해야 한다.
>
> > **국가재정법 제68조 (기금운용계획안의 국회제출 등)**
> > ① 정부는 제67조제3항의 규정에 따른 주요항목 단위로 마련된 기금운용계획안을 회계연도 개시 120일 전까지 국회에 제출하여야 한다.
> > ② 기금관리주체는 기금운용계획이 확정된 때에는 기금의 월별 수입 및 지출계획서를 작성하여 회계연도 개시 전까지 기획재정부장관에게 제출하여야 한다.
>
> ① [○]
>
> > **제70조 (기금운용계획의 변경)**
> > ① 기금관리주체는 지출계획의 주요항목 지출금액의 범위 안에서 대통령령으로 정하는 바에 따라 세부항목 지출금액을 변경할 수 있다.

정답 03 ②

③
> 제69조 (증액 동의)
> 국회는 정부가 제출한 기금운용계획안의 주요항목 지출금액을 증액하거나 새로운 과목을 설치하고자 하는 때에는 미리 정부의 동의를 얻어야 한다.

④ [○]
> 제68조의2 (성인지 기금운용계획서의 작성)
> ① 정부는 기금이 여성과 남성에게 미칠 영향을 미리 분석한 보고서(이하 "성인지 기금운용계획서"라 한다)를 작성하여야 한다.

⑤ [○]
> 제5조 (기금의 설치)
> ① 기금은 국가가 특정한 목적을 위하여 특정한 자금을 신축적으로 운용할 필요가 있을 때에 한정하여 법률로써 설치하되, 정부의 출연금 또는 법률에 따른 민간부담금을 재원으로 하는 기금은 별표 2에 규정된 법률에 의하지 아니하고는 이를 설치할 수 없다.

04 예산절차상의 특징에 따른 예산의 유형에 관한 설명으로 옳은 것은? ▶ 2013년 행정사

① 본예산은 정기국회의 심의를 거쳐 확정된 최초의 예산으로 당초예산이라고도 한다.
② 수정예산은 예산이 국회를 통과한 이후 예산집행과정에서 다시 제출되는 예산이다.
③ 추가경정예산은 예산안이 제출된 이후 국회의결 이전에 기존안의 일부를 수정해 제출한 예산이다.
④ 준예산은 새로운 회계연도가 시작되는 날로부터 최초 수개월분의 일정한 금액의 예산을 정부가 집행할 수 있게 허가하는 제도이다.
⑤ 잠정예산은 회계연도개시 전에 예산이 의결되지 못하는 경우를 대비해 의회가 미리 1개월분 예산만 의결해 정부로 하여금 집행할 수 있도록 하는 예산이다.

해설
① [○]
② [×] 추가경정예산에 대한 설명이다.
③ [×] 수정예산에 대한 설명이다.
> 국가재정법 제35조 (국회제출 중인 예산안의 수정)
> 정부는 예산안을 국회에 제출한 후 부득이한 사유로 인하여 그 내용의 일부를 수정하고자 하는 때에는 국무회의의 심의를 거쳐 대통령의 승인을 얻은 수정예산안을 국회에 제출할 수 있다.

④ [×] 잠정예산에 대한 설명이다.
⑤ [×] 가예산에 대한 설명이다.

정답 04 ①

05 예산이 성립하지 않을 때 중앙정부가 사용하는 예산제도에 관한 설명으로 옳지 않은 것은?

▶ 2017년 행정사

① 우리나라는 1960년도 이후부터 준예산제도를 채택하고 있다.
② 우리나라는 회계연도 개시 30일 전까지 국회에서 예산안이 의결되지 못하는 경우 준예산을 사용할 수 있다.
③ 우리나라의 제1공화국 때는 가예산제도를 사용했다.
④ 영국, 캐나다, 일본 등은 잠정예산제도를 사용하고 있다.
⑤ 우리나라는 준예산제도를 실제 사용해 본 경험이 없다.

해설
② [×] 준예산은 새로운 회계연도가 개시될 때까지 국회에서 예산이 의결되지 못한 경우에 예산이 성립될 때까지 전년도 예산에 준하여 집행할 수 있도록 한 예산제도이다.

헌법 제54조
③ 새로운 회계연도가 개시될 때까지 예산안이 의결되지 못한 때에는 정부는 국회에서 예산안이 의결될 때까지 다음의 목적을 위한 경비는 전년도 예산에 준하여 집행할 수 있다.
1. 헌법이나 법률에 의하여 설치된 기관 또는 시설의 유지·운영
2. 법률상 지출의무의 이행
3. 이미 예산으로 승인된 사업의 계속

06 성인지 예산제도에 관한 설명으로 옳지 않은 것은?

▶ 2020년 행정사

① 2010회계연도부터 우리나라 정부예산에 실제 시행되었다.
② 예산이 남성이 아니라 여성에게 미치는 효과를 분석하여 양성평등을 위한 예산집행을 추구한다.
③ 성인지 예산서에는 성평등 기대효과, 성과목표, 성별 수혜분석 등을 포함하여야 한다.
④ 양성평등을 위한 정책의 결과(성인지예산서 작성)와 과정(예산의 성별 영향 분석과정)을 동시에 추구한다.
⑤ 예산과정에 대한 성 주류화의 적용으로 양성평등을 위한 실질적인 예산배분의 변화를 추구한다.

해설
② [×] 성인지 예산제도는 예산과정에 대한 성 주류화의 적용으로 예산이 여성과 남성에게 미치는 효과를 분석하여 양성평등을 제고할 수 있도록 예산을 편성·집행하는 제도이다.
③, ④ [○] 성인지 예산서에는 성평등 기대효과, 성과목표, 성별 수혜분석 등을 포함시켜야 하기 때문에 성인지 예산서는 양성평등을 위한 정책의 결과(성인지예산서 작성)와 과정(예산의 성별 영향 분석과정)을 동시에 추구한다.

국가재정법 제26조 (성인지 예산서의 작성)
① 정부는 예산이 여성과 남성에게 미칠 영향을 미리 분석한 보고서[이하 "성인지(性認知)예산서"라 한다]를 작성하여야 한다.
② 성인지 예산서에는 성평등 기대효과, 성과목표, 성별 수혜분석 등을 포함하여야 한다.

정답 05 ② 06 ②

07 예산 관련 제도 중 현재 우리나라에서 채택하고 있지 않은 것은? ▶ 2015년 행정사

① 지방양여금
② 예산성과금
③ 지방교부세
④ 준예산
⑤ 주민참여예산

해설

① [×] 중앙정부가 지방에 교부하던 지방양여금은 2015.1.1 폐지되었다.
② [○]

> **국가재정법 제49조 (예산성과금의 지급 등)**
> ① 각 중앙관서의 장은 예산의 집행방법 또는 제도의 개선 등으로 인하여 수입이 증대되거나 지출이 절약된 때에는 이에 기여한 자에게 성과금을 지급할 수 있으며, 절약된 예산을 다른 사업에 사용할 수 있다.

③ [○]

> **지방교부세법 제2조 (정의)** 이 법에서 사용하는 용어의 뜻은 다음과 같다.
> 1. "지방교부세"란 제4조에 따라 산정한 금액으로서 제6조, 제9조, 제9조의3 및 제9조의4에 따라 국가가 재정적 결함이 있는 지방자치단체에 교부하는 금액을 말한다.

④ [○]

> **헌법 제54조**
> ③ 새로운 회계연도가 개시될 때까지 예산안이 의결되지 못한 때에는 정부는 국회에서 예산안이 의결될 때까지 다음의 목적을 위한 경비는 전년도 예산에 준하여 집행할 수 있다.
>   1. 헌법이나 법률에 의하여 설치된 기관 또는 시설의 유지·운영
>   2. 법률상 지출의무의 이행
>   3. 이미 예산으로 승인된 사업의 계속

⑤ [○]

> **지방재정법 제39조**
> ① 지방자치단체의 장은 대통령령으로 정하는 바에 따라 지방예산 편성 등 예산과정(「지방자치법」 제47조에 따른 지방의회의 의결사항은 제외한다.)에 주민이 참여할 수 있는 제도를 마련하여 시행하여야 한다.

정답 07 ①

08 우리나라 정부예산에 관한 설명으로 옳은 것은? ▶ 2018년 행정사

① 정부는 예산이 여성과 남성에게 미치는 효과를 평가하고, 그 결과를 정부의 예산편성에 반영하기 위하여 노력하여야 한다.
② 예산은 재원 조달 및 배분이라는 관점에서 예산총계와 예산순계로 구분된다.
③ 기능별 분류방식은 세출예산보다는 세입예산의 분류에 적합하다.
④ 예산은 회계 간 중복 거래 금액의 포함 여부에 따라 세입예산과 세출예산으로 구분된다.
⑤ 사업별 분류방식이 조직별 분류방식보다 독립된 행정부서의 예산 상황을 이해하는데 더 유용하다.

해설 ① [○]

> 국가재정법 제16조 (예산의 원칙) 정부는 예산을 편성하거나 집행할 때 다음 각 호의 원칙을 준수하여야 한다.
> 5. 정부는 「성별영향평가법」 제2조제1호에 따른 성별영향평가의 결과를 포함하여 예산이 여성과 남성에게 미치는 효과를 평가하고, 그 결과를 정부의 예산편성에 반영하기 위하여 노력하여야 한다.

② [×] 예산은 재원 조달 및 배분이라는 관점에서 세입예산과 세출예산으로 구분된다.
③ [×] 기능별 분류방식은 정부가 수행하는 기능별로 분류하는 것으로 세출예산에만 사용되고 세입예산에는 활용이 곤란하다.
④ [×] 예산은 회계 간 중복 거래 금액의 포함 여부에 따라 예산총계와 예산순계(회계 간 중복 제외)로 구분된다.
⑤ [×] 조직별 분류방식이 사업별 분류방식보다 독립된 행정부서의 예산상황을 이해하는 데 더 유용하다. 사업별 분류에서 각 사업은 여러 행정기관(조직)을 포괄하므로 독립된 행정부서의 예산상황을 이해하기 곤란하다.

09 예산 내용의 일반적인 분류방법에 해당하지 않는 것은? ▶ 2023년 행정사

① 품목별 분류
② 조직별 분류
③ 기능별 분류
④ 경제 성질별 분류
⑤ 정치적 분류

해설 ⑤ 예산의 일반적인 분류방법에 정치적 분류는 해당하지 않는다.

[표] 예산 분류의 초점

분류방식	초점
기능별 분류	정부가 무슨 일을 하는 데 얼마나 쓰느냐?
조직별 분류	누가 얼마를 쓰느냐?
품목별 분류	정부가 무엇을 구입하는 데 얼마를 쓰느냐?
경제성질별 분류	국민 경제에 미치는 총체적인 효과가 어떠한가?

정답 08 ① 09 ⑤

10 현행 우리나라의 예산제도에 관한 설명으로 옳지 않은 것은? ▶ 2013년 행정사

① 정부는 국회에서 추가경정예산안이 확정되기 전에 이를 미리 배정하거나 집행할 수 없다.
② 조세지출예산은 조세감면의 구체적인 내역을 예산구조로써 밝히는 것이다.
③ 우리나라는 준예산 제도를 채택하고 있다.
④ 국회는 정부가 제출한 기금운용계획안의 주요항목 지출금액을 증액하고자 할 때에는 정부의 동의를 얻을 필요가 없다.
⑤ 예산총계주의 원칙의 예외로 전대차관(轉貸借款) 등을 인정하고 있다.

> **해설**
> ④ [×] 국회는 정부가 제출한 기금운용계획안의 주요항목 지출금액을 증액하거나 새로운 과목을 설치하고자 하는 때에는 정부의 동의를 얻어야 한다(국가재정법 제69조).
>
> **국가재정법 제69조 (증액 동의)**
> 국회는 정부가 제출한 기금운용계획안의 주요항목 지출금액을 증액하거나 새로운 과목을 설치하고자 하는 때에는 미리 정부의 동의를 얻어야 한다.
>
> ① [○]
>
> **국가재정법 제89조 (추가경정예산안의 편성)**
> ① 정부는 다음 각 호의 어느 하나에 해당하게 되어 이미 확정된 예산에 변경을 가할 필요가 있는 경우에는 추가경정예산안을 편성할 수 있다.
> ② 정부는 국회에서 추가경정예산안이 확정되기 전에 이를 미리 배정하거나 집행할 수 없다.
>
> ② [○] 조세지출예산은 조세감면내역을 예산에 밝히는 것으로 1967년 서독에서 처음 도입되었다.
> ③ [○] 새로운 회계연도가 개시될 때까지 예산안이 의결되지 못한 때에는 정부는 국회에서 예산안이 의결될 때까지 다음의 목적을 위한 경비는 전년도 예산에 준하여 집행할 수 있는 준예산 제도를 채택하고 있다(헌법 제54조).
>
> **헌법 제54조**
> ③ 새로운 회계연도가 개시될 때까지 예산안이 의결되지 못한 때에는 정부는 국회에서 예산안이 의결될 때까지 다음의 목적을 위한 경비는 전년도 예산에 준하여 집행할 수 있다.
>   1. 헌법이나 법률에 의하여 설치된 기관 또는 시설의 유지·운영
>   2. 법률상 지출의무의 이행
>   3. 이미 예산으로 승인된 사업의 계속
>
> ⑤ [○] 국가재정법 제53조에서 예산총계주의 원칙의 예외로 전대차관 등을 인정하고 있다.
>
> **국가재정법 제53조 (예산총계주의 원칙의 예외)**
> ② 국가가 현물로 출자하는 경우와 외국차관을 도입하여 전대(轉貸)하는 경우에는 이를 세입세출예산 외로 처리할 수 있다.

정답 10 ④

재정사업자율평가제도에 관한 설명으로 옳은 것은? ▶ 2023년 행정사

① 일정 규모 이상인 신규 사업의 경제적 타당성을 검토하여 사업의 추진 여부를 결정하는 제도
② 다년도 사업에 대해 사업규모, 총사업비, 사업기간 등을 정해 미리 기획재정부장관과 협의하는 제도
③ 부족한 재원을 고려하여 민간자본을 공공의 SOC 투자에 동원하는 제도
④ 예산지출을 줄이거나 수입을 늘리는 데 기여한 자에게 성과금을 지급하는 제도
⑤ 각 중앙관서의 장과 기금관리주체가 기획재정부장관이 정하는 바에 따라 주요 재정사업을 스스로 평가하는 제도

> **해설**
>
> ⑤ [O]
>
> **국가재정법시행령 제39조의3 (재정사업의 성과평가 등)**
> ① 기획재정부장관은 법 제85조의8제1항에 따라 <u>각 중앙관서의 장과 기금관리주체에게 기획재정부장관이 정하는 바에 따라 주요 재정사업을 스스로 평가</u>(이하 "재정사업자율평가"라 한다)하도록 요구할 수 있으며, 다음 각 호의 어느 하나에 해당하는 사업에 대해서는 심층평가를 실시할 수 있다. 다만, 「과학기술기본법」 제11조에 따른 국가연구개발사업에 대한 평가는 「국가연구개발사업 등의 성과평가 및 성과관리에 관한 법률」에 따른 성과평가로 재정사업자율평가 또는 심층평가를 대체할 수 있다.
>
> ① 예비타당성 제도에 대한 설명이다.
>
> **국가재정법 제38조 (예비타당성조사)**
> ① 기획재정부장관은 총사업비가 500억원 이상이고 국가의 재정지원 규모가 300억원 이상인 신규 사업으로서 다음 각 호의 어느 하나에 해당하는 대규모사업에 대한 예산을 편성하기 위하여 미리 예비타당성조사를 실시하고, 그 결과를 요약하여 국회 소관 상임위원회와 예산결산특별위원회에 제출하여야 한다. 다만, 제4호의 사업은 제28조에 따라 제출된 중기사업계획서에 의한 재정지출이 500억원 이상 수반되는 신규 사업으로 한다.
>
> ② 총사업비관리제도에 대한 설명이다.
>
> **국가재정법 제50조 (총사업비의 관리)**
> ① 각 중앙관서의 장은 완성에 2년 이상이 소요되는 사업으로서 대통령령으로 정하는 대규모사업에 대하여는 그 사업규모·총사업비 및 사업기간을 정하여 미리 기획재정부장관과 협의하여야 한다. 협의를 거친 사업규모·총사업비 또는 사업기간을 변경하고자 하는 때에도 또한 같다.
>
> ③ 공공–민관 협력 방식(민관 협력 사업)에 대한 설명이다.
> ④ 예산성과금제도에 대한 설명이다.
>
> **국가재정법 제49조(예산성과금의 지급 등)**
> ① 각 중앙관서의 장은 예산의 집행방법 또는 제도의 개선 등으로 인하여 수입이 증대되거나 지출이 절약된 때에는 이에 기여한 자에게 성과금을 지급할 수 있으며, 절약된 예산을 다른 사업에 사용할 수 있다.
> ② 각 중앙관서의 장은 제1항의 규정에 따라 성과금을 지급하거나 절약된 예산을 다른 사업에 사용하고자 하는 때에는 예산성과금심사위원회의 심사를 거쳐야 한다.
> ③ 제1항 및 제2항의 규정에 따른 성과금 지급, 절약된 예산의 다른 사업에의 사용 및 예산성과금심사위원회의 구성·운영 등에 관하여 필요한 사항은 대통령령으로 정한다.

정답 11 ⑤

연습문제

01 우리나라의 특별회계에 대한 설명으로 옳지 않은 것은? ▶ 2020년 지방직 7급

① 설치근거가 되는 법률을 별도로 정하고 있다.
② 세출예산뿐 아니라 세입예산도 일반회계와 특별회계로 구분한다.
③ 특별회계의 설치요건 중에는 특정한 세입으로 특정한 세출에 충당함으로써 일반회계와 구분하여 회계처리 할 필요가 있을 경우도 포함된다.
④ 예산의 이용 및 전용과 마찬가지로 예산 한정성의 원칙이 적용되지 않는다.

> **해설**
> ④ [×] 특별회계는 예산단일성 원칙과 통일성 원칙의 예외에 해당하지만 한정성 원칙은 적용된다.
> ①, ③ [○] 국가재정법 제4조 제3항
>
> **국가재정법 제4조 (회계구분)**
> ③ 특별회계는 국가에서 특정한 사업을 운영하고자 할 때, 특정한 자금을 보유하여 운용하고자 할 때, 특정한 세입으로 특정한 세출에 충당함으로써 일반회계와 구분하여 회계처리할 필요가 있을 때에 법률로써 설치하되, 별표 1에 규정된 법률에 의하지 아니하고는 이를 설치할 수 없다.
>
> ② [○] 국가재정법 제21조
>
> **동법 21조 (세입세출예산의 구분)**
> ① 세입세출예산은 필요한 때에는 계정으로 구분할 수 있다.
> ② 세입세출예산은 독립기관 및 중앙관서의 소관별로 구분한 후 소관 내에서 일반회계·특별회계로 구분한다.

02 특별회계 예산과 기금에 대한 설명으로 옳지 않은 것은? ▶ 2021년 지방직 9급

① 기금은 특정 수입과 지출의 연계가 강하다.
② 특별회계 예산은 세입과 세출이라는 운영 체계를 지닌다.
③ 특별회계 예산은 합목적성 차원에서 기금보다 자율성과 탄력성이 강하다.
④ 특별회계 예산과 기금은 모두 결산서를 국회에 제출하여야 한다.

> **해설**
> ③ [×] 기금은 합목적성 차원에서 특별회계보다 자율성과 탄력성이 크다.

정답 01 ④ 02 ③

03 우리나라 정부기금에 관한 설명으로 옳은 것은?
▶ 2018년 지방교행 9급

① 세입·세출예산 내에서 운영해야 한다.
② 재원의 자율적 운영을 위하여 국회의 심의를 거치지 않는다.
③ 기금운용계획안은 국무회의의 심의와 대통령의 승인이 필요하다.
④ 기금은 법률로써 설치하며 출연금, 부담금 등은 기금의 재원으로 활용할 수 없다.

> **해설** ③ [O] 국가재정법 제66조
>
> **국가재정법 제66조 (기금운용계획안의 수립)**
> ② 기획재정부장관은 자문회의의 자문과 국무회의의 심의를 거쳐 대통령의 승인을 얻은 다음 연도의 기금운용계획안 작성지침을 매년 3월 31일까지 기금관리주체에게 통보하여야 한다.
>
> ① [×] 기금은 세입세출예산외로 운영할 수 있는 자금을 의미한다.
>
> **국가재정법 제5조(기금의 설치)**
> ① 기금은 국가가 특정한 목적을 위하여 특정한 자금을 신축적으로 운용할 필요가 있을 때에 한정하여 법률로써 설치하되, 정부의 출연금 또는 법률에 따른 민간부담금을 재원으로 하는 기금은 별표 2에 규정된 법률에 의하지 아니하고는 이를 설치할 수 없다.
> ② 제1항의 규정에 따른 기금은 세입세출예산에 의하지 아니하고 운용할 수 있다.
>
> ② [×] 2003년부터 금융성 기금을 포함한 모든 기금은 예산과 마찬가지로 국회의 심의·의결을 거쳐야 한다.
> ④ [×] 기금은 법률로써 설치하며 정부출연금, 민간부담금, 차입금, 운용수입 등이 주된 재원이 된다.

04 우리나라 기금 제도에 대한 설명으로 옳지 않은 것은?
▶ 2011년 국회 9급

① 기금은 국가가 특정한 목적을 위하여 특정한 자금을 신축적으로 운용할 필요가 있을 때에 한하여 법률로써 설치한다.
② 정부는 기금이 여성과 남성에게 미칠 영향을 미리 분석한 보고서를 작성하여야 한다.
③ 정부는 주요 항목 단위로 마련된 기금운용계획안을 회계연도 개시 120일 전까지 국회에 제출하여야 한다.
④ 금융성 기금 외의 기금은 주요항목 지출금액의 변경범위가 10분의 2 이하인 경우 기금운용계획변경안을 국회에 제출하지 아니하고 대통령령으로 정하는 바에 따라 변경할 수 있다.
⑤ 기획재정부장관은 매년 전체 재정체계를 고려하여 기금의 존치여부를 평가하여야 한다.

정답 03 ③　04 ⑤

해설

⑤ [×] 기획재정부장관은 회계연도마다 전체기금 중 1/3 이상의 기금에 대하여 그 운용실태를 조사·평가하여야 하며, 3년마다(매년 ×) 전체 재정체계를 고려하여 기금의 존치 여부를 평가하여야 한다.

> **국가재정법 제82조(기금운용의 평가)**
> ① 기획재정부장관은 회계연도마다 전체 기금 중 3분의 1 이상의 기금에 대하여 대통령령이 정하는 바에 따라 그 운용실태를 조사·평가하여야 하며, 3년마다 전체 재정체계를 고려하여 기금의 존치 여부를 평가하여야 한다.

④ [○]

> **국가재정법 제70조 (기금운용계획의 변경)**
> ① 기금관리주체는 지출계획의 주요항목 지출금액의 범위 안에서 대통령령이 정하는 바에 따라 세부항목 지출금액을 변경할 수 있다.
> ③ 제2항에도 불구하고 주요항목 지출금액이 다음 각 호의 어느 하나에 해당하는 경우에는 <u>기금운용계획변경안을 국회에 제출하지 아니하고 대통령령으로 정하는 바에 따라 변경할 수 있다.</u>
>   1. 별표 3에 규정된 금융성 기금 외의 기금은 주요항목 지출금액의 변경범위가 10분의 2 이하
>   2. 별표 3에 규정된 금융성 기금은 주요항목 지출금액의 변경범위가 10분의 3 이하. 다만, 기금의 관리 및 운용에 소요되는 경상비에 해당하는 주요항목 지출금액에 대하여는 10분의 2 이하로 한다.

---

05 통합재정에 대한 설명으로 옳은 것은? ▶ 2019년 지방직 9급

① 일반회계, 특별회계, 기금을 포함한다.
② 통합재정의 기관 범위에 공공기관은 포함되지만, 지방자치단체는 포함되지 않는다.
③ 국민의 입장에서 느끼는 정부의 지출 규모이며 내부거래를 포함한다.
④ 2005년부터 정부의 재정규모 통계로 사용하고 있으며 세입과 세출을 총계 개념으로 파악한다.

해설
① [○]
② [×] 통합재정의 기관 범위에는 지방자치단체도 포함된다.
③ [×] 통합재정은 재정건전성을 파악하기 위해 회계 간 전출입거래 등 이중거래나 내부거래를 제거한 순계규모로 작성된다.
④ [×] 우리나라는 1979년부터 IMF 권고에 의해 도입하였으며, 세입과 세출을 순계 개념으로 파악한다.

정답 05 ①

06 통합재정 또는 통합예산에 대한 설명으로 가장 옳지 않은 것은? ▶ 2015년 서울시 7급

① 국가예산의 세입·세출을 총계 개념으로 파악하여 재정 건전성을 판단한다.
② 중앙재정을 일반회계와 특별회계 외에 기금 및 세입세출의 자금을 포함해 파악한다.
③ 통합재정은 중앙재정, 지방재정, 지방교육재정(교육비 특별회계)을 포함한다.
④ 재정이 국민 경제에 미치는 효과를 효과적으로 파악하게 한다.

해설 ① [×] 통합재정 또는 통합예산에서는 재정건전성 파악을 위해 회계 간 전·출입 거래 등 이중거래나 내부거래를 제거한 순계 규모로 작성한다.

07 예산의 분류 방법과 분류 기준을 바르게 연결한 것은? ▶ 2022년 지방직 7급

	분류 방법	분류 기준
①	기능별 분류	정부가 무슨 일을 하는 데 얼마를 쓰느냐
②	조직별 분류	정부가 무엇을 구입하는 데 얼마를 쓰느냐
③	경제 성질별 분류	누가 얼마를 쓰느냐
④	시민을 위한 분류	국민경제에 미치는 총체적인 효과가 어떠한가

해설 ① [○]
② [×] 조직별 분류는 예산을 편성하고 집행하는 정부의 조직 단위에 따라 예산을 분류하는 방식(누가 얼마나 쓰느냐)이다. 품목별 분류는 정부가 무엇을 구입하는지와 관련된 분류이다. 예산을 지출대상(품목)별로 분류하는 방법이다.
③ [×] 경제 성질별 분류는 예산이 국민경제에 미치는 효과에 따라 분류하는 방식이다.
④ [×] 시민을 위한 분류는 기능별 분류의 특징에 해당한다. 정부가 수행하는 기능별로 예산을 분류하게 되면 일반시민들이 정부의 활동에 관한 정보를 손쉽게 얻을 수 있기 때문이다.

08 정부활동의 일반적이며 총체적인 내용을 보여 주어 일반 납세자가 정부의 예산내용을 쉽게 이해할 수 있도록 설계된 예산의 분류 방법은? ▶ 2017년 사회복지직 9급

① 품목별 분류
② 기능별 분류
③ 경제성질별 분류
④ 조직별 분류

해설 ② [○] 기능별 분류에 대한 설명이다. 기능별 분류는 정부가 수행하는 기능별로 예산내용을 분류하는 것으로 일반국민들이 정부예산을 통해 정부활동 및 정책의 우선순위를 파악할 수 있어 '시민을 위한 분류'라고도 한다.

정답 06 ① 07 ① 08 ②

09 다음 중 국민경제활동의 구성과 수준에 미치는 영향을 파악하고, 고위정책결정자들에게 유용한 정보를 제공해 주는 예산의 분류로 옳은 것은?
▶ 2017년 국회 8급

① 기능별 분류
② 품목별 분류
③ 경제성질별 분류
④ 활동별 분류
⑤ 사업계획별 분류

> **해설**
> ③ [○] 경제성질별 분류는 예산이 국민소득, 자본형성 등 국민경제활동에 미치는 영향을 파악하여 정부 활동의 효과를 파악하여 고위정책결정자들에게 유용한 정보를 제공해준다.
> ① [×] 기능별 분류는 일반국민들이 정부예산을 통해 정부활동 및 정책의 우선순위를 파악할 수 있는 유용한 예산정보를 제공하기 때문에 시민을 위한 분류라고 한다.
> ② [×] 품목별 분류는 인건비가 별도의 항목으로 구성되기 때문에 이를 통해 정원 및 현원에 대한 자료 확보가 가능하여 인사행정에 유용한 정보를 제공한다.
> ④ [×] 활동별 분류는 사업계획별 분류를 다시 세분화하여 예산편성이나 회계책임을 더욱 용이하고 명확하게 해준다.
> ⑤ [×] 사업계획별 분류는 각 부처의 예산요구서작성에 기틀을 제공할 뿐만 아니라 이를 성취하는데 필요한 재정소요와 사업진도를 분석하는 데 도움을 준다.

10 프로그램 예산제도에 대한 설명으로 옳지 않은 것은?
▶ 2016년 국가직 7급

① 동일한 정책목표를 가진 단위사업들을 하나의 프로그램으로 묶어 예산 및 성과 관리의 기본 단위로 삼는다.
② 우리나라에서는 지방자치단체가 2004년부터 중앙정부는 2008년부터 공식적으로 채택하였다.
③ 자원배분의 투명성을 높일 수 있고 일반 국민이 예산 사업을 쉽게 이해할 수 있게 된다.
④ 우리나라가 도입한 배경에는 투입 중심 예산 운용의 한계를 극복하고자 하는 측면이 있었다.

> **해설**
> ② [×] 우리나라 프로그램 예산제도는 중앙정부 2007년, 지방정부는 2008년부터 공식으로 도입되었다.

11 동일 회계연도 예산의 성립을 기준으로 볼 때 시기적으로 빠른 것부터 순서대로 바르게 나열한 것은?
▶ 2022년 국가직 9급

① 본예산, 수정예산, 준예산
② 준예산, 추가경정예산, 본예산
③ 수정예산, 본예산, 추가경정예산
④ 잠정예산, 본예산, 준예산

> **해설**
> ③ [○] 수정예산은 예산의 성립 전 변경, 본예산은 최초로 성립된 예산, 추가경정예산은 예산 성립 후의 변경을 말한다.

정답 09 ③ 10 ② 11 ③

12. 「국가재정법」상 추가경정예산안 편성이 가능한 사유에 해당하지 않는 것은? ▶ 2021년 국가직 9급

① 전쟁이나 대규모 재해가 발생한 경우
② 남북관계의 변화와 같은 중대한 변화가 발생한 경우
③ 경기침체, 대량실업 같은 중대한 변화가 발생할 우려가 있는 경우
④ 경제협력, 해외원조를 위한 지출을 예비비로 충당해야 할 우려가 있는 경우

> **해설** ④ [×]
>
> **국가재정법 제89조(추가경정예산안의 편성)**
> ① 정부는 다음 각 호의 어느 하나에 해당하게 되어 이미 확정된 예산에 변경을 가할 필요가 있는 경우에는 추가경정예산안을 편성할 수 있다.
> 1. 전쟁이나 대규모 재해(「재난 및 안전관리 기본법」제3조에서 정의한 자연재난과 사회재난의 발생에 따른 피해를 말한다)가 발생한 경우
> 2. 경기침체, 대량실업, 남북관계의 변화, 경제협력과 같은 대내·외 여건에 중대한 변화가 발생하였거나 발생할 우려가 있는 경우
> 3. 법령에 따라 국가가 지급하여야 하는 지출이 발생하거나 증가하는 경우

13. 추가경정예산에 대한 설명으로 옳지 않은 것은? ▶ 2013년 지방직 9급

① 예산이 성립된 후에 생긴 사유로 이미 성립된 예산에 변경을 가할 필요가 있을 때 정부가 편성하는 예산이다.
② 예산 팽창의 원인이 될 수 있으므로, 「국가재정법」에서 그 편성사유를 제한하고 있다.
③ 과거에 추가경정예산이 편성되지 않은 연도도 있었다.
④ 본예산과 별개로 성립되므로 당해 회계연도의 결산에는 포함되지 않는다.

> **해설** ④ [×] 추가경정예산은 본예산과 별개로 성립되지만 일단 성립되면 본예산과 하나로 통합되어 운영되며, 당해 회계연도의 결산에도 포함된다.

14. 준예산에 대한 설명으로 옳지 않은 것은? ▶ 2021년 국가직 7급

① 예산안이 회계연도 개시 일까지 국회에서 의결되지 못한 경우에 활용된다.
② 국회의 의결을 필요로 한다.
③ 법률상 지출 의무를 이행하기 위한 경우에 집행할 수 있다.
④ 이미 예산으로 승인된 사업의 계속을 위해 집행할 수 있다.

정답 12 ④ 13 ④ 14 ②

② [×] 우리나라의 준예산은 국회의 의결을 필요로 하지 않는다는 점에서 사전의결 원칙의 예외에 해당한다.
③, ④ [○]

> **헌법 제54조**
> ③ 새로운 회계연도가 개시될 때까지 예산안이 의결되지 못한 때에는 정부는 국회에서 예산안이 의결될 때까지 다음의 목적을 위한 경비는 전년도 예산에 준하여 집행할 수 있다.
> 1. 헌법이나 법률에 의하여 설치된 기관 또는 시설의 유지·운영
> 2. 법률상 지출의무의 이행
> 3. 이미 예산으로 승인된 사업의 계속

15 예산 불성립에 따른 예산 종류에 대한 설명으로 옳지 않은 것은? ▶ 2023년 지방직 9급

① 준예산은 전년도 예산을 기준으로 예산을 편성해 운영하는 제도이다.
② 현재 우리나라는 준예산제도를 채택하고 있다.
③ 가예산은 1개월분의 예산을 국회의 의결을 거쳐 집행하는 것으로 우리나라가 운영한 경험이 있다.
④ 잠정예산은 수개월 단위로 임시예산을 편성해 운영하는 것으로 가예산과 달리 국회의 의결이 불필요하다.

 ④ [×] 잠정예산은 본예산이 성립되지 않을 때 잠정적으로 예산을 편성해 의회에 제출하고 의회의 사전 의결을 얻어 사용하는 제도이다(국회의 의결 필요).

16 조세지출 예산제도에 대한 설명으로 옳지 않은 것은? ▶ 2020년 지방직 9급

① 세제 지원을 통해 제공한 혜택을 예산지출로 인정하는 것이다.
② 예산지출이 직접적 예산 집행이라면 조세지출은 세제상의 혜택을 통한 간접지출의 성격을 띤다.
③ 직접 보조금과 대비해 눈에 보이지 않는 숨겨진 보조금이라고 이해할 수 있다.
④ 세금 자체를 부과하지 않는 비과세는 조세지출의 방법으로 볼 수 없다.

④ [×] 비과세도 조세지출의 방법 중의 하나이다.

> **조세특례제한법 제142조의2(조세지출예산서의 작성)**
> ① 기획재정부장관은 조세감면·비과세·소득공제·세액공제·우대세율적용 또는 과세이연 등 조세특례에 따른 재정지원(이하 "조세지출"이라 한다)의 직전 연도 실적과 해당 연도 및 다음 연도의 추정금액을 기능별·세목별로 분석한 보고서(이하 "조세지출예산서"라 한다)를 작성하여야 한다.

정답 15 ④ 16 ④

17. 우리나라의 성인지 예산제도에 대한 설명으로 옳지 않은 것은?
▶ 2018년 국가직 9급

① 정부는 예산이 여성과 남성에게 미치는 효과를 평가하고, 그 결과를 정부의 예산편성에 반영하기 위하여 노력하여야 한다.
② 성인지 예산서는 기획재정부 장관이 각 중앙관서의 장과 협의하여 제시한 작성기준 및 방식 등에 따라 여성가족부 장관이 작성한다.
③ 성인지 예산서에는 성인지 예산의 개요, 규모, 성평등 기대효과, 성과목표 및 성별 수혜 분석 등의 내용이 포함되어야 한다.
④ 성인지 결산서에는 집행실적, 성평등 효과분석 및 평가 등이 포함되어야 한다.

> **해설** ② [×] 성인지예산서 작성 기준은 기획재정부장관과 여성가족부장관이 협의하여 제시하며, 이 기준에 따라 각 중앙관서의 장이 성인지예산서를 작성한다.
>
> **국가재정법 제26조 (성인지 예산서의 작성)**
> ① 정부는 예산이 여성과 남성에 미칠 영향을 미리 분석한 보고서[이하 "성인지(性認知)예산서"라 한다]를 작성하여야 한다.
> ② 성인지 예산서에는 성평등 기대효과, 성과목표, 성별 수혜분석 등을 포함하여야 한다.
> ③ 성인지 예산서의 작성에 관한 구체적인 사항은 대통령령으로 정한다.
>
> **국가재정법 시행령 제9조 (성인지 예산서의 내용 및 작성기준 등)**
> ② 성인지 예산서는 기획재정부장관이 여성가족부장관과 협의하여 제시한 작성기준(성인지 예산서 작성 대상사업 선정 기준을 포함한다) 및 방식 등에 따라 각 중앙관서의 장이 작성한다.

18. 자본예산제도(CBS)에 대한 설명으로 옳지 않은 것은?
▶ 2019년 국회 9급

① 세입과 세출을 경상적인 것과 자본적인 것으로 구분한다.
② 자본적 지출은 대부분 공채발행 등 차입으로 충당하는 단식예산 제도의 일종이다.
③ 경제 안정을 해치고 인플레이션을 조장할 가능성이 있다.
④ 미래세대와 부채상환의 책임을 분담하여 세대 간 형평성을 높인다.
⑤ 부채의 증가는 예산관리의 경직화를 초래할 수 있다.

> **해설** ② [×] 자본예산제도는 세입·세출을 경상적인 것과 자본적인 것으로 분리하여 경상적 지출은 조세로 충당하고, 자본적 지출은 공채발행 등 차입으로 충당하는 복식예산 제도의 일종이다.

정답 17 ② 18 ②

제3장 예산과정의 주요 쟁점

기출문제

01 우리나라 예산과정에 관한 설명으로 옳은 것을 모두 고른 것은? ▶ 2021년 행정사

ㄱ. 예산편성은 기획재정부가 예산안편성지침을 작성하고 각 중앙행정기관의 장에게 시달하여 중기사업계획서를 제출받으면서 시작한다.
ㄴ. 정부예산안은 국무회의의 심의와 대통령의 재가로 확정되고 회계연도 개시 120일 전까지 국회에 제출하여야 한다.
ㄷ. 국회 예산결산특별위원회가 11월 30일까지 예산안 심사를 마치지 않으면 원칙적으로 그 다음 날에 위원회에서 심사를 마치고 바로 본회의에 부의된 것으로 본다.
ㄹ. 국회에서 예산안이 통과되는 즉시 각 중앙행정기관장은 원칙적으로 기관의 전체 예산을 배정받아 관련 집행 부서에서 바로 집행할 수 있다.

① ㄱ, ㄴ ② ㄱ, ㄷ
③ ㄴ, ㄷ ④ ㄴ, ㄹ
⑤ ㄷ, ㄹ

> **해설** ③ ㄴ, ㄷ [○]
> ㄱ [×] 예산편성은 기획재정부가 중기사업계획서를 제출받고(1. 31) 각 중앙관서의 장에게 예산안편성지침을 통보(3.31)하는 순서로 시작한다.
> ㄹ [×] 예산안이 통과되면 기획재정부 장관이 중앙행정기관의 장으로부터 예산배정요구서를 받고 분기별 예산배정계획을 작성하여 국무회의의 심의를 거친 후 대통령의 승인을 받아 배정한다.
>
> **국가재정법 제42조 (예산배정요구서의 제출)** 각 중앙관서의 장은 예산이 확정된 후 사업운영계획 및 이에 따른 세입세출예산·계속비와 국고채무부담행위를 포함한 예산배정요구서를 기획재정부장관에게 제출하여야 한다.
>
> **국가재정법 제43조 (예산의 배정)**
> ① 기획재정부장관은 제42조의 규정에 따른 예산배정요구서에 따라 분기별 예산배정계획을 작성하여 국무회의의 심의를 거친 후 대통령의 승인을 얻어야 한다.

정답 01 ③

02 정부가 회계연도 개시 120일 전까지 국회에 제출하는 예산안의 구성요소가 아닌 것은? ▶ 2022년 행정사

① 예산총칙
② 세입세출예산
③ 계속비
④ 명시이월비
⑤ 국가결산보고서

해설 ⑤ [×] 예산은 예산총칙·세입세출예산·계속비·명시이월비 및 국고채무부담행위를 총칭한다(국가결산보고서 ×).

「국가재정법」 제19조 (예산의 구성) 예산은 예산총칙·세입세출예산·계속비·명시이월비 및 국고채무부담행위를 총칭한다.

03 우리나라 국가재정법에서 총괄적으로 규정하고 있는 예산총칙의 사항을 모두 고른 것은?
▶ 2018년 행정사

| ㄱ. 계속비 | ㄴ. 세입세출예산 | ㄷ. 명시이월비 | ㄹ. 국고채무부담행위 |

① ㄱ, ㄴ
② ㄱ, ㄹ
③ ㄴ, ㄷ
④ ㄴ, ㄷ, ㄹ
⑤ ㄱ, ㄴ, ㄷ, ㄹ

해설 ⑤ [○]

국가재정법 제20조 (예산총칙)
① 예산총칙에는 세입세출예산·계속비·명시이월비 및 국고채무부담행위에 관한 총괄적 규정을 두는 외에 다음 각 호의 사항을 규정하여야 한다.

정답 02 ⑤   03 ⑤

04 우리나라가 시행 중인 재정관리혁신 조치의 하나인 예비타당성 조사에 관한 설명으로 옳지 않은 것은?

▶ 2020년 행정사

① 대규모 공공투자사업의 타당성을 분석하고 그 결과에 따라 재정사업의 신규투자 여부를 결정한다.
② 2000회계연도 예산을 편성할 때부터 적용되었다.
③ 한국개발연구원, 한국조세재정연구원 등 법령으로 정하는 지정기준을 갖춘 전문기관이 수행할 수 있다.
④ 정책성 분석을 배제하고 경제성 분석에 집중한다.
⑤ 이 제도 도입 이전인 1994년부터 무분별한 사업비 증가를 방지하려는 총사업비관리제도가 운영되고 있다.

> **해설**
>
> ④ [×] 예비타당성 조사 결과는 경제성 분석, 정책성 분석, 지역균형발전 분석에 대한 평가결과를 종합적으로 고려하여 제시한다.
>
> **국가재정법 시행령 제13조 (예비타당성조사)**
> ⑤ 기획재정부장관은 제4항에 따라 예비타당성조사를 실시하기로 결정한 경우에는 조사대상사업의 경제성 및 정책적 필요성 등을 종합적으로 검토하여 그 타당성 여부를 판단하고, 그 결과를 공개하여야 한다.
>
> **예비타당성조사 운용지침 제42조 (예비타당성조사 분석 방법)**
> ① 예비타당성조사 결과는 <u>경제성 분석, 정책성 분석, 지역균형발전 분석에 대한 평가결과를 종합적으로 고려하여 제시한다.</u>
>
> ② [○] 예비타당성 조사는 기존에 유지된 타당성조사의 문제점을 보완하기 위해 1999년부터 도입되어 2000년 예산편성 부터 적용하고 있다.
> ③ [○] 한국개발연구원, 한국조세재정연구원 등 법령으로 정하는 지정기준을 갖춘 전문기관이 수행할 수 있다.
>
> **예비타당성조사 운용지침 제36조 (예비타당성조사 수행기관)**
> ① 예비타당성조사는 기획재정부장관의 요청에 의해 한국개발연구원(KDI), 한국조세재정연구원(KIPF)이 수행한다. 다만, 기획재정부장관은 효율적인 조사를 위해 필요한 경우 예비타당성조사 수행기관을 변경하거나 추가로 지정할 수 있다.
>
> ⑤ [○] 정부는 예비타당성 조사를 도입하기 이전인 1994년부터 무분별한 사업비 증가를 방지하려는 총사업비관리제도를 운영하고 있다.

정답 04 ④

05 우리나라 예산심의에 관한 설명으로 옳지 않은 것은? ▶ 2016년 행정사

① 국회는 국가의 예산안을 심의·확정한다.
② 국회는 정부예산에 대한 통제권을 가지므로 정부의 동의 없이 지출예산 각항의 금액을 증가할 수 있다.
③ 국회는 회계연도 개시 30일전까지 예산안을 의결하여야 한다.
④ 국회는 정부의 동의 없이 새로운 비목을 설치할 수 없다.
⑤ 국회에 제출된 예산안은 소관상임위원회의 예비심사를 거친다.

> **해설**
> ② [×] 국회는 정부의 동의 없이 지출예산 각항의 금액을 증가할 수 없다.
>
> **헌법 제57조**
> 국회는 정부의 동의없이 정부가 제출한 지출예산 각항의 금액을 증가하거나 새 비목을 설치할 수 없다.
>
> ①, ③ [○]
>
> **헌법 제54조**
> ① 국회는 국가의 예산안을 심의·확정한다.
> ② 정부는 회계연도마다 예산안을 편성하여 회계연도 개시 90일전까지 국회에 제출하고, 국회는 회계연도 개시 30일전까지 이를 의결하여야 한다.
>
> ⑤ [○]
>
> **국회법 제84조 (예산안·결산의 회부 및 심사)**
> ① 예산안과 결산은 소관 상임위원회에 회부하고, 소관 상임위원회는 예비심사를 하여 그 결과를 의장에게 보고한다. 이 경우 예산안에 대해서는 본회의에서 정부의 시정연설을 듣는다.

06 예산집행의 신축성을 유지하기 위한 제도적 장치가 아닌 것은? ▶ 2016년 행정사

① 총액계상제도
② 예산의 이용과 이체
③ 예산의 전용
④ 예비비
⑤ 예산의 정기배정

> **해설**
> ⑤ [×] 예산의 배정은 예산집행의 통제를 확보하기 위한 제도이다.

정답 05 ② 06 ⑤

07 예산집행의 신축성을 유지하기 위한 제도에 대한 설명으로 옳은 것은? ▶ 2024년 행정사

① 이용(移用)이란 세항·목 등 행정과목 간의 예산을 상호 융통하는 것이다.
② 전용(轉用)이란 장·관·항 등 입법과목 간의 예산을 상호 융통 하는 것이다.
③ 이체(移替)란 폐지되거나 기능이 이관된 기관의 예산을 신설된 기관의 예산으로 재분배하는 것이다.
④ 명시이월(明示移越)이란 연도 내에 지출원인 행위를 하고 불가피한 사유로 인하여 연도내에 지출하지 못한 경비를 다음 연도로 이월하여 사용하는 것이다.
⑤ 사고이월(事故移越)이란 연도 내에 그 지출을 마치지 못할 것이 예측될 때 미리 국회의 승인을 얻어 다음 연도로 이월하여 사용하는 것이다.

해설 ③ [○]

> **국가재정법 제47조 (예산의 이용·이체)**
> ② 기획재정부장관은 정부조직 등에 관한 법령의 제정·개정 또는 폐지로 인하여 중앙관서의 직무와 권한에 변동이 있는 때에는 그 중앙관서의 장의 요구에 따라 그 예산을 상호 이용하거나 이체(移替)할 수 있다.

① [×] 이용(移用)이란 장·관·항 등 입법과목 간의 예산을 상호 융통하는 것이다.
② [×] 전용(轉用)이란 세항·목 등 행정과목 간의 예산을 상호 융통하는 것이다.

> **국가재정법 제46조 (예산의 전용)**
> ① 각 중앙관서의 장은 예산의 목적범위 안에서 재원의 효율적 활용을 위하여 대통령령으로 정하는 바에 따라 기획재정부장관의 승인을 얻어 각 세항 또는 목의 금액을 전용할 수 있다. 이 경우 사업 간의 유사성이 있는지, 재해대책 재원 등으로 사용할 시급한 필요가 있는지, 기관운영을 위한 필수적 경비의 충당을 위한 것인지 여부 등을 종합적으로 고려하여야 한다.

④ [×] 명시이월(明示移越)이란 연도 내에 그 지출을 마치지 못할 것이 예측될 때 미리 국회의 승인을 얻어 다음 연도로 이월하여 사용하는 것이다.

> **국가재정법 제24조 (명시이월비)**
> ① 세출예산 중 경비의 성질상 연도 내에 지출을 끝내지 못할 것이 예측되는 때에는 그 취지를 세입세출예산에 명시하여 미리 국회의 승인을 얻은 후 다음 연도에 이월하여 사용할 수 있다.

⑤ [×] 사고이월(事故移越)이란 연도 내에 지출원인 행위를 하고 불가피한 사유로 인하여 연도내에 지출하지 못한 경비를 다음 연도로 이월하여 사용하는 것이다.

정답 07 ③

08 국회의 예산결산에 관한 설명으로 옳지 않은 것은? ▶ 2022년 행정사

① 결산 심의를 한 결과 문제가 있는 특정사안에 대하여 감사원에 감사를 요구할 수 있다.
② 결산은 회계연도에서 국가의 수입과 지출 실적을 확정적 계수로 표시하는 행위이다.
③ 예산의 범위 내에서 재정활동을 했는지 확인하고 그 결과를 재정운용에 반영하는 과정이다.
④ 부당한 지출이 발견된 경우 그 책임을 요구하고 무효화할 수 있다.
⑤ 재정운용의 비능률이 발견된 경우 시정을 요구할 수 있고 차년도 예산과정에서 쟁점화 될 수 있다.

> **해설**
> ④ [×] 결산은 위법 또는 부당한 지출이 지적되어도 그것을 무효로 하거나 취소하는 법적 효력은 없다.
> ① [○] 「국회법」 제127조의2에 따라 감사원의 직무 범위에 속하는 결산의 확인에 관한 사항 등에 대하여 감사를 요구할 수 있다.
>
> > 「국회법」 제127조의2 (감사원에 대한 감사 요구 등)
> > ① 국회는 의결로 감사원에 대하여 「감사원법」에 따른 감사원의 직무 범위에 속하는 사항 중 사안을 특정하여 감사를 요구할 수 있다. 이 경우 감사원은 감사 요구를 받은 날부터 3개월 이내에 감사 결과를 국회에 보고하여야 한다.

정답 08 ④

연습문제

01 예산주기에 비추어 볼 때 2021년도에 볼 수 없는 예산과정은? ▶ 2021년 국가직 9급

① 국방부의 2022년도 예산에 대한 예산요구서 작성
② 기획재정부의 2021년도 예산에 대한 예산배정
③ 대통령의 2022년도 예산안에 대한 국회 시정연설
④ 감사원의 2021년도 예산에 대한 결산검사보고서 작성

> **해설**
> ④ [×] 감사원의 2021년도 결산검사 보고서는 회계연도가 끝난 2022년에 이루어지므로 2021년도에는 볼 수 없다.
> ① [○] 국방부의 2022년도 예산요구서는 전년도인 2021년도 5.31까지 기획재정부장관에게 작성·제출되어야한다.
> ② [○] 2021년도 예산배정은 당해연도인 2021년도에 이루어진다.
> ③ [○] 2022년도 예산안에 대한 대통령의 국회 시정연설은 2021년도 정기국회에서 이루어진다.

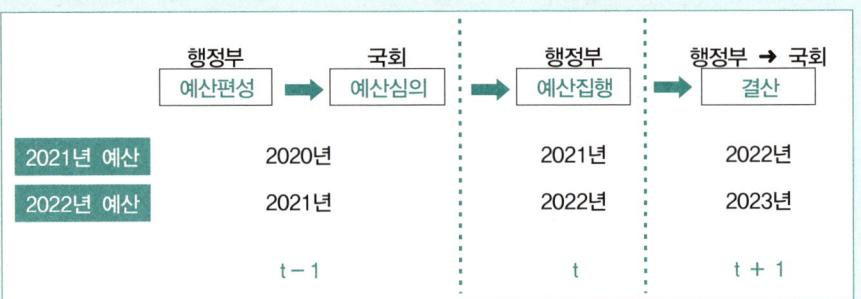

02 우리나라 정부의 예산편성 절차를 올바르게 나열한 것은? ▶ 2014년 사회복지직 9급

ㄱ. 예산편성지침 통보   ㄴ. 예산의 사정
ㄷ. 국무회의 심의와 대통령 승인   ㄹ. 중기사업계획서 제출
ㅁ. 예산요구서 작성 및 제출

① ㄱ - ㄹ - ㅁ - ㄴ - ㄷ
② ㄹ - ㄱ - ㅁ - ㄴ - ㄷ
③ ㄱ - ㅁ - ㄹ - ㄷ - ㄴ
④ ㄹ - ㄴ - ㄱ - ㅁ - ㄷ

정답 01 ④   02 ②

> **해설** ② 우리나라 예산편성 절차는 '중기사업계획서 제출 → 예산편성지침 통보 → 예산요구서 작성 및 제출 → 예산의 사정 → 국무회의 심의와 대통령의 승인'순으로 이루어진다.

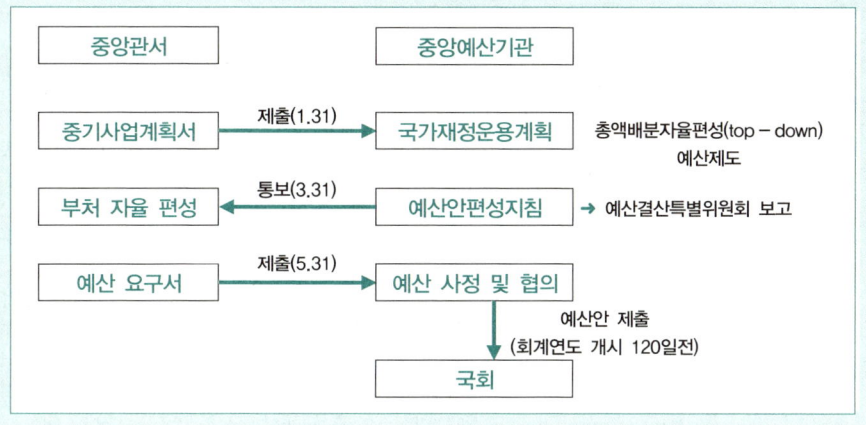

03 정부 예산 편성에 대한 설명으로 옳지 않은 것은? ▶ 2022년 지방직 7급

① 국가재정운용계획은 중·장기적 국가비전과 정책 우선순위를 고려한 계획으로 단년도 예산 편성의 기본틀이 된다.
② 기획재정부는 예산안 편성 시 사전에 지출한도를 설정하고 각 중앙부처는 그 한도 내에서 예산을 자율적으로 편성한다.
③ 기획재정부는 예비타당성조사를 실시하여 정치·경제적 이해관계가 배제될 수 있도록 예산 배분의 타당성을 검토한다.
④ 각 중앙관서의 장은 완성에 2년 이상이 소요되는 사업으로서 대통령령으로 정하는 대규모 사업에 대하여는 그 사업규모·총사업비 및 사업기간을 정하여 미리 기획재정부장관과 협의해야 한다.

> **해설** ③ [×] 기획재정부장관이 예비타당성조사를 실시할 때 대상 사업의 경제적 타당성과 함께 정책적 타당성도 검토하여 사업의 추진여부를 결정한다. 정책성 분석과 지역균형발전 분석 과정에서는 정치적 이해관계가 고려될 수 있다.

정답 03 ③

04 우리나라의 예산과정에 대한 설명으로 옳지 않은 것은? ▶ 2017년 국가직 7급

① 기획재정부는 매년 당해연도부터 5회계연도 이상의 기간에 대한 재정운용계획을 수립하여 회계연도 개시 120일 전까지 국회에 제출하여야 한다.
② 예산안편성지침에 중앙관서별 지출한도를 포함하여 통보할 수 있는 총액배분·자율편성제도가 도입되어서, 기획재정부의 사업별 예산통제 기능이 상실되었다.
③ 국회 본회의 중심이 아니라 국회 상임위원회와 예산결산특별위원회 중심으로 예산이 심의된다.
④ 예산의 이용(移用)과 전용, 예산의 이체(移替), 예비비, 계속비는 예산집행의 신축성을 보장하기 위한 것이다.

> **해설** ② [×] 총액배분·자율편성제도는 재정당국이 국가재정운용계획에 근거하여 분야별·부처별 지출한도를 제시하면, 각 부처는 지출한도 내에서 소관 정책과 우선순위에 입각하여 자율적으로 예산을 편성하는 하향적 예산편성제도이다. 총액배분·자율편성 예산제도는 부처에게 총액한도 내에서의 예산운영상의 자율성을 부여하고 있지만, 기획재정부는 예산집행과정에서 총사업비관리제도, 재정성과관리제도 등 다양한 제도를 통해서 여전히 부처의 사업에 대한 통제권을 행사하고 있다.
> ① [○]
>
> **국가재정법 제7조(국가재정운용계획의 수립 등)**
> ① 정부는 재정운용의 효율화와 건전화를 위하여 매년 해당 회계연도부터 5회계연도 이상의 기간에 대한 재정운용계획(이하 "국가재정운용계획"이라 한다)을 수립하여 회계연도 개시 120일 전까지 국회에 제출하여야 한다.

05 총액배분·자율편성제도에 대한 설명으로 옳지 않은 것은? ▶ 2018년 지방직 9급

① 전략기획과 분권 확대를 예산편성 방식에 도입하기 위해 실시하고 있다.
② 각 중앙부처는 소관 정책과 우선순위에 입각해 연도별 재정규모, 분야별·부문별 지출한도를 제시한다.
③ 지출한도가 사전에 제시되기 때문에 부처의 재정사업에 대한 책임과 권한을 강화할 수 있다.
④ 부처의 재량을 확대하였지만 기획재정부는 사업별 예산통제 기능을 유지하고 있다.

> **해설** ② [×] 총액배분자율편성예산제도는 기획재정부(중앙예산기관)가 국가재정운용계획에 근거하여 분야별·부문별·부처별 지출한도를 제시하면, 각 부처는 지출한도 내에서 소관 정책과 우선순위에 입각하여 자율적으로 예산을 편성하는 하향적 예산편성제도이다.

정답 04 ② 05 ②

06 예비타당성 조사제도에 대한 설명으로 옳지 않은 것은? ▶ 2014년 국가직 7급

① 경제적 타당성뿐만 아니라 정책적 타당성도 분석의 대상이 된다.
② 사업 주무 부처(기관)에서 수행하며, 기술적인 검토와 예비설계 등에 초점을 맞춘다.
③ 경제적 타당성의 분석을 위해 수요, 편익, 비용을 추정하고 재무성 평가와 민감도 분석을 시행한다.
④ 대형 신규 사업에서 발생할 수 있는 예산 낭비를 방지하고 재정운용의 효율성을 제고하기 위해 도입되었다.

> **해설** ② [×] 예비타당성 조사는 기획재정부가 수행하며, 사전에 경제적·정책적 타당성을 검토하여 사업의 추진여부를 결정하는 제도로서, 담당부처가 시행하는 본격적인 타당성 조사와 차이가 있다.

07 국회의 예산심의에 대한 설명으로 옳지 않은 것은? ▶ 2016년 국가직 9급

① 상임위원회의 예비심사를 거친 정부예산안은 예산결산특별위원회에 회부되고, 예산결산특별위원회에서 종합심사가 종결되면 본회의에 부의된다.
② 예산결산특별위원회는 소관 상임위원회의 동의 없이 상임위원회에서 삭감한 세출예산 각 항의 금액을 증액할 수 있다.
③ 국회는 정부의 동의 없이 정부가 제출한 지출 예산 각 항의 금액을 증가하거나 새 비목을 설치할 수 없다.
④ 국회의장은 예산안을 소관 상임위원회에 회부 할 때에는 심사기간을 정할 수 있으며, 상임위원회가 이유 없이 그 기간 내에 심사를 마치지 아니한 때에는 이를 바로 예산결산특별위원회에 회부할 수 있다.

> **해설** ② [×] 예산결산특별위원회는 소관 상임위원회의 동의 없이는 상임위원회에서 삭감한 세출예산 각 항의 금액을 증액할 수 없다.
>
> **국회법 제84조**
> ⑤ 예산결산특별위원회는 소관 상임위원회의 예비심사 내용을 존중하여야 하며, 소관 상임위원회에서 삭감한 세출예산 각 항의 금액을 증가하게 하거나 새 비목(費目)을 설치할 경우에는 소관 상임위원회의 동의를 받아야 한다.
>
> ④ [○]
>
> **국회법 제84조**
> ⑥ 의장은 예산안과 결산을 소관 상임위원회에 회부할 때에는 심사기간을 정할 수 있으며, 상임위원회가 이유 없이 그 기간 내에 심사를 마치지 아니한 때에는 이를 바로 예산결산특별위원회에 회부할 수 있다.

정답 06 ② 07 ②

08 예산집행의 신축성을 유지하기 위한 제도로 옳지 않은 것은? ▶ 2022년 국가직 9급

① 계속비
② 수입대체경비
③ 예산의 재배정
④ 예산의 이체

해설 ③ [×] 예산의 재배정은 예산 집행의 통제를 위한 제도이다.

09 우리나라 행정부의 예산집행 통제장치에 해당하지 않는 것은? ▶ 2011년 국가직 9급

① 정원 및 보수를 통제하여 경직성 경비의 증대를 억제한다.
② 정부조직 등에 관한 법령의 제정·개정·폐지로 인해 그 직무 권한에 변동이 있을 때 예산도 이에 따라서 변동시킬 수 있다.
③ 각 중앙관서의 장은 2년 이상 소요되는 사업 중 대통령령이 정하는 대규모사업에 대해 사업규모·총사업비·사업기간을 정해 미리 기획재정부장관과 협의해야 한다.
④ 각 중앙관서의 장은 월별로 기획재정부장관에게 사업집행 보고서를 제출해야 한다.

해설 ② [×] 예산의 이체에 관한 설명으로 예산집행의 신축성 장치에 해당된다.

> **기획재정법 제47조(예산의 이용·이체)**
> ② 기획재정부장관은 정부조직 등에 관한 법령의 제정·개정 또는 폐지로 인하여 중앙관서의 직무와 권한에 변동이 있는 때에는 그 중앙관서의 장의 요구에 따라 그 예산을 상호 이용하거나 이체(移替)할 수 있다.

③ [○]

> **제50조(총사업비의 관리)**
> ① 각 중앙관서의 장은 완성에 2년 이상이 소요되는 사업으로서 대통령령으로 정하는 대규모사업에 대하여는 그 사업규모·총사업비 및 사업기간을 정하여 미리 기획재정부장관과 협의하여야 한다. 협의를 거친 사업규모·총사업비 또는 사업기간을 변경하고자 하는 때에도 또한 같다.

정답 08 ③ 09 ②

10 예산집행과 관련된 기술로 옳지 않은 것은? ▶ 2016년 지방교행 9급

① 예산집행은 재정통제와 재정신축성이라는 상반된 목표를 동시에 추구한다.
② 중앙관서의 장은 대통령령이 정하는 바에 따라 기획재정부장관의 승인을 얻어 세항 또는 목의 금액을 전용할 수 있다.
③ 예비비로 공무원의 보수 인상을 위한 인건비를 충당하기 위해서는 예산총칙 등에 따라 미리 사용 목적을 지정하여야 한다.
④ 중앙관서의 장은 완성에 2년 이상 소요되고 총사업비가 일정 규모 이상인 사업에 대해서는 사전에 기획재정부 장관과 협의하여야 한다.

> **해설**
> ③ [×] 공무원 보수인상을 위한 인건비 충당을 위하여는 예비비의 사용목적으로 지정할 수 없다.
>
> > **국가재정법 제22조(예비비)**
> > ① 정부는 예측할 수 없는 예산 외의 지출 또는 예산초과지출에 충당하기 위하여 일반회계 예산총액의 100분의 1 이내의 금액을 예비비로 세입세출예산에 계상할 수 있다. 다만, 예산총칙 등에 따라 미리 사용목적을 지정해 놓은 예비비는 본문의 규정에 불구하고 별도로 세입세출예산에 계상할 수 있다.
> > ② 제1항 단서의 규정에 불구하고 공무원의 보수 인상을 위한 인건비 충당을 위하여는 예비비의 사용목적을 지정할 수 없다.
>
> ④ [○] 총사업비 관리제도에 대한 설명이다.
>
> > **국가재정법 제50조(총사업비의 관리)**
> > ① 각 중앙관서의 장은 완성에 2년 이상이 소요되는 사업으로서 대통령령이 정하는 대규모사업에 대하여는 그 사업규모·총사업비 및 사업기간을 정하여 미리 기획재정부장관과 협의하여야 한다. 협의를 거친 사업규모·총사업비 또는 사업기간을 변경하고자 하는 때에도 또한 같다.

11 다음은 예산의 이용과 전용에 대한 설명이다 ㉠과 ㉡에 해당하는 것은? ▶ 2016년 지방직 7급

> 이용은 국회에서 승인된 예산 중 (㉠)간 울타리를 뛰어 넘어 자금을 이전하는 것을 말하며 이를 위해서는 국회의 승인을 받아야 한다. 반면 전용은 (㉡)간 울타리를 뛰어 넘어 자금을 이전하는 것을 말하며 이를 위해서는 국회의 승인을 받을 필요가 없다.

	㉠	㉡
①	장	관, 항, 세항, 목
②	장, 관	항, 세항, 목
③	장, 관, 항	세항, 목
④	장, 관, 항, 세항	목

정답 10 ③　11 ③

해설 ③ [○] 이용은 입법과목인 장-관-항 간의 상호융통을 의미하며, 전용은 행정과목인 세항-목 간의 상호융통을 말한다.

```
장[章] ─ 관[款] ─ 항[項] ─ 세항[細項] ─ 목[目]
         입법과목                    행정과목
```

- 입법과목 간 상호 융통 : 이용
- 미리 예산으로써 국회 의결

- 행정과목 간 상호융통 : 전용
- 기획재정부 장관 승인
- 국회 의결(×)

12 예산집행의 신축성을 유지하기 위한 방안에 대한 설명 중 가장 옳지 않은 것은?

▶ 2017년 서울시 9급

① 이체란 정부조직 등에 관한 법령의 제정 개정 또는 폐지로 인하여 중앙관서의 직무와 권한에 변동이 있을 때 관련 예산을 이동하는 것이다.
② 전용이란 입법 과목 간 상호 융통으로, 각 중앙관서의 장은 예산의 목적범위 안에서 재원의 효율적 활용을 위하여 기획재정부장관의 승인을 얻어 각 세항 또는 목의 금액을 전용할 수 있다.
③ 이월이란 당해 연도 예산액의 일정 부분을 다음 연도로 넘겨서 사용할 수 있는 제도이다.
④ 계속비란 완성에 수년도를 요하는 사업에 대해 그 경비의 총액과 연도별 지출액을 정하여 미리 국회의 의결을 얻은 범위 안에서 수년도에 걸쳐 지출하는 경비이다.

해설 ② [×] 전용은 행정과목(입법과목 ×)간의 상호융통이다.

국가재정법 제46조 (예산의 전용)
① 각 중앙관서의 장은 예산의 목적범위 안에서 재원의 효율적 활용을 위하여 대통령령으로 정하는 바에 따라 기획재정부장관의 승인을 얻어 각 세항 또는 목의 금액을 전용할 수 있다. 이 경우 사업 간의 유사성이 있는지, 재해대책 재원 등으로 사용할 시급한 필요가 있는지, 기관운영을 위한 필수적 경비의 충당을 위한 것인지 여부 등을 종합적으로 고려하여야 한다.

정답 12 ②

13 국고채무부담행위에 대한 설명으로 옳은 것만을 모두 고르면? ▶ 2024년 국가직 9급

> ㄱ. 사항마다 필요한 이유를 명백히 하고 그 행위를 할 연도와 상환연도, 채무부담의 금액을 표시해야 한다.
> ㄴ. 국가가 금전 급부 의무를 부담하는 행위로서 그 채무 이행의 책임은 다음 연도 이후에 부담됨을 원칙으로 한다.
> ㄷ. 국가가 채무를 부담할 권한과 채무의 지출권한을 부여받은 것으로, 지출을 위한 국회 의결 대상에서 제외된다.
> ㄹ. 단년도 예산 원칙의 예외라는 점에서 계속비와 동일하지만, 공사나 제조 및 연구개발 사업 등 대상이 한정되어 있다는 점에서는 대상이 한정되지 않는 계속비와 차이가 있다.

① ㄱ, ㄴ
② ㄱ, ㄹ
③ ㄴ, ㄷ
④ ㄷ, ㄹ

해설 ① ㄱ, ㄴ [O]

ㄱ. [O] 「국가재정법」제25조 제3항

> 「국가재정법」 제25조 (국고채무부담행위)
> ① 국가는 법률에 따른 것과 세출예산금액 또는 계속비의 총액의 범위 안의 것 외에 채무를 부담하는 행위를 하는 때에는 미리 예산으로써 국회의 의결을 얻어야 한다.
> ② 국가는 제1항에 규정된 것 외에 재해복구를 위하여 필요한 때에는 회계연도마다 국회의 의결을 얻은 범위 안에서 채무를 부담하는 행위를 할 수 있다. 이 경우 그 행위는 일반회계 예비비의 사용절차에 준하여 집행한다.
> ③ 국고채무부담행위는 사항마다 그 필요한 이유를 명백히 하고 그 행위를 할 연도 및 상환연도와 채무부담의 금액을 표시하여야 한다.

ㄴ. [O] 국고채무부담행위는 국가가 금전 급부 의무를 부담하는 행위로서 그 채무 이행의 책임은 다음 연도 이후에 부담됨이 원칙이다.
ㄷ. [×] 국회 의결이 있을 때 채무를 부담할 권한만 생기고 지출 권한까지 생기는 것은 아니므로 실제 예산으로써 지출하려면 별도의 국회의 의결이 필요하다. 국고채무부담행위는 국가가 채무를 부담할 권한만 부여받은 것이지 지출할 수 있는 권한까지 부여받은 것은 아니다. 지출할 때 추가적으로 국회의 의결을 거쳐 예산으로 성립해야 한다.
ㄹ. [×] 단년도 예산 원칙(회계연도 독립 원칙, 시기적 한정성 원칙)의 예외로는 예산의 이월, 계속비, 국고채무 부담행위가 있다. 공사나 제조 및 연구개발사업 등 대상이 한정되어 있는 것은 계속비이다.

> 국가재정법 제23조 (계속비)
> ① 완성에 수년이 필요한 공사나 제조 및 연구개발사업은 그 경비의 총액과 연부액(年賦額)을 정하여 미리 국회의 의결을 얻은 범위 안에서 수년도에 걸쳐서 지출할 수 있다.

정답 13 ①

14. (가) ~ (라)에 들어갈 숫자를 바르게 연결한 것은?

▶ 2021년 지방직 7급

- 정부는 재정운용의 효율화와 건전화를 위하여 매년 해당 회계연도부터 (가) 회계연도 이상의 기간에 대한 재정운용계획을 수립하여야 한다.
- 기획재정부장관은 대통령의 승인을 얻은 다음연도의 예산안편성지침을 매년 (나) 월 31일까지 각 중앙관서의 장에게 통보해야 한다.
- 기획재정부장관은 「국가회계법」에 따라 회계연도마다 국가결산보고서를 작성하여 대통령의 승인을 얻어 다음 연도 4월 (다) 일까지 감사원에 제출하여야 한다.
- 예산의 편성 및 의결, 집행, 그리고 결산 및 회계검사의 단계가 일정한 주기로 반복되는 것을 예산주기 또는 예산순기라고 하는데 우리나라의 경우 통상 (라) 년이다.

	(가)	(나)	(다)	(라)
①	10	3	10	1
②	5	3	10	3
③	5	5	20	1
④	10	5	20	3

해설

② [○]

(가) [5] 5회계연도 이상의 기간에 대한 국가재정운용계획을 수립해야 한다.

> **국가재정법 제7조 (국가재정운용계획의 수립 등)**
> ① 정부는 재정운용의 효율화와 건전화를 위하여 매년 해당 회계연도부터 5회계연도 이상의 기간에 대한 재정운용계획(이하 "국가재정운용계획"이라 한다)을 수립하여 회계연도 개시 120일 전까지 국회에 제출하여야 한다.

(나) [3] 기획재정부장관은 다음연도의 예산안편성지침을 매년 3월 31일까지 각 중앙관서의 장에게 통보해야 한다.

> **동법 제29조 (예산안편성지침의 통보)**
> ① 기획재정부장관은 국무회의의 심의를 거쳐 대통령의 승인을 얻은 다음 연도의 예산안편성지침을 매년 3월 31일까지 각 중앙관서의 장에게 통보하여야 한다.

(다) [10] 기획재정부 장관은 국가결산보고서를 4월 10일까지 감사원에 제출하여야 한다.

> **동법 제59조 (국가결산보고서의 작성 및 제출)** 기획재정부장관은 「국가회계법」에서 정하는 바에 따라 회계연도마다 작성하여 대통령의 승인을 받은 국가결산보고서를 다음 연도 4월 10일까지 감사원에 제출하여야 한다.

(라) [3] 예산과정은 편성, 심의, 집행, 결산 및 회계검사의 단계로, 우리나라의 예산주기는 3년이다.

정답 14 ②

15. 예산의 결산과정에 관한 설명으로 옳지 않은 것은?

▶ 2012년 국회 8급

① 한 회계연도에 속하는 세입·세출의 출납에 관한 사무는 다음 연도 2월 10일까지 완결하여야 한다.
② 각 중앙관서의 장은 매 회계연도에 그 소관에 속하는 결산보고서를 작성하여 다음 연도 2월 말까지 기획재정부장관에게 제출한다.
③ 기획재정부장관은 각 중앙관서의 장이 제출하는 결산보고서에 의거하여 총결산보고서를 작성하여 다음 연도 4월 말일까지 감사원에 제출한다.
④ 감사원은 결산 확인이 끝나면 그 보고서를 다음 연도 5월 20일까지 기획재정부장관에게 송부한다. 그리고 정부는 감사원의 검사를 거친 결산보고서를 다음 연도 5월 말일까지 국회에 제출한다.
⑤ 국회는 제출된 결산보고서를 각 상임위원회와 예산결산특별위원회의 심의를 거쳐 본회의에 보고하여 처리한다.

해설

③ [×]

> 국가재정법 제59조 (국가결산보고서의 작성 및 제출) 기획재정부장관은 「국가회계법」에서 정하는 바에 따라 회계연도마다 작성하여 대통령의 승인을 받은 국가결산보고서를 다음 연도 4월 10일까지 감사원에 제출하여야 한다.

② [○]

> 국가재정법 제58조 (중앙관서결산보고서의 작성 및 제출)
> ① 각 중앙관서의 장은 「국가회계법」에서 정하는 바에 따라 회계연도마다 작성한 결산보고서(이하 "중앙관서결산보고서"라 한다)를 다음 연도 2월 말일까지 기획재정부장관에게 제출하여야 한다.

④ [○]

> 국가재정법 제60조 (결산검사) 감사원은 제59조에 따라 제출된 국가결산보고서를 검사하고 그 보고서를 다음 연도 5월 20일까지 기획재정부장관에게 송부하여야 한다.
>
> 국가재정법 제61조 (국가결산보고서의 국회제출) 정부는 제60조에 따라 감사원의 검사를 거친 국가결산보고서를 다음 연도 5월 31일까지 국회에 제출하여야 한다.

정답 15 ③

제4장 정부회계

기출문제

01 정부회계에 관한 설명으로 옳지 않은 것은? ▶ 2019년 행정사

① 복식부기는 거래의 이중성에 따라 장부의 차변과 대변에 각각 계상하고 차변의 합계와 대변의 합계의 일치여부로 자기 검증 기능을 갖는다.
② 미지급비용은 현금주의에서는 인식되지 않으나 발생주의에서는 부채로 인식된다.
③ 현행 정부회계는 발생주의·복식부기 방식을 채택하여 재무제표를 작성한다.
④ 「국가회계법」상 중앙정부의 대표적 재무제표는 재정상태보고서, 재정운영보고서, 현금흐름보고서, 순자산변동보고서로 구성된다.
⑤ 발생주의·복식부기의 정부회계는 성과중심의 정부개혁에 유용한 정보를 제공한다.

해설 ④ [×] 국가회계법상 결산보고서에 포함되는 재무제표는 재정상태표, 재정운영표, 순자산변동표로 구성되어있다. 현금흐름보고서는 포함되지 않는다.

> **국가회계법 제14조(결산보고서의 구성)** 결산보고서는 다음 각 호의 서류로 구성된다.
> 1. 결산 개요
> 2. 세입세출결산(중앙관서결산보고서 및 국가결산보고서의 경우에는 기금의 수입지출결산을 포함하고, 기금결산보고서의 경우에는 기금의 수입지출결산을 말한다)
> 3. 재무제표
>   가. 재정상태표
>   나. 재정운영표
>   다. 순자산변동표
> 4. 성과보고서

정답 01 ④

우리나라 정부회계의 장부 기장 방식 중 현금주의와 발생주의에 관한 설명으로 옳지 않은 것은?
▶ 2014년 행정사

① 전통적으로 지방정부의 일반회계는 현금주의를, 중앙정부 기업특별회계는 발생주의 회계방식을 적용하였다.
② 현금주의 회계방식은 경영성과 파악이 용이하며, 발생주의 회계방식은 절차와 운용이 간편하다.
③ 현금주의 회계방식은 이해와 통제가 용이하며, 발생주의 회계방식은 재정 건전성 확보가 용이하다.
④ 현금주의 회계방식은 일반행정 부분에 적용가능하며, 발생주의 회계방식은 사업적 성격이 강한 회계 부분에 적용이 가능하다.
⑤ 현금주의 회계방식은 손해배상 비용이나 부채성 충당금 등에 대한 인식이 어렵지만, 발생주의 회계방식은 미지급비용과 미수수익을 각각 부채와 자산으로 인식한다.

해설
② [×] 현금주의 회계방식은 절차와 운용이 간편하고, 발생주의 회계방식은 경영성과 파악이 용이하다.

 현행 「감사원법」상 회계검사기관인 감사원에 관한 설명으로 옳지 않은 것은?
▶ 2013년 행정사

① 감사원은 국가의 세입·세출의 결산과 공무원직무에 관한 감찰을 위해 대통령 소속하에 설치된 기관이다.
② 감사원은 직무에 관해 독립된 지위를 유지하며 그 직무수행상 정치적 압력이나 간섭을 받지 않는 특징이 있다.
③ 감사원장은 국회의 동의를 얻어 대통령이 임명하며, 감사위원의 경우는 감사원장의 제청으로 역시 대통령이 임명한다.
④ 감사원장의 임기는 4년이며, 원장을 포함해 9인의 감사위원으로 구성한다.
⑤ 감사원은 감사절차 및 내부 규율과 감사사무처리에 관한 규칙을 제정할 수 있다.

정답 02 ② 03 ④

④ [×] 감사위원회는 원장을 포함한 7인의 감사위원으로 구성된다(감사원법 제3조).

감사원법 제3조 (구성)
감사원은 감사원장(이하 "원장"이라 한다)을 포함한 7명의 감사위원으로 구성한다.

제6조(임기 및 정년)
① 감사위원의 임기는 4년으로 한다.

① [○]

헌법 제97조
국가의 세입·세출의 결산, 국가 및 법률이 정한 단체의 회계검사와 행정기관 및 공무원의 직무에 관한 감찰을 하기 위하여 대통령 소속하에 감사원을 둔다.

② [○]

감사원법 제2조 (지위)
① 감사원은 대통령에 소속하되, 직무에 관하여는 독립의 지위를 가진다.
② 감사원 소속 공무원의 임용, 조직 및 예산의 편성에 있어서는 감사원의 독립성이 최대한 존중되어야 한다.

③ [○]

감사원법 제4조 (원장)
① 원장은 국회의 동의를 받아 대통령이 임명한다.

감사원법 제5조 (임명 및 보수)
① 감사위원은 원장의 제청으로 대통령이 임명한다.

⑤ [○]

감사원법 제52조 (감사원규칙)
감사원은 감사에 관한 절차, 감사원의 내부 규율과 감사사무 처리에 관한 규칙을 제정할 수 있다.

연습문제

01 정부회계제도의 기장방식에 대한 〈보기〉의 설명과 바르게 짝지어진 것은? ▶ 2018년 서울시 9급

〈보기〉
ㄱ. 현금의 수불과는 관계없이 경제적 자원에 변동을 주는 사건이 발생된 시점에 거래를 인식하는 방식이다.
ㄴ. 하나의 거래를 대차평균의 원리에 따라 차변과 대변에 이중 기록하는 방식이다.

	ㄱ	ㄴ
①	현금주의	복식부기
②	발생주의	복식부기
③	발생주의	단식부기
④	현금주의	단식부기

해설 ② [O]
ㄱ. 발생주의 : 발생주의는 현금의 유입과 유출과는 관계없이 수익과 비용이 발생된 시점에, 즉, 거래나 사건이 발생된 시점에 거래를 인식하는 방식이다. 반면에 현금주의는 현금을 수취하거나 지급한 시점에 거래를 인식하는 방식이다.
ㄴ. 복식부기 : 복식부기는 동일한 거래를 두 가지 측면에서 파악하여 이른바 대변과 차변에 동시에 기록하는 방식이다. 반면에 단식부기는 거래의 한쪽 측면만을 장부에 기입·보고하는 방식이다.

02 정부회계의 기장 방식에 대한 설명으로 옳지 않은 것은? ▶ 2018년 국가직 9급

① 단식부기는 발생주의 회계와, 복식부기는 현금주의 회계와 서로 밀접한 연계성을 갖는다.
② 단식부기는 현금의 수지와 같이 단일 항목의 증감을 중심으로 기록하는 방식이다.
③ 복식부기에서는 계정 과목 간에 유기적 관련성이 있기 때문에 상호 검증을 통한 부정이나 오류의 발견이 쉽다.
④ 복식부기는 하나의 거래를 대차 평균의 원리에 따라 차변과 대변에 동시에 기록하는 방식이다.

해설 ① [X] 단식부기는 현금주의 회계와, 복식부기는 발생주의 회계와 서로 밀접한 연계성을 갖는다.

정답 01 ② 02 ①

03 발생주의회계에 대한 설명으로 옳은 것은?   ▶ 2010년 지방직 7급

① 자의적 회계처리가 불가능하여 통제가 용이하다.
② 기관별 성과의 비교가 가능하다.
③ 감가상각과 미지급금 등의 인식이 어렵다.
④ 자산, 부채, 자본(순자산) 등을 인식하지 못하는 단점이 있다.

> **해설**
> ② [O] 발생주의회계는 기관별 성과의 비교가 가능하다는 장점이 있다.
> ① [X] 발생주의 회계는 회계처리에 많은 추정이 개입되어 예산운용에 대한 통제가 더 느슨해질 가능성이 높다는 문제가 있다.
> ③ [X] 발생주의 회계는 감가상각과 미지급금 등 비화폐비용도 비용으로 포함시킴으로써 정부활동의 총체적인 경제적 비용을 측정할 수 있다.
> ④ [X] 자산, 부채, 자본(순자산) 등을 인식하지 못하는 것은 현금주의 회계방식의 한계이다. 현금주의 회계는 현금에만 초점을 맞추기 때문에 자산과 부채를 인식하지 못하기 때문에 정부의 자산관리가 비효율적으로 이루어질 수 있다.

04 중앙정부 결산보고서상의 재무제표로 옳은 것은?   ▶ 2022년 국가직 9급

① 손익계산서, 순자산변동표, 현금흐름표
② 대차대조표, 재정운영보고서, 이익잉여금처분계산서
③ 재정상태표, 재정운영표, 순자산변동표
④ 재정상태보고서, 순자산변동표, 현금흐름보고서

> **해설**
> ③ [O] 중앙정부 결산보고서상 재무제표는 재정상태표, 재정운영표, 순자산변동표로 구성된다(국가회계법 제14조).
>
> > 국가회계법 제14조 (결산보고서의 구성) 결산보고서는 다음 각 호의 서류로 구성된다.
> > 1. 결산 개요
> > 2. 세입세출결산(중앙관서결산보고서 및 국가결산보고서의 경우에는 기금의 수입지출결산을 포함하고, 기금결산보고서의 경우에는 기금의 수입지출결산을 말한다)
> > 3. 재무제표
> >   가. 재정상태표
> >   나. 재정운영표
> >   다. 순자산변동표
> > 4. 성과보고서

제5장 예산결정 이론

01 공공부문에서의 희소성의 법칙에 관한 설명으로 옳지 않은 것은? ▶ 2008년 국회 8급

① 급성 희소성(acute scarcity)은 가용자원이 정부의 계속사업을 지속할 만큼 충분하지 못한 경우에 발생한다.
② 완화된 희소성(relaxed scarcity)의 상태는 정부가 현존 사업을 계속하고 새로운 예산공약을 떠맡을 수 있는 충분한 자원을 가지고 있는 상황이다.
③ 만성적 희소성(chronic scarcity) 하에서 예산은 주로 지출통제보다는 관리의 개선에 역점을 두게 된다.
④ 희소성은 '정부가 얼마나 원하는가'에 대해서 '정부가 얼마나 보유하고 있는가'의 양면적 조건으로 이루어져 있다.
⑤ 공공부문에서의 희소성의 법칙은 항상 절대적으로 받아들여지는 것은 아니다.

해설
① [×] 가용자원이 정부의 계속사업을 지속할 만큼 충분하지 못한 경우에 발생하는 것은 총체적 희소성이다. 급성희소성은 이용 가능한 자원이 현존사업의 점증적 증가분을 충당하지 못하는 상황이다.
⑤ [○] 민간부문과 달리 공공부문에서는 양출계입(量出計入)의 성격이 강하므로 희소성의 법칙이 항상 절대적으로 받아들여지는 것은 아니다. 공공부문은 목적세나 특별회계의 신설 등 재정확충이 상대적으로 용이하기 때문이다.

[표] 자원의 희소성과 예산의 관계

구분	상황	예산결정의 특징	예산제도
완화된 희소성	• 진행 중인 모든 사업의 비용 및 주요 사업을 새로이 추진할 충분한 자원이 존재하는 경우 • 공공자원의 제약 상태가 최소인 상황	• 사업개발 · 계획 기능에 중점 • 다년도 예산편성의 특성	PPBS
만성적 희소성	• 대부분의 정부에서 볼 수 있는 일상적 예산부족 상태 • 계속사업 지속은 가능하지만 신규사업을 새롭게 추진할 자원이 부족한 상태	• 지출통제보다는 관리의 개선 및 관리효율성에 초점 • 신규사업 분석과 평가 미흡	ZBB

정답 01 ①

급성 희소성	• 이용 가능한 자원이 현존사업의 점증적 증가분을 충당하지 못하는 상황 • 지역경제가 취약한 지방정부에서 발생	• 예산 삭감 전략에 의해 수요가 억제됨 • 장기적 기획보다 단기적 예산편성의 즉흥성이 발생	단기적·임기응변적 예산 양입제출적 예산 (세입예산)
총체적 희소성	• 가용자원이 정부의 계속사업을 지속할 만큼 충분하지 못한 상황(현존사업의 현재 수준 지속도 어려운 상태) • 정부가 매우 빈곤하거나, 서비스 수요가 극히 높은 경우	• 회피적 예산편성 • 실질은 무시되고 장부상의 균형만 추구하는 겉치례 예산 • 저개발 국가	반복예산(답습예산)

02 윌다브스키(A. Wildavsky)의 예산행태 유형 중 국가의 경제력은 낮지만 재정 예측력이 높은 경우에 나타나는 행태는? ▶ 2019년 국가직 7급

① 점증적 예산(incremental budgeting)
② 반복적 예산(repetitive budgeting)
③ 세입 예산(revenue budgeting)
④ 보충적 예산(supplemental budgeting)

해설 ③ [O] 국가의 경제력은 낮지만 재정 예측력이 높은 경우에 나타나는 형태는 양입제출적(세입)예산이다.

[표] Wildavsky 예산문화론

구분		경제력	
		큼	작음
재정의 예측가능성	높음	점증적(incremental) 예산	양입제출적(revenue) 예산
	낮음	보충적(supplement) 예산	반복적(repetitive) 예산

03 총체주의 예산이론에 대한 설명 중 옳지 않은 것은? ▶ 2017년 사회복지직 9급

① 계획예산제도(PPBS)와 영기준 예산제도(ZBB)는 대표적 총체주의 예산제도이다.
② 정치적 타협과 상호 조절을 통해 최적의 예산을 추구한다.
③ 예산의 목표와 목표 간 우선순위를 명확하게 설정한다.
④ 합리적 분석을 통해 비효율적 예산 배분을 지양한다.

해설 ② [×] 총체주의(합리주의) 예산이론은 인간의 완전한 합리성을 가정하는 경제적 합리성에 입각한 예산결정으로 계량모형을 통해 최적의 해결방안을 모색하려는 접근방식이다. 정치적 타협과 상호 조절 등 정치적 성격을 고려한 예산결정 방식은 점증모형이다.

정답 02 ③ 03 ②

04 예산이론에 대한 설명으로 옳지 않은 것은?
▶ 2023년 국가직 9급

① 총체주의는 계획예산(PPBS), 영기준예산(ZBB)과 같은 예산제도 개혁을 설명하기에 적합한 이론이다.
② 점증주의는 거시적 예산결정과 예산삭감을 설명하기에 적합한 이론이다.
③ 총체주의는 합리적·분석적 의사결정과 최적의 자원배분을 전제로 한다.
④ 점증주의는 예산을 결정할 때 대안을 모두 고려하지는 못한다는 것을 전제로 한다.

해설
② [×] 합리모형(점증주의×)에 대한 설명이다.

05 예산결정이론에 대한 설명으로 옳은 것은?
▶ 2019년 지방직 7급

① 다중합리성모형은 정부 예산의 성공을 위해서는 예산 과정 각 단계에서 예산 활동 및 행태를 구분해야 함을 강조한다.
② 단절균형모형을 따르는 예산결정자는 사후후생을 고려하지 않고 최악을 피하는 전략을 사용한다.
③ 예산 결정에서 기존 사업에 대한 당위적 예산 배분을 제어할 수 있다는 점은 점증모형의 유용성이다.
④ 합리모형은 예산상의 편익을 극대화하기 위한 결정방식이지만 규범적 성격은 약하다.

해설
① [○]
② [×] 사후후생을 고려하지 않고 최악을 피하는 전략을 사용하는 것은 점증주의에 따른 전략이다. 단절균형모형은 바움가트너 & 존스(Baumgartner & Jones)가 주장한 모형으로 예산 변화에서 소폭적인 변화와 급격하고 대폭적인 변화를 동시에 설명하는 이론이다.
③ [×] 예산결정에서 기존 사업에 대한 당위적 예산 배분을 제어할 수 없다는 점은 점증모형의 한계이다.
④ [×] 합리모형은 예산상의 편익을 극대화하기 위한 결정방식으로 이상적·규범적 성격이 강한 모형이다.

정답 04 ② 05 ①

06 서메이어(K. Thumaier)와 윌로비(K. Willoughby)의 예산 운영의 다중합리성 모형에 대한 설명으로 가장 옳은 것은?
▶ 2019년 서울시 9급

① 정부예산의 결과론적 접근방법에 근거한다.
② 미시적 수준의 예산상의 의사결정을 설명하고 탐구한다.
③ 정부 예산의 성공을 위해서는 예산과정 각 단계에서 예산활동과 행태를 구분해서는 안 된다고 주장하였다.
④ 예산과정과 정책과정 간의 연계점의 인식틀을 제시하기 위해 킹던(J.W. Kingdon)의 정책결정모형과 그린과 톰슨(Green & Thompson)의 조직과정 모형을 통합하고자 하였다.

> **해설**
> ② [O]
> ①, ③ [×] 다중합리성 모형은 정부예산의 과정을 중심으로 접근하는 이론으로, 정부 예산의 성공을 위해서는 예산 과정 각 단계에서 예산 활동 및 행태를 구분해야 함을 강조했다.
> ④ [×] 다중합리성모형은 예산 과정과 정책 과정 간의 연계점의 인식 틀을 제시하기 위해 킹던(J.W. Kingdon)의 정책결정 모형과 루빈(Irene S. Rubin)의 실시간 예산운영 모형을 통합하고자 한다.

정답 06 ②

제6장 예산제도와 재정개혁

기출문제

01 예산제도의 등장 순으로 옳게 나열한 것은? ▶ 2020년 행정사

㉠ 영기준예산	㉡ 계획예산(PPBS)
㉢ 품목별예산	㉣ 성과주의예산
㉤ 결과지향예산	

① ㉠ ⇨ ㉢ ⇨ ㉡ ⇨ ㉣ ⇨ ㉤
② ㉢ ⇨ ㉠ ⇨ ㉣ ⇨ ㉡ ⇨ ㉤
③ ㉢ ⇨ ㉣ ⇨ ㉡ ⇨ ㉠ ⇨ ㉤
④ ㉣ ⇨ ㉠ ⇨ ㉤ ⇨ ㉢ ⇨ ㉡
⑤ ㉣ ⇨ ㉢ ⇨ ㉠ ⇨ ㉡ ⇨ ㉤

해설 ③ [○] 예산제도의 등장순서는 품목별 예산제도 – 성과주의 예산제도 – 계획 예산제도 – 영기준 예산제도 – 결과지향(신성과주의) 예산제도 순서이다.

02 품목별예산제도에 관한 설명으로 옳지 않은 것은? ▶ 2015년 행정사

① 예산의 유용이나 남용을 방지하는 데 도움이 된다.
② 투입지향적 예산제도이다.
③ 정부사업의 우선순위 파악이 용이하다.
④ 기획지향적이라기 보다는 통제지향적이다.
⑤ 의회의 예산심의가 용이하다.

해설 ③ [×] 품목별 예산은 사업에 투입되는 품목중심의 예산으로 책임 확보 및 통제나 예산심의는 용이하나, 사업 중심의 예산이 아니므로 정부사업의 성과나 우선순위 파악이 곤란하다.

정답 01 ③ 02 ③

03
입법기관이 따로 조치를 취하지 않는 한 정부의 사업 또는 조직이 미리 정한 기간이 지나면 자동적으로 폐지 또는 폐기되도록 하는 제도는?

▶ 2017년 행정사

① 감축관리제
② 일출제
③ 목표관리제
④ 영기준예산제
⑤ 일몰제

해설

⑤ 일몰제도(일몰법)에 대한 설명이다. 일몰법(sunset law)은 특정한 사업이나 조직이 정해진 기간이 지나면 자동적으로 폐지되도록 하는 법률을 의미한다.

[표] 영기준예산과 일몰법 비교

구분	영기준예산	일몰법
유사점	• 한정된 자원의 합리적 배분을 기할 수 있음 • 감축관리의 한 방법임 • 사업의 능률성과 효과성을 검토하여 사업의 계속 여부를 결정하기 위한 재심사	
차이점	• 행정적 과정(예산편성) • 단기적(1년) • 최상위부터 중·하위 계층까지 관련	• 입법적 과정(예산 심의) • 장기적(3~7년) • 최상위 계층에 관련

04
시민이나 의원이 집행결과를 쉽게 이해할 수 있으며 정부의 예산 투입과 산출을 연계시키는 예산제도는?

▶ 2024년 행정사

① 일몰 예산제도
② 성과주의 예산제도
③ 영기준 예산제도
④ 계획 예산제도
⑤ 자본 예산제도

해설

② [○] 성과주의 예산제도(PBS)는 예산을 사업별·활동별로 분류해 편성하되, 업무 단위의 원가와 양을 계산해 편성하는 제도이다. 각 사업에 대해 성과를 측정할 수 있는 단위, 단위당 원가, 그리고 달성하고자 하는 성과목표(업무량)를 정한 후 성과목표와 단위 원가를 곱하여 사업당 예산액을 책정('단위원가 × 업무량 = 예산액')하는 예산제도이다. 성과주의 예산제도는 활동별, 사업별로 예산이 편성되므로 정부가 추진하는 사업에 대해 국민들이 쉽게 이해할 수 있으며, 의회의 예산심의가 용이하다는 장점이 있다.

정답 03 ⑤ 04 ②

연습문제

01 다음 중에서 예산개혁의 경향이 시대에 따라 변화해온 것을 시기 순으로 가장 잘 나타낸 것은?

▶ 2013년 서울시 9급

① 통제 지향 - 관리 지향 - 기획 지향 - 감축 지향 - 참여 지향
② 통제 지향 - 감축 지향 - 기획 지향 - 관리 지향 - 참여 지향
③ 관리 지향 - 감축 지향 - 통제 지향 - 기획 지향 - 참여 지향
④ 관리 지향 - 기획 지향 - 통제 지향 - 감축 지향 - 참여 지향
⑤ 기획 지향 - 감축 지향 - 통제 지향 - 관리 지향 - 참여 지향

> **해설** ① [O] 예산개혁의 변화는 통제 지향(품목별 예산제도) → 관리 지향(성과관리 예산제도) → 기획 지향(계획예산제도) → 감축 지향(영기준 예산제도) → 참여 지향 순으로 발전되었다.

02 품목별예산제도(line-item budget system)에 대한 설명으로 옳지 않은 것은?

▶ 2023년 지방 9급

① 미국에서 공무원의 부정부패를 막고 행정의 능률을 향상시키기 위해 도입되었다.
② 정부 활동에 대한 총체적인 사업계획과 우선순위 결정에 유리하다.
③ 예산 집행의 책임성을 확보할 수 있는 통제지향 예산제도이다.
④ 특정 사업의 지출 성과에 대해서는 파악하기 어렵다.

> **해설** ② [X] 품목별 예산제도는 지출 대상별로 금액을 배정하여 전반적인 정부 기능 및 전체 사업에 대한 확인이 어렵고, 계획과 연계가 어렵다(총체적인 사업계획과 우선순위 결정에 유리 X).

정답 01 ① 02 ②

03 성과주의 예산제도에 관한 설명으로 옳은 것을 모두 고른 것은?
▶ 2010년 국가직 9급

ㄱ. 예산서에는 사업의 목적과 목표에 대한 기술서가 포함되며, 재원은 활동 단위를 중심으로 배분된다.
ㄴ. 사업의 대안들을 제시하도록 하고 가장 효과적인 프로그램에 대해 재원배분을 선택하도록 한다.
ㄷ. 예산의 배정과정에서 필요 사업량이 제시되므로 예산과 사업을 연계시킬 수 있다.
ㄹ. 장기적인 계획과의 연계보다는 단위사업만을 중시하기 때문에 전략적인 목표의식이 결여될 수 있다.

① ㄱ, ㄴ
② ㄱ, ㄷ, ㄹ
③ ㄱ, ㄴ, ㄷ
④ ㄴ, ㄷ, ㄹ

해설 ② ㄱ, ㄷ, ㄹ [O]

[표] 성과주의 예산편성의 예

사업명	사업 목적	측정 단위	단가	실적	금액	변화율
긴급출동	비상시 6분 내 현장까지 출동	출동 횟수	$100	1,904 건	$190,400	+10.0%
일반 순찰	24시간 계속 순찰	순찰 시간	25	2,232 시간	55,800	+7.8%
범죄 예방	강력범죄 발생률의 10% 감소	투입 시간	30	2,327 시간	69,800	+26.7%
계					$316,000	

ㄴ [×] 계획예산제도(PPBS)에 관한 설명이다.

04 다음 설명에 해당하는 예산제도는?
▶ 2018년 지방직 9급

• 합리적 선택을 강조하는 총체주의 방식의 예산제도이다.
• 조직구성원의 참여가 상대적으로 높은 분권화된 관리체계를 갖는다.
• 예산편성에 비용·노력의 과다한 투입을 요구한다는 비판을 받는다.

① 성과주의예산제도
② 계획예산제도
③ 영기준예산제도
④ 품목별예산제도

정답 03 ② 04 ③

③ [O] 영기준예산제도에 대한 설명이다. 합리적 선택을 강조하는 총체주의 방식이 적용되는 예산제도에는 영기준예산제도와 계획예산제도가 해당되는데, 계획예산제도는 집권화 된 관리체계를 특징으로 하는 반면에, 영기준예산제도는 의사결정 패키지의 작성과 우선순위 결정 과정에 구성원의 참여가 이루어지는 분권화된 관리체계를 특징으로 한다.

05 영기준 예산제도(Zero Based Budget, ZBB)에 대한 설명으로 옳지 않은 것은? ▶ 2023년 국회 8급

① 사업의 우선순위를 설정할 때 의사결정자들의 주관적 판단이 개입될 여지가 있다.
② 과거연도의 예산지출을 고려하지 않는다.
③ 동일 사업에 대해 예산배분 수준별로 예산이 편성된다.
④ 계속사업의 예산이 점증적으로 증가하는 과정에서 발생하는 비효율을 개선한다.
⑤ 인건비나 임대료 등 경직성 경비의 비중이 높은 사업에 특히 효과적이다.

 ⑤ [×] 영기준 예산은 국방비, 인건비, 교육비 등 경직성 경비의 비중이 높을수록 적용이 제한된다.

06 영기준예산(ZBB)에 대한 설명으로 옳지 않은 것은? ▶ 2024년 국가직 9급

① 기존 사업과 새로운 사업을 구분하지 않고 사업의 목적, 방법, 자원에 대한 근본적인 재평가를 바탕으로 예산을 편성하는 제도이다.
② 우리나라는 정부예산에 영기준예산 제도를 적용한 경험이 있다.
③ 예산편성의 기본 단위는 의사결정 단위(decision unit)이며 조직 또는 사업 등을 지칭한다.
④ 집권화된 관리체계를 갖기 때문에 예산편성 과정에 소수의 조직구성원만이 참여하게 된다.

해설 ④ [×] 계획예산(PPBS)보다 운영면에서 전문성을 적게 요구하므로 조직 구성원 모두가 참여할 수 있는 분권화된 관리체계를 가진다. 정책결정항목이 위로 올라가면서 검토되고 순위가 결정되므로 전문 참모가 아닌 계선기관의 중간관리자나 하급관리자에게 참여(훈련)기회를 제공한다. 중앙의 통제를 완화하면서도 중앙의 목표가 부처의 예산운영단위에서 존중되도록 하고 단위기관 고유업무의 특성을 중시하므로 다양한 이질적 업무를 처리하는 조직체에서 그 효율성이 높을 수 있다. 의사결정 패키지의 작성과 우선순위 결정 과정에 구성원의 참여가 이루어진다. ZBB는 조직구성원 모두가 참여할 수 있는 분권화된 관리 체계를 갖는다.
② [O] 한국은 1981년 국무총리를 위원장으로 하는 예산개혁추진위원회를 구성해 1982년 예산집행 시부터 ZBB 도입을 부분적으로 시도하였다. 그러다가 1983년 예산편성부터 부분적이긴 하지만 공식적으로 도입한 바 있다.
③ [O] ZBB 예산편성의 기본 단위는 의사결정 단위이다. 의사결정 단위는 조직의 관리자가 독자적인 업무수행의 범위 및 예산편성의 결정권을 갖는 사업 단위 또는 조직 단위를 지칭한다.

정답 05 ⑤ 06 ④

07 다음 중 일몰법과 영기준 예산에 대한 설명으로 옳지 않은 것은? ▶ 2009년 서울시 7급

① 일몰법은 정책과 관련된 입법적 과정이며, 영기준 예산은 행정부 예산제도로 행정적 과정과 관련이 크다.
② 일몰법과 영기준 예산은 사업의 능률성과 효과성을 검토하여 사업의 계속 여부를 결정하기 위한 재심사의 성격을 갖는다.
③ 일몰법은 조직의 최상위 계층부터 중·하위 계층 모두와 관련되어 있는 반면, 영기준 예산은 조직의 최상위 계층과 관련이 있다.
④ 일몰법과 영기준 예산의 시행을 통해 자원의 합리적 배분을 꾀할 수 있다.
⑤ 일몰법과 영기준 예산은 자원난 시대에 대비하는 감축관리를 강조하고 있다는 점에서 공통점을 지닌다.

해설 ③ [×] 일몰법은 조직의 최상위 계층과 관련이 있는 반면, 영기준 예산은 조직의 최상의 계층부터 중·하위 계층 모두와 관련되어 있다.

[표] 일몰법 vs 영기준예산제도

구분	영기준 예산	일몰법
공통점	• 자원난 시대의 감축관리 강조 • 자원의 합리적 배분 강조 • 사업의 능률성과 효과성을 검토하여 사업의 계속 여부를 결정하기 위한 재심사의 성격을 가짐	
차이점	행정과정	입법과정
	상향적	하향적
	매년 실시(단기적 안목)	3~7년 주기적 검토(장기적 안목)

08 계획예산제도(PPBS)에 대한 설명으로 옳지 않은 것은? ▶ 2013년 국가직 9급

① 품목별 예산은 하향식 예산과정을 수반하나, 계획예산제도(PPBS)는 상향식 접근이 원칙이다.
② 품목별 예산과는 달리 부서별로 예산을 배정하지 않고 정책별로 예산을 배분한다.
③ 계획예산제도(PPBS)는 집권화를 강화시킨다.
④ 계량적인 기법인 체제분석, 비용편익분석 등을 사용한다.

해설 ① [×] 품목별 예산은 상향적 예산과정을 수반하나, 계획예산제도(PPBS)는 하향적 접근이 원칙이다.

정답 07 ③ 08 ①

09 예산제도에 대한 설명으로 옳지 않은 것은? ▶ 2021년 지방직 9급

① 품목별 예산제도는 행정부의 재량권을 확대하기 위해 도입되었다.
② 성과주의 예산제도에서는 사업의 단위원가를 기초로 예산을 편성한다.
③ 계획예산제도에서는 장기적인 기획과 단기적인 예산편성을 연계하여 합리적 예산 배분을 시도한다.
④ 영기준 예산제도는 예산을 편성할 때 전년도 예산에 구애받지 않는다.

해설 ① [×] 품목별 예산제도(LIBS)는 행정부의 재량권을 통제하기 위해 도입된 통제지향적 예산제도이다.

10 다음은 여러 예산제도의 장·단점을 서술한 것이다. 옳지 않은 것은? ▶ 2010년 지방직 9급

① 영기준예산제도는 점증주의적 예산편성의 폐단을 시정하고자 개발되었다.
② 계획예산제도는 목표·계획·사업의 연계성을 높일 수 있으나 과도한 정보를 필요로 한다는 단점이 있다.
③ 성과주의예산제도는 산출을 확인할 수 있는 장점이 있지만 업무단위 선정 및 단위원가 계산이 어렵다.
④ 품목별예산제도는 지출항목을 엄격히 분류하므로 사업성과와 정부생산성을 정확하게 평가할 수 있다.

해설 ④ [×] 품목별예산제도는 지출항목을 엄격히 분류하여 통제에 유리한 반면, 정부사업의 성과 및 생산성 평가는 곤란하다. 품목별예산제도는 투입에만 초점을 맞추기 때문에 투입이 산출로 어떻게 연결되는지, 자원이 얼마나 효율적으로 사용되는지에 대한 정보는 제공하지 못한다.

정답 09 ① 10 ④

11 예산제도에 대한 설명으로 옳지 <u>않은</u> 것은? ▶ 2022년 국회 9급

① 품목별예산제도(Line - Item Budget System)는 투입지향적 예산제도로서 사업의 성과보다 비용에 초점을 둔다.
② 성과주의예산제도(Performance Budget System)에서는 주어진 재원 수준에서 성취한 산출물 수준이 성과지표에 표시된다.
③ 계획예산제도(Planning Programming Budget System)에서는 하향식 예산과정을 통해 재원배분 권한의 집권화가 강화된다.
④ 목표관리제도(Management By Objective)의 핵심은 부서목표와 예산운영을 연계시키는 것이다.
⑤ 영기준예산제도(Zero - Base Budget System)는 계획예산제도에 비해 장기적인 안목이 중시된다.

> **해설** ⑤ [×] 영기준예산제도는 계획예산제도에 비해 장기적인 안목이 부족하다. 영기준예산은 매년 원점에서 사업 우선순위 설정에 따라 사업의 축소(감축)를 지향하므로 장기적 안목의 결여로 국가적 차원의 장기계획을 위축시킬 수 있다.

12 예산제도 종류에 대한 설명으로 가장 옳은 것은? ▶ 2019년 서울시 9급

① 품목별 예산제도(LIBS)는 각 항목에 의한 예산배분으로 조직 목표 파악이 쉽다.
② 성과주의 예산제도(PBS)는 투입요소 중심으로 단위 원가에 업무량을 곱하여 예산액을 측정한다.
③ 목표관리 예산제도(MBO)는 부처별 기본목표에 따라 하향식 방식으로 중장기 계획을 수립한다.
④ 영기준 예산제도(ZBB)는 기존 사업예산은 인정하되 새로운 사업에 대해서만 엄밀한 사정을 한다.

> **해설**
> ② [○]
> ① [×] 품목별 예산제도(LIBS)는 각 지출 항목을 중심으로 예산을 배분하므로 재정통제는 용이하지만, 조직의 목표를 파악하는 것이 곤란하다.
> ③ [×] 하향식 방식으로 장기적인 계획과 단기적인 예산편성을 연계하는 것은 계획예산제도(PPBS)이다. 목표관리 예산제도(MBO)는 상향적·분권적 예산편성 제도이다.
> ④ [×] 영기준 예산제도(ZBB)는 기존사업과 신규사업을 모두 원점에서 근본적으로 재평가한다.

정답 11 ⑤ 12 ②

제7장 재정민주주의

01 재정 민주주의에 대한 설명으로 옳지 않은 것은? ▶ 2013년 국가직 9급

① 재정 민주주의는 '대표 없이 과세 없다.'라는 표현에서 나타나듯이 재정 주권이 납세자인 국민에게 있다는 의미를 내포하고 있다.
② 납세자인 시민이 국가 또는 지방자치단체의 재정지출과 관련된 부정과 낭비를 감시하는 납세자 소송제도는 재정 민주주의의 본질을 잘 반영하고 있다.
③ 주민참여 예산제도는 예산편성과정에 주민참여를 확대함으로써 지방재정 운영의 투명성 및 공정성을 제고하여 재정 민주주의에 기여한다.
④ 정부 예산집행의 신축성을 확대하기 위하여 만들어진 예산의 전용제도는 국회의 동의를 구해야 하므로 재정 민주주의 확보에 기여하는 제도적 장치이다.

> **해설** ④ [×] 예산의 전용은 정부 예산집행의 신축성을 부여하기 위한 제도로, 국회의 통제를 완화하는 제도이므로 재정민주주의 확립에 기여하는 제도적 장치가 아니다.

02 우리나라 시민 예산 참여에 대한 설명으로 옳지 않은 것은? ▶ 2012년 서울시 9급

① 예산편성 단계에서 특정 사업의 시행과 관련하여 주민발안을 할 수 있다.
② 필요한 정보를 얻기 위해서 정보공개청구제도를 이용할 수 있다.
③ 예산이 부당하게 지출된 경우에 주민감사청구를 제기할 수 있다.
④ 중앙정부와 지방정부를 대상으로 국민소송제도를 입법화했다.
⑤ 납세자소송은 국민에 대한 재정 주권의 실현을 보장하는 제도라고 할 수 있다.

> **해설** ④ [×] 2006년부터 지방자치법에 지방자치단체를 대상으로 하는 주민소송제도가 도입되었지만, 중앙정부를 상대로 하는 국민소송제도는 입법화되지 않았다.

정답 01 ④ 02 ④

03 예산성과금에 대한 설명으로 옳지 않은 것은? ▶ 2014년 서울시 9급

① 각 중앙관서의 장은 예산낭비신고센터를 설치·운영하여야 한다.
② 각 중앙관서의 장은 예산의 집행방법 또는 제도의 개선 등으로 인하여 수입이 증대되거나 지출이 절약된 때에는 이에 기여한 자에게 성과금을 지급할 수 있다.
③ 각 중앙관서의 장은 직권으로 성과금을 지급하거나 절약된 예산을 다른 사업에 사용할 수 있다.
④ 예산낭비신고, 예산절감과 관련된 제안을 받은 중앙관서의 장 또는 기금관리주체는 그 처리결과를 신고 또는 제안을 한 자에게 통지하여야 한다.
⑤ 예산 낭비를 신고하거나 예산 낭비 방지방안을 제안한 일반 국민도 성과금을 받을 수 있다.

해설 ③ [×] 각 중앙관서의 장은 성과금을 지급하거나 절약된 예산을 다른 사업에 사용하고자 하는 때에는 예산성과금심사위원회의 심사를(직권으로 ×) 거쳐야 한다.

> **국가재정법 제49조(예산성과금의 지급 등)**
> ① 각 중앙관서의 장은 예산의 집행방법 또는 제도의 개선 등으로 인하여 수입이 증대되거나 지출이 절약된 때에는 이에 기여한 자에게 성과금을 지급할 수 있으며, 절약된 예산을 다른 사업에 사용할 수 있다.
> ② 각 중앙관서의 장은 제1항의 규정에 따라 성과금을 지급하거나 절약된 예산을 다른 사업에 사용하고자 하는 때에는 예산성과금심사위원회의 심사를 거쳐야 한다.
>
> **국가재정법 시행령 제51조(예산낭비신고센터의 설치·운영)**
> ① 각 중앙관서의 장 또는 기금관리주체는 법 제100조제1항에 따른 예산·기금의 불법지출에 대한 국민의 시정요구, 예산낭비신고, 예산절감과 관련된 제안 등을 접수·처리하기 위해 예산낭비신고센터를 설치·운영하여야 한다.
> ② 제1항에 따라 예산낭비신고, 예산절감과 관련된 제안을 받은 중앙관서의 장 또는 기금관리주체는 그 처리결과를 신고 또는 제안을 한 자에게 통지하여야 한다.
> ③ 중앙관서의 장 또는 기금관리주체는 제1항에 따른 예산낭비신고, 예산절감과 관련된 제안 등을 한 자에게 법 제49조에 따른 예산성과금을 지급할 수 있다.

정답 03 ③

04 주민참여예산제도에 대한 설명으로 옳지 않은 것은?
▶ 2019년 지방직 7급

① 행정안전부장관은 지방자치단체의 재정적 여건을 고려하여 지방자치단체별 주민참여예산제도의 운영을 평가할 수 있다.
② 2011년 「지방자치법」의 개정으로 모든 지방자치단체가 의무적으로 이행해야 하는 제도가 되었다.
③ 주민참여예산기구의 구성·운영과 그 밖에 필요한 사항은 해당 지방자치단체의 조례로 정한다.
④ 지방자치단체의 장은 주민참여예산제도를 통하여 수렴한 주민의 의견서를 지방의회에 제출하는 예산안에 첨부하여야 한다.

해설
② [×] 2011년 「지방재정법」의 개정으로 모든 지방자치단체가 의무적으로 이행해야 하는 제도가 되었다.

지방재정법 제39조 (지방예산 편성 등 예산과정의 주민 참여)
① 지방자치단체의 장은 대통령령으로 정하는 바에 따라 지방예산 편성 등 예산과정(「지방자치법」 제39조에 따른 지방의회의 의결사항은 제외한다. 이하 이 조에서 같다)에 주민이 참여할 수 있는 제도(이하 이 조에서 "주민참여예산제도"라 한다)를 마련하여 시행하여야 한다.
② 지방예산 편성 등 예산과정의 주민 참여와 관련되는 다음 각 호의 사항을 심의하기 위하여 지방자치단체의 장 소속으로 주민참여예산위원회 등 주민참여예산기구(이하 "주민참여예산기구"라 한다)를 둘 수 있다.
  1. 주민참여예산제도의 운영에 관한 사항
  2. 제3항에 따라 지방의회에 제출하는 예산안에 첨부하여야 하는 의견서의 내용에 관한 사항
  3. 그 밖에 지방자치단체의 장이 주민참여예산제도의 운영에 필요하다고 인정하는 사항
③ 지방자치단체의 장은 주민참여예산제도를 통하여 수렴한 주민의 의견서를 지방의회에 제출하는 예산안에 첨부하여야 한다.
④ 행정안전부장관은 지방자치단체의 재정적·지역적 여건 등을 고려하여 대통령령으로 정하는 바에 따라 지방자치단체별 주민참여예산제도의 운영에 대하여 평가를 실시할 수 있다.
⑤ 주민참여예산기구의 구성·운영과 그 밖에 필요한 사항은 해당 지방자치단체의 조례로 정한다.

정답 04 ②

05 예산과 재정운영제도에 대한 설명으로 옳지 않은 것은?

▶ 2022년 국회 8급

① 국회는 국가재정운용계획과 예산안을 함께 심의하여 확정한다.
② 총액배분·자율편성제도는 정부가 사전에 설정한 지출한도에 맞추어 각 중앙부처가 예산을 편성하는 것을 의미한다.
③ 프로그램예산제도는 유사 정책을 시행하는 사업의 묶음인 프로그램별로 예산을 편성하는 제도로 우리나라의 경우 중앙정부와 지방정부 모두 도입하고 있다.
④ 기획재정부장관은 예비타당성조사의 결과를 국회 소관 상임위원회와 예산결산특별위원회에 제출하여야 한다.
⑤ 정부는 예산이 온실가스 감축에 미칠 영향을 미리 분석한 보고서를 작성하여야 한다.

 해설

① [×] 예산안 첨부서류에 국가재정운용계획이 포함되는 것은 아니며, 예산안과 국가재정운용계획은 각각 회계연도 개시 120일 전까지 국회에 제출해야 한다. 예산은 국회 심의·의결로 확정되는 반면, 국가재정운용계획은 기획재정부의 결정으로 확정되는 행정 내부 계획으로서 국회의 심의·의결로 확정되는 것은 아니다.

> **국가재정법 제7조 (국가재정운용계획의 수립 등)**
> ① 정부는 재정운용의 효율화와 건전화를 위하여 매년 해당 회계연도부터 5회계연도 이상의 기간에 대한 재정운용계획(이하 "국가재정운용계획"이라 한다)을 수립하여 회계연도 개시 120일 전까지 국회에 제출하여야 한다.
>
> **헌법 제54조** ① 국회는 국가의 예산안을 심의·확정한다.

④ [○] 「국가재정법」 제38조

> **「국가재정법」 제38조 (예비타당성조사)**
> ① 기획재정부장관은 총사업비가 500억원 이상이고 국가의 재정지원 규모가 300억원 이상인 신규 사업으로서 다음 각 호의 어느 하나에 해당하는 대규모사업에 대한 예산을 편성하기 위하여 미리 예비타당성조사를 실시하고, 그 결과를 요약하여 국회 소관 상임위원회와 예산결산특별위원회에 제출하여야 한다.

⑤ [○] 「국가재정법」 제27조

> **「국가재정법」 제27조 (온실가스감축인지 예산서의 작성)**
> ① 정부는 예산이 온실가스 감축에 미칠 영향을 미리 분석한 보고서(이하 "온실가스감축인지 예산서"라 한다)를 작성하여야 한다.

정답 05 ①

06 「국가재정법」상 온실가스감축인지 예산제도에 대한 설명으로 옳지 않은 것은?

▶ 2024년 국가직 9급

① 온실가스감축인지 예산제도는 정부예산의 원칙 중 하나이다.
② 온실가스감축인지 예산서에는 온실가스 감축에 대한 기대효과, 성과목표, 효과분석 등을 포함해야 한다.
③ 정부의 기금은 온실가스감축인지 예산제도의 대상에 포함되지 않는다.
④ 정부는 예산이 온실가스를 감축하는 방향으로 집행되었는지를 평가하는 보고서를 작성하여야 한다.

해설

③ [×] 기금도 온실가스감축인지 예산제도 대상에 포함된다.(「국가재정법」제68조의3).

> **국가재정법 제68조의3 (온실가스감축인지 기금운용계획서의 작성)**
> ① 정부는 기금이 온실가스 감축에 미칠 영향을 미리 분석한 보고서(이하 "온실가스감축인지 기금운용계획서"라 한다)를 작성하여야 한다.

① [○] 「국가재정법」제16조

> **국가재정법 제16조 (예산의 원칙)** 정부는 예산을 편성하거나 집행할 때 다음 각 호의 원칙을 준수하여야 한다.
> 6. 정부는 예산이 「저탄소 녹색성장 기본법」 제2조 제9호에 따른 온실가스(이하 "온실가스"라 한다) 감축에 미치는 효과를 평가하고, 그 결과를 정부의 예산편성에 반영하기 위하여 노력하여야 한다.

② [○] 「국가재정법」제27조

> **국가재정법 제27조 (온실가스감축인지 예산서의 작성)**
> ① 정부는 예산이 온실가스 감축에 미칠 영향을 미리 분석한 보고서(이하 "온실가스감축인지 예산서"라 한다)를 작성하여야 한다.
> ② 온실가스감축인지 예산서에는 온실가스 감축에 대한 기대효과, 성과목표, 효과분석 등을 포함하여야 한다.

④ [○] 「국가재정법」제57조의2

> **국가재정법 제57조의2 (온실가스감축인지 결산서의 작성)**
> ① 정부는 예산이 온실가스를 감축하는 방향으로 집행되었는지를 평가하는 보고서(이하 "온실가스감축인지 결산서"라 한다)를 작성하여야 한다.

정답 06 ③

행정사 1차 객관식 행정학개론

제8편

지방행정

제1장   지방자치의 의의
제2장   지방자치의 운영체계
제3장   지방자치단체 사무
제4장   정부 간 관계
제5장   지방자치단체 기관구성
제6장   주민참여제도
제7장   지방재정

제1장 지방자치의 의의

기출문제

01 지방자치에 관한 설명으로 옳지 않은 것은? ▶ 2022년 행정사

① 지방자치의 본질적 의미는 지역주민이 그 지역의 제반 문제를 스스로 결정하고 처리하는 것이다.
② 지방자치는 정치적 활동과는 무관하며 공공행정의 가치를 중시한다.
③ 지방자치는 지방분권을 전제로 하며, 주민참여는 '풀뿌리 민주주의' 원리를 구현한다.
④ 지방자치단체라는 공법인을 통해 주민에게 필요한 주요 정책의 실험장 역할을 한다.
⑤ 지역특성에 맞는 행정과 정책을 통해 행정의 능률성과 책임성을 확립한다.

해설 ② [×] 지방자치는 일정한 지역의 주민이 그 지역 내 사무를 자주재원으로 자기책임 하에 스스로 또는 그 대표자를 통해 처리하는 제도로서 주민의 정치참여, 선출직 공직자의 정치적 책임성, 의결기관과 집행기관의 상호작용 등 정치적 활동과 관련성을 갖는다.

02 다음 가정을 기본전제로 하는 이론은? ▶ 2018년 행정사

- 한 국가는 수많은 지방정부들로 구성되어 있다.
- 각 지방정부는 주민들의 의사에 따라 지출과 조세에 대한 의사결정을 할 수 있다.
- 개인들은 비용을 들이지 않고 자유롭게 지역 간 이주가 가능하다.

① 발에 의한 투표(voting with feet)
② 딜론의 원칙(Dillon's rule)
③ 보충성의 원칙(subsidiary principle)
④ 쿨리 독트린(Cooley doctrine)
⑤ 파킨슨 법칙(Parkinson's law)

해설 ① [○] 티부(Tiebout) 가설의 기본 전제에 대한 내용이다.

정답 01 ② 02 ①

03. 지방자치의 원리로서 주민자치에 관한 설명으로 옳은 것은? ▶ 2023년 행정사

① 국가에 대한 지방자치단체의 법률상의 상대적 독립성을 강조한다.
② 주민자치의 전통은 주로 유럽 대륙권 국가에서 찾아볼 수 있다.
③ 대의민주제를 포함한 지방자치단체의 주민대표성과 민주성을 강조한다.
④ 자치권이 국가로부터 파생 내지 위임된 것으로 보는 전래설 또는 수탁설에 기초한다.
⑤ 민족국가 출현과 함께 수립된 헌정체제에 기초한 중앙정부와 지방자치단체의 관계를 강조한다.

해설

③ [O]
①, ②, ④, ⑤ [X] 단체자치에 대한 설명이다.

[표] 주민자치와 단체자치 비교

구분	주민자치	단체자치
의미	민주주의(정치적 의미의 자치)	지방분권 사상(법률적 의미의 자치)
자치권	국가 이전의 고유권	국가로부터 부여받은 권리(전래권)
사무구분	자치사무·위임사무 구분 없음	자치사무·위임사무 구분
권한부여 방식	개별적 수권방식	포괄적 수권방식
중앙정부 통제	주로 입법적·사법적 통제–약한 통제	주로 행정적 통제 – 강한 통제
지방정부 형태	기관통합형(의회 중심)	기관대립형(의회↔기관장)
자치단체 지위	순수한 자치단체	이중적 지위(자치단체 + 일선기관)
통제	주민통제	중앙통제
자치의 강조점	주민참여, 주민의 권리 보호	국가(중앙정부)에 대한 지방정부의 독립과 자치권 보호
국가	영·미형	프랑스·독일 중심 대륙형

정답 03 ③

연습문제

01 지방분권화의 장점으로 옳지 않은 것은? ▶ 2022년 국회 9급

① 주민들의 행정수요에 대한 대응성이 제고될 수 있다.
② 지방 간 갈등을 통일적으로 해결하는 데 기여한다.
③ 지역의 입장에서 사회적 문제에 접근하고 해결하는 데 기여한다.
④ 지방 실정에 맞는 유연한 행정을 할 수 있다.
⑤ 중앙행정과 지방행정 간의 관계를 대등한 협조체제의 관계로 발전시킬 수 있다.

> **해설** ② [×] 지방 간 갈등을 통일적으로 해결하는 것은 중앙집권의 장점이다.

02 지방자치의 이념과 사상적 계보에 대한 설명으로 가장 옳은 것은? ▶ 2019년 서울시 9급

① 자치권의 인식에서 주민자치는 전래권으로, 단체자치는 고유권으로 본다.
② 주민자치는 지방분권의 이념을, 단체자치는 민주주의 이념을 강조한다.
③ 주민자치는 의결기관과 집행기관을 분리하여 대립시키는 기관분리형을 채택하는 반면, 단체자치는 의결기관이 집행기관도 되는 기관통합형을 채택한다.
④ 사무구분에서 주민자치는 자치사무와 위임사무를 구분하지 않지만, 단체자치는 이를 구분한다.

> **해설**
> ④ [○]
> ① [×] 주민자치는 자치권을 고유권으로 인식하며, 단체자치는 중앙정부로부터 위임받은 전래권으로 본다.
> ② [×] 주민자치는 민주주의 이념을, 단체자치는 지방분권의 이념을 강조한다.
> ③ [×] 단체자치는 의결기관과 집행기관이 분리된 기관분리형을 채택하는 반면, 주민자치는 의결기관과 집행기관이 통합되는 기관통합형을 채택하는 것이 일반적이다.
>
> [표] 주민자치와 단체자치 비교
>
> | 구분 | 주민자치 | 단체자치 |
> |---|---|---|
> | 의미 | 정치적 의미 | 법률적 의미 |
> | 자치권 | 국가 이전의 고유권 | 국가로부터 부여받은 권리(전래권) |
> | 사무구분 | 자치사무 · 위임사무 구분 없음 | 자치사무 · 위임사무 구분 |
> | 권한부여 방식 | 개별적 수권방식 | 포괄적 수권방식 |
> | 중앙정부 통제 | 주로 입법적 · 사법적 통제
- 약한 통제 | 주로 행정적 통제 - 강한 통제 |

정답 01 ② 02 ④

지방정부 형태	기관통합형(의회 중심)	기관대립형(의회↔기관장)
자치단체 지위	순수한 자치단체	이중적 지위(자치단체 + 일선기관)
통제	주민통제	중앙통제
강조점	주민참여 지방자치단체와 주민과의 관계(민주주의)	중앙정부로부터의 독립 지방자치단체와 국가와의 관계(분권주의)
국가	영 · 미형	프랑스 · 독일 중심 대륙형

03 주민자치와 구별되는 단체자치의 특성으로 가장 옳지 않은 것은? ▶ 2019년 서울시 7급

① 지방분권
② 고유사무와 위임사무의 구분
③ 법률적 차원의 자치
④ 정치적 차원의 자치

해설 ④ [×] 정치적 차원의 자치는 단체자치가 아닌 주민자치의 특징에 해당한다. 주민자치는 주민의 자치사무를 지역 주민이 자신의 책임 하에 스스로 처리한다는 측면에서 정치적 차원의 자치를 중시하는 반면, 단체자치는 중앙정부와 지방자치단체의 관계 측면에서 분권을 강조하는 법률적 의미의 자치를 중시한다.

04 지방분권의 장점에 관한 설명으로 옳은 것을 〈보기〉에서 고른 것은? ▶ 2018년 지방교행직 9급

〈보기〉
ㄱ. 지역의 특성을 살려 지역 실정에 맞는 행정을 수행할 수 있을 것이다.
ㄴ. 중앙정부의 조정에 의해서 지역 간의 격차를 해소하는 데 도움이 될 것이다.
ㄷ. 노사 간의 대립, 사회의 복잡화, 실업 등의 사회문제 해결에 도움이 될 것이다.
ㄹ. 정치훈련을 가능하게 하고 주민의 정치의식 수준이 향상될 것이다.

① ㄱ, ㄴ
② ㄱ, ㄹ
③ ㄴ, ㄷ
④ ㄷ, ㄹ

해설 ② ㄱ, ㄹ [○]
ㄴ [×] 중앙정부의 조정에 의해서 지역 간의 격차 해소에 도움이 되는 것은 중앙집권의 장점이다.
ㄷ [×] 노사 간의 대립, 사회의 복잡화, 실업 등과 같은 사회문제는 국가적 차원의 문제로 중앙집권을 통해 해결이 가능하다.

정답 03 ④ 04 ②

05 티부가설(Tiebout Hypothesis)의 가정이 아닌 것은?   ▶ 2019년 국가직 7급

① 다수의 이질적인 지방정부가 존재한다.
② 주민들은 지방정부가 제공하는 서비스의 정보를 완전히 알고 있다.
③ 지방공공재는 외부효과가 존재한다.
④ 개인들은 자유롭게 다른 지역으로 이주할 수 있다.

> **해설** ③ [×] 티부가설은 외부효과가 존재하지 않는다고 가정한다.
>
> ※ 티부(Tiebout) 가설의 기본가정 및 전제
> ① 완전한 정보와 시민의 완전한 이동성
> ② 상이한 정책을 추진하는 많은 수의 지방정부가 존재
> ③ 공공서비스로 인한 외부효과의 부존재
> ④ 규모의 경제가 존재하지 않음
> ⑤ 각 지방정부는 인구의 최적 규모 추구
> ⑥ 지방자치단체의 주된 재원은 지방소비세가 아니라 재산세에 의하여 충당
> ⑦ 고용기회는 거주지 결정에 영향을 미치지 않음. 따라서 시민들은 주식이나 채권의 배당수입에 의존하여 생계를 유지하는 것으로 전제됨

정답 05 ③

제2장 지방자치의 운영체계

기출문제

01 지방자치단체의 자치권에 관한 설명으로 옳은 것은? ▶ 2021년 행정사

① 자치권은 원칙적으로 해당 자치단체의 관할구역 안에 있는 재화·물자를 제외한 모든 사람에 포괄적으로 미친다.
② 국권설은 프랑스의 지방권 사상을 기초로 확립되었다.
③ 고유권설은 자치권을 인간의 자연권과 마찬가지로 본래적이고 침해할 수 없는 고유한 권리라고 본다.
④ 중앙정부의 전제적 군주정치가 대의제 민주정치로 대체됨에 따라 제도적 보장설의 논거가 매우 취약하게 되었다.
⑤ 제도적 보장설에서 보장이란 헌법으로 지방자치제도를 보장한다는 것이 아니라, 개별적인 지방정부의 존립을 보장한다는 것이다.

> **해설**
> ③ [○]
> ① [×] 자치권은 지역에서 스스로 결정하고 처리할 수 있는 권한으로, 원칙적으로 해당 자치단체의 관할구역의 모든 주민 및 재화·물자에 포괄적으로 미친다.
> ② [×] 국권설(전래권설)은 독일의 공법학자들에 의하여 주장되었다.
> ④ [×] 고유권설은 절대권력에 대해 우려한 학자들에 의해서 제기되었으나, 절대적 군주정치가 대의제 민주정치로 대체됨에 따라 논거가 매우 취약하게 되었다.
> ⑤ [×] 제도적 보장설은 헌법으로 지방자치제도를 보장한다는 견해이다.

정답 01 ③

02 지방자치단체의 자치권에 관한 설명으로 옳지 않은 것은? ▶ 2019년 행정사

① 고유권설(지방권설)에서 자치권은 국가와 관계없이 인간이 태어나면서부터 천부의 인권을 갖는 것과 마찬가지로 지방자치단체의 고유한 권리로 본다.
② 전래권설(국권설)에서 자치권은 주권적 통일국가의 통치구조 일환으로 형성된다는 의미에서 국법으로 부여된 권리로 본다.
③ 제도적 보장설은 자치권이 국가의 통치권에서 나오는 것이라고 하면서도, 헌법에 지방자치의 규정을 둠으로써 지방자치제도가 보장된다고 본다.
④ 고유권설(지방권설)은 주로 헤겔(Hegel)의 영향을 받은 독일의 공법 학자들에 의하여 주장되었다.
⑤ 제도적 보장설에서의 보장은 지방자치제도의 일반적인 보장이지, 개별적인 지방자치단체의 존립을 계속 보장하는 것은 아니다.

> **해설** ④ [×] 고유권설은 자연법 사상에 근거를 두며 자치권을 지방자치단체가 본래적으로 가지고 있는 고유한 권리로 보는 견해이다. 전래권설은 19C 독일의 공법학자들의 주장으로 자치단체는 국가의 창조물이고, 자치권은 국가로부터 부여된 권리로 본다.

03 우리나라 지방자치단체의 자치입법권에 관한 설명으로 옳지 않은 것은? ▶ 2017년 행정사

① 지방자치단체는 법령의 범위에서 자치에 관한 규정을 제정할 수 있다.
② 지방자치단체는 지방자치단체의 장에게 위임하여 행하는 국가사무에 관하여 조례를 제정할 수 없다.
③ 지방자치단체는 법률의 구체적인 위임이 없더라도 조례를 위반한 행위에 대하여 벌금을 부과하는 조례를 제정할 수 있다.
④ 특별시·광역시·도·특별자치도는 해당 지역의 환경적 특수성을 고려하여 필요하다고 인정할 때에는 해당 시·도의 조례로 대통령령으로 정하는 환경기준보다 확대·강화된 별도의 환경기준을 설정할 수 있다.
⑤ 교육감은 법령 또는 조례의 범위 안에서 그 권한에 속하는 사무에 관하여 교육규칙을 제정할 수 있다.

정답 02 ④ 03 ③

해설 ③ [×] 벌금은 형벌의 일종이므로 반드시 법률로서 규정하여야 하고, 법률의 위임 없는 조례로서 벌금을 규정할 수 없다.

> **지방자치법 제28조 (조례)**
> ① 지방자치단체는 법령의 범위에서 그 사무에 관하여 조례를 제정할 수 있다. 다만, 주민의 권리 제한 또는 의무 부과에 관한 사항이나 벌칙을 정할 때에는 법률의 위임이 있어야 한다.

① [○]

> **제28조(조례)**
> ① 지방자치단체는 법령의 범위에서 그 사무에 관하여 조례를 제정할 수 있다. 다만, 주민의 권리 제한 또는 의무 부과에 관한 사항이나 벌칙을 정할 때에는 법률의 위임이 있어야 한다.
>
> **제29조 (규칙)** 지방자치단체의 장은 법령 또는 조례의 범위에서 그 권한에 속하는 사무에 관하여 규칙을 제정할 수 있다.

④ [○]

> **환경정책기본법 제12조(환경기준의 설정)**
> ③ 특별시·광역시·특별자치시·도·특별자치도(이하 "시·도"라 한다)는 해당 지역의 환경적 특수성을 고려하여 필요하다고 인정할 때에는 해당 시·도의 조례로 제1항에 따른 환경기준보다 확대·강화된 별도의 환경기준(이하 "지역환경기준"이라 한다)을 설정 또는 변경할 수 있다.

⑤ [○]

> **지방교육자치에 관한 법률 제25조(교육규칙의 제정)**
> ① 교육감은 법령 또는 조례의 범위 안에서 그 권한에 속하는 사무에 관하여 교육규칙을 제정할 수 있다.

04 우리나라 지방자치단체의 유형과 특징에 관한 설명으로 옳지 않은 것은? ▶ 2022년 행정사

① 지방자치단체에는 특별시, 광역시, 도, 특별자치도, 특별자치시와 시·군·구(자치구)가 포함된다.
② 두 개 이상의 지방자치단체가 특정한 목적을 위하여 법인으로서의 특별지방자치단체를 설치할 수 있다.
③ 특별시, 광역시 및 특별자치시가 아닌 인구 100만 이상의 시는 특례시 명칭을 부여받고 자치구를 둔다.
④ 모든 지방자치단체는 법령의 범위를 벗어나 사무 처리와 조례 제정을 할 수 없다.
⑤ 특별시·광역시 또는 특별자치시가 아닌 인구 50만 이상의 시는 자치구가 아닌 구를 둘 수 있다.

정답 04 ③

해설

③ [×] 특례시에는 자치구를 둘 수 없으며, 자치구가 아닌 구는 둘 수 있다. 자치구는 특별시나 광역시에만 둘 수 있다.

> **지방자치법 제3조 (지방자치단체의 법인격과 관할)**
> ② 특별시, 광역시, 특별자치시, 도, 특별자치도(이하 "시·도"라 한다)는 정부의 직할(直轄)로 두고, 시는 도의 관할 구역 안에, 군은 광역시나 도의 관할 구역 안에 두며, 자치구는 특별시와 광역시의 관할 구역 안에 둔다.

① [○]

> **지방자치법 제2조 (지방자치단체의 종류)**
> ① 지방자치단체는 다음의 두 가지 종류로 구분한다.
>   1. 특별시, 광역시, 특별자치시, 도, 특별자치도
>   2. 시, 군, 구

② [○] 지방자치법 제199조

> **지방자치법 제199조 (설치)**
> ① 2개 이상의 지방자치단체가 공동으로 특정한 목적을 위하여 광역적으로 사무를 처리할 필요가 있을 때에는 특별지방자치단체를 설치할 수 있다. 이 경우 특별지방자치단체를 구성하는 지방자치단체(이하 "구성 지방자치단체"라 한다)는 상호 협의에 따른 규약을 정하여 구성 지방자치단체의 지방의회 의결을 거쳐 행정안전부장관의 승인을 받아야 한다.

④ [○]

> **지방자치법 제28조 (조례)**
> ① 지방자치단체는 법령의 범위에서 그 사무에 관하여 조례를 제정할 수 있다. 다만, 주민의 권리 제한 또는 의무 부과에 관한 사항이나 벌칙을 정할 때에는 법률의 위임이 있어야 한다.
>
> **지방자치법 제12조 (사무처리의 기본원칙)**
> ③ 지방자치단체는 법령을 위반하여 사무를 처리할 수 없으며, 시·군 및 자치구는 해당 구역을 관할하는 시·도의 조례를 위반하여 사무를 처리할 수 없다.

⑤ [○]

> **지방자치법 제3조 (지방자치단체의 법인격과 관할)**
> ③ 특별시·광역시 또는 특별자치시가 아닌 인구 50만 이상의 시에는 자치구가 아닌 구를 둘 수 있고, 군에는 읍·면을 두며, 시와 구(자치구를 포함한다)에는 동을, 읍·면에는 리를 둔다.

05 2018년 전국동시지방선거 개표 후에 한 팀원들이 티타임에 나눈 대화이다. 다음 2018년 전국동시지방선거 당시 대화자들의 주민등록지를 고려할 때, 대화내용이 우리나라 지방자치의 실제와 맞지 않는 사람은?

▶ 2020년 행정사

- 세종특별자치시 : A, D
- 서울특별시 관악구 : B
- 성남시 분당구 : C
- 대전광역시 유성구 : E

① A : "제가 투표한 후보가 시장으로 당선되었는데 서울특별시장과 동급 자치계층 시장이라고 우쭐대더군요."
② B : "제 고향 제주시에 사시는 부모님은 원하시는 후보들이 제주시의원과 제주도의원으로 당선되었다네요. 제가 보기에도 역량 있는 지역일꾼들로 고향 발전이 기대됩니다."
③ C : "분당구는 웬만한 시 규모 이상의 인구가 사는데 구의원 선거투표하려니 투표대상이 아니라고 해서 당황했어요. 제정신 차려서 성남시의원과 경기도의원 후보들 중 제대로 된 인물에 투표했습니다."
④ D : "제 고향은 기장군입니다. 그곳 친구들 말을 들어보니 기장군의원과 부산시의원이 잘 선출되어 제 고향 발전도 기대됩니다."
⑤ E : "저는 대전광역시 유성구에 사는데 시의원은 내가 투표한 분이, 구의원은 내가 투표 하지 않은 분이 당선되었어요."

해설
② [×] 제주특별자치도는 기초자치단체가 없는 단층제로, 제주시는 행정시로서 지방행정기관이다. 따라서 도의원 선거는 있지만 제주시 의회와 지방의회 의원 선거는 존재하지 않는다.
① [○] 세종특별자치시와 서울특별시는 광역자치단체이므로 서울시장과 서울특별시장은 광역자치단체장으로서의 지위는 동일하다.
③ [○] 성남시는 인구 50만 이상의 대도시이기 때문에 성남시 아래에 자치구가 아닌 행정구로서 분당구를 두고 있다. 따라서 분당구는 기초자치단체가 아니므로 구의원을 선출할 수 없다.
④ [○] 기장군은 광역자치단체인 부산광역시에 존재하는 기초자치단체이므로 기장군 의원과 부산광역시의원을 주민이 선출할 수 있다.
⑤ [○] 유성구는 광역자치단체인 대전광역시에 두는 기초지방자치단체인 자치구이다. 유성구 주민은 기초의회 의원인 자치구 의회 의원과 광역의회 의원인 대전시 의원 선거권을 갖는다.

정답 05 ②

06 「지방자치법」에 규정된 특별지방자치단체에 관한 내용으로 옳지 않은 것은? ▶ 2023년 행정사

① 특별지방자치단체는 법인으로 한다.
② 구성 지방자치단체의 장은 특별지방자치단체의 장을 겸할 수 있다.
③ 특별지방자치단체의 의회는 규약으로 정하는 바에 따라 구성 지방자치단체의 의회 의원으로 구성한다.
④ 특별지방자치단체의 구역은 특별한 사정이 있을 때에는 해당 지방자치단체 구역의 일부만을 구역으로 할 수 있다.
⑤ 2개 이상의 지방자치단체가 특별지방자치단체를 설치하는 경우 구성하는 지방자치단체의 지방의회 의결을 거쳐 국무총리의 승인을 받아야 한다.

> **해설** ⑤ [×] 행정안전부장관의 승인을 받아야 한다.
>
> **지방자치법 제199조(설치)**
> ① 2개 이상의 지방자치단체가 공동으로 특정한 목적을 위하여 광역적으로 사무를 처리할 필요가 있을 때에는 특별지방자치단체를 설치할 수 있다. 이 경우 <u>특별지방자치단체를 구성하는 지방자치단체(이하 "구성 지방자치단체"라 한다)는 상호 협의에 따른 규약을 정하여 구성 지방자치단체의 지방의회 의결을 거쳐 행정안전부장관의 승인을 받아야 한다.</u>
> ③ <u>특별지방자치단체는 법인으로 한다.</u>
>
> ② [○]
>
> **지방자치법 제205조 (집행기관의 조직 등)**
> ① 특별지방자치단체의 장은 규약으로 정하는 바에 따라 특별지방자치단체의 의회에서 선출한다.
> ② <u>구성 지방자치단체의 장은 제109조에도 불구하고 특별지방자치단체의 장을 겸할 수 있다.</u>
>
> ③ [○]
>
> **지방자치법 제204조 (의회의 조직 등)**
> ① <u>특별지방자치단체의 의회는 규약으로 정하는 바에 따라 구성 지방자치단체의 의회 의원으로 구성한다.</u>
> ② 제1항의 지방의회의원은 제43조제1항에도 불구하고 특별지방자치단체의 의회 의원을 겸할 수 있다.
>
> ④ [○]
>
> **지방자치법 제201조(구역)**
> 특별지방자치단체의 구역은 구성 지방자치단체의 구역을 합한 것으로 한다. 다만, 특별지방자치단체의 사무가 구성 지방자치단체 구역의 일부에만 관계되는 등 <u>특별한 사정이 있을 때에는 해당 지방자치단체 구역의 일부만을 구역으로 할 수 있다.</u>

정답 06 ⑤

07 지방자치제도에서 법인격이 없는 행정계층에 해당하는 것은? ▶ 2024년 행정사

① 세종특별자치시
② 경상북도 고령군
③ 제주특별자치도 제주시
④ 부산광역시 기장군
⑤ 전라남도 순천시

 해설
③ [×] 제주특별자치도 제주시는 법인격이 없는 행정계층이다.

08 우리나라는 도·농 통합이나 행정구역 개편을 통하여 지속적으로 통합을 전개해왔는데, 가장 최근에 통합한 도시는? ▶ 2024년 행정사

① 청주시 + 청원군 = 청주시
② 창원시 + 마산시 + 진해시 = 창원시
③ 여수시 + 여천시 + 여천군 = 여수시
④ 춘천시 + 춘천군 = 춘천시
⑤ 천안시 + 천안군 = 천안시

 해설
① [○] 청주시와 청원군은 2012년 주민투표를 통해 통합을 확정지은 후 2014년 실질적 통합이 이루어졌다.
② 2010년 (통합) 창원시 : 창원시 + 마산시 + 진해시
③ 1997년 : '3여 통합(여수시 + 여천시 + 여천군 통합)'
④, ⑤ 도시와 농촌을 통합하는 형태의 도농통합의 필요성에 따라 1994년 47개 시와 43개 군을 통합 권유 대상으로 선정하고 주민의견 조사를 거쳐 33개 시와 32개 군이 33개 통합시(춘천시, 공주시, 천안시, 포항시, 순천시 등)로 개편되었다.

정답   07 ③   08 ①

연습문제

01 우리나라 지방행정체제와 관련된 내용으로 옳지 않은 것은? ▶ 2013년 국가직 9급

① 자치구의 자치권 범위는 시·군의 경우와 같다.
② 특별시·광역시·도는 같은 수준의 자치행정계층이다.
③ 광역시가 아닌 시라도 인구 50만 이상의 경우에는 자치구가 아닌 구를 둘 수 있다.
④ 군은 광역시나 도의 관할 구역 안에 둔다.

해설 ① [×] 자치구의 자치권의 범위는 법령이 정하는 바에 따라 시, 군과 다르게 할 수 있다.

> **지방자치법 제2조(지방자치단체의 종류)**
> ① 지방자치단체는 다음의 두 가지 종류로 구분한다.
>   1. 특별시, 광역시, 특별자치시, 도, 특별자치도
>   2. 시, 군, 구
> ② 지방자치단체인 구(이하 "자치구"라 한다)는 특별시와 광역시의 관할 구역의 구만을 말하며, 자치구의 자치권의 범위는 법령으로 정하는 바에 따라 시·군과 다르게 할 수 있다.
> ③ 제1항의 지방자치단체 외에 특정한 목적을 수행하기 위하여 필요하면 따로 특별지방자치단체를 설치할 수 있다. 이 경우 특별지방자치단체의 설치 등에 관하여는 제12장에서 정하는 바에 따른다.

③, ④ [○]

> **지방자치법 제3조 (지방자치단체의 법인격과 관할)**
> ① 지방자치단체는 법인으로 한다.
> ② 특별시, 광역시, 특별자치시, 도, 특별자치도(이하 "시·도"라 한다)는 정부의 직할(直轄)로 두고, 시는 도의 관할 구역 안에, 군은 광역시나 도의 관할 구역 안에 두며, 자치구는 특별시와 광역시의 관할 구역 안에 둔다.
> ③ 특별시·광역시 또는 특별자치시가 아닌 인구 50만 이상의 시에는 자치구가 아닌 구를 둘 수 있고, 군에는 읍·면을 두며, 시와 구(자치구를 포함한다)에는 동을, 읍·면에는 리를 둔다.

02 지방자치단체의 계층에 대한 설명으로 옳지 않은 것은? ▶ 2021년 지방자치 7급

① 우리나라의 자치계층은 2계층제를 기조로 하지만 일부 지역에서는 단층제를 채택하고 있다.
② 우리나라에서 자치계층을 포함한 행정계층은 2~4개의 계층으로 이루어져 있다.
③ 광역시의 경우는 '광역시 - 자치구·군'의 자치 2계층제를 채택하고 있다.
④ 세종특별자치시의 관할구역으로 자치구를 둘 수 있다.

정답 01 ① 02 ④

해설 ④ [×] 세종특별자치시의 관할 구역으로 자치구를 둘 수 없다.

> **세종특별자치시 설치 등에 관한 특별법 제6조 (설치 등)**
> ① 정부의 직할(直轄)로 세종특별자치시를 설치한다.
> ② 세종특별자치시의 관할구역에는 「지방자치법」 제2조 제1항 제2호의 지방자치단체를 두지 아니한다.

① [O] 우리나라 자치단체의 유형은 광역과 기초로 구분되는 2계층의 중층제를 채택하고 있으나 제주특별자치도, 세종특별자치시는 단층제를 채택하고 있다.
② [O] 우리나라에서 자치계층을 포함한 행정계층은 2~4개의 계층으로 이루어져 있다.
③ [O] 광역시의 관할구역 안에는 군과 자치구를 둘 수 있다.

> **제3조 (지방자치단체의 법인격과 관할)**
> ① 지방자치단체는 법인으로 한다.
> ② 특별시, 광역시, 특별자치시, 도, 특별자치도(이하 "시·도"라 한다)는 정부의 직할(直轄)로 두고, 시는 도의 관할 구역 안에, 군은 광역시나 도의 관할 구역 안에 두며, 자치구는 특별시와 광역시의 관할 구역 안에 둔다.

03 지방자치단체의 계층구조에 대한 설명으로 옳지 않은 것은? ▶ 2011년 국가직 9급

① 계층구조는 각 국가의 정치형태, 면적, 인구 등에 따라 다양한 형태를 갖는다.
② 중층제에서는 단층제에서보다 기초자치단체와 중앙정부의 의사소통이 원활하지 못할 수 있다.
③ 단층제는 중층제보다 중복행정으로 인한 행정 지연의 낭비를 줄일 수 있다.
④ 중층제는 단층제보다 행정책임을 보다 명확하게 할 수 있다.

해설 ④ [×] 중층제는 한 지방자치단체가 다른 지방자치단체를 구역 안에 포괄하고 있어서 지방자치단체가 중첩되는 구조를 말한다. 따라서 동일 관할 구역 내 유사 또는 동일 업무의 동시적 추진으로 인한 책임성 확보가 곤란하다는 문제가 발생할 수 있다.

구분	단층제	중층제
장점	• 신속한 행정, 의사전달 왜곡 방지 • 이중행정과 감독의 폐해 방지 • 행정낭비의 제거와 효율성 제고 • 행정책임 명확화	• 공공기능의 분업적 수행(광역사무 처리) 가능 • 국가의 감독기능 유지 • 국가의 직접 개입 차단 : 민주주의 원리 확산 • 기초자치단체 기능 보완
단점	• 넓은 국토, 많은 인구 적용에 불리 • 중앙집권화 위험 : 국가의 직접 개입으로 중앙정부 비대화 가능성(지방분권 저해 요인) • 광역행정 사무 처리 곤란	• 결정의 신속성 저해, 의사전달 왜곡 가능성 • 이중감독과 이중규제 가능성 • 상하 자치단체간 권한과 책임의 불명확성 – 행정책임 모호 • 행정 지체와 낭비로 인한 비효율

정답 03 ④

04 특별지방자치단체에 대한 설명으로 옳지 않은 것은?

▶ 2022년 국가직 9급

① 2개 이상의 지방자치단체가 공동으로 특정한 목적을 위하여 광역적으로 사무를 처리할 필요가 있을 때에는 특별지방자치단체를 설치할 수 있다.
② 보통의 지방자치단체와 같이 법인격을 갖는다.
③ 특별지방자치단체의 의회는 규약으로 정하는 바에 따라 구성 지방자치단체의 의회 의원으로 구성한다.
④ 구성 지방자치단체의 장은 「지방자치법」상 겸임 제한 규정에 의해 특별지방자치단체의 장을 겸할 수 없다.

해설 ④ [×] 구성 지방자치단체의 장은 특별지방자치단체의 장을 겸할 수 있다.

> **지방자치법 제205조 (집행기관의 조직 등)**
> ① 특별지방자치단체의 장은 규약으로 정하는 바에 따라 특별지방자치단체의 의회에서 선출한다.
> ② 구성 지방자치단체의 장은 제109조에도 불구하고 특별지방자치단체의 장을 겸할 수 있다.

①, ② [○]

> **제199조 (설치)**
> ① 2개 이상의 지방자치단체가 공동으로 특정한 목적을 위하여 광역적으로 사무를 처리할 필요가 있을 때에는 특별지방자치단체를 설치할 수 있다. 이 경우 특별지방자치단체를 구성하는 지방자치단체(이하 "구성 지방자치단체"라 한다)는 상호 협의에 따른 규약을 정하여 구성 지방자치단체의 지방의회 의결을 거쳐 행정안전부장관의 승인을 받아야 한다.
> ③ 특별지방자치단체는 법인으로 한다.

③ [○]

> **제204조 (의회의 조직 등)**
> ① 특별지방자치단체의 의회는 규약으로 정하는 바에 따라 구성 지방자치단체의 의회 의원으로 구성한다.

정답 04 ④

05 지방자치단체의 조례에 관한 설명으로 옳은 것을 모두 고른 것은?

▶ 2014년 지방직 9급

ㄱ. 지방자치단체의 장은 법령이나 조례가 위임한 범위에서 그 권한에 속하는 사무에 관하여 규칙을 제정할 수 있다.
ㄴ. 지방의회에서 의결된 조례안은 10일 이내에 지방자치 단체의 장에게 이송되어야 한다.
ㄷ. 재의요구를 받은 조례안은 재적의원 과반수의 출석과 출석의원 과반수의 찬성으로 재의요구를 받기 전과 같이 의결되면, 조례로 확정된다.
ㄹ. 지방자치단체의 장은 재의결된 조례가 법령에 위반된다고 판단되면 재의결된 날부터 20일 이내에 대법원에 제소할 수 있다.

① ㄱ, ㄴ
② ㄴ, ㄹ
③ ㄱ, ㄹ
④ ㄷ, ㄹ

해설

③ ㄱ, ㄹ [○]

제29조 (규칙)
지방자치단체의 장은 법령 또는 조례의 범위에서 그 권한에 속하는 사무에 관하여 규칙을 제정할 수 있다.

ㄴ. [×] 지방의회에서 의결된 조례안은 5일 이내에 지방자치 단체의 장에게 이송되어야 한다(지방자치법 제32조 제1항).
ㄷ. [×] 재의요구를 받은 조례안은 재적의원 과반수의 출석과 출석의원 2/3의 찬성으로 재의요구를 받기 전과 같이 의결되면, 조례로 확정된다(지방자치법 제32조 제4항).

제32조 (조례와 규칙의 제정 절차 등)
① 조례안이 지방의회에서 의결되면 지방의회의 의장은 의결된 날부터 5일 이내에 그 지방자치단체의 장에게 이송하여야 한다.
② 지방자치단체의 장은 제1항의 조례안을 이송받으면 20일 이내에 공포하여야 한다.
③ 지방자치단체의 장은 이송받은 조례안에 대하여 이의가 있으면 제2항의 기간에 이유를 붙여 지방의회로 환부(還付)하고, 재의(再議)를 요구할 수 있다. 이 경우 지방자치단체의 장은 조례안의 일부에 대하여 또는 조례안을 수정하여 재의를 요구할 수 없다.
④ 지방의회는 제3항에 따라 재의 요구를 받으면 조례안을 재의에 부치고 재적의원 과반수의 출석과 출석의원 3분의 2 이상의 찬성으로 전(前)과 같은 의결을 하면 그 조례안은 조례로서 확정된다.
⑤ 지방자치단체의 장이 제2항의 기간에 공포하지 아니하거나 재의 요구를 하지 아니하더라도 그 조례안은 조례로서 확정된다.
⑥ 지방자치단체의 장은 제4항 또는 제5항에 따라 확정된 조례를 지체 없이 공포하여야 한다. 이 경우 제5항에 따라 조례가 확정된 후 또는 제4항에 따라 확정된 조례가 지방자치단체의 장에게 이송된 후 5일 이내에 지방자치단체의 장이 공포하지 아니하면 지방의회의 의장이 공포한다.
⑧ 조례와 규칙은 특별한 규정이 없으면 공포한 날부터 20일이 지나면 효력을 발생한다.

정답 05 ③

06 다음 중 조례와 규칙에 대한 설명으로 옳지 않은 것은?
▶ 2016년 국회 8급

① 지방자치단체의 장은 법령의 범위에서 그 사무에 관하여 조례를 정할 수 있다.
② 조례를 정할 때 주민의 권리제한에 관한 사항은 법률의 위임이 있어야 한다.
③ 시·군 및 자치구의 조례나 규칙은 시·도의 조례나 규칙을 위반하여서는 안 된다.
④ 지방자치단체는 조례를 위반한 행위에 대하여 조례로써 과태료를 정할 수 있다.
⑤ 과태료는 해당 지방자치단체의 장이 부과·징수한다.

해설

① [×] 조례의 제정 권한은 지방의회에 있다. 지방자치단체의 장은 법령 또는 조례의 범위에서 그 권한에 속하는 사무에 관하여 규칙을 제정할 수 있다.

> **지방자치법 제28조 (조례)**
> ① 지방자치단체는 법령의 범위에서 그 사무에 관하여 조례를 제정할 수 있다. 다만, 주민의 권리 제한 또는 의무 부과에 관한 사항이나 벌칙을 정할 때에는 법률의 위임이 있어야 한다.
> ② 법령에서 조례로 정하도록 위임한 사항은 그 법령의 하위 법령에서 그 위임의 내용과 범위를 제한하거나 직접 규정할 수 없다. 한다.

③ [○]

> **지방자치법 제30조 (조례와 규칙의 입법한계)**
> 시·군 및 자치구의 조례나 규칙은 시·도의 조례나 규칙을 위반해서는 아니 된다.

④, ⑤ [○]

> **지방자치법 제34조 (조례 위반에 대한 과태료)**
> ① 지방자치단체는 조례를 위반한 행위에 대하여 조례로써 1천만원 이하의 과태료를 정할 수 있다.
> ② 제1항에 따른 과태료는 해당 지방자치단체의 장이나 그 관할 구역의 지방자치단체의 장이 부과·징수한다.

07 우리나라 지방자치단체의 권한(자치권)으로 옳지 않은 것은?
▶ 2021년 국가직 9급

① 지방자치단체는 법률의 위임이 있어야 주민의 권리를 제한하는 조례를 제정할 수 있다.
② 지방자치단체는 주민의 복지증진과 사업의 효율적 수행을 위하여 지방공기업을 설치·운영할 수 있다.
③ 지방자치단체는 조례를 위반한 행위에 대하여 조례로써 1,500만원 이하의 과태료를 정할 수 있다.
④ 지방자치단체조합도 따로 법률로 정하는 바에 따라 지방채를 발행할 수 있다.

정답 06 ① 07 ③

해설

③ [×]

> **지방자치법 제34조 (조례 위반에 대한 과태료)**
> ① 지방자치단체는 조례를 위반한 행위에 대하여 조례로써 1천만원 이하의 과태료를 정할 수 있다.
> ② 제1항에 따른 과태료는 해당 지방자치단체의 장이나 그 관할 구역의 지방자치단체의 장이 부과·징수한다.

① [○]

> **지방자치법 제28조 (조례)** 지방자치단체는 법령의 범위에서 그 사무에 관하여 조례를 제정할 수 있다. 다만, 주민의 권리 제한 또는 의무 부과에 관한 사항이나 벌칙을 정할 때에는 법률의 위임이 있어야 한다.

② [○]

> **지방자치법 제163조 (지방공기업의 설치·운영)**
> ① 지방자치단체는 주민의 복리증진과 사업의 효율적 수행을 위하여 지방공기업을 설치·운영할 수 있다.

④ [○]

> **지방자치법 제139조 (지방채무 및 지방채권의 관리)**
> ① 지방자치단체의 장이나 지방자치단체조합은 따로 법률로 정하는 바에 따라 지방채를 발행할 수 있다.

---

08 다음 중 우리나라 지방자치단체의 자치권에 대한 설명으로 옳지 않은 것은? ▶ 2017년 국회 8급

① 지방자치단체는 자치재정권이 인정되어 조례를 통해서 독립적인 지방 세목을 설치할 수 있다.
② 행정기구의 설치는 대통령령이 정하는 범위 안에서 지방자치단체의 조례로 정한다.
③ 자치사법권이 부여되어 있지 않다.
④ 중앙정부가 분권화시킨 결과가 지방정부의 자치권 확보라고 할 수 있다.
⑤ 중앙과 지방의 기능배분에 있어서 포괄적 예시형 방식을 적용한다.

정답 08 ①

해설
① [×] 우리나라는 조세법률주의를 택하고 있어 지방세의 세목과 세율에 대해서는 법률로써 정해야 하며, 조례에 의한 세목의 설치를 허용하지 않는다.
② [○]

> **지방자치법 제125조 (행정기구와 공무원)**
> ① 지방자치단체는 그 사무를 분장하기 위하여 필요한 행정기구와 지방공무원을 둔다.
> ② 제1항에 따른 행정기구의 설치와 지방공무원의 정원은 인건비 등 대통령령으로 정하는 기준에 따라 그 지방자치단체의 조례로 정한다.

⑤ [○] 우리나라는 1988년 4월 이전까지 사무배분의 일반적 방식으로 포괄적 배분방식을 채택하였으나, 1988년 4월 「지방자치법」 개정으로 포괄적 예시주의를 채택하였다.

> **제13조 (지방자치단체의 사무 범위)**
> ① 지방자치단체는 관할 구역의 자치사무와 법령에 따라 지방자치단체에 속하는 사무를 처리한다.
> ② 제1항에 따른 지방자치단체의 사무를 예시하면 다음 각 호와 같다. 다만, 법률에 이와 다른 규정이 있으면 그러하지 아니하다.

제3장 지방자치단체 사무

기출문제

01 중층의 국가공동체 조직에서 하급단위가 잘 처리할 수 있는 업무를 상급단위에서 직접 처리하면 안 된다는 원칙은?
▶ 2020년 행정사

① 딜론(Dillon)의 원칙
② 법률유보의 원칙
③ 충분재정의 원칙
④ 보충성의 원칙
⑤ 포괄성의 원칙

해설
④ [○] 보충성 원칙에 대한 설명이다.
① 딜론(Dillon)의 원칙은 지방정부에 대한 주정부의 법적 우위를 주장하는 원칙으로 지방정부는 주정부의 창조물이며 주정부의 법에 의해 창설·폐지된다고 본다.
② 법률유보의 원칙은 국민의 권리를 제한하거나 의무를 부과하는 사항은 반드시 국회의 의결을 거친 법률로써 규정하여야 한다는 원칙이다.
③ 충분재정의 원칙은 지방재정 수요의 충족에 필요한 충분한 수입이 확보되어야 한다는 원칙이다.
⑤ 포괄성의 원칙은 지방자치단체가 그 사무를 자기의 책임하에 종합적으로 처리할 수 있도록 관련 사무를 포괄적으로 배분해야 한다는 원칙이다.

02 다음에서 설명하는 중앙·지방정부 간 사무배분의 원칙으로 옳은 것은?
▶ 2021년 행정사

- 기초지방정부가 할 수 있는 일을 상급정부가 관여해서는 안 된다는 기초지방정부 우선의 원칙이다.
- 중앙정부의 역할은 지방정부의 기능을 보완하는 측면에 국한해야 한다.

① 포괄성의 원칙
② 가외성의 원칙
③ 효율성의 원칙
④ 보충성의 원칙
⑤ 충분재정의 원칙

해설
④ [○] 보충성 원칙에 대한 설명이다.

정답 01 ④ 02 ④

03 '기초자치단체가 처리하기 어려운 사무는 광역자치단체가 맡고 지방자치단체에서 처리하기 어려운 사무는 중앙정부의 사무로 처리해야 한다'와 관련된 사무배분 원칙은? ▶ 2017년 행정사

① 포괄성의 원칙
② 종합성의 원칙
③ 지역성의 원칙
④ 가외성의 원칙
⑤ 보충성의 원칙

해설 ⑤ [O] 보충성의 원칙에 대한 설명이다.

---

04 지방자치법상 지방자치단체의 사무 배분 및 처리의 기본원칙에 관한 설명으로 옳지 않은 것은? ▶ 2023년 행정사

① 국가는 국가와 지방자치단체 간의 사무를 주민의 편익증진 등을 고려하여 서로 중복되지 아니하도록 배분하여야 한다.
② 국가가 지방자치단체에 사무를 배분할 때에는 관련 사무를 포괄적으로 배분하여야 한다.
③ 도와 시·군이 사무를 처리할 때 사무가 서로 겹치면 도에서 먼저 처리한다.
④ 지방자치단체는 조직과 운영을 합리적으로 하고 규모를 적절하게 유지하여야 한다.
⑤ 시·군 및 자치구는 해당 구역을 관할하는 시·도의 조례를 위반하여 사무를 처리할 수 없다.

해설 ③ [×] 도와 시·군이 사무를 처리할 때 사무가 서로 겹치면 시·군이 먼저 처리한다.

지방자치법 제14조 (지방자치단체의 종류별 사무배분기준)
③ 시·도와 시·군 및 자치구는 사무를 처리할 때 서로 겹치지 아니하도록 하여야 하며, 사무가 서로 겹치면 **시·군 및 자치구에서 먼저 처리한다.**

①, ② [O]

지방자치법 제11조(사무배분의 기본원칙)
① 국가는 지방자치단체가 사무를 종합적·자율적으로 수행할 수 있도록 국가와 지방자치단체 간 또는 지방자치단체 상호 간의 사무를 주민의 편익증진, 집행의 효과 등을 고려하여 서로 중복되지 아니하도록 배분하여야 한다.
③ 국가가 지방자치단체에 사무를 배분하거나 지방자치단체가 사무를 다른 지방자치단체에 재배분할 때에는 사무를 배분받거나 재배분받는 지방자치단체가 그 사무를 자기의 책임하에 종합적으로 처리할 수 있도록 관련 사무를 포괄적으로 배분하여야 한다.

④, ⑤ [O]

지방자치법 제12조 (사무처리의 기본원칙)
② 지방자치단체는 조직과 운영을 합리적으로 하고 규모를 적절하게 유지하여야 한다.
③ 지방자치단체는 법령을 위반하여 사무를 처리할 수 없으며, 시·군 및 자치구는 해당 구역을 관할하는 시·도의 조례를 위반하여 사무를 처리할 수 없다.

정답 03 ⑤   04 ③

연습문제

01 중앙정부의 지방자치단체 사무배분 원칙에 대한 설명으로 옳은 것만을 모두 고르면?

▶ 2021년 국가직 7급

> ㄱ. 지역주민생활과 밀접한 관련이 있는 사무는 원칙적으로 시·군 및 자치구의 사무로 배분하여야 한다.
> ㄴ. 서로 관련된 사무들을 배분할 때는 포괄적으로 배분하여야 한다.
> ㄷ. 시·군 및 자치구가 처리하기 어려운 사무는 국가보다는 시·도에 우선적으로 배분하여야 한다.
> ㄹ. 시·군 및 자치구가 해당 사무를 원활히 처리할 수 있도록 행정적·재정적 지원을 병행하여야 한다.
> ㅁ. 주민의 편익증진과 집행의 효과 등을 고려하여 지방자치단체 상호 간 중복되지 않도록 해야 한다.

① ㄱ, ㄷ, ㅁ
② ㄴ, ㄷ, ㄹ
③ ㄱ, ㄴ, ㄹ, ㅁ
④ ㄱ, ㄴ, ㄷ, ㄹ, ㅁ

해설 ④ ㄱ, ㄴ, ㄷ, ㄹ, ㅁ [O]
ㄱ [O] 기초자치단체 우선의 원칙
ㄴ [O] 포괄성의 원칙
ㄷ [O] 보충성의 원칙

> **지방자치법 제11조 (사무배분의 기본원칙)**
> ② 국가는 제1항에 따라 사무를 배분하는 경우 지역주민생활과 밀접한 관련이 있는 사무는 원칙적으로 시·군 및 자치구의 사무로, 시·군 및 자치구가 처리하기 어려운 사무는 시·도의 사무로, 시·도가 처리하기 어려운 사무는 국가의 사무로 각각 배분하여야 한다.
> ③ 국가가 지방자치단체에 사무를 배분하거나 지방자치단체가 사무를 다른 지방자치단체에 재배분할 때에는 사무를 배분받거나 재배분받는 지방자치단체가 그 사무를 자기의 책임하에 종합적으로 처리할 수 있도록 관련 사무를 포괄적으로 배분하여야 한다.

ㄹ [O] 충분재정의 원칙

> **지방자치분권 및 지역균형발전에 관한 특별법 제33조 (권한이양 및 사무구분체계의 정비 등)**
> ③ 국가는 지방자치단체에 이양한 권한 및 사무가 원활히 처리될 수 있도록 대통령령으로 정하는 바에 따라 행정적·재정적 지원을 병행하여야 한다.

정답 01 ④

□ [O] 중복배분금지의 원칙

> **지방자치법 제11조(사무배분의 기본원칙)**
> ① 국가는 지방자치단체가 사무를 종합적·자율적으로 수행할 수 있도록 <u>국가와 지방자치단체 간 또는 지방자치단체 상호 간의 사무를 주민의 편익증진, 집행의 효과 등을 고려하여 서로 중복되지 아니하도록 배분하여야 한다.</u>

02 「지방자치법」상 지방자치단체 종류별 사무배분의 기준에 대한 설명으로 옳지 않은 것은?

▶ 2022년 국가직 7급

① 인구 30만 이상의 시에 대해서는 도가 처리하는 사무의 일부를 직접 처리하게 할 수 있다
② 시·군 및 자치구가 독자적으로 처리하기 어려운 사무는 시·도의 사무이다.
③ 지방자치단체의 구역, 조직, 행정관리 등은 시·도와 시·군 및 자치구에 공통된 사무이다.
④ 국가와 시·군 및 자치구 사이의 연락·조정 등의 사무는 시·도의 사무이다.

해설
① [X] 인구 50만 이상의 시에 대해서는 도가 처리하는 사무의 일부를 직접 처리하게 할 수 있다(지방자치법 제14조 제1항 2호).
②, ④ [O] 「지방자치법」 제14조 제1항

> **제14조 (지방자치단체의 종류별 사무배분기준)**
> ① 제13조에 따른 지방자치단체의 사무를 지방자치단체의 종류별로 배분하는 기준은 다음 각 호와 같다. 다만, 제13조제2항제1호의 사무는 각 지방자치단체에 공통된 사무로 한다.
>   1. 시·도
>   가. 행정처리 결과가 2개 이상의 시·군 및 자치구에 미치는 광역적 사무
>   나. 시·도 단위로 동일한 기준에 따라 처리되어야 할 성질의 사무
>   다. 지역적 특성을 살리면서 시·도 단위로 통일성을 유지할 필요가 있는 사무
>   라. <u>국가와 시·군 및 자치구 사이의 연락·조정 등의 사무</u>
>   마. <u>시·군 및 자치구가 독자적으로 처리하기 어려운 사무</u>
>   바. 2개 이상의 시·군 및 자치구가 공동으로 설치하는 것이 적당하다고 인정되는 규모의 시설을 설치하고 관리하는 사무
>   2. 시·군 및 자치구
>   제1호에서 시·도가 처리하는 것으로 되어 있는 사무를 제외한 사무. 다만, <u>인구 50만 이상의 시에 대해서는 도가 처리하는 사무의 일부를 직접 처리하게 할 수 있다.</u>

③ [O] 지방자치단체의 구역, 조직, 행정관리 등은 지방자치단체의 사무범위에 속한다(지방자치법 제14조 및 제13조 제2항).

> **제13조 (지방자치단체의 사무 범위)**
> ② 제1항에 따른 지방자치단체의 사무를 예시하면 다음 각 호와 같다. 다만, 법률에 이와 다른 규정이 있으면 그러하지 아니하다.
> <u>1. 지방자치단체의 구역, 조직, 행정관리 등</u>

정답 02 ①

「지방자치법」상 지방자치단체의 사무처리에 관한 설명으로 가장 옳지 않은 것은?

▶ 2018년 서울시 9급

① 지방자치단체는 법령을 위반하여 그 사무를 처리할 수 없다.
② 행정처리 결과가 2개 이상의 시·군 및 자치구에 미치는 광역적 사무는 시·도가 처리한다.
③ 시·도와 시·군 및 자치구의 사무가 서로 경합하면 시·도에서 먼저 처리한다.
④ 지방자치단체는 법률에 다른 규정이 있는 경우를 제외하고 외교, 국방, 사법, 국세 등 국가의 존립에 필요한 사무를 처리할 수 없다.

 ③ [×] 시·도와 시·군 및 자치구의 사무가 서로 경합하면 시·군 및 자치구에서 먼저 처리한다.

> **지방자치법 제14조 (지방자치단체의 종류별 사무배분기준)**
> ③ 시·도와 시·군 및 자치구는 사무를 처리할 때 서로 겹치지 아니하도록 하여야 하며, 사무가 서로 겹치면 시·군 및 자치구에서 먼저 처리한다.

① [○]

> **지방자치법 제12조(사무처리의 기본원칙)**
> ③ 지방자치단체는 법령을 위반하여 사무를 처리할 수 없으며, 시·군 및 자치구는 해당 구역을 관할하는 시·도의 조례를 위반하여 사무를 처리할 수 없다.

② [○]

> **지방자치법 제14조(지방자치단체의 종류별 사무배분기준)**
> ① 제13조에 따른 지방자치단체의 사무를 지방자치단체의 종류별로 배분하는 기준은 다음 각 호와 같다. 다만, 제13조제2항제1호의 사무는 각 지방자치단체에 공통된 사무로 한다.
>   1. 시·도
>   가. 행정처리 결과가 2개 이상의 시·군 및 자치구에 미치는 광역적 사무

④ [○]

> **지방자치법 제15조 (국가사무의 처리 제한)**
> 지방자치단체는 다음 각 호의 국가사무를 처리할 수 없다. 다만, 법률에 이와 다른 규정이 있는 경우에는 국가사무를 처리할 수 있다.
>   1. 외교, 국방, 사법(司法), 국세 등 국가의 존립에 필요한 사무

정답 03 ③

04 지방정부의 사무에 대한 설명으로 옳지 않은 것은? ▶ 2023년 지방직 9급

① 기관위임사무의 처리에 드는 경비는 중앙정부와 지방정부가 공동 부담하는 것이 원칙이다.
② 단체위임사무는 집행기관장이 아닌 지방정부 그 자체에 위임된 사무이다.
③ 지방의회는 단체위임사무의 처리 과정에 관한 조례를 제정할 수 있다.
④ 중앙정부는 자치사무에 대해 합법성 위주의 통제를 주로 한다.

해설 ① [×] 기관위임사무의 처리에 드는 경비는 전액 중앙정부가 부담하는 것이 원칙이다.

---

05 「지방자치법」상 지방자치단체의 사무범위에 해당하지 않는 것은? ▶ 2019년 서울시 9급

① 농림·상공업 등 산업 진흥에 관한 사무
② 교육·체육·문화·예술의 진흥에 관한 사무
③ 축산물·수산물 및 양곡의 수급 조절과 수출입 사무
④ 지역민방위 및 지방소방에 관한 사무

해설 ③ [×] 축산물·수산물 및 양곡의 수급 조절과 수출입 사무는 국가사무에 해당한다.

> **지방자치법 제15조 (국가사무의 처리 제한)** 지방자치단체는 다음 각 호의 국가사무를 처리할 수 없다. 다만, 법률에 이와 다른 규정이 있는 경우에는 국가사무를 처리할 수 있다.
> 1. 외교, 국방, 사법(司法), 국세 등 국가의 존립에 필요한 사무
> 2. 물가정책, 금융정책, 수출입정책 등 전국적으로 통일적 처리를 할 필요가 있는 사무
> 3. 농산물·임산물·축산물·수산물 및 양곡의 수급조절과 수출입 등 전국적 규모의 사무
> 4. 국가종합경제개발계획, 국가하천, 국유림, 국토종합개발계획, 지정항만, 고속국도·일반국도, 국립공원 등 전국적 규모나 이와 비슷한 규모의 사무
> 5. 근로기준, 측량단위 등 전국적으로 기준을 통일하고 조정하여야 할 필요가 있는 사무
> 6. 우편, 철도 등 전국적 규모나 이와 비슷한 규모의 사무
> 7. 고도의 기술이 필요한 검사·시험·연구, 항공관리, 기상행정, 원자력개발 등 지방자치단체의 기술과 재정능력으로 감당하기 어려운 사무

①, ②, ④ [○]

> **제13조 (지방자치단체의 사무 범위)**
> ① 지방자치단체는 관할 구역의 자치사무와 법령에 따라 지방자치단체에 속하는 사무를 처리한다.
> ② 제1항에 따른 지방자치단체의 사무를 예시하면 다음 각 호와 같다. 다만, 법률에 이와 다른 규정이 있으면 그러하지 아니하다.
> 1. 지방자치단체의 구역, 조직, 행정관리 등
> 2. 주민의 복지증진
> 3. 농림·수산·상공업 등 산업 진흥
> 4. 지역개발과 자연환경보전 및 생활환경시설의 설치·관리
> 5. 교육·체육·문화·예술의 진흥
> 6. 지역민방위 및 지방소방
> 7. 국제교류 및 협력

정답 04 ① 05 ③

06 우리나라 지방자치단체의 사무 구분에 대한 설명으로 옳은 것은? ▶ 2014년 국가직 9급

① 자치사무와 단체위임사무는 자치단체가 전액 경비를 부담하며, 기관위임사무는 원칙적으로 자치단체와 위임기관이 공동으로 부담한다.
② 단체위임사무는 법령에 의해 하급 자치단체장에게 위임된 사무이며, 기관위임사무는 법령에 의해 국가 또는 다른 자치단체로부터 위임된 사무이다.
③ 자치사무와 단체위임사무의 처리를 위해 자치단체는 조례를 제정하는 것이 가능한데, 기관위임사무는 원칙적으로 조례제정 대상이 아니다.
④ 자치사무는 지방의회의 관여(의결, 사무감사 및 사무조사) 대상이지만, 단체위임사무와 기관위임사무는 관여 대상이 아니다.

③ [○]
① [×] 기관위임사무는 국가가 전액경비를 부담하지만, 자치사무는 자치단체가가 전액을 부담하고, 단체위임사무는 자치단체와 국가가 공동으로 부담하는 것이 원칙이다.
② [×] 반대로 설명되어 있다. 기관위임사무는 직권으로 하급자치단체의 장에게 위임된 사무이며 단체위임사무는 법령에 의하여 국가 또는 다른 자치단체로부터 위임된 사무이다.
④ [×] 자치사무와 단체위임사무는 지방의회의 관여대상이지만 기관위임사무는 국가사무이므로 지방의회의 관여대상이 아니다.

구분	기관위임사무	단체위임사무	자치사무
대상 사무	국가적 차원의 이해관계가 걸려있는 사무	지방적 이해관계와 국가적 차원의 이해관계가 같이 걸린 사무	지방적 이해관계가 큰 사무
경비 부담	중앙정부 부담 원칙	중앙정부와 지방정부 공동 부담	원칙적으로 지방정부 부담
중앙 통제	중앙정부의 통제가 강함 합법성뿐만 아니라 합목적성, 공익성까지 통제	중앙정부 통제 약함 합법성과 합목적성의 교정적 감독	중앙정부 통제 최소화 합법성 통제에 그침
지방 의회 역할	지방의회 개입 배제 조례 제정권, 조사권 행사 ×	지방의회 관여 인정 조례 제정권 ○, 조사권 행사 ○	지방의회가 당연히 관여 조례 제정권 ○
예	대통령, 국회의원 선거, 가족관계등록, 의약사 면허, 여권발급, 병역자원 관리 업무 등	보건소 운영, 시·군의 재해구호사업, 생활보호, 의료보호, 하천유지보수, 국도유지보수 등	지방자치단체 존립·유지 사무, 주민복지사무(상하수도, 지역민방위, 지역소방, 도서관, 주민등록, 학교, 쓰레기 처리 등)

정답 06 ③

07 기관위임사무에 대한 설명으로 옳지 않은 것은? ▶ 2015년 국가직 9급

① 법령에 의하여 국가 또는 상급 지방자치단체로부터 지방자치단체의 장에게 위임된 사무를 말한다.
② 국가와 지방자치단체 사이의 행정적 책임의 소재를 명확하게 해준다.
③ 지방자치단체를 국가의 하급기관으로 전락시키는 요인으로 작용할 수 있다
④ 전국적으로 획일적인 행정을 강조함으로써 지방적 특수성이 희생되기도 한다.

> **해설** ② [×] 기관위임사무는 국가와 지방자치단체 사이의 행정적 책임의 소재를 불명확하게 하는 문제점을 갖고 있다.

정답 07 ②

제4장 정부 간 관계

기출문제

01 지방자치단체와는 별도로 특별지방행정기관을 설치하는 경우 나타나는 장점으로 옳은 것은?
▶ 2013년 행정사

① 주민들의 직접참여와 통제가 용이하여 책임행정 확보가 가능하다.
② 광역적인 국가 업무를 효율적으로 처리할 수 있다.
③ 유사중복기능의 수행 인력과 조직으로 행정의 중복성을 통하여 효율성을 강화할 수 있다.
④ 관할범위가 넓어 현지성이 확보됨으로써 지역주민을 위한 행정이 가능하다.
⑤ 특별지방행정기관 증가로 이원적 업무수행이 가능하여 주민들의 행정만족도가 높아지고 혼란을 방지할 수 있다.

> **해설** ② [O] 특별지방행정기관은 지방자치단체보다 관할구역이 넓어 광역적인 국가업무를 효율적으로 처리할 수 있다는 장점이 있다.

02 우리나라 지방자치단체들 간의 공동사무를 협력·처리하는 방식이 아닌 것은?
▶ 2018년 행정사

① 광역도시계획 수립
② 행정협의회 구성
③ 지방자치단체조합 설립
④ 지방자치단체장 협의체 설립
⑤ 행정구(자치구가 아닌 구) 설치

> **해설** ⑤ [×] 행정구는 인구 50만 이상의 시에 설치하는 것으로 지방자치단체 간 공동사무의 협력·처리 방식에 해당하지 않는다.
> ① [O] 광역도시계획은 「국토의 계획 및 이용에 관한 법률」에 따라 둘 이상의 특별시·광역시·특별자치시·특별자치도·시 또는 군의 공간구조 및 기능을 상호 연계시키고 환경을 보전하며 광역시설을 체계적으로 정비하기 위하여 국토해양부장관 또는 도지사가 수립한 광역계획권의 장기 발전 방향을 제시하는 계획을 말한다.

정답 01 ② 02 ⑤

03 우리나라 지방자치제의 특징이나 내용에 관한 설명으로 옳은 것은? ▶ 2016년 행정사

① 시·군 및 자치구의 장이 법령의 규정에 따라 그 의무에 속하는 국가위임사무의 관리와 집행을 명백히 게을리하고 있다고 인정되면 주무부장관은 그 이행을 직접 명령할 수 있다.
② 시·군 및 자치구의 사무에 관한 그 장의 명령이나 처분이 법령에 위반되거나 현저히 부당하여 공익을 해친다고 인정되면 주무부장관은 그 시정을 직접 명할 수 있다.
③ 시·군 및 자치구에 대하여 지방의회의 의결이 법령에 위반되거나 공익을 현저히 해친다고 판단되면 주무부장관은 직접 재의를 요구할 수 있다.
④ 지방자치단체의 기관구성은 기본적으로 기관대립형을 채택하고 있다.
⑤ 기관위임사무는 주로 전국적 이해관계보다 지방적 이해관계가 큰 사무들이 그 대상이 된다.

> **해설** ④ [○]
> ① [×] 시·군 및 자치구의 장에 대해서는 시·도지사(주무부장관 ×)가 이행을 직접 명령할 수 있다.
>
>> **지방자치법 제189조 (지방자치단체의 장에 대한 직무이행명령)**
>> ① 지방자치단체의 장이 법령에 따라 그 의무에 속하는 국가위임사무나 시·도위임사무의 관리와 집행을 명백히 게을리하고 있다고 인정되면 시·도에 대해서는 주무부장관이, 시·군 및 자치구에 대해서는 시·도지사가 기간을 정하여 서면으로 이행할 사항을 명령할 수 있다.
>
> ② [×] 시·군 및 자치구의 사무에 관한 그 장의 명령이나 처분에 대해서는 시·도지사(주무부장관 ×)가 이를 취소하거나 정지할 수 있다.
>
>> **제188조 (위법·부당한 명령이나 처분의 시정)**
>> ① 지방자치단체의 사무에 관한 지방자치단체의 장(제103조제2항에 따른 사무의 경우에는 지방의회의 의장을 말한다. 이하 이 조에서 같다)의 명령이나 처분이 법령에 위반되거나 현저히 부당하여 공익을 해친다고 인정되면 시·도에 대해서는 주무부장관이, 시·군 및 자치구에 대해서는 시·도지사가 기간을 정하여 서면으로 시정할 것을 명하고, 그 기간에 이행하지 아니하면 이를 취소하거나 정지할 수 있다.
>> ② 주무부장관은 지방자치단체의 사무에 관한 시장·군수 및 자치구의 구청장의 명령이나 처분이 법령에 위반되거나 현저히 부당하여 공익을 해침에도 불구하고 시·도지사가 제1항에 따른 시정명령을 하지 아니하면 시·도지사에게 기간을 정하여 시정명령을 하도록 명할 수 있다.
>
> ③ [×] 지방의회의 의결이 법령에 위반되거나 공익을 현저히 해친다고 판단되면 시·군 및 자치구에 대해서는 시·도지사가 해당 지방자치단체의 장에게 재의를 요구하게 할 수 있다.
>
>> **제192조(지방의회 의결의 재의와 제소)**
>> ① 지방의회의 의결이 법령에 위반되거나 공익을 현저히 해친다고 판단되면 시·도에 대해서는 주무부장관이, 시·군 및 자치구에 대해서는 시·도지사가 해당 지방자치단체의 장에게 재의를 요구하게 할 수 있고, 재의 요구 지시를 받은 지방자치단체의 장은 의결사항을 이송받은 날부터 20일 이내에 지방의회에 이유를 붙여 재의를 요구하여야 한다.
>> ② 시·군 및 자치구의회의 의결이 법령에 위반된다고 판단됨에도 불구하고 시·도지사가 제1항에 따라 재의를 요구하게 하지 아니한 경우 주무부장관이 직접 시장·군수 및 자치구의 구청장에게 재의를 요구하게 할 수 있고, 재의 요구 지시를 받은 시장·군수 및 자치구의 구청장은 의결사항을 이송받은 날부터 20일 이내에 지방의회에 이유를 붙여 재의를 요구하여야 한다.
>
> ⑤ [×] 지방적 이해관계가 큰 사무는 고유사무(자치사무)의 대상이다. 기관위임사무는 주로 전국적 이해관계가 큰 사무들이 대상이 된다.

정답 03 ④

04 우리나라 지방자치제도에 관한 설명으로 옳은 것은? ▶ 2014년 행정사

① 시·도를 달리하는 시·군·구간의 자치단체 조합의 설치는 지방의회 의결을 거쳐 시·도지사의 승인을 받아야 한다.
② 자치구가 아닌 행정구 읍·면·동의 명칭과 폐지·분할은 해당 지방의회의 의결로 결정한다.
③ 지방자치단체의 사무 중 단체위임사무는 지방자치단체의 장에게 위임하여 처리하는 사무이다.
④ 중앙행정기관장과 지방자치단체의 장이 의견을 달리하는 사무처리의 조정을 위해 행정안전부 소속하에 협의조정기구를 둘 수 있다.
⑤ 주민발안제에 있어 사용료의 부과, 행정기구 변경 및 공공시설 설치 반대 등의 사항은 주민에 의한 청구대상이 되지 않는다.

해설 ⑤ [O]

> **주민조례발안에관한법률 제4조 (주민조례청구 제외 대상)**
> 다음 각 호의 사항은 주민조례청구 대상에서 제외한다.
> 1. 법령을 위반하는 사항
> 2. 지방세·사용료·수수료·부담금을 부과·징수 또는 감면하는 사항
> 3. 행정기구를 설치하거나 변경하는 사항
> 4. 공공시설의 설치를 반대하는 사항

① [×] 시·도를 달리하는 시·군·구간의 자치단체조합의 설치는 행정안전부장관의 승인을 받아야 한다.

> **지방자치법 제176조 (지방자치단체조합의 설립)**
> ① 2개 이상의 지방자치단체가 하나 또는 둘 이상의 사무를 공동으로 처리할 필요가 있을 때에는 규약을 정하여 지방의회의 의결을 거쳐 시·도는 행정안전부장관의 승인, 시·군 및 자치구는 시·도지사의 승인을 받아 지방자치단체조합을 설립할 수 있다. 다만, 지방자치단체조합의 구성원인 시·군 및 자치구가 2개 이상의 시·도에 걸쳐 있는 지방자치단체조합은 행정안전부장관의 승인을 받아야 한다.

② [×] 자치구가 아닌 행정구 읍·면·동의 명칭과 폐지·분할은 해당 자치단체의 조례로 정한다.

> **지방자치법 제7조 (자치구가 아닌 구와 읍·면·동 등의 명칭과 구역)**
> ① 자치구가 아닌 구와 읍·면·동의 명칭과 구역은 종전과 같이 하고, 자치구가 아닌 구와 읍·면·동을 폐지하거나 설치하거나 나누거나 합칠 때에는 행정안전부장관의 승인을 받아 그 지방자치단체의 조례로 정한다. 다만, 명칭과 구역의 변경은 그 지방자치단체의 조례로 정하고, 그 결과를 특별시장·광역시장·도지사에게 보고하여야 한다.

정답 04 ⑤

구분	구역개편(변경)	절차 및 형식
자치구역	자치단체 명칭과 구역 변경 및 폐치 분합	법률 + 지방의회 의견 혹은 주민투표
	자치단체의 관할구역 경계 변경	대통령령
행정구역	자치구가 아닌 구, 읍·면·동의 폐치 분합	행정안전부장관의 승인 후 조례
	자치구가 아닌 구, 읍·면·동의 명칭과 구역 변경	조례제정 후 시·도지사 보고
	리의 명칭과 구역 변경 및 폐치 분합	자치단체 조례
	행정운영상의 동·리, 동·리를 2개로 혹은 2이상을 하나의 동·리로 운영	자치단체 조례

③ [×] 지방자치단체의 사무 중 기관위임사무는 지방자치단체의장에게 위임하여 처리하는 사무이다.
④ [×] 중앙행정기관장과 지방자치단체의장이 의견을 달리하는 사무처리의 조정을 위해 국무총리 소속하에 협의조정기구를 둔다.

지방자치법 제187조 (중앙행정기관과 지방자치단체 간 협의·조정)
① 중앙행정기관의 장과 지방자치단체의 장이 사무를 처리할 때 의견을 달리하는 경우 이를 협의·조정하기 위하여 국무총리 소속으로 행정협의조정위원회를 둔다.

05 지방자치에 관한 설명으로 옳은 것은? ▶ 2024년 행정사

① 일정기간 지역에 거주하지 않았더라도 주민등록만 되어 있다면 지방자치법상 주민으로서의 권리와 의무의 주체가 된다.
② 국가로부터 일정한 부분 자치권한을 이양 받은 자치권을 고유권이라고 한다.
③ 특례시에는 자치구가 설치되어 있다.
④ 자치권이란 자연적으로 발생한 주민의 권리이므로 전래권이다.
⑤ 지방자치단체는 주민의 복리와 재산을 보호하고 외교·국방과 같은 문제를 다룬다.

해설 ① [○]

지방자치법 제16조 (주민의 자격)
지방자치단체의 구역에 주소를 가진 자는 그 지방자치단체의 주민이 된다.

② [×] 자치권을 국가로부터 일정한 부분 이양 받은 것으로 보는 입장은 전래권설에 해당한다.
③ [×] 특례시는 기초지방자치단체에 해당하므로 별도의 자치구를 설치할 수 없다.
④ [×] 자치권을 자연적으로 발생한 주민의 권리로 보는 것은 고유권설의 입장이다.
⑤ [×] 외교·국방은 국가사무에 해당된다.

지방자치법 제15조 (국가사무의 처리 제한) 지방자치단체는 다음 각 호의 국가사무를 처리할 수 없다. 다만, 법률에 이와 다른 규정이 있는 경우에는 국가사무를 처리할 수 있다.
1. 외교, 국방, 사법(司法), 국세 등 국가의 존립에 필요한 사무

정답 05 ①

연습문제

01 라이트(D. Wright)의 정부 간 관계모형에 대한 설명 중 옳지 않은 것은? ▶ 2011년 지방직 9급

① 분리형(separated model)은 중앙 - 지방 간의 독립적인 관계를 의미한다.
② 내포형(inclusive model)은 지방정부가 중앙정부에 완전히 의존되어 있는 관계를 의미한다.
③ 중첩형(overlapping model)은 정치적 타협과 협상에 의한 중앙 - 지방 간의 상호의존 관계를 의미한다.
④ 경쟁형(competitive model)은 정책을 둘러싼 정부 간 경쟁관계를 의미한다.

해설 ④ [×] 라이트는 정부 간 관계모형을 포괄형(종속형, 내포형), 분리형(독립형), 중첩형(상호의존형)으로 분류하고 중첩형을 가장 이상적인 모형으로 제시하였다.

포괄권위형(내포권위형)	• 지방정부가 중앙정부에 종속(수직적 관계)
분리권위형(동등권위형)	• 중앙정부와 지방정부가 상호 대등한 입장
중첩권위형	• 중앙정부와 지방정부가 상호 독자성을 유지하며, 기능적으로 상호의존관계(가장 이상적 관계로 설명)

02 정부 간 관계(IGR) 모형에 대한 설명으로 옳은 것만을 모두 고른 것은? ▶ 2016년 지방직 9급

ㄱ. 로즈(Rhodes) 모형에서 지방정부는 중앙정부에 완전히 예속되는 것도 아니고 완전히 동등한 관계가 되는 것도 아닌 상태에서 상호 의존한다.
ㄴ. 로즈(Rhodes)는 지방정부는 법적 자원 재정적 자원에서 우위를 점하며 중앙정부는 정보자원과 조직자원의 측면에서 우위를 점한다고 주장한다.
ㄷ. 라이트(Wright)는 정부 간 관계를 포괄형·분리형·중첩형의 세 유형으로 나누고 각 유형별로 지방정부의 사무내용, 중앙-지방 간 재정관계와 인사관계의 차이가 있음을 밝히고 있다.
ㄹ. 라이트(Wright) 모형 중 포괄형에서는 정부의 권위가 독립적인데 비하여 분리형에서는 계층적이다.

① ㄱ, ㄴ
② ㄴ, ㄷ, ㄹ
③ ㄱ, ㄷ
④ ㄱ, ㄴ, ㄷ

정답 01 ④ 02 ③

해설 ③ ㄱ, ㄷ
ㄱ [O] 로즈는 지방정부와 중앙정부 간의 전략적 협상관계 모형을 제시하였다. 즉, 중앙정부와 지방정부의 관계는 상호의존적 게임의 상황으로 인식한다.
ㄷ [O] 라이트는 정부 간 관계모형에서 포괄권위형(포괄형), 분리권위형(분리형), 중첩권위형(중첩형)으로 나누고 각 유형에서 지방정부의 사무구성, 중앙 지방 간 재정관계와 인사관계의 차이를 밝히고 있다.
ㄴ [X] 지방정부는 현장의 정보를 가지고 있고 현장에 서비스를 제공하기 때문에 정보자원과 조직자원의 측면에서 우위를 점하는 것이며, 중앙정부는 지방정부보다 재정자원을 더 많이 보유하고 있으며, 법률을 제정하는 법적 자원을 가지고 있어 이러한 측면에서 우위를 점한다.
ㄹ [X] 라이트의 모형 중에서 포괄형은 정부의 권위가 계층적인데 비하여, 분리형에서는 독립적이다.

03 「지방자치법」상 지방자치단체에 대한 국가의 지도·감독의 내용으로 옳지 않은 것은?

▶ 2013년 국가직 7급

① 중앙행정기관의 장과 지방자치단체의 장이 사무를 처리할 때 의견을 달리하는 경우 이를 협의·조정하기 위하여 국무총리 소속으로 행정협의조정위원회를 둔다.
② 지방자치단체나 그 장이 위임받아 처리하는 국가사무에 관하여 시·도에서는 주무부장관의, 시·군 및 자치구에서는 1차로 시·도지사의, 2차로 주무부장관의 지도·감독을 받는다.
③ 행정안전부 장관이나 시·도지사는 지방자치단체의 자치사무가 공익을 현저히 해친다고 판단되면 지방자치단체의 서류·장부 또는 회계를 감사할 수 있다.
④ 지방의회의 의결이 공익을 현저히 해친다고 판단되면 시·도에 대하여는 주무부장관이, 시·군 및 자치구에 대하여는 시·도지사가 재의를 요구하게 할 수 있다.

해설 ③ [X] 행정안전부장관이나 시·도지사의 지방자치단체의 자치사무에 대한 감사는 법령 위반 사항에 대해서만 할 수 있다.

> 제190조 (지방자치단체의 자치사무에 대한 감사)
> ① 행정안전부장관이나 시·도지사는 지방자치단체의 자치사무에 관하여 보고를 받거나 서류·장부 또는 회계를 감사할 수 있다. 이 경우 감사는 법령 위반사항에 대해서만 한다.

① [O]

> 제187조 (중앙행정기관과 지방자치단체 간 협의·조정)
> ① 중앙행정기관의 장과 지방자치단체의 장이 사무를 처리할 때 의견을 달리하는 경우 이를 협의·조정하기 위하여 국무총리 소속으로 행정협의조정위원회를 둔다.

② [O]

> 제185조 (국가사무나 시·도 사무 처리의 지도·감독)
> ① 지방자치단체나 그 장이 위임받아 처리하는 국가사무에 관하여 시·도에서는 주무부장관, 시·군 및 자치구에서는 1차로 시·도지사, 2차로 주무부장관의 지도·감독을 받는다.

정답 03 ③

④ [○]
> 제192조 (지방의회 의결의 재의와 제소)
> ① 지방의회의 의결이 법령에 위반되거나 공익을 현저히 해친다고 판단되면 시·도에 대해서는 주무부장관이, 시·군 및 자치구에 대해서는 시·도지사가 해당 지방자치단체의 장에게 재의를 요구하게 할 수 있고, 재의 요구 지시를 받은 지방자치단체의 장은 의결사항을 이송받은 날부터 20일 이내에 지방의회에 이유를 붙여 재의를 요구하여야 한다.

04 중앙행정기관의 장과 지방자치단체의 장이 사무를 처리할 때 의견을 달리하는 경우 이를 협의·조정하기 위하여 설치하는 기구는? ▶ 2014년 서울시 9급

① 행정협의조정위원회
② 중앙분쟁조정위원회
③ 지방분쟁조정위원회
④ 행정협의회
⑤ 갈등조정협의회

해설 ① [○] 중앙정부와 지방정부간의 분쟁조정제도로 행정협의조정위원회를 두고 있다.

> 제187조 (중앙행정기관과 지방자치단체 간 협의·조정)
> ① 중앙행정기관의 장과 지방자치단체의 장이 사무를 처리할 때 의견을 달리하는 경우 이를 협의·조정하기 위하여 국무총리 소속으로 행정협의조정위원회를 둔다.

05 광역행정에 대한 설명으로 옳지 않은 것은? ▶ 2019년 지방직 9급

① 기존의 행정구역을 초월해 더 넓은 지역을 대상으로 행정을 수행한다.
② 행정권과 주민의 생활권을 일치시켜 행정 효율성을 증진시킬 수 있다.
③ 규모의 경제를 확보하기 어렵다.
④ 지방자치단체 간에 균질한 행정서비스를 제공하는 계기로 작용해 왔다.

해설 ③ [×] 광역행정은 규모경제의 효과를 실현하기 위해 활용된다.

정답 04 ① 05 ③

06 광역행정의 방식 중에서 법인격을 갖춘 새 기관을 설립하는 방식만을 〈보기〉에서 모두 고르면?

▶ 2021년 국회 8급

〈보 기〉
ㄱ. 사무위탁
ㄴ. 행정협의회
ㄷ. 지방자치단체조합
ㄹ. 연합
ㅁ. 합병

① ㄱ, ㄷ
② ㄴ, ㄹ
③ ㄷ, ㄹ
④ ㄷ, ㅁ
⑤ ㄹ, ㅁ

해설 ④ ㄷ, ㅁ [○]
ㄷ [○] 지방자치단체 조합은 둘 이상의 지방자치단체가 그 하나 또는 둘 이상의 사무를 공동으로 처리하기 위해 협의하여 설립하는 방식으로 독립된 법인격을 갖는다.
ㅁ [○] 합병(통합)방식은 일정한 광역권 안에 여러 지방자치단체를 포괄하는 단일의 정부를 설립하여 광역사무를 처리하는 방식이다.
ㄱ [×] 사무위탁은 둘 이상의 지방자치단체가 계약에 의하여 자기사무의 일부를 상대방에 위탁하여 처리하는 방식으로 법인격을 갖춘 새 기관을 설립하지는 않는다.
ㄴ [×] 행정협의회는 여러 지방자치단체가 상호 연락·조정·협의 등을 통한 광역사무의 공동처리를 위하여 협의회를 설치하는 방식으로 독립된 법인격이 없다.
ㄹ [×] 연합방식은 둘 이상의 지방자치단체가 그 고유의 독립적인 법인격은 그대로 가지면서, 그 전역에 걸친 '단체'를 새로 창설하여 '광역행정에 관한 일체의 사무'를 처리하는 방식이다.

07 「지방자치법」에서 규정하고 있는 지방자치단체 간의 수평적 협력방식으로만 구성된 것은?

▶ 2008년 지방직 9급

ㄱ. 사무위탁
ㄴ. 지방자치단체조합
ㄷ. 분쟁조정위원회
ㄹ. 지방자치단체연합

① ㄱ, ㄴ
② ㄱ, ㄹ
③ ㄴ, ㄷ
④ ㄷ, ㄹ

정답 06 ④ 07 ①

해설 ① ㄱ, ㄴ [○] 지방자치법상 지방자치단체연합은 인정되지 않으며, 분쟁조정위원회는 지방자치단체 간 갈등이 발생한 경우 상급기관(행정안전부 소속의 중앙분쟁조정위원회, 시·도에 지방분쟁조정위원회)에서 갈등을 조정하는 제도에 해당한다.

사무위탁 (지방자치법 제168조)	지방자치단체 또는 그 장은 소관사무의 일부를 다른 지방자치단체 또는 그 장에게 위탁·처리
행정협의회 (지방자치법 제169조)	지방자치단체는 2개 이상의 지방자치단체와 관련된 사무의 일부를 공동 처리 (법인격 ×)
지방자치단체조합 (지방자치법 제176조)	2개 이상 지방자치단체가 하나 또는 둘 이상의 사무를 공동 처리 (법인격 ○)
지방자치단체장 등 협의체 (지방자치법 제182조)	지방자치단체장 또는 지방의회 의장은 상호간 교류와 협력 증진, 공동의 문제를 협의하기 위해 전국적 협의체 설립

08 다음은 지방자치단체 상호간 관계에 대한 설명이다. ㉠~㉣에 들어갈 말을 순서대로 바르게 나열한 것은?

▶ 2013년 국가직 7급

- 2개 이상의 지방자치단체가 하나 또는 둘 이상의 사무를 공동으로 처리할 필요가 있을 때에는 규약을 정하여 그 지방의회의 의결을 거쳐 시·도는 행정안전부 장관의, 시·군 및 자치기구는 시·도지사의 승인을 받아 (㉠)을(를) 설립할 수 있다.
- 지방자치단체의 장이나 지방의회의 의장은 상호 간의 교류와 협력을 증진하고, 공동의 문제를 협의하기 위하여 전국적 (㉡)를 설립할 수 있다.
- 지방자치단체 상호간이나 지방자치단체의 장 상호간 사무를 처리할 때 의견이 달라 생긴 분쟁의 조정과 행정협의회에서 합의가 이루어지지 아니한 사항의 조정에 필요한 사항을 심의·의결하기 위하여 행정안전부에 (㉢)를 둔다.
- 지방자치단체는 2개 이상의 지방자치단체에 관련된 사무의 일부를 공동으로 처리하기 위하여 관계 지방자치단체 간의 (㉣)를 구성할 수 있다.

	㉠	㉡	㉢	㉣
①	행정협의회	지방자치단체장 협의회	지방자치단체 지방분쟁조정위원회	협의체
②	지방자치단체 조합	행정협의회	지방자치단체 지방분쟁조정위원회	협의체
③	행정협의회	협의체	지방자치단체 중앙분쟁조정위원회	지방자치단체장 협의회
④	지방자치단체 조합	협의체	지방자치단체 중앙분쟁조정위원회	행정협의회

정답 08 ④

해설 ④ 지방자치단체조합 – 협의체 – 지방자치단체중앙분쟁위원회 – 행정협의회 순이다.
　㉠ 지방자치단체조합

> **제176조 (지방자치단체조합의 설립)**
> ① 2개 이상의 지방자치단체가 하나 또는 둘 이상의 사무를 공동으로 처리할 필요가 있을 때에는 규약을 정하여 지방의회의 의결을 거쳐 시·도는 행정안전부장관의 승인, 시·군 및 자치구는 시·도지사의 승인을 받아 지방자치단체조합을 설립할 수 있다. 다만, 지방자치단체조합의 구성원인 시·군 및 자치구가 2개 이상의 시·도에 걸쳐 있는 지방자치단체조합은 행정안전부장관의 승인을 받아야 한다.

　㉡ 지방자치단체의 장 등의 협의체

> **지방자치법 제182조 (지방자치단체의 장 등의 협의체)**
> ① 지방자치단체의 장이나 지방의회의 의장은 상호 간의 교류와 협력을 증진하고, 공동의 문제를 협의하기 위하여 다음 각 호의 구분에 따라 각각 전국적 협의체를 설립할 수 있다.
>   1. 시·도지사
>   2. 시·도의회의 의장
>   3. 시장·군수 및 자치구의 구청장
>   4. 시·군 및 자치구의회의 의장

　㉢ 중앙분쟁조정위원회

> **제166조 (지방자치단체중앙분쟁조정위원회 등의 설치와 구성 등)**
> ① 제165조제1항에 따른 분쟁의 조정과 제173조제1항에 따른 협의사항의 조정에 필요한 사항을 심의·의결하기 위하여 행정안전부에 지방자치단체중앙분쟁조정위원회(이하 "중앙분쟁조정위원회"라 한다)를, 시·도에 지방자치단체지방분쟁조정위원회(이하 "지방분쟁조정위원회"라 한다)를 둔다.

　㉣

> **제169조 (행정협의회의 구성)**
> ① 지방자치단체는 2개 이상의 지방자치단체에 관련된 사무의 일부를 공동으로 처리하기 위하여 관계 지방자치단체 간의 행정협의회를 구성할 수 있다. 이 경우 지방자치단체의 장은 시·도가 구성원이면 행정안전부장관과 관계 중앙행정기관의 장에게, 시·군 또는 자치구가 구성원이면 시·도지사에게 이를 보고하여야 한다.

지방자치단체 및 지방자치단체의 장 상호 간의 분쟁조정제도에 대한 설명으로 옳지 않은 것은?

▶ 2019년 지방자치 7급

① 분쟁조정을 위해 시·도에는 지방자치단체 지방분쟁조정위원회를 둔다.
② 행정안전부장관이 분쟁을 조정하고자 할 때에는 관계 중앙행정기관의 장과의 협의를 거쳐 지방자치단체 중앙분쟁조정위원회의 의결에 따라 조정하여야 한다.
③ 지방자치단체 상호 간이나 지방자치단체의 장 상호 간 사무를 처리할 때 의견이 달라 분쟁이 생기면 당사자의 신청에 의해서만 조정할 수 있다.
④ 지방자치단체중앙분쟁조정위원회의 조정 결과를 당사자에게 통보하면, 당사자는 결정사항을 이행할 의무를 지며 불이행시에는 이행명령과 대집행이 가능하다.

 ③ [×] 지방자치단체 상호 간 분쟁이 공익을 현저히 해쳐 조속한 조정이 필요하다고 인정되면 행정안전부장관이나 시·도지사의 직권으로 조정할 수 있다.

> **지방자치법 제165조 (지방자치단체 상호 간의 분쟁조정)**
> ① 지방자치단체 상호 간 또는 지방자치단체의 장 상호 간에 사무를 처리할 때 의견이 달라 다툼(이하 "분쟁"이라 한다)이 생기면 다른 법률에 특별한 규정이 없으면 행정안전부장관이나 시·도지사가 당사자의 신청을 받아 조정할 수 있다. 다만, 그 분쟁이 공익을 현저히 해쳐 조속한 조정이 필요하다고 인정되면 당사자의 신청이 없어도 직권으로 조정할 수 있다.

 특별지방행정기관에 대한 설명으로 옳지 않은 것은?

▶ 2015년 국가직 9급

① 관할지역 주민들의 직접적인 통제와 참여가 용이하기 때문에 책임행정을 실현할 수 있다.
② 출입국관리, 공정거래, 근로조건 등 국가적 통일성이 요구되는 업무를 수행한다.
③ 현장의 정보를 중앙정부에 전달하거나 중앙정부와 지방자치단체 사이의 매개 역할을 수행하기도 한다.
④ 국가의 사무를 집행하기 위해 중앙정부에서 설치한 일선행정기관으로 자치권을 가지고 있지 않다.

 ① [×] 특별지방행정기관은 국가의 특정한 중앙행정기관에 소속되어, 당해 관할구역 내에서 소속 중앙행정기관의 사무에 속하는 특수한 전문분야의 행정사무를 처리하는 일선행정기관이다. 따라서 관할지역 주민들에 의한 직접적인 통제나 참여가 어려우며, 책임행정을 실현하기 곤란하다.

제5장 지방자치단체 기관구성

기출문제

01 현행 우리나라 지방자치법상 지방의회의 권한에 관한 내용으로 옳지 않은 것은? ▶ 2015년 행정사

① 지방의회는 재적의원 3분의 2이상의 출석과 출석의원 3분의 2이상의 찬성으로 그 자치단체장을 불신임 할 수 있다.
② 지방의회는 조례의 제정·개정 및 폐지, 기금의 설치·운용, 청원의 수리와 처리 등에 관한 사항을 의결한다.
③ 지방의회는 매년 1회 그 지방자치단체의 사무에 대하여 시·도에서는 14일의 범위에서, 시·군 및 자치구에서는 9일의 범위에서 감사를 실시한다.
④ 본회의나 위원회는 그 의결로 안건의 심의와 직접 관련된 서류의 제출을 해당 지방자치단체의 장에게 요구할 수 있다.
⑤ 지방자치단체의 장이나 관계 공무원은 지방의회나 그 위원회가 행정사무처리상황의 보고를 요구하면 출석·답변하여야 한다. 다만, 특별한 이유가 있으면 지방자치단체의 장은 관계 공무원에게 출석·답변하게 할 수 있다.

> **해설**
> ① [×] 지방의회는 자치단체장을 불신임할 수 없으며, 다만 지방의회의장에 대해서는 불신임의결이 가능한데 재적의원 1/4 이상의 출석과 출석의원 과반수의 찬성으로 불신임을 의결할 수 있다.
>
> **지방자치법 제62조 (의장·부의장 불신임의 의결)**
> ① 지방의회의 의장이나 부의장이 법령을 위반하거나 정당한 사유 없이 직무를 수행하지 아니하면 지방의회는 불신임을 의결할 수 있다.
> ② 제1항의 불신임 의결은 재적의원 4분의 1 이상의 발의와 재적의원 과반수의 찬성으로 한다.
>
> ② [○]
>
> **지방자치법 제47조(지방의회의 의결사항)**
> ① 지방의회는 다음 각 호의 사항을 의결한다.
>   1. 조례의 제정·개정 및 폐지
>   2. 예산의 심의·확정
>   3. 결산의 승인
>   4. 법령에 규정된 것을 제외한 사용료·수수료·분담금·지방세 또는 가입금의 부과와 징수
>   5. 기금의 설치·운용
>   6. 대통령령으로 정하는 중요 재산의 취득·처분

정답 01 ①

> 7. 대통령령으로 정하는 공공시설의 설치·처분
> 8. 법령과 조례에 규정된 것을 제외한 예산 외의 의무부담이나 권리의 포기
> 9. 청원의 수리와 처리
> 10. 외국 지방자치단체와의 교류·협력
> 11. 그 밖에 법령에 따라 그 권한에 속하는 사항

③ [O]

> **지방자치법 49조 (행정사무 감사권 및 조사권)**
> ① 지방의회는 매년 1회 그 지방자치단체의 사무에 대하여 시·도에서는 14일의 범위에서, 시·군 및 자치구에서는 9일의 범위에서 감사를 실시하고, 지방자치단체의 사무 중 특정 사안에 관하여 본회의 의결로 본회의나 위원회에서 조사하게 할 수 있다.

④ [O]

> **지방자치법 제48조 (서류제출 요구)**
> ① 본회의나 위원회는 그 의결로 안건의 심의와 직접 관련된 서류의 제출을 해당 지방자치단체의 장에게 요구할 수 있다.

⑤ [O]

> **지방자치법 제51조 (행정사무처리상황의 보고와 질의응답)**
> ① 지방자치단체의 장이나 관계 공무원은 지방의회나 그 위원회에 출석하여 행정사무의 처리상황을 보고하거나 의견을 진술하고 질문에 답변할 수 있다.
> ② 지방자치단체의 장이나 관계 공무원은 지방의회나 그 위원회가 요구하면 출석·답변하여야 한다. 다만, 특별한 이유가 있으면 지방자치단체의 장은 관계 공무원에게 출석·답변하게 할 수 있다.

02 지방공기업법상 지방직영기업에 관한 설명으로 옳은 것은? ▶ 2017년 행정사

① 지방자치단체는 지방직영기업을 설치·경영하려는 경우에는 그 설치·운영의 기본사항을 조례로 정하여야 한다.
② 지방자치단체가 새로운 법인을 설립하여 운영하는 간접경영방식이다.
③ 일반회계와는 별도로 예산의 심의·확정에 지방의회의 의결이 필요 없는 특별회계로 운영된다.
④ 「지방공기업법」의 적용을 받기 때문에 「지방자치법」의 적용을 받지 않는다.
⑤ 지방자치단체로부터 독립해 있기 때문에 지방자치단체장의 통제를 받지 않는다.

정답 02 ①

해설

① [O] 지방자치단체는 지방직영기업을 설치·경영하려는 경우에는 그 설치·운영의 기본사항을 조례로 정하여야 한다(지방공기업법 제5조).

> **지방공기업법 제5조 (지방직영기업의 설치)**
> 지방자치단체는 지방직영기업을 설치·경영하려는 경우에는 그 설치·운영의 기본사항을 조례로 정하여야 한다.

② [×] 지방직영기업은 지방자치단체가 새로운 법인격을 설립하지 않고 직접 운영하는 직접경영방식이다. 새로운 법인을 설립하여 운영하는 간접경영방식은 지방공단이나 지방공사이다.

③ [×] 지방직영기업은 특별회계로 운영하지만 지방의회의 의결을 받아야한다.

> **지방공기업법 제26조(예산안의 제출)**
> ① 지방자치단체의 장은 지방직영기업의 관리자가 작성한 예산안을 조정하여 사업연도가 시작되기 전에 의회에 제출하여 의결을 받아야 한다.

④ [×] 지방직영기업에 대하여는 「지방공기업법」에서 규정한 사항을 제외하고는 「지방자치법」, 「지방재정법」, 그 밖의 관계 법령을 적용한다.

> **제6조 (「지방자치법」 등의 적용)**
> 지방직영기업에 대하여는 이 법에서 규정한 사항을 제외하고는 「지방자치법」, 「지방재정법」, 그 밖의 관계 법령을 적용한다.

⑤ [×] 지방직영기업은 지방자치단체 소속으로 지방자치단체장의 통제를 받는다.

03 지방공기업에 관한 설명으로 옳은 것은? ▶ 2019년 행정사

① 일반회계와는 별도로 지방의회의 예산 심의 및 의결이 필요 없는 특별회계로 운영된다.
② 지방공기업법의 적용을 받기 때문에 지방자치법의 적용대상은 아니다.
③ 지방자치단체가 지역주민의 복리증진 등을 목적으로 직접 설치·경영하거나 법인을 설립하여 경영하는 기업이다.
④ 지방자치단체로부터 독립해 있기 때문에 지방자치단체의 통제를 받지 않는다.
⑤ 지방공사 및 지방공단에 소속된 직원은 신분이 지방공무원이다.

해설

③ [O] 지방공기업이란 지방자치단체가 직접 설치·경영하거나 법인을 설립하여 경영하는 기업이다.

> **지방자치법 제163조 (지방공기업의 설치·운영)**
> ① 지방자치단체는 주민의 복리증진과 사업의 효율적 수행을 위하여 지방공기업을 설치·운영할 수 있다.

① [×] 지방공기업은 사업마다 특별회계를 설치 하여야한다. 특별회계는 지방의회의 심의·의결대상이다.

> **지방공기업법 제13조(특별회계)** 지방자치단체는 제2조에 해당하는 사업마다 특별회계를 설치하여야 한다. 다만, 제7조제1항 단서에 따라 둘 이상의 사업에 대하여 관리자를 1명만 두는 경우에는 둘 이상의 사업에 대하여 하나의 특별회계를 둘 수 있다.

정답 03 ③

② [×] 지방직영기업에 대하여는 「지방공기업법」에서 규정한 사항을 제외하고는 「지방자치법」, 「지방재정법」, 그 밖의 관계 법령을 적용한다(지방공기업법 제6조 「지방자치법」 등의 적용).
④ [×] 지방자치단체의 장은 공사공단의 설립·운영 등 공사의 업무를 관리·감독 한다.
⑤ [×] 지방공사 및 지방공단은 자치단체로부터 분리된 법인이므로 소속직원은 공무원이 아니다.

[그림] 우리나라 지방공기업 유형

지방직영기업	간접경영 방식	
	지방공단	지방공사
행정기관으로서의 성격	지방자치단체가 전액 출자하여 설립한 법인	지방자치단체의 전액 출자가 원칙이나 예외적 민간자본 출자 가능
법인격 없음	독립된 법인격 가짐	
정부예산(특별회계)으로 운영	정부예산이 아닌 독립채산제로 운영	
직원 : 일반 공무원	임원 : 준공무원(임기 3년)	
	직원 : 회사원	

  우리나라의 지방자치에 관한 설명으로 옳은 것은?   ▶ 2013년 행정사

① 교육위원회는 시도의회와는 별도로 교육위원으로 구성되며, 교육위원 선거구 단위로 지방의원 선거와는 다르게 선출하여 구성한다.
② 기관위임사무는 국가가 사업비 일부를 보조하며, 지방의회의 통제를 받고 지방자치단체와 국가가 공동으로 책임진다.
③ 선결처분권은 지방자치단체장을 견제할 수 있는 지방의회의 강력한 권한이다.
④ 지방교부세는 지역 간 재정불균형을 시정하기 위해 지방자치단체에 국세 일부를 이전하는 것으로 일정한 조건과 용도를 지정한다.
⑤ 우리나라 특별자치도에는 지방자치단체인 시와 군을 둘 수 없으며, 행정시장을 도지사가 임명한다.

해설
⑤ [○]
① [×] 교육위원회는 시·도의회와 통합되어 구성된다. 교육위원회는 시·도의회와 별도가 아니라 시·도의회 안의 하나의 상임위원회로 구성되며 교육위원 선거도 공직선거법에 의한 선거구 선거관리 규정을 준용하므로 지방의원 선거와 동일한 선거구 단위로 선출하여 구성한다.
② [×] 기관위임사무는 국가가 사업비를 부담하는 것이 원칙이며, 지방의회의 통제가 제한된다. 지문은 단체위임사무에 대한 설명이다.
③ [×] 선결처분권은 지방자치단체장의 권한이다.

정답 04 ⑤

> **지방자치법 제122조 (지방자치단체의 장의 선결처분)**
> ① 지방자치단체의 장은 지방의회가 지방의회의원이 구속되는 등의 사유로 제73조에 따른 의결 정족수에 미달될 때와 지방의회의 의결사항 중 주민의 생명과 재산 보호를 위하여 긴급하게 필요한 사항으로서 지방의회를 소집할 시간적 여유가 없거나 지방의회에서 의결이 지체되어 의결되지 아니할 때에는 선결처분(先決處分)을 할 수 있다.

④ [×] 지방교부세는 지역 간 재정불균형을 시정하기 위해 지방자치단체에 국세 일부를 이전하는 것으로 조건과 용도를 지정하지 않는다. 일정한 조건과 용도를 지정하여 교부하는 것은 지방교부세가 아니라 국고보조금이다.

05 자치경찰제에 관한 설명으로 옳지 않은 것은?   ▶ 2024년 행정사

① 2006년 제주특별자치도 자치경찰제 시범 도입에 이어 2021년부터 본격적으로 자치경찰제가 시행되었다.
② 자치경찰사무로 지역 내 주민의 생활안전 활동과 교통활동에 관한 사무가 있다.
③ 광역자치단체장 소속으로 시·도자치경찰위원회가 자치경찰사무를 관장한다.
④ 시·도 자치경찰위원회는 시·도지사의 지휘감독을 받아 자치경찰사무를 수행한다.
⑤ 국가경찰사무는 국민의 생명·신체 및 재산의 보호, 범죄의 예방·진압 및 수사 등이다.

해설 ④ [×] 시·도자치경찰위원회는 그 권한에 속하는 업무(자치경찰 사무)를 독립적으로 수행한다.

> **국가경찰과 자치경찰의 조직 및 운영에 관한 법률 제18조 (시·도자치경찰위원회의 설치)**
> ① 자치경찰사무를 관장하게 하기 위하여 특별시장·광역시장·특별자치시장·도지사·특별자치도지사(이하 "시·도지사"라 한다) 소속으로 시·도자치경찰위원회를 둔다. 다만, 제13조 후단에 따라 시·도에 2개의 시·도경찰청을 두는 경우 시·도지사 소속으로 2개의 시·도자치경찰위원회를 둘 수 있다.
> ② 시·도자치경찰위원회는 합의제 행정기관으로서 그 권한에 속하는 업무를 독립적으로 수행한다.

정답 05 ④

②, ⑤ [O]

> **국가경찰과 자치경찰의 조직 및 운영에 관한 법률 제3조 (경찰의 임무)** 경찰의 임무는 다음 각 호와 같다.
> 1. 국민의 생명·신체 및 재산의 보호
> 2. 범죄의 예방·진압 및 수사
>
> **제4조 (경찰의 사무)**
> ① 경찰의 사무는 다음 각 호와 같이 구분한다.
> 1. 국가경찰사무 : 제3조에서 정한 경찰의 임무를 수행하기 위한 사무. 다만, 제2호의 자치경찰사무는 제외한다.
> 2. 자치경찰사무: 제3조에서 정한 경찰의 임무 범위에서 관할 지역의 생활안전·교통·경비·수사 등에 관한 다음 각 목의 사무
>   가. 지역 내 주민의 생활안전 활동에 관한 사무
>   1) 생활안전을 위한 순찰 및 시설의 운영
>   나. 지역 내 교통활동에 관한 사무

연습문제

01 지방자치단체의 기관구성에 관한 설명으로 가장 옳지 않은 것은? ▶ 2010년 서울시 9급

① 기관통합형은 의원 내각제와 비교적 유사하다.
② 기관대립형은 대통령중심제와 비교적 유사하다.
③ 기관통합형에서는 임기동안 지방자치 행정에 대한 효율성과 책임성을 확보할 수 있다.
④ 기관대립형에서는 집행부와 의회의 마찰로 인한 비효율성이 발생할 수도 있다.
⑤ 기관통합형에서는 의회와 집행기관 간 견제와 균형을 통하여 민주성을 확보할 수 있다.

> **해설** ⑤ [×] 의회와 집행기관 간 견제와 균형을 통하여 민주성을 확보할 수 있는 것은 기관대립형의 장점에 해당된다.

02 「지방자치법」상 지방의회의 의결사항으로 옳은 것만을 모두 고른 것은? ▶ 2013년 지방직 9급

ㄱ. 예산의 심의 · 확정
ㄴ. 법령에 규정된 수수료의 부과 및 징수
ㄷ. 외국 지방자치단체와의 교류협력에 관한 사항

① ㄱ, ㄴ   ② ㄱ, ㄷ
③ ㄱ, ㄴ, ㄷ   ④ ㄴ, ㄷ

> **해설** ② ㄴ [×] 지방의회는 법령에 규정된 것을 제외한 수수료나 사용료의 부과와 징수에 관련된 사항을 의결할 수 있다.
>
> **지방자치법 제47조 (지방의회의 의결사항)**
> ① 지방의회는 다음 각 호의 사항을 의결한다.
> 1. 조례의 제정 · 개정 및 폐지
> 2. 예산의 심의 · 확정
> 3. 결산의 승인
> 4. 법령에 규정된 것을 제외한 사용료 · 수수료 · 분담금 · 지방세 또는 가입금의 부과와 징수
> 5. 기금의 설치 · 운용
> 6. 대통령령으로 정하는 중요 재산의 취득 · 처분
> 7. 대통령령으로 정하는 공공시설의 설치 · 처분
> 8. 법령과 조례에 규정된 것을 제외한 예산 외의 의무부담이나 권리의 포기
> 9. 청원의 수리와 처리
> 10. 외국 지방자치단체와의 교류 · 협력
> 11. 그 밖에 법령에 따라 그 권한에 속하는 사항

정답 01 ⑤   02 ②

03 다음 중 「지방자치법」상 지방의회의 의결사항에 해당하지 않는 것은?
▶ 2018년 국회 8급

① 조례의 제정·개정 및 폐지
② 재의요구권
③ 기금의 설치·운용
④ 대통령령으로 정하는 중요 재산의 취득·처분
⑤ 청원의 수리와 처리

해설 ② [×] 재의요구권은 지방자치단체장의 권한에 해당한다.

> **지방자치법 120조 (지방의회의 의결에 대한 재의요구와 제소)**
> ① 지방자치단체의 장은 지방의회의 의결이 월권이거나 법령에 위반되거나 공익을 현저히 해친다고 인정되면 그 의결사항을 이송받은 날부터 20일 이내에 이유를 붙여 재의를 요구할 수 있다.

04 「지방자치법」상 지방의회에 대한 내용으로 옳지 않은 것은?
▶ 2018년 국가직 9급

① 지방의회는 조례로 정하는 바에 따라 위원회를 둘 수 있으며, 위원회의 종류는 상임위원회와 특별위원회로 한다.
② 지방의회는 그 의결로 소속 의원의 사직을 허가할 수 있다.
③ 의장은 의결에서 표결권을 가지지 못하며, 찬성과 반대가 같으면 부결된 것으로 본다.
④ 지방의회에서 부결된 의안은 같은 회기 중에 다시 발의하거나 제출할 수 없다.

해설 ③ [×] 의장은 의결에서 표결권을 가지며, 찬성과 반대가 같으면 부결된 것으로 본다.

> **지방자치법 제73조 (의결정족수)**
> ② 지방의회의 의장은 의결에서 표결권을 가지며, 찬성과 반대가 같으면 부결된 것으로 본다.

① [○]

> **지방자치법 제64조 (위원회의 설치)**
> ① 지방의회는 조례로 정하는 바에 따라 위원회를 둘 수 있다.
> ② 위원회의 종류는 다음 각 호와 같다.
>   1. 소관 의안(議案)과 청원 등을 심사·처리하는 상임위원회
>   2. 특정한 안건을 심사·처리하는 특별위원회

② [○]

> **지방자치법 제89조 (의원의 사직)**
> 지방의회는 그 의결로 소속 의원의 사직을 허가할 수 있다. 다만, 폐회 중에는 의장이 허가할 수 있다.

④ [○]

> **지방자치법 제80조 (일사부재의의 원칙)**
> 지방의회에서 부결된 의안은 같은 회기 중에 다시 발의하거나 제출할 수 없다.

정답 03 ② 04 ③

05 우리나라 지방자치단체장의 권한으로 볼 수 없는 것은? ▶ 2018년 국가직 7급

① 지방의회의 의결이 월권이거나 법령에 위반되는 경우 재의요구권
② 총선거 후 최초로 집회되는 지방의회 임시회 소집권
③ 지방의회의 의결사항 중 주민의 생명과 재산보호를 위하여 긴급하게 필요한 사항으로서 지방의회를 소집할 시간적 여유가 없거나 지방의회에서 의결이 지체되어 의결되지 아니할 때의 선결처분권
④ 지방채 발행권

> **해설** ② [×] 총선거 후 최초로 집회되는 임시회는 지방의회 사무처장·사무국장·사무과장이 지방의회의원 임기 개시일부터 25일 이내에 소집한다.
>
> **지방자치법 제54조 (임시회)**
> ① 지방의회의원 총선거 후 최초로 집회되는 임시회는 지방의회 사무처장·사무국장·사무과장이 지방의회의원 임기 개시일부터 25일 이내에 소집한다.
>
> ④ [○]
>
> **지방자치법 제139조 (지방채무 및 지방채권의 관리)**
> ① 지방자치단체의 장이나 지방자치단체조합은 따로 법률로 정하는 바에 따라 지방채를 발행할 수 있다.

06 자치경찰제도에 대한 설명으로 옳지 않은 것은? ▶ 2021년 지방직 9급

① 지역 실정에 맞는 치안 행정을 펼칠 수 있다.
② 경찰 업무의 통일성과 효율성을 높일 수 있다.
③ 제주자치경찰단은 주민의 생활안전 활동에 관한 사무를 수행한다.
④ 자치경찰 사무를 관장하기 위하여 광역자치단체에 시·도자치경찰위원회를 둔다.

> **해설** ② [×] 경찰업무의 통일성과 효율성을 높일 수 있는 것은 국가경찰 제도의 장점이다.
> ③ [○]
>
> **제주특별자치도 설치 및 국제자유도시 조성을 위한 특별법 제90조 (사무)**
> 자치경찰은 다음 각 호의 사무(이하 "자치경찰사무"라 한다)를 처리한다.
> 1. 주민의 생활안전활동에 관한 사무
>   가. 생활안전을 위한 순찰 및 시설 운영
>   나. 주민참여 방범활동의 지원 및 지도
>   다. 안전사고와 재해·재난 등으로부터의 주민보호
>   라. 아동·청소년·노인·여성 등 사회적 보호가 필요한 사람의 보호와 가정·학교 폭력 등의 예방
>   마. 주민의 일상생활과 관련된 사회질서의 유지와 그 위반행위의 지도·단속

정답 05 ② 06 ②

④ [O] 국가경찰과 자치경찰의 조직 및 운영에 관한 법률 제18조 제1항

> **국가경찰과 자치경찰의 조직 및 운영에 관한 법률 제18조 (시·도 자치경찰위원회의 설치)**
> ① 자치경찰사무를 관장하게 하기 위하여 특별시장·광역시장·특별자치시장·도지사·특별자치도지사 소속으로 시·도자치경찰위원회를 둔다.
> ② 시·도자치경찰위원회는 합의제 행정기관으로서 그 권한에 속하는 업무를 독립적으로 수행한다.

07 다음 중 지방공기업에 대한 설명으로 옳지 않은 것은?

▶ 2017년 국회 8급

① 자동차운송사업은 지방직영기업 대상에 해당된다.
② 지방공사의 자본금은 지방자치단체가 전액 출자한다.
③ 행정안전부장관은 지방공기업에 대한 평가를 실시하고 그 결과에 따라 필요한 조치를 하여야 한다.
④ 지방공사는 법인으로 한다.
⑤ 지방공사는 지방자치단체 외의 자(법인 등)가 출자를 할 수 있지만 지방공사 자본금의 3분의 1을 넘지 못한다.

해설
⑤ [X] 지방공기업법 제53조 제2항에 따르면 공사의 운영을 위하여 필요한 경우에는 자본금의 2분의 1(3분의 1 X)을 넘지 아니하는 범위에서 지방자치단체 외의 자로 하여금 공사에 출자하게 할 수 있다.

> **지방공기업법 제53조 (출자)**
> ① 공사의 자본금은 그 전액을 지방자치단체가 현금 또는 현물로 출자한다.
> ② 제1항에도 불구하고 공사의 운영을 위하여 필요한 경우에는 자본금의 2분의 1을 넘지 아니하는 범위에서 지방자치단체 외의 자(외국인 및 외국법인을 포함한다)로 하여금 공사에 출자하게 할 수 있다. 증자(增資)의 경우에도 또한 같다.

① [O] 지방공기업법 제2조 제1항 각호에 따라 자동차운송사업은 지방직영기업 대상에 해당된다.

> **지방공기업법 제2조 (적용 범위)**
> ① 이 법은 다음 각 호의 어느 하나에 해당하는 사업(그에 부대되는 사업을 포함한다. 이하 같다) 중 제5조에 따라 지방자치단체가 직접 설치·경영하는 사업으로서 대통령령으로 정하는 기준 이상의 사업(이하 "지방직영기업"이라 한다)과 제3장 및 제4장에 따라 설립된 지방공사와 지방공단이 경영하는 사업에 대하여 각각 적용한다.
> 1. 수도사업(마을상수도사업은 제외한다)
> 2. 공업용수도사업
> 3. 궤도사업(도시철도사업을 포함한다)
> 4. 자동차운송사업
> 5. 지방도로사업(유료도로사업만 해당한다)

정답 07 ⑤

6. 하수도사업
7. 주택사업
8. 토지개발사업
9. 주택(대통령령으로 정하는 공공복리시설을 포함한다)·토지 또는 공용·공공용건축물의 관리 등의 수탁
10. 「도시 및 주거환경정비법」 제2조제2호에 따른 공공재개발사업 및 공공재건축사업

③ [O] 지방공기업법 제78조 제1항

> **지방공기업법 제78조 (경영평가 및 지도)**
> ① 행정안전부장관은 제3조에 따른 지방공기업의 경영 기본원칙을 고려하여 대통령령으로 정하는 바에 따라 지방공기업에 대한 경영평가를 하고, 그 결과에 따라 필요한 조치를 하여야 한다. 다만, 행정안전부장관이 필요하다고 인정하는 경우에는 지방자치단체의 장으로 하여금 경영평가를 하게 할 수 있다.

④ [O]

> 지방공기업법 제51조 (법인격) 공사는 법인으로 한다.

08 지방공기업 유형 중 지방직영기업에 대한 설명으로 가장 옳지 않은 것은?   ▶ 2017년 서울시 9급

① 지방자치단체가 행정조직 형태로 직접 운영하는 사업을 말한다.
② 지방자치단체의 장이 지방직영기업의 관리자를 임명한다.
③ 소속된 직원은 공무원 신분이 아니다.
④ 지방공기업법 시행령에 따라 경영평가가 매년 실시되어야하나 행정안전부장관이 이에 대해 따로 정할 수 있다.

해설 ③ [X] 지방직영기업은 행정기관으로서 성격을 지니며, 지방직영기업에 소속된 직원은 공무원 신분이다.

> **지방공기업법 제10조의2 (기업 직원)**
> 지방직영기업 운영을 전문화하기 위하여 필요한 경우에는 「지방공무원법」에서 정하는 바에 따라 지방직영기업 소속 공무원에 대한 전문직렬을 둘 수 있다.

② [O]

> **지방공기업법 제7조 (관리자)**
> ① 지방자치단체는 지방직영기업의 업무를 관리·집행하게 하기 위하여 사업마다 관리자를 둔다. 다만, 조례로 정하는 바에 따라 성질이 같거나 유사한 둘 이상의 사업에 대하여는 관리자를 1명만 둘 수 있다.
> ② 관리자는 대통령령으로 정하는 바에 따라 해당 지방자치단체의 공무원으로서 지방직영기업의 경영에 관하여 지식과 경험이 풍부한 사람 중에서 지방자치단체의 장이 임명하며, 임기제로 할 수 있다.

정답 08 ③

④ [O]

> **지방공기업법 시행령 제68조 (경영평가)**
> ① 법 제78조제1항의 규정에 의한 지방공기업에 대한 경영평가는 매년 실시하여야 한다. 다만, 지방직영기업의 경영평가에 관하여는 행정안전부장관이 따로 정할 수 있다.

09 지방행정제도에 대한 설명으로 옳지 않은 것은?
▶ 2024년 국가직 9급

① 일정 조건을 충족한 주민은 해당 지방의회에 조례를 제정하거나 개정 또는 폐지할 것을 청구할 수 있다.
② 지방자치단체 간 관할 구역의 경계변경 조정 시 일정기간 이내에 경계변경자율협의체를 구성하지 못 한 경우 행정안전부장관은 지방자치단체 중앙분쟁조정위원회의 심의·의결을 거쳐 조정할 수 있다.
③ 정책지원 전문인력인 정책지원관 제도는 지방자치단체장의 정책기능을 강화하기 위해 도입되었다.
④ 자치경찰사무는 합의제 행정기관인 시·도지사 소속 시·도 자치경찰위원회가 관장하며 업무는 독립적으로 수행한다.

해설 ③ [X] 지방의회 의원의 의정활동을 지원하기 위한 정책 지원 전문인력을 충원할 수 있다. 지방자치단체장의 정책기능을 강화하기 위해 도입된 것은 아니다.

> **지방자치법 제41조 (의원의 정책지원 전문인력)**
> ① 지방의회의원의 의정활동을 지원하기 위하여 지방의회의원 정수의 2분의 1 범위에서 해당 지방자치단체의 조례로 정하는 바에 따라 지방의회에 정책지원 전문인력을 둘 수 있다.

① [O] 「지방자치법」제19조

> **지방자치법 제19조 (조례의 제정과 개정·폐지 청구)**
> ① 주민은 지방자치단체의 조례를 제정하거나 개정하거나 폐지할 것을 청구할 수 있다.

② [O] 「지방자치법」제6조

> **「지방자치법」제6조 (지방자치단체의 관할 구역 경계변경 등)**
> ① 지방자치단체의 장은 관할 구역과 생활권과의 불일치 등으로 인하여 주민생활에 불편이 큰 경우 등 대통령령으로 정하는 사유가 있는 경우에는 행정안전부장관에게 경계변경이 필요한 지역 등을 명시하여 경계변경에 대한 조정을 신청할 수 있다. 이 경우 지방자치단체의 장은 지방의회 재적의원 과반수의 출석과 출석의원 3분의 2 이상의 동의를 받아야 한다.

정답 09 ③

④ 행정안전부장관은 제3항에 따른 기간이 끝난 후 지체 없이 대통령령으로 정하는 바에 따라 관계 지방자치단체 등 당사자 간 경계변경에 관한 사항을 효율적으로 협의할 수 있도록 경계변경자율협의체(이하 이 조에서 "협의체"라 한다)를 구성·운영할 것을 관계 지방자치단체의 장에게 요청하여야 한다.
⑤ 관계 지방자치단체는 제4항에 따른 협의체 구성·운영 요청을 받은 후 지체 없이 협의체를 구성하고, 경계변경 여부 및 대상 등에 대하여 같은 항에 따른 행정안전부장관의 요청을 받은 날부터 120일 이내에 협의를 하여야 한다. 다만, 대통령령으로 정하는 부득이한 사유가 있는 경우에는 30일의 범위에서 그 기간을 연장할 수 있다.
⑦ 행정안전부장관은 다음 각 호의 어느 하나에 해당하는 경우에는 위원회의 심의·의결을 거쳐 경계변경에 대하여 조정할 수 있다.
  1. 관계 지방자치단체가 제4항에 따른 행정안전부장관의 요청을 받은 날부터 120일 이내에 협의체를 구성하지 못한 경우
  2. 관계 지방자치단체가 제5항에 따른 협의 기간 이내에 경계변경 여부 및 대상 등에 대하여 합의를 하지 못한 경우

④ [○] 「국가경찰과 자치경찰의 조직 및 운영에 관한 법률」 제18조

「국가경찰과 자치경찰의 조직 및 운영에 관한 법률」
제18조(시·도자치경찰위원회의 설치)
① 자치경찰사무를 관장하게 하기 위하여 특별시장·광역시장·특별자치시장·도지사·특별자치도지사(이하 "시·도지사"라 한다) 소속으로 시·도자치경찰위원회를 둔다. 다만, 제13조 후단에 따라 시·도에 2개의 시·도경찰청을 두는 경우 시·도지사 소속으로 2개의 시·도자치경찰위원회를 둘 수 있다.
② 시·도자치경찰위원회는 합의제 행정기관으로서 그 권한에 속하는 업무를 독립적으로 수행한다.

제6장 주민참여제도

기출문제

01 「지방자치법」상 명시된 주민직접참여제도로 바르게 묶인 것은? ▶ 2017년 행정사

① 주민투표, 주민감사, 주민발안
② 주민발안, 주민총회, 주민감사청구
③ 주민투표, 주민감사청구, 주민소환
④ 주민소송, 주민소환, 주민총회
⑤ 주민감사, 주민소송, 주민총회

해설 ③ [○] 현재 지방자치법에 직접 규정된 사항은 주민투표(제18조), 조례의 제정과 개폐 청구(제19조), 주민감사청구(제21조), 주민소송(제22조), 주민소환(제25조) 등이다. 주민총회는 도입되지 않았으며, 주민발안은 직접발안이 아니고 지방의회에 조례의 제정과 개폐를 청구하는 간접 발안제도에 해당한다.

02 우리나라 지방행정에 있어서 주민참여의 실태에 관한 설명으로 옳지 않은 것은? ▶ 2014년 행정사

① 지방자치단체의 예산편성 과정에서 주민참여의 제도화
② 지방행정 통제수단으로서 주민 옴부즈만에 대한 높은 자율성 보장
③ 주민의 이익이 잘 반영되는 직접적인 주민참여의 확대
④ 지방자치단체 관할구역에 주민등록이 되어 있는 외국인의 조례 개폐청구 참여 허용
⑤ 간접적인 주민참여제도로서 행정부 내 도시계획위원회 활동

해설 ② [×] 지방행정 통제수단으로서 주민 옴부즈만에 대한 법적 규정(부패방지 및 국민권익위원회설치에 관한 법률 제32조)은 있으나 지방자치단체에 소속되어 있고 임의기구로서 자율성이 높지 못하다.

> 부패방지 및 국민권익위원회 설치에 관한 법률 제32조 (시민고충처리위원회의 설치)
> ① 지방자치단체 및 그 소속 기관에 관한 고충민원의 처리와 행정제도의 개선 등을 위하여 각 지방자치단체에 시민고충처리위원회를 둘 수 있다.

정답 01 ③ 02 ②

03 우리나라 지방자치제도에 있어서 주민의 권리에 관한 내용으로 옳지 않은 것은? ▶ 2022년 행정사

① 주민 A씨(30세)는 자신이 살고 있는 지역의 지방자치단체 발전과 운영에 기여할 수 있다.
② ○○시 주민 B씨(20세)는 청년일자리 창출에 관한 조례의 필요성에 따라 요건을 갖추어 ○○시 조례의 제정을 청구하였다.
③ 지방자치단체 외국인등록대장에 등록된 베트남국적 C씨(45세)는 국내에 영주할 수 있는 체류자격 취득일 후 현재 3년이 지났지만, 외국인이기 때문에 지방자치단체의 위법행위에 대한 감사를 청구할 수 없다.
④ ○○시 비례대표 시의원의 심각한 불법행위 문제를 알고 있는 ○○시 주민 D씨(55세)는 주민소환 투표 청구를 위한 요건을 갖추더라도 주민소환권을 행사할 수 없다.
⑤ ○○시 주민 E씨(57세)는 시의 공금 지출에 관한 사항의 위법에 대해 감사청구한 자로서, 그 감사 결과에 불복하고 법적 요건을 갖추어 시장을 상대로 주민소송을 제기하였다.

해설
③ [×] 지방자치단체의 18세 이상의 주민으로서 영주(永住)할 수 있는 체류자격 취득일 후 3년이 경과한 외국인으로서 같은 법 제34조에 따라 해당 지방자치단체의 외국인등록대장에 올라 있는 사람은 감사를 청구할 수 있다.

> **지방자치법 제21조 (주민의 감사 청구)**
> ① 지방자치단체의 18세 이상의 주민으로서 다음 각 호의 어느 하나에 해당하는 사람(「공직선거법」 제18조에 따른 선거권이 없는 사람은 제외한다. 이하 이 조에서 "18세 이상의 주민"이라 한다)은 시·도는 300명, 제198조에 따른 인구 50만 이상 대도시는 200명, 그 밖의 시·군 및 자치구는 150명 이내에서 그 지방자치단체의 조례로 정하는 수 이상의 18세 이상의 주민이 연대 서명하여 그 지방자치단체와 그 장의 권한에 속하는 사무의 처리가 법령에 위반되거나 공익을 현저히 해친다고 인정되면 시·도의 경우에는 주무부장관에게, 시·군 및 자치구의 경우에는 시·도지사에게 감사를 청구할 수 있다.
> 1. 해당 지방자치단체의 관할 구역에 주민등록이 되어 있는 사람
> 2. 「출입국관리법」 제10조에 따른 영주(永住)할 수 있는 체류자격 취득일 후 3년이 경과한 외국인으로서 같은 법 제34조에 따라 해당 지방자치단체의 외국인등록대장에 올라 있는 사람

② [○]

> **주민조례발안에 관한 법률 제2조 (주민조례청구권자)**
> 18세 이상의 주민으로서 다음 각 호의 어느 하나에 해당하는 사람(「공직선거법」 제18조에 따른 선거권이 없는 사람은 제외한다. 이하 "청구권자"라 한다)은 해당 지방자치단체의 의회(이하 "지방의회"라 한다)에 조례를 제정하거나 개정 또는 폐지할 것을 청구(이하 "주민조례청구"라 한다)할 수 있다.
> 1. 해당 지방자치단체의 관할 구역에 주민등록이 되어 있는 사람
> 2. 「출입국관리법」 제10조에 따른 영주(永住)할 수 있는 체류자격 취득일 후 3년이 지난 외국인으로서 같은 법 제34조에 따라 해당 지방자치단체의 외국인등록대장에 올라 있는 사람

정답 03 ③

④ [○]

> 제25조(주민소환)
> ① 주민은 그 지방자치단체의 장 및 지방의회의원(비례대표 지방의회의원은 제외한다)을 소환할 권리를 가진다.

⑤ [○]

> 지방자치법 제22조(주민소송)
> ① 제21조제1항에 따라 공금의 지출에 관한 사항, 재산의 취득·관리·처분에 관한 사항, 해당 지방자치단체를 당사자로 하는 매매·임차·도급 계약이나 그 밖의 계약의 체결·이행에 관한 사항 또는 지방세·사용료·수수료·과태료 등 공금의 부과·징수를 게을리 한 사항을 감사 청구한 주민은 다음 각 호의 어느 하나에 해당하는 경우에 그 감사 청구한 사항과 관련이 있는 위법한 행위나 업무를 게을리한 사실에 대하여 해당 지방자치단체의 장(해당 사항의 사무처리에 관한 권한을 소속 기관의 장에게 위임한 경우에는 그 소속 기관의 장을 말한다. 이하 이 조에서 같다)을 상대방으로 하여 소송을 제기할 수 있다.

04 주민투표에 관한 설명으로 옳은 것은?
▶ 2019년 행정사

① 주민투표는 주민의 중요한 권리이기 때문에 의무화하여 위반자에게 벌금 등 제재를 가하는 국가는 없다.
② 항의적 주민투표(protest referendum)는 지방의회에서 의결한 사항에 대하여 그 효력 여부를 결정하는 투표이다.
③ 주민투표는 조례의 제정 또는 개·폐 등에 관하여 주민이 직접 의안을 발의하는 제도이다.
④ 우리나라는 주민투표 결과의 확정을 위해서는 전체 유효투표권자 중 1/4 이상이 투표를 해야 한다.
⑤ 주민투표의 본질은 대의제를 보완하려는 것이 아니라 대체하려는 것이다.

해설
② [○]
④ [○] 2019년 출제당시는 틀린 지문이었으나, 법 개정으로 현재는 맞는 지문이다.

> 주민투표법 제24조 (주민투표결과의 확정)
> ① 주민투표에 부쳐진 사항은 주민투표권자 총수의 4분의 1 이상의 투표와 유효투표수 과반수의 득표로 확정된다. 다만, 다음 각 호의 어느 하나에 해당하는 경우에는 찬성과 반대 양자를 모두 수용하지 아니하거나, 양자택일의 대상이 되는 사항 모두를 선택하지 아니하기로 확정된 것으로 본다. [개정 2016.5.29, 2022.4.26.]

① [×] 주민투표를 주민의 권리이자 의무로 보아서 아르헨티나, 프랑스, 브라질 등 일부 국가의 경우 투표 불참시 벌금 등 불이익을 부과한다.
③ [×] 조례의 제정 또는 개정·폐지 등에 관하여 주민이 직접 지방의회에 조례 제정·개정·폐지를 청구하는 제도는 조례개폐청구권(주민발의)이다. 주민투표청구는 주민이 할 수 있지만, 발의는 자치단체장만이 할 수 있다.
⑤ [×] 주민투표의 본질은 대의제를 보완하려는 것이지 대체하려는 것이 아니다.

정답 04 ②, ④

05 우리나라 주민소환제에 관한 설명으로 옳은 것은? ▶ 2016년 행정사

① 주민이 지방정부의 정책결정이나 행정과정에 직접 참여하여 지역의 주요 현안을 함께 협의·결정하는 제도이다.
② 주민소환투표 결과의 확정은 주민소환투표권자 총수의 과반수 투표와 유효투표 총수 과반수의 찬성을 요한다.
③ 비례대표선거구 의원을 포함한 지방의회의원과 지방자치단체의 장이 그 대상이 된다.
④ 위법·부당행위, 정치적 무능력, 직무유기, 독단적인 행정운영 등 지방자치제의 폐단을 방지하는데 목적이 있다.
⑤ 주민에게 손해를 입힌 경우, 관련 감사기관에 감사를 청구하여 그 시정을 요구하는 제도이다.

> **해설**
> ④ [O]
> ② [×] 주민소환투표 결과의 확정은 주민소환투표권자 총수의 3분의 1 이상의 투표와 유효투표 총수 과반수의 찬성으로 확정된다.
>
> > **주민소환에 관한 법률 제22조 (주민소환투표결과의 확정)**
> > ① 주민소환은 제3조의 규정에 의한 주민소환투표권자(이하 "주민소환투표권자"라 한다) 총수의 3분의 1 이상의 투표와 유효투표 총수 과반수의 찬성으로 확정된다.
>
> ③ [×] 주민소환 대상에서 비례대표 선거구 의원은 제외된다.
>
> > **지방자치법 제25조 (주민소환)**
> > ① 주민은 그 지방자치단체의 장 및 지방의회의원(비례대표 지방의회의원은 제외한다)을 소환할 권리를 가진다.
>
> ⑤ [×] 주민감사청구제도에 대한 설명이다.
>
> > **지방자치법 제21조 (주민의 감사 청구)**
> > ① 지방자치단체의 18세 이상의 주민으로서 다음 각 호의 어느 하나에 해당하는 사람(「공직선거법」 제18조에 따른 선거권이 없는 사람은 제외한다. 이하 이 조에서 "18세 이상의 주민"이라 한다)은 시·도는 300명, 제198조에 따른 인구 50만 이상 대도시는 200명, 그 밖의 시·군 및 자치구는 150명 이내에서 그 지방자치단체의 조례로 정하는 수 이상의 18세 이상의 주민이 연대 서명하여 그 지방자치단체와 그 장의 권한에 속하는 사무의 처리가 법령에 위반되거나 공익을 현저히 해친다고 인정되면 시·도의 경우에는 주무부장관에게, 시·군 및 자치구의 경우에는 시·도지사에게 감사를 청구할 수 있다.

정답 05 ④

06 주민소송제에 관한 설명으로 옳은 것은?   ▶ 2024년 행정사

① 주민들이 공직자를 재직 중에 불신임해 그만두게 하는 제도로서 가장 적극적이고 강력한 참여의 형태이다.
② 지역의 주요 안건을 해결하는 제도로서 지방자치단체의 중요한 사항에 대하여 결정권을 행사하는 제도이다.
③ 선출직 공직자를 임기 중에 소환해 파면시키는 제도이다.
④ 주민이 감사청구한 일정한 재무회계 사항과 관련이 있는 지방자치단체의 장 등의 위법한 행위 등에 대하여 손해를 배상하게 하는 제도이다.
⑤ 주민이 능동적이고 적극적으로 지방자치단체의 장이나 의회 의원 권한의 일부를 제약하거나 행사한다.

해설 ④ [O]

> **지방자치법 제22조 (주민소송)**
> ① 제21조제1항에 따라 공금의 지출에 관한 사항, 재산의 취득·관리·처분에 관한 사항, 해당 지방자치단체를 당사자로 하는 매매·임차·도급 계약이나 그 밖의 계약의 체결·이행에 관한 사항 또는 지방세·사용료·수수료·과태료 등 공금의 부과·징수를 게을리한 사항을 감사 청구한 주민은 다음 각 호의 어느 하나에 해당하는 경우에 그 감사 청구한 사항과 관련이 있는 위법한 행위나 업무를 게을리한 사실에 대하여 해당 지방자치단체의 장(해당 사항의 사무처리에 관한 권한을 소속 기관의 장에게 위임한 경우에는 그 소속 기관의 장을 말한다. 이하 이 조에서 같다)을 상대방으로 하여 소송을 제기할 수 있다.

①, ③ 주민소환제에 대한 설명이다.
② 주민투표에 대한 설명이다.

정답 06 ④

연습문제

01 다음 중 아른슈타인(Arnstein)이 제시한 주민참여의 8단계론 중 명목적(형식적)참여의 범주에 해당하는 것은?
▶ 2016년 국회 8급

① 조작
② 치료
③ 협력
④ 정보제공
⑤ 주민통제

> 해설 ④ 정보제공은 아른슈타인(Arnstein)이 제시한 주민참여 단계 중 명목적(형식적) 참여의 범주에 해당한다.

Arnstein의 주민참여 8단계		
8	주민통제 관계(citizen control)	실질적(주민권력적) 참여 (citizen power)
7	권한위임 단계(delegated power)	
6	동반자 단계 (partnership)	
5	회유 단계(placation)	형식적 참여 (tokenism)
4	상담 단계 (consultation)	
3	정보제공 단계 (informing)	
2	교정 또는 임시치료(therapy)	비참여 (non – participation)
1	조작(manipulation)	

02 주민참여제도 중 지방자치 실시 이후 가장 먼저 도입된 것은?
▶ 2018년 서울시 7급

① 주민소환제
② 조례제정개폐청구제
③ 주민투표제
④ 주민소송제

> 해설 ② [○] 1995년 본격적인 지방자치 실시 이후 가장 먼저 도입된 것은 1999년에 도입된 조례제정개폐청구제이다. 주민참여제도는 1999년 조례제정개폐청구제 → 2004년 주민투표제 → 2005년 주민소송제 → 2007년 주민소환제 순서로 도입되었다.

정답 01 ④ 02 ②

03 우리나라 지방자치단체 주민투표제도에 대한 설명으로 가장 옳은 것은? ▶ 2019년 서울시 9급

① 1994년「지방자치법」개정에서 도입된 이래 지금까지 시행되고 있다.
② 주민투표에 부쳐진 사항은 법에서 정한 경우를 제외하고는 주민투표권자 총수의 4분의 1 이상의 투표와 유효 투표 수 과반수의 득표로 확정된다.
③ 지방자치단체의 장은 주민 또는 지방의회의 청구에 의한 경우가 아닌 자신의 직권으로 주민투표를 실시할 수 없다.
④ 일반 공직선거와 마찬가지로 외국인은 어떠한 경우에도 주민투표에 참여할 수 없다.

해설 ② [○]

> **주민투표법 제24조 (주민투표결과의 확정)**
> ① 주민투표에 부쳐진 사항은 <u>주민투표권자 총수의 4분의 1 이상의 투표와 유효투표수 과반수의 득표로 확정된다</u>. 다만, 다음 각 호의 1에 해당하는 경우에는 찬성과 반대 양자를 모두 수용하지 아니하거나, 양자택일의 대상이 되는 사항 모두를 선택하지 아니하기로 확정된 것으로 본다.

① [×] 1994년 지방자치법에서 주민투표제도 실시의 도입에 대한 근거조항이 규정되었지만, 실제 주민투표는 구체적인 시행에 관한 <u>주민투표법이 2004년에 제정되면서 시행되었다</u>.
③ [×] 지방자치단체의 장은 주민 또는 지방의회의 청구에 의하거나 자신의 직권으로 주민투표를 실시할 수 있다.

> **주민투표법 제9조 (주민투표의 실시요건)**
> ① 지방자치단체의 장은 주민 또는 지방의회의 청구에 의하거나 직권에 의하여 주민투표를 실시할 수 있다.

④ [×] 일정 요건을 갖춘 외국인도 주민투표권을 갖는다.

> **주민투표법 제5조 (주민투표권)**
> ① 19세 이상의 주민 중 제6조제1항에 따른 투표인명부 작성기준일 현재 다음 각 호의 어느 하나에 해당하는 사람에게는 주민투표권이 있다. 다만, 「공직선거법」제18조에 따라 선거권이 없는 사람에게는 주민투표권이 없다.
> 1. 그 지방자치단체의 관할 구역에 주민등록이 되어 있는 사람
> 2. 출입국관리 관계 법령에 따라 대한민국에 계속 거주할 수 있는 자격(체류자격변경허가 또는 체류기간연장허가를 통하여 계속 거주할 수 있는 경우를 포함한다)을 갖춘 외국인으로서 지방자치단체의 조례로 정한 사람

정답 03 ②

04 다음 중 아래의 주민감사청구에 대한 「지방자치법」에 들어갈 내용이 모두 맞는 것은?

▶ 2022년 군무원 7급

> 제21조 (주민의 감사청구)
> ① 지방자치단체의 (   ) 이상의 주민으로서 다음 각 호의 어느 하나에 해당하는 사람은 시·도는 (   ), 제198조에 따른 인구 50만 이상 대도시는 (   ), 그 밖의 시·군 및 자치구는 (   ) 이내에서 그 지방자치단체의 조례로 정하는 수 이상의 (   ) 이상의 주민이 연대 서명하여 그 지방자치단체와 그 장의 권한에 속하는 사무의 처리가 법령에 위반되거나 공익을 현저히 해친다고 인정되면 시·도의 경우에는 (   )에게, 시·군 및 자치구의 경우에는 (   )에게 감사를 청구할 수 있다.

① 19세 - 300명 - 200명 - 150명 - 19세 - 대통령 - 주무부장관
② 18세 - 200명 - 150명 - 100명 - 18세 - 주무부장관 - 시·도지사
③ 19세 - 300명 - 250명 - 200명 - 19세 - 대통령 - 주무부장관
④ 18세 - 300명 - 200명 - 150명 - 18세 - 주무부장관 - 시·도지사

해설 ④ [○] 지방자치법이 전부 개정되면서 주민감사를 청구할 수 있는 주민의 나이(19세 → 18세), 연대 서명 수(300명, 200명, 150명)가 낮아졌고, 청구기한은 2년에서 3년으로 늘어났다.

> 지방자치법 제21조(주민의 감사 청구)
> ① 지방자치단체의 18세 이상의 주민으로서 다음 각 호의 어느 하나에 해당하는 사람(「공직선거법」 제18조에 따른 선거권이 없는 사람은 제외한다. 이하 이 조에서 "18세 이상의 주민"이라 한다)은 시·도는 300명, 제198조에 따른 인구 50만 이상 대도시는 200명, 그 밖의 시·군 및 자치구는 150명 이내에서 그 지방자치단체의 조례로 정하는 수 이상의 18세 이상의 주민이 연대 서명하여 그 지방자치단체와 그 장의 권한에 속하는 사무의 처리가 법령에 위반되거나 공익을 현저히 해친다고 인정되면 시·도의 경우에는 주무부장관에게, 시·군 및 자치구의 경우에는 시·도지사에게 감사를 청구할 수 있다.

05 「지방자치법」상 주민 감사청구에 대한 설명으로 옳지 않은 것은?

▶ 2017년 지방직 7급

① 개인의 사생활을 침해할 우려가 있는 사항은 감사청구의 대상에서 제외한다.
② 다른 기관에서 감사한 사항이라도 새로운 사항이 발견된 경우 감사청구의 대상이 된다.
③ 주무부장관이나 시·도지사는 주민 감사청구를 처리(각하 포함)할 때 청구인의 대표자에게 반드시 증거 제출 및 의견 진술의 기회를 주어야 한다.
④ 감사청구는 당해 사무 처리가 있었던 날 또는 종료된 날부터 1년을 경과하면 청구할 수 없다.

정답 04 ④   05 ④

해설

④ [×] 감사청구는 당해 사무 처리가 있었던 날 또는 종료된 날부터 3년(1년 ×)을 경과하면 청구할 수 없다.

> **지방자치법 제21조 (주민의 감사 청구)**
> ③ 제1항에 따른 청구는 사무처리가 있었던 날이나 끝난 날부터 3년이 지나면 제기할 수 없다.

①, ② [○]

> **지방자치법 제21조 (주민의 감사 청구)**
> ② 다음 각 호의 사항은 감사 청구의 대상에서 제외한다.
> 1. 수사나 재판에 관여하게 되는 사항
> 2. 개인의 사생활을 침해할 우려가 있는 사항
> 3. 다른 기관에서 감사하였거나 감사 중인 사항. 다만, 다른 기관에서 감사한 사항이라도 새로운 사항이 발견되거나 중요 사항이 감사에서 누락된 경우와 제22조제1항에 따라 주민소송의 대상이 되는 경우에는 그러하지 아니하다.
> 4. 동일한 사항에 대하여 제22조제2항 각 호의 어느 하나에 해당하는 소송이 진행 중이거나 그 판결이 확정된 사항

③ [○]

> **지방자치법 제21조 (주민의 감사 청구)**
> ⑪ 주무부장관이나 시·도지사는 주민 감사 청구를 처리(각하를 포함한다)할 때 청구인의 대표자에게 반드시 증거 제출 및 의견 진술의 기회를 주어야 한다.

---

06 다음 중 「지방자치법」 및 「주민소환에 관한 법률」상 주민소환제도에 대한 설명으로 옳지 않은 것은?

▶ 2018년 국회 8급

① 시·도지사의 소환청구 요건은 주민투표권자 총수의 100분의 10이상이다.
② 비례대표의원은 주민소환의 대상이 아니다.
③ 주민소환투표권자의 연령은 주민소환투표일 현재를 기준으로 계산한다.
④ 주민소환투표권자의 4분의 1 이상이 투표에 참여해야 한다.
⑤ 주민소환이 확정된 때에는 주민소환투표대상자는 그 결과가 공표된 시점부터 그 직을 상실한다.

해설

④ [×] 주민소환은 주민소환투표권자 총수의 3분의 1 이상의 투표와 유효투표 총수 과반수의 찬성으로 확정된다(주민소환에관한 법률 제22조).

③ [○]

> **제3조 (주민소환투표권)**
> ① 제4조제1항의 규정에 의한 주민소환투표인명부 작성기준일 현재 다음 각 호의 어느 하나에 해당하는 자는 주민소환투표권이 있다.

정답 06 ④

> 1. 19세 이상의 주민으로서 당해 지방자치단체 관할구역에 주민등록이 되어 있는 자(「공직선거법」 제18조의 규정에 의하여 선거권이 없는 자를 제외한다)
> 2. 19세 이상의 외국인으로서 「출입국관리법」 제10조의 규정에 따른 영주의 체류자격 취득일 후 3년이 경과한 자 중 같은 법 제34조의 규정에 따라 당해 지방자치단체 관할구역의 외국인등록대장에 등재된 자
> ② 주민소환투표권자의 연령은 주민소환투표일 현재를 기준으로 계산한다.

⑤ [○]

> **제23조 (주민소환투표의 효력)**
> ① 제22조제1항의 규정에 의하여 주민소환이 확정된 때에는 주민소환투표대상자는 그 결과가 공표된 시점부터 그 직을 상실한다.

「주민조례발안에관한법률」상 주민에 의한 조례의 제정 및 개폐청구대상에 포함되지 않는 것만을 모두 고른 것은? ▶ 2016년 국가직 7급

> ㄱ. 지방세의 부과 징수에 관한 사항
> ㄴ. 행정기구를 설치하거나 변경하는 것에 관한 사항
> ㄷ. 공공시설의 설치를 반대하는 사항

① ㄱ
② ㄱ, ㄷ
③ ㄴ, ㄷ
④ ㄱ, ㄴ, ㄷ

 ④ [×] 모두 청구대상에 제외되는 사항이다(주민조례발안에관한법률 제4조).

> **주민조례발안에관한법률 제4조 (주민조례청구 제외 대상)**
> 다음 각 호의 사항은 주민조례청구 대상에서 제외한다.
> 1. 법령을 위반하는 사항
> 2. 지방세·사용료·수수료·부담금을 부과·징수 또는 감면하는 사항
> 3. 행정기구를 설치하거나 변경하는 사항
> 4. 공공시설의 설치를 반대하는 사항

정답 07 ④

08 2021년 1월 전부개정된 「지방자치법」에서 처음으로 도입된 주민참여 제도는? ▶ 2023년 국가직 9급

① 주민소환
② 주민의 감사청구
③ 조례의 제정과 개정·폐지 청구
④ 규칙의 제정과 개정·폐지 관련 의견 제출

해설 ④ [O]

> 지방자치법 제20조 규칙의 제정과 개정·폐지 의견 제출)
> ① 주민은 제29조에 따른 규칙(권리·의무와 직접 관련되는 사항으로 한정한다)의 제정, 개정 또는 폐지와 관련된 의견을 해당 지방자치단체의 장에게 제출할 수 있다.

09 우리나라 주민소송제도에 대한 설명으로 옳은 것은? ▶ 2022년 국회 9급

① 주민소송은 주민 전체의 이익보다 특정 주민의 이익을 옹호하기 위한 공익소송의 일종이다.
② 주민소송의 피고는 주무부장관이나 시·도지사이다.
③ 주민감사를 청구한 개인은 누구라도 주민소송을 제기할 수 있다.
④ 소송의 계속 중에 소송을 제기한 주민이 사망하거나 주민의 자격을 잃더라도 소송절차는 중단되지 않는다.
⑤ 주민소송에서 당사자는 법원의 허가를 받지 않더라도 소의 취하, 소송의 화해 또는 청구의 포기를 할 수 있다.

해설 ③ [O] 재무행위와 관련한 감사청구를 한 주민이 제기할 수 있다.

> 지방자치법 제22조 (주민소송)
> ① 제21조제1항에 따라 공금의 지출에 관한 사항, 재산의 취득·관리·처분에 관한 사항, 해당 지방자치단체를 당사자로 하는 매매·임차·도급 계약이나 그 밖의 계약의 체결·이행에 관한 사항 또는 지방세·사용료·수수료·과태료 등 공금의 부과·징수를 게을리한 사항을 감사 청구한 주민은 다음 각 호의 어느 하나에 해당하는 경우에 그 감사 청구한 사항과 관련이 있는 위법한 행위나 업무를 게을리한 사실에 대하여 해당 지방자치단체의 장(해당 사항의 사무처리에 관한 권한을 소속 기관의 장에게 위임한 경우에는 그 소속 기관의 장을 말한다. 이하 이 조에서 같다)을 상대방으로 하여 소송을 제기할 수 있다.

① [X] 주민소송제도는 지방자치단체의 위법한 재무 회계 행위에 대해 지역주민이 자신의 개인적 권리·이익의 침해와 관계없이 그 위법한 행위의 시정을 법원에 청구할 수 있는 제도이다. 따라서 특정 주민의 이익보다는 주민 전체의 이익을 위한 성격이 강하다.
② [X] 주민소송은 해당 지방자치단체의 장을 상대방(피고)으로 하여 소송을 제기한다.
④ [X] 「지방자치법」 제22조 제6항

정답 08 ④ 09 ③

⑤ [×] 「지방자치법」 제22조 제14항

> **「지방자치법」 제22조(주민소송)**
> ⑥ 소송의 계속(繋屬) 중에 소송을 제기한 주민이 사망하거나 제16조에 따른 주민의 자격을 잃으면 소송절차는 중단된다. 소송대리인이 있는 경우에도 또한 같다.
> ⑭ 제2항에 따른 소송에서 당사자는 법원의 허가를 받지 아니하고는 소의 취하, 소송의 화해 또는 청구의 포기를 할 수 없다.

제7장 지방재정

기출문제

01 현재 우리나라의 지방재원에 관한 설명으로 옳은 것은? ▶ 2021년 행정사

① 지방교부세는 과세용도에 따라 보통세와 목적세로 나눈다.
② 세외수입은 재원의 성격상 의존재원이다.
③ 국고보조금은 재원의 성격상 자체재원이다.
④ 특정재원과 달리 일반재원은 지방자치단체가 어떠한 경비로도 자유롭게 지출할 수 있는 재원이다.
⑤ 지방세 수입에는 사용료, 수수료, 재산임대수입 등이 있다.

해설
④ [○]
① [×] 과세용도에 따라 보통세와 목적세로 나누는 것은 지방세이다.
② [×] 세외수입은 재원의 성격상 자주재원이다.
③ [×] 국고보조금은 재원의 성격상 의존재원이다.
⑤ [×] 사용료, 수수료, 재산임대수입 등은 세외수입이다

02 우리나라의 지방세가 아닌 것은? ▶ 2020년 행정사

① 종합부동산세
② 담배소비세
③ 재산세
④ 취득세
⑤ 레저세

해설 ① 종합부동산세는 국세이다.

[표] 국세의 세목

보통세		목적세
직접세	간접세	
소득세, 법인세, 상속세, 증여세, 종합부동산세	부가가치세, 개별소비세, 주세, 인지세, 증권거래세	교육세, 농어촌특별세

정답 01 ④ 02 ①

[표] 지방세 세목

구분		보통세	목적세
광역	특별시세·광역시세	취득세, 레저세, 담배소비세, 지방소비세, 주민세, 지방소득세, 자동차세	지역자원시설세, 지방교육세
	도세	레저세, 취득세, 등록면허세, 지방소비세	지역자원시설세, 지방교육세
기초	자치구세	등록면허세, 재산세	–
	시·군세	담배소비세, 주민세, 지방소득세, 재산세, 자동차세	–

03 국세 또는 지방세가 서로 옳지 않게 연결된 것은?

▶ 2013년 행정사

① 국세 – 개별소비세, 농어촌특별세
② 서울특별시 강남구세 – 등록면허세, 재산세
③ 부산광역시 기장군세 – 지방소득세, 지방교육세
④ 제주특별자치도세 – 취득세, 지역자원시설세
⑤ 경상남도 창원시세 – 재산세, 자동차세

해설 ③ [×] 지방교육세는 목적세로서 광역자치단체의 세목에 해당한다. 따라서 지방교육세는 기장군이 아니라 부산광역시세에 속한다.

04 우리나라의 지방재정조정제도에 관한 설명으로 옳은 것은?

▶ 2018년 행정사

① 대부분의 지방교부세는 '끈이 달린 돈(money with strings)'의 성격을 띤다.
② 많은 경우에 있어 지방교부세는 지방자치단체의 지방비 부담을 요구한다.
③ 조정교부금은 일단 교부되면 해당 지방자치단체의 일반재원처럼 활용된다.
④ 국고보조금은 지방자치단체의 자율성을 강화하기 위해 활용된다.
⑤ 2018년 현재 지방이양사업의 원활한 추진을 위해 운영되는 제도로는 분권교부세가 있다.

정답 03 ③ 04 ③

해설 ③ [○]
①, ② [×] '끈이 달린 돈(money with strings)'이란 사용에 특별한 조건을 붙이거나 용도의 제한이 있는 경우(특정재원 또는 조건부 보조금)를 의미하는 것으로 우리나라 국고보조금이 이에 해당한다. 지방교부세의 대부분인 보통교부세는 용도에 제한이 없는 일반재원이며, 지방비 부담을 요구하지 않는다.
④ [×] 국고보조금은 용도가 특정된 특정재원으로 국가의 감독과 통제가 많아 지방자치단체의 자율성을 제약하는 의존재원이다.
⑤ [×] 분권교부세는 2015년 1월부터 폐지되어 보통교부세로 통합되었다.

05 중앙정부에 의한 지방재정조정제도의 형태가 아닌 것은? ▶ 2022년 행정사

① 국고보조금
② 지방교부세
③ 국가균형발전특별회계
④ 조정교부금
⑤ 국고부담금

해설 ④ [×] 조정교부금은 광역자치단체가 기초지방자치단체에게 교부하는 재원이다.
③ 국가균형발전특별회계는 특별회계에서 국가가 지방자치단체에 재원을 이전하는 방법으로, 국고보조금이 가진 문제점을 해소하고 지방이 원하는 사업을 국가가 지원하기 위하여 별도로 설치한 특별회계이다.

06 우리나라 지방재정조정제도에 관한 설명으로 옳지 않은 것은? ▶ 2016년 행정사

① 지역 간 재정적 불균형을 시정하는 기능을 한다.
② 거주지역에 관계없이 국민에게 보장해야 하는 최소한의 공공서비스를 제공하기 위한 재원을 확충하는데 도움을 준다.
③ 국가적으로 추진하는 사업을 장려하거나 촉진하는 기능을 수행한다.
④ 긍정적 외부효과가 큰 지방공공재의 공급을 지원하는 기능이 있다.
⑤ 지방행정 수행에 필요한 재정수요를 충족시켜 지방재정자립도 향상에 기여한다.

해설 ⑤ [×] 지방재정자립도는 지방자치단체의 예산규모에서 자주재원인 지방세 수입과 세외수입의 합계액이 차지하는 비율 $\left[\dfrac{\text{지방세 수입}+\text{세외수입(자주재원)}}{\text{일반회계 세입총액(자주재원}+\text{의존재원)}} \times 100\right]$을 의미한다. 지방재정조정제도는 재정력이나 재정관련 권한에 있어 보다 유리한 입장에 있는 중앙정부와 상대적으로 불리한 입장에 있는 지방자치단체 간에 수직적 재정 불균형을 교정하기 위한 방법으로, 이러한 재정조정 제도를 통해 지방으로 이전되는 재정이 의존재원이다. 의존재원이 증가하게 되면 지방재정자립도에는 낮아진다.

정답 05 ④ 06 ⑤

07 우리나라 지방교부세에 관한 설명으로 옳지 않은 것은? ▶ 2014년 행정사

① 지방교부세는 본질적으로 지방자치단체의 공유적 독립재원에 속한다.
② 보통교부세는 사용용도가 정해져 있지 않은 일반재원이다.
③ 지방자치단체간 재정불균형의 조정은 가능하나 중앙정부와 지방자치단체간 수평적 재정균형 기능은 미흡하다.
④ 지방자치단체들은 재정자립도 향상 차원에서 지방교부세의 증액을 위해 노력하고 있다.
⑤ 현행 제도상 보통교부세를 교부받지 않는 지방자치단체도 존재하고 있다.

> **해설** ④ [×] 재정자립도는 총세입 중에서 자주재원이 차지하는 비율을 말한다. 지방교부세는 중앙정부가 교부하는 의존재원이므로 지방교부세가 늘어날수록 재정자립도는 낮아진다. 따라서 지방자치단체들은 재정자립도 향상을 위해서는 자주재원의 확충을 원하며, 지방교부세의 증액을 위해 노력하고 있다고는 볼 수 없다.

08 국고보조금에 관한 설명으로 옳지 않은 것은? ▶ 2015년 행정사

① 지방자치단체의 자율성을 약화시킨다.
② 용도가 정해져 있지 않은 일반재원이다.
③ 중앙정부와 지방정부 간의 수직적 재정 조정제도이다.
④ 중앙정부가 재정여건, 정책목표 등을 고려하여 지원여부를 결정한다.
⑤ 국가 시책을 장려하기 위하여 지원하는 경우도 있다.

> **해설** ② [×] 국고보조금은 교부세와 달리 용도가 정해져 있는 특정재원이다.

정답 07 ④ 08 ②

연습문제

01 지방재정의 세입항목 중 자주재원에 해당하는 것은? ▶ 2020년 지방직 9급

① 지방교부세
② 재산임대수입
③ 조정교부금
④ 국고보조금

해설 ② [O] 재산임대수입은 세외수입에 해당하는 것으로 자주재원에 속한다.

02 특별시·광역시의 보통세와 도의 보통세에 공통적으로 속하는 세목만을 모두 고르면? ▶ 2022년 지방직 9급

| ㄱ. 지방소득세 | ㄴ. 지방소비세 | ㄷ. 주민세 |
| ㄹ. 레저세 | ㅁ. 재산세 | ㅂ. 취득세 |

① ㄱ, ㄴ, ㄹ
② ㄱ, ㄷ, ㅁ
③ ㄴ, ㄹ, ㅂ
④ ㄷ, ㅁ, ㅂ

해설 ③ ㄴ, ㄹ, ㅂ

[표] 우리나라 지방세의 세목체계

구분		광역자치단체		기초자치단체	
		특별시·광역시세	도세	자치구세	시·군세
지방세	보통세	취득세, 주민세, 자동차세, 레저세, 담배소비세, 지방소비세, 지방소득세	취득세, 레저세, 등록면허세, 지방소비세	등록면허세, 재산세	주민세, 재산세, 자동차세, 담배소비세, 지방소득세
	목적세	지방교육세, 지역자원시설세	지방교육세, 지역자원시설세		

정답 01 ② 02 ③

03 지방재정에 대한 설명으로 옳지 않은 것은? ▶ 2021년 지방직 9급

① 재정자립도는 일반회계 세입 중 지방세와 세외수입이 차지하는 비중을 말한다.
② 국고보조금은 지방재정운영의 자율성을 제고한다.
③ 지방교부세는 지역 간의 재정 불균형을 시정하기 위한 제도이다.
④ 지방자치단체는 재해예방 및 복구사업에 경비를 조달하기 위해서 지방채를 발행할 수 있다.

> **해설** ② [×] 국고보조금은 자금 활용에 있어 용도가 정해진 '특정재원'으로, 중앙정부의 감독과 통제가 이루어지게 되어 지방자치단체의 자율성을 제약하게 된다.
> ④ [○]
>
> **지방재정법 제11조 (지방채의 발행)**
> ① 지방자치단체의 장은 다음 각 호를 위한 자금 조달에 필요할 때에는 지방채를 발행할 수 있다.
>   1. 공유재산의 조성 등 소관 재정투자사업과 그에 직접적으로 수반되는 경비의 충당
>   2. 재해예방 및 복구사업
>   3. 천재지변으로 발생한 예측할 수 없었던 세입결함의 보전
>   4. 지방채의 차환

04 우리나라의 지방재정에 대한 설명으로 가장 옳지 않은 것은? ▶ 2017년 서울시 9급

① 지방자치단체의 세입재원은 크게 자주재원과 의존재원으로 나눌 수 있는데, 자주재원에는 지방세와 세외수입이 있고, 의존재원에는 국고보조금과 지방교부세 등이 있다.
② 지방세 중 목적세로는 담배소비세, 레저세, 자동차세, 지역자원시설세, 지방교육세 등이 있다.
③ 지방교부세는 지방자치단체 간 재정력의 불균형을 조정하는 재원으로, 보통교부세, 특별교부세, 부동산교부세 및 소방안전교부세로 구분한다.
④ 지방재정자립도를 높이기 위해 국세의 일부를 지방세로 전환할 경우 지역 간 재정불균형이 심화될 수 있다.

> **해설** ② [×] 지방세의 목적세에 해당하는 것은 지역자원시설세, 지방교육세이다. 담배소비세, 레저세, 자동차세 등은 보통세에 해당한다.

정답 03 ② 04 ②

05 지방자치단체의 재정자립도에 대한 설명으로 가장 옳지 않은 것은? ▶ 2019년 서울시 9급

① 재정자립도는 세입총액에서 지방세수입과 세외수입이 차지하는 비율을 나타낸다.
② 자주재원이 적더라도 중앙정부가 지방교부세를 증액하면 재정자립도는 올라간다.
③ 재정자립도가 높다고 지방정부의 실질적 재정이 반드시 좋다고 볼 수는 없다.
④ 국세의 지방세 이전은 재정자립도 증대에 도움이 된다.

해설 ② [×] 재정자립도는 지방자치단체의 일반회계 세입총액 가운데 자주재원이 차지하는 비중 [$\frac{지방세수입 + 세외수입(자주재원)}{일반회계 세입총액(자주재원 + 의존재원)} \times 100$]을 의미한다. 따라서 의존재원인 지방교부세를 증액하면 재정자립도는 내려간다.

06 지방재정조정제도에 대한 설명으로 옳은 것은? ▶ 2021년 국회 8급

① 교부세의 재원에는 내국세 총액의 19.24%, 종합부동산세 총액, 담배에 부과하는 개별소비세 총액의 45%가 포함된다.
② 부동산교부세는 지방교부세 중 가장 최근에 신설되었다.
③ 소방안전교부세는 담배소비세 총액의 100분의 20을 재원으로 하였으나 2020년 100분의 40으로 상향 조정되었다.
④ 특별교부세는 그 교부 주체가 기획재정부장관으로 통합·일원화되었다.
⑤ 국고보조금은 지정된 사업목적 이외의 용도로 사용할 수 있는 재원이다.

해설 ① [○] 지방교부세법 제4조 제1항

> **지방교부세법 제4조 【교부세의 재원】**
> ① 교부세의 재원은 다음 각 호로 한다.
>   1. 해당 연도의 내국세(목적세 및 종합부동산세, 담배에 부과하는 개별소비세 총액의 100분의 45 및 다른 법률에 따라 특별회계의 재원으로 사용되는 세목의 해당 금액은 제외한다. 이하 같다) 총액의 1만분의 1,924에 해당하는 금액
>   2. 「종합부동산세법」에 따른 종합부동산세 총액
>   3. 「개별소비세법」에 따라 담배에 부과하는 개별소비세 총액의 100분의 45에 해당하는 금액

② [×] 지방교부세 중 가장 최근에 신설된 것은 2015년 소방안전교부세이다.
③ [×] 소방안전교부세는 담배 개별소비세 총액의 100분의 20에서 100분의 45에 해당하는 금액으로 상향조정되었다.
④ [×] 특별교부세의 교부 주체는 행정안전부장관이다.

> 지방교부세법 제9조 【특별교부세의 교부】
> ② 행정안전부장관은 지방자치단체의 장이 제1항 각 호에 따른 특별교부세의 교부를 신청하는 경우에는 이를 심사하여 특별교부세를 교부한다. 다만, 행정안전부장관이 필요하다고 인정하는 경우에는 신청이 없는 경우에도 일정한 기준을 정하여 특별교부세를 교부할 수 있다.

⑤ [×] 국고보조금은 지방교부세와 달리 지정된 용도로만 사용할 수 있는 재원이다.

> 보조금 관리에 관한 법률 제22조 【용도 외 사용 금지】
> ① 보조사업자는 법령, 보조금 교부 결정의 내용 또는 법령에 따른 중앙관서의 장의 처분에 따라 선량한 관리자의 주의로 성실히 그 보조사업을 수행하여야 하며 그 보조금을 다른 용도에 사용하여서는 아니 된다.

07 「지방교부세법」상 지방교부세에 대한 설명으로 옳지 않은 것은? ▶ 2017년 지방직 9급

① 지방교부세의 재원에는 종합부동산세 총액, 담배에 부과하는 개별소비세 총액의 일부 등이 포함된다.
② 보통교부세의 산정기일 후에 발생한 재난을 복구하거나 재난 및 안전관리를 위한 특별한 재정수요가 생기거나 재정수입이 감소한 경우 특별교부세를 교부할 수 있다.
③ 지방교부세의 종류는 보통교부세, 특별교부세, 부동산교부세 및 교통안전교부세로 구분한다.
④ 지방행정 및 재정운용 실적이 우수한 지방자치단체에 재정지원 등 특별한 재정수요가 있을 경우 특별교부세를 교부할 수 있다.

해설 ③ [×] 지방교부세의 종류는 보통교부세, 특별교부세, 부동산교부세, 소방안전교부세(교통안전교부세 ×)이다.

> 지방교부세법 제9조 (특별교부세의 교부)
> ① 특별교부세는 다음 각 호의 구분에 따라 교부한다.
>   1. 기준재정수요액의 산정방법으로는 파악할 수 없는 지역 현안에 대한 특별한 재정수요가 있는 경우: 특별교부세 재원의 100분의 40에 해당하는 금액
>   2. 보통교부세의 산정기일 후에 발생한 재난을 복구하거나 재난 및 안전관리를 위한 특별한 재정수요가 생기거나 재정수입이 감소한 경우: 특별교부세 재원의 100분의 50에 해당하는 금액
>   3. 국가적 장려사업, 국가와 지방자치단체 간에 시급한 협력이 필요한 사업, 지역 역점시책 또는 지방행정 및 재정운용 실적이 우수한 지방자치단체에 재정 지원 등 특별한 재정수요가 있을 경우: 특별교부세 재원의 100분의 10에 해당하는 금액

정답 07 ③

08 지방채에 대한 설명으로 옳은 것은? ▶ 2016년 국가직 7급

① 지방자치단체조합의 장은 지방채를 발행할 수 없다.
② 이미 발행한 지방채의 차환을 위해서 지방자치단체의 장은 지방채를 발행할 수 없다.
③ 제주특별자치도지사는 제주특별자치도의 발전과 관계가 있는 사업을 위하여 필요하면 도의회 의결을 마친 후 외채 발행과 지방채 발행 한도액의 범위를 초과한 지방채 발행을 할 수 있다.
④ 외채를 발행할 경우에는 지방채 발행 한도액 범위더라도 지방의회의 의결을 거치기 전에 기획재정부장관의 승인을 받아야 한다.

해설 ③ [O] 일반적으로 자치단체장은 대통령령이 정하는 한도액을 초과하여 발행하거나 외채를 발행하려면 행정안전부장관의 승인을 얻어야 하지만 제주특별자치도의 경우 특별법 상 특례에 따라 행정안전부장관의 승인 없이도 발행할 수 있다.

> 제주특별자치도 설치 및 국제자유도시 조성을 위한 특별법 제126조 (지방채 등의 발행 특례)
> 도지사는 제주자치도의 발전과 관계가 있는 사업을 위하여 필요하면 「지방재정법」 제11조에도 불구하고 도의회의 의결을 마친 후 외채 발행과 지방채 발행 한도액의 범위를 초과한 지방채 발행을 할 수 있다.

① [×] 자치단체조합의 장도 행정안전부장관의 사전 승인을 받아 지방채를 발행할 수 있다.
② [×] 지방채의 차환(지방채를 상환하기 위하여 지방채를 다시 발행하는 것)을 위하여서도 지방채를 발행할 수 있다.
④ [×] 외채를 발행할 경우 기획재정부장관이 아니라 행정안전부장관의 승인을 얻어야 한다.

> **지방재정법 제11조(지방채의 발행)**
> ① 지방자치단체의 장은 다음 각 호를 위한 자금 조달에 필요할 때에는 지방채를 발행할 수 있다.
>   1. 공유재산의 조성 등 소관 재정투자사업과 그에 직접적으로 수반되는 경비의 충당
>   2. 재해예방 및 복구사업
>   3. 천재지변으로 발생한 예측할 수 없었던 세입결함의 보전
>   4. <u>지방채의 차환</u>
> ② 지방자치단체의 장은 제1항에 따라 지방채를 발행하려면 재정 상황 및 채무 규모 등을 고려하여 대통령령으로 정하는 지방채 발행 한도액의 범위에서 지방의회의 의결을 얻어야 한다. 다만, <u>지방채 발행 한도액 범위더라도 외채를 발행하는 경우에는 지방의회의 의결을 거치기 전에 행정안전부장관의 승인을 받아야 한다.</u>
> ④ 「지방자치법」 제159조에 따른 <u>지방자치단체조합의 장</u>은 그 조합의 투자사업과 긴급한 재난복구 등을 위한 경비를 조달할 필요가 있을 때 또는 투자사업이나 재난복구사업을 지원할 목적으로 지방자치단체에 대부할 필요가 있을 때에는 <u>지방채를 발행할 수 있다.</u> 이 경우 행정안전부장관의 승인을 받은 범위에서 조합의 구성원인 각 지방자치단체 지방의회의 의결을 얻어야 한다.

정답 08 ③

|저|자|소|개|

최윤경

약력
- 숙명여자대학교 행정학 학사
- 서울대학교 행정학 석사
- 서울대학교대학원 행정학 박사 수료
- 前 태학관, 서원대학교 정치행정학부, 평택대학교 행정학과, 건국대학교 행정학과, 국립경찰대학교, 한국교통대학교 행정학과, 강릉원주대학교 자치행정학과
- 現 합격의법학원 행정학, 지방행정, 인사조직론 강의
- 現 이패스코리아 행정사 행정학개론 강의

주요저서
- 행정사 1차 행정학개론 (이패스코리아)
- 행정사 1차 객관식 행정학개론 (이패스코리아)

행정사 1차 객관식 행정학개론

개정2판 1쇄 인쇄 | 2025년 1월 10일
개정2판 1쇄 발행 | 2025년 1월 24일

지 은 이 최 윤 경
발 행 인 이 재 남
발 행 처 (주)이패스코리아
　　　　　[본사] 서울시 영등포구 경인로 775 에이스하이테크시티 2동 1004호
　　　　　[학원] 서울시 종로구 청계천로 35 관정빌딩 6층
전　　화 02-722-0533 팩스 070-8956-1148
홈 페 이 지 www.epass-adm.com
이 메 일 edu@epasskorea.com
등 록 번 호 제318-2003-000119호(2003년 10월 15일)

※ 잘못된 책은 교환해 드립니다.
※ 이 책은 저작권법에 의해 보호를 받는 저작물이므로 무단전재와 복제를 금합니다.
본교재의 저작권은 이패스코리아에 있습니다.